칼빈 주석 | 요한복음 I

NEW TESTAMENT CALVIN'S COMMENTARIES

JOHN I

칼빈 주석 ┃ 요한복음 I (1-9장)

존 칼빈 지음 ┃ 오광만 옮김

규장

만대의 교회를 위해
말씀의 초석을 놓은 주석!

중세 기독교는 '암흑시대'(Dark Age)였다. 로마 가톨릭교회가 오랜 세월에 걸쳐 축적한 온갖 미신적 관행과 전통, 성인聖人과 성상聖像 숭배가 하나님 말씀을 압도하고 있었다. 사제들조차도 성경에 무지한 자가 많았고 성경을 강해할 수 있는 소양을 갖춘 자도 드물었다. 그러니 일반 민초들이 라틴어 성경을 읽고, 성경 본문의 의미를 해독한다는 것은 지난至難한 과제였다. 이러한 계시의 암흑시대에 '오직 성경'(sola Scriptura)의 기치를 높이 든 자들이 종교개혁자들이다.

루터는 성경을 독일어로 번역하여 독일 국민들이 모국어로 성경을 볼 수 있게 만들었다. 이것이 기폭제가 되어 성경이 영어로, 또 프랑스어로 번역되었다. 칼빈은 여기서 한 단계 더 나아가 목회자와 평신도들에게 성경 본문의 의미를 밝혀주는 신구약 거의 전권의 주석을 출간하였다(칼빈은 1539년부터 1564년까지 에스겔서 21-48장, 요한이삼서, 요한계시록을 제외한 성경 전체의 주석을 썼다). 지금부터 100년 전만 하더라도 학문성을 유지하면서 신구약 전체를 포괄하는 주석은 칼빈 주석이 거의 유일하였다. 따라서 칼빈 주석이 교회 역사에 끼친 영향이 얼마나 지대했는지를 짐작해볼 수 있을 것이다. 그것은 목회자와 평신도들이 300년 이상 성경 본문의 의미 규명에 있어서 칼빈 주석의 절대적 도움을 받아왔다는 것을 뜻한다.

'하나님 말씀', '하나님 말씀', '오직 성경', '오직 성경'을 종교적 슬로건으로 외치기만 하면 무슨 소용이 있는가? 하나님 말씀을 하나님 말씀답게, 성경을 성경답게 주석하는 전범典範을 보여주는 것이 중요하다. 이것은 요즘도 마찬가지이다. 복음주의자들이 '성경의 완전 축자영감'을 신학적 주요 명제로 주창해봐야 무슨 소용이 있는가? 완전 축자영감된 성경답게 해석하는 견본을 보여주는 일이 무엇보다 중요한 것이다.

칼빈은 온갖 미신적 전통과 헛된 종교 관행이 교회를 휩쓸어버린 시대에, 성경이 의문부호가 아니라 밝혀진 의미로 일반 민중들에게까지 전달되도록 하였다. 종교적 무지가 만연한 시대에 칼빈은 민초들에게까지 '규명되고 해석된 하나님 말씀', 곧 좌우에 날선 검劍을 쥐여주었다. 그래서 사람들은 이렇게 말한다.

"루터가 성경 번역의 왕이라면 칼빈은 성경 주석의 왕이다."

칼빈은 그 시대에 성경 주석을 위해 하나님이 선택하신 그릇이었다. 그는 라틴어, 헬라어, 히브리어에 능통했다. 그가 강단에서 설교할 때는 원고 없이 헬라어, 히브리어 성경만을 놓고 설교하는 수준이었다. 그는 교부신학敎父神學에 능통할 뿐만 아니라 고대 그리스와 로마 문헌에도 정통하여 수사적修辭的 표현에 탁월하다. 법학을 전공하여 법리法理에 능한 그는 논리 전개 또한 치밀하다.

칼빈 주석의 특징

칼빈 주석의 특성에 대하여 합신合神의 신복윤 교수는 이렇게 언급했다.

"칼빈은 성경 주석의 천재였다. 그의 성경 주석들은 그 독창성과 깊이, 명료성과 건전성에서 아무도 그를 따를 수 없었다. 그는 성경해석에서 없어서는 아니 될 본질적인 조건들, 즉 문법 지식, 영적 통찰력, 건전한 판단, 실재적인 재치들을 보기 드물게 결합시켰다. 그는 성경의 뜻을 충분히 파악하고 있었기 때문에 성경 기자들의 상황에 자신을 던져 넣어서 당시의 영적인 이익을 위하여 성경 기자들의 사상을 재생시키며 적응시켰던 것이다. 교리적인 공평성, 재치와 요령을 자랑하는 해석, 광범한 학문, 심원한 기독교적 경건, 이런 것들은 칼빈의 주석을 더욱 두드러지게 하였다."

칼빈은 먼저 강단에서 설교하는 목회자들에게 도움을 주기 위해 주석을 썼다. 그래서 자신의 주석이 그 혼탁한 시대에 교회를 세우는 데에 도움이 되기를 원했던 것이다. 그리하여 그는 그 주석을 일반 대중이 알아들을 수 있는 언어로 표현하려고 하였다. 교회는 하나님 말씀 위에 세워진다. 그런데 그 말씀이란 건전하게 해명된 말씀이어야 하지 않겠는가?

칼빈의 주석은 칼빈 자신이 직접 쓴 것도 있지만, 대체로 구약 주석은 그가 강의한 것을 모아서 편집하였고, 신약 주석은 그의 비서들을 시켜 받아쓰게 한 다음 그 원고를 교정해서 출간한 것이다. 소선지서 원고를 정리할 때는 48시간 동안 먹지도 자지도 않았다고 한다. 칼빈이 성경 주석을 집필할 당시 그가 안정적이고 편안했느냐 하면 그렇지 않다. 악조건의 건강 상태로 무수한 질병을 얻었지만 바쁜 목회 일정의 틈을 내어 오직 교회의 유익을 위해 주석 집필에 매진하였다. 교회 역사가 시드니 휴튼은 칼빈에 대해 이렇게 말하였다.

"칼빈은 아주 병약했는데, 금식과 연구 때문에 몸이 더욱 약해졌다. 밤에 잠을 자지 못하고 낮에 음식을 먹지 못하는 경우가 많았다. 칼빈의 업적은 건강한 사람일지라도 힘겨운 것이었다. 특히 자주 앓아눕고 몸이 약했던 칼빈에게는 더한층 벅찬 일이었을 것이다. 그러나 개혁자 칼빈은 자기 앞에 놓인 수많은 과업 앞에서 머뭇거린 적이 없었다. 설교하지 않을 때는 주석을 쓰고 주석도 쓰지 않을 때는 편지를 썼다."

그가 병상에 누워서도 주석 작업에 매진하는 것을 본 주위 사람들이 "좀 쉬어가며 하시라"고 권하자 칼빈은 "하나님께서 나의 게으름을 어떻게 보시겠느냐?"고 말할 정도였다. 칼빈은 파렐에게 보낸 편지에서 하나님 앞에서 자신의 단호한 자세를 이렇게 밝혔다.

"주여, 나의 심장을 주께 드리나이다. 신속히 그리고 진실한 마음으로!"
(Cor Meum Tibi Offero Domine. Prompte Et Sincere)

여기서 우리는 칼빈 주석의 영적 특성을 알 수 있다. 그의 주석에는 하나님을 향한 그의 심장이 녹아 있다. 하나님을 위한 열심과 경건, 복음을 왜곡하는 세력에 대한 거룩한 분노가 주석의 행간에 스며 있는 것이다.

칼빈 주석과 기독교 강요와의 관계

종교개혁기 성도들에게 성경을 기반으로 한 프로테스탄트 기독교 교리의 체계를 제시한 것이 《기독교강요》라면, 체계적 교리를 근간으로 성경 본문을 해석한 것이 《칼빈 주석》이다. 이 둘은 상보적相補的 관계이다. 칼빈의 주석을 읽다보면 신학적 도움을 얻기 위해 《기독교강요》를 보게 되고, 《기독교강요》를 읽다보면 인용된 성경 구절에 대한 충분한 설명을 얻기 위해 주석을 찾아보게 된다. 칼빈 자신도 이렇게 말했다.

"《기독교강요》는 성경의 가르침을 조직화한 것으로 주석 없이는 해석될 수 없다. 반면에 주석은 《기독교강요》와 분리되어 해석되어서는 안 된다."

이것을 백석대 조직신학 교수인 권호덕 교수는 이렇게 말한다.

"주석은 자기 마음대로 하는 것이 아니다. 항상 교의학이 정해준 범위 내에서 이루어져야 한다. 교의학은 항상 성경에 의존해야 한다."

여기서 우리는 종교개혁가 그 누구도 하지 못한 칼빈의 위대한 공헌을 본다. 즉, 그는 프로테스탄트들에게 한 손에는 분명한 교리적 체계인 《기독교강요》를, 다른 한 손에는 그 교리에 따른 건전한 성경의 해명인 주석을 쥐여준 것이다. 교리와 성경 본문 양수겸장兩手兼將을 하게 된 것이다. 이것이 두고두고 개혁교회의 견고한 기틀이 되었다.

규장 칼빈 주석 출간의 의의

오늘 한국 교계도 중세 교회처럼 계시의 등불이 가물가물하며 꺼져가고 있다. 강단이 말씀 선포와 말씀 해명의 자리가 아니라 공연公演의 자리로 변질되어 가고 있다. 설교는 짧아지고 박수 치고 노래 부르는 시간은 길어지고 있다. 2부 순서와 프로그램은 발달하나 말씀에 대한 성도의 '무지몽매 지수' 또한 높아만 간다. 권세 있는 말씀 선포로 인한 회개와 영적 부흥은 먼 옛날 일이 되고 말았다. 이제 말씀의 권세가 회복되고 복음을 재발견해야 할 때이다. 칼빈에 의해 말씀이 재발견된 그 거울(칼빈 주석)을 되돌아봄으로써 오늘 한국 교회의 제2차 종교개혁의 디딤돌로 삼기 위해 '규장 칼빈 주석'을 펴낸다.

규장은 칼빈 주석 조사와 연구, 정식 계약 추진, 번역 준비 작업에 3년여의 노력을 기울였다. '규장 칼빈 주석'은 현대 영어판 가운데 권위 있는 미국 Eerdmans 출판사의 파커(T. H. L. Parker) 역본을 정식 계약을 맺어 출간한다. 파커는 영국 더럼대학교의 명예신학 교수로서 평생을 칼빈 연구에 매진한 칼빈 연구의 세계적인 권위자이다. 그는 칼빈 주석의 의미를 현대어로 적확하게 표현하기 위하여 정밀한 노력을 기울였다. 규장은 칼빈 주석의 여러 역본들이 대부분 고풍스러운 언어로 되어 있기 때문에 현대인들이 이해하기에는 파커의 현대 영역본英譯本의 장점이 가장 크기에 이를 선택했다. J. I. 패커도 파커 영역본 칼빈 주석에 대해 이렇게 평가했다.

"걸출한 영어로 번역된 칼빈의 가장 훌륭한 주석이 여기 있다. 새롭게 번역된 이 주석은 간결하면서도 정확하고, 칼빈의 라틴어 주석처럼 생동감이 있다."

규장의 칼빈 주석은 신약 13권, 구약 42권, 총 55권으로 계속적으로 출간될 예정이다. 칼빈 주석의 번역 작업은 참으로 힘들게 진행되었다. 실력 있는 번역자들에게 맡겨도 번역 작업의 난해함을 호소하며 중도에서 포기하는 사람들이 속출했다. 힘들게 번역이 완료되어도 편집 작업이 보통의 신앙 서적보다 4~5배의 노력이 들었다. 부족한 점이 있겠지만 칼빈의 어조와 어투가 그대로 표현되도록 최대한 애를 썼다. 그 시대 타락한 교회에 대한 칼빈의 험한 표현도 그대로 표현되도록 했다. 번역 작업에서 특히 신경 쓴 것은, 칼빈 주석의 대중화를 위해서 어려운 신학 용어, 신학자 이름, 고대 문헌, 그리스 신화 등에 대해 '역자 주'를 상세히 달아주었다는 것이다. 그래서 규장에서 발간하는 칼빈 주석은 성경 본문을 교리적으로 건전하고 명확하게 연구하여 설교하기를 원하는 목회자, 신구약 석의를 분명한 신학적 토대하에서 착실히 연구하기를 원하는 신학생, 성경공부를 깊이 하기를 원하는 평신도 모두에게 적합하도록 면밀히 준비되었다.

요한복음 주석의 특성

칼빈의 요한복음 주석에서 시종일관 느껴지는 것은 복음 수호와 복음 변증에 대한 칼빈의 열심이다. 복음을 왜곡하는 세력을 꾸짖고, 참 복음이 무엇인지 보여주고, 참 복음을 변증하는 것이다. 초기 교회 이단들과 중세 로마 가톨릭이 복음을 어떻게 왜곡하였는지를 보여주고, '오직 믿음'(Sola Fide), '오직 은혜'(sola Gratia) 중심으로 성경 본문에 대한 해석이 흐른다는 것을 누구나 감지하게 될 것이다. 공관복음과는 다른 요한복음의 독특한 관점을 존중하면서 칼빈은 이런 신학적 해석을 우려내고 있다.

다른 주석의 특성과 동일하게 요한복음 주석에서도 적시 적소에 적확한 원문 해석, 해당 본문에 대한 교부들의 다양한 해석에 대한 분별, 고대 그리스 로마 문헌의 다채로운 인용 등 하나님께서 칼빈 자신에게 주신 모든 은사를 총동원하여 하나님 말씀을 바르게 해명하려는 칼빈의 열심을 볼 수 있었다. 우리는 그런 그에게서 하나님 말씀의 밭에서 수고하는 충성스런 일꾼의 자세를 보게 될 것이다. 개인적으로 이 주석에서 목회자로서 오직 하나님께만 영광을 돌리는(soli Deo Gloria), 자신은 낮추고 하나님만을 높이려는 칼빈의 목회관을 엿볼 수 있었던 구절이 있다.

"사역자가 교회를 그리스도에게 드리지 않고 사역자 자신에게 충성하도록 만드는 것은 마땅히 영예롭게 해야 하는 '거룩한 결혼'(그리스도와 교회와의 연합)을 파기하는 행위이다."

진실한 목회자 칼빈이 오늘날 모든 목회자들에게 주는 준열한 경고라 할 만한다. 칼빈은 자신을 드러내는 것이 아니라 이렇게 그리스도 뒤에 숨어 목회했으며, 양들을 자신의 양으로 만들기 위해서가 아니라 그리스도의 양으로 만들기 위해 목양했다. 칼빈의 하나님 중심의 목회 원리, 바른 신학에서 나온 목회 지침이 오늘 우리에게도 힘있게 다가온다. 규장에서 칼빈의 공관복음 주석보다 요한복음 주석을 먼저 출간하는 까닭은 칼빈 자신이 공관복음을 통해 하나님께서 우리에게 보내주신 그리스도에 대해 알고 싶다면, 먼저 요한복음을 통해 그리스도께서 나타나신 목적이 무엇인지를 배워야 한다고 밝히고 있기 때문이다.

자신의 심장을 꺼내 희생제물로 드리며 혼신의 힘을 다해 하나님을 향해 하나님 사랑의 세레나데를 부르는 칼빈의 열창을 들어보라!

규장 편집국장 김웅국 목사

하나님이 친히 그 손가락으로
여러분의 마음에 새겨주시기를!

존경하는 제네바 시의 모든 장관님과 의원님, 그리고 경외하는 재판장님들께

저 칼빈은 주께서 여러분에게 지혜와 능력의 영靈을 부어주시어 정부의 모든 일들을 잘 감당할 수 있게 하시기를 위해 기도합니다.

나그네를 영접하는 자비로운 행위를 마치 주님 자신에게 한 것처럼 여기시며 무척 칭찬하신 그리스도의 말씀을 기억할 때마다, 저는 그리스도께서 여러분을 특별히 존경 받을 만한 자들로 여기셨다고 생각합니다. 왜냐하면 여러분이 이 도시(제네바)를 나그네들의 안식처로, 그것도 한두 사람이 아닌 그리스도의 교회 전체의 안식처로 제공한 것은 주님의 뜻이었기 때문입니다.
이교도들 사이에서는 다른 사람을 환대하는 행위가 단순한 칭송거리를 넘어서 최상의 덕德으로까지 여겨졌습니다. 그래서 그들은 누군가의 지독하게 야만적이고 미개한 태도를 정죄하고 싶을 때 '악세누스'axenous, 즉 '인정머리

없는'이라는 표현을 썼던 것입니다. 요즘처럼 힘들고 어려운 때에 주님이 여러분을 지명하셔서서 적그리스도(로마 교황)의 참람하고도 무자비한 폭정으로 자기 나라에서 추방된 경건한 자들과 의인義人들을 안전하게 지키고 보호하도록 하셨으니, 여러분을 더욱 칭송합니다. 뿐만 아니라 주님은 자신의 영광을 위하여 여러분 가운데서 거룩한 처소를 봉헌하게 하셨으니, 이는 여러분이 주님을 더욱 순수하게 예배할 수 있도록 하기 위함이었습니다.

이 두 가지 중에 가장 작은 부분이라도 공공연히 혹은 은밀하게 파괴하려는 사람이 있다면, 그는 여러분의 도시에서 가장 중요한 장식품을 훼손시킴으로써 도시를 흉물스럽게 만들려는 것일 뿐 아니라, 악의를 가지고 이 도시의 안전을 해치는 사람이라고 할 수 있습니다.

여러분이 이곳에서 그리스도와 그분의 흩어진 지체들을 위해 베푼 경건한 친절 때문에 저 불경건한 개들(교황주의자들)이 시끄럽게 짖어댄다 하더라도, 하늘에서는 천사들이 그리고 세상 여기저기에서는 하나님의 자녀들이 여러분을 위해 복을 빌 터이니, 이것이 여러분에게 충분한 보상이 될 것입니다. 그러니 신앙심도 없고 수치스러워할 줄도 모르는 저 사람들의 혐오스러운 만행을 당당하게 멸시하십시오.

사실 그들은 자기들 마음에 기뻐하는 것을 여러분에게 쏟아붓고 있다기보다 하나님 그분께 쏟아붓고 있는 것입니다. 아니 오히려 저들(교황주의자들)은 하나님을 모욕함으로써 여러분을 비방하려고 하는 것입니다. 저들의 이러한 행동이 도화선이 되어 많은 사람이 여러분을 향해 증오의 불을 댕기게 된다 하더라도, 여러분은 그런 위험을 두려워할 필요가 없습니다. 주님의 손길이 여러분을 보호하시어 그들의 분노를 대적할 것이기 때문입니다. 주님은 자신의 복음이 선포되고 있는 도시들을 친히 신실하게 지키겠노라고 약속하셨습니다. 또한 세상이 감당할 수 없는 경건한 사람들이 그 속에서 살아갈 수 있게 하셨습니다.

그렇다고 해서 여러분이 저 원수와의 관계를 개선하기 위해 주의를 기울일 필요가 없다는 말은 아닙니다. (교리 문제 외에) 다른 이유로 여러분이 해를 입거나 학대 받는 것을 원하는 사람들이 아니라면, 복음을 핑계로 여러분에게 적대적인 행동을 할 자는 아무도 없기 때문입니다. 그러나 설령 그들이 건전한 교리를 옹호한다는 이유만으로 여러분을 공공연히 대적한다 하더라도, 여러분은 그들의 음모와 위협들을 무시해야 합니다. 그리고 그리스도께서 여러분의 날개 그늘 아래 두신 교회를 보호함으로써, 경건한 돌봄을 행하는 것과 순수한 신앙을 장려하는 일, 이 두 가지 견고한 보루를 단호하게 방어해야 합니다.

교황의 사주를 받은 일당들은 교황청과 결별했다는 이유를 들어, 우리가 배교하여 교회를 떠났다고 우리를 비난합니다. 저들이 습관적으로 비난하는 그 죄목에 대해서는 얼마든지 쉽게 변호할 수 있습니다. 우리가 저 더러운 웅덩이(교황청)로부터 최대한 멀리 떨어져 있노라고 하나님과 천사들 앞에서 그만큼 담대하게 주장할 수 있다면 얼마나 좋겠습니까? 그들은 자기들이 '가톨릭 교회'('공교회' 또는 '보편교회'라는 의미에서)라고 공공연히 주장하지만, 율법과 복음의 '보편적인' 가르침에 대해서는 그 어느 부분도 그대로 보존하지 않고 모조리 다 오염시켜버렸습니다. 또한 그들은 온갖 혐오스러운 미신 행위로 하나님의 예배 전체를 모독하였으며, 하나님의 모든 계명들을 사람이 고안해낸 것들로 바꾸느라 영적인 간음을 행한 것을 부끄러워하지 않았습니다. 아니, 그들은 교회를 수백 번 파괴하고 집어삼키고도 남을 만큼 기독교 전체를 뒤엎어버린 엄청난 오류를 범하는 데 있어서 매우 가톨릭적(보편적)이었습니다.

우리는 하나님의 무한한 선하심을 힘입어, 저들의 그 사망의 소용돌이로부터 안전하게 피하여 우리 신앙의 닻을 하나님의 견고하고도 영원한 진리에 고정시키게 되었습니다. 그러니 우리가 그분의 그 큰 선하심을 아무리 높이고 찬양한다 하더라도 부족할 따름입니다. 저는 이 요한복음 주석을 통해, 교황제도가 사탄의 수많은 속임수가 낳은 기괴함에 지나지 않으며 그들이 교회라고 부르는 것 또한 바벨(하나님을 대적하는 것의 대명사)보다 더 난잡한 것임을 분명하게 증언할 수 있게 되기를 소망합니다.

하지만 솔직히 고백하건대, 우리가 저 더러운 웅덩이에서 벗어나려면 아직도 멀었습니다. 그 전염의 정도가 실로 광범위하기 때문입니다. 적그리스도(교황)는 우리가 자기를 배반했다고 불평하지만, 우리는 그가 세상에 전염시킨 수없이 많은 사악한 것들이 여전히 우리 가운데 남아 있음으로 인해 괴로워하지 않을 수 없습니다. 교리의 순수함, 건전한 신앙, 하나님께 드리는 순전한 예배 그리고 성례聖禮의 올바른 시행 등은 그리스도께서 우리에게 전해 주신 대로 회복되었습니다.

그러나 우리의 풍습과 생활에서 변화가 왕성하게 일어나지 못하는 주된 원인은, 꽤 많은 사람들이 구속拘束 받지 않던 자유를 기억하고 있어서 그리스도의 멍에에 익숙해질 수가 없기 때문입니다.

저 교황주의자들은 이 자유를 이용하여 하나님을 거슬러 방자히 행하고 있습니다. 따라서 우리의 원수들이 무지한 자들에게 우리에 대한 얼토당토 않은 증오심을 불러일으키기 위해 우리가 모든 규범들을 파기했노라고 공격적으로 외치며 나올 때, 그들의 중상모략은 (설사 우리가 침묵하고자 해도) 다음 한 가지 사실로써 얼마든지 반박할 수 있습니다. 즉, 많은 사람들이 보기에 (규범에 대한) 우리의 태도가 지나칠 정도로 엄격해 보일 만큼, 우리는 본국에서 다른 어떤 것보다 그러한 태도를 중요하게 생각했습니다. 그렇다고 해서 저 자신이나 동료들이 마땅히 해야 할 필요 이상으로 가혹하거나 엄격하게 행동하지 않는다는 사실은 누구보다도 여러분이 가장 잘 증언해주실 것입니다. 우리가 여러분이 양심적으로 내린 결정들에 대해 기꺼이 복종하듯, 여러분 또한 이 문제에 대해 우리의 원수들이 보이는 저 뻔뻔스러움이 얼마나 터무니없는지 쉽게 판단할 수 있을 것입니다.

이제 저 자신의 개인적인 문제에 대해 몇 말씀 드리겠습니다. 제가 교회에서 교리를 어떻게 가르쳤는지는 저의 많은 저술들이 온 세상에 충분한 증거가 된다고 믿습니다만, 제 생각에는 여러분의 이름이 이 책에 기록되어 특별한 기념으로 남는다면 더욱 가치가 있을 것으로 보입니다.

여러분도 아시겠지만, 제가 가르친 것과 같은 유의 교리들은 모든 사람들 앞에 제시되어야 할 필요가 있습니다. 이제 저는 여러분과 여러분을 믿고 따르는 사람들이 제가 죽은 이후에라도 지금까지 출판된 저의 책들에서 유익을 얻게 되기를 소원합니다. 물론 여러분의 도시에서 시작된 이 가르침이 외국의 여러 나라로 널리 퍼져서 풍성한 열매를 맺음에도 불구하고 정작 이 도시에서는 무시된다면 그것은 참으로 한탄스러운 일일 것입니다.

그러나 저는 특별히 여러분에게 헌정하는 이 요한복음 주석이야말로 여러분의 기억에 무엇보다 더 강하게 남아 있을 것이라고 확신합니다. 그러므로 저는 하나님께서 친히 그분의 손가락으로 여러분의 마음에 이 주석의 내용을 깊이 새겨주시기를, 그래서 사탄의 어떤 속임수로도 그것을 지울 수 없게 해달라고 기도드립니다. 제 수고가 성공할지 어떨지는 오직 하나님께 달려 있기 때문입니다. 하나님께서는 오랫동안 제가 여러분 모두의 구원을 위해 신실하게 마음 쓰는 것 외에는 그 어떤 것도 갈망하지 않는 마음을 주셨습니다.

솔직히 고백하건대, 저는 훌륭한 목사라는 그 직책의 위대함과 탁월함에 부합하는 면밀함과 부지런함, 그 밖의 다른 덕성들을 지니지 못했습니다. 또한 제가 마땅히 가야 할 길을 가지 못하도록 방해하는 수많은 죄를 생각하며 늘 하나님 앞에서 통곡합니다. 그러나 감히 고백하기는, 충성스럽고 진지한 의지만큼은 제게 부족함이 없습니다. 만일 저 악한 자들(교황주의자들)이 저를 괴롭히는 일을 멈추지 않는다면, 저는 당연히 저의 선행으로써 저들의 비방을 논박해야 할 것입니다. 그러나 여러분이 지니고 있는 거룩하고 강력한 권위로써 저들이 하는 짓을 억누르는 것은 여러분의 몫입니다.

그리스도 안에서 존경하는 장관님들과 의원님들! 그리스도께서 여러분을 지켜주시기를 기도하며 마지막 인사를 드립니다.

1553년 1월 1일 제네바에서

Jotzay Calvin

14

요한복음은 그리스도의 영혼을 보여준다!

'복음'을 가리키는 헬라어 단어의 의미는 누구에게나 잘 알려져 있다. 성경에서 '탁월한'이라는 의미를 지닌 '카타 엑소켄'(kata exoken)은 그리스도 안에서 우리에게 계시된 은혜의 반갑고 기쁜 메시지를 뜻한다. 하나님의 은혜는 우리에게 세상과 및 세상의 덧없는 부富와 쾌락을 멸시하라고 가르치며, 이 비교할 수 없는 복이 우리에게 주어졌을 때 그것을 온 마음으로 바라고 받아들이라고 권한다.

경건치 못한 자들이 세상에서 무절제하게 헛된 쾌락을 즐기면서 영적인 복을 거의, 아니 전혀 느끼지 못하는 것은 우리 모두에게 있는 일반적인 특성이기도 하다. 그러므로 이러한 오류를 교정하기 위해 하나님께서는 그리스도에 관해 메시지를 선포하라고 명하셨는데, 이 메시지를 특별히 '복음'이라고 부르셨다. 하나님께서는 이와 같은 방법으로, 우리가 다른 곳에서는 참되고 실제적인 행복을 얻을 수 없으며 하나님 안에서만 복된 삶에 필요한 모든 부분을 완전하게 얻을 수 있다고 말씀하신다.

'복음'이라는 단어를 심지어 율법과 선지서 여러 곳에 흩어져 있는 하나님의 모든 약속들에까지 확장시키는 사람들도 있다. 사실, 하나님께서 사람들에게 은혜를 베푸사 그들의 죄를 용서하신다고 친히 선언하실 때마다 그리스도를 내세우신다는 것은 부인할 수 없다. 또한 하나님이 비추시는 기쁨의 광선이 닿는 곳은 모두가 그분의 소유임도 사실이다. 그러므로 거저 주시는 믿음에 관해서라면, 나는 믿음의 선조들이 우리와 동일한 복음에 참여했다고 믿는다.

그러나 성령께서 성경에서 늘 말씀하시듯이 그리스도께서 오셨을 때에야 비로소 복음이 선포되었기 때문에, 우리는 그리스도께서 전하신 말씀을 '복음'이라고 표현하는 방식을 고수해야 할 것이다. 그리고 내가 이미 제시한 '복음은 그리스도 안에 계시된 은혜의 장엄한 선포'라는 정의定義를 따라야 할 것이다. 복음 안에는 하나님의 의義가 계시되어 있기 때문에, 복음은 '모든 믿는 자에게 구원을 주시는 하나님의 능력'이라고도 불린다. 또한 복음은 '대사'大使라고도 불리는데, 이는 하나님께서 복음으로 말미암아 사람들을 하나님 자신과 화목케 하시기 때문이다. 더욱이 그리스도께서 우리를 향한 하나님의 자비와 아버지의 사랑을 보증해주셨으므로 그분은 복음의 주제로 가장 적합한 분이시다.

그러므로 그리스도께서 육신을 입고 세상에 오셨고, 죽으셨고, 죽은 자 가운데서 부활하셨으며 마침내 승천하셨음을 서술하는 기사記事들이 특별히 '복음'이라는 이름을 얻게 되었다. '복음'이라는 단어가 신약성경을 나타내는 용어이긴 하지만, 앞에서 제시한 이유에 비춰볼 때, 실제로 복음이라는 말은 제유법(일부분으로써 전체를 가리키는 수사법)처럼 그리스도께서 육신을 입고 우리에게 나타나셨고 죽으셨으며 또 죽은 자 가운데서 다시 사셨다고 선포하는 신약성경의 특정 메시지를 가리키기 위해 사용되었다. 그러나 사실 그대로를 묘사한 역사歷史는 우리를 구원하기에 충분하지도 않고 사실 아무 소용이 없는 것이기에, 복음서 기자들은 단순히 그리스도께서 탄생하시고 죽으시고 죽음을 정복하셨다고 서술한 것이 아니라 그분이 탄생하시고 죽으시고 부활하신 목적이 무엇인지, 그리고 우리가 이 사실에서 얻는 유익이 무엇인지에 대해서도 설명한다.

그런데 복음서 기자들 사이에도 차이가 있다. 처음 세 복음서의 기자들(마태, 마가, 누가)은 그리스도의 생애와 죽음에 대해 좀 더 자세히 설명하는 데 반해, 요한복음 기자는 그리스도의 직분에 대해, 그리고 그분의 죽으심과 부활이 갖는 능력에 대해서 설명하는 교리를 좀 더 강조한다. 다른 세 복음서 기자들은 그리스도께서 구원을 베풀려고 세상에 오신 사실과 죽음이라는 희생제물을 드림으로써 세상 죄를 대속代贖하기 위해 오셨다는 것, 한마디로 말해서 중보자의 모든 의무를 수행하기 위해 세상에 오셨다는 사실을 매우 강조한다. 요한 역시 그의 복음서의 일부에서 역사적인 서술에 집중한다. 그러나 그리스도께서 세상에 오심으로써 발생한 능력과 열매를 알려주는 교리는 여느 세 복음서보다 요한복음에 훨씬 더 분명하게 나타난다. 물론 네 복음서는 모두 그리스도를 보여준다는 동일한 목적을 가지고 있다.

이런 식으로 표현하는 것이 허용될지 모르겠지만, 처음 세 복음서는 그리스도의 몸body을 보여주는 반면, 요한은 그분의 영혼soul을 보여준다. 이런 이유로 요한복음이 다른 세 복음서를 이해하는 문을 여는 열쇠라고 말하는 것이 전혀 어색하지 않다. 요한복음에 회화적繪畵的으로 묘사된 그리스도의 능력을 파악한 사람이라면, 이후에 다른 세 복음서 기자들이 '계시된 구원자'에 대해 언급한 것을 훨씬 수월하게 이해하며 읽을 수 있을 것이다.

요한은 당시 하나님을 모독하는 에비온(Ebion, 예수님이 한갓 사람에 불과하다면서 예수님의 신성을 부인한 유대인 이단)과 케린투스(Cerinthus, 1세기의 영지주의자로 예수님이 육신으로 오신 것을 부정함)의 불경스러운 태도에 대항하여 그리스도의 신성神性을 주장할 목적으로 복음서를 기록한 것으로 보인다. 유세비우스(Eusebius, 3세기에 활동한 팔레스타인 출신 초대교회 역사가)와 제롬(Jerome, 347~419. 초대교회의 학자로 라틴어 성경을 번역했음)은 고대인들의 공통된 의견을 들어 이 사실을 증언하였다. 그러나 요한이 복음서를 기록할 당시에 어떤 이유를 지녔든지 간에, 하나님께서 무엇보다도 자신의 교회를 위하여 요한복음을 기록하게 하셨다는 사실에는 의문의 여지가 없다.

하나님께서는 네 명의 복음서 기자들에게 그들이 써야 할 내용을 각각 받아쓰게 하셨고, 그들은 각자 자신의 분량을 기록했다. 그러나 동시에 사복음서 전체는 하나의 완벽한 작품을 이루었다. 마치 하나의 입에서 나오는 교훈으로 가르침을 받는 것처럼 이 네 복음서를 서로 연관시켜 통합하는 것은 우리의 몫이다. 사복음서 중에서 요한복음이 네 번째에 놓인 것은 요한복음이 시간 순서상 네 번째로 기록되었기 때문이다. 그러나 이 네 복음서를 읽을 때에는 다른 순서로 읽는 것이 더 낫다. 즉, 마태복음을 비롯한 나머지 복음서에서 하나님께서 우리에게 보내신 그리스도에 대해 알고 싶다면, 먼저 요한복음을 통해 그리스도께서 나타나신 목적이 무엇인지를 배워야 한다.

요한복음 1장

¹ 태초에 말씀이 계시니라 이 말씀이 하나님과 함께 계셨으니 이 말씀은 곧 하나님이시니라 ² 그가 태초에 하나님과 함께 계셨고 ³ 만물이 그로 말미암아 지은 바 되었으니 지은 것이 하나도 그가 없이는 된 것이 없느니라 ⁴ 그 안에 생명이 있었으니 이 생명은 사람들의 빛이라 ⁵ 빛이 어둠에 비치되 어둠이 깨닫지 못하더라 요 1:1-5

1 태초에 말씀이 계시니라 요한은 우리에게 그리스도께서 육신으로 나타난 영원한 하나님이시라는 사실을 가르치려고 이 서문에서 그리스도의 영원한 신성神性을 선포한다. 이 선포를 통해 요한은 '인간 회복'이 하나님의 아들에 의해서만 성취된다는 사실을 제시하려 한다. 이는 만물이 하나님 아들의 능력으로 창조되었으며, 그분만이 홀로 만물에 생명과 에너지를 불어넣으심으로 만물을 현재의 모습대로 존재하게 하셨기 때문이다. 또한 하나님의 아들이 사람들 안에 그분 자신의 능력과 은혜를 입증할 만한 유일무이한 증거를 주셨으며, 심지어 아담이 타락한 이후에도 계속해서 그 후손에게 풍성한 자비를 베푸셨기 때문이다.

이 교리를 아는 것은 대단히 중요하다. 하나님 이외에 그 어떤 것에서도 생명과 구원을 찾을 수 없고 또 찾아서도 안 되기 때문이다. 이러한 가르침을 확실하게 알지 못한다면 어떻게 그리스도를 믿을 수 있겠는가? 그러므로 이 말씀에서 요한은, 우리가 그리스도를 믿을 때 한 분이시며 영원하신 하나님을 떠나서는 안 된다는 것과, 온 우주가 아직 온전하였을 때 생명의 원천이자 이유가 되셨던 그리스도께서 자비를 베푸심으로 죽은 자들에게 지금 생명이 회복되고 있다는 사실을 선언하는 것이다.

나는 다음과 같은 이유로 요한이 하나님의 아들을 '말씀'(라틴어로는 Sermo)이라고 칭했다고 생각한다.

첫째, 그리스도가 하나님의 영원한 지혜와 뜻이기 때문이다.

둘째, 그리스도가 하나님의 의도를 분명하게 보여주시기 때문이다. 사람에게 있어서 말(언어)은 그의 사상을 표현하는 것이다. 이 원리를 하나님께 적용하여, 하나님이 자신을 그분의 말씀으로 우리에게 표현하셨다고 해도 틀린 말은 아닐 것이다.

헬라어 '로고스'logos에 다른 의미를 부여하는 것은 적절하지 않다. 헬라어에서 이 단어는 '정의'定義나 '이성'理性 또는 '계산'을 의미한다. 하지만 나는 이 단어를 내 신앙의 이해를 넘어서 철학적으로 설명하지는 않을 것이다. 우리는 하나님의 영靈께서 이와 같은 방식을 인정하지 않으신다는 것을 알고 있다. 그래서 성령께서는 우리가 쉽게 알아들을 수 없는 침묵으로 말씀하심으로써 이러한 고도高度의 신비들을 설명하려는 우리의 지적知的 접근이 얼마나 조심스러워야 하는가를 함축적으로 보여주신다. 더욱이 하나님께서 세상을 창조하실 때 자신을 말씀으로 계시하셨다는 것은, 그분이 처음에는 자신을 자신 안에 감추어두셨음을 의미한다. 그러므로 말씀은 하나님과 관련되어 있기도 하고 인간과 관련되어 있기도 한 것이다.

누구보다도 교만하고 무가치한 인간인 세르베투스(Sevetus, 1511~1553. 스페인 사람으로 삼위일체를 부정하여 이단으로 정죄됨)는 하나님께서 이 세상을 창조하는 일에 개입하셨을 때에야 비로소 영원한 말씀이 존재하기 시작했다고 생각한다. 마치 하나님께서 눈에 보이게 일하심으로써 자신의 능력을 알리시기 전에는 그분이 존재하지 않으셨던 것처럼 말이다. 그러나 요한복음 기자는 여기에서 세르베투스와 전혀 다르게 가르친다. 즉, 요한은 말씀이 시간 창조와 더불어 존재했다고 말하지 않는다. 요한은 말씀이 태초부터 존재했다고 말함으로써 그 말씀이 모든 시간을 초월하고 계심을 주장한다.

나는 이 개(세르베투스)가 어떻게 해서 그렇게 짖게 되었는지 그리고 아리우스 [Arius, 250~335. 삼위일체를 부인하고 삼위 하나님이 양태론적(樣態論的)인 방식으로 나타났다는 입장을 고수함]과 사람들이 어떤 궤변을 늘어놓았는지 잘 알고 있다. 아리우스파 사람들은 태초에 하나님이 하늘과 땅을 창조하셨는데, 이 태초는 영원한 시점이 아니라고 생각한다. '태초'beginning라는 것이 '순서'order를 가리키고 '영원'eternal을 지시하지 않는다는 이유를 대면서 말이다.

하지만 요한은 말씀이 하나님과 함께 계셨다고 말함으로써 이러한 비방을 애초에 불식시킨다. 말씀에 시간적인 시작이 있다면, 아리우스파 사람들은 하나님 안에서 어떤 시간의 연속성을 발견해야만 한다. 사실 요한은 "태초에 말씀이 계시니라"라는 이 어구를 통해 그분을 다른 모든 피조물과 구별하고 싶어 한다. 이 '말씀'이 실제로 어디에 계셨는가? 말씀이신 그분은 자신의 능력을 어떻게 행사하셨는가? 그분의 본성本性은 무엇인가? 그분은 어떻게 해서 알려지게 되었는가? 등등 많은 질문이 제기될 수 있을 것이다. 세상이 존재하기 전부터 그리스도께서 하나님과 늘 연합해오셨기에, 요한은 그리스도께서 세상에 유착應着되어 만물을 창조하셨다는 사실을 부인한다.

그렇다면 천지창조를 언급하기 위해 '태초'라는 단어가 사용되었다고 생각하는 사람들은 세상과 분명히 구별된 그리스도를 세상의 일반적인 질서 수준으로 끌어내리고 있음이 분명하다. 이렇게 함으로써 그들은 하나님의 아들에게 지독한 무례를 범할 뿐만 아니라, 그분의 영원하신 아버지인 하나님으로부터 그분의 지혜를 박탈함으로써 성부聖父 하나님까지도 끔찍하게 모독하는 셈이 된다. 하나님의 지혜를 배제한 채 하나님을 묘사하는 것이 잘못이라면, 우리는 하나님의 영원하신 지혜 외에는 그 어떤 곳에서도 말씀의 기원을 찾아서는 안 된다고 고백해야 한다.

세르베투스는 모세가 하나님을 말씀하시는 분으로 제시하기 전까지는 그 말씀이 인식될 수 없다면서 말씀의 영원성을 반대한다. 마치 말씀이신 그분이 아직 공공연하게 나타나지 않았다고 해서 그 말씀이 하나님 안에 존재하지 않은 것처럼 말이다! 또한 자신을 외적으로 보여주기 전에는 그 내적인 존재(inner existence)가 없었던 것처럼 말이다!

그러나 요한복음 기자는 그 말씀이 하나님과 함께 계셨다고 단호하게 주장함으로써 터무니없는 헛소리가 나올 만한 모든 소지를 제거해버렸다. 요한은 (말씀을) 시간과 관련하여 이해하려는 어떤 생각도 분명하게 불식시킨다. 이 어구에 쓰인 동사의 미완료시제에서 그 존재의 지속적인 상태를 추론하는 사람들은 오히려 자기들의 논지가 매우 취약하다는 것을 알아야 한다. 그들은 '(과거에) 존재하고 있었다'(was being, 라틴어로는 erat)라는 표현이 요한이 말한 '그가 계셨다'(was, 라틴어로는 fuit)라는 표현보다 더 지속적인 연속들을 잘 나타낸다고 주장한다. 그러나 이렇게 주장하려면 좀 더 타당성 있는 근거가 요구된다.

내가 지금까지 밝힌 내용만으로도, 요한이 이 구절을 읽는 우리로 하여금 하나님의 영원한 성소聖所를 떠올리게 한다는 점이 분명하다. 또한 하나님께서 세상 창조라는 그분의 외적인 사역을 통해 자신을 계시하시기 전에 이미 그 성소에 자신을 감추어두고 계셨음을 우리에게 가르치고 있다는 사실을 주장하기에 충분하다. 이런 의미에서 어거스틴(Augustine, 354~430)이 여기에 언급된 '태초'beginning가 사실은 '시작이 없음'(no beginning)을 의미한다는 점을 일깨운 것은 백번 옳다.

설령 성부 하나님께서 순서상 그분의 지혜(말씀)보다 먼저 존재하셨다고 하더라도, 하나님께서 그분의 지혜보다 먼저 계셨던 어느 시점이 있다고 생각하는 사람들은 하나님의 영광을 탈취하는 것이나 다름없다. 이분은 이 세상의 기초가 놓이기 영원 전에 (이렇게 표현해도 될지 모르지만) 하나님 안에 감추어 있었던 영원한 아들(라틴어로는 generatio, '출생하다'라는 뜻)이시다. 그분은 율법 아래에서 족장들에게 여러 세대 동안 암시적으로 알려지다가 결국 육신을 입고 세상에 오심으로 좀 더 온전하게 나타나신 것이다. 라틴어 성경에 '로고스'

logos를 '베르붐'(verbum, 말씀)이라고 번역한 것에 나는 놀라움을 금치 못하겠다. 사실 헬라어 '레마'rema를 '베르붐'이라고 번역하는 것이 더 낫기 때문이다. '로고스'를 '베르붐'이라고 번역할 수 있는 가능성을 인정한다고 하더라도, 라틴어 '세르모'(sermo, 연설, 영어로는 speech)가 로고스의 의미를 전달하기에 훨씬 더 적합한 단어라는 사실은 부인할 수 없다. 이러한 사실은 에라스무스Erasmus 가 더 나은 의미를 전하려고 겨우 단어 하나 바꾼 것을 가지고 그를 맹렬히 공격했던 신학자인 체하는 사람들의 야만적인 행위를 폭로하기에 충분하다.

이 말씀이 하나님과 함께 계셨으니 앞에서 우리는 하나님의 아들이 세상과 모든 피조물보다 높은 위치에 계시고, 모든 세대 이전에 존재하신다 고 이미 언급했다. 하지만 동시에 이 구절은 하나님의 아들에게 성부聖父와 구별되는 본질hypostasis을 부여하기도 한다. 이유는 이렇다. 아들이 하나님 속에 있는 그분 자신만의 실체substance를 가지고 계시지 않다면, 요한이 하나님의 아들을 언급하면서 그분이 항상 하나님과 함께 계셨다든가 하나님 존전尊前 에 계셨다고 말한 것은 앞뒤가 서로 맞지 않는다. 그러므로 이 구절은 사벨리 우스[Sabellius, 3세기에 활동한 신학자. 로고스 기독론을 부정하고 양태론적 일위설(樣態論的 一位設)을 주장 함]의 오류를 논박하기에 적합하다. 이 표현에 따르면, 아들은 아버지와 뚜렷이 구별되는 분이시다. 나는 이미 앞에서 이와 같은 심오한 비밀들이 냉철한 사고를 요구한다고 주장했다.

하지만 초대교회의 저자들이 하나님의 아들에 관하여 언급하면서 성경에서 가르치는 바를 다른 방식으로 표현하는 어떤 용어를 만들어야 했던 것에는 변명의 여지가 있다. 그렇게 하지 않고서는 이단들의 모호한 궤변에 대항하여 참되고 순전한 교리를 변호할 수가 없었기 때문이다. 초대교회의 저자들은 하나님의 단일한 본질 안에 세 개의 본질hypostasis 또는 위격person이 있다고 주장했다. '휘포스타시스'hypostasis라는 단어에 이런 의미가 있다는 사실은 히브리서 1장에서 확인할 수 있으며, 이 단어는 힐라리(Hilary, 4세기에 활동한 신학자. 정통신학에 머물면서도 성자는 성부와 본질이 비슷하다며 절충안을 제시함)가 사용한 라틴어 '수브

스탄티아'substantia에 해당되는 말이다. 초대교회의 저자들은 하나님 안에 있는 구별된 특성들proprietates인 '프로소파'(prosopa, 헬라어로 '얼굴들') 또는 위격位格들이란 용어를 사용했다. 이 용어들은 오늘날 우리가 삼위일체를 이해하는 데 중요한 역할을 하고 있다. 나지안주스의 그레고리(Gregory of Nazianzus, 329~389. 콘스탄티노플의 감독)는 이렇게 말했다.

"나는 내 주변에서 빛을 발하고 계신 삼위三位를 배제하고 일위一位를 생각할 수 없다."

이 말씀은 곧 하나님이시니라 그리스도께서 소유하신 신적神的 본질과 관련하여 어떤 의문의 여지도 두지 않으려고 요한은 그분(그리스도, 즉 말씀)이 곧 하나님이시라고 분명하게 선언한다. 이제, 하나님은 한 분이시므로 우리는 다음과 같은 자연스러운 결론을 얻을 수 있다. 즉, 그리스도는 성부聖父와 동일한 본질에 속하지만 어느 면에서는 다르다. 이 다른 면에 대해서는 이미 앞에서 언급했다. 아리우스는 그 본질의 하나 됨과 관련하여 극도로 사악한 입장을 취했다. 그는 그리스도의 영원한 신성神性을 고백하지 않으려고 하나님을 일종의 피조물이라고 지껄였다. 그러나 본문에 나타난 바와 같이 "이 말씀은 곧 하나님"이셨다면, 우리가 무슨 권위로 그분의 영원한 본질에 대해 의심을 품을 수 있겠는가?

2 그(말씀)가 태초에 하나님과 함께 계셨고 앞에서 논한 내용이 우리의 뇌리에 좀 더 깊숙이 박히도록 하기 위해 요한은 1절에서 두 문장으로 다룬 내용을 하나의 짧은 경구로 요약한다. 말씀은 항상 계셨으며, 더군다나 하나님과 함께 계셨다. 그래서 독자는 여기서 말하는 '태초'가 모든 시간 이전이었음을 이해할 수 있다.

3 만물이 그로 말미암아 지은 바 되었으니 말씀이 곧 하나님이시라고 선언하고 그분의 신적 본질을 천명한 후에, 요한은 그분이 행하신 사역에서

부터 그분의 신성神聖을 증명한다. 믿음을 가진 우리가 특별히 훈련 받아야 할 영역은 바로 이런 실제적인 지식과 관련한 부분이다. 우리의 믿음이 그리스도를 생생하게 느끼게 해주지 못한다면, 단지 그리스도께 하나님의 이름을 부여하는 것만으로는 냉랭한 신앙이 될 수밖에 없기 때문이다. 하지만 요한은 하나님의 아들에 대해서 그분의 인격에 가장 잘 어울리는 말로 바르게 선언하고 있다.

사실 바울은 종종 "만물이 하나님에게서 나온다"(all things are of God)라고 수식어 없이 선언하기도 한다(롬 11:36). 그러나 성자聖子 하나님을 성부聖父 하나님과 비교할 경우, 보통은 이 표시로 아들을 구별한다. 따라서 이 구절에도 이 일상적인 구별 방식이 사용되었다고 보아야 한다. 즉, 성부가 아들로 말미암아 만물을 만드셨고, 만물은 아들을 통하여 하나님으로 말미암아 존재한다. 앞에서 언급했듯이, 요한의 계획은 세상이 창조된 즉시 하나님의 말씀이 외적인 행동을 하게 되었다는 사실을 보이려는 데 있다. 이전에는 하나님의 본질을 이해할 수 없었지만, 만물이 창조된 후에는 하나님께서 자신의 능력을 나타내심으로 공공연하게 알려지게 되었다. 심지어 철학자들 중에는 하나님을 세상의 건축가로 제시하여 그분을 이러한 건축 사역 배후에 계신 지성知性으로 만들려는 사람들도 있다. 그들이 성경의 내용에 동의한다는 면에서 한편으로 그들의 생각이 옳다. 그러나 그들이 무가치한 명상에 사로잡히는 순간, 우리가 그들의 증언을 간절히 바랄 이유는 없다. 오히려 이 구절이 우리의 생각이 수용할 수 있는 이상의 것을 말하고 있음을 알기에, 우리는 여기에 제시된 하늘의 계시로 만족해야 한다.

지은 것이 하나도 그가 없이는 된 것이 없느니라 이 구절은 다양하게 해석되어 왔다. 그렇지만 나는 이 본문이 '창조되지 않은 것이 없다'(was not anything made that hath been made)라는 단 하나의 사상을 전한다는 사실을 주저하지 않고 선언한다. 거의 모든 헬라어 사본들(또는 적어도 가장 권위 있는 사본들)은 이 점에서 일치한다. 더욱이 의미상으로도 이러한 해석에 전혀 의심의 여지가 없다. '지은 것'(that hath been made)이라는 어구를 앞에 있는 어구와 분리해서 생각하려는 사람들은 이 부분을 뒤에 이어지는 표현(In him was life)과 연결해서 억지 의미를 만들어낸다. 즉, '지은 것은 그 안에 있는 생명이었다'(that which hath been made was life in him), 다시 말해서 창조된 것이 '생명을 가졌다'lived 또는 '생명 안에서 유지되었다'(was sustained in life)라고 해석한다. 그러나 그들은 이러한 어투가 피조물에 적용된 적이 있는지를 증명하지 못한다. 상당히 극단적인 플라톤주의자인 어거스틴이 빠져 있던 사상적 개념에 따르면, 하나님께서는 세상을 창조하시기 전에 자신의 마음에 전체 창조 사역의 형태를 하나의 개념으로 가지고 계셨는데, 세상 창조가 그리스도 안에서 지명되었기 때문에 아직 존재하지 않았던 만물의 생명이 그리스도 안에 존재했다고 한다. 그러나 이러한 생각이 요한복음 기자의 생각과 얼마나 거리가 먼 것인지는 곧 밝혀질 것이다.

첫 문장으로 다시 돌아가 그 의미를 설명해야겠다. 이 말은 언뜻 보면 군더더기가 붙은 말처럼 보이지만, 사실은 그렇지 않다. 사탄은 우리를 그리스도에게 주목하지 못하게 하려고 갖은 수단을 다 쓰고 있기에, 요한은 이 구절에서 지음을 받지 않은 것이 아무것도 없다고 분명하게 선언하고 싶었던 것이다.

4그 안에 생명이 있었으니 지금까지 요한은 만물이 하나님의 말씀으로 창조되었다고 가르쳤다. 이제 그는 창조된 것을 보존하는 일 역시 하나님의 말씀이 하신다고 밝힌다. 요한은 마치, 세상이 창조될 당시에 말씀의 능력이 느닷없이 나타나서 그저 스쳐 지나간 것이 아니라, 그분의 능력이 안정되고 고정된 자연 질서의 영원함 속에서 드러나게 되었다고 말하는 것 같다. 히브리서 1장 3절에서 히브리서 기자가 그분의 능력의 말씀(또는 명령)으로 만물을 붙드셨다고 주장하는 것처럼 말이다. 더욱이 이 생명은, 감정이 없는 상태에서 그 나름의 방식대로 살아가는 무생물체까지 일반적으로 확장될 수도 있고 또는 생명체만을 가리킬 수도 있다. 이 중에서 어느 것을 선택하느냐 하는 것은 그리 중요한 문제가 아니다.

이 구절의 단순한 의미는 이것이다. 하나님의 말씀이 모든 피조물에게 생명의 원천이 되어 아직 존재하지 않는 것들이 존재하기 시작했을 뿐만 아니라, 하나님의 말씀이 지닌 생명의 능력으로 말미암아 그 피조물들이 현재의 상태를 유지하고 있다. 하나님의 말씀이 계속해서 숨을 불어넣어서 이 세상을 살리지 않는다면, 아무리 왕성한 생명력으로 살아 있는 피조물이라 해도 즉시 부패하거나 사라지게 될 것이 분명하다. 한마디로 말해서, 바울이 하나님을 언급하며 "우리가 그를 힘입어 살며 기동하며 존재"(행 17:28)한다고 표현했던 것을, 요한은 말씀의 복으로 말미암아 성취될 것이라고 선언한다. 그러므로 우리 안에 생명을 주시는 분은 하나님이지만, 그분은 '영원한 말씀'으로 그렇게 하시는 것이다.

이 생명은 사람들의 빛이라 나는 요한이 제시한 의미에 동의하지 않는 다른 해석은 일부러 무시한다. 내 생각에 이 구절은, 인간이 갖고 있는 생명의 요소 중 다른 생명체보다 뛰어난 어떤 부분을 언급하는 것 같다. 요한은 사람에게 부여된 생명이 일반적인 생명이 아니라 이성의 빛(the light of reason)과 연합된 생명이라고 말하고 있는 것 같다. 더욱이 요한은 사람을 다른 생명체와 구별한다. 우리는 (다른 생명체처럼) 멀리서 하나님의 능력을 바라봄으로써 그분의 능력을 인식하기보다는 우리 안에서 그 능력을 느낌으로써 그분의 능력을 훨씬 더 잘 인식하기 때문이다. 그래서 사도행전 17장 27절에서 바울은 우리에게 하나님을 멀리서 찾지 말라고 경고한다. 하나님께서는 우리 안에서 자신을 계시하시기 때문이다.

이런 까닭에 요한은, 사람들에게 그리스도의 은혜에 좀 더 주의를 기울이라고 권고하기 위해 그분의 은혜에 대한 전반적인 생각을 제시할 때 '사람에게 특별하게 주어진 것'이 무엇인지를 보여준다. 즉, 사람은 짐승과 똑같이 지어진 것이 아니라 이성(理性)이 있는 존재로 지음 받아 피조물 중에서 최고의 위치를 차지하게 된 것이다. 뿐만 아니라 하나님께서 사람의 마음에 그분의 빛을 효과적으로 비춰주신다는 것을 기억할 때, 하나님이 그와 같은 독특한 복의 근원임을 알도록 하기 위해서 사람을 지으셨다는 당연한 결론이 나온다. 그리고 이 빛은 그 근원인 말씀에서 흘러나와 우리에게 비춰진 것이므로 말씀의 신적神的 능력을 분명하게 볼 수 있는 거울과 같은 것임에 틀림없다.

5 빛이 어둠에 비치되 성경의 여러 본문에서 인간을 눈먼 존재로 간주하고 있고 또 사람이 그 보지 못함에 대해서 책망 받는다는 사실은 너무도 잘 알려져 있다는 점을 들어 이 구절에 대해 이의를 제기할 수도 있다. 사실 인간의 모든 이성적인 기능은 비참할 정도로 그 빛을 잃었다. 사람들이 자신의 오성悟性을 의지하지만 결국은 허무함과 거짓에 이끌리게 되고, 이 때문에 세상에 많은 오류의 미궁이 있게 되었다는 것을 어떻게 설명할 것인가? 그러나 사람들 속에서 어떤 빛도 찾을 수 없다면, 요한이 그리스도의 신성神性에 대해 증언하는 이 내용은 무효가 되고 말 것이다.

내가 앞에서 언급했듯이, 세 번째 단계는 사람의 생명 안에 기동起動하고 호흡하는 것 이상의 무언가가 있다는 사실이다. 요한은 태초에 사람들에게 부여된 빛을 그들의 현재 상태에 근거해서 평가해서는 안 된다고 단번에 경고함으로써 앞에서 언급한 질문이 제기되지 못하게 미리 손을 쓴다. 사실 손상되고 타락한 인간의 본성 안에서 빛은 어둠으로 바뀌고 말았다. 그러나 요한은 이성의 빛이 완전히 소멸되었다는 점은 부인한다. 인간의 마음에는 칠흑 같은 어둠 속에서도 여전히 그것을 밝혀주는 불꽃이 비치고 있기 때문이다.

이제 당신은 이 문장에 두 가지 사상이 존재하고 있다는 사실을 깨닫게 될 것이다. 요한은 현재 사람들이 태초에 부여 받은 건전한 본성과는 다른 본성을 지니고 있다고 주장한다. 모든 부분에서 빛을 발해야 할 그들의 마음은 불행한 어둠의 그늘에 가라앉아 있다. 이 타락한 본성 안에서 그리스도의 영광은 어둠에 가려 잘 보이지 않게 되었다. 그러나 다른 한편, 요한은 어둠 속에도 남아 있는 어떤 것들이 있으며, 그것이 어느 정도 그리스도의 신적神的인 능력을 보여준다고 주장한다.

요한은 인간의 마음이 어두워졌고 그래서 그 마음이 어둠에 압도되어 있는 것처럼 여겨질 수도 있다고 밝힌다. 요한은 좀 더 온건한 단어를 사용하여 빛이 어두워졌다거나 희미해졌다고 말할 수도 있었을 것이다. 하지만 그는 첫 사람의 타락 이후 우리의 상태가 얼마나 비참하게 되었는지를 좀 더 분명하게 표현하고 싶었다. 빛이 어둠에 비쳤다는 요한의 진술은 타락한 본성을 찬양하는 말이 전혀 아니다. 오히려 이 말은 무지한 자에게서 어떠한 변명도 하지 못하게 한다.

어둠이 깨닫지 못하더라 하나님의 아들은 우리에게 여전히 남아 있는 이 희미한 빛을 이용하여 사람들을 자신에게로 항상 부르셨지만, 요한은 그 것이 무익했다고 말한다. 왜냐하면 사람들은 '보아도 보지 못하기' 때문이다. 인간이 하나님을 떠난 뒤로 이와 같은 무지함이 그 마음을 엄습하여, 어떠한 빛이 그 마음에 남아 있어도 아무런 힘도 발휘하지 못한 채 질식된 상태로 있다. 우리의 경험이 날마다 이 사실을 증언해준다.

하나님의 영靈으로 거듭나지 않은 사람들도 여전히 어떤 이성理性을 사용하기 때문에, 우리는 인간이 호흡을 하기 위해서만이 아니라 깨닫기 위해서도 지음 받았다는 사실을 분명하게 알게 된다. 사람들은 이성의 인도를 받지만 하나님께 이르지 못하며 그분께 가까이 가지도 못한다. 그래서 그들의 모든 지성知性은 결국 허무할 뿐이다. 이런 까닭에 하나님께서 사람들에게 새로운 방법으로 도움을 베풀지 않으신다면, 그들이 구원 받을 소망은 없다.

하나님의 아들은 사람들에게 그분의 빛을 비춰주셨다. 하지만 사람들은 그 빛의 근원을 알지 못할 정도로 어리석다. 사람들은 망령된 생각과 왜곡된 환상에 사로잡혀 결국 미치고 말았다. 사람의 타락한 본성에 여전히 남아 있는 그 빛에는 두 가지 중요한 요소가 있는데, 하나는 종교의 씨앗이 모든 사람들 속에 뿌려졌다는 것이고, 다른 하나는 그들의 양심에 선과 악의 구별이 선명하게 새겨졌다는 것이다. 그러나 그 두 요소가 결국 어떤 결과를 낳았는가? 종교의 씨앗은 수천 가지나 되는 미신들을 탄생하게 했고 또 양심은 덕德을 악惡과 혼동하여 모든 판단을 흐리게 한 것 말고 무슨 결실을 맺었는가? 한

마디로 말해서, 본성적인 이성(natural reason)은 절대로 인간을 그리스도께로 인도하지 못한다. 인간이 자기 삶을 잘 다스리라고 지혜를 부여 받았고 인문학과 과학을 위해 지음 받았다는 사실은 아무런 영향력을 발휘하지 못한 채 소멸되고 만다.

여기서 우리는, 요한이 자연적인 선물에 대해서만 언급하고 있고 중생 regeneration의 은혜는 아직 다루고 있지 않다는 사실을 기억해야 한다. 하나님의 아들에게는 두 가지 분명한 능력이 있기 때문이다. 첫 번째 능력은 세상의 구조와 자연 질서에서 나타난다. 타락한 자연을 새롭게 하고 회복시키는 것은 그분의 두 번째 능력이다.

하나님의 아들은 하나님의 영원한 말씀이시다. 그리고 세상은 그분으로 말미암아 지음 받았고, 만물은 그분의 능력으로 처음에 받은 생명을 유지한다. 특별히 사람은 깨달음이라는 독특한 선물을 부여 받아 특별한 존재가 되었다. 타락으로 말미암아 깨달음의 빛을 잃었지만, 인간은 여전히 보기도 하고 깨닫기도 한다. 그들이 하나님의 아들의 은혜로부터 자연적으로 소유하게 된 빛이 완전히 파괴된 것은 아니기 때문이다. 하지만 사람은 그 둔함과 완고함으로 자기에게 여전히 존재하고 있는 빛을 어둡게 하고 있기에, 중보자라는 새로운 역할을 맡아서 중생의 영으로써 타락한 인간을 재창조하는 일은 하나님의 아들이 하셔야 할 일이 되고 말았다. 그러므로 요한이 언급하고 있는 빛이 복음과 구원에 대한 설교를 가리킨다고 생각하는 사람들은 마치 마차를 말 앞에 매는 셈이다.

6 하나님께로부터 보내심을 받은 사람이 있으니 그의 이름은 요한이라 7 그가 증언하러 왔으니 곧 빛에 대하여 증언하고 모든 사람이 자기로 말미암아 믿게 하려 함이라 8 그는 이 빛이 아니요 이 빛에 대하여 증언하러 온 자라 9 참 빛 곧 세상에 와서 각 사람에게 비추는 빛이 있었나니 10 그가 세상에 계셨으며 세상은 그로 말미암아 지은 바 되었으되 세상이 그를 알지 못하였고 11 자기 땅에 오매 자기 백성이 영접하지 아니하였으나

12 영접하는 자 곧 그 이름을 믿는 자들에게는 하나님의 자녀가 되는 권세를 주셨으니

13 이는 혈통으로나 육정으로나 사람의 뜻으로 나지 아니하고 오직 하나님께로부터 난

자들이니라 요 1:6-13

6사람이 있으니 이제 사도 요한은 하나님의 말씀이 육신으로 나타나신 방법에 대해 논의하기 시작한다. 요한은 그리스도께서 하나님의 영원한 아들이시라는 사실에 의문을 품지 않게 하려고, 하나님의 사자使者인 세례 요한이 그리스도를 어떻게 공공연히 선포했는지 이야기한다. 그리스도께서는 자신을 사람들에게 보이셨을 뿐만 아니라 세례 요한의 증언과 설교로 알려지기를 원하셨다. 아니 오히려 이렇게 말하는 것이 더 정확할 것이다. 성부 하나님께서 이 증인 세례 요한을 그리스도보다 먼저 보내시어, 사람들이 그리스도께서 베푸시는 구원을 더 잘 받아들일 수 있도록 준비를 하게 하셨다고 말이다.

그런데 언뜻 보기에는, 그리스도께서 증인을 필요로 하시거나 한 것처럼 다른 사람이 그분에 대해 증언해야 한다는 것이 뭔가 이상한 것처럼 보인다. 주님이 사람들에게서 증언을 구하지 않는다고 선언하셨다는 사실(요 2:25)을 고려하면 더욱 그렇다. 이 문제에 대답하는 것은 그리 어렵지 않으며 분명하다. 이 증언은 그리스도를 위해서가 아니라 우리를 위해 마련된 것이다. 사람의 증언은 그리스도가 하나님의 아들이심을 증명하기에 너무 빈약하다고 문제를 제기하는 사람이 있다면, 이 문제 또한 쉽게 해결할 수 있다. 세례 요한은 개인적인 증인으로 인용된 것이 아니라 하나님의 권위를 부여 받은 사람으로서, 사람의 역할보다는 오히려 천사의 역할로 등장했다고 말할 수 있다. 그러므로 세례 요한은 그의 능력 때문에 칭송 받은 것이 아니라 하나님의 전권대사全權大使였기에 칭송을 받은 것이다. 또한 그의 증언은 그리스도께서 자신에게 맡겨진 복음 전파의 일을 수행하실 때 보인 자기 계시(self-witness)와 모순되지 않는다. 하나님의 사자인 세례 요한의 존재 목적은, 그의 설교를 듣는 사람들이 그리스도의 가르침과 이적異蹟에 주의를 기울이도록 하는 것이기 때문이다.

하나님께로부터 보내심을 받은 복음서 기자인 사도 요한은 세례 요한의 소명召命을 확증하지는 않는다. 다만 지나가면서 그 사실을 언급할 뿐이다. 사람들 앞에서 자기를 내세우며 자기가 하나님으로부터 보냄을 받았다고 자랑하는 많은 사람들에게는 요한의 이 간단한 언질言質이 만족스럽지 않을 것이다. 하지만 복음서 기자는 이 증인(세례 요한)에 대해 나중에 더 많은 내용을 언급할 심산으로, 지금은 그가 하나님의 사명을 받아 이 땅에 왔다는 한마디 말이면 충분하다고 생각했다. 우리는 나중에 세례 요한이 그의 사역을 지시하신 분이 하나님이심을 어떻게 주장하는지 살펴볼 것이다.

이 시점에서 우리가 반드시 이해하고 넘어가야 할 것은 (내가 앞에서 언급하였듯이) 세례 요한에 관한 모든 언급은 교회의 모든 교사들에게 동일하게 요구되는 내용이라는 점이다. 즉, 교회의 교사들(목사들)은 하나님으로부터 부름을 받은 사람들이어야 하며, 그러하기에 그들이 가르치는 교훈의 권위는 하나님 한 분 외에는 다른 어떤 것에서도 그 근거를 찾을 수 없다.

그의 이름은 요한이라 주님은 여기에서 '요한'이라는 이름을 구체적으로 밝히셨다. 그것은 그 사람이 누구인지를 분명히 알리기 위함이기도 하지만, 그 이름에 담겨 있는 의미가 그 사람과 상관있기 때문이기도 하다. 천사를 통하여 그의 이름을 '요한'이라 하라고 명령하셨을 때, 주님은 틀림없이 그에게 맡기기로 의도하신 일을 구체적으로 언급하셨을 것이다. 모든 사람들이 이 사건으로부터 요한이 '하나님의 은혜의 반포자'라는 사실을 인식할 수 있도록 말이다. '요한'(yehohanan, '은혜'라는 뜻)이라는 말을 소극적인 의미로 해석해서 그가 하나님께 기쁨이 될 것이라고 볼 수도 있다. 그럴 경우 이 단어는 요한을 개인적으로 언급하는 것이다. 그러나 나는 이 단어가 다른 사람들이 요한으로부터 얻게 될 열매를 가리킨다고 확대해석하는 데 아무런 주저함이 없다.

7 그가 증언하러 왔으니 복음서 기자는 세례 요한이 부름 받은 목적을 간

단하게 개괄한다. 요한은 교회에게 그리스도를 맞을 준비를 하게 하는 사람이다. 요한은 모든 사람을 그리스도에게로 초대하면서, 그리스도께서 자기의 개인적인 목적을 추구하기 위해 온 것이 아님을 분명하게 천명하였다.

8 그는 이 빛이 아니요 복음서 기자는 세례 요한이 빛이 아니라는 사실을 강조함으로써 사람들의 마음이 세례 요한에게로 향해질 이유가 전혀 없음을 분명히 하였다. 혹시라도 세례 요한이 지나치게 광채를 발하게 되면 그리스도의 영광이 가려질 것이 자명했기 때문이다. 사실 어떤 사람들은 세례 요한을 너무도 집중적으로 바라본 나머지 그리스도를 등한히 하였다. 마치 새벽에 동이 터오는 장면에 압도되어 태양 따위는 바라보지 않으려는 사람처럼 말이다.

　이제 복음서 기자가 '빛'이라는 단어에 부여한 의미가 무엇인지를 살펴보자. 경건한 사람들은 모두 "주 안에서 빛이라"(엡 5:8)라는 말은, 그들이 하나님의 영靈으로 조명照明을 받아서 그들 자신이 보게 되었을 뿐만 아니라, 그들의 모습을 보고 다른 사람들이 구원의 길로 인도함 받게 된다는 의미이다. 사도들은 복음의 횃불을 들고 세상의 어둠을 밝히는 특별한 사람들이었기 때문에 빛이라고 불렸다(마 5:14). 그러나 여기서 복음서 기자는 유일하고도 영원한 빛의 근원을 논하고 있다. 그는 다음 절에서 이 빛에 대해 더 명료하게 보여준다.

9 참 빛 곧 … 비추는 빛이 있었나니 여기서 복음서 기자는 참 빛과 거짓 빛을 대조하고 있는 것이 아니라, 그리스도를 다른 모든 존재와 구별하고 싶어 한다. 어떤 누구도 천사나 사람이 갖고 있는 빛과 동일한 빛을 그리스도께서도 갖고 있다고 생각하지 않도록 말이다. 차이점은 이렇다. 하늘에 있는 빛이나 땅에 있는 빛은 단지 파생된 빛에 불과하다. 이와는 다르게 그리스도께서는 스스로 빛을 내실 뿐만 아니라, 자신을 통하여 온 세상을 밝게 비추는 빛이시다. 세상 어디에도 그리스도를 빛나게 하는 원천이나 원인은 존재하지

않는다. 이런 이유로 복음서 기자는 그리스도를 그 본성本性이 빛이신 '참 빛'
이라고 부른다.

각 사람에게 비추는 빛 복음서 기자는, 우리 각 사람이 자기 안에서 빛을
감지할 때, 그것이 바로 빛이신 그리스도에게서 나왔다는 사실을 깨닫기 바
라면서 이 구절을 강조한다. 요한은 그리스도가 영원한 빛이시며 어디에서
부터도 파생되지 않은, 그 자체가 빛이신 분이라고 좀 더 신비롭게 주장할 수
도 있었을 것이다. 하지만 그는 그렇게 하지 않고 대신 우리 모두의 (자기 안에
서 빛을 느끼는) 경험을 상기시킨다. 그리스도께서 우리를 다 그분의 '밝음'에
참여하게 하셨기에 그분께만 '빛'이라고 불리는 존귀를 돌려드려야 한다.

　'각 사람'이라는 표현은 일반적으로 둘 중 한 방법으로 설명된다. 개중에
는 '각 사람'이라는 이 보편적인 용어를 '하나님의 영으로 중생하여 생명을
주는 빛에 참여하게 된 사람들'이라고 한정하는 사람들이 있다. 어거스틴은
이 구절을 설명할 때 학교 선생의 예를 사용한다. 즉, 어떤 마을에 학교가 하
나밖에 없다면, 설령 많은 사람들이 그 학교에 다니지 않는다 하더라도, 당시
학교의 선생은 모든 사람의 선생으로 불렸다는 것이다. 이런 식으로 이해하
는 사람들은 이 표현을 상대적인 의미로 받아들인다. 즉, 어느 누구도 그리스
도의 은혜 외에 다른 것으로 생명의 빛을 얻었다고 자랑할 수 없으므로 (생명
의 빛을 얻은) 모든 사람은 그리스도에 의해 비춤을 받는다는 것이다.

　그러나 요한이 '세상에 온 모든 사람'(every man coming into the world)이라고 총괄
적으로 언급한 것을 볼 때(한글 개역개정성경에는 9절 말씀이 "참 빛 곧 세상에 와서 각 사람에게 비
추는 빛이 있었나니"라고 되어 있으나 칼빈이 인용한 성경에는 "There was the true light, which lighteth every
man coming into the world"라고 되어 있다. 즉, 한글 개역개정성경은 세상에 온 주체가 '참 빛이신 예수님'으
로 되어 있으나 칼빈이 인용한 성경에는 그 주체가 '각 사람'으로 되어 있는 것이다), 나는 다른 설명이
더 마음에 든다. 즉, 앞에서 언급했듯이 이 구절은 이 빛(참 빛이신 그리스도)에서
나온 광선이 온 인류에게 비춰졌다는 의미이다. 우리는 인간이 다른 동물들
과 달리 그 빛에 비춤을 받는 독특한 특권을 받았음을 알고 있다. 사람들은

이성과 지성을 지녔으며, 그들의 양심에는 옳은 것과 그른 것을 구별하는 능력이 새겨져 있다. 그래서 영원한 빛을 인식하지 못하는 사람은 없다. 하지만 광신자들은 이 구절을 열정적으로 움켜쥐고 그것을 곡해하여 조명照明의 은혜가 구별 없이 모든 피조물에게 주어졌다고 주장하고 있다. 그러나 그들이 말하는 빛은 믿음보다 훨씬 낮은 수준에 있는 자연의 일반적인 빛을 언급하는 것일 뿐임을 기억할 필요가 있다.

자기가 똑똑하고 잘나서 하나님나라에 들어갈 수 있는 사람은 아무도 없다. 하나님의 영靈만이 하나님의 택함 받은 사람들을 위하여 하늘 문을 여신다. 더욱이 하나님께서 사람에게 부여하신 이성理性의 빛은 죄로 말미암아 어두워져 있으며, 거의 꺼져가는 한두 개의 불꽃이 이 강렬한 어둠 속에서 지독한 무지와 오류의 심연 속에서 가물거리고 있을 뿐임을 잊어서는 안 될 것이다.

10 그가 세상에 계셨으며 요한은 사람들의 배은망덕을 고발한다. 말하자면 사람들은 자기들이 향유하고 있는 빛이 어떻게 생겨났는지를 알지 못할 정도로 눈이 멀었다. 그리스도께서는 사람이 되어 세상에 나타나시기 전에도 그분의 능력을 어느 곳에서나 계시하셨다. 그러므로 사람들의 나태함은 그분의 능력이 일상에 어떤 식으로 나타나는지를 통해서 고침 받아야 마땅하다. 흐르는 시내에서 물을 길으면서 그 시내가 발원發源하는 샘에 대해서는 생각하지 않는 것이야말로 가장 이치에 맞지 않는 행동이다. 그러므로 세상은 그리스도께서 사람으로 오사 스스로를 나타내시기 전에 그분을 알지 못한 것에 대해서 자신의 무지를 변명거리로 삼을 수 없다. 사람들은 능력으로 늘 임재해 계시는 그리스도를 보기는 하면서도 나태함과 악함과 무감각함 때문에 그분을 알아보지 못하고 있는 것이다. 한마디로 말해서, 사람들이 그분의 광선光線으로 일깨움을 받지 못하고 그분을 바라볼 수 없을 정도로 그리스도께서 세상에 계시지 않았던 적은 결코 없었다. 그러므로 그들이 비난을 받는 것은 지극히 당연하다.

11 자기 땅에 오매 여기서 요한은 철저히 타락하고 사악해진 사람들의 모습을 보여준다. 하나님의 아들이 자신을 육신의 모양으로 볼 수 있게 나타내시고 (하나님이 다른 나라로부터 구별하여 하나님의 소유로 삼으신 유대인들에게) 자신을 계시하셨을 때, 그들은 그분을 인정하지도 않았고 영접하지도 않았다는 점에서 더욱 불경건하고 저주받은 자들이 되었다.

이 구절도 몇 가지 다른 방식으로 설명되고 있다. 어떤 사람들은 요한이 "자기 땅에"라고 했을 때 온 세상을 총체적으로 언급하고 있다고 생각한다. 하나님의 아들이 '자기 땅'이라고 정당하게 주장하지 못할 곳이 없다는 게 그 이유이다. 그들의 이해에 따르면, 온 인류가 그리스도의 기업inheritance이기 때문에, 그분이 이 땅에 오셨을 때 그분은 외국에 들어오신 것이 아니라 자기 땅에 오신 것이다.

그러나 내 생각에, 여기서 '자기 땅'이라고 한 것은 유대인들만을 지칭한다고 보는 것이 더 옳다. 요한은 다른 곳과 자기 땅을 넌지시 비교함으로써 사람들이 얼마나 배은망덕한지 부각시킨다. 하나님의 아들은 어느 한 나라에 자신이 거할 처소를 정하셨다. 그러나 정작 그분이 그곳에 나타나셨을 때, 그분은 버림받으셨다. 이 사실은 사람들이 얼마나 심각하게 눈이 멀었는지를 분명하게 보여준다.

그러나 복음서 기자는 유대인들의 불신앙 때문에 많은 사람들의 길에 놓이게 된 방해물을 제거하려고 이 말을 했음이 틀림없다. 하나님의 아들이 오시기로 약속한 그 나라에서 멸시를 받고 버림받았다면, 어느 누가 그분을 세상의 구주救主로 여기겠는가? 바울이 동일한 문제를 가지고 그토록 씨름한 이유가 바로 이것이다.

"자기 땅에 오매"(He came unto his own)에서 동사came와 명사He에 둘 다 강조점이 있다. 요한은 하나님의 아들이 이전에 계셨던 곳에 '오셨다'고 말한다. 하나님의 아들은 사람들이 그분을 좀 더 가까이서 볼 수 있게 자신을 나타내시는 새롭고 놀라운 임재의 방식을 생각하셨던 것이다.

요한은 "자기 땅에"라고 말하면서 유대인들과 다른 나라를 비교하고 있다. 유대인들은 유일무이한 특권을 부여 받아 하나님의 가족으로 택함을 받았던 것이다. 그래서 그리스도는 맨 처음 그들에게 자신을 나타내 보이셨다. 마치 그들이 그리스도와 피를 나눈 가족이었던 것처럼 또 정당한 자격을 가지고 그분의 나라에 속하여 있었던 것처럼 말이다. 하나님께서 이사야서 1장 3절에서 "소는 그 임자를 알고 나귀는 그 주인의 구유를 알건마는 이스라엘은 알지 못하고 나의 백성은 깨닫지 못하는도다"라고 한탄하신 것도 이와 동일한 맥락이다. 하나님께서 비록 온 땅에 주권을 행사하시기는 하지만, 그분은 특히 이스라엘의 주님이 되신다. 말하자면, 하나님께서 이스라엘 백성들을 거룩한 울타리 안으로 모으셨던 것이다.

12 영접하는 자 유대인들이 그리스도를 멸시하고 저버렸기 때문에 혹시 거기에 걸려 넘어지는 사람이 있을까봐, 요한은 주님을 믿는 경건한 사람들을 높이 칭송한다. 요한은 사람들이 예수 그리스도를 믿으면 '하나님의 자녀'라 칭함 받는 영예를 입는다고 말한다. "…하는 자"(as many)라는 보편적인 용어에는 그 반대의 의미가 내포되어 있다. 즉, 유대인들은 하나님이 자기들만의 하나님인 양 생각하는 무분별한 자만에 빠져 정신을 못 차리고 있었다. 그래서 요한은 그들의 운명이 바뀌었다고 선언한다. 다시 말해서, 하나님의 자녀가 되지 못한 유대인들의 빈자리를 이방인들이 차지하게 된 것이다. 마치 요한은 양자養子가 되는 권리를 낯선 사람들에게 이양한 것처럼 말하고 있다.

　　바울이 밝힌 것처럼, 한 나라가 넘어짐으로써 온 세상이 생명을 얻게 되었다(롬 11:12). 이를테면, 유대인들이 복음을 배척하자 그 복음이 온 세상으로 넓게 그리고 멀리 퍼진 것이다. 결과적으로 유대인들은 자기들이 가지고 있던 탁월한 은총을 빼앗기고 말았다. 그러나 유대인들이 경건하지 않았다고 해서 그리스도께서 해를 받으신 것은 아니었다. 그리스도께서는 다른 곳에 그분 나라의 보좌를 세우셨고, 처음에는 하나님께 버림받은 것처럼 보였던 모든 백성들을 차별 없이 구원의 소망으로 부르셨다.

권세를 주셨으니 나는 여기에 사용된 '엑수시아'(exousia, 권세)라는 단어를 '영예'(honour, 라틴어로는 dignitatem)라는 의미로 이해한다. 로마 가톨릭 교도들의 거짓 견해를 타파하기 위해서라도 이 단어를 이렇게 번역하는 것이 더 낫다고 생각한다. 로마 가톨릭 교도들은 이 구절의 의미를 사악하게 왜곡시켜서, 만일 우리가 (하나님의 자녀가 되는) 특권을 얻기에 적합하다고 생각한다면 우리는 그 특권을 이용할지 말지 '선택할 자유'만을 부여 받았다고 해석한다. 그들이 이해하는 것처럼 이 '권세'라는 단어에서 '자유의지'를 읽는 것은 마치 물에서 불을 얻는 것과 같다. 얼핏 보기에는 그들의 해석이 일리가 있는 것처럼 보인다. 요한이, 그리스도께서 그들을 하나님의 자녀로 삼으셨다고 주장하지 않고 단지 그들에게 하나님의 자녀가 되는 권세를 주셨다고 말하고 있기 때문이다. 이것을 근거로 그들은, 하나님의 자녀가 되는 이 은혜가 우리에게 제공되기만 했을 뿐이고 그것을 사용하느냐 거절하느냐 하는 것은 우리 재량에 달려 있다고 추론한다.

그러나 문맥을 보면 '권세'라는 단어에 대한 그들의 무가치한 말장난이 한 방에 나가떨어지는 것을 볼 수 있다. 요한은 이어지는 구절에서, 사람들이 하나님의 자녀가 된 것이 육정肉情으로 된 것이 아니라 오직 하나님께로부터 태어남으로써 되었다고 말하고 있다(13절). 만일 우리가 믿음으로 중생하게 되었다면 분명히 우리는 하나님의 자녀이다. 그리고 하나님께서 하늘에서부터 우리에게 믿음을 불어넣어주셨다면, 그리스도께서 우리에게 주신 양자 됨의 은혜는 분명히 잠재적인 것에 불과한 것이 아니라 실제로 존재한다고 말할 수 있다. 그리고 실제로 헬라어에서 '엑수시아 안티 악시오세오스'(exousia anti axioses)는 '가치가 있다고 여겨지다'라는 뜻이다[여기서 '엑수시아'는 종종 '악시오시스' (axiosis, 가치가 있음, 존경, 명성)와 동의어로 사용된다]. 그러므로 이것이 이 구절에 가장 알맞은 의미이다.

요한이 사용한 완곡어법('권세를 주셨다'는 표현)은, 요한이 그리스도를 믿는 모든 사람이 그분으로 말미암아 하나님의 자녀들이 '되었다'고 한마디로 말하는 것보다 훨씬 더 은혜의 탁월함을 찬양하고 있다고 생각된다. 왜냐하면 요한은 여기에서 영원한 부끄러움을 당할 것이라는 판결을 받고 사망의 어둠 속에 던져진 부정하고 불경스러운 사람들에 관하여 말하고 있기 때문이다. 그리스도는 이와 같은 사람들에게 그분에게 속한 영예를 부여함으로써 그 은혜의 놀라운 예例를 계시하셨으며, 그 결과 사람들은 졸지에 하나님의 자녀들이 되기 시작했다. 요한은 이러한 크신 복을 올바르게 칭송한다. 바울이 에베소서 2장 4절에서 "긍휼이 풍성하신 하나님이 우리를 사랑하신 그 큰 사랑을 인하여"라고 칭송했던 것처럼 말이다.

하지만 설령 어떤 사람이 '권세'power라는 단어의 일반적인 의미를 더 좋아한다고 해도, 요한은 여기에서 그 단어를 '충분하고 완전한 결과를 포함하지 않는 절반의 능력'을 가리키는 것으로 사용하지 않는다. '권세'란 할례 받지 않은 부정한 사람들에게 불가능한 것처럼 보이는 것을 그리스도께서 주셨다는 사실을 의미한다. 그리스도께서 돌들을 가지고서도 하나님의 자녀를 일으키신 것이다. 이 얼마나 놀라운 변화인가? 그러므로 '권세'는 바울이 골로새서 1장 12절에서 "우리로 하여금 빛 가운데서 성도의 기업基業의 부분을 얻기에 '합당하게' 하신 아버지께 감사하게 하시기를" 원한다고 할 때 언급했던 그 '히카노테스'(hikanotes, 합당한)라는 말이다.

그 이름을 믿는 요한은 그리스도를 어떻게 영접하는지에 대해 간단히 설명한다. 즉, 우리는 그리스도를 믿음으로써 그분을 받아들인다. 우리가 믿음으로 그리스도에게 심기면implanted 하나님의 자녀가 되는 양자의 권리를 얻게 된다. 그리스도께서 하나님의 유일한 아들(the only Son of God)이시므로, 이 영광은 결코 우리가 차지할 것이 아니다. 우리는 다만 그분께 속한 자들일 뿐이다. 이것은 다시 '권세'에 대한 망상을 논박한다. 요한은 이미 믿은 사람들에게 이 권세가 주어진다고 선언한다. 그들이 참으로 이미 하나님의 자녀들이 된 것은 확실하다. 자기가 원하면 하나님의 자녀가 될 수도 있다는 식으로 믿음의 의미를 해석하는 사람들은 믿음의 가치를 너무도 평가 절하하는 것이다. 그들은 이미 나타난 현재의 결과를 결정되지 않은 개연성蓋然性으로 대체

하고 있는 셈이다. 그들의 이해가 본문의 가르침과 철저하게 모순된다는 사실이 다음에 이어지는 말들(13절)에 비춰보면 더욱 분명하게 드러난다. 복음서 기자는 믿는 사람들이 이미 하나님으로부터 난 자들이라고 주장한다. 그러므로 믿는 사람들이 부여 받은 것은 하나님의 자녀가 될지 안 될지를 선택할 수 있는 능력이 아니라 하나님의 자녀가 되는 그 자체이다.

히브리어에서 '이름'이라는 단어가 '권세'를 가리키기 위해 사용되는 경우가 종종 있지만, "그 이름을 믿는"이라고 했을 때의 이름은 복음의 선포를 가리킨다. 말씀의 선포를 통해 그리스도께서 우리에게 알려질 때, 우리는 그분을 믿는 것이다. 나는 지금, 주님이 우리를 믿음으로 인도하실 때 쓰는 보통의 방법에 대해 이야기하는 것이다. 이것은 특히 관심을 가지고 주목해야 할 내용이다. 복음의 이해 없이 자기를 위하여 혼란스러운 믿음을 만들어내는 사람들이 많다. 로마 가톨릭 교도들이 사용하는 용어 중에 '믿는다'라는 말만큼 일상화된 말도 없을 것이다. 그러나 그들은 이 말을 그리스도를 아는 지식도 없이 그리고 복음을 듣지도 않은 채 사용하고 있다. 그리스도는 '복음'을 통하여 우리에게 자신을 주셨으며, 우리는 '믿음'으로 그분을 영접한다.

13 혈통으로나 이 구절이 유대인의 위험한 확신에 대해 간접적으로 언급하고 있다고 생각하는 사람들의 견해에 나는 기꺼이 동의한다. 유대인들은 자기들의 혈통의 가치에 대해 침이 마르게 언급해왔다. 마치 자기들이 거룩한 혈통에서 출생했기에 본성상 거룩한 사람들인 것처럼 말이다. 유대인들이 정말 아브라함의 참 아들들이고 사생아가 아니라면, 그들은 아브라함의 후손이라고 자랑할 만하다.

그러나 믿음을 자랑하는 사람들은 육체적인 기원에 대해서는 어떠한 가치도 부여하지 않는다. 오히려 자기가 받은 것은 다 오직 하나님의 은혜로 말미암은 것이라고 주장한다. 그래서 요한은, 이전에 부정한 이방인들이었지만 지금 그리스도를 믿은 사람들은 어머니의 태(胎)에서 하나님의 자녀들이 된 것이 아니라 하나님의 재창조에 의하여 그분의 자녀들이 되기 시작했다고 주장한다. '혈통'bloods이라는 단어가 복수형으로 표기된 것은 그 혈통이 오랫동안 이어져왔다는 것을 나타내기 위함인 듯하다. 유대인들은 혈통적으로 끊어지지 않고 족장들에게까지 거슬러 올라가 자기 가계家系를 얼마든지 추적할 수 있다는 것을 자랑으로 삼곤 했기 때문이다.

육정으로나 사람의 뜻으로 내 생각에 이 표현은 앞의 어구("혈통으로나")와 동일한 내용을 의미하는 것 같다. 어거스틴을 비롯한 많은 사람들이 왜 여기에서 사용된 '육정'肉情이라는 단어가 '여자'女子를 의미한다고 생각하는지 모르겠다. 요한은 우리의 마음에 그 내용을 좀 더 깊이 각인刻印시키고 분명하게 설명하고자 다른 단어를 사용하여 동일한 내용을 반복한 것이다. 비록 요한이 육체를 자랑하는 유대인들을 구체적으로 염두에 두고 있기는 하지만, 이 구절에서 얻을 수 있는 보편적인 교리가 한 가지 있다. 즉, 우리가 하나님의 자녀로 여김을 받는 것은 우리 자신의 본성 때문도 아니고 우리 쪽에서 먼저 무엇인가를 해서 된 것도 아니다. 다만 주님이 자원하셔서, 다시 말하면 그 자연스런 사랑으로 우리를 낳으셨기 때문이다. 그러므로 우리는 다음과 같은 결론을 내릴 수 있다. 우선 그 믿음은 우리에게서 나온 것이 아니라 영적인 거듭남의 열매이다. 요한은 하나님으로부터 나지 않고는 누구도 믿음에 이를 수 없다고 말한다. 그러므로 믿음은 하늘의 은사이다. 하나님의 영靈에 의해 재창조되지 않고서는 어느 누구도 믿음을 가질 수 없기 때문에 믿음은 냉랭하고 공허한 지식이 더더욱 아니다.

요한은 거듭남을 믿음보다 앞에 둠으로써 그 순서를 바꾸어놓은 것처럼 보인다. 오히려 거듭남이 믿음의 결과이고, 따라서 거듭남은 믿음에 따라오는 것이 아닌가? 그러나 나는 이 두 순서가 완벽한 일치를 이룬다고 본다. 즉, 믿음으로 우리는 하나님께서 주시는 새 생명으로 다시 태어나는 썩지 않는 씨를 잉태하는 반면, 믿음 자체는 하나님의 자녀들 속에만 거하시는 성령님의 사역인 것이다. 그러므로 여러 가지 면에서 믿음은 거듭남의 일부분이며 또한 하나님나라에 들어가 하나님 자녀의 한 사람으로 여김을 받게 해주는 수단이다. 성령님이 우리 마음을 비추시는 일은 우리를 새롭게 하시는 일에 속하므로, 믿음은 새롭게 되는 원천인 거듭남에서 나온다고 할 수 있다. 그러나 이 동일한 믿음으로 우리가 그리스도를 영접하고 또 그리스도께서 그분의 영으로써 우리를 거룩하게 하시기 때문에, 우리는 믿음을 양자養子 됨의 시작이라고 부를 수 있다.

물론 믿음과 거듭남을 좀 더 분명하고 직접적으로 구분할 수도 있다. 주님은 우리 속에 믿음을 불어넣으셔서 거듭나게 하실 때 우리에게 알려지지 않은 감춰진 비밀스러운 방법으로 하신다. 하지만 일단 믿음이 주어지면, 우리는 생명력 있는 의식으로 양자 됨의 은혜뿐만 아니라 새 생명과 성령의 다른 은사들도 받게 된다. 앞에서 이야기했듯이, 믿음은 그리스도를 영접하는 수단이므로 어떤 의미에서 우리를 성령의 모든 복을 소유하도록 이끌어준다. 그래서 우리의 태도라는 측면에서 볼 때, 우리는 믿은 이후부터 비로소 하나님의 자녀가 되기 시작하는 것이다. 영생을 상속 받는 것은 양자 됨의 결과이다. 그러므로 우리는 복음서 기자 요한이 우리 구원의 모든 과정을 그리스도의 은혜의 공로로만 돌리고 있다는 사실을 알게 된다. 사람들이 아무리 자기 자신을 면밀하게 성찰한다 하더라도 그리스도께서 그들에게 주신 것 외에는 하나님의 자녀가 되기에 합당한 요소를 찾을 수 없다.

14 말씀이 육신이 되어 우리 가운데 거하시매 우리가 그의 영광을 보니 아버지의 독생자의 영광이요 은혜와 진리가 충만하더라 요 1:14

14 말씀이 육신이 되어 여기서 요한은 자기가 지금까지 말한 그리스도의 강림이 어떻게 이루어졌는지 가르쳐준다. 즉, 그분은 우리처럼 육신을 입고 자신을 세상에 공공연히 나타내셨다. 요한은 하나님의 아들이 인간의 본성을 입으셨다는 이 말로 표현할 수 없는 신비를 간략하게 다루기는 했지만, 이

간결한 언급은 경탄을 금치 못할 정도로 명료하다. 어떤 정신 나간 사람들은 이 신비를 말장난이나 지질한 궤변으로 어리석게 표현한다. 예컨대, 말씀이 육신이 되었다는 말을 하나님께서 자신의 아들을 사람이 되게 하시려고 정신적인 개념(mental concept)으로 세상에 보내셨다는 뜻으로 이해하는 것이다. 마치 그 말씀이 우리가 알지 못하고 분명하지 않은 어떤 관념인 것처럼 말이다. 그러나 우리가 지금까지 살펴보았듯이, 이 구절은 하나님의 본질 안에 계신 하나의 참 본질hypostasis을 가리키고 있다.

육신이 단어는 그리스도께서 사람이 되셨다고 말하는 것보다 훨씬 더 강력하게 요한이 말하고자 하는 의미를 전달해준다. 요한이 우리에게 보여주고 싶었던 것은, 하나님의 아들이 우리를 위해 그 존귀한 하늘 영광을 버리시고 얼마나 낮고 비천한 상태로 내려오셨는가 하는 것이다. 성경은 인간을 낮춰서 말할 때 '육신'flesh이라고 부른다. 하나님의 말씀이신 그리스도께서 가지신 영적인 영광과 우리 육신의 지독한 추함 사이의 간격은 대단히 깊고 멀다. 그런데도 하나님의 아들은 자신을 지극히 낮추셔서 인간의 비참함을 표현하는 바로 그 육신을 친히 취하신 것이다. 여기서 '육신'은 (바울이 즐겨 사용하는) 타락한 본성을 가리키기 위함이 아니라 죽을 수밖에 없는 운명을 가진 인간을 가리키려고 사용되었다. 즉, 인간의 연약하고 덧없는 본성을 경멸적으로 표현한 것이다. "모든 육체flesh는 풀이요"(사 40:6)라는 구절이나 이와 비슷한 구절들이 이러한 육신의 특성을 잘 설명해준다.

하지만 여기에서 우리가 동시에 주목해야 할 점은 이 단어가 수사학적인 제유법(提喩法, 하나의 명칭으로 전체 또는 그와 관련된 모든 것을 나타내는 표현법)으로 사용되었다는 사실이다. 다시 말해서, 인간의 가장 연약한 부분을 언급하는 '육신'이라는 말 속에 '전인'全人이 포함되어 있는 것이다. 그러므로 그리스도가 영혼은 없이 인간의 몸만 입으셨다고 상상하는 아폴리나리스(Apollinaris, 310~390. 라오디게아 교구의 감독)는 참으로 어리석다. 예수 그리스도께서 몸만 아니라 영혼도 부여받았음을 강조하는 주장들은 수많은 성경 본문을 통해 쉽게 입증할 수 있다.

또한 성경이 사람을 육신이라고 칭할 때, 그것은 영혼이 없는 존재라는 의미로 그렇게 한 것이 아니다.

그러므로 본문의 의미는 분명하다. 모든 시대 이전에 성부 하나님에게서 나시고 그 하나님과 함께 거하신 말씀이 사람이 되신 것이다. 여기에 믿음의 중요한 두 요소가 있다.

첫째, 그리스도께는 두 본성(인성과 신성)이 하나의 인격 안에 연합되어 있어서 동일한 그리스도께서 하나님이면서 동시에 사람이라는 사실이다.

둘째, 두 본성이 그분의 인격 안에 연합되어 있다고 해서 그 각각의 본성이 뚜렷하지 않은 상태로 있는 것은 아니다. 다시 말해서, 신성神性은 신성에 적합한 모든 것을 보유하고 있고 마찬가지로 인성人性 또한 인성에 속하는 것을 모두 갖추고 그분 안에 존재한다.

그러므로 사탄은 이단들을 동원하여 이런 저런 어리석은 방법으로 건전한 신학을 전복顚覆시키려 할 때 항상 다음 두 가지 오류 중 어느 하나를 억지로 끌어들였다.

그중 하나는, 그리스도가 하나님의 아들이면서 동시에 사람의 아들인 방식이 아주 혼란스러워서 그 신성이 온전하지도 않고 그 본성 또한 순전한 인간 본성이 아니라는 오류이다.

다른 하나의 오류는, 그리스도가 이중인격二重人格을 가지고 두 개의 구별된 사람으로 존재하기 위해 인간의 육신을 옷 입었다고 하는 설명이다. 예를 들어, 네스토리우스(Nestorius, 386~451. 콘스탄티노플의 감독)는 그리스도의 신성과 인성을 명확히 인정하기는 했지만, 하나님이신 그리스도와 사람인 그리스도를 따로 생각했다. 반대로, 유티케스(Eutyches, 375~454)는 한 분 그리스도가 하나님의 아들이며 사람의 아들이지만, 그분에게는 두 본성 중에 어느 하나도 온전하게 남아 있지 않고 혼합되었다고 주장했다. 오늘날(칼빈 당시) 세르베투스와 재세례파는 이중적인 본성으로 혼합된 그리스도를 만들어냈다. 마치 그리스도가 신적인 인간(divine man)인 것처럼 말이다. 세르베투스는 그리스도가 하나님이시라고 분명하게 선언한다. 하지만 그의 정신 나간 상상력에 따르면, 신성은 잠시 인성으로 바뀌었고 이제 인성이 다시 신성 안에 흡수된 것이다.

그러나 요한의 말은 이들의 신성모독적인 주장과 정반대이다. "말씀이 육신이 되었다"는 요한의 주장에서 우리는 그리스도의 인격의 통일성을 분명하게 추론할 수 있다. 지금 인간이신 그분은, 과거에 언제나 하나님으로 계셨던 분이 아닌 다른 어떤 분으로 이해될 수가 없다. 사람이 되셨다고 언급된 분은 바로 그 하나님이시기 때문이다. 다시 말하건대, 요한이 '말씀'이라는 명칭을 인간 그리스도에게 명백하게 붙이고 있으므로, 그리스도께서 인간이 되셨을 때 그분은 이전에 존재하시던 것을 멈추신 것이 아니며, 육신이 되신 하나님의 영원한 본질에서 바뀐 것은 아무것도 없다는 결론이 나온다. 한마디로 말해서, 하나님의 아들은 사람이 되셨는데, 여전히 시간적인 시작이 없는 영원한 말씀으로서 그렇게 되신 것이다.

우리 가운데 거하시매 그리스도에게는 육신이 마치 집과 같다고 주장하는 사람들이 있는데, 그들은 요한의 생각을 전혀 이해하지 못한 것이다. 요한은 그리스도께서 우리 가운데 영원한 집을 마련하신 것이 아니라 손님으로 잠시 머무셨다고 주장한다. 요한이 사용한 헬라어 '에스케노센'(eskenosen, 거하다)이라는 단어는 '성막'(tabernacles)에서 파생한 단어이다. 그러므로 요한이 말하고자 하는 바는 그리스도께서 그분이 맡은 직분을 이 땅에서 이행하셨다는 것이다. 다른 말로 표현하자면, 그리스도께서는 단순히 어느 한 순간에만 나타나신 것이 아니라 자신의 임무를 수행하시는 동안 사람들 가운데 사신 것이다. "우리 가운데"라는 어구가 사람들 일반을 가리키는지 아니면 요한 자신과 그가 이야기하는 사건들을 목격한 다른 제자들을 가리키는지는 분명하지 않다. 나는 후자가 더 나은 설명이라고 생각한다. 이는 요한이 연이어서 다음과 같은 내용을 첨가하고 있는 까닭이다.

우리가 그의 영광을 보니 그리스도의 영광이 모든 사람들에게 보일 수도 있었지만, 사람들의 눈이 멀어 대부분의 사람들에게는 그리스도의 영광이 알려지지 않았다. 단지 몇 사람, 즉 성령께서 그들의 눈을 열어주신 소수의 사람들만 이 영광의 나타남을 보았다. 요점을 말하면 이렇다. 그리스도께서는 자신 속에서 대단히 거대하고 웅장한 어떤 것을 보여주신 분으로 인식되었다. 그러므로 그리스도께서 육신으로 옷을 입으셨더라도 하나님의 엄위嚴威는 파괴되지 않았다는 결론이 나온다. 하나님의 엄위는 육신의 비천함 속에 감춰져 있어도 여전히 그 영광을 발한 것이다.

아버지의 독생자의 영광이요 요한은 그리스도의 영광을 "아버지의 독생자의 영광"(glory as of the only begotten from the Father)에 비교하면서 '마치' 또는 '처럼'이라는 비교어 'as of'를 사용한다(한글 개역개정성경에는 나타나 있지 않음). 이 단어는 적합하지 못한 비교를 뜻하는 것이 아니라 오히려 참되고 강한 증거라는 표현이다. 바울이 에베소서 5장 8절에서 "빛의 자녀들처럼 행하라"라고 말할 때, 그는 진정으로 우리에게 우리의 행위로써 '빛의 자녀'라는 우리의 존재를 입증하기 원했던 것처럼 말이다. 그러므로 복음서 기자가 이 비교어를 써서 말하고 싶었던 바는 그리스도 안에서 하나님의 아들에 부합한 영광이 나타나 그분의 신성을 확실하게 증언하고 있다는 것이다.

　요한이 그리스도를 '아버지의 독생자'라고 부른 것은 그분이 본래 하나님의 유일한 아들이신 까닭이다. 마치 요한은 그리스도를 인간과 천사들보다 높은 위치에 두고 그분만이 피조물에 속하지 않은 분이라고 주장하고 싶어 하는 것처럼 보인다.

은혜와 진리가 충만하더라 이 구절은 마지막에 언급한 진리("아버지의 독생자의 영광이요")에 대한 확증이다. 그리스도의 엄위는 다른 면에서도 나타났지만, 요한은 다른 예例들 대신 이 예를 선택함으로써 그분에 대한 사변적思辨的인 지식이 아닌 실제적인 지식으로 우리를 훈련하고자 한다. 그리스도께 은혜와 진리가 충만하다는 것은 면밀한 주의를 기울여야 할 사실이다. 그리스도께서 물 위를 걸으셨을 때 그리고 귀신들을 쫓아내시고 그밖에 여러 다른 이적들을 행하셔서 자신의 능력을 계시하셨을 때, 그분은 하나님의 독생하신 아들로 확실하게 인식될 수 있었다. 하지만 요한은 그리스도께서 참으로 은혜와 진리의 다함없는 샘이라고 선포하면서, 그분이 하나님의 독생자라는 증거의 중심에 이 사실을 보란 듯이 갖다놓는다. 그리스도께서 은혜와 진리가 충만하시기 때문에, 믿음을 가진 우리는 그분에게서 달콤한 열매를 받는 것이다. 스데반도 '은혜가 충만한 자'로 인정을 받았지만(행 7:55, 한글 개역개정성경에는 스데반이 성령 충만하였다고 되어 있음) 이는 다른 의미에서 그런 것이다. 그리스도 안에 있는 은혜의 충만은 우리 모두가 반드시 길어야 하는 우물이다. 이 점에 대해서는 곧이어 좀 더 충분히 설명하려 한다.

여기서 "은혜와 진리가 충만하다"(full of grace and truth)는 말은 '진실한 은혜'(true grace)라고 환치법換置法으로 설명할 수 있다. 또는 '그분은 은혜로 충만하셨다. 이는 진리 또는 온전함이다'(He was full of grace, which is truth or perfection)라고 설명할 수도 있을 것이다. 하지만 요한이 이 동일한 단어들을 즉시 반복하고 있으므로(16절) 나는 그 의미가 두 곳에서 동일하다고 생각한다. 요한은 은혜와 진리를 나중에 율법과 대조하면서 언급한다. 그러므로 나는 "은혜와 진리가 충만하다"는 말의 뜻을 이렇게 이해한다. 그리스도 안에는 하나님의 영적인 나라에 속하는 모든 것이 충만하게 있기 때문에 그분은 사도들에 의하여 하나님의 아들로 인정되셔야 한다. 요약하자면, 그리스도께서는 자신이 구원자이며 메시아임을 만물 가운데 진실하게 보여주셨고, 이는 그분이 다른 모든 존재들과 구별되어야 하는 가장 중요한 특성이다.

15 요한이 그에 대하여 증언하여 외쳐 이르되 내가 전에 말하기를 내 뒤에 오시는 이가 나보다 앞선 것은 나보다 먼저 계심이라 한 것이 이 사람을 가리킴이라 하니라 16 우리가 다 그의 충만한 데서 받으니 은혜 위에 은혜러라 17 율법은 모세로 말미암아 주어진 것이요 은혜와 진리는 예수 그리스도로 말미암아 온 것이라 18 본래 하나님을 본 사람이 없으되 아버지 품속에 있는 독생하신 하나님이 나타내셨느니라 요 1:15-18

15 요한이 그에 대하여 증언하여 외쳐 이르되 복음서 기자는 이제 세례 요한의 선포를 묘사한다. 그는 현재시제를 사용하여 세례 요한의 사역이 지속적인 활동임을 강조한다. 참으로 세례 요한이 설교한 내용은 계속해서 퍼져나가야 한다. 마치 그의 목소리가 사람들의 귀에 끊임없이 울리듯이 말이다. 동일한 이유로 복음서 기자는 세례 요한의 설교가 잘 알아들을 수 없다거나 명료하지 않거나 혹은 소수의 무리 속에서 웅얼대는 것이 아니었음을 나타내려고 '외쳐'라는 단어를 사용한다. 세례 요한은 대단히 큰 소리로 그리스도를 대중 앞에서 선포하였다. 이 첫 번째 문장은 세례 요한이 그리스도를 증언하기 위해 파송 받았다는 사실을 언급한다. 그러므로 그리스도께서 낮아지신 상황 속에서 세례 요한이 높임을 받는다는 것은 말도 안 된다.

내가 전에 말하기를 … 이 사람을 가리킴이라 이 말로써 세례 요한은 처음부터 그가 이 세상에 온 목적이 그리스도를 알리려는 데 있음을 밝힌다. 그리고 바로 이것이 그의 설교의 목표였다. 자기 제자들을 그리스도에게 이끄는 것이 대사大使로서 세례 요한이 자기의 의무를 수행하는 유일한 방법이었다.

내 뒤에 오시는 이 세례 요한이 예수님보다 수개월 먼저 태어난 것은 사실이다. 하지만 여기서 요한이 말하려고 하는 것은 나이 문제가 아니다. 요한은 그리스도께서 공중公衆 앞에 출현하시기 전에 얼마 동안 선지자의 직분을 수행하였다. 그래서 자기가 그리스도보다 시간상 먼저라고 말하는 것이다. 그러므로 공중 앞에 나타나는 측면에서는 그리스도께서 세례 요한 뒤에 모습을 드러내셨다.

나보다 앞선 것은 나보다 먼저 계심이라 이 구절을 문자적으로 표현하면 "그분이 나보다 앞선 것은 그분이 나의 주인(또는 우두머리, 라틴어로는 primus meus)이 되심이라"이다. 하지만 이 문장의 의미는 그리스도께서 더 탁월하시기에 당연히 사람들에게 세례 요한보다 더 높임을 받으셔야 한다는 것이다. 그래서 세례 요한은 그리스도께 자리를 양보한다. 흔한 말로, 그분에게 바통을 넘겨준 것이다. 하지만 나중에 때가 되어 그리스도께서 오셨을 때, 요한은 그 사실이 그리스도가 사람들에게 높임을 받으시는 데 아무런 문제가 되지 않는다고 알려준다. 그분의 위상이 그만큼 높으시기 때문이다. 그러므로 하나님이 주신 은사나 영예의 정도에서 다른 이들보다 뛰어난 사람들은 누구나 자신의 위치를 그리스도 아래에 놓아야 한다.

16 우리가 다 그의 충만한 데서 받으니 세례 요한은 이제 그리스도의 직책에 관하여 설교하기 시작한다. 그분에게는 모든 복이 풍성하게 있으므로 우리는 다른 어느 곳에서 구원의 한 부분이라도 찾아서는 안 된다. 하나님 안에 생명과 의義와 능력과 지혜의 샘이 있는 것은 사실이지만, 이 샘은 우리에게 감춰져 있고 우리가 닿을 수 없는 곳에 있다. 그렇지만 그리스도 안에서는 이 모든 풍성한 것들이 우리 앞에 놓여 있다. 우리가 그분 안에서 이 모든 것을 구할 수 있도록 말이다. 우리가 믿음으로 그분에게 갈 수 있는 길을 만들기만 한다면, 그리스도께서는 그분의 뜻에 따라 우리에게 기꺼이 흘러들어 오신다.

세례 요한은 그리스도 밖에서는 어떤 복도 찾아서는 안 된다고 간략히 선언한다. 하지만 이 문장은 다음 세 가지 의미를 내포하고 있다.

첫째, 요한은 우리가 다 영적인 복이 철저히 결여되어 있는 궁핍함 가운데 있음을 보여준다. 그리스도께서는 부요한 분이시므로 우리의 부족함을 도우시고 우리의 가난함을 채우시며 우리의 배고픔과 갈증을 해결하실 것이다.

둘째, 요한은 우리가 그리스도를 떠나는 순간 지극히 작은 것이라도 좋은 것을 결코 찾을 수 없다고 경고한다. 하나님께서는 선한 모든 것이 그리스도 안에만 있도록 하셨기 때문이다. 그러므로 우리가 그리스도 이외에 다른 것을 통하여 하나님의 은사에 참여하기를 원한다면, 천사들과 사람들은 메마르고 하늘은 공허하며 땅은 황무하고 모든 것이 무가치하다는 것을 알게 될 것이다.

셋째, 요한은 우리가 다만 그리스도의 충만한 데서 받는다면 그 어느 것도 부족할까 두려워할 필요가 없다는 사실을 상기시킨다. 그리스도의 충만함은 모든 면에서 완전하기 때문에, 우리는 그것이 '다함없는 샘'이라는 것을 알게 될 것이다. 요한은 ('우리'라는 표현을 써서) 자신을 다른 사람들과 같은 부류로 분류한다. 겸손함 때문이 아니라 아무도 예외가 없다는 사실을 분명히 하려는 의도에서이다.

세례 요한이 이 구절을 말할 때 인류 전체를 염두에 두었는지 아니면 그리스도께서 육신을 입고 나타나신 이후 그분의 복을 좀 더 충분히 받은 사람들만을 염두에 두었는지는 분명하지 않다. 율법 아래 살았던 모든 경건한 사람들이 이 동일한 '충만한 데서' 받은 것은 사실이다. 하지만 요한이 바로 이어서 시대를 구체적으로 구분한 것을 보면, 그리스도께서 오셨을 때 그분이 계시하신 그 풍성한 복을 칭송하고 있을 가능성이 더 높다. 우리가 알기로는, 사람들이 율법 아래에 있을 때는 하나님의 복을 상대적으로 불충분하게 맛보았다. 그리고 그리스도께서 육신을 입고 나타나셨을 때 풍성한 복이 부어졌으며, 사람들은 만족스러워할 정도로 그 복에 참여하였다. 그렇다고 해서 우리 중 어느 누구라도 성령님의 풍성한 은혜를 아브라함이 받은 것보다 더 많이 받았다는 것은 아니다. 다만 하나님의 통상적인 세대 운영 방식과 방법에서 그렇다는 의미이다. 여기서 세례 요한은 자기 제자들을 그리스도께로 더 잘 이끌기 위해, 그들에게 결핍된 복의 모든 부요함이 그리스도 안에서 주어졌다고 선언한다.

이 의미를 좀 더 확대시킨다고 하더라고 전혀 이상하지 않을뿐더러 논리적인 비약이라고 할 수는 더더욱 없다. 세상이 창조될 때부터 이스라엘의 모든 조상들은 자기들에게 있던 모든 은사를 그리스도에게서 받았다. 율법은 모세로 말미암아 주어졌지만, 그들이 받은 은혜는 모세에게서 나오지 않았다. 그러나 이미 앞에서 밝혔듯이 내가 더 좋아하는 설명은 이것이다. 즉, 요한은 여기에서 우리를 조상들과 비교하면서 우리가 받은 것의 탁월함을 일깨우고 있다.

은혜 위에 은혜러라 누구나 잘 알듯이 어거스틴은 이 구절을 이렇게 해석했다.

"하나님께서는 모든 복을 계속해서 우리에게 주시고 결국은 영원한 생명을 주셨는데, 이 모든 것들은 마치 우리에게 마땅히 주어야 할 삯인 양 우리의 공로 때문에 주어진 것이 아니라, 순전히 하나님의 불변하는 사랑에서 온 것이다. 하나님께서는 이전의 은혜에 그 순전한 사랑을 더해주시고 우리를 그분 자신의 은사gifts로 관冠 씌워주신다."

이것은 경건하고 지혜로운 관찰이지만 이 구절과는 어울리지 않는 해석이다. 만일 이 구절에서 '위에'라고 번역된 헬라어 '안티'anti라는 단어를 비교의 의미로 이해한다면 그 의미는 좀 더 단순하다. 즉, 하나님께서 우리에게 풍성하게 부어주시는 은혜가 무엇이 되었든지 간에, 그것은 동일한 원천으로부터 흘러나온다는 것이다.

또한 최종적인 목적을 가리키는 것으로 이 구절을 해석할 수도 있다. 마침내 우리가 지금, 하나님에게서 우리 구원의 일을 마칠 수 있는 은혜를 받는다는 것이다. 이 경우, 은혜는 은혜의 완성을 의미한다.

그렇지만 나는, 이 구절을 그리스도께 부어진 은혜가 우리에게 부어진다고 해석하는 사람들의 의견에 동의한다. 우리가 그리스도에게서 받은 것은 그분이 하나님으로서 우리에게 부어주신 것이기도 하지만, 성부 하나님께서 그분을 통하여 우리에게 흘려보내라고 그리스도께 부여하신 것이기도 하다. 우리 모두가 그리스도와 함께 기름부음을 받을 수 있도록 하나님께서 그리스도께 말 그대로 부어주신 기름부음인 것이다. 이런 이유로 그분은 그리스도('기름부음을 받은 자'라는 뜻)이시며, 우리는 그리스도인들('기름부음을 받은 자에게 속한 사람들'이라는 뜻)인 것이다.

17 율법은 모세로 말미암아 주어진 것이요 요한은 냉담한 반대 의견이 있을 것을 예상하고 그것을 미리 막기 위해 이 구절을 언급한다. 모세는 유대인들 사이에서 매우 높은 위치를 차지하고 있어서, 유대인들은 그의 가

르침과 다른 견해는 그 어떤 것도 받아들이려 하지 않는다. 그래서 복음서 기자는 그리스도의 통치와 비교할 때 모세의 사역이 얼마나 보잘것없는 것인가를 우리에게 가르친다. 이러한 비교를 통해 우리는 그리스도의 능력을 분명히 알 수 있다. 요한은, 모세에게 극단적인 존경을 표하거나 복종하고 있는 유대인들에게 경고한다. 모세의 역할은 그리스도의 은혜에 비하면 무척 빈약했다고 말이다. 우리가 그리스도를 통해서만 얻을 수 있는 것들을 율법에서 얻고자 기대하는 것은 대단히 큰 거침돌이다.

은혜와 진리는 예수 그리스도로 말미암아 온 것이라 하지만 요한이 율법을 '은혜와 진리'와 비교하면서 그 둘을 대립적인 것으로 보고 있음을 주목할 필요가 있다. 즉, 요한은 율법에는 이 두 가지가 결여되었다고 얘기하는 것이다. 내 생각에 '진리'라는 단어는 사물의 견고하고 단단한 상태를 의미하는 것 같다. 그리고 '은혜'라는 단어는 사물의 영적 충만함을 뜻하는 것으로, 율법에서는 거의 그 문자적인 의미밖에 얻을 수 없다. 혹은 환치법換置法을 적용해서 이 둘이 같은 것을 가리킨다고 볼 수도 있다. 마치 요한이, 율법의 진리가 담겨 있는 은혜가 마침내 그리스도 안에서 계시되었다고 말하는 것처럼 말이다. 의미가 동일하다면, 그 둘을 연결시키든 구별하든 그것은 별 문제가 아니다. 확실한 것은 요한이, 율법 안에서는 영적인 복들이 단지 윤곽으로 그려졌을 뿐이지만, 그리스도 안에서는 그 복들이 총체적으로 드러났다고 말하고 있다는 사실이다. 그러므로 율법을 그리스도와 분리시킨다면 율법에는 공허한 형태 외에는 아무것도 남지 않는다고 결론 지을 수 있다. 바울이 골로새서 2장 17절에서 율법은 그림자이지만 몸은 그리스도 안에 있다고 주장한 것도 바로 이런 이유에서이다.

그렇다고 해서 율법에 거짓이 있다고 생각해서는 안 된다. 그리스도는 그분이 아니었으면 율법 안에서 죽었을 것들을 살리는 생기生氣이시기 때문이다. 여기서 우리는 별개의 질문 하나를 접하게 된다. 그리스도와 상관없이 율법 그 자체가 갖고 있는 타당성은 무엇인가 하는 물음이다. 요한은 우리가 그리스도에게 가기 전에는 율법 안에 있는 본질적인 것을 결코 찾을 수 없다고 주장한다. 더욱이 진리는, 우리가 그리스도를 통하여 율법이 줄 수 없는 은혜를 얻는 것이다. 그러므로 나는 '은혜'라는 단어가 무조건적인 죄 사함과 마음의 새롭게 됨을 둘 다 의미한다고 넓게 받아들인다.

요한이 신약과 구약의 차이(예레미야서 31장 31절에 이 부분이 좀 더 충분하게 묘사되었다)를 간략하게 언급할 때 영적인 의로움(spiritual righteousness)과 관련된 모든 것을 이 '은혜'라는 말에 담고 있기 때문이다. 이 의로움은 두 부분으로 나눌 수 있다. 하나는 하나님께서 우리의 죄를 우리에게 돌리지 않음으로써 자신과 우리를 기꺼이 화목케 하시는 것이다. 다른 하나는 하나님께서 그분의 율법을 우리의 마음에 새기시고, 그 법에 순종하도록 하나님의 영으로 사람들을 내적으로 변화시키는 것이다. 그러므로 율법이 사람들을 율법 자체에 매어두거나 사람들이 그리스도께 오는 것을 막는다면, 그 율법은 정확하지 않고 그릇되게 해석되리라는 점이 분명해진다.

18 본래 하나님을 본 사람이 없으되 이 구절은 앞에서 언급한 내용을 아주 적절하게 확증해준다. 하나님을 아는 지식은 우리로 모든 복을 향유하도록 해주는 문™이다. 하나님께서는 그리스도를 통해서만 우리에게 자신을 계시하신다. 그러므로 우리는 그리스도로부터 모든 것을 찾아야 한다고 결론 내릴 수 있다. 이 교리에서 우리는 무엇이 먼저이고 무엇이 나중인지 그 순서를 주의해서 보아야 한다. 가장 분명한 진리는 우리 각 사람이 자기 믿음의 분량에 따라 하나님께서 우리에게 주시는 것을 취한다는 점이다. 하지만 믿음의 그릇과 하나님을 아는 지식의 그릇이 반드시 그리스도를 통해서 넓어져야 한다는 사실을 인식하는 사람은 소수에 불과하다.

요한이 아무도 하나님을 본 사람이 없다고 말할 때, 이것을 물리적인 눈으로 보는 외적인 봄으로 이해해서는 안 된다. 요한이 의미하고 있는 것은 총체적인 것이다. 즉, 하나님은 가까이할 수 없는 빛에 거하시므로, 하나님의 살아 있는 형상이신 그리스도 안에서가 아니고서는 알려질 수가 없으시다. 더욱이 사람들은 일반적으로 이 구절의 의미를 다음과 같이 해석한다. 하나님의 적나라한 엄위는 하나님 자신 속에 감춰져 있으며, 그리스도 안에서 자신을 계시하기 전에는 결코 인식되지 않는다. 그러므로 옛 시대의 족장들이 하나님을 아는 것도 오직 그리스도 안에서만 가능했다고 말이다.

그러나 내 생각에 요한은 여기에서 이미 앞에서 했던 비교를 다시 하면서, 과거 족장들과 비교해볼 때 우리의 상황은 얼마나 더 나은가를 얘기하고 있는 것 같다. 즉, 족장 시대에는 하나님께서 자신을 그 비밀스러운 영광 속에 감춰두셨으나, 이제는 어떤 의미에서 자신을 눈에 보이게 나타내셨으니 말이다. 그리스도께서 '하나님의 본체의 형상'(the express image of God)으로 불리셨을 때, 이것이 신약시대의 성도들이 누리는 특별한 복이라는 점은 분명하다.

아버지 품속에 있는 독생하신 하나님이 나타내셨느니라 아버지 품속에 있는 독생하신 하나님이 전에는 감춰졌던 것을 우리에게 나타내셨다고 했을 때, 요한은 뭔가 새롭고 신기한 어떤 것을 가리키고 있다. 요한은 복음으로 말미암아 우리에게 임한 하나님의 계시를 찬송하는 것이다. 요한은 이것으로써 우리와 족장들을 구별하며, 우리가 족장들보다 훨씬 탁월한 은혜를 받았다고 증언한다. 바울은 이 문제를 고린도후서 3,4장에서 좀 더 충분히 다루면서, 율법 아래 있던 것과 같이 수건이 더 이상 가려져 있지 않으며, 하나님께서 그리스도의 얼굴에 환히 나타나 보이셨다고 선언한다. 옛 시대의 선지자들이 오늘날 우리에게 지식과 전통을 전수해준 것을 생각하면, 족장들에게 하나님을 아는 지식이 없었다고 하는 것이 앞뒤가 맞지 않는 주장처럼 보일 것이다. 내 대답은 이렇다. 우리에게 주어진 것이 단순히 그들에게 전혀 알려지지 않았다는 것이 아니라, (그들이 말했듯이) 작은 것과 큰 것 사이의 비교가 이루어진 것이다. 이를테면, 그들이 생명의 빛의 작은 불꽃을 받았다면 오늘날 우리에게는 그 불꽃이 완전히 밝혀졌다는 말이다.

심지어 그때에도 하나님을 얼굴과 얼굴로 보지 않았느냐고 이의를 제기하는 사람이 있다면, 나는 그런 식으로 하나님의 얼굴을 보는 것은 우리가 (그리스도를 통하여) 하나님을 보는 것과 전혀 비교할 수 없는 것이라고 대답하겠다. 그러나 하나님께서 그 당시에도 희미하게 자신을 보여주곤 하셨기에, 그분이 좀 더 분명하게 나타내 보이신 사람들은 자기들이 하나님을 얼굴과 얼굴로 보았다고 말했다. 말하자면, 그들은 자기들 시대의 사람들과 비교해서 상대적인 의미로 말했던 것이다. 그들은 많은 덮개로 가려진 하나님을 본 것뿐이다. 모세가 산에서 본 환상(출 33:23)은 독특한 것이었고, 다른 모든 사람들이 경험한 것보다 탁월하다. 그러나 그 당시 하나님께서는 분명히 이렇게 선언하셨다.

"네가 내 등을 볼 것이요 얼굴은 보지 못하리라."

하나님께서는 이 비유로써 그 당시에는 충분하고 분명한 계시가 아직 이르지 않았다고 확실하게 언질을 주셨다. 또한 명심해야 할 것은, 족장들조차도 하나님을 보기 원할 때에는 늘 그들의 눈을 그리스도께로 돌렸다는 사실이다. 내가 말하려고 하는 바는, 족장들이 하나님의 영원한 말씀에서 하나님에 대해 깊이 생각했다는 것만이 아니라 그리스도께서 나타나실 것이라는 약속을 오롯이 온 마음으로 바랐다는 것이다. 이러한 이유에서 그리스도께서는 요한복음 8장 56절에 기록된 것처럼 "아브라함은 나의 때 볼 것을 즐거워하다가 보고 기뻐하였느니라"라고 말씀하실 수 있었다. 그리고 이 말씀은 그 후에 이어지는 내용과 모순되지 않는다. 그러므로 이전에 볼 수 없었던 하나님께서 그리스도 안에서 지금 나타나셨다는 이 진리는 확실하다.

아버지 품속에 있는 요한은 인간적인 비유를 사용하여 그 아들이 아버지 품속에 있다고 말한다. 사람들은 자기 속에 있는 모든 비밀을 이야기하는 사람을 가리켜 '자기 품에 있는 사람'이라고 말한다. '품'이란 의논하는 자리이다. 그러므로 요한은 여기서, 아들이 자신의 아버지의 가장 깊은 곳에 감춰진 비밀들을 알고 있었다고 가르친다. 우리가, 복음 안에서 우리에게 공개된 하나님의 품을 가지고 있다는 사실을 알 수 있도록 하기 위해서 말이다.

19 유대인들이 예루살렘에서 제사장들과 레위인들을 요한에게 보내어 네가 누구냐 물을 때에 요한의 증언이 이러하니라 20 요한이 드러내어 말하고 숨기지 아니하니 드러내어 하는 말이 나는 그리스도가 아니라 한대 21 또 묻되 그러면 누구냐 네가 엘리야냐 이르되 나는 아니라 또 묻되 네가 그 선지자냐 대답하되 아니라 22 또 말하되 누구냐 우리를 보낸 이들에게 대답하게 하라 너는 네게 대하여 무엇이라 하느냐 23 이르되 나는 선지자 이사야의 말과 같이 주의 길을 곧게 하라고 광야에서 외치는 자의 소리로라 하니라

요 1:19-23

19 요한의 증언이 이러하니라 지금까지 복음서 기자는 세례 요한이 예수님에 관하여 한 통상적인 설교를 언급하였다. 그런데 지금 그는 세례 요한의 설교 중에서 대단히 탁월한 예例를 제시한다. 이 내용은 제사장 무리에게 전달되었고, 그들은 다시 그 내용을 예루살렘에 보고하였다. 복음서 기자는, 세례 요한이 자기가 하나님으로부터 보냄 받은 이유를 드러내어 공공연하게 고백했다고 말한다. 하지만 우리는 제사장들이 세례 요한에게 질문한 목적이 무엇인지를 먼저 묻게 된다.

일반적으로 생각할 수 있는 가설은 그들이 예수님을 미워했기 때문에 세례 요한에게 거짓 존경을 표했다는 것이다. 그러나 당시에 그리스도는 제사장들에게 아직 알려지지 않았다. 어떤 사람들은, 세례 요한이 제사장 혈통을 가진 제사장 반열의 사람이기에 그들에게 좀 더 '우호적인 사람'(persona grata)이었다고 주장한다. 그렇지만 이 또한 그럴 법하지 않다. 그리스도(메시아)에게서 모든 번영을 구하는 그들이 무슨 이유로 자신들을 위해 거짓 그리스도를 만들어야 했겠는가?

나는 그들에게 다른 원인이 작용했다고 믿는다. 그들은 오랫동안 선지자 없이 지내왔다. 그러던 중에 갑자기 전혀 예상치 못하게 세례 요한이 출현했고, 모든 사람들의 마음이 흥분되었으며 기대감에 부풀었다. 뿐만 아니라 그들은 모두 메시아의 도래到來가 가까이 왔다고 믿었다. 제사장들은 이 중요한

문제를 무시하거나 숨김으로써 자기들의 의무에 태만하게 보이는 일이 없도록 하려고 세례 요한에게 그의 정체를 물었던 것이다. 그렇다면 제사장들이 처음에는 악의惡意로 행동하지 않았다는 것을 알 수 있다. 그들은 구원을 바라는 마음에서 요한이 그리스도인지를 알고 싶어 했다. 요한이 교회의 통상적인 질서를 바꾸기 시작했기 때문이다.

그렇다고 해서 그들이 권력욕에 강하게 사로잡혀 있었다는 사실을 부인하는 것은 아니다. 하지만 그리스도의 영예를 다른 것으로 바꾸는 일은 제사장들이 그 마음에 결코 두지 않았던 일이다. 또한 그들이 자기들의 직책에 어울리지 않는 행동을 한 것도 아니었다. 그들은 하나님의 교회를 다스리는 일을 맡았기 때문에, 아무도 너무 앞서 나가는 일이 없도록 해야 했으며, 또 그들 중에 새로운 종교 단체의 창시자가 일어나는 일이 없도록 신경을 써야 했다. 그리고 백성들 사이에서 믿음의 일치가 깨어지지 않도록 해야 했고, 누구도 새롭고 낯선 의식儀式을 소개하지 않도록 주의해야 했다. 그러므로 세례 요한에 대해 이야기하는 것이 이상한 일이 아니라 흔히 있는 일이었으며 모든 사람의 주의를 환기시키는 일이었음은 분명하다. 그렇지만 이것은 하나님의 놀라운 섭리에 의해 의도된 것이다. 그래서 세례 요한의 증거가 더욱 명료한지 모른다.

20 드러내어 말하고 숨기지 아니하니 드러내어 하는 말이 이것은 세례 요한이 얼버무리거나 위선적으로 말하지 않고 공개적으로 고백했다는 말이다. 처음에 나오는 "드러내어 말하고 숨기지 아니하니"라는 말은 일반적으로 사실 그대로를 말했다는 것이고, 두 번째 나오는 "드러내어 하는 말이"라는 말은 고백의 형식을 표현하기 위해 반복한 것이다. 그렇게 세례 요한은 자기는 그리스도가 아니라고 분명하게 대답했다.

21 네가 엘리야냐 사람들이 모세가 아닌 엘리야를 언급한 이유는 어디에 있는가? 그것은 틀림없이 그들이 말라기서 4장 5절의 예언에 따라 메시아가

나타나면 엘리야가 그분의 새벽별이 되어야 한다는 사실을 알았기 때문일 것이다. 하지만 그들은 잘못된 전제를 가지고 요한에게 "네가 엘리야냐?"라고 물었다. 그들은 영혼의 환생幻生을 믿었기 때문에 말라기 선지자가 엘리야가 보냄 받을 것이라고 선언했을 때, 장차 올 엘리야가 아합 왕 치하에 살았던 바로 그 엘리야를 의미했다고 생각했다. 그래서 세례 요한은 그 사람들이 사용하는 동일한 용어를 사용하여 자기는 엘리야가 아니라고 단호하고도 분명하게 대답했다. 그러나 그리스도께서는 나중에 말라기 선지자의 의미를 바르게 해석하시면서 세례 요한이 엘리야라고 선언하셨다(마 11:14).

네가 그 선지자냐 에라스무스(Erasmus, 1466~1536. 네덜란드 태생의 인문주의자. 신약성경을 라틴어로 다시 번역하고 헬라어 신약성경을 복원하였음)는 '그 선지자'(a prophet)를 그리스도에게 한정하는 잘못을 범했다. 이 구절에 첨가된 관사 '그'(한글 개역개정성경에는 '그'로 되어 있으나 칼빈은 부정관사 'a'를 염두에 두었다)는 별로 비중이 없는 것이다. 또한 요한을 찾아온 사람들이 "네가 만일 그리스도도 아니요 엘리야도 아니요 그 선지자도 아닐진대"(25절)라고 요약한 것을 보면, 그들이 그리스도와 구별된 다른 어떤 선지자를 의미하면서 이 말을 한 것이 분명하다. 그러므로 우리는 그들이 다른 인물을 염두에 두면서 '그 선지자'라고 말했음을 알게 된다.

그 사람들이 요한에게 그가 옛 선지자들 가운데 한 사람인지를 묻는 것이라고 생각하는 사람들도 있다. 그러나 나는 이 또한 이 구절의 의미를 바르게 해석하지 못했다고 생각한다. 세례 요한을 찾아온 사람들이 "네가 그 선지자냐"라고 물은 것은 요한의 직분에 관해서, 즉 그가 하나님께서 지명하여 보내신 선지자인지에 관해서 묻는 것으로 이해해야 한다. 요한은 자신이 그 선지자인 것을 부인했다. 세례 요한이 겸손해서 이 사실을 부정한 것은 아니다. 그는 자신이 수많은 선지자들과 다르다는 것을 정직하고 신실하게 인정한 것이다. 그리고 요한의 이런 대답은 그리스도께서 요한에 대하여 말씀하신 것과도 상충되지 않는다. 그리스도께서는 요한에게 선지자 칭호를 부여하셨을 뿐만 아니라 그를 가리켜 '선지자보다 더 나은 자'라고 덧붙이기까지 하셨다

요한복음 1장

(마 11:9). 하지만 예수님은 이 말씀으로써 요한의 설교에 신임과 권위를 부여하고 동시에 요한에게 맡겨진 직책의 탁월함을 칭찬하셨을 뿐이다.

그러나 이 구절에서 세례 요한은 심중에 다른 목적을 갖고 있었다. 그는 과거에 선지자들이 통상적으로 그러했듯이 개인적인 임무를 받은 것이 아니라 그리스도를 예고하는 사람으로서만 임명 받았다는 사실을 보이고 싶었다. 이 사실은 다음 비유로써 더 분명해질 것이다.

그다지 중요하지 않은 문제로 보냄을 받은 대사大使들이라도 그들이 개인적인 사명을 가지고 있다면 '대사'라고 불리고 대사로서의 권위를 지니는 법이다. 분명하고 구체적인 예언의 내용을 받아 선지자의 직분을 이행하는 모든 선지자들이 이와 같은 사람들이었다. 하지만 대단히 중대한 문제가 생겨서 대사 두 명이 보냄을 받았는데, 그중에 한 명이 먼저 와서 뒤에 올 다른 대사가 모든 일을 수행하라는 임무를 받았으며 곧 그가 와서 전체 문제를 협상할 것이라고 선언했다고 가정하자. 이럴 경우, 첫 번째 사람이 (나중에 올) 중요한 사람에게 속하며 나중에 올 사람이 하는 일을 보충하는 사람으로 인정받지 않겠는가? 요한의 경우도 그러하다. 하나님께서는 세례 요한에게 그리스도를 위한 제자들을 준비하는 임무만 부여하셨다. 이러한 의미는 전체 문맥을 살펴볼 때 쉽게 추론할 수 있다. 우리는 이 구절에 바로 이어지는 정반대되는 문장을 깊이 생각해봐야 한다.

"나는 선지자가 아니라(이 부분은 한글 개역개정성경에는 나타나지 않음) 선지자 이사야의 말과 같이 주의 길을 곧게 하라고 광야에서 외치는 자의 소리로라"(23절).

'주의 길을 예비하라고 외치는 소리'는 선지자가 아니라 돕는 보조 사역자이며, 그의 설교는 듣는 자들에게 다른 선생을 준비하게 하는 것에 불과하다는 점에서 차이가 있다. 이렇듯 요한은 다른 모든 선지자들보다 위대하지만, 그 자신이 선지자는 아니었다.

23 외치는 자의 소리 세례 요한은, 사람들이 자신이 선지자가 아니라면 틀림없이 가르치는 직분을 맡았을 것이라고 성급하게 판단할지도 몰라서 이

사야서 40장 3절로써 자기의 역할을 설명하고 확증한다. 말하자면, 요한은 하나님께서 그에게 명령하신 것만 수행했을 뿐이다. 이사야 선지자는 그 구절에서 요한에 관해서만 언급하지는 않는다. 그는 교회의 회복을 약속하면서, 주님을 맞이하기 위하여 길을 평탄케 하라고 명령하는 기쁜 음성이 들릴 것이라 예언한다. 이사야는 여기에서 이스라엘 백성을 바벨론 포로에서 되돌리기 위해 하나님께서 오신다는 내용을 다루고 있지만, 이 예언은 육신을 입고 오시는 그리스도의 출현에서 진정으로 성취된다. 그러므로 주님이 가까이 오셨다는 소식을 전한 보고자들 중에서 세례 요한은 가장 위대한 사람이다.

일부 사람들이 그러는 것처럼 '소리'라는 단어를 교묘하게 철학적으로 설명하는 것은 부질없는 짓이다. 요한이 '소리'로 불린 것은 그에게 부여된 의무가 큰 소리로 외치는 것이었기 때문이다. 이사야는 교회의 황폐된 상황을 '백성들의 귀환을 가로막는 광야'라고 풍유적으로 일컫는다. 이사야는 포로 상황에 있는 백성들이 돌아갈 길이 막혔다고 판단하였다. 하지만 주님은 길이 없는 땅에 길을 만드실 것이다. 세례 요한의 설교에 묘사된 눈에 보이는 광야는 구원의 소망이 전혀 없는 외지고 황량한 곳을 가리키는 이미지 혹은 비유였다. 독자가 이러한 비교를 생각한다면, 이사야 선지자의 말이 곡해되지 않았다는 것을 금세 알게 될 것이다. 하나님께서는 자신의 백성들의 눈앞에 이 예언의 거울을 놓으셔서 백성들로 하여금 자기들의 비참함에 당혹하게 하셨다.

24 그들은 바리새인들이 보낸 자라 25 또 물어 이르되 네가 만일 그리스도도 아니요 엘리야도 아니요 그 선지자도 아닐진대 어찌하여 세례를 베푸느냐 26 요한이 대답하되 나는 물로 세례를 베풀거니와 너희 가운데 너희가 알지 못하는 한 사람이 섰으니 27 곧 내 뒤에 오시는 그이라 나는 그의 신발끈을 풀기도 감당하지 못하겠노라 하더라 28 이 일은 요한이 세례 베풀던 곳 요단 강 건너편 베다니에서 일어난 일이니라 요 1:24-28

24 그들은 바리새인들이 보낸 자라 복음서 기자는 이들이 그 당시 교회에서 가장 높은 자리를 차지하고 있던 바리새인들이라고 밝힌다. 그들이 레위 반열에 속한 소수의 힘없는 무리가 아니라 권위가 있는 자들이라는 점을 알려주고자 한 것이다. 그들이 요한에게 세례에 대해 질문한 것이 이 때문이었다. 일반적인 사역자들은 어떤 대답을 들어도 만족할 것이다. 그러나 이 사람들은 자기들이 원하는 대답을 얻을 수 없었기에 요한이 감히 새로운 의식(세례)을 도입한다고 비난하였다.

25 어찌하여 세례를 베푸느냐 이 사람들은 "네가 만일 그리스도도 아니요 엘리야도 아니요 그 선지자도 아닐진대"라고 세 번에 걸쳐 이의를 제기함으로써 세례 요한을 결정적으로 논박하려는 것 같다. 아무나 세례를 베풀 수 없었기 때문이다. 모든 권위는 메시아의 손에 있어야 했다. 장차 올 엘리야를 그들이 언급한 것은, 그가 하나님나라와 교회의 회복을 시작할 사람으로 생각했기 때문이다. 그들은 하나님의 선지자들이 그들에게 맡겨진 직분을 이행해야 한다고 믿었다. 그들이 보기에 요한은 하나님에게서 어떤 공식적인 직분도 받지 못했으므로, 요한이 세례를 베푸는 것은 불법적인 혁명이라고 결론을 내렸다. 요한은 자기가 그들이 꿈꾸던 엘리야가 아니라고 부인했지만, 그들은 요한이 말라기서 4장 5절에 언급된 엘리야라는 사실을 인정하지 않는 잘못을 범하였다.

26 나는 물로 세례를 베풀거니와 이 말은 요한을 찾아온 사람들의 오류를 교정하기에 충분한 선언이다. 그러나 이 말 자체는 대단히 명료하지만, 알아들을 귀가 없는 사람들에게는 아무 소용이 없다. 요한이 그들의 주의를 그리스도에게로 돌리면서 그분이 이미 세상에 와 계시다고 선언했을 때, 그가 하나님으로부터 그리스도의 사역자로 임명 받은 사람이라는 사실뿐만 아니라 교회의 회복을 증언하라고 보냄을 받은 참 엘리야라는 사실이 분명하게 드러났다. 그리스도의 영적인 세례가 요한의 외형적인 세례와 뚜렷이 대조

되는 것은 아니기 때문에, 이 구절에서 그 둘이 완전히 반대되는 것으로 대조를 이루어 설명되지는 않았다. 하지만 성령 세례에 관한 언급이 보충될 것이다. 잠시 후에 복음서 기자는 정말로 이 두 문제를 서술한다.

세례 요한의 대답에서 우리가 주목해야 할 중요한 점이 두 가지 있다.

첫째, 요한은 자신에게 합당한 것 이상의 것을 주장하지 않는다. 그가 베푸는 세례의 주관자는 그리스도시며, 그리스도 안에 세례가 상징하는 진리가 들어 있기 때문이다.

둘째, 요한은 외형적인 표지標識를 수행하는 자에 지나지 않는다. 그리스도의 손안에만 모든 능력과 효력이 있다. 요한의 세례가 가리키는 진리가 그리스도의 성령 세례에 의존하기에, 요한은 자기가 베푸는 세례를 그 한도 내에서 변호한다. 그러나 요한은 자기의 세례에 대해 이야기할 때 성령의 능력을 언급하지 않음으로써 그리스도의 높으심을 찬양하며, 사람들이 그리스도만 바라볼 수 있도록 한다. 사역자에게 있어서 최상의 자기절제는 자기가 주장할 수 있는 모든 권위를 그리스도에게서 받은 것이라고 하면서 모든 공功을 그리스도께로 돌리고 그분만을 의뢰하는 것이다.

하지만 요한의 세례를 우리가 받은 세례와 구별해야 한다고 주장하는 것은 대단히 큰 실수이다. 요한은 지금 그가 베풀고 있는 세례의 유용성과 유익에 관하여 논쟁하는 것이 아니다. 그는 단지 그의 역할과 그리스도의 역할을 비교하고 있을 뿐이다. 오늘날에도 그러하듯이 세례에서 우리의 역할과 그리스도의 역할이 무엇인지를 물어야 한다면, 우리는 그리스도만이 세례가 대변하는 것을 수행하시며, 우리는 그 표지를 시행하는 것 이상의 것을 할 수 없다는 사실을 인정해야 한다.

성경은 성례聖禮에 관하여 두 가지로 말한다. 때로 성경은 세례를 '중생의 씻음'(딛 3:5)이라고 한다. 세례를 통해 우리 죄가 씻음 받고 우리가 그리스도의 몸에 접붙임을 받으며 우리의 옛 사람은 십자가에 못 박히고 우리는 새 생명 안에서 다시 살아난다고 한다. 이러한 경우에 성경은 그리스도의 능력을 사람의 사역과 하나로 묶는다. 결국 사역자는 그리스도의 손일 뿐이다. 이런 식의 표현은 사람이 스스로 무엇을 이룰 수 있는지를 밝혀주는 것이 아니라, 그리스도께서 자신의 도구인 사람과 (세례의) 표지를 사용하여 어떤 일을 이루시는지를 보여준다. 그러나 사람은 미신에 빠지기 쉽고 그 본성적인 교만함 때문에 하나님의 영광을 가로채 자기가 그 영광을 취하려는 경향이 있기 때문에, 본문에 기록된 것처럼 성경은 이와 같은 불경스러운 교만을 억제하기 위해 종종 사역자들을 그리스도와 구별하기도 한다. 사역자들이 아무것도 아니고 아무것도 할 수 없는 존재라는 사실을 우리가 배울 수 있도록 말이다.

너희 가운데 너희가 알지 못하는 한 사람이 섰으니 세례 요한은 그리스도를 모르는 사람들의 어리석음을 간접적으로 질책한다. 그리스도가 누구이신지를 알지 못하는 사람들은 특별히 그리스도를 관심 있게 바라보아야 한다. 요한은 사람들이 그에게 사역을 맡기신 분에게 가야만 그의 사역을 알 수 있다고 늘 조심스럽게 주장하였다. 요한은 그리스도께서 사람들 가운데서 계시다고 말함으로써 사람들이 그리스도를 아는 데 열심을 내도록 하려고 한다. 간략히 말하면, 요한은 조금이라도 자기에게 영광이 잘못 임해서 그리스도의 뛰어나심이 흐려지는 일이 없도록 최대한 자기를 낮추기 원하는 것이다. 요한이 처음에 사람들의 잘못된 생각으로 인해 받지 말아야 할 칭송을 받았을 때, 그는 아마도 자기 입으로 이런 말을 자주 하지 않았을까.

27 곧 내 뒤에 오시는 그이라 여기서 세례 요한은 두 가지 사실을 밝힌다. 우선, 그리스도께서는 시간 순서상 세례 요한 뒤에 등장하셨다. 그러나 그 존엄함에 있어서는 그리스도께서 세례 요한보다 훨씬 앞서 계셨다. 성부 聖父 하나님께서 다른 어느 누구보다도 그리스도를 더 사랑하셨기 때문이다. 조금 뒤에 요한은 그리스도께서 실제로 다른 모든 사람들보다 뛰어나시기 때문에 그분이 다른 모든 사람들보다 앞서신 분이라는 세 번째 내용을 덧붙일 것이다.

28 이 일은 … 베다니에서 일어난 일이니라 여기서 장소가 언급된 것은 이 이야기가 실제로 일어난 사건임을 분명하게 하기 위해서일 뿐만 아니라 요한이 군중들이 모인 가운데 이렇게 대답했다는 것을 우리에게 알려주기 위함이기도 하다. 많은 사람들이 요한에게 세례를 받으러 왔다. 그리고 이곳은 요한이 일상적으로 세례를 베풀던 장소였다. 요단 강을 가로지르는 통행로가 있어서 사람들이 이곳 이름을 베다니라고 한 것 같다. 베다니라는 말은 '통행로의 집'(the house of passage)이라는 뜻으로 해석된다. 어떤 사람들은 이곳이, 여호수아의 영도領導 아래 이스라엘 백성들이 요단 강을 건널 때 하나님께서 요단 강을 마르게 한(수 3:13) 그 잊을 수 없는 통과 사건을 가리킨다고 생각하기도 한다. 이와는 다르게 이 장소를 '베다라바'Betharaba로 읽어야 한다고 생각하는 사람들도 있다. 일부 사람들에 의해 붙여진 '베다니'Bethany라는 이름은 잘못된 것이다. 나중에 살펴보게 되겠지만 베다니는 예루살렘과 매우 가까운 곳에 위치해 있기 때문이다. 많은 지형학자들은 복음서 기자가 실제로 쓴 지명이 '베다라바'일 가능성이 높다고 생각한다. 하지만 나는 이 단어의 발음 문제에 대해서는 더 이상 논의하지 않을 생각이다.

29 이튿날 요한이 예수께서 자기에게 나아오심을 보고 이르되 보라 세상 죄를 지고 가는 하나님의 어린양이로다 **30** 내가 전에 말하기를 내 뒤에 오는 사람이 있는데 나보다 앞선 것은 그가 나보다 먼저 계심이라 한 것이 이 사람을 가리킴이라 **31** 나도 그를 알지 못하였으나 내가 와서 물로 세례를 베푸는 것은 그를 이스라엘에 나타내려 함이라 하니라 **32** 요한이 또 증언하여 이르되 내가 보매 성령이 비둘기같이 하늘로부터 내려와서 그의 위에 머물렀더라 **33** 나도 그를 알지 못하였으나 나를 보내어 물로 세례를 베풀라 하신 그이가 나에게 말씀하시되 성령이 내려서 누구 위에든지 머무는 것을 보거든 그가 곧 성령으로 세례를 베푸는 이인 줄 알라 하셨기에 **34** 내가 보고 그가 하나님의 아들이심을 증언하였노라 하니라 요 1:29-34

29 이튿날 세례 요한이 이전에 메시아의 출현에 대해 언급했다는 것은 의심의 여지가 없다. 하지만 메시아가 나타나시자 요한은 자기가 이전에 선언한 것이 신속하게 알려지기를 원했다. 그리고 이제 그리스도의 출현으로 요한의 사역이 끝날 때가 가까이 왔다. 해가 떠오르면 새벽의 어스름한 기운이 갑자기 사라지듯이 말이다. 요한은 제사장들이 보낸 사람들에게 그들이 찾고 있는 분, 즉 요한의 세례에 참됨과 능력을 부여하신 분이 이미 와서 사람들 사이에 살고 계시다고 증언한 후, 다음 날 그분을 공개적으로 알렸다. 요한의 이 두 행위는 시간적으로 연결되어 있기 때문에 사람들의 마음을 움직이도록 하기에 더욱 큰 힘이 있다. 그리스도께서 세례 요한이 있는 곳에 나타나신 이유도 바로 여기에 있다.

보라 … 하나님의 어린양이로다 그리스도께서 수행하실 가장 중요한 직분이 간단하지만 매우 분명하게 설명되었다. 그분은 자신의 죽음을 제물로 드려 세상 죄를 제거하심으로써 사람들을 하나님과 화목하게 하셨다. 그리스도께서는 분명 다른 여러 가지 복을 우리에게 내려주셨다. 하지만 다른 모든 복들의 기초가 되는 가장 중요한 복은 그분이 하나님의 진노를 누그러뜨리심으로써 우리를 의롭고 순결하게 하신 것이다. 모든 복의 줄기의 근원은 하나님께서 우리 죄를 탓하지 않으시고 우리를 은혜 안에 받아주신 것이다. 그래서 우리를 그리스도에게로 인도하는 세례 요한은 그리스도로 말미암아 우리가 죄 사함을 얻었다는 말로써 그분에 대한 선포를 시작한다.

'어린양'은 율법에 속한 옛 시대에 드리던 제물을 빗댄 것이다. 요한이 상대하고 있는 사람들은 유대인들이다. 제물에 익숙해 있었고, 그들이 늘 드리는 그 제물이 아니고서는 어떤 다른 방법으로도 죄 용서함을 얻었다고 확신할 수 없었던 그 유대인들 말이다. 그들이 드리던 제물의 종류는 다양했다. 그런데 요한은 그중에 어린양을 사용하여 제물 전체를 표현하는 제유법提喩法을 사용한다. 요한은 여기서 유월절 어린양을 염두에 두고 있었을 것이다. 중요한 것은 요한이 유대인들을 가르치기에 아주 적합하고 강력한 표현법을 쓰고 있다는 사실이다. 마치 우리가 그리스도의 피 때문에 우리의 더러움에서 씻음 받고 깨끗해졌다는 말을 들을 때, 그 의미를 세례 의식을 통해 더 잘 이해하는 것처럼 말이다.

동시에 유대인들은 제물에 대해서 미신적으로 생각하기도 하였다. 그래서 요한은 구약의 모든 제물이 가리키는 실체가 무엇인지를 그들에게 상기시켜 줌으로써 그들의 잘못된 생각을 교정해주어야 했다. 유대인들이 외적인 표지를 크게 신뢰했다는 것은 그들이 제사 제도를 남용했다는 이야기이다. 그래서 요한은 예수님을 소개하면서 그분이 하나님의 어린양이시라는 사실을 증언하였다. 유대인들이 율법 아래에서 어떤 희생제물을 드렸든지 간에 그것은 죄를 대속代贖하는 능력이 없다는 것을 분명히 밝힌 것이다. 구약의 제사와 제물은 그리스도 안에서 계시될 실체를 보여주는 비유(그림자)에 불과하다.

세상 죄 세례 요한은 '죄'sin를 그 어떠한 유의 범죄든 모두 대표해 통칭하는 듯이 단수로 표현한다. 하나님과 사람들 사이를 멀어지게 하는 어떤 종류의 불의든 간에 그리스도께서 그 죄를 짊어지셨다고 말하는 것처럼 말이다. 그리고 유대인들이 구주救主께서 자기들만을 위해 보냄 받으셨다고 생각하지 않도록, 그는 세상 죄(the sin of the world)라는 말을 써서 그리스도께서 베푸신 그 사랑을 온 인류에게 차별 없이 확장한다. 여기서 우리가 내릴 수 있는 결론은 온 세상이 동일한 정죄 아래 있다는 것이다. 즉, 온 인류가 한 사람도 예외 없이 하나님 앞에서 의롭지 못하기 때문에 모두가 하나님과 화목할 필요가 있다는 말이다. 요한은 '세상 죄'라는 일반적인 표현을 씀으로써 우리가 우리 자신의 비참함을 느껴서 그 구제책을 찾기를 원했다. 이제 모든 사람에게 베풀어진 복을 받아들이는 것은 우리의 몫이다. 각 사람은 믿음으로 인도함을 받아 그리스도에게 오기만 하면 그리스도 안에서 하나님과 화목케 되는 것을 그 어느 것도 막을 수 없음을 확신하게 될 것이다.

요한은 또한 죄를 제거하는 유일한 방법을 선포한다. 세상이 시작될 때부터 모든 사람이 양심상 자기가 죄인인 것을 알게 되면 사죄함을 얻으려고 필사적으로 노력해왔다는 사실을 우리는 안다. 그래서 대단히 많은 화목제물이 드려 졌으며, 이로써 그들은 자기들이 하나님의 분을 달랬다고 착각했다. 내가 단 언하건대, 온갖 거짓된 화목 의식들은 거룩한 기원起源에서 생겨났다. 즉, 하나 님께서 사람들을 그리스도에게로 인도하게 하는 제물을 정하셨다는 생각에 서 그 모든 의식들이 유래된 것이다. 그러나 사람들은 하나님을 기쁘시게 할 만한 자기만의 방법을 개발하고 만들었다. 세례 요한은 다시 우리를 오직 그 리스도께로만 돌아오도록 촉구하면서 하나님만이 그분의 복을 통하여 우리 와 화목하게 하시는 유일한 분이심을 가르친다. 하나님만 홀로 죄를 없이 하 는 분이시기 때문이다. 그러므로 하나님께서 죄인을 위하여 마련하신 구원의 유일한 방법은 그리스도에게 피하는 것뿐이다. 이렇게 하여 요한은 하나님과 화목하고 하나님의 구원을 얻는 인간적인 모든 방법을 배제한다. 이러한 방 법들은 마귀의 술책에 의해 만들어진 불경건한 허구虛構에 불과하다.

지고 가는 이 어구는 두 가지로 설명할 수 있다.

첫째, 우리를 억누르고 있는 짐을 그리스도께서 친히 짊어지신다는 의미 로 이해할 수 있다. 그분이 "친히 나무에 달려 그 몸으로 우리 죄를 담당하셨 으니"(벧전 2:24)라는 말씀과 "그가 징계를 받으므로 우리는 평화를 누리고"(사 53:5)라는 말씀처럼 말이다.

둘째, 그리스도께서 우리의 죄를 용서하셨다는 의미로 이해할 수도 있다.

하지만 후자는 전자의 내용에 의존하므로 나는 두 견해를 모두 받아들인 다. 즉, 그리스도께서 우리의 죄를 짊어지심으로써 그것을 제거하신다고 말 이다. 그래서 비록 죄가 우리 속에 지속적으로 거하고 있지만, 하나님께서 심 판하실 때 그 죄는 아무것도 아니다. 왜냐하면 그 죄는 그리스도의 은혜로 완 전히 없어지며 우리에게 돌려지지 않기 때문이다. 나는 여기에 사용된 시제 가 현재형이라는 것을 근거로 '지고 가는' 것이 지속적인 행동을 의미한다 고 설명하는 크리소스톰(Chrysostom, 349~407. 안디옥에서 활동한 설교가로 '황금의 입'을 가졌 다고 할 정도로 탁월한 설교자였음)의 설명에도 동의한다. 한 번 완전히 이루어진 속죄는 영원한 효력을 발휘하기 때문이다.

세례 요한은 우리에게 그리스도께서 죄를 지셨다는 사실만 아니라 죄를 지시는 방법에 대해서도 이야기해준다. 그리스도께서는 자신의 죽음이라는 선한 행동으로 말미암아 성부 하나님을 우리와 화목케 하셨다. 요한이 '어린양'이라는 단어를 사용함으로써 의미하는 바가 바로 이것이다. 그러므로 우리가 그리스도의 죽음에 직접 나아가 십자가에 달려 죽으신 분이 유일한 희생제물이며 그분으로 말미암아 우리의 모든 죄책罪責이 제거되었다는 사실을 믿는다면 그리스도의 은혜로 우리가 하나님과 화목케 된다는 사실을 여기서 배우자.

30 내가 전에 말하기를 … 이 사람을 가리킴이라 세례 요한이 전에 그리스도께서 자기보다 앞서 계신 분이라고 선언했을 때 그는 이 한마디로써 모든 것을 파악하고 있었음을 보여준다. 요한은 그리스도를 위하여 보냄 받은 선포자에 불과하다. 여기서 다시 한 번 그리스도께서 메시아라는 사실이 확증된다. 이 구절에는 다음 세 가지 사실이 언급되어 있다.

첫째, 요한이 자기 뒤에 오는 사람이 있다고 할 때, 그는 자기가 시간적으로 그리스도보다 먼저 와서 그분을 위하여 길을 예비하는 사람이라는 뜻으로 말한다. 말라기 선지자가 "보라 내가 내 사자使者를 보내리니 그가 내 앞에서 길을 준비할 것이요"(말 3:1)라고 증언한 대로 말이다.

둘째, 요한이 그리스도가 자기보다 앞섰다고 말할 때 이것은 하나님께서 그 아들이 구세주의 직임을 수행하러 세상에 오실 때 아들에게 부여하신 영광을 가리킨다.

셋째, 그리스도는 위엄에 있어 세례 요한보다 뛰어나시다는 이유가 첨가된다. 그러므로 성부聖父께서 성자聖子에게 부여하신 영예는 우발적으로 얻어진 것이 아니라 그분이 가지신 영원한 존귀에 기인한다. "내 뒤에 오시는 이가 나보다 앞선 것은 나보다 먼저 계심이라"라는 표현에 대해서는 내가 이미 앞에서 언급했다.

31 나도 그를 알지 못하였으나 세례 요한의 증언을 우정이나 특별한 애정에서 나온 것이라고 의심할 수는 없다. 요한은 이러한 의심을 예상하고서, 자기는 하나님으로부터 오는 계시 외에는 그리스도를 아는 지식이 없다고 밝힌다. 따라서 이 말의 요지는 그가 자기의 깨달음으로 말하거나 사람을 기쁘게 하기 위해 말하는 것이 아니라, 성령의 감동과 하나님의 명령에 의하여 말하고 있다는 것이다.

내가 와서 물로 세례를 베푸는 것은 이 말은, 세례 요한이 그리스도를 이스라엘에게 나타내도록 물로 세례를 주는 일을 하는 사람으로 부름을 받고 임명되었다는 의미이다. 나중에 요한복음 기자는 세례 요한이 하나님의 계시로 말미암아 그리스도를 알게 되었다고 증언함으로써 이 사실을 좀 더 충분히 설명하고 확증한다. 세례 요한이 이 구절에서 '내가 와서 물로 세례를 베푼다'고 한 것과는 달리, 다른 곳에서는(33절) 그가 보냄을 받았다고 좀 더 분명하게 선언한다.

교회의 사역자가 되게 하는 것은 하나님의 부르심밖에 없다. 아무리 학식을 겸비하고 말을 잘한다고 하더라도 하나님께서 부르시지도 않은 자리에 억지로 나서는 사람에게는 어떠한 권위도 없다. 그는 하나님께서 보내지 않으셨기 때문이다. 세례 요한이 정기적으로 세례를 베풀려면 반드시 하나님으로부터 보내심을 받아야 했다. 여기서 우리가 이해해야 할 것은, 어느 누구도 성례를 행할 권한이 없다는 사실이다. 오직 하나님만이 성례를 제정할 권한을 가지신다. 예수님이 요한의 세례의 권위를 입증하시려고 그의 세례가 하늘로부터 온 것인지 사람으로부터 온 것인지 물으신 것도 같은 맥락이다(마 21:25).

32 내가 보매 성령이 비둘기같이 하늘로부터 내려와서 그의 위에 머물렀더라 이것은 사실적인 표현이 아니라 비유적인 표현이다. 이것이 문자적인 표현이라면, 요한이 어떤 눈으로 성령을 볼 수 있었겠는가? 하지만 비둘기가 성령의 임재를 알려주는 확실하고 의심 없는 표지이므로, 비둘

기는 환유어換喩語로서 '성령'이라고 불리는 것이다. 즉, 비둘기가 실제로 성령님이라는 의미가 아니라, 사람이 납득할 수 있는 방법으로 성령을 보여준다는 의미에서 그러하다.

이런 비유적인 언어는 성례에서 종종 사용될 정도로 일반화되어 있다. 사물의 이름이 적절하게 그 표지sign에 옮겨지지 않는다면 그리스도께서 왜 빵을 그분의 몸이라고 말씀하셨겠는가? 특히 그 표지가 우리에게, 그 실체 자체가 주어졌음을 확신하게 해주는 참되고 효과적인 증거일 경우에는 더더욱 비유적인 언어가 사용된다. 하지만 하늘과 땅을 채우시는 성령께서 비둘기 안에 들어가 계시다고 생각해서는 안 된다. 성령께서는 자신의 능력으로 임재하신 것이다. 그래서 요한은 자기가 본 광경이 그의 눈앞에 헛되이 펼쳐진 것이 아님을 잘 알았다. 이와 마찬가지로 우리는 그리스도의 몸이 빵 위에 놓여 있는 것은 아니지만 우리가 그분 안에 참여하고 있음을 안다.

이제 왜 성령께서 비둘기 모양으로 나타나셨는지를 살펴보자. 언제나 그랬던 것처럼 우리는 여기서도 표지와 실체 사이의 유비類比가 있다는 사실을 기억해야 한다. 성령께서 사도들에게 임하셨을 때, 그들은 불 같고 갈라진 혀들을 보았다(행 2:3). 복음 선포가 모든 혀(언어)를 통해 두루 퍼져나가고 불의 능력을 가져야 했기 때문이다. 하지만 이 구절(요 1:32)에서 하나님께서는 이사야서 42장 3절에서 칭송한 "상한 갈대를 꺾지 아니하며 꺼져가는 등불을 끄지 아니하고 진실로 정의를 시행할 것"이라는 그리스도의 온유함을 공개적으로 제시하고 싶으셨다.

성령께서 그리스도 위에 내려오는 것을 보이신 것은 이번이 처음이다. 그러나 이것은, 이런 일이 일어나기 전에는 그리스도께 성령님이 계시지 않았다는 의미가 아니라, 말하자면 이제 그분이 엄숙한 의식으로 성별聖別되셨다는 의미이다. 우리가 아는 한, 그리스도께서는 30년간 세상에 알려지지 않은 채 한 개인으로 지내셨다. 아직 자신의 모습을 세상에 나타내실 때가 되지 않았기 때문이다. 하지만 그리스도께서 자신을 세상에 알리기 원하셨을 때는 세례로써 사람들 앞에 비로소 모습을 드러내셨다. 그때 그분은 자신을 위해서라기보다는 자신의 백성들을 위해서 성령을 받으셨다. 그리고 성령께서는 누구나 볼 수 있는 모습으로 내려오셔서, 우리에게 부족하고 없는 모든 은사들이 그리스도 안에 풍성하게 있다는 것을 알 수 있게 해주셨다.

세례 요한의 말을 보면 이 사실을 쉽게 알 수 있다. 요한이 "성령이 내려서 누구 위에든지 머무는 것을 보거든 그가 곧 성령으로 세례를 베푸는 이인 줄 알라"(요 1:33)라고 할 때, 그는 마치 성령께서 누구나 볼 수 있는 모양으로 보이셨고, 그리스도께서 자기 백성들에게 그분이 가진 모든 충만으로 두루 부어 주시도록 하기 위해 성령께서 그리스도 위에 머무신 것처럼 말한다. 성령으로 세례를 준다는 의미가 무엇인지에 대해서는 내가 이미 앞에서 간단히 언급했다. 즉, 세례가 헛되거나 무가치한 것이 되지 않도록 그리스도께서 성령의 능력으로 세례를 유효(有效)하게 하신다는 의미이다.

33 나도 그를 알지 못하였으나 … 성령이 내려서 누구 위에든지 머무는 것을 보거든 이 구절에서 어려운 질문 한 가지가 제기된다. 세례 요한이 그리스도를 알지 못했다면, 왜 그가 예수님에게 세례 베풀기를 거절했는가? 요한은 분명 자기가 알지 못하는 사람에게 "내가 당신에게서 세례를 받아야 할 터인데"(마 3:14)라고 말하지는 않았을 것이다. 이에 대해 요한이 그리스도를 위대한 선지자로 알고 경외하였지만 그분이 하나님의 아들이셨음을 알지는 못했다고 대답하는 사람들이 있다. 하지만 이것은 이 어려운 질문을 해결하기에는 빈약하고 어리석은 대답이다. 왜냐하면 다른 사람에 대한 존경 따위에 상관없이 누구나 하나님의 부르심에 순종해야 하기 때문이다. 사람의 위엄과 탁월함 때문에 우리의 의무를 수행하지 않을 수는 없는 일이다. 그러므로 요한이 하나님의 아들이 아닌 다른 사람에게 이와 같이 말했다면, 그는 하나님과 그분의 세례를 오해한 것이다. 그러므로 요한은 이전에 그리스도를 알았음에 틀림없다.

우선 여기서 우리가 주목해야 할 점은, 요한이 "나도 그를 알지 못하였으나"라고 했을 때 그 앎이 서로 간의 허물없는 친밀함에서 나온 앎을 가리킨다는 것이다. 설령 세례 요한이 예수님을 본 순간에 그분이 그리스도이심을 인식했다고 하더라도, 요한과 그리스도는 인간적인 우정이라는 일반적인 방식으로 서로를 안 것이 아님은 여전히 사실이다. 요한이 처음 그리스도를 알게 된 것은 하나님을 통해서이기 때문이다. 하지만 이것 역시 우리가 앞에서 제기한 질문에 충분한 답변이 되지 않는다. 요한은 성령이 내려오는 것을 본 것이 그가 그리스도를 인식하게 된 표시라고 말하고 있다. 그러나 요한이 그리스도를 하나님의 아들이라고 지칭할 당시에는 그가 아직 성령을 보지 못한 상황이었다. 그래서 나는 이 표지가 확증을 위해 첨가되었으며 요한을 위해서라기보다는 우리 모두를 위해 주어진 것이라고 생각하는 학자들의 견해에 전적으로 동의한다. 분명 세례 요한만이 그 표지를 목격했다. 그러나 그 표지는 요한 자신을 위한 것이라기보다는 다른 사람을 위해 보여진 것이다.

부처(Martin Bucer, 1491~1551. 스트라스부르그의 종교개혁자)는 출애굽기 3장 12절에 묘사된 모세의 경우를 인용한다.

"내가 반드시 너와 함께 있으리라 네가 그 백성을 애굽에서 인도하여 낸 후에 너희가 이 산에서 하나님을 섬기리니 이것이 내가 너를 보낸 증거니라."

이 구절에 의하면, 이스라엘 백성들은 애굽에서 나갈 때 이미 하나님께서 그들을 인도하시며 해방시키신다는 것을 알고 있었다. 그러나 이것은 이 사건이 발생하고 난 후에 확증된 내용이다. 이와 마찬가지로 이 구절은 세례 요한에게 이전에 주어진 계시에 첨가된 것으로 임하였다고 보아야 할 것이다.

34 내가 보고 그가 하나님의 아들이심을 증언하였노라 세례 요한은 자기가 조금도 의심하지 않았음을 분명히 한다. 하나님께서는 요한이 세상에 증언해야 할 것들에 대해 철저하고 심오한 지식을 주기를 기뻐하셨다. 요한이 그리스도를 하나님의 아들로 증언했다는 사실은 특히 주목할 만하다. 성령을 주시는 분은 그리스도이심이 분명하다. 사람들을 하나님과 화목하게 하는 영예로운 직분을 가진 분은 그리스도 외에는 아무도 없기 때문이다.

35또 이튿날 요한이 자기 제자 중 두 사람과 함께 섰다가 36예수께서 거니심을 보고 말하되 보라 하나님의 어린양이로다 37두 제자가 그의 말을 듣고 예수를 따르거늘 38예 수께서 돌이켜 그 따르는 것을 보시고 물어 이르시되 무엇을 구하느냐 이르되 랍비여 어디 계시오니이까 하니 (랍비는 번역하면 선생이라) 39예수께서 이르시되 와서 보라 그러므로 그들이 가서 계신 데를 보고 그날 함께 거하니 때가 열 시쯤 되었더라 요 1:35-39

36 보라 하나님의 어린양이로다 이 구절에는 내가 이미 앞에서 언급한 내용이 좀 더 분명하게 드러나 있다. 즉, 세례 요한은 자기가 사역의 막바지에 도달하고 있다고 느꼈을 때 횃불을 그리스도에게 넘겨주려고 쉬지 않고 수고했다. 그 자신의 끈질긴 노력으로 그의 증언은 좀 더 무게를 얻게 되었다. 그러나 그는 날마다 그리스도를 반복해서 찬양함으로써 이제 자기의 사역이 끝났음을 보여준다.

여기서 우리는 교회의 시작이 참으로 미약하고 보잘것없었다는 사실을 보게 된다. 요한은 실제로 그리스도를 맞이할 제자들을 준비했다. 하지만 이제야 비로소 그리스도는 교회를 모으기 시작하신다. 그리스도께서는 하찮은 무명의 두 사람만을 제자로 얻었을 뿐이다. 그러나 이런 상황조차도 그리스도의 영광을 빛나게 한다. 그리스도께서는 사람들의 힘을 빌리거나 강력한 집단의 지지를 받지 않은 채 짧은 기간 안에 그분의 나라를 믿을 수 없는 놀라운 방법으로 확장하셨기 때문이다.

또한 우리는, 특히 주님이 사람들을 어디로 이끄셨는지를 주목해야 한다. 그분은 사람들이 그리스도 안에서 죄 사함을 받을 수 있도록 이끄셨다. 심지어 그리스도께서 자신을 제자들에게 분명하게 나타내셔서 그들을 자신에게 오게 하셨을 때에도, 그래서 지금 그들이 그리스도에게 왔을 때, 그분은 그들을 따뜻하게 맞이하여 격려하고 권하셨다. 그리스도께서는 자신에게 온 사람들이 먼저 말을 걸 때까지 기다린 것이 아니라, 먼저 그들에게 "무엇을 구하느냐?"라고 물어보셨다. 애정이 담긴 이와 같은 초대는 먼저 두 사람에게 주어진 것이지만, 이제 모든 사람들에게 향하는 물음이 되었다. 그러므로 우리가 그리스도께 애써 나아갈 때 그분이 자기에게 오는 사람을 막거나 거절하지는 않으실지 걱정할 필요가 없다. 전혀 그렇지 않다. 그분은 우리의 노력에 도움을 주려고 자신의 팔을 내미실 것이다. 그리고 그분은 자신에게서 멀리 떠나 방황하는 사람들을 찾으시며, 자신에게 오는 사람들을 재촉하시고, 그들을 올바른 길로 돌아오게 하실 것이다.

38 랍비여 랍비는 통상적으로 높은 지위에 있거나 영예를 받는 사람들에게 붙여졌던 명칭이다. 하지만 이 구절에서 복음서 기자인 요한은 당대에 이 단어가 다르게 사용되었음을 보여준다. 즉, 그 당시 사람들은 하나님의 말씀을 가르치는 사람들과 해석하는 사람들을 '랍비'라고 불렀다. 그래서 비록 그들이 그리스도께서 교회의 유일한 선생이라는 사실을 그 당시에는 몰랐다고 하더라도, 요한이 예수님에 관하여 기록한 것에 감동을 받아 그리스도를 선지자와 교사로 여겼다. 이로써 그들은 가르침을 받을 수 있는 첫발을 내디뎠던 것이다.

어디 계시오니이까 교회가 처음 시작되는 시점에서 던져진 이 질문을 통해 우리가 배우는 것은, 그리스도에게 나아가려는 소망에 불타 그분에게 적극적인 관심을 가져야 한다는 점이다. 우리는 단지 예수님을 슬쩍 보는 것으로 만족해서는 안 된다. 그분이 계신 곳을 찾아가서 그분이 우리를 손님으로 영접하시도록 해야 한다. 멀찌감치 떨어져 복음의 냄새만 맡고서 그리스도가 갑자기 사라지도록 넋 놓고 있는 사람들이 많이 있다. 이 경우 그들이 그리스도에 대하여 배운 모든 내용은 흔적도 없이 사라지고 만다. 그날 그 두 사람은 그리스도를 철저하게 따르는 제자가 되지는 않았다. 그러나 그리스도께서는 그날 밤 두 사람에게 좀 더 충분하게 가르치셨고, 이후에 얼마 안 있어서 그들이 예수님께 온전히 헌신할 수 있도록 하셨을 것임이 분명하다.

39 때가 열 시쯤 되었더라 열 시는 일몰 두 시간 전이므로 저녁이 되는 시간이다. 신약 시대에는 낮 시간이 열두 시간으로 나뉘었는데, 여름에는 낮이 길었고 겨울에는 짧았다. 여기서 우리는, 그 두 제자가 그리스도의 말씀을 듣고 그분을 좀 더 깊이 알고 싶어 하는 마음이 너무도 간절해서 자기들이 밤에 어디서 묵을지에 대해서는 관심이 없었음을 알 수 있다. 그리스도를 따르는 것이 편하지 않다는 핑계로 그분을 따르고 그분의 말씀 듣는 것을 끊임없이 미루는 우리 대부분의 모습과 얼마나 다른가?

> **40** 요한의 말을 듣고 예수를 따르는 두 사람 중의 하나는 시몬 베드로의 형제 안드레라 **41** 그가 먼저 자기의 형제 시몬을 찾아 말하되 우리가 메시아를 만났다 하고 (메시아는 번역하면 그리스도라) **42** 데리고 예수께로 오니 예수께서 보시고 이르시되 네가 요한의 아들 시몬이니 장차 게바라 하리라 하시니라 (게바는 번역하면 베드로라) 요 1:40-42

40 두 사람 중의 하나는 … 안드레라 1장 후반부로 가면서 복음서 기자는 제자들이 어떻게 조금씩 그리스도께로 인도되고 있는지를 보여준다. 여기서 요한은 베드로와 관련된 내용을 알려주고, 나중에는 빌립과 나다나엘을 소개한다. 안드레가 곧바로 자기 형제 베드로를 예수님께 데리고 온 것은 믿음의 특성을 표현한다. 즉, 믿음이 있으면 그 빛을 내부에 감춰두거나 꺼버리지 않고 모든 방향으로 퍼뜨린다. 안드레에게는 겨우 불꽃 하나가 있었다. 그런데 그는 바로 그 불꽃을 가지고 그의 형제를 밝혔다. 우리가 안드레보다 더 충분한 비췸을 얻었음에도 다른 사람들을 동일한 은혜에 참여하게 하는 데 노력을 기울이지 않는다면, 우리의 무정함에 화禍가 있을 것이다. 안드레가 한 행동에서 우리는 이사야 선지자가 하나님의 자녀들에게 요구한 두 가지 내용을 주목할 수 있다. 각 사람은 자기 이웃의 손을 잡고 이렇게 말해야 한다.

"오라 우리가 여호와의 산에 오르며 야곱의 하나님의 전殿에 이르자 그가 그의 길을 우리에게 가르치실 것이라"(사 2:3).

안드레는 이러한 목적을 가지고 자기 형제에게 손을 내밀었고, 그리스도의 학교에서 베드로와 동창생이 되었다. 더욱이 여기서 우리는 하나님의 계획을 주목해야 한다. 하나님께서는 장차 누구보다도 탁월한 인물이 될 베드로에게 안드레의 도움과 사역을 빌려 그리스도를 아는 지식을 갖게 하셨다. 아무리 지식이 많고 위대한 사람이라고 하더라도 우리보다 낮은 사람에게 교육받기를 거절해서는 안 된다. 사람을 경멸하면서 그리스도에게 오려고 하지 않는 까다로운 사람 또는 교만한 사람을 하나님께서는 엄히 심판하실 것이다.

41 우리가 메시아를 만났다 하고 (메시아는 번역하면 그리스도라) 복음서 기자는 유대인들의 비밀이었던 메시아를 온 세상에 알리려고 '메시아'라는 단어를 헬라어(그리스도)로 번역했다. 기름부음은 왕들에게 행해졌기에, 메시아는 왕들을 가리키는 일반적인 칭호였다. 하지만 그 왕들은 한 왕(one King)이 하나님께 친히 기름부음을 받을 것임을 알았고, 그 왕의 통치 아래 자기들이 완전하고 영원한 행복을 누릴 수 있기를 바랐다. 특별히 다윗이 이 땅에 세운 나라가 영원히 지속되지 않을 것임을 알았을 때에 더욱 그리하였다.

하나님께서 여러 가지 재앙과 환란의 무게에 눌려 괴로움을 당한 왕들의 마음을 자극하여 메시아를 바라게 하셨던 만큼, 그분은 또한 메시아의 도래가 가까이 왔음을 그들에게 더욱 분명하게 보여주셨다. '그리스도'Christ라는 이름과 관련해서 다니엘의 예언보다 더 분명하게 메시아의 강림을 제시한 경우는 없다(단 9장). 다니엘은 여느 초기 선지자들처럼 왕들에게 '메시아'라는 명칭을 부여한 것이 아니라 구주Redeemer에게만 특별히 그 명칭을 부여했다. 그리하여 구주를 메시아라 부르는 표현이 널리 퍼지게 되었고, 사람들은 '메시아' 또는 '그리스도'라는 단어가 사용될 때에는 언제나 그 단어가 구주救主를 의미하는 것으로 이해하였다. 그래서 요한복음 4장에서 사마리아 여인이

"메시아 곧 그리스도라 하는 이가 오실 줄을 내가 아노니"[25]절라고 말한 것이다. 그러나 우리는 모든 사람들이 그토록 열렬히 사모하고 이야기했던 분을 아무도 영접하지 않았다는 것을 보면서 더욱 놀라게 된다.

42 네가 요나의 아들 시몬이니 그리스도께서는 시몬에게 다른 이름을 지어주셨다. 여느 때처럼 과거의 어떤 사건과 관련하여서 혹은 그리스도께서 지금 시몬 속에서 무엇인가를 간파하셨기 때문이 아니라, 장차 시몬을 '베드로'(반석)로 만들고자 하셨기 때문에 지어주신 것이다. 먼저 그리스도께서는 베드로에게 "네가 요나의 아들 시몬이니"(Thou art Simon, the son of Jonas)라고 말씀하셨다. 그리스도께서는 시몬의 아버지의 이름을 짧은 형태로 언급하셨는데, 이렇게 하는 것은 어떤 이름을 외국어로 번역할 때 흔히 있는 일이다. 요한복음 마지막 장에 있는 내용으로 미루어볼 때(21:15), 시몬은 '요한나' Johanna 또는 '요한'John의 아들임이 분명하다. 그러나 그리스도께서 이렇게 말씀하신 것은 시몬이 장차 지금의 그와는 전혀 다른 사람이 될 것이라는 의미이다. 예수께서 시몬의 아버지를 언급한 것은 그의 아버지가 매우 유명한 사람이었기 때문이 아니다. 오히려 베드로는 평범한 집안에서 태어나 사람들에게 알려지지 않은 인물이었다. 지금 예수께서는 시몬의 태생적인 배경에 상관없이 자신이 그를 장차 흔들림이 없는 위대한 사람으로 만드실 것임을 선포하는 것이다.

그러므로 복음서 기자는 예수님이 시몬에게 새로운 이름을 부여하신 것을 예언으로 기록하고 있는 셈이다. 나도 이것을 예언으로 이해한다. 그러나 나는 단순히 그리스도께서 베드로 안에 있는 믿음의 견고함을 보셨다는 의미에서만 아니라, 그분이 베드로에게 무엇을 주실 것인지 미리 알리셨다는 의미에서 그렇게 이해한다. 지금 그리스도께서는 일종의 경구警句를 사용하여 그분이 나중에 시몬에게 주기로 결정하신 은혜를 칭송하고 계신 것이다. 이런 의미에서 그분은 이것이 그의 현재 이름이라고 말씀하시는 것은 아니다. '베드로'라는 이름은 장차 붙여지게 될 것이다.

장차 게바(베드로)라 하리라 이 이름은 그리스도 안에서 하나님의 전(殿)을 세우는 데 적합한 '베드로들'이 될 모든 경건한 사람들에게 붙여질 이름이다. 그러나 오직 시몬만이 단수형의 이 탁월한 이름(베드로)으로 불린다. 그러나 로마 가톨릭의 교황주의자들이 그리스도 대신 베드로를 교회의 기초로 세운 것은 터무니없는 짓이다. 마치 베드로는 다른 사람들과 달리 그리스도 위에 세워지지 않은 것처럼 말이다. 교황주의자들이 베드로를 반석 중에서 머리로 삼은 것 또한 이중으로 터무니없는 행동이다. 그라티아의 서사시(Gratian's rhapsodies) 가운데 아나크레투스Anacletus라는 이름으로 작성된 어이없는 교회법이 하나 있는데, 거기서 히브리어를 헬라어로 바꾸어서 '케팔레'(kephale, 머리)를 '게바'Cepha와 혼동하여, 이 이름에 근거하여 베드로가 교회의 머리로 임명되었다고 주장한다. 더욱이 '게바'는 히브리어가 아니라 아람어이며, 통상적으로 바벨론 포로 이후에 그렇게 발음되었다.

그렇다면 그리스도의 말씀의 의미는 분명하다. 그리스도께서는 베드로에게 그가 전혀 기대하지 못했던 것을 약속하셨으며, 그렇게 하심으로써 모든 세대에게 주시는 그리스도의 은혜를 그 안에서 확대시키신 것이다. 우리는 베드로의 이전 모습에 근거해서 그를 낮게 생각해서는 안 된다. 주님이 시몬에게 부여하신 '게바'라는 칭호는 그가 새 사람이 되었음을 선언하기 때문이다.

---

43 이튿날 예수께서 갈릴리로 나가려 하시다가 빌립을 만나 이르시되 나를 따르라 하시니 44 빌립은 안드레와 베드로와 한 동네 벳새다 사람이라 45 빌립이 나다나엘을 찾아 이르되 모세가 율법에 기록하였고 여러 선지자가 기록한 그이를 우리가 만났으니 요셉의 아들 나사렛 예수니라 46 나다나엘이 이르되 나사렛에서 무슨 선한 것이 날 수 있느냐 빌립이 이르되 와서 보라 하니라 요 1:43-46

43 나를 따르라 예수께서 빌립에게 하신 이 한마디 말씀으로 빌립은 그리스도를 따르려는 마음에 불탔다. 여기서 우리는, 모든 사람에게 동일하게 나타나는 것은 아니지만 하나님의 말씀(요 1:1)의 효과가 얼마나 큰지를 유추할수 있다. 하나님께서는 많은 사람들에게 강하게 말씀하시지만, 그 말씀이 귓전을 스치는 공허한 소리처럼 들려 아무런 효과가 없는 경우도 있다. 그러므로 하나님의 말씀을 외적으로 선포하는 것 자체는 아무런 열매를 맺지 못한다. 그것은 다만 타락한 사람들이 하나님 앞에서 핑계를 댈 수 없도록 그들에게 치명적인 상처를 입힐 뿐이다. 하지만 성령님의 비밀스러운 은혜가 그 말씀에 생명을 불어넣으면, 모든 감각은 그 영향을 강하게 받지 않을 수 없게된다. 그리고 그 영향이 너무 커서, 사람들은 하나님께서 그들에게 어디로 가라고 하시든지 따라갈 준비를 한다.

그러므로 우리는 그리스도께 우리 속에도 복음의 동일한 능력을 주시기를기도해야 한다. 물론 빌립이 그리스도를 따른 것은 특별한 일이었다. 우리와는 다르게 그는 가까운 친구로서 그리고 떨어질 수 없는 동지(同志)로서 따르라는 명령을 받은 것이다. 그러나 빌립은 우리 모두가 하나님의 부름을 받았을때 반응해야 하는 하나의 모범이었다.

44 벳새다 사람 '벳새다'라는 마을 이름이 여기에 언급된 것은 하나님께서세 사도에게 주신 하나님의 은총을 좀 더 분명하게 보여주려는 데 있는 것 같다. 다른 본문에 보면 그리스도께서 이 마을을 얼마나 가혹하게 비난하고 저주하셨는지 나타나 있다. 따라서 이처럼 경건하지도 않은 사악한 주민들 중에서 몇 사람이 하나님의 은총을 받게 된 것은 그들이 지옥에서 구원을 받은것이라고 봐야 한다. 그리스도께서 바닥이 없는 심연에서 구원하신 사람들을 사도로 임명할 정도로 그들에게 영예를 부여하신 것은 대단히 복되고 기억에 남을 만한 일이다.

45 빌립이 나다나엘을 찾아 교만한 사람들은 교회의 시작이 이렇게 보

잘것없다는 사실을 경멸할지 모르겠다. 그러나 그리스도의 나라가 처음부터 고상하고 모든 면에서 위대하게 출발한 것보다 오히려 초라하게 시작한 모습 속에서 하나님의 영광이 더 밝게 빛난다는 것을 감지할 수 있어야 한다. 우리는 이 작은 씨가 점점 자라 추수 때가 되면 굉장히 많은 곡식을 거두게 된다는 것을 알기 때문이다. 우리는 안드레에게서 보았던 동일한 열정을 다시금 빌립에게서 본다. 또한 빌립의 겸손도 눈에 띈다. 빌립에게는 다른 사람을 모든 사람의 선생이신 그리스도에게서 배우게 하려는 열망과 배려가 있었다.

그이를 우리가 만났으니 요셉의 아들 나사렛 예수니라 어리석은 두 가지 실수를 하지 않고서는 그리스도에 관하여 몇 마디도 말할 수 없었다는 사실에서 빌립의 신앙이 얼마나 작은 것이었는지 드러난다. 빌립은 그리스도를 '요셉의 아들'이라고 부르고 나사렛을 그분이 태어난 마을이라고 말했는데, 두 가지 모두 사실과 다르다. 그러나 그가 진실로 자기 형제를 돕고 그에게 그리스도를 알리고 싶어 했기 때문에, 하나님께서는 그의 열심을 인정하여 그 일이 성공적으로 진행되게 하셨다. 참으로 우리 각 사람은 자신의 한계를 진지하게 인정할 필요가 있다. 복음서 기자는 두 번씩이나 불명예스러운 언급을 한 빌립을 칭찬 받을 만하다고 얘기하지는 않지만, 그의 가르침이 유용했다고 진술한다. 비록 오류가 있는 잘못된 가르침이었음에도 불구하고 그의 가르침은 그리스도를 진정으로 알리고자 하는 목적을 지니고 있었기 때문이다.

빌립이 예수님을 '요셉의 아들'이라고 칭한 것은 어리석기 그지없으며, 예수님을 '나사렛 사람'이라고 언급한 것은 무지의 소치이다. 하지만 결국 그는 나다나엘을 베들레헴에서 탄생하신 하나님의 아들에게로 인도하였다. 빌립이 거짓 그리스도를 만들어낸 것은 아니다. 그는 단지 그분이 모세와 선지자들이 예언한 분으로 알려지기를 원했다. 여기서 우리는 설교의 중요한 목적이 우리의 설교를 들은 사람들을 그리스도에게로 인도하는 데 있음을 알게 된다.

많은 사람들이 그리스도에 관하여 심오한 말들을 하지만, 너무 알기 어렵고 교묘한 이론으로 그리스도를 포장하여 결국은 사람들이 그리스도를 만날 수 없게 만드는 경우가 있다. 교황주의자들이 이런 식으로 행동한다. 그들은 그리스도가 요셉의 아들이라고는 말하지 않는다. 그분의 이름이 무엇인지 정확하게 알고 있기 때문이다. 하지만 그들은 그리스도의 능력을 헛되게 하며, 그분의 자리에 하나의 환영幻影을 만들어놓는다. 교활하고 인상적인 언어를 사용하여 하나의 허구를 소개하는 것보다는 빌립처럼 어눌한 말을 사용하더라도 참 그리스도를 소개하려는 것이 더 낫지 않겠는가? 오히려 말이 서툴고 언어 사용에 재능이 없는 평범한 사람들 중에 고상한 사변思辨을 이용하여 사람들을 설득하면서 교황의 하수인 노릇을 하는 모든 신학자들보다도 더 신실하게 그리스도를 선포하는 사람들이 많이 있다.

그러므로 이 구절은, 설령 학식이 없는 단순한 사람들이 그리스도에 대해서 언급한 내용일지라도 그것이 우리를 그리스도께 인도하는 것이라면 그 어느 것도 경멸하거나 거부해서는 안 된다고 우리에게 주의를 준다. 그러나 사람들이 만들어낸 거짓된 상상 때문에 그리스도에게서 멀어지는 일이 없도록 하기 위해서는 율법과 선지자들의 글에서 그리스도에 대한 순전한 지식을 찾는 노력을 계속해야 한다.

46 나사렛에서 무슨 선한 것이 날 수 있느냐 처음에 나다나엘은 빌립이 말한 예수님의 출생지에 대한 소식을 듣고는 이렇게 대꾸하였다. 하지만 나다나엘은 빌립이 생각 없이 한 말에 속은 것이다. 빌립이 잘못 생각하여 말한 것이지만, 나다나엘은 정말 예수님이 나사렛에서 태어나셨다고 확신했다. 예수님의 출생지가 나사렛이라는 생각이 들자, 나다나엘은 그 장소에 대한 증오 또는 경멸에서 우러나온 비평의 말을 내뱉었다. 나다나엘의 태도와 비평은 주의 깊게 살펴봐야 한다. 의외로 나다나엘과 같은 경건한 사람이 그리스도에게 나아갈 수 있는 길이 막힐 뻔했다. 어떻게 해서 이런 일이 일어났는가? 나다나엘은 빌립이 예수님에 관하여 소개하는 부정확한 말을 너무도 성

급히 믿었다. 또한 그의 마음에는 나사렛에서는 아무런 선한 것을 기대할 수 없다는 선입견이 가득 차 있었다. 우리도 주의하지 않으면 똑같은 위험에 처할 것이다.

사탄은 매일 이와 유사한 장애물을 우리 앞에 놓아 우리가 그리스도께로 가는 것을 막는다. 사탄은 너무도 많은 거짓 교훈들을 퍼뜨려서 우리로 복음을 싫어하거나 의심하게 만든다. 결국 우리가 그런 거짓 교훈들에 휘둘려 복음의 참맛을 보지 못하도록 말이다. 게다가 사탄에게는 그리스도를 멸시하게 만드는 또 다른 돌이 있다. 많은 사람들이 걸려 넘어지는 이 돌은 다름 아닌 십자가의 낮아짐이다. 머리이신 그리스도는 물론이고 그분의 지체인 교회 안에 있는 사람들에게도 십자가는 거치는 돌이다.

와서 보라 사탄의 이러한 속임수에 희생당하지 않으려면 적어도 "와서 보라"라는 말을 기억해야 한다. 나다나엘은 자신의 두 가지 실수를 빌립이 한 이 말로 바로잡을 수 있었다. 그러므로 우리 역시 나다나엘을 본받아, 먼저 우리 자신이 얼마든지 가르침을 받을 만한 부드러운 마음을 가진 사람이라는 사실을 보이도록 하자. 다음으로 우리를 괴롭히는 의심들을 그리스도께서 친히 제거하려 하실 때 열심히 그리스도를 찾자. "와서 보라"라는 구절을 (나다나엘의 의심에 대한) 긍정의 표현으로 받아들이는 사람들은 매우 큰 실수를 하는 것이다. 그렇다면 이 구절이 얼마나 진부한 표현이 되겠는가! 다시 말하거니와, 나사렛이라는 마을은 그 당시에 별 볼일 없는 도시였다. 그리고 빌립의 대답은 나다나엘의 주저함과 의혹을 말 그대로 뒤집는 것이었다.

47예수께서 나다나엘이 자기에게 오는 것을 보시고 그를 가리켜 이르시되 보라 이는 참으로 이스라엘 사람이라 그 속에 간사한 것이 없도다 48나다나엘이 이르되 어떻게 나를 아시나이까 예수께서 대답하여 이르시되 빌립이 너를 부르기 전에 네가 무화과나무 아래에 있을 때에 보았노라 49나다나엘이 대답하되 랍비여 당신은 하나님의 아들이

시요 당신은 이스라엘의 임금이로소이다 50 예수께서 대답하여 이르시되 내가 너를 무화과나무 아래에서 보았다 하므로 믿느냐 이보다 더 큰 일을 보리라 51 또 이르시되 진실로 진실로 너희에게 이르노니 하늘이 열리고 하나님의 사자들이 인자 위에 오르락내리락하는 것을 보리라 하시니라 요 1:47-51

47 보라 이는 참으로 이스라엘 사람이라 그 속에 간사한 것이 없도다 그리스도께서는 나다나엘이 행한 일이나 성품 때문이 아니라, 나다나엘을 통하여 일반적인 교훈을 도출하려는 목적에서 그를 칭찬하셨다. 스스로를 신자信者라고 일컫는 많은 사람들이 실제로는 신자가 아니기 때문에 거짓 신자와 참되고 바른 신자를 구별하는 표를 갖는 것이 중요하다. 유대인들이 자기들의 조상이 아브라함이라는 것을 내세우며 얼마나 교만하게 자화자찬自畵自讚하였는지 또 자기들의 후손이 거룩하다는 것을 얼마나 무모하게 자랑하였는지 우리는 잘 알고 있다.

하지만 철저하게 타락하지 않고 그들 조상들의 신앙에서 벗어나지 않은 사람은 아마도 백 명 중에 한 사람도 안 될 것이다. 그래서 그리스도께서는 위선의 가면을 벗기려고 참 이스라엘이 무엇인지를 간략하게 말씀하신다. 동시에 이제 곧 백성들의 불경건하고 완악한 마음에서 나오게 될 죄의 근원을 제거하신다.

아브라함의 자손과 하나님의 거룩한 백성으로 여김을 받고 싶어 하는 사람들이 잠시 후에는 복음을 대적하는 원수들이 될 것이기 때문이다. 그래서 거의 모든 계층에 보편화되어 있는 이 불경건함 때문에 사람들이 낙심하거나 우려하는 일이 없도록 하려고 그리스도께서는 적절한 시기에 경고하신다. '이스라엘 사람'이라는 이름을 가지고 있는 사람들 중에 '참 이스라엘 사람'은 소수에 불과하다고 말이다.

게다가 이 구절은 기독교가 무엇인지를 정의定義하고 있으므로 이 부분을 성급하게 지나쳐서는 안 된다. 이제 그리스도께서 하신 말씀의 의미를 단 몇 마디 말로 요약하기 위해서는 '간사하다'deceit라는 단어가 '진실'sincerity이라는 단어와 대조된다는 사실에 주목해야 한다. 그래서 그분은 성경 다른 곳에서 두 마음을 품었다고 언급된 자들을 '속이는'deceitful 자들이라고 부르신다. 이 단어는 자신이 사악하다는 것을 알면서도 선한 척하는 위선자들만을 가리키는 것이 아니라, 죄로 말미암아 너무도 어두워져서 다른 사람들만이 아니라 자기 자신도 속이게 되는 내적 위선자들도 가리킨다. 하나님 앞에서의 신실한 마음과 사람들 앞에서의 의로움을 가진 자가 진정한 의미에서 '그리스도인'이다. 그리스도께서 '간사함'과 관련하여 주로 가리키고 계시는 내용은 시편 32편 2절에서 언급하는 간사함이다.

"마음에 '간사함'이 없고 여호와께 정죄를 당하지 아니하는 자는 복이 있도다."

예수께서 나다나엘에게 사용한 '참으로'(헬라어로는 알레도스, alethos)라는 단어는 '확실히'certainly라는 뜻 이상의 어떤 것을 의미한다. 물론 이 헬라어 단어는 단순한 긍정의 의미로 종종 사용된다. 그러나 사실과 막연한 호칭 사이의 대조를 고려해볼 때, 그리스도께서는 자기가 살아야 하는 삶을 실제로 사는 나다나엘을 '참으로' 이스라엘 사람이라고 부르신 것이다.

48 어떻게 나를 아시나이까 그리스도께서는 나다나엘을 칭찬하려고 47절의 말씀을 하신 것은 아니지만 그가 자신의 말을 듣기를 바라셨다. 거기서부터 새로운 질문이 나올 것이기 때문이다. 그리고 그리스도께서는 그 질문에 답함으로써 자신이 하나님의 아들인 것을 증명하실 것이기 때문이다. 나다나엘이 그리스도께 자기를 어떻게 아셨느냐고 질문한 것은 분명한 이유가 있었다. 그분처럼 진실하고 간사한 것이 없는 사람은 참으로 보기가 드물며 마음의 진실함을 아는 지식을 가지고 계신 분은 하나님밖에 없으시기 때문이다.

그런데 그리스도의 대답은 질문에서 빗겨난 것처럼 보인다. 그리스도께서는 무화과나무 아래에 있는 나다나엘을 보았다고 말씀하셨지만, 그렇다고 해서 그분이 마음의 깊고 은밀한 부분까지 꿰뚫어보셨다고 결론을 내릴 수는 없다. 그러나 여기에 다른 이유가 있다. 보이지 않는 사람의 마음을 아는 것이 하나님께 속한 일인 것처럼, 눈에 보이지 않는 것을 보는 것 또한 하나님이 하시는 일이다. 나다나엘은 그리스도께서 인간의 방식으로가 아니라 진정으로 하나님께 속한 방식으로 자기를 보셨다는 것을 알았다. 그래서 그는 그리스도께서 지금 인간으로서 말씀하시는 것이 아니라고 결론을 내릴 수 있었다. 동일한 부류에 속하는 것들에서 그 증거를 얻은 셈이다. 하나님께서는 마음의 순수함을 판단하실 수 있는 것 못지않게 시야 밖에 있는 것을 보실 수 있기 때문이다.

또한 우리는 이 구절에서 유용한 교훈 하나를 얻어야 한다. 즉, 우리가 그리스도에 대해 생각도 하지 않고 있을 때에라도 그리스도께서는 우리를 주목하여 보신다는 사실이다. 그리고 이것은 정말로 필요한 일이다. 우리가 그분에게서 멀리 가 있을 때에도 그분이 우리를 다시 돌이키실 수 있어야 하니 말이다.

49 당신은 하나님의 아들이시요 당신은 이스라엘의 임금이로소이다 나다나엘이 그리스도께서 가지고 계신 신적神的 능력을 보고 그분이 하나님의 아들이시라는 사실을 인정하였다는 것에 새삼 놀랄 필요는 없다. 하지만 무슨 이유로 그는 그리스도를 '이스라엘의 임금'이라고 불렀을까? 하나님의 아들과 이스라엘의 임금은 서로 관련이 없는 것처럼 보인다. 하지만 나다나엘은 좀 더 높은 것을 볼 수 있는 눈을 가졌다. 나다나엘은 그분이 메시아라는 사실을 이미 들어 알고 있었고, 이러한 믿음에 자기가 받은 확신을 덧붙인 것이다.

또한 나다나엘은 하나님의 아들이 오셔서 친히 하나님의 백성을 다스리는 왕으로 나타내실 것이라는 다른 신조信條를 갖고 있었다. 그래서 그는 하나님의 아들이 또한 이스라엘의 왕이시라고 정당하게 고백하였던 것이다. 믿음이 단지 그리스도의 본질essence에만 집착하는 것이어서는 안 된다. 다시 말해서, 믿음은 반드시 그분이 가지신 능력과 직책에도 주의를 기울여야 한다. 그리스도께서 우리에게 어떤 모습으로 나타나기를 원하시는지 또 그분이 무슨 목적으로 성부聖父 하나님으로부터 보냄을 받으셨는지 고려하지 않는 믿음이라면, 단지 그리스도가 누구이신지를 아는 것만으로는 별 유익이 없다. 그러므로 내가 교황주의자들이 그리스도의 그림자만 가지고 있을 뿐이라고 평가하는 이유는 그들이 단순히 그리스도의 본질만 감지할 뿐 구원하는 능력을 발휘하는 그리스도의 나라는 간과하였기 때문이다.

다른 한편으로, 나다나엘이 그리스도가 이스라엘의 임금이라고 선언하였을 때, 그것은 그의 믿음의 분량에 한정된 고백이다. 그리스도의 나라는 땅끝까지 확장되기 때문이다.

그리스도는 이스라엘의 임금만이 아니라 온 세상을 다스리는 왕으로 임명되셨다. 동서남북에서 아브라함의 자손들이 몰려와서 온 세상이 하나님의 자녀가 될 것이다. 그리스도의 나라가 얼마나 크게 확장될 것인지 계시를 받은 우리는 이 좁은 한계를 넘어가야 한다. 그러나 우리 역시 나다나엘의 본을 따라 하나님의 말씀을 경청하는 데 우리의 믿음을 발휘하자. 그리고 우리의 힘을 다하여 우리의 믿음을 강화하자. 우리의 믿음을 사장死藏시키지 말고 신앙고백의 형태로 끄집어내자.

50 예수께서 대답하여 이르시되 그리스도께서는 나다나엘이 사람을 너무 쉽게 믿는다고 책망하지 않으신다. 오히려 그의 믿음을 인정하시면서, 그에게 그리고 다른 모든 사람들에게 확증을 위한 더 큰 증거를 약속하신다. 물론 그리스도께서 나다나엘 있는 곳에 계시지 않거나 그에게서 멀리 계시는 중에도 무화과나무 아래에 있는 그를 보았다는 것은 나다나엘 한 사람에게 특별한 일이다. 그러나 이제 그리스도께서는 모든 사람들에게 공통적으로 나타날 증거를 약속하신다. 그분은 마치 나다나엘과의 대화를 그만두기라도 하시는 것처럼, 한 사람에게서 모든 사람에게로 관심을 돌리신다.

51 하늘이 열리고 하나님의 사자들이 인자 위에 오르락내리락하

는 것을 보리라 내가 생각하기에, 나다나엘과 다른 사람들이 언제 어디서 하늘이 열리는 것을 보았는지 알아내려고 애쓰는 사람들은 한참 잘못된 것 같다. 그리스도께서 여기서 가리키시는 것은 그분의 나라에 항상 존재하고 있는 어떤 것이기 때문이다. 물론 나는 오늘날 우리에게는 보이지 않는 천사를 제자들이 본 적이 있다는 것을 인정한다. 그리고 그리스도께서 하늘에 올라가실 때 그분에게 하늘의 영광이 나타난 것은 오늘날 우리에게 나타나는 것과 달랐다는 것도 인정한다. 하지만 곰곰이 생각해보면, 그 당시 발생한 것이 영원히 현존現存한다는 사실을 알게 된다. 한때 우리에게 닫혀 있던 하나님의 나라가 그리스도 안에서 참으로 우리에게 열렸다. 이 하나님나라에 대한 환상이 스데반에게, 변화산 위에서 세 제자에게, 그리고 그리스도께서 승천하실 때에 많은 제자들에게 보였다. 하나님께서 우리와 함께 계시다는 것을 보여주는 모든 징조들은 이와 같은 하늘의 열림과 관계되어 있다. 특히 하나님께서 우리에게 자신을 나누어주심으로써 우리의 생명이 되셨을 때 더더욱 그러하다.

"하나님의 사자使者들이 인자 위에 오르락내리락하는"이라는 표현은 천사들과 관련된 내용이다. 천사들이 '오르락내리락'한다고 표현된 것은 그들이 아마도 하나님의 자비를 우리에게 전달하는 사역자들임을 나타내기 위함일 것이다. 그러므로 우리는 이 구절에서 하나님과 인간 사이의 상호 교류가 있음을 주목하게 된다. 여기서 우리가 인정해야 할 것은 이러한 은혜가 그리스도 안에서 주어졌다는 사실이다. 그리스도가 아니고서는 심지어 천사라도 우리를 돕는 친절한 봉사자가 아니라 단지 우리를 대적하는 치명적인 원수에 불과하기 때문이다. 천사들이 그리스도 위에 '오르락내리락'한다는 것은 그들이 그리스도만을 섬기는 사역자들이기 때문이 아니라, 그분과 그분의 영예를 위하여 교회의 전체 몸까지 보살피는 자들이기 때문이다. 나는 그리스도께서 지금 족장 야곱의 꿈에 나타났던 사다리를 언급하고 계시다는 것을 의심하지 않는다(창 28:12). 그때 개략적으로 묘사된 환상은 그리스도 안에서 진정으로 성취되었다.

결국 이 구절의 요지는, 모든 인류가 하나님나라 밖에 있었지만 지금 하늘 문이 우리에게 열려 우리가 하늘의 성도들과 동일한 시민이 되고 천사들의 무리가 되었으며, 우리 구원의 수호자들로 임명된 천사들이 비참한 상황에서 우리를 구하기 위해 저 복된 안식처에서 내려온다는 사실이다.

요한복음 2장

1 사흘째 되던 날 갈릴리 가나에 혼례가 있어 예수의 어머니도 거기 계시고 2 예수와 그 제자들도 혼례에 청함을 받았더니 3 포도주가 떨어진지라 예수의 어머니가 예수에게 이르되 저들에게 포도주가 없다 하니 4 예수께서 이르시되 여자여 나와 무슨 상관이 있나 이까 내 때가 아직 이르지 아니하였나이다 5 그의 어머니가 하인들에게 이르되 너희에게 무슨 말씀을 하시든지 그대로 하라 하니라 6 거기에 유대인의 정결 예식을 따라 두세 통 드는 돌 항아리 여섯이 놓였는지라 7 예수께서 그들에게 이르시되 항아리에 물을 채우라 하신즉 아귀까지 채우니 8 이제는 떠서 연회장에게 갖다 주라 하시매 갖다 주었더니 9 연회장은 물로 된 포도주를 맛보고도 어디서 났는지 알지 못하되 물 떠온 하인들은 알더라 연회장이 신랑을 불러 10 말하되 사람마다 먼저 좋은 포도주를 내고 취한 후에 낮은 것을 내거늘 그대는 지금까지 좋은 포도주를 두었도다 하니라 11 예수께서 이 첫 표적을 갈릴리 가나에서 행하여 그의 영광을 나타내시매 제자들이 그를 믿으니라 요 2:1-11

1 갈릴리 가나에 혼례가 있어 나중에 살펴보겠지만 우리가 이 기사記事에 주의를 기울여야 할 이유가 무척 많이 있다. 하지만 이것이 그리스도께서 행하신 첫 번째 이적이라는 사실만으로도 이 기사를 매우 주의 깊게 상고해야 하는 충분한 이유가 된다. 가나 혼인 잔치 기사를 읽어가노라면, 유용한

교훈이 많이 있다는 사실이 분명하게 드러난다.

복음서 기자는 먼저 이 사건이 발생한 장소를 언급하는데, 그곳은 갈릴리 가나이다. 이곳은 두로와 시돈 사이에서 사렙다와 마주하고 있는, 어떤 사람들은 스불론 지파에 속한다고 하고 다른 사람들은 아셀 지파에 속한다고 하는 그 가나가 아니다. 이 기사에 나와 있는 갈릴리 가나는 앞에서 언급한 그 가나와 비교하여 '좀 더 큰' 지역이다. 제롬의 증언에 따르면, 제롬이 살던 당시에도 팔레스타인에 '가나'라는 이름으로 불리는 작은 마을이 있었다고 한다. 예수님의 어머니가 이 혼례에 참석한 것을 보면, 본문에 언급된 가나는 나사렛 마을에서 가까운 곳일 가능성이 높다. 요한복음 4장에 의하면, 가나는 가버나움에서 하루 안에 갈 수 있는 곳이다. 가나가 벳새다에서 가깝다는 것은 예수께서 그 지역에 계신 지 사흘 만에 혼례 잔치가 있었다고 언급한 것에서 추론할 수 있다. 갈릴리 지역을 벗어난 곳이기는 하지만 예루살렘에서 그리 멀지 않은 곳에 제3의 가나가 있었을 가능성도 있다. 하지만 내가 그 장소에 대해 알지 못하는 까닭에 제3의 지역은 단정하기 곤란하다.

예수의 어머니도 거기 계시고 예수께서 어머니와 동행하셨다고 언급된 것으로 미루어볼 때, 혼례식을 거행하는 당사자가 그리스도와 혈족 관계에 있었을 가능성이 높다. 예수님의 제자들도 초대를 받았다는 사실에서 우리는 예수님의 생계가 얼마나 단순 소박하였는지 알 수 있다. 주님은 제자들과 함께 공동생활을 하셨던 것이다. 전혀 부자도 아니고 넉넉한 형편도 아닌 사람이(이것은 포도주가 떨어진 것으로 알 수 있다) 그리스도를 위하여 네댓 사람을 초대한다는 것이 이상하게 생각될 수도 있다. 하지만 가난한 사람들이 오히려 손님을 더 잘 초대하고 자기 집을 더 잘 공개하는 법이다. 부자들과 달리, 가난한 사람들은 자기 집에 찾아오는 손님들을 격조 높게 잘 대접하지 못해서 창피를 당할까 염려하지 않는다. 손님을 대접하고 상호 간에 환대하는 옛 풍습을 잘 유지하는 사람들은 가난한 사람들이다.

다른 한편으로, 신랑이 손님을 초대했는데 식사 중간에 포도주가 떨어진 상황을 맞이한 것은 법도에 맞지 않는 일로 여겨진다. 잔치를 위해 충분한 포도주를 준비하지 않은 것은 사려 깊지 못한 행동으로 비칠 수 있기 때문이다. 여기에 대해 답하겠다. 본문과 관련된 문제는 당시에 흔히 발생했던 일이었다. 특히 포도주가 일상에서 흔하게 사용되지 않는 경우에는 더욱 그렇다. 또한 본문의 문맥상, 포도주는 손님들이 이미 충분히 마시고 난 후 잔치 막바지에 부족하기 시작하였다. 연회장의 말을 들어보면 이를 충분히 알 수 있다.

"사람마다 먼저 좋은 포도주를 내고 취한 후에 낮은 것을 내거늘 그대는 지금까지 좋은 포도주를 두었도다"(요 2:10).

더욱이 나는, 포도주가 떨어진 것이 이적을 행할 기회를 얻기 위해 하나님의 섭리로 마련되었다는 점을 의심하지 않는다.

3 예수의 어머니가 예수에게 이르되 그리스도께서 지금까지 아무런 이적도 베푸신 적이 없었기 때문에 예수님의 어머니가 아들에게 뭔가를 기대했거나 부탁을 했는지 어떤지는 의문이 제기될 수도 있다. 그런 도움은 기대하지 않은 채, 손님들이 가졌음직한 불만을 누그러뜨릴 수 있도록 권면하고 동시에 신랑의 곤경을 덜어주라고 단지 조언했던 것일 가능성도 있다. 더구나 내가 보기에 예수님의 어머니 마리아의 말은 근심 어린 말로 여겨진다. 무례한 대접을 받고 있다고 생각한 손님들이 신랑에게 불평을 터뜨려 잔치가 엉망이 될 수도 있다는 생각이 들자, 이 경건한 여인은 이런 상황을 해결할 방책을 찾고 싶었을 것이다. 크리소스톰은 예수님의 어머니가 모성 본능이 발동해서 자기 자신과 아들을 위하여 일종의 호의를 구한 것이라고 생각한다. 그러나 이것은 전혀 근거 없는 억측에 불과하다.

4 여자여 나와 무슨 상관이 있나이까 하지만 그리스도께서 자기 어머니에게 이토록 단호하게 대답한 이유는 어디에 있을까? 나는 이렇게 대답하겠다. 예수님의 어머니가 야망이나 그밖에 다른 세속적인 정情에 사로잡혀

예수님에게 이런 말을 한 것은 아니지만, 자기의 적절한 한계를 넘어감으로써 죄를 범했다. 다른 사람의 불편을 걱정해주고 그것을 어떤 방법으로든 해결해보려는 마리아의 바람은 동정심에서 나왔고 칭찬받을 만한 일로 여겨야 하겠지만, 자기 자신을 앞세움으로써 자칫 그리스도의 영광을 가릴 수도 있었다.

하지만 우리가 주목해야 할 것이 있다. 그리스도께서 "여자여 나와 무슨 상관이 있나이까 내 때가 아직 이르지 아니하였나이다"라고 대답하신 것은 어머니를 위해서가 아니라 다른 사람을 위해서였다는 사실이다. 그녀의 동정 어린 마음씨는 도가 지나친 것이어서 책망을 받을 필요가 있었다. 다시 말하거니와 마리아가 고의로 죄를 범한 것은 아니다. 또한 자기가 하는 행동이 죄라는 것을 알면서 그렇게 행동한 것도 아니다. 하지만 그리스도께서는 어머니의 간절한 부탁으로 이적을 행하신 것처럼 오해 받을 위험에 처하신 것이다.

"여자여 나와 무슨 상관이 있나이까"(Woman, what have I to do with thee?)의 헬라어 문장을 문자적으로 번역하면 "나와 당신에게 무엇입니까?"(What to me and thee?)이다. 그러나 이 문장의 헬라어 표현은 "크이드 티비 메꿈"(Quid tibi mecum?, 'What hast thou to do with me?, 당신이 나와 무슨 관계가 있습니까?'라는 뜻)라는 라틴어 표현과 동일하다. 옛날의 많은 번역자들이 이 본문을 그리스도께서 포도주가 떨어진 것을 자신이나 자기 어머니의 관심사가 아닌 것으로 간주하셨다는 의미로 번역함으로써 본문의 의미를 곡해하였다. 그러나 그 다음에 하신 예수님의 말씀("내 때가 이르지 아니하였나이다")에 비추어보면, 이러한 번역이 얼마나 그리스도의 의도와 거리가 먼 것인지 쉽게 결론 내릴 수 있다. 그리스도께서는 자신의 때가 아직 이르지 않았다는 말을 덧붙임으로써, 그분이 이러한 걱정을 친히 짊어지셨으며 그 일이 자기의 관심사라는 것을 천명하셨다. 그리스도께서는 자신이 해야 할 일을 알고 계셨다는 것, 그러나 지금은 어머니가 제안하는 이 문제에 아무 일도 하지 않으시리라는 것, 이 두 가지 내용은 반드시 함께 연결해서 이해해야 한다.

이것은 참으로 주목할 만한 내용이다. 나중에는 그리스도께서 모든 사람들에게 흔쾌히 은혜를 베푸실 것을 지금 그분의 어머니에게는 적극적으로 거절하신 이유가 어디에 있을까? 게다가 어머니의 제안을 거절하는 것도 모자라, 어머니의 이름을 불러 어머니를 영예롭게 하지 않고 왜 '여자여'라고 부르셨을까? 그리스도께서 어머니를 이런 식으로 부른 것은 나중에 사람들이 마리아라는 어머니의 이름에 담겨 있는 영예를 미신적으로 높임으로써 하나님께 속하는 것을 마리아에게 전가轉嫁하지 말라는 공개적인 경고인 것이 확실하다. 그러므로 그리스도께서는 모든 세대에 영원하고 일반적인 교훈을 전하기 위해 자신의 어머니를 '여자여'라고 부르셨다. 그리스도의 어머니를 지나치게 높여서 그리스도의 신적神的인 영광을 가리는 일이 없도록 하기 위해서 말이다.

훗날 엄청나고 혐오스러운 미신이 자행된 것을 보면, 그리스도께서 이렇게 경고하신 것이 참으로 필요했다는 것을 알 수 있다. 사람들은 마리아를 하늘의 여왕으로, 세상의 소망과 생명과 구원으로 만들었다. 지금까지 사람들은 자기들이 저지른 여러 가지 미친 행동으로 그리스도에게서 영광을 탈취하였고, 그리스도에게서 빼앗은 온갖 영광으로 마리아를 치장하였다. 그리고 우리가 하나님의 아들에게 신성모독을 행한 자들을 정죄하자, 교황주의자들은 우리를 악한 자들이요 시샘하는 사람들이라고 비난한다. 아니, 그들은 우리가 성모 마리아의 영예를 대적하는 치명적인 원수들이라는 악한 중상모략을 퍼뜨리고 있다. 마치 마리아를 여신女神으로 만들지 않고서는 그녀가 아무런 영예를 갖고 있지 않은 것처럼, 그리고 신성모독적인 칭호로 마리아를 치장하여 높이고 그리스도의 자리에 앉히는 것이 그녀를 영예롭게 하는 것처럼 말이다! 하나님에게 속한 영예를 탈취하여 마리아를 거짓 칭송함으로써 마리아를 기괴한 모습으로 만들어 마리아에게 잔혹한 상처를 입힌 장본인은 바로 교황주의자들이다.

내 때가 아직 이르지 아니하였나이다 그리스도께서는 배려심이 부족하거나 게을러서 행동을 하지 않은 것이 아니라는 점을 분명히 하셨다. 동시에 그분은 적당한 때가 되면 그 문제를 해결하실 것이라고 암시하신다. 그럼으로써 주님은 적절하지 않은 시기에 부탁한 어머니의 열정을 나무라실 뿐만 아니라 이적에 대한 소망을 주기도 하신다. 마리아는 이 두 생각을 다 알아차리고는 더 이상 그리스도에게 압력을 가하지 않았다. 그리고 하인들에게 그리스도께서 명하시는 대로 하라고 부탁한 마리아의 말에서 그녀가 새로운 어떤 일이 일어나리라고 기대하고 있었음을 알 수 있다.

그러나 우리는 이 교훈을 좀 더 넓게 적용할 수 있다. 주께서 우리에게 기다리게 하고 도움 베풀기를 미루실 때, 그것은 주님이 행동하지 않으신다는 것을 의미하는 것이 아니라 그분이 친히 사역을 통제하시어 그분의 때에만 행동하신다는 사실을 의미한다. 어떤 일의 순서가 운명에 의해 정해져 있다는 것을 증명하는 데 이 구절을 갖다 쓰는 사람들은 너무도 어리석어서, 그들을 논박하기 위한 어떤 말도 필요치 않다.

그리스도의 '때'는 성부聖父 하나님께서 그리스도를 위해 정해놓으신 시간을 의미한다. 나중에 그리스도께서는 자신의 때를 성부 하나님의 명령을 수행하기에 편리하고 적당한 때라고 칭하신다. 그러나 이 구절에서는 그리스도께서 자신이 가진 신적 능력을 발휘하고 그 능력을 보여줄 때를 선택할 권한을 주장하신다.

5 그의 어머니가 하인들에게 이르되 여기서 마리아는 참된 순종의 예를 보여주고 있다. 그녀는 인간적인 의무 때문이 아니라 그리스도의 신적神的 능력 때문에 자기 아들에게 순종했다. 그래서 그리스도의 대답을 조심스럽게 받아들여, 다른 사람들에게 그분의 뜻에 순종하라고 권했던 것이다. 마리아는 그 상황에 대하여, 마치 그 문제에 있어서 자기에게 어떤 권한이 있음을 부인하면서 그리스도께서 그분 자신의 뜻에 따라 그분이 기뻐하는 일을 하실 것이라고 말하는 것 같다. 하지만 마리아의 의도를 자세히 살펴본다면 그녀가 한 말은 좀 더 넓게 적용될 수 있다. 처음에 마리아는 자기가 아들에

게 요구할 수 있다고 생각한 권한을 포기했다. 그런 다음 하인들에게 그리스도께서 말씀하시는 대로 순종하라고 말하면서 모든 권한을 그리스도에게만 돌렸다.

그러므로 우리가 여기에서 배울 수 있는 일반적인 교훈은 이것이다. 그리스도에게 무엇이든 받기를 바란다면, 그분을 전적으로 의뢰하고 그분을 바라보아야 한다. 한마디로 말해서 그분이 명하시는 대로 해야만 한다는 것이다. 그러나 그리스도께서는 우리를 그분의 어머니에게로 돌려보내지 않으시고(로마 가톨릭에서 성모 마리아를 통해 기도 응답을 받는다고 가르치는 것을 염두에 두고 한 말임), 우리를 그리스도 자신에게로 초대하신다.

6 거기에 유대인의 정결 예식을 따라 두세 통 드는 돌 항아리 여섯이 놓였는지라 부다이우스Budaeus의 생각에 따르면, 여기에 언급된 항아리는 매우 큰 항아리이다. 항아리 하나에 두세 통을 담을 수 있다면 하나에 대략 80리터 정도의 물을 담을 수 있었다. 그렇다면 그리스도께서는 항아리 여섯 개에 대단히 많은 양의 포도주를 담으신 셈이다. 이것은 즐거운 혼인 잔치에서 150명 이상이 충분히 마시고도 남을 양이다. 더욱이 돌 항아리의 수(여섯)와 크기(두세 통 들이) 모두 이적의 진리를 확증한다. 만약 항아리에 담을 수 있는 양이 8리터 정도밖에 되지 않았다면, 많은 사람들이 포도주를 다른 곳에서 가져왔을 거라고 추측했을 것이다. 그리고 물이 포도주가 되는 기적이 항아리 하나에서만 발생했다면, 이적의 확실성은 분명하지 않고 논의의 여지가 있었을 것이다. 그러므로 복음서 기자가 항아리의 개수와 한 항아리에 들어가는 물의 양을 언급한 데는 이와 같은 중요한 이유가 있었다.

그곳에 이렇게 커다란 항아리가 많이 있었던 것은 미신적 관습에서 나온 것이다. 이스라엘 백성들은 하나님의 율법에서 정결례를 받았다. 그러나 세상은 외적인 면을 과시하기 좋아하는 경향이 있기 때문에, 유대인들은 하나님과 연합되었다는 사실에 만족하지 않고 끊임없이 물을 뿌리는 것을 즐겼다. 미신은 거창하고 화려하게 나타나는 것이어서 과시적이기 마련이다.

오늘날 교황제도에서도 이와 동일한 모습이 보인다. 그들이 하나님을 예배하기 위한 것이라고 주장하는 모든 것이 사실은 순전히 과시하기 위해 마련된 것들이다. 그럴 경우 두 가지 오류가 발생한다. 하나는 하나님으로부터 어떤 명령도 받지 않은 채 자기들이 만들어낸 불필요한 의식儀式을 무분별하게 수행하는 오류이고, 다른 하나는 신앙심이 있는 체하지만 실은 야망에 의해 그런 겉치레를 주도하는 오류이다.

교황제도를 따르는 놀라울 정도로 사악한 어떤 무뢰한들은 자기들이 보유하고 있는 유물 중에 그리스도께서 물로 포도주를 만들 때 사용하신 돌 항아리도 있다고 주장한다. 하지만 그들이 주장하는 항아리는 작을뿐더러 성경에서 제시하는 크기와 맞지도 않는다. 심지어 복음서의 충만한 빛이 비치는 오늘날에도 그들은 그런 조잡한 속임수를 쓰는 것을 부끄러워하지 않는다. 이는 마술로 사람들을 속이는 차원은 분명 아니다. 오히려 눈먼 사람을 희롱하는 식이다. 세상이 이와 같은 명명백백한 웃음거리를 파악하지 못하는 것을 보면 그들이 사탄의 속임수에 빠져 있음이 틀림없다.

7 항아리에 물을 채우라 하인들이 보기에 예수님의 이 명령은 어처구니 없는 말처럼 들렸을지 모른다. 그 돌 항아리는 이미 물로 가득 채워져 있었기 때문이다. 그러나 이것이 바로 전혀 예기치 못한 결과로 그분의 능력이 좀 더 밝게 비춰지도록 하기 위해 주님이 우리에게 자주 행하시는 방식이다. 이 구절처럼 구체적인 부분이 이 기사에 수록된 것은 이적의 성격을 강조하기 위함이다. 즉, 하인들이 물로 채워진 항아리에서 포도주를 떴을 때, 그들에게는 이적이 일어났음을 의심할 여지가 전혀 없었다.

8 떠서 연회장에게 갖다 주라 앞에서 언급한 것과 동일한 이유로(그분의 능력이 좀 더 밝게 비춰지도록 하기 위해서), 그리스도께서는 자기 자신이나 손님들 중 어느 누가 포도주 맛을 보기 전에 연회장에게 먼저 그 포도주를 맛보게 하고 싶으셨다. 하인들이 모든 면에서 그리스도께 묵묵히 순종하였다는 사실에서 우

리는 그분의 위대한 권위와 명성을 볼 수 있다. 복음서 기자가 연회장이라고 부른 사람은 혼인 잔치의 준비와 식탁의 배열을 총 감독하는 사람이다. 요한이 그를 연회장이라고 부른 것은 잔치 음식이 비싸고 그 규모가 대단히 컸기 때문이 아니라, 사치스럽고 화려한 부자들에게서 빌려온 그 명칭이 가난한 자들의 혼인 잔치에도 그대로 적용되었기 때문이다.

자제력을 가르치시는 그리스도께서 대단히 많은 양의 최상급 포도주를 제공하신 것은 놀랍다. 하나님께서 매일 우리에게 많은 양의 포도주를 공급하실 때 그분의 호의를 사치로 만들어버린다면 그것은 우리의 잘못이다. 하지만 풍부한 중에도 아끼고 절제한다면 이것은 우리에게 자제력이 있다는 분명한 증거이다. 바울이 풍부함에 처할 줄도 알고 궁핍함에 처할 줄도 알며 기뻐했듯이 말이다(빌 4:11,12).

11 이 첫 표적 '첫 표적'이라는 것은 이것이 그리스도께서 행하신 첫 이적이란 뜻이다. 천사가 목자들에게 그리스도가 베들레헴에서 탄생하셨다는 소식을 알린 것, 박사들에게 별이 나타난 것, 성령께서 비둘기 모양으로 그리스도 위에 내려오신 것 모두 이적이었다. 하지만 엄밀하게 말해서, 이것들은 그리스도께서 행하신 이적들이 아니었다. 이 구절에서는 그리스도께서 친히 행하신 이적에 대해서 말하고 있는 것이다. 그러므로 그리스도께서 갈릴리 가나에서 행하신 여러 이적들 가운데 이것이 첫 번째 이적이라고 설명하는 해석은 우스꽝스럽고 말도 되지 않는다. 이것은 마치 그리스도께서 그분의 능력을 보여주시려고 한 장소를 선택하신 것처럼 들린다. 복음서를 읽어보면 그리스도께서는 가나에 단 두 번밖에 가시지 않았는데 말이다.

오히려 복음서 기자는 이 구절에서, 그리스도께서 그분의 능력을 행하시면서 따랐던 시간의 순서를 주목하려 했다. 그리스도께서는 서른 살이 되기까지는 다른 평범한 사람들처럼 자기 집에 머무셨다. 그분이 세례를 받으신 것은 그분이 공적(公的)인 의무를 수행하는 단계에 접어들었음을 의미한다. 그 사건 이후에 그리스도께서는 공적으로 모습을 드러내기 시작하셨으며, 자신이 성부 하나님으로부터 보냄 받은 목적이 무엇인지를 분명하게 증언하셨다. 그러므로 그리스도께서 자신의 신성神性에 대한 첫 번째 증거를 지금까지 보이지 않으셨다고 해서 놀랄 필요는 없다. 그리스도께서는 결혼 잔치에 참석하심으로써 결혼식을 영화롭게 하셨을 뿐만 아니라 첫 이적을 행하심으로써 그 잔치를 빛나게 하셨다.

고대에는 성직자가 결혼식에 참석하는 것을 금하는 법령이 있었다. 그 이유는 성직자들이 결혼식에 참석하여 방탕하게 행동하는 사람들을 지켜보는 것이 그 행동을 승인하는 것으로 해석될 수 있었기 때문이다. 그러나 성직자들이, 아무도 보는 눈이 없을 때에는 부끄러움을 모르고 무절제하게 행하는 사람들의 그 방탕함을 제지할 수 있을 만한 위엄을 갖추고 결혼식에 참석한다면 훨씬 더 좋았을 것이다. 그러므로 오히려 그리스도께서 보이신 모범을 우리의 규칙으로 삼자. 그리고 그리스도께서 행하신 것보다 더 선한 것이 있다는 생각은 하지 말자.

그의 영광을 나타내시매 이 일을 행하심으로써 그리스도께서는 자신이 하나님의 아들이심을 현저하고 영광스럽게 증언하셨다. 사실 그리스도께서 세상에 보이신 모든 이적들은 그분의 신적神的 능력을 증언하는 많은 증거들이다. 이제 자신의 영광을 나타낼 적절한 때가 임한 것이다. 성부 하나님의 뜻에 따라 그분 자신을 알리기로 작정하신 그때 말이다. 더욱이 우리는 이 구절에서 이적의 목적이 무엇인지 배우게 된다. 이 구절은 그리스도께서 자신의 영광을 나타내기 위해 이 이적을 베푸셨다는 선언에 다름 아니다. 그렇다면 그리스도의 영광을 감지할 수 없게 하는 이적들에 대해서는 어떻게 생각해야 하는가?

제자들이 그를 믿으니라 그들이 제자들이었다면, 이미 믿음의 흔적을 가지고 있었음이 분명하다. 그러나 지금까지는 불확실하고 희미한 믿음을 가지고 그리스도를 따랐다면, 이제 그들은 그분이 자기들에게 이미 보여주신

대로 메시아이신 것을 인정하면서 그분에게 헌신하기 시작했다. 주님이 믿음이 매우 약한 이 사람들을 제자로 받아주셨으니 얼마나 관대하신가! 이러한 교훈은 참으로 어느 시대 어느 곳에나 모두 적용된다. 믿음이 장성한 사람이라도 한때는 어린아이 같은 믿음을 가진 적이 있다. 또한 더 이상 믿음에 진보가 필요 없을 만큼 완전한 사람도 없다. 그러므로 이미 믿음의 반열에 들어선 사람들도 믿음의 목표를 향하여 매일 전진한다는 면에서 볼 때, 믿기 시작했다고 말해야 할지도 모르겠다. 믿음의 시작 단계에 들어선 사람들이여, 믿음의 진보를 위하여 항상 분투하자!

이 구절에는 또한 이적의 열매가 나타나 있다. 즉, 이적은 '믿음의 확증과 진보'와 관련되어야 한다. 그 외에 다른 목적으로 이적을 행하는 자들은 이적의 용도를 송두리째 타락시키고 변질시키는 것이다. 믿음을 사장死藏시키고 또 사람들의 마음을 그리스도에게서 멀어지게 하여 피조물로 향하게 하고자 하는 목적으로, 자기들이 행하는 가공의 이적들을 자랑하는 교황주의자들처럼 말이다.

---

12 그 후에 예수께서 그 어머니와 형제들과 제자들과 함께 가버나움으로 내려가셨으나 거기에 여러 날 계시지는 아니하시니라 13 유대인의 유월절이 가까운지라 예수께서 예루살렘으로 올라가셨더니 14 성전 안에서 소와 양과 비둘기 파는 사람들과 돈 바꾸는 사람들이 앉아 있는 것을 보시고 15 노끈으로 채찍을 만드사 양이나 소를 다 성전에서 내쫓으시고 돈 바꾸는 사람들의 돈을 쏟으시며 상을 엎으시고 16 비둘기 파는 사람들에게 이르시되 이것을 여기서 가져가라 내 아버지의 집으로 장사하는 집을 만들지 말라 하시니 17 제자들이 성경 말씀에 주의 전을 사모하는 열심이 나를 삼키리라 한 것을 기억하더라 요 2:12-17

12 예수께서 … 가버나움으로 내려가셨으나 사도 요한은 전혀 새로

운 이야기를 하기 시작한다. 요한은 다른 세 복음서에는 생략되었지만 기억할 만한 가치가 있는 몇몇 기사를 수집하기로 결정했다. 그리고 이제 이야기하려고 하는 사건이 발생한 때를 서술한다.

다른 세 복음서 기자들도 본문에 기록된 그리스도의 행위를 소개하기는 하지만, 그분이 다른 시간대(예수님의 생애 말기)에 행하신 일을 소개하고 있을 뿐이다. 요한이 소개하는 사건과 다른 세 복음서 기자들이 소개하는 사건은 비슷하지만 동일한 사건은 아니다. 그러므로 그리스도께서는 세속적인 사업으로 인해 더럽혀진 성전을 두 번 정결하게 하신 것이다. 첫 번째는 그분의 사역 초기에 하셨고, 두 번째는 그분이 세상을 떠나 성부 하나님에게로 가시려는 즈음에 행하셨다.

본문의 의미를 개관하려면 세부적인 내용을 순서에 따라 검토해야 한다. 성전에서 소, 양, 비둘기를 파는 것 그리고 그곳에 돈 바꾸는 사람들이 앉아 있던 것에는 그 나름의 충분한 이유가 있었다. 상인들에게는 자기들이 물건을 파는 것이 세속적인 장사를 하는 것이 아니라 하나님께 드리는 거룩한 예배와 관련되었다고 주장할 근거가 있었기 때문이다. 그들은 누구에게나 하나님께 예물로 드릴 물건을 손쉽게 마련할 수 있는 편의를 제공해주고 있다고 주장했다.

종교인들이 그 장소에서 다양한 제물들을 쉽게 찾고 그러한 제물들을 찾는 시간을 절약할 수 있었던 것은 사실이다. 그래서 그리스도께서 이들에 대해 화를 내신 것이 오히려 이상하게 여겨질 수도 있다.

그러나 여기에서 우리는 그리스도께서 화를 내신 두 가지 이유를 주목해야 한다. 우선 제사장들은 상인들의 장사를 자기들의 개인적인 이익과 탐욕을 위해 오용했다. 이런 식으로 하나님을 모독하는 것은 용인할 수 없는 일이다. 사람들에게는 얼마든지 양해가 되고 아무리 작은 것처럼 보인다고 하더라도 그 일이 하나님의 계명에서 벗어난 것이라면, 그러한 행동을 하는 사람들은 비난을 받아 마땅하고 고침을 받아야 한다. 이것이 바로 그리스도께서 성전을 청결케 하신 중요한 이유이다. 그리스도께서는 하나님의 성전이 장사하는 장소가 아니라고 분명하게 선언하셨다.

그런데 왜 그리스도께서 그들을 가르치는 일을 먼저 하지 않으셨냐고 질문할 수도 있을 것이다. 가르침이라는 처방전을 주기 전에 잘못된 것을 바로잡으려고 무력을 사용하는 것은, 순서가 잘못된 것처럼 거꾸로 문제를 해결하려는 것처럼 보일 수도 있다. 그러나 그리스도에게는 우리 생각과는 다른 목적이 있었다. 성부 하나님에게서 받은 메시아 직職을 공식적으로 수행할 때가 임하자, 그리스도께서는 어떤 방식으로든 성전에 들어가서 그분의 신적 권위를 증명해 보이고 싶으셨다. 모든 사람들은 그리스도의 가르침에 주의를 집중하고, 나태하고 둔한 그들의 마음이 새롭고 처음 보는 어떤 것으로 각성될 필요가 있었다.

성전은 하늘에 속한 교훈과 신앙의 전당이었다. 그리스도께서는 교훈의 순수함을 회복하기 원하셨기 때문에 자신을 성전의 주인으로 제시하는 것은 대단히 중요했다. 뿐만 아니라 제사와 그밖에 다른 종교적인 행위들이 지닌 영적인 목적을 회복할 수 있는 방법은 그러한 행위를 모독하는 자들을 내쫓는 것밖에 없었다. 그러므로 당시 그리스도께서 하신 행위는 성부께서 아들을 보내어 이루기를 바라신 개혁의 서곡序曲이었다. 한마디로 말해서, 유대인들은 그리스도께서 행하신 전혀 생소한 행동을 목격함으로써 각성해야 했다. 하나님께 드리는 그들의 예배가 얼마나 타락하고 왜곡되었는지를 그들에게 강력하게 일깨우기 위해서라도 그리스도의 그와 같은 행위는 반드시 필요했다.

형제들과 그리스도의 형제들이 우연히 그분과 같은 때에 예루살렘에 가게 된 것이 아니라면, 그들이 무슨 이유로 그리스도와 동행하게 되었는지는 불확실하다. 더욱이 이미 잘 알려진 대로, 히브리어에서 '형제들'이라는 단어는 사촌이나 그밖에 다른 남자 친척들을 의미하기도 했다.

13 유대인의 유월절이 가까운지라 예수께서 예루살렘으로 올라

가셨더니 이 구절 후반부("예수께서 예루살렘으로 올라가셨더니", and so he went)의 헬라어 원문을 문자적으로 번역하면 '그리고 그분은 가셨다'(and he went)이다. 복음서 기자는 원인을 나타내는 접속사(and so) 대신에 통상적인 연결어 '그리고'and를 사용하였다(한글 개역개정성경에는 두 문장 사이에 아무런 접속사가 없다). 요한은 그리스도께서 유월절을 지키려고 예루살렘에 올라가셨다는 의미로 그렇게 쓴 것이다. 예수님은 두 가지 목적으로 예루살렘에 올라가셨다.

첫째, 하나님의 아들인 그분은 우리를 위해 율법의 지배를 받으셨다. 그래서 친히 율법의 모든 계명을 정확히 지키심으로써 온전한 복종과 순종의 모범을 보이기 원하셨다.

둘째, 사람들이 많이 있을 때 선한 일을 더 많이 할 수 있으므로 주님은 이번에도 그 기회를 이용하려 하셨다.

그러므로 그리스도께서 유월절 절기를 지킬 목적으로 예루살렘에 가셨다는 말을 들을 때마다, 독자들은 그분이 다른 사람들과 더불어 하나님께서 제정하신 종교적 의무를 이행하기 위해서, 그리고 더 많은 사람들에게 자신의 교훈을 선포하기 위해서 그렇게 하셨다는 사실을 깨달아야 한다.

16 내 아버지의 집으로 장사하는 집을 만들지 말라 그리스도께서 두 번째로 성전을 깨끗하게 하실 때, 다른 세 복음서 기자들은 그분이 여기서보다 더 호되고 심한 용어를 쓰셨다고 기술한다. 즉, 그리스도께서는 사람들이 하나님의 성전을 '강도의 소굴'로 만들었다고 비난하셨다. 좀 더 부드러운 말로 나무란 것이 먹혀들지 않을 때에는 이와 같은 심한 말이 유용하다. 그러나 지금(첫 번째 성전을 깨끗하게 하실 때) 그리스도께서는 하나님의 성전을 다른 용도로 사용하여 성전을 모독하지 말라고 단순히 경고하신다. 성전이 '하나님의 집'이라고 불리는 것은, 하나님께서 특별히 그곳에서 사람들이 그분의 이름을 부르기 원하셨기 때문이다. 또한 하나님께서 그곳에서 그분의 능력을 행하셨기 때문이며, 그분이 영적이고 거룩한 의식을 행하는 장소로 그곳을 따로 구별하셨기 때문이다.

그리스도께서는 자신이 성전을 정결하게 하는 권세와 권한을 가지고 있음을 주장하기 위하여 자신이 하나님의 아들이라고 선언하신다. 더욱이, 여기서 그리스도께서는 자신의 행위에 대한 이유를 제시하고 계시기 때문에, 성전에서 유익을 얻으려는 사람은 누구나 그리스도의 이 말씀에 관심을 집중해야 한다.

그렇다면 그리스도께서 성전에서 물건을 사고파는 사람들을 내쫓으신 이유는 무엇인가? 그것은 사람들의 사악함으로 더럽혀진 하나님의 예배를 바르게 회복하려는 데 있다. 그렇게 함으로써 그리스도께서는 성전의 거룩함을 새롭게 하고 지켜내기 원하셨다.

우리가 아는 바와 같이, 성전은 실체의 그림자로 세워진 것이다. 그 실체의 살아 있는 이미지는 그리스도 안에서 발견된다. 성전은 그것이 영적인 용도로 사용될 경우에 한에서만 하나님께 거룩한 것이 된다. 그리스도께서 성전을 장터로 만든 것을 불법이라고 선언하신 것은 이러한 이유에서이다. 그리스도의 이러한 선언의 근저에는 우리가 늘 유지해야 하는 하나님의 제도가 자리 잡고 있다.

사탄이 어떠한 망상으로 사람들을 속이든지 간에, 아무리 작은 것이라 하더라도 우리를 하나님의 계명에서 벗어나게 하는 것은 그것이 무엇이든 잘못된 것임을 알자. 신자들이 제물을 편리하게 준비할 수 있으면 하나님을 예배하는 것이 더 수월해지고, 그러면 더 많은 사람들이 그분을 예배하러 올 것이라고 하는 것은 허울 좋은 속임수에 불과하다. 하나님께서는 자신의 성전을 다른 용도로 정하셨기 때문에, 그리스도는 하나님께서 제정하신 질서에 반하여 제기될 수 있는 반대 의견들을 무시하셨다.

이것을 오늘날 우리의 예배당 건물에 적용할 수는 없다. 하지만 고대의 성전에 대하여 언급한 말씀을 교회에 적용하는 것은 바르고 적당하다. 교회는 땅에 있는 하나님의 하늘 성전이기 때문이다. 교회 안에 거하는 하나님의 위엄은 그 어떤 부정한 것으로도 더럽혀지지 않도록 우리의 눈앞에 상존常存해야 한다. 그러나 교회의 거룩함이 온전하게 유지될 수 있는 것은 오직 하나님

의 말씀과 다른 것은 그 어느 것도 그 속으로 들어오지 못하도록 할 때에만
가능하다.

17 제자들이 … 기억하더라 지금까지 몰랐던 낯선 성경 구절을 제자들
이 어떻게 기억하게 되었는지 질문함으로써 시간을 허비하는 사람들이 더러
있다. 그러나 이 성경 구절이 이 순간에 제자들의 마음에 떠올랐다고 생각해
서는 안 된다. 오히려 나중에 제자들이, 그리스도께서 그들 가운데서 행하신
이 행동의 의미를 하나님의 가르침에 따라 생각할 때, 이 성경 구절이 성령의
지시 아래 떠올랐다고 봐야 한다.

　하나님의 행하심에 대한 이유가 항상 우리에게 즉시 분명해지는 것은 아
니다. 시간이 지난 후에야 비로소 하나님께서 그 목적을 알려주시기도 하기
때문이다. 우리가 판단하기에 하나님의 행하심이 옳지 않은 것처럼 여겨질
때, 이 사실은 우리가 하나님의 골칫덩이와 같은 존재가 되지 않도록 우리의
고집을 억제해주는 아주 적합한 재갈과 같다. 동시에 우리가 반드시 기억해
야 할 것이 있다. 하나님께서 우리에게 기다리라고 하실 때, 우리는 충분히
알게 될 때까지 인내로써 기다리며 우리 내부에서 일어나는 조급함을 억제해
야 한다. 하나님께서 그분의 일을 충분히 나타내는 것을 미루시는 이유는 우
리를 겸손하게 하시려는 데 있다.

주의 전을 사모하는 열심이 나를 삼키리라 이 구절의 의미는, 그리
스도께서 성전을 더럽히는 것들을 내모신 것은 하나님의 집을 향한 불타는
열정에 의한 것임을 제자들이 마침내 깨달았다는 것이다. 다윗은 제유법提喩
法을 사용하여 '전'殿이라는 말로 하나님의 예배 전체를 의미하고 있음이 분
명하다. 다윗이 말한 구절을 끝까지 보면 다음과 같다.

　"주의 집을 위하는 열성이 나를 삼키고 주를 비방하는 비방이 내게 미쳤나
이다"(시 69:9).

　후반부의 내용("주를 비방하는 비방이 내게 미쳤나이다")은 전반부의 내용과 병행을 이

루거나, 혹은 전반부의 내용을 단순히 반복하여 설명한 것으로 볼 수 있다. 두 내용을 합치면, 다윗이 하나님의 영광을 변호하려는 열망이 몹시 강하여 악한 자들이 하나님께 던지는 모든 비난을 기꺼이 자기가 다 받았다는 것이다. 또한 다윗 안에서 이 열정이 너무도 강하게 불타올라 다른 모든 감정들을 삼켜버릴 정도까지 되었다는 뜻이다. 다윗은 우리에게 자기 자신이 이렇게 느꼈다고 이야기한다. 그러나 다윗은, 엄밀하게 말하면 메시아에게 속하는 것을 자기 안에서 경험한 것으로 묘사하고 있음이 분명하다.

그러므로 복음서 기자는 말한다. 이 사건이 그리스도께서 제자들에게 하나님나라를 보호하고 회복하는 자로 알려진 표징 가운데 하나였다고 말이다. 여기서 제자들이 그리스도를 올바르게 이해하려고 성경의 인도를 따랐다는 사실에 주목하라. 성경의 인도와 가르침이 아니고는 아무도 그리스도가 어떤 분이신지, 그분의 행동과 고난의 목적이 무엇인지 배울 수 없다. 그러므로 우리 각 사람이 그리스도를 아는 지식에 진보가 있기를 바란다면 성경을 더욱 부지런히, 계속적으로 묵상할 필요가 있다.

그리고 다윗이 하나님의 영광에 대해 이야기하면서 그분의 집을 언급한 데는 그만한 이유가 있다. 하나님께서는 스스로 충족하신 분이고 자신만으로 만족할 수 있으시지만, 그분은 교회 안에서 자신의 영광이 나타나기를 바라셨다. 하나님께서는 그분의 영광을 우리의 구원과 단단히 묶으심으로써, 우리를 향한 그분의 사랑의 놀라운 증거를 보여주신다. 이제 남은 것은 각 사람이 그리스도를 본받는 일이다. 바울이 로마서 15장 3절에서 가르친 것처럼, 머리이신 그리스도께서 보이신 모범 속에 그분의 몸 전체가 따라야 할 일반적인 교훈이 제시되어 있기 때문이다.

우리는 할 수 있는 한 하나님의 거룩한 성전이 어떤 식으로든 더럽혀지지 않도록 노력해야 할 것이다. 동시에 우리는 우리 소명召命의 영역을 범하지 않도록 주의해야 한다.

하나님의 아들과 마찬가지로 우리 모두 열심을 내야 하지만, 악한 것들을 교정한답시고 그리스도께서 그러셨듯이 우리 손에 채찍을 잡고 휘둘러야 한다는 의미는 아니다. 그리스도가 가지신 것과 동일한 능력과 직책이 우리에게 부여된 것은 아니기 때문이다.

18 이에 유대인들이 대답하여 예수께 말하기를 네가 이런 일을 행하니 무슨 표적을 우리에게 보이겠느냐 19 예수께서 대답하여 이르시되 너희가 이 성전을 헐라 내가 사흘 동안에 일으키리라 20 유대인들이 이르되 이 성전은 사십육 년 동안에 지었거늘 네가 삼 일 동안에 일으키겠느냐 하더라 21 그러나 예수는 성전 된 자기 육체를 가리켜 말씀하신 것이라 22 죽은 자 가운데서 살아나신 후에야 제자들이 이 말씀하신 것을 기억하고 성경과 예수께서 하신 말씀을 믿었더라 요 2:18-22

18 무슨 표적을 우리에게 보이겠느냐 무수히 많은 군중들 속에서 그리스도에게 손을 대는 사람은 아무도 없었다. 또한 짐승을 팔거나 동전을 바꾸는 사람들 중에서도 어느 한 사람 그리스도를 강제로 몰아내지 못했다. 이 사실에서 우리는, 그들이 다 하나님께 매를 맞고 간담이 서늘해졌으며 아연실색했다고 결론을 내릴 수 있다.

그러므로 사람들이 완전히 눈이 멀지 않았다면, 한 사람이 다수를, 무장하지 않은 사람이 힘이 센 사람을, 무명한 사람이 위대한 통치자들을 감히 대항한다는 것은 누가 보더라도 분명한 기적이었다. 그들이 훨씬 더 강했는데도 그리스도의 행동을 막지 못한 이유가 어디에 있었을까? 그것은 틀림없이 그들의 힘이 약화되었고 깨졌기 때문이다.

그런데 그들에게도 그리스도에게 따질 만한 몇 가지 근거가 있었다. 하나님의 성전에서 뭔가 잘못되었다거나 자기 마음에 안 드는 일이 있다고 할 때, 아무나 그것을 즉시 바꿀 수 있는 것은 아니다. 모든 사람에게 부패를 비난할 자유가 있는 것은 사실이지만, 어떤 한 개인이 부패를 제거한다고 나선다면 그는 만용을 부린다고 비난 받기 십상이다. 성전에서 물건을 파는 것이 용인

된 상황에서 그리스도는 새롭고 특이한 행동을 하신 것이다. 그래서 사람들은 그리스도에게 그분이 하나님으로부터 파송 받은 증거를 보이라고 아주 정당하게 요구하였다. 그들은 공적인 업무를 수행하는 중에 하나님이 주신 결정적인 소명과 명령이 없다면 뭐든 바꾸는 것이 불법이라는 원리에 근거하여 예수님께 따졌던 것이다.

그러나 주님이 이적을 행하지 못하면 그분이 하나님으로부터 소명을 받았다는 사실을 인정하지 않겠다고 한 부분에서 그들은 결정적으로 잘못을 범했다. 왜냐하면 선지자들과 그밖에 하나님의 사역자들은 반드시 이적을 행해야 한다는 것이 일반적인 원칙은 아니었기 때문이다. 또한 하나님께서도 이적을 행해야 한다는 필요에 자신을 제한하지 않으셨다. 그러므로 사람들이 예수님께 표적을 요구함으로써 하나님에게 어떤 법을 따르라고 강요한 것은 전적으로 잘못이다.

유대인들이 그리스도에게 표적을 요구했다고 했을 때, 틀림없이 요한은 많은 사람들, 다시 말해서 (그 당시의) 교회 전체가 그렇게 했다는 뜻으로 말했을 것이다. 마치 요한은 한두 사람이 아니라 백성들 전체가 그런 요구를 한 것처럼 말하는 것 같다.

19 이 성전을 헐라 이것은 풍유적allegorical 표현이다. 그리스도께서 이처럼 모호하게 말씀하신 것은 그들에게 직접적으로 대답할 가치를 느끼지 못하셨기 때문이다. 이것은 다른 성경 본문에서 사람들이 천국의 비밀들을 깨달을 수 없어서 비유로 말씀하신다고 선언하신 것과 같다(마 13:13). 먼저 그리스도께서는 그들이 요구한 표적 베풀기를 거절하셨다. 그렇게 하는 것이 아무런 유익이 없기 때문이거나 혹은 그때가 표적을 베풀 적기가 아니라는 것을 아셨기 때문이다. 주님은 사람들이 적절치 못한 요구를 한 상황에서도 그들의 요구에 응하신 적이 종종 있다. 그러므로 그분이 지금 그들의 요구를 거절하신 데는 분명 강한 이유가 있었을 것이다.

그러나 사람들이 예수님의 거절을 자기들에게 유리하도록 이용할 경우를 대비해서 주님은 자신의 능력이 특별한 표적으로 입증되고 확인될 것이라고 선언하신다. 그리스도에게 있는 신적 능력을 입증할 만한 증거 중에서, 그분이 죽은 자 가운데서 부활하시는 것보다 더 위대한 증거는 없다. 그러나 그리스도께서는 사람들이 분명한 언질을 받을 가치가 없다고 판단하셔서 이것을 비유적으로 암시하셨다. 요컨대, 그리스도께서는 불신자들을 그들의 가치에 맞게 대우하셨으며, 동시에 자신은 모욕을 당하지 않도록 하신 것이다. 아직은 그들이 강퍅한 사람이라는 것이 드러나지 않았지만, 그리스도께서는 그들의 태도가 어떠한지를 잘 아셨다.

그리스도께서 행하신 이적이 많고 다양했는데 지금은 단 하나만 언급하시는 이유가 무엇인지 물을 수 있다. 주님이 다른 모든 이적에 대해서 언급하지 않으신 것은 그분의 부활만이 그들의 입을 막기에 충분한 이적이기 때문이다. 또한 주님은 하나님의 능력이 사람들의 조롱거리가 되도록 하고 싶지 않으셨다. 그래서 심지어 자신의 부활의 영광에 대해서도 풍유적으로 말씀하신 것이다. 또 세 번째로 그리스도께서는 그 상황에 적절한 말씀을 하셨다. 즉, "이 성전을 헐라"는 말씀을 통해 주님은 성전에 대한 모든 권세가 자신에게 속한다는 사실을 보여주신다. 그리스도의 능력은 대단히 커서 하나님의 참된 성전을 세우실 수 있기 때문이다. 그리스도께서 비록 그 상황에 맞게 편의상 '성전'이라는 단어를 사용하셨지만, '그리스도의 몸'을 성전이라고 부르는 것이 정당하고 적절하다.

우리 각 사람의 몸을 '장막'이라고 부르는 것은(고후 5:4) 영혼이 그 몸 안에 거하기 때문이다. 그러나 그리스도의 몸은 그분의 신성神性이 거하는 곳이다. 우리가 알기로 하나님의 아들은 친히 우리의 본성을 옷 입으셨기 때문에, 그분은 하나님의 영원한 엄위가 그분의 성소sanctuary에 거하듯이 그분의 육체 안에 거한다고 여기셨다.

한 분이시며 동일한 그리스도께서 하나님이시며 동시에 인간이 아니라는 증거로 이 구절을 오용하는 네스토리우스의 설명은 쉽게 반박할 수 있다. 그가 이렇게 생각하는 이유는 다음과 같다. 하나님의 아들은 성전에 계신 것처럼 육체 안에 거하시므로 (그리스도의) 두 본성(신성과 인성)은 뚜렷이 구별되며, 그 결과 동일한 한 인격체가 하나님이면서 동시에 사람이 될 수 없다는 것이다. 그러나 이러한 주장은 사람에게는 적용될 수 있지만 그리스도에게는 적용되지 않는다. 어떤 사람의 영혼이 성막에 거하면서 동시에 몸에 거한다면 그는 한 사람이 아니라는 것은 당연하다.

그러므로 이러한 표현을 곡해하여 그리스도 안에 있는 인격의 통일성을 파괴하는 것은 어리석기 그지없다. 더욱이 우리의 몸 역시 '하나님의 성전'이라고 불린다는 사실을 주목할 필요가 있다(고전 6:19). 그러나 이것은 그리스도의 경우와는 상당히 다른 의미에서 그렇다. 즉, 하나님께서 그분의 영의 능력과 은혜로써 우리 안에 거하시기 때문에 우리는 그분의 성전이라고 불리는 것이다. 반면, 그리스도 안에는 신성(하나님 되심)의 모든 충만함이 육체로 거한다. 그래서 그분은 육신으로 나타난 바 되신 진정한 하나님이시다.

내가 사흘 동안에 일으키리라 일반적으로 성경에서는 부활을 성부 하나님이 하시는 일로 묘사하고 있지만, 여기서 그리스도께서는 부활함으로써 나타내 보이실 영광을 친히 주장하신다. 그리스도께서 부활하신다는 것과 하나님께서 그리스도를 부활시키신다는 두 진술은 철저하게 일치하는 진술이다. 우리에게 하나님의 능력을 드높이기 위해, 성경은 부활을 성부 하나님의 사역으로 돌려서 그분이 자신의 아들을 죽은 자 가운데서 일으키셨다고 표현한다. 그런데 여기서는 그리스도께서 특히 자신의 신성神性을 선언하고 계신다. 그리고 바울은 이 두 가지 사실을 로마서 8장 11절에서 조화롭게 일치시킨다.

"예수를 죽은 자 가운데서 살리신 이의 영이 너희 안에 거하시면 그리스도 예수를 죽은 자 가운데서 살리신 이가 너희 안에 거하시는 그의 영으로 말미암아 너희 죽을 몸도 살리시리라."

부활을 주도하시는 분이라고 일컫는 성령님을 바울은 어떤 때는 '그리스도의 영'이라고 이름 붙이고 어떤 때는 '아버지의 영'이라고 이름 붙인다(한글 개역개정성경에는 바울이 그리스도의 영과 아버지의 영을 구별하여 표현한 것이 명확하게 드러나지는 않는다. 그러나 문맥상 처음에 나오는 영은 아버지의 영을 가리키고 두 번째 나오는 영은 그리스도의 영을 가리킨다고 볼 수 있다).

20 사십육 년 이 구절은 다니엘이 제시한 연한과 일치한다(단 9:25). 다니엘은 그 연수를 '일곱 이레'라고 불렀는데, 이것은 사십구 년에 해당한다. 하지만 일곱 이레의 마지막 이레가 끝나기 전에 성전이 완성되었다. 에스라의 보고에 언급된 시간은 이보다 훨씬 짧기 때문에 연도가 상충되는 것 같지만, 사실 이것은 에스라 선지자의 말씀과 모순되지 않는다. 성전 건축이 완성되기 이전에 그들은 이미 제사를 드리기 시작했고, 그 후에 백성들의 게으름 때문에 긴 공백 기간이 있었던 까닭이다. 백성들을 꾸짖는 학개 선지자의 말에서 이를 분명히 알 수 있다(학 1:4). 학개 선지자는 백성들이 하나님의 성전을 다 완성하지도 않은 채 자기들 개인의 집을 짓는 데 부지런했다며 유대인들을 호되게 꾸짖었다.

그런데 그리스도께서 40년 전에 혹은 그보다 더 일찍이 헤롯에 의해 파괴된 성전을 언급하신 이유는 어디에 있는가? 현재의 성전은 대단히 웅장하고 많은 비용을 들여 건축되었지만, 요세푸스(Josephus, 1세기의 유대 역사가)가 말한 대로(《유대 고대사》 15권 11장) 예상과 다르게 8년 만에 헤롯에 의하여 완성되었다. 이 새로운 성전 건물은 마치 늘 원래의 상태를 보존하고 있는 고대의 성전이라도 되는 것처럼 사람들에게 대단한 숭배의 대상이 되었던 것 같다. 그래서 사람들은 그 성전이 선조들에 의해서 46년이나 걸려 어렵게 겨우 지어졌노라고 통상적으로 이야기한다(여기서 칼빈은 연대 착오를 일으킨 것 같다. 헤롯 성전은 주전 20년에 짓기 시작하여 주후 64년에 완성되었고, 70년에 파괴되었다 - 역자 주).

유대인들이 예수님께 대답한 것을 보면, 그들이 어떤 의도로 표적을 구했는지가 분명히 드러난다. 그들이 하나님께서 보낸 선지자의 말에 순종할 준비가 되어 있었더라면, 그리스도께서 자신의 직분(선지자 또는 메시아)에 대한 확증으로 한 말을 그토록 무례하게 거절하지는 않았을 것이다. 유대인들은 신적神

的인 능력에 대한 증거를 원했지만, 쥐뿔만 한 인간의 이해 수준에 일치하지 않는 것은 그 어느 것도 받아들이려 하지 않았다.

이는 오늘날의 교황주의자들도 마찬가지이다. 그들은 이적을 요구하지만 하나님의 능력 앞에 부복하기 위해서가 아니라(그들은 하나님보다 사람들을 기쁘게 하고 또 전통에서 한 치라도 벗어나는 것은 절대로 받아들이지 않기로 결정했기 때문이다), 자기들이 이유 없이 하나님께 반역하는 것처럼 보이지 않기 위해서, 그리고 자신들의 완고함을 감추기 위한 베일로 삼고자 그렇게 하는 것이다. 불신자들의 마음이 무모하게 격동하는 것도 이와 같은 맥락이다. 그들은 하나님의 손이 자기들에게 나타나기를 갈망하지만, 그것이 진정 하나님에게서 비롯된 것이기를 원하지는 않는다.

22 죽은 자 가운데서 살아나신 후에야 제자들이 이 말씀하신 것을 기억하고 이렇게 기억하는 것은 요한복음 기자가 앞에서(17절) 언급한 것과 비슷하다. 제자들이 그리스도께서 하신 말씀을 (그 당시에는) 이해하지 못했지만, 무익하게 허공으로 사라져버린 듯이 보였던 그분의 가르침은 나중에 때가 되어 열매를 맺었다. 그러므로 우리 주님의 행위와 말씀이 때로는 모호하다고 하더라도, 우리가 즉시 깨닫지 못했다고 좌절하거나 포기하지 말아야 한다. 이 구절에 이어지는 말씀을 주목할 필요가 있다.

"성경과 예수께서 하신 말씀을 믿었더라."

제자들은 성경을 예수님의 말씀과 비교함으로써 믿음의 진보를 이루었다.

23 유월절에 예수께서 예루살렘에 계시니 많은 사람이 그의 행하시는 표적을 보고 그의 이름을 믿었으나 **24** 예수는 그의 몸을 그들에게 의탁하지 아니하셨으니 이는 친히 모든 사람을 아심이요 **25** 또 사람에 대하여 누구의 증언도 받으실 필요가 없었으니 이는 그가 친히 사람의 속에 있는 것을 아셨음이니라 요 2:23-25

23 많은 사람이 그의 행하시는 표적을 보고 그의 이름을 믿었으나

요한은 이 기사를 이전 기사와 적절히 연결시킨다. 그리스도께서는 유대인들이 요구한 것과 같은 표적을 주지 않으셨다. 그분이 사람들 사이에서 많은 이적을 행하지 않으셨으므로 그들은 냉랭하고 추상적인 믿음을 간직하게 되었다. 이 사건으로 유대인들은 자기들이 요구한 것을 그리스도에게서 받을 만한 자격이 없는 사람이라는 것이 입증되었다.

표적에는 분명 일정 정도의 결과가 있었다. 즉, 많은 사람들이 그리스도의 가르침을 따를 준비가 되었노라고 선언할 수 있을 만큼 그리스도와 그분의 이름을 믿었기 때문이다(여기서 '이름'은 권위를 가리키려고 사용되었다). 이것은 일종의 유사類似 믿음이기 때문에 쉽게 사라져버릴 것이다. 하지만 이러한 유사 믿음이 종국에는 참 믿음이 될 수도 있고, 다른 사람들에게 그리스도를 믿는 믿음을 보여주기 위한 유용한 준비 단계가 될 수도 있다. 그러나 지금까지 우리가 말한 것은 사실이다. 유대인들은 마땅히 하나님의 일하심 속에서 유익을 얻을 수 있을 만한 바른 태도를 가져야 했지만 그러지 못했다.

그렇다고 해서 유대인들의 믿음이 다른 사람들에게서 칭찬 받기를 바라는 거짓 믿음은 아니었다. 그들은 그리스도가 위대한 선지자라고 확신했으며, 심지어 그분을 그들이 널리 대망해왔던 메시아라고 부르기까지 했다. 그러나 그들은 메시아가 행하는 특별한 역할이 무엇인지 파악하지 못했기 때문에, 그들의 믿음은 세상과 세상적인 것을 추구하는 어리석은 믿음이었다. 또한 그들의 믿음은 냉랭한 믿음으로 마음의 신중함이 결여된 확신과 같은 것이었다.

외식外飾하는 사람들은 복음의 내용에 동의하지만, 그리스도께 충성하거나 헌신하기 위해서 혹은 하나님의 부르심을 진지하게 따르기 위해서 그렇게 하는 것이 아니다. 그들은 자기들이 알게 된 진리를 감히 정면으로 부인할 수가 없기 때문에 복음에 동의하는 것이다. 특히 그 진리에 반대할 만한 아무런 이유가 없을 경우에 그렇다. 그들은 아무 이유 없이 하나님을 대적하며 적극적으로 분쟁을 일으키지 않는다. 마찬가지로 메시아께서 베푸신 교훈이 자기

들의 육신과 그 왜곡된 욕망과 반대된다는 것을 알 경우에 그들은 즉시 화를 내며 자기들이 선택한 믿음에서 떠난다.

이런 이유 때문에 나는, 복음서 기자가 유대인들이 믿었다고 말했을 때 그것을 존재하지 않는 거짓 믿음이라고 받아들이지는 않는다. 유대인들은 어떤 식으로든 부득이하게 그리스도의 편에 있었다고 본다. 그러나 그들의 믿음은 그리스도께서 보이신 참되고 순전한 믿음이 아니었다. 그리스도께서는 신뢰할 만한 믿음을 가졌다는 사람들 축에 유대인을 끼워주지 않으셨다. 뿐만 아니라 유대인들의 믿음은 이적에만 의존하는, 그래서 복음에 뿌리를 내리지 않은 믿음이었다. 이러한 믿음은 흔들리며 영원하지도 않다. 하나님의 자녀들이 믿음에 도달하기 위해 이적의 도움을 받는 것은 사실이다. 그러나 그들이 하나님의 능력을 보고 놀라기만 하고, 자신이 그분의 가르침에 전적으로 복종하지 않은 채 그 교훈이 참되다고 믿기만 한다면, 그것은 참으로 믿는 것이 아니다.

그러므로 우리가 일반적으로 믿음에 대해서 이야기할 때, 단지 지적知的 이해와 동의에서 그치는 믿음이 있다는 것을 알아야 한다. 이러한 믿음은 마음에 새겨진 것이 아니므로 얼마 후에 금세 사라진다. 야고보는 이러한 믿음을 '죽은 믿음'이라고 했다. 반면에 참 믿음은 언제든지 중생시키시는 성령님께 의존하는 믿음이다(약 2:17,26). 하나님의 일이 모든 사람에게 동등하게 유익을 주는 것이 아님을 기억하라. 하나님의 일을 보고 하나님께 인도함 받는 사람들도 있지만, 단지 무분별한 충동에 이끌리는 사람들도 있다. 그래서 이런 사람들은 하나님의 능력을 감지한다고 하더라도 자신의 상상에 사로잡혀 방황하기를 쉬지 않는다.

24 예수는 그의 몸을 그들에게 의탁하지 아니하셨으니 유대인들이 정직하지도 신실하지도 않았기 때문에 그리스도께서 그들에게서 자신을 보호하려고 하신 말씀이라고 해석하는 사람들이 있는데, 내가 생각하기에 이는 복음서 기자의 의도를 제대로 파악하지 못한 것 같다. 어거스틴이 이들을 초

심자라고 말한 것도 이 구절에 어울리지 않는 해석이다. 내가 보기에 복음서 기자가 말하고 있는 것은 오히려, 그리스도께서 그들을 순전한 제자들로 여기지 않고 가볍고 하찮은 사람들로 여겨 무시하셨다는 의미인 것 같다. 이 구절은 주의를 기울여서 봐야 한다. 자기를 '그리스도의 사람'이라고 고백하는 사람들이 다 그분의 인정을 받는 것은 아니다. 그 이유가 바로 따라온다.

이는 친히 모든 사람을 아심이요 외식하는 것보다 더 위험스러운 것은 없다. 외식이야말로 누구나 범할 수 있는 오류이기 때문이다. 자기 자신으로 만족해하지 않는 사람은 거의 없다. 우리는 스스로를 헛된 아첨으로 속이면서, 하나님께서도 우리처럼 눈이 멀어 우리의 실체를 보지 못하실 것이라고 생각한다. 그러나 이 구절은 그분의 판단이 우리의 판단과 얼마나 다른지 우리에게 경고한다. 가면 속에 감추고 있어서 우리 눈에는 잘 보이지 않는 것들을 하나님께서는 똑똑히 보신다. 거짓된 현란함으로 우리 눈을 부시게 하는 것들에 대해서 하나님께서는 숨겨진 근원에 따라, 즉 마음의 가장 은밀한 태도에 따라 평가하신다. 솔로몬이 잠언 21장 2절에서 말한 것이 바로 이것을 두고 한 말이다.

"사람의 행위가 자기 보기에는 모두 정직하여도 여호와는 마음을 감찰하시느니라."

그러므로 그리스도에게 인정을 받는 사람들만이 그리스도의 참된 제자라는 사실을 기억하자. 그리스도만이 이 문제의 바른 심판자이시기 때문이다.

복음서 기자가 그리스도께서 '모든 사람을 아셨다'고 말한 구절에서, 그분이 염두에 두신 사람들이 방금 전에 언급한 사람들만을 가리키는지 아니면 모든 인류를 가리키는지 의문이 들 수 있다. 많은 사람들이 이 구절을 인간의 일반적인 본성에까지 확장하여, 온 세상이 불경건하고 불성실한 외식으로 정죄 받고 있다고 생각한다. 그리스도께서 왜 사람들을 그분의 백성으로 받으셨는지 그 이유가 사람들에게 있지 않다는 것은 확실히 바른 판단이다. 그러나 나는 이러한 해석이 이 문맥에 들어맞지는 않는다고 본다. 그래서 나는 여기에 언급된 '모든 사람'을 방금 전에 언급한 사람들로 한정한다.

25 그가 친히 사람의 속에 있는 것을 아셨음이니라 그리스도께서 어디서 이런 지식을 얻게 되셨는지 의문을 제기할 수 있을 것이다. 요한은 이런 질문을 예상하고는, 사람들 속에서 우리에게는 감춰져 있는 모든 것을 그리스도께서는 얼마든지 보시며, 그래서 그분은 자신의 권위로 사람들을 분별하실 수 있다고 답한다. 그러므로 마음을 아시는 그리스도에게 그 사람들이 어떤 존재인지 가르쳐줄 선생은 필요없다. 그리스도께서는 그들이 어떤 본성과 태도로 더럽혀져 있는지 알고 계셨고, 그래서 그들을 자기 사람이 아니라고 정당하게 평가하신 것이다.

개중에는 우리에게도 그리스도처럼 정직함의 증거를 보이지 않는 사람들을 감지할 능력이 있는지 묻는 사람들이 있다. 그러나 이 질문은 이 구절과 아무런 관련이 없다. 우리의 판단은 그리스도의 판단과 상당히 다르다. 그리스도께서는 나무의 뿌리를 아시는 분이다. 이와는 달리 우리는 겉으로 보이는 열매로써 나무 하나하나의 특성을 알 수 있을 뿐이다. 또한 바울이 말했듯이 사랑은 의심하지 않는다(고전 13:7). 우리가 모르는 사람을 정당한 이유 없이 의심할 권리가 우리에게는 없다.

우리가 위선자들에게 늘 속임을 당하는 것만은 아니며, 교회가 항상 사람들의 사악한 거짓말에 노출되는 것도 아니다. 우리를 '판단의 성령'으로 무장시켜주시는 것은 그리스도께 속한 일이다.

요한복음 3장

¹ 그런데 바리새인 중에 니고데모라 하는 사람이 있으니 유대인의 지도자라 ² 그가 밤에 예수께 와서 이르되 랍비여 우리가 당신은 하나님께로부터 오신 선생인 줄 아나이다 하나님이 함께하시지 아니하시면 당신이 행하시는 이 표적을 아무도 할 수 없음이니이다 ³ 예수께서 대답하여 이르시되 진실로 진실로 네게 이르노니 사람이 거듭나지 아니하면 하나님의 나라를 볼 수 없느니라 ⁴ 니고데모가 이르되 사람이 늙으면 어떻게 날 수 있사옵나이까 두 번째 모태에 들어갔다가 날 수 있사옵나이까 ⁵ 예수께서 대답하시되 진실로 진실로 네게 이르노니 사람이 물과 성령으로 나지 아니하면 하나님의 나라에 들어갈 수 없느니라 ⁶ 육으로 난 것은 육이요 영으로 난 것은 영이니 요 3:1-6

1 니고데모라 하는 사람이 있으니 복음서 기자는 그리스도께서 행하신 이적에 감동 받아 성급히 그분을 믿은 사람들의 믿음이 얼마나 순간적이고 연약한지를 니고데모라는 한 사람을 통해 보여준다. 니고데모는 바리새인 중에 한 사람이었고 통치자 계급에 속했던 사람이었으므로 다른 사람들보다는 훨씬 나았어야 했다. 그 당시 대부분의 사람들은 경박했고 진득하지 못했다. 그러나 학식이 많고 경험이 많은 니고데모가 사려 깊지도, 지혜롭지도 못할 것이라고 누군들 생각이나 했겠는가? 그런데 그리스도의 답변을 보면, 니

고데모가 그리스도를 찾아온 목적이 종교의 기초를 배우려는 열망에 지나지 않았다는 것이 드러난다. 통치자라는 사람의 수준이 소년보다 못하다면, 당시 군중들에게서는 도대체 무엇을 기대할 수 있었겠는가?

복음서 기자가 이 사건을 우리에게 보도하는 목적이 예루살렘에는 복음을 바르게 받아들이는 사람이 거의 없다는 것을 그대로 비춰주려는 데 있기는 하지만, 이 기사는 다른 기사를 이해하는 데 대단히 유용하다. 다른 어떤 이유보다도 특히 이 기사에서 우리는 인류의 타락한 본성이 무엇인지, 그리스도의 학교에 들어가는 바른 입구가 무엇인지, 그리고 하늘에 속한 교훈을 더 많이 알기 위해서는 무엇부터 시작해야 할지 가르침을 받기 때문이다. 그리스도의 말씀의 핵심은, 그분의 참 제자가 되기 위해서는 반드시 새 사람이 되어야 한다는 것이다. 그러나 이 문제를 좀 더 자세히 다루기 전에, 우리는 요한이 전해주는 기사로부터 니고데모로 하여금 그리스도에게 전적으로 헌신하지 못하게 한 그의 장애물이 무엇이었는지를 먼저 생각해봐야 할 것이다.

바리새인 중에 물론 자국민 사이에서 '바리새인'이라는 칭호는 니고데모에게 영예로운 타이틀이었다. 그러나 복음서 기자는 영예로운 의미로 니고데모에게 이 호칭을 붙이지 않는다. 오히려 그 반대다. 즉, 니고데모가 당당하고 자유롭게 그리스도에게로 나오는 데 이 호칭이 장애가 되었다고 본다. 그러므로 여기서 우리는 이 땅에 살고 있는 고상한 사람들 대부분이 최악의 덫에 발목 잡혀 있다는 사실을 기억하게 된다. 참으로 많은 사람들이 올무에 단단히 걸려, 일생 동안 단 한 번도 하늘에 계신 하나님께 기도의 숨을 내쉬지 않는다.

나는 여러 곳(다른 주석들)에서 왜 그들을 바리새인이라고 부르는지 설명했다. 바리새인들은 자기들만이 유일한 율법 해석자라고 자랑했다. 마치 자기들만이 성경의 본질과 감춰진 의미를 알고 있는 듯이 말이다. 이런 이유로 바리새인들은 스스로를 '페루쉼'Perushim이라고 불렀다+. 비록 에센파(주전 2,3세기부터 주후 1세기까지 활동했던 이스라엘의 종교 분파 가운데 하나로, 사해 근처의 쿰란에 별도의 공동체를 세워 집단

생활을 하였다)가 좀 더 엄격한 생활로 명성을 얻기는 하였지만, 에센파에 속한 사람들은 은둔자들처럼 일상생활과 풍습을 포기했던 까닭에 바리새인들이 백성들 사이에서 더 존경을 받았다. 복음서 기자는 니고데모가 바리새인 중에 한 사람이었다고 언급할 뿐만 아니라 그가 유대인의 '지도자' 중에 한 사람이었다고 이야기한다.

2 그가 밤에 예수께 와서 니고데모가 밤에 예수께 왔다는 사실에서 우리는 그가 겁이 많고 매우 심약한 사람이었다고 추론할 수 있다. 그는 자기의 위대함과 명성에 스스로 감탄했다. 그러나 다른 한편으로 수치심 때문에 주저했을지도 모른다. 야망을 가진 사람들은 자기들이 선생이라는 높은 위치에서 배우는 사람의 위치로 전락하면 자신의 명성이 훼손된다고 생각하기 때문이다. 틀림없이 니고데모는 자기가 학식이 있다는 어리석은 생각으로 교만하였을 것이다. 한마디로 말해서, 니고데모는 자신에 대해서 높이 평가하고 있었기 때문에 자기의 명성을 조금도 포기하고 싶지 않았을 것이다.

그럼에도 불구하고 니고데모에게서 경건의 씨앗이 발견되기도 한다. 그는 하나님의 선지자가 세상에 오셨다는 소식을 들었을 때 하늘에서 내려온 교훈을 멸시하거나 무시하지 않았으며, 그것을 배우고자 하는 열망에 사로잡혔다. 이러한 바람은 하나님을 경외하고 두려워하는 마음에서 나온 것이다. 많은 사람들이 어리석은 호기심으로 새로운 것을 알아보려고 한다. 하지만 니고데모가 그리스도의 가르침을 좀 더 개인적으로 알고자 했던 것은 그에게 신앙과 양심의 소리가 있었음이 분명하다. 그리고 그 씨앗이 오랫동안 감춰져 있었고 죽은 것 같았지만, 그리스도께서 죽으신 이후 그 씨앗은 아무도 예상하지 못했던 열매를 맺었다(요 19:39).

✝ 칼빈의 《공관복음서 주석》 마태복음 5장 20절과 23장 2절 설명을 참조하라. 또한 칼빈의 《빌립보서 주석》 3장 5절 설명을 보라. 칼빈은 '바리새인'(Pharisee)이라는 단어를 '나누다', '구별하다' 또는 '별개라고 선언하다'라는 뜻인 '파라쉬'(Parash)에서 유래한 것으로 생각한다. 현대 학자들은 첫 번째 의미(구별하다)를 더 선호하는 반면, 칼빈은 후자의 의미(별개라고 선언하다)를 취하여 바리새인들을 '구별된 사람들'이라고 묘사한다.

랍비여 우리가 당신은 하나님께로부터 오신 선생인 줄 아나이다
이 말씀은 "주님, 우리가 당신은 하나님께로부터 오신 선생인 줄 아나이다"
에 해당한다. 당시에는 학식 있는 사람을 일반적으로 '주님'Master이라고 불
렀기 때문에 니고데모도 처음에는 통상적인 방법으로 그리스도에게 인사를
하면서 랍비[Rabbi, '주님'(Master)이라는 의미]라는 일반적인 호칭을 붙였다. 그런 다
음 뒤 이어 그분이 가르치는 일을 하도록 하나님으로부터 보냄을 받았다고
선언했다. 교회 안에서 교사들이 갖는 모든 권위는 이 원리에 의존한다. 우리
는 하나님의 말씀으로부터만 지혜를 배워야 한다. 그러므로 하나님의 말씀
을 선포하기 위해 그분이 친히 사용하시는 입술이 아니고서는 어느 누구의
말에 귀를 기울여서도 안 된다. 우리가 주목해야 할 사실은, 유대인들의 신앙
이 몹시 부패했고 거의 파괴되다시피 했지만, 그들은 늘 하나님으로부터 온
사람만이 합법적인 선생이 될 수 있다는 원리를 지켰다는 점이다. 그러나 거
짓 선지자들은 자기들에게 붙여진 경건한 칭호를 교만하게 자랑했기에, 사람
들은 분별의 영으로 그들을 시험할 필요가 있었다.

이런 이유로 니고데모는 그리스도께서 하나님으로부터 보냄을 받았다는
점이 확실하다고 부언한다. 하나님께서 그분의 능력을 그리스도 안에서 강
하게 나타내 보이셨기에 그분이 그리스도와 함께하신다는 사실을 부인할 수
가 없었기 때문이다. 니고데모는 하나님께서 그분이 보내신 사역자들을 통
하지 않고서는 일하지 않으시며, 그 사역자들에게 맡기신 직분을 친히 보증
하신다는 사실을 당연한 것으로 받아들였다. 니고데모가 옳았다. 하나님께
서는 늘 자신의 교훈을 확증하려고 이적을 행하셨기 때문이다.

또한 니고데모가 "하나님이 함께하시지 아니하시면 당신이 행하시는 이
표적을 아무도 할 수 없음이니이다"라고 말함으로써 하나님만이 이적을 행
하는 유일한 분이시라고 고백한 것도 옳다. 니고데모는 그 표적들이 인간의
행위가 아니며, 오히려 하나님의 능력이 그 표적들 속에서 분명하게 발휘된
것이라고 말하는 것 같다. 한마디로 말해서, 이적은 우리에게 믿음을 갖게 하
고, 그 후에는 우리가 말씀으로 알게 된 것을 더욱 강화해주는 이중적인 결과

를 낳는다. 니고데모는 이적을 통해 그리스도를 하나님의 참 선지자로 인식 했으므로 이적의 첫 번째 결과에서 바른 유익을 얻은 셈이다.

그러나 니고데모의 논거가 결정적이지는 않다. 거짓 선지자들이 참된 표 적을 행함으로써 자기들이 하나님의 사역자들임을 입증하는 식으로 무지한 자들을 완벽하게 속일 수도 있기 때문이다. 만일 믿음이 이적에 의존한다면, 참 가르침과 거짓 가르침 사이에 무슨 차이가 있을 수 있겠는가? 모세는 우리 가 하나님을 사랑하는지의 여부를 하나님께서 이런 식으로 시험하실 수 있음 을 분명하게 선언하였다.

"너는 그 선지자나 꿈꾸는 자의 말을 청종하지 말라 이는 너희의 하나님 여호와께서 너희가 마음을 다하고 뜻을 다하여 너희의 하나님 여호와를 사랑 하는 여부를 알려 하사 너희를 시험하심이니라"(신 13:3).

또한 우리는 많은 사람들을 현혹시키는 적그리스도의 거짓 표적을 주의하 라는 그리스도와 바울의 경고를 알고 있다.

"거짓 그리스도들과 거짓 선지자들이 일어나 큰 표적과 기사奇事를 보여 할 수만 있으면 택하신 자들도 미혹하리라"(마 24:24).

이적으로 유익을 얻을 만한 사람들이 사탄의 속임수에 현혹을 당할 수도 있는데, 이는 하나님이 허용하시는 일이다. 그렇다고 해서 하나님의 능력이 택함 받은 사람들에게 이적을 통해 분명하게 나타나지 않는다는 말은 아니 다. 이적은 그들에게 참되고 건실한 교훈을 확증하는 귀중한 수단이다. 그래 서 바울은 그의 사도직이 표적과 기사로 말미암아 확증되었다고 증언한다(고 후 12:12). 그러므로 아무리 사탄이 어둠 속에서 하나님을 흉내 내며 뽐낸다고 하더라도, 눈이 열리고 영적인 지혜의 빛이 비치면, 니고데모가 여기서 선언 하듯이 이적은 하나님의 임재를 입증하는 강력한 도구이다.

3 진실로 진실로 네게 이르노니 그리스도는 자신의 말씀에 주의를 기 울이게 하려고 '진실로'(히브리어로는 '아멘')라는 단어를 두 번 사용하신다. 모든 주제들 중에서 가장 중요하고 비중 있는 내용을 말씀하시려는 참이었기에 니

고데모가 좀 더 주의를 집중하도록 할 필요가 있으셨던 것이다. 그렇지 않았다면 니고데모는 그리스도의 이 모든 말씀을 부주의하게 듣고 가볍게 지나쳤을 것이다. 그리스도께서 동일한 단어를 두 번 반복하신 목적이 여기에 있다.

설령 이 말씀이 실제적인 것 같지 않고 시의 적절한 것 같지 않아 보여도, 그리스도께서 이런 식으로 말씀하신 것은 참으로 적절한 일이었다. 경작하지 않은 밭에 씨를 뿌리는 것이 소용없듯이, 듣는 자들의 마음이 먼저 깨어지지 않고 순종하여 교훈을 받을 준비가 되어 있지 않다면 복음의 가르침을 전하는 아무런 효과가 없다. 그리스도께서는 니고데모의 마음이 가시로 가득 차 있고 여러 가지 유해한 잡초들로 질식되어 있어서 영적인 교훈을 받을 만한 여지가 없다는 것을 아셨다. 그러므로 그리스도의 이 권면은 니고데모를 깨끗하게 하기 위한 밭갈이와 같았다. 일단 밭갈이가 되면 복음의 가르침은 열매를 맺는다.

예수님의 이 말씀이 비단 니고데모 한 사람에게만 주신 말씀이 아니라는 사실을 기억하자. 하나님의 아들은 매일 동일한 어조로 우리 모두에게 말씀하신다. 우리 가운데 자기는 마음이 더럽혀지지 않아서 정결함을 받을 필요가 없다고 말할 수 있는 사람이 누가 있겠는가? 그러므로 그리스도의 학교에서 잘 성장하고 실질적인 진보를 이루기 원한다면 여기서부터 배우기 시작하자.

사람이 거듭나지 아니하면 하나님의 나라를 볼 수 없느니라 다른 말로 하자면, "하나님의 나라에서 가장 필요한 것이 네게 없으므로, 네가 나를 선생으로 인정하는 것에 대해서는 내가 별 관심이 없다. 하나님의 나라에 들어가는 첫걸음은 새 사람이 되는 것이다"이다. 그러나 이 구절은 대단히 중요하기에, 각각의 단어를 좀 더 자세히 검토할 필요가 있다.

하나님의 나라를 '본다'는 것은 5절에서 나타나듯이 하나님의 나라에 '들어가는' 것과 동일한 의미이다. 하지만 하나님의 나라가 '하늘'을 의미한다고 생각하는 것은 잘못이다. 오히려 하나님의 나라는 '영적인 생명'을 의미한다. 이 생명은 이 세상에서 믿음을 가짐으로써 시작되고, 믿음이 계속 자라 감에 따라 끊임없이 풍성해진다. 그러므로 이 구절은, 먼저 중생(重生, 거듭남)하지 않으면 아무도 교회에 참으로 들어올 수 없으며 자기가 하나님의 자녀 가운데 들었다고 생각할 수도 없다는 의미이다. 이런 의미에서 이 구절은 그리스도인의 생명의 시작이 무엇인지를 간략하게 보여준다.

동시에 우리는 이 표현에서, 우리가 태어날 때부터 추방당한 자들이고 하나님의 나라와 전혀 상관없는 이방인들이라는 교훈을 배운다. 하나님께서 우리를 다시 태어나게 하지 않는 한, 우리와 하나님 사이에는 영원한 적대감이 존재한다. 이 진술은 모든 인류를 망라하는 보편적인 진술이다. 그리스도께서 사람이 먼저 거듭나지 않으면 하나님나라에 들어갈 수 없다고 한두 사람에게만 말씀하셨다면, 우리는 이 말씀이 어떤 특정한 부류의 사람들에게만 해당하는 말씀이라고 생각했을 것이다. 그러나 그리스도께서는 한 사람도 예외 없이 모든 사람들에게 말씀하셨다. 그리스도께서 사용하신 '사람이'라는 단어는 한정되지 않은 표현이며, '누구든지 거듭나지 않으면'이라는 보편적인 표현과 같은 의미를 지닌다.

더욱이 그리스도께서는 '거듭나다'(born again)라는 표현을 쓰심으로써 사람의 어떤 한 부분이 고쳐지는 것이 아니라 전체 성품이 새롭게 되는 것을 의미하신다. 여기에서 우리 속에는 결함이 없는 곳이 하나도 없다는 결론이 나온다. 전체적으로 각 부분이 모두 개혁을 필요로 한다면, 부패는 모든 곳에 퍼져 있음이 틀림없다. 잠시 후에 이 문제를 좀 더 충분히 다룰 것이다.

에라스무스는 키릴(Cyril, 375~444. 알렉산드리아 출신의 신학자. 예수 그리스도의 인성 문제를 두고 네스토리우스와 이단 논쟁을 벌임)의 견해를 좇아 '아노덴'anothen이라는 부사(副詞)를 ('거듭'이라고 번역하는 대신) '위로부터'라고 잘못 번역했다. 나는 이 헬라어 단어의 의미가 상당히 모호하다는 것을 인정한다. 그러나 우리는 그리스도께서 니고데모에게 히브리어로 말씀하셨다는 사실을 알고 있다. 그럴 경우 니고데모가 그리스도의 말씀을 '육체의 두 번째 출생'이라고 잘못 생각하게 할 만큼 주님의 말씀이 모호하지는 않았을 것이다. 그러므로 그는 그리스도의 말씀을 사람이 하나님나라에 있기 이전에 먼저 '다시' 태어나야 한다는 의미 외에 다른 의미로 받아들이지 않았던 것이다.

4 사람이 늙으면 어떻게 날 수 있사옵나이까 그리스도께서 사용하신 표현 형식("사람이 거듭나지 아니하면 하나님의 나라를 볼 수 없느니라")이 율법과 선지자의 글에 분명하게 등장하는 것은 아니지만 변형된 형태로 성경 곳곳에 언급되어 있다. 또한 이는 믿음의 첫 번째 원리 중 하나이다. 이런 의미에서 그 당시 서기관들이 성경을 읽으면서 얼마나 불완전하게 배워왔는지가 분명해진다. 니고데모만이 중생의 은혜를 몰랐던 유일한 사람은 아니었다. 거의 모든 서기관들이 공허한 율법 조문과 세부적인 내용에만 사로잡혀 있어서 경건의 가르침의 중요한 내용은 묵과되었다.

오늘날 로마 가톨릭의 교황은 이와 비슷한 예를 그의 신학자들을 통해 보여주고 있다. 교황의 신학자들은 심오한 사변思辨으로 살아가기 때문에, 하나님을 예배하는 것이나 구원의 확신이나 경건의 실천에 속한 모든 것에 대해 무지하다. 그들의 이런 무지함은 구두 수선공이나 농부가 점성학에 대해 무지한 정도보다 훨씬 심하다. 더군다나 그들은 이색적인 신비를 좋아하며, 교사가 되는 데 성경의 참된 가르침은 무가치한 것이라고 공공연히 떠벌리며 멸시한다. 그렇다면 니고데모가 사소한 것에 걸려 넘어진 사실에 우리가 놀랄 필요가 없다. 스스로 가장 탁월하고 유명한 교사라고 생각하면서 평범하고 단순한 교리를 천박하고 저급한 것으로 여기는 사람들이 작은 일에 놀라는 것은 바로 하나님께서 그들에게 복수를 하신 것이다.

5 사람이 물과 성령으로 나지 아니하면 이 구절은 다양한 방법으로 설명되어 왔다. 어떤 사람들은 이 구절이 중생의 두 부분을 분명하게 표현하는 것이라고 생각한다. 이들은 '물'이라는 단어가 옛 사람을 부정하는 것을 의미하는 반면 '성령'이라는 단어는 새로운 생명을 의미한다고 믿는다. 또 어떤 사람들은 이 구절이 어떤 두 가지를 암시적으로 대조하고 있다고 생각한

다. 즉, 그리스도께서 물과 성령(즉, 순수하고 투명한 요소)을 인간의 세속적이고 천박한 속성과 대조시키는 것으로 이 구절을 이해한다. 마치 그리스도께서 우리에게 육체의 무거운 짐을 벗어버리고 물과 공기처럼 되어서 위로 올라가라고 혹은 적어도 너무 무거워서 땅에 내려오는 일은 없게 하라고 명령하시는 것처럼, 이 구절을 유비類比로 받아들이는 것이다. 그러나 나는 이 두 견해 모두 그리스도의 말씀의 의미와 거리가 멀다고 생각한다.

훨씬 더 많은 사람들이 동의하는 크리소스톰의 해석은 '물'을 세례와 연결하는 것이다. 그럴 경우, 이 구절은 우리가 세례로 하나님나라에 들어간다는 의미가 된다. 하나님의 성령께서 세례 시에 우리를 중생하게 하시기 때문이라는 것이 그 이유이다. 여기서 영생의 소망을 위해서는 세례가 절대적으로 필요하다는 믿음이 생긴다. 그러나 설령 그리스도께서 여기에서 세례를 말씀하고 계시다는 사실을 받아들인다 하더라도, 그분이 구원을 외형적인 표지에 국한시키셨다는 식으로까지 그분의 말씀을 몰고 가서는 안 된다. 오히려 이와는 반대로, 그리스도께서 물과 성령을 연결시키신 것은 세례라는 그 가시적可視的인 표지 아래 그분이 새 생명을 증언하고 인印 치시기 때문이다. 생명이 새롭게 되는 이 과정은 하나님께서 그분의 영에 의해 우리 안에서 이루시는 것이다. 세례를 무시한다면 우리가 구원에서 제외되는 것은 사실이다. 이런 의미에서 세례가 필수적이라고 나는 고백한다.

그러나 구원의 확신을 표지에 한정시키는 것은 어리석은 일이다. 이 구절에 관한 한, 나는 그리스도께서 지금 세례에 대해 말씀하고 계시다는 사실을 믿을 수가 없다. 세례는 그 당시 아직 실행되지 않았기에 시의 적절하지 않다. 또한 우리는 늘 그리스도께서 어떤 의도를 갖고 계신가를 염두에 두어야 한다. 우리가 이미 앞에서 살펴본 대로, 그리스도께서는 니고데모가 새 생명을 소유하기 바라셨다. 다른 사람(새 사람)이 되지 않고서는 그가 복음을 받아들일 수 없기 때문이다.

그러므로 하나님의 자녀가 되기 위해서 우리가 새롭게 태어나야 하며 성령께서 이러한 두 번째 출생을 주도하는 분이시라는 것은 (서로 다른 두 개의 의미가 아닌) 하나의 사실을 단순하게 진술한 것이다. 니고데모는 (육체가 죽은 후에 그 영혼은 다른 육체로 옮겨진다는) 피타고라스(주전 582~496. 그리스의 종교가, 철학자, 수학자)의 '재생'(再生, palingenesis)과 같은 것을 꿈꾸고 있었지만, 그리스도께서는 그를 이러한 오류에서 벗어나게 하려고 다른 설명을 덧붙이신다. 사람이 두 번째로 태어나는 것처럼 자연적으로 발생하는 것이 아니고, 그렇다고 새로운 몸을 입어야 하는 것도 아니며, 오히려 성령님의 은혜로 정신과 마음이 새로워질 때 사람은 다시 태어나는 것이라고 말이다. 그러므로 주님이 사용하신 '성령'과 '물'은 동일한 것을 의미한다. 이 두 단어를 너무 엄밀하게 구분해서는 안 된다. 성령이 언급되고 그분의 능력을 표현하기 위해 '물'이나 '불'이라는 단어가 첨가되는 것은 성경에서 일반적으로 흔하게 사용되는 방식이다. 우리는 종종 그리스도께서 성령과 불로 세례를 베푸실 것이라는 말을 듣는다. 여기서 불은 성령과 다른 어떤 것을 의미하는 것이 아니라, 우리 속에서 역사하시는 성령의 능력이 무엇인지를 보여줄 뿐이다.

그리스도께서 '물'을 '성령'보다 먼저 언급하신 것은 별 문제가 되지 않는다. 분명하고 직접적인 진술이 비유적인 표현 뒤에 놓이는 것이 정상이기 때문에, '물'을 '성령'보다 먼저 이야기한 것은 표현상 쉽고 자연스러운 것이다. 여기서 그리스도께서는 마치 어느 누구도 물로 새롭게 되기까지는 하나님의 자녀가 아니며, 이 물은 우리를 새롭게 씻어주시는 성령이시라고, 그리고 자신의 능력을 우리에게 부어주심으로써 우리의 본성으로는 전적으로 불가능한 하늘에 속한 생명의 에너지를 우리에게 전해주는 분이 그 성령이시라고 말씀하시는 것 같다. 니고데모의 무지를 꾸짖기 위해 그리스도께서는 성경에서 일반적으로 등장하는 표현 방식을 매우 적절히 사용하신 것이다. 마침내 니고데모는 그리스도께서 말씀하신 것이 선지자들의 일반적인 교훈에서 취한 것이라는 사실을 알아야 했다. 그러므로 '물'이 의미하는 바는 바로 성령님의 내적인 정결함과 살리심이다. 나중에 언급한 어구가 앞에 언급한 것을 설명하는 경우에 '…과'and라는 단어를 사용하는 것은 특이한 일이 아니다. 그리고 내가 설명한 내용을 지지할 만한 문맥상의 증거도 있다. 우리가 다시 태어나야 하는 이유를 곧바로 첨가하실 때, 그리스도께서는 물을 언급하지 않은 채 그분이 요구하시는 새 생명이 어떻게 성령님의 단독 사역으로 이루어지는지를 보여주신다. 여기서 '물'은 '성령'과 분리해서는 안 된다는 당연한 결론이 나온다.

6 육으로 난 것은 육이요 영으로 난 것은 영이니 그리스도께서는, 새로 태어남으로 하나님나라에 들어가는 입구가 우리에게 열리기까지는 그 나라가 우리에게 닫혀 있다는 사실을 대조적인 표현을 써서 보여주신다. 그분은 우리가 영적인spiritual 사람이 되지 않으면 하나님나라에 들어갈 수 없다는 사실을 분명하게 밝히셨다. 우리가 어머니의 자궁에서 가져올 수 있는 것은 육적인carnal 본성뿐이다. 그러므로 우리 모두는 본성상 하나님나라에서 내쫓겼고 하늘의 생명을 잃어버렸으며 죽음에 종노릇하는 존재들이다. 뿐만 아니라 주님이 여기에서, 사람은 육적肉的인 존재이므로 반드시 거듭나야 한다고 주장하실 때, 그분은 모든 인류가 '육' flesh이라는 단어 아래 있다고 이해하셨음이 분명하다. 육은 여기서 몸이 아니라 영혼과 그에 필연적으로 속하는 모든 부분을 의미한다.

교황 수하에 있는 신학자들은 이 '육'이라는 단어를 그들이 육감적sensual이라고 부르는 부분에만 한정하는 어리석음을 드러냈다. 그럴 경우 그리스도의 말씀은 이치에 맞지 않는다. 우리의 어떤 한 부분이 부패했기 때문에 다시 태어나야 할 필요가 있다는 의미가 되고 말 것이기 때문이다. 그러나 만일 부패한 것이 건전한 것과, 굽은 것이 곧은 것과, 더러운 것이 거룩한 것과, 오염된 것이 정결한 것과 대조되듯이 육肉이 영靈과 대조된다면, 우리는 인간의 본성 전체가 이 한 단어로 정죄되었다고 결론 내릴 수 있다. 그러므로 그리스도께서는 우리의 깨달음과 이성이 육적carnal이기에 타락했다고 말씀하시며, 우리 마음의 모든 열정도 육적이기에 부패하고 사악해졌다고 말씀하신다.

그러나 영혼은 인간이 출생할 때 생기는 것이 아니기에, 우리의 중요한 부분에서는 육으로 난 것이 아니라는 반대 의견이 제기될 수 있다. 그래서 많은 사람들이 우리의 몸만 부모님에게서 난 것이 아니라 우리의 영혼도 출생으로 말미암아 부모로부터 전가된다고 생각하게 되었다. 그들이 이런 식으로 이해하는 데는 이유가 있다. 샘에서 물이 흘러나오듯이 한 사람의 영혼에서 모든 이의 영혼이 흘러나오는 것이 아니라면, 영혼에 자리하고 있는 원죄가 한 사람에게서 그의 모든 후손들에게 퍼진다는 것은 어처구니없는 생각이기 때문이다. 그리고 언뜻 보면 그리스도의 말씀은 우리가 육에서 났기 때문에 육이라고 암시하는 것 같다.

이 문제에 대한 나의 답변은 이것이다. 그리스도의 말씀은 태어날 때 우리 모두가 육적인carnal 존재라는 의미, 그 이상도 그 이하도 아니다. 그리고 죽을 운명을 갖고 이 세상에 온 이상, 우리의 본성은 육에 속한 것만을 좋아하기 마련이다. 그리스도께서는 단순히 본성과 초자연적인 은사를 구별하고 계신다. 아담 한 사람 안에서 일어난 모든 인류의 타락은 번식에 의해서가 아니라 하나님의 정하심에 의해서 계속되는 것이다. 하나님께서는 한 사람 안에서 우리 모두를 아름답게 만드신 것처럼, 그 한 사람 안에서 우리에게 주신 그분의 은사를 박탈하신다. 그러므로 우리는 우리 개인의 악함과 부패를 우리 부모에게서 전해 받은 것이라고 말하는 대신, 우리 모두가 아담 안에서 한결같이 타락했다고 말하는 것이 더 적절하다. 아담이 타락한 직후에 하나님께서 자신이 인간 본성에 부여한 것을 인간에게서 빼앗아버리셨기 때문이다.

여기서 또 다른 어려운 문제가 제기된다. 인간 본성이 타락하고 오염되었지만, 하나님의 은사들 중에서 어떤 부분은 여전히 남아 있다는 것은 분명하다. 그러므로 우리가 모든 부분에서 타락한 것은 아니라는 얘기가 된다. 이 문제를 해결하는 것은 쉽다. 주께서 타락 이후 우리에게 남겨두신 은사들은 그 자체만으로 판단해볼 때 칭송할 만한 것들이다. 그러나 모든 부분에 악이 스며들었기 때문에 우리 속에는 순결하거나 전적으로 부패하지 않은 것이 하나도 없다. 우리가 하나님을 아는 지식을 타고났다는 것, 선과 악을 구별하는 것이 우리의 양심에 각인되었다는 것, 우리에게는 현재의 문제를 잘 처리할 소양이 있다는 것, 요컨대 우리가 여러 가지 면에서 야만적인 짐승들보다 뛰어나다는 것은 그것이 하나님에게서 나온 것이기 때문에 그 자체로 우수하다. 그러나 이 모든 것이 우리 속에서 오염되었다. 마치 가죽 부대의 악취로 인해 완전히 상하고 썩은 포도주가 그 달콤한 맛을 잃고 쓰고 역겨운 맛을 내는 것처럼 말이다.

현재 하나님을 아는 지식이 인간에게 남아 있지만, 그것마저 우상숭배와 온갖 미신의 원천이 되고 있다. 사물을 선택하고 구별하는 판단력은 부분적으로 어두워졌고 어리석게 되었으며, 부분적으로 불완전하며 혼동 속에 있다. 우리가 아무리 부지런하다고 하더라도 그것은 허망하고 사소한 것들에 낭비되고 있다. 의지 자체도 격렬하고 무분별하게 악을 향하여 치닫고 있다. 우리의 본성 전체에서 올바른 것이라고는 털끝만큼도 남은 것이 없다.

그러므로 우리가 하나님의 나라에 들어가려면 반드시 거듭나야 한다는 것이 명백하다. 그리스도의 말씀의 의미는 이것이다. 사람이 어머니의 태에서 태어나는 것은 오직 육적인 것에 불과하므로, 그가 영적인 사람이 되기 위해서는 반드시 성령님에 의하여 새롭게 되어야 한다. 여기서 '성령'[Spirit, 한글 개역 개정성경에는 '영'이라는 말이 똑같이 두 번 사용되었으나, 영어성경에는 첫 번째 '영'(Spirit)과 두 번째 '영'(spirit)이라는 말이 다르게 표기되어 있다]이라는 단어는 두 가지 의미로 사용되었다. 하나는 '은혜'라는 의미이고, 다른 하나는 '은혜의 효과'라는 의미이다. 처음에 '영으로 난 것'이라고 했을 때, 그리스도께서는 하나님의 성령이 순결하고 올바른 본성을 낳게 하는 유일한 분이라고 가르치신다. 그 다음에 '영이니'라고 했을 때는, 우리가 영적인 사람이 되는 것은 우리가 성령의 능력으로 새롭게 되기 때문이라고 말씀하신다.

7 내가 네게 거듭나야 하겠다 하는 말을 놀랍게 여기지 말라 8 바람이 임의로 불매 네가 그 소리는 들어도 어디서 와서 어디로 가는지 알지 못하나니 성령으로 난 사람도 다 그러하니라 9 니고데모가 대답하여 이르되 어찌 그러한 일이 있을 수 있나이까 10 예수께서 그에게 대답하여 이르시되 너는 이스라엘의 선생으로서 이러한 것들을 알지 못하느

냐 **11** 진실로 진실로 네게 이르노니 우리는 아는 것을 말하고 본 것을 증언하노라 그러나 너희가 우리의 증언을 받지 아니하는도다 **12** 내가 땅의 일을 말하여도 너희가 믿지 아니하거든 하물며 하늘의 일을 말하면 어떻게 믿겠느냐 요 3:7-12

7 놀랍게 여기지 말라 주석가들은 이 본문을 다양하게 왜곡해왔다. 어떤 사람들은 이 말씀이 니고데모와 그와 비슷한 부류의 사람들의 어리석음을 공격하는 것이라고 생각한다. 그리스도께서, 사람은 자연 질서에 속한 현상도 그 이유를 감지하지 못하기 때문에 그들이 하늘에 속한 중생의 비밀을 파악하지 못하는 것이 전혀 놀랄 만한 일이 아니라고 말씀하시는 것으로 이 본문을 해석한다. 또 어떤 사람들은 독창적이긴 하지만 너무 지나치게 이 본문을 해석해서, 바람이 임의로 불듯이 우리는 영으로 나서 자유롭게 되며, 죄의 굴레에서 벗어나 기꺼이 하나님께로 달려간다는 의미로 보았다. 그리스도의 의도와는 다르게 이 본문을 해석한 또 다른 사람은 어거스틴이다. 그는 하나님의 영이 그분이 기뻐하시는 대로 일하신다고 이 본문을 해석한다. 크리소스톰과 키릴은 그나마 나은 편이다. 그들은 성령을 바람과 비교하여 본문에 적용한다. 즉, 그 힘을 느끼기는 하지만 그것이 어디서 왔는지 그리고 그 원인이 어디에 있는지는 감춰져 있음을 의미한다고 설명한다. 내 견해가 이들의 의견과 현저히 다르지는 않지만, 나는 그리스도께서 의미하신 바를 좀 더 분명하고 확실하게 설명하려고 한다.

나는 그리스도께서 자연 질서에서 하나의 비유를 가지고 오셨다는 데서 출발하려고 한다. 니고데모는 중생과 새 생명에 대하여 들은 것을 믿을 수 없는 일이라고 생각했다. 이 중생의 방식은 그의 이해력을 벗어나는 일이었기 때문이다. 니고데모가 갖는 이런 어려움을 덜어주시기 위해, 그리스도께서는 하나님의 놀라운 능력이 몸을 가지고 있는 생명에서도 나타난다고 가르쳐주신다. 여기서도 그 능력의 원리는 감춰져 있다. 모든 사람은 공기를 호흡해서 생명을 얻는다. 비록 공기의 움직임을 감지할 수 있다고 하더라도, 그것이 어디서 오며 어디로 가는지 우리는 모른다. 연약하고 덧없는 생명 안에서도 하나님께서 이처럼 능력 있게 행동하셔서 우리가 그분의 능력에 놀랄 수밖에 없다고 한다면, 하늘에 속하고 초자연적인 생명에서 작용하시는 하나님의 신비로운 일을 우리 자신의 지성知性으로 측정하고자 하고 우리가 볼 수 있는 것 외에는 믿지 않으려고 하는 것이 얼마나 어리석은 일이겠는가!

그래서 사도 바울은, 썩어 없어질 몸이 죽어서 한갓 흙이 되어 사라진 후에 다시 썩지 아니할 것으로 옷 입는다는 것은 불가능하다면서 몸의 부활을 부정하는 사람들에게 분노를 발하며, 씨앗에도 하나님의 능력과 비슷한 능력이 나타난다는 것을 생각지 못하는 사람들의 어리석음을 꾸짖었다. 씨앗은 썩지 않으면 발아하지 않는다(고전 15:36,37). 이것은 다윗이 시편 104편 24절에서 소리쳐 찬양한 '놀랄 만한 지혜'이다. 그러므로 자연의 일반 질서에서 자극을 받아 더 높이 올라가지 못하고 하나님의 손길이 그리스도의 영적인 나라에서 더 능력 있게 역사한다는 것을 인정하지 않는 사람들은 참으로 어리석은 자들이다.

다시 말하거니와 그리스도께서 니고데모에게 놀라지 말라고 말씀하신 것을, 마치 우리가 너무 위대하거나 경탄할 만한 하나님의 일을 멸시해야 하는 것으로 이해해서는 안 된다. 그리스도께서 하신 말씀의 의미는, 우리가 너무 놀란 나머지 그것이 우리 믿음에 방해가 되게 해서는 안 된다는 것이다. 자기들이 생각하기에 너무도 고상하고 난해한 것을 황당무계하다고 거절하는 사람들이 많기 때문이다. 한마디로 말해서, 우리가 하나님의 영으로 고침을 받아 새 사람이 되었다는 것을 의심하지 말자. 설령 하나님께서 이것을 행하시는 방법이 우리에게 감춰져 있다고 하더라도 말이다.

8 바람이 임의로 불매 엄밀하게 말하자면, 바람이 부는 것은 임의로 부는 것이 아니다. 그러나 바람의 움직임은 자유롭고 예측이 불가능하고 변화무쌍하다. 공기는 때로는 이쪽 방향으로 움직이다가 때로는 저쪽 방향으로 움직인다. 그리고 당연히 바람은 그렇게 움직여야 한다. 바람이 물처럼 한 방향

으로만 흐른다면 전혀 놀랍지 않을 것이다.

성령으로 난 사람도 다 그러하니라 그리스도께서는 우리가 이 땅의 물질계에서 바람의 움직임을 감지할 수 있듯이, 하나님의 영의 움직임과 작용 역시 중생한 사람들 안에서 감지할 수 있다는 뜻으로 이 말씀을 하셨다. 그러나 성령께서 어떤 식으로 작용하시는지는 감춰져 있다. 그러므로 하나님께서 하늘에 속한 생명에 대한 아주 탁월한 예를 이 세상에서 보여주시는데도, 우리가 하늘에 속한 생명 안에 나타난 하나님의 불가해한 능력을 찬송하지 않는다면, 그리고 하나님께서 우리의 육체를 보존해주시는 것처럼 우리 영혼의 구원 역시 회복시켜주심을 인정하지 않는다면, 우리는 감사할 줄 모르는 배은망덕한 사람이 되고 만다. 이 구절을 "중생한 사람 속에서 역사하시는 성령님의 능력과 효과가 이와 같다"라고 요약해서 표현하면 그 의미가 좀 더 분명해질 것이다.

9 어찌 그러한 일이 있을 수 있나이까 우리는 여기서 니고데모가 무엇 때문에 예수님의 말씀을 깨닫지 못하는지를 읽을 수 있다. 자기 머리로는 도무지 그 방법이 이해되지 않았기 때문에 그는 지금 듣고 있는 모든 것이 어처구니없게 보였다. 자신에 대한 자부심보다 더 우리에게 걸림돌이 되는 것은 없다. 우리는 늘 적당한 정도 이상으로 똑똑해지고 싶어 한다. 그 지독한 자부심으로 우리는 이성적으로 설명되지 않는 모든 것을 배척한다. 마치 하나님의 무한한 능력을 우리의 보잘것없는 지능 안에 제한시키는 것이 당연하다는 듯이 말이다. 사실 우리는 하나님께서 하시는 일의 방법과 합리성을 절제와 경외의 마음으로 어느 정도까지는 탐구할 수 있다. 그러나 니고데모는 그것을 황당한 것이라고 거부해버렸다. 자기가 생각하기에 그 일이 불가능해 보였기 때문이다. 이 문제는 요한복음 6장에서 좀 더 자세하게 논의할 것이다.

10 너는 이스라엘의 선생으로서 이러한 것들을 알지 못하느냐 그리스도께서는 자신이 이 교만한 사람을 가르치느라 시간과 에너지를 소비하고 있다는 것을 알고는 이제 그를 꾸짖으신다. 확실히 이런 사람들은 그 우쭐대는 그릇된 자신감이 깨지기 전까지는 아무리 가르쳐도 진보가 없다. 더욱이 "너는 이스라엘의 선생으로서"라는 표현은 그의 자부심을 꺾는 데 딱 알맞은 말씀이다. 그리스도께서는 니고데모가 가장 냉철하고 지혜롭다고 생각하는 바로 그 문제를 건드리면서 그의 무지를 꾸짖으셨다. 니고데모는 불가능한 것을 용인하지 않는 것이 중요하고 빈틈이 없는 행동이라고 생각했다. 다른 사람의 말을 확인도 하지 않고 무작정 받아들이는 사람은 남의 말을 쉽게 믿는 어리석은 사람이라고 생각했기 때문이다. 그러나 교만으로 어리석음을 드러낸 사람은 바로 니고데모 자신이다. 그는 가장 기초가 되는 원리에 대해서 어린아이보다도 더 쩔쩔매고 있다. 그와 같은 의심은 가장 저급하고 부끄러운 것이다.

사람이 하나님의 영으로 거듭난다는 사실을 믿지 않는다면, 도대체 우리가 믿는 신앙은 무슨 신앙이고, 우리가 하나님에 대해 가지고 있는 지식은 어떤 지식이며, 올바른 행동을 위한 규범은 어떤 규범이란 말인가? 그러므로 이 구절에서는 '이러한 것들'에 강세가 있다. 성경이 반복해서 이 가르침을 강조하고 있기에, 진짜 초심자도 그것을 알아야 마땅하다. 그러므로 하나님의 교회에서 교사로 자칭하는 사람이 이 문제를 모른다는 것은 얼른 납득이 되지 않는다.

11 우리는 아는 것을 말하고 이 구절에 나오는 '우리'를 그리스도와 세례 요한을 가리키는 것으로 이해하는 사람들도 있고, 단수형이 사용되어야 하는데 복수형이 사용되었다고 주장하는 사람들도 있다. 그러나 내가 생각하기에, 그리스도께서 자신을 하나님의 모든 선지자들과 연결하시면서 그들을 대신하여 말씀하고 계신 것이 분명하다. 철학자들과 다른 거짓 교사들은 자기들이 고안해낸 하찮은 것을 주장한다. 그러나 그리스도께서는, 그분 자

신이나 하나님의 모든 종들의 경우 자기들이 확신하지 않는 교훈은 전하지 않는다고 주장하신다. 하나님께서는 자기들이 알지도 못하는 의심스러운 것들을 재잘거리라고 그 종들을 보내시지 않는다. 하나님께서는 그들이 하나님으로부터 배운 것을 다른 사람들에게 전하게 하기 위해 그들을 하나님의 학교에서 훈련시키신다.

더군다나 그리스도께서는 이런 증언을 하심으로써 우리에게 그분의 가르침이 확실하다는 것을 알려주실 뿐만 아니라, 그분의 모든 사역자들에게 겸손의 법칙을 따를 것을 명하신다. 즉, 자신의 꿈이나 추측, 그리고 확증 없는 인간의 생각을 전하지 말고 하나님을 신실하고 순전하게 전하라는 것이다. 그러므로 모든 사람은 주님이 자기에게 계시하신 것만을 생각하고 자기의 믿음의 한계를 벗어나지 말아야 한다. 마지막으로 누구든지 자기가 주님에게서 들은 것 외에는 말하지 말아야 한다. 또한 나는 그리스도께서 여기에서 그분의 가르침을 맹세("진실로 진실로 네게 이르노니")로써 확증하고 계신 것을 주목하지 않을 수 없다. 그리스도께서는 이로써 자신의 말씀이 우리에게 완벽한 권위를 가질 수 있도록 하셨다.

너희가 우리의 증언을 받지 아니하는도다 그리스도께서는 사람들의 배은망덕함 때문에 복음이 훼손되는 일이 없도록 하려고 이 말씀을 덧붙이셨다. 하나님의 진리를 받아들이는 사람은 거의 없고, 세상은 모든 곳에서 그 진리를 거부한다. 모든 세상이 경건하지 못한 것으로써 진리를 멸시하고 희미하게 한다고 해서 그 때문에 복음의 존엄함이 인정받지 못하는 일이 없도록, 우리는 세상의 경멸로부터 복음을 보호해야 한다. 이 구절에 사용된 단어의 의미는 단순 명료하지만, 우리는 이 말씀에서 두 가지 교훈을 얻을 수 있다.

첫째, 세상에 제자들이 거의 없다고 하더라도 우리 안에 있는 복음을 믿는 믿음이 흔들려서는 안 된다. 그리스도께서는 마치 "네가 내 교훈을 받지 않는다 하더라도 내 교훈은 여전히 확실하며 영원할 것이다. 사람들이 믿지 않는다고 하더라도 하나님은 여전히 항상 신실하시다"라고 말씀하시는 듯하다.

둘째, 오늘날 복음을 믿지 않는 사람들은 심판을 결코 피할 수가 없다. 하나님의 진리는 범할 수 없는 것이기 때문이다. 사람들의 불순종에 대항하여 복음에 꾸준히 순종할 수 있도록, 우리는 이러한 방패로 무장해야 한다. 참으로 이 원리를 견지해서 우리 믿음의 기초를 하나님께 둘 수 있도록 말이다.

하지만 우리는 하나님을 우리의 보호자로 모시고 있으므로, 마치 하늘 위로 올라간 것처럼 세상을 당당하게 제압하며, 누가 어떤 이유를 대며 믿지 않든지 간에 낙망하지 말아야 한다. 사람들이 자신의 증언을 받지 않는다고 토로하시는 그리스도의 말씀에서, 우리는 하나님의 말씀이 모든 시대에 겨우 몇 사람들 사이에서만 믿음의 반응을 얻었다는 진리를 배울 수 있다. "너희가 … 받지 아니하는도다"라는 어구는 대다수의 사람들, 즉 거의 모든 사람들과 관련이 있다. 그러므로 오늘날 복음을 믿는 사람이 적다고 하더라도 낙망할 이유가 전혀 없다.

12 내가 땅의 일을 말하여도 그리스도께서는 니고데모와 및 그와 비슷한 경향을 가진 사람들이 복음의 가르침에서 진척을 보이지 않는다면 비난받아 마땅하다고 결론 내리신다. 그리스도께서는 우리를 하늘로 올리려고 땅에 내려오셨다. 그러므로 그분은 모든 사람들이 바르게 훈련을 받지 못한 것이 자신의 잘못이 아니라는 사실을 밝히신다. 신비스럽고 멋진 방법으로 교육을 받고 싶어 한다는 것, 이것이야말로 사람들이 아주 흔하게 범하는 잘못이다. 대부분의 사람들이 고상하고 심오한 사색을 좋아하고 복음을 멸시하는 원인이 바로 여기에 있다. 그들은 복음에서 자기들의 귀를 만족시켜줄 찬연한 언사言辭를 발견하지 못하는 것이다. 그래서 그들은 상식적이고 보잘것없는 가르침처럼 보이는 것을 연구하는 데는 마음을 쓰려고 하지 않는다.

그러나 하나님께서 우리의 무지를 고려하여 친히 자신을 낮추셨다! 그렇다면 우리가 하나님의 말씀에 존경을 표하지 않는 것은 얼마나 사악한 행위인가! 주께서 성경에서 우리에게 세련되지 않은 평범한 방식으로 말씀하시는 것은 우리를 배려하여 그렇게 하셨다는 사실을 알자. 성경에 사용된 언어가 너무 통속적이어서 믿지 못한다거나 혹은 그것 때문에 자신이 하나님의 말씀에 복종하지 못한다고 핑계를 대는 사람은 거짓말쟁이다. 하나님께서 가까이 오실 때 그분을 맞이하지 못하는 사람은 그분이 구름 타고 오실 때에도 분명 그분께 올라가지 못할 것이다.

땅의 일 이것을 영적인 교훈의 기초로 설명하는 사람들이 있다. 그들은 우리 자신을 부인하는 것이 경건 훈련에 첫 단계라고 생각한다. 그러나 나는 오히려 이것을 교훈의 형식을 언급하는 것이라고 주장하는 사람들과 입장을 같이한다. 그리스도의 교훈 전체는 천상적天上的인 것이라서, 그것을 사람들이 알아들을 수 있게 전하려면 어떤 의미에서 지상적地上的인 방식으로 말씀하셔야 했다. 더욱이 이 어구를 단 하나의 강화講話에 국한시켜서는 안 된다. 여기서는 매우 단순하고 누구나 알아들을 수 있는 그리스도의 일반적인 교수법이, 야심이 있는 사람들이 탐닉하는 과시와 현란함과 대조를 이루고 있는 것이다.

13 하늘에서 내려온 자 곧 인자 외에는 하늘에 올라간 자가 없느니라 14 모세가 광야에서 뱀을 든 것같이 인자도 들려야 하리니 15 이는 그를 믿는 자마다 영생을 얻게 하려 하심이니라 16 하나님이 세상을 이처럼 사랑하사 독생자를 주셨으니 이는 그를 믿는 자마다 멸망하지 않고 영생을 얻게 하려 하심이라 17 하나님이 그 아들을 세상에 보내신 것은 세상을 심판하려 하심이 아니요 그로 말미암아 세상이 구원을 받게 하려 하심이라 18 그를 믿는 자는 심판을 받지 아니하는 것이요 믿지 아니하는 자는 하나님의 독생자의 이름을 믿지 아니하므로 벌써 심판을 받은 것이니라 요 3:13-18

13 하늘에서 내려온 자 곧 인자 외에는 하늘에 올라간 자가 없느

니라 그리스도께서는 다시금 니고데모에게 자기 자신과 자기의 명민함을 의지하지 말라고 권하신다. 유한한 생명을 갖고 태어난 인간으로서는 어느 누구도 자기 자신의 힘으로 하늘에 올라갈 수 없고, 하나님의 아들의 인도하심을 받아야만 하늘에 들어갈 수 있기 때문이다. 하늘에 올라가려면 하나님의 비밀을 아는 순전한 지식과 영적인 이해의 빛을 가져야 한다. 여기서 그리스도께서는 "육(肉)에 속한 사람은 하나님의 성령의 일들을 받지 아니하나니"(고전 2:14)라는 바울의 가르침과 동일한 것을 말씀하고 계신다. 즉, 사람들의 이해가 아무리 명민하다 해도 그것으로는 하나님께 속한 것을 절대로 파악할 수 없다고 주장하신다. 하나님의 지혜와 비교할 때 인간의 이해란 비할 바 없이 저급하기 때문이다.

우리는 하늘에 속한 그리스도만이 '하늘에 올라간 분'이시며 다른 모든 사람들에게는 하늘로 들어가는 문이 닫혔다는 사실에 주목할 필요가 있다. "하늘에서 내려온 자"라는 구절에서 그리스도께서는 온 세상을 하늘에서 제외시킴으로써 우리를 겸손케 하신다. 바울은 누구든지 하나님과 함께 지혜 있는 자가 되려면 어리석은 자가 되라고 말한다(고전 3:18). 그렇다고 마지못해 할 것은 없다. 우리가 하나님께 갈 때에는 우리의 모든 감각들이 희미해져 사라질 것임을 기억하자.

그러나 그리스도께서는 우리에게 하늘 문을 닫으신 뒤에, 다른 모든 사람들에게 거절된 그것이 인자(人子)에게는 주어졌다는 내용을 덧붙이심으로써, 바로 치유책을 제시하신다. 그리스도께서는 자신만 개인적으로 복을 받으러 하늘에 올라가신 것이 아니라 우리의 인도자와 지도자가 되려고 올라가셨다. 그분은 자신을 '인자'라고 부르심으로써 우리가 그분과 동일하게 하늘 문에 들어갈 수 있음을 확신하게 하셨다. 그분은 우리로 하여금 모든 복에 참여하게 하려고 우리와 같은 육신을 입으신 분이다. 그분은 성부 하나님의 유일한 모사(謀士)이시기에, 그렇지 않고서는 달리 감춰질 수밖에 없는 신비로움 속으로 우리를 들어가게 하신다.

그리스도께서 땅에 거하고 계신데 자신이 '하늘에 있다'고 말씀하시는 것이 모순처럼 보일 수도 있다(한글 개역개정성경에는 '하늘에 있는' 이라는 수식어가 '인자' 라는 말 앞에 붙어 있지 않으나 영어 성경에는 "even the Son of man, which is in heaven" 이라고 되어 있다). 이것이 그분의 신성神性에 해당하는 표현이라고 대답한다면, 이 구절은 그분이 사람이셨지만 하늘에 계셨다는 의미가 된다. 다른 한편, 이 구절에는 장소에 대한 언급이 나와 있지 않다고 말할 수도 있을 것이다. 다만, 전 인류가 하나님의 나라를 상속받지 못하게 된 반면, 그리스도께서는 그 나라의 상속자라는 면에서 다른 사람들과 구별되실 뿐이라고 말이다. 그러나 그리스도 안에는 인격이 통일되어 있기 때문에, 하나의 본성을 다른 것으로 바꾸어 말하는 것은 흔히 있는 일반적인 일이다. 그러므로 이것 외에 다른 설명을 찾을 필요가 없다. 하늘에 계신 그리스도께서는 우리를 그분과 함께 하늘에 올리기 위해 사람의 몸을 입으시고 우리를 향해 형제 사랑의 손길을 펴신 것이다.

14 모세가 … 든 것같이 그리스도께서는 왜 하늘이 자기에게만 열렸다고 말씀하시는지를 좀 더 분명하게 설명하신다. 그리스도께서는 자신을 지도자로 기꺼이 따르고 있는 모든 사람들을 그곳에 데려가려 하시는 것이다. 그리스도께서는 자기를 따르는 모든 사람들에게 자신의 능력을 부으실 수 있도록 하기 위해 모든 사람들에게 공공연히 공개적으로 나타나실 것이라고 선언하신다.

뱀을 든 것 들었다는 것은 모든 사람이 볼 수 있도록 높은 곳에 세웠다는 의미이다. 복음이 선포되었을 때 이런 일이 일어났다. 이것을 십자가를 가리킨다고 설명하는 것은 문맥과 일치하지 않으며 그리스도의 논증과 거리가 멀다. 이 말씀의 단순한 의미는, 복음의 선포로 인하여 그리스도께서 이사야가 예언한 대로(사 2:2,3) 모든 사람이 볼 수 있는 표준으로 높이 들리시리라는 것이다. 이렇게 들리는 것의 한 유형으로서 그리스도께서는 모세가 놋뱀을 든 사례를 고르셨다. 뱀에 물려 치명적인 상처를 입은 사람들에게는 그 놋뱀을 쳐다보는 것이 치료책이었다. 민수기 21장 9절에 언급된 이 기사는 잘 알려진 이야기이다.

본문에서 주님이 이 이야기를 우리에게 소개하시는 이유는, 그분이 복음의 가르침을 통해 모든 사람들의 눈앞에 제시되어야 한다는 것을 가르치려는 데 있다. 믿음으로 그리스도를 바라보는 사람은 누구나 구원을 얻을 것이다. 그러므로 우리는 그리스도께서 복음을 통해 우리 앞에 분명하게 제시되었다고 추론해야 한다. 아무도 그리스도께서 복음에 명료하게 제시되지 않았다고 불평할 수 없다. 그리스도는 모든 사람들에게 똑같이 나타나셨으며, 그분의 임재를 인식할 수 있는 것은 믿음의 눈으로 바라볼 때이다. 바울이 우리에게 전해준 것처럼, 그리스도께서 참으로 선포되는 경우 그분은 십자가와 함께 생생하게 묘사된다(갈 3:1).

이 비유는 부적절하거나 무리한 비유가 아니다. 겉으로 보기에 한 마리의 뱀 모양을 하고 있지만 그 안에 독이나 치명적인 것이 없었듯이, 그리스도 역시 죄 있는 육체의 모양을 입으셨지만 죄가 없고 순결하셨다. 그분은 우리 안에 있는 치명적인 죄의 상처를 치유하시려고 그렇게 하신 것이다. 유대인들이 뱀에 물렸을 때 주님이 이와 같은 해독제로써 그들을 치료하신 것은 헛되지 않았다. 그리고 이것은 그리스도의 말씀을 확증하는 데 도움이 되었다. 그리스도께서는 자신이 미천하고 낮은 사람으로 멸시받는다는 것을 아셨을 때, 모세가 뱀을 든 것을 언급하는 것보다 더 적절한 표현은 없다고 보셨다. 마치 그리스도께서는, 자신이 사람들의 생각과는 다르게 가장 낮은 죽음의 자리에서 다시 살아난다고 해서 이상하게 생각할 이유가 없다고 말씀하시는 듯하다. 사실 이는 율법에 뱀의 유형으로 이미 대략적으로 묘사되었던 내용이다.

이제 우리는 이런 질문을 던질 수 있을 것이다. 그리스도께서는 뱀과 자신 사이에 유사한 점이 있기 때문에 자신을 뱀에 비교하신 것인가? 아니면 만나를 신령한 것이라고 한 것처럼 놋뱀도 신령한 것을 의미한다고 생각하셔서 그것을 자신과 비교하신 것인가? 만나가 몸에 유익한 것이었지만 바울은 그것이 영적인 신비였다고 선언한다(고전 10:3). 나는 이것이 놋뱀에도 해당한다고 생각한다. 이것은 본문에서뿐만 아니라 백성들이 놋뱀을 우상으로 바꾸어 미신으로 섬기게 되기 전까지는 후손들이 보관하였다는 사실에서도 드러난다. 내 생각과 다른 의견을 가진 사람이 있다고 하더라도 나는 이 문제를 가지고 그와 논쟁하지 않을 작정이다.

16 하나님이 ··· 이처럼 사랑하사 그리스도께서는 우리 구원의 첫 번째 원인, 말하자면 구원의 근원을 보여주신다. 이는 어떤 의심의 여지도 남기지 않기 위해서이다. 거저 주시는 하나님의 사랑에 이르기 전까지는 우리 마음이 안식할 수 있는 고요한 항구는 그 어디에도 없다. 우리 구원의 본질은 그리스도 외에 어느 곳에서도 찾을 수 없다. 그래서 우리는 어떻게 하면 그리스도의 은혜가 우리에게 흘러들어오는지, 그리고 왜 그분이 우리의 구주로서 자신을 드리셨는지를 알아야 한다. 이 두 가지 사실이 바로 여기에 분명하게 언급되었다. 즉, 그리스도를 믿는 믿음으로 모든 사람은 생명을 얻는다. 그리고 하늘에 계신 아버지께서 그분이 사랑하는 사람들이 멸망하는 것을 원하지 않으시기에 그리스도께서는 자신의 생명을 드리셨다.

우리는 이 순서를 주의 깊게 살펴보아야 한다. 우리의 본성에 선천적으로 자리하고 있는 사악한 야망은 너무도 커서, 우리가 구원의 기원에 대해 생각할 때면 우리의 공로에 대해 의미를 부여하려는 마귀적인 상상력이 즉시 스멀거리며 마음속에 들어오기 때문이다. 이 때문에 우리는 하나님께서 우리에게 은총을 베푸시는 이유가, 우리가 그분의 관심을 받을 만한 가치가 있기 때문이라고 망상하게 된다. 그러나 성경은 모든 곳에서 하나님의 순전하고 순수한 자비를 칭송하고 인간 편의 모든 공로를 물리친다.

그리스도의 말씀은 구원의 원인이 하나님의 사랑에 있다는 바로 그 의미이다. 우리가 여기서 좀 더 나아가려고 하면, 성령께서는 이 사랑이 하나님의 기쁘신 뜻에 근거한 것이라는 바울의 선언으로 우리를 막는다(엡 1:5). 그리스도께서는 자기 자신을 향하는 사람들의 눈을 오직 하나님의 자비로만 향하게 하기 위해 이렇게 말씀하셨음이 분명하다. 그리스도의 말씀은 하나님께서 우리 안에 그런 복을 받을 만한 어떤 것이 있음을 보고 우리를 구원할 마음이

동하였다는 의미가 아니다. 그리스도께서는 우리 구원의 영광을 전적으로 하나님의 사랑에 돌리신다.

전후 문맥을 살펴보면 이러한 사실이 더욱 분명해진다. 그리스도는 하나님께서 아들을 주신 목적이 사람들을 멸망하지 않게 하려는 데 있다는 사실을 덧붙이신다. 그렇다면 그리스도께서 잃어버린 바 된 자들에게 도움을 베푸시기 전에는 모든 사람들이 영원히 멸망하기로 정해져 있다는 결론이 나온다. 바울도 이 사실을 시간적인 순서에 따라 증언한다. 즉, 바울은 우리가 죄로 말미암아 하나님의 원수였을 때에도 사랑을 입었다고 증언한다(롬 5:8,10). 사실 죄가 왕 노릇 할 때 우리는 하나님의 진노와 사망 외에는 받을 것이 아무것도 없다. 그러므로 우리를 하나님과 화목하게 하고 동시에 우리를 생명으로 회복시키는 것은 하나님의 자비뿐이다.

그런데 이런 식으로 말하는 것은 성경의 많은 증언과 상충되는 듯이 보일지 모른다. 성경은, 우리를 향한 하나님의 사랑의 기초를 먼저 그리스도 안에 놓으며, 그리스도를 떠나 있는 사람들을 하나님의 정죄의 대상이라고 말하기 때문이다. 그러나 내가 이미 언급한 것처럼, 하늘에 계신 우리 아버지께서 우리를 그 품에 품어주신 신비로운 사랑은 하나님의 영원하고 기쁘신 뜻에서 흘러나오는 것이기 때문에 우리가 행하는 어떤 행위보다 앞선다는 사실을 기억해야 한다. 그러나 하나님이 우리에게 증언하고 싶어 하시며 또한 우리에게 구원의 소망을 불러일으키는 그 은혜는 그리스도를 통하여 이루어진 (하나님과의) 화목으로 시작한다. 하나님께서는 죄를 필연적으로 증오하신다. 그렇다면 하나님이 진노하시는 그 죄가 사함 받기 전에 그분이 우리를 사랑하신다는 사실을 어떻게 확신할 수 있겠는가? 그러므로 우리가 하나님의 아버지 같은 사랑을 느낄 수 있으려면 먼저 그리스도의 피로 말미암아 하나님과 우리 사이가 화목케 되어야 한다. 하나님께서 우리를 사랑하셔서 그분의 아들을 우리를 위하여 죽게 하셨다는 소식에 곧바로 이어서, 그리스도만이 믿음의 대상이라는 사실이 첨가된다.

독생자를 주셨으니 이는 그를 믿는 자마다 멸망하지 않고 영생을 얻게 하려 하심이라 참 믿음은 그 시선을 그리스도께 고정시키며, 우리에게 부으신 하나님의 풍성한 사랑의 마음을 그분 안에서 발견한다. 그 사랑의 유일한 보증으로서 그리스도의 죽음을 의지하는 것이야말로 우리에게 확고하고 지속적인 버팀목이 된다. 우리를 향한 하나님의 사랑과 은총을 찬양하기 위해 '독생자'라는 단어가 강조되었다. 사람들은 하나님께서 자신들을 사랑하신다는 것을 쉽게 확신하지 못한다. 그래서 이러한 모든 의심을 제거하려고 그리스도는, 우리가 하나님께 너무도 사랑스러운 존재들이어서 그분은 우리를 위하여 심지어 자신의 독생자도 아끼지 않으셨다고 분명하게 말씀하신다.

하나님께서는 우리를 향한 자신의 사랑을 대단히 풍성하게 선언하셨다. 그러므로 아직도 하나님의 사랑을 의심하거나 이러한 증언에 만족하지 못하는 사람이 있다면, 그가 누구든 간에 그리스도를 크게 욕보이는 것이다. 왜냐하면 그것은 그리스도를 우연히 죽임을 당한 여느 평범한 사람처럼 취급하는 셈이 되기 때문이다. 하나님께서 자신의 독생자를 사랑하신 그 사랑은 우리의 구원이 하나님께 얼마나 값진 것인지를 알 수 있는 척도이다. 하나님께서는 기꺼이 독생자의 죽음을 우리 구원의 값으로 치르셨다. 그리스도는 본래 하나님의 독생자이시므로 독생자라는 이름을 보유할 권한이 있으시다. 그러나 그리스도께서는 우리를 자신의 몸에 접붙이심으로써 하나님의 자녀가 되는 영예를 우리와 공유하셨다.

그를 믿는 자마다 멸망하지 않고 믿음의 탁월한 점은 우리를 영원한 멸망에서 구원한다는 데 있다. 그리스도께서 특별히 말씀하시려는 요지는 이것이다. 비록 우리가 죽어야 할 존재로 태어난 것 같지만, 그리스도를 믿는 믿음으로 말미암는 확실한 구원이 우리에게 제시되었다. 그러므로 우리를 위협하는 사망을 두려워할 필요가 없다. 그리스도께서는 일반적인 용어('…자마다')를 사용하셨다. 모든 사람을 구별하지 않고 생명에 참여하게 하시고, 믿지 않는 사람들이 어떤 변명거리도 대지 못하게 하시기 위함이다. 그리스도 께서 이전에 사용하시던 '세상'이란 용어가 갖는 의미도 바로 그러하다. 세 상에는 하나님의 사랑을 받을 만한 것이 없지만, 하나님께서 모든 사람을 예 외 없이 그리스도를 믿는 믿음으로 부르셨을 때 그분은 온 세상을 사랑하신 다는 것을 보이셨다. 그리스도를 믿는 믿음은 참으로 생명에 들어가는 입구 이다.

특히 우리가 기억해야 할 것은, 그리스도를 믿는 모든 사람에게 생명이 약 속되었지만 믿음이 누구에게나 일반적인 것은 아니라는 사실이다. 그리스도 는 모든 사람에게 공개되었고 계시되었다. 하지만 하나님께서는 믿음으로 그분을 찾는 택한 자들의 눈만 여신다. 믿음의 놀라운 효과는 여기서도 나타 난다. 성부 하나님께서 그리스도를 우리에게 주실 때, 우리는 믿음으로 그리 스도를 영접한다. 그리스도는 영원한 사망의 정죄에서 우리를 해방시키셨으 며, 그분의 희생의 죽음을 통해 우리 죄를 속贖하심으로 우리를 영원한 생명 의 상속자로 삼으셨다. 그러므로 그 어느 것도 하나님께서 우리를 그분의 자 녀로 인정하는 것을 막을 수 없다. 믿음은 그리스도의 죽음과 그분의 부활의 열매를 받아들이게 하는 것이다. 그러므로 우리가 믿음으로 그리스도의 생 명을 얻는다고 해서 전혀 놀랄 것이 없다.

그러나 왜 믿음이 우리에게 생명을 부여하는지, 그리고 어떻게 그 과정이 일어나는지는 여전히 불분명하다. 그리스도께서 그분의 영靈으로 우리를 거 듭나게 하셔서 하나님의 의義가 우리 속에 살아 풍성하게 되었기 때문에 그런 것인지, 아니면 그리스도의 피로써 깨끗하게 된 우리가 거저 주시는 죄 사함 으로 말미암아 하나님 앞에서 의롭다고 여겨졌기 때문에 그런 것인지 분명하 지 않다. 확실한 것은 이 두 가지 측면이 늘 함께 결합되었다는 사실이다.

그러나 우리는 지금 구원의 확신에 관해 다루고 있으므로 핵심적인 사상 은, 하나님께서 우리 죄를 우리에게 돌리지 않으심으로써 우리에 대한 사랑 을 아낌없이 보이셨기에 지금 우리가 살고 있다는 것이다. 희생 제사가 분명 하게 언급된 이유가 바로 여기에 있다. 즉, 이 희생 제사 때문에 죄뿐만 아니라 그로 인한 저주와 사망이 멸망되었던 것이다. 나는 16절에 나온 두 문장이 어떤 목적으로 씌어졌는지 이미 언급하였다. 이 문장에서 가르치는 교훈은 우리가 우리에게 없는 생명을 그리스도 안에서 되찾는다는 것이다. 이와 같은 인간의 비참한 상태에서는 구속redemption이 구원salvation보다 앞서기 때문이다.

17하나님이 그 아들을 세상에 보내신 것은 세상을 심판하려 하심이 아니요 이것은 앞의 진술을 확증하는 선언이다. 하나님께서 그 아들을 우리에게 보내신 것은 무익한 일이 아니었다. 그러나 그리스도께서는 멸망시키기 위해 세상에 오신 것이 아니다. 그렇다면 여기서 결론은 분명해진다. 즉, 믿는 사람이라면 누구나 자신(그리스도)으로 말미암아 구원을 얻게 하는 것이 하나님의 아들의 일이다. 믿는 사람은 사망을 어떻게 피할지 놀라거나 두려워할 필요가 없다. 우리는, 그리스도가 우리를 사망에서 구원하시는 것이 하나님의 목적이라는 사실을 믿기 때문이다. '세상'이라는 단어가 다시 등장하는 것은 믿음의 길을 유지하기만 하면 어느 누구도 예외 없이 반드시 구원을 받는다는 사실을 강조하려는 데 있다.

여기서 '심판'이라는 단어는 다른 본문에서처럼 '정죄'라는 의미로 사용되었다. 그리스도께서는 자신이 세상을 정죄하러 오신 것이 아니라고 말씀하심으로써 자신이 세상에 오신 진짜 목적을 밝히신다. 이미 거듭해서 황폐화된 우리를 파멸하기 위해서라면 굳이 그분이 세상에 오실 필요가 없지 않겠는가? 그러므로 우리가 그리스도 안에서 주시해야 하는 바는, 하나님께서 그 무한한 자비하심으로 잃어버린 바 된 우리를 돕고 구원하기 원하셨다는 사실 외에는 없다. 죄가 우리를 짓누르고 사탄이 우리를 절망으로 몰고 갈 때마다, 우리는 하나님께서 우리가 영원한 멸망에 빠지는 것을 원치 않으신다는 이 방패를 쳐들어야 한다. 이는 하나님께서 자신의 아들을 세상의 구원자로 정하셨기 때문이다.

다른 성경 본문에서 그리스도께서는 자신이 심판하러 오셨다고 말씀하기도 하셨고, '부딪치는 돌'이라고 불리기도 하셨다. 또한 많은 사람들을 패하게 하기 위하여 세움을 받았다고 언급되기도 하셨다. 이러한 말씀들은 우연히 언급하신 것으로 혹은 기존의 말씀들과 성질을 달리하는 것으로 여겨질 수도 있다. 그러나 그리스도 안에서 제시된 은혜를 저버리는 사람들은 그분이 무가치하고 어처구니없는 세상의 경멸을 심판하고 보복하는 자임을 깨닫게 되는 게 당연하다.

이에 해당하는 좋은 예를 복음에서 찾을 수 있다. 복음은 믿는 사람을 구원에 이르게 하는 하나님의 능력이지만, 많은 사람들이 감사하지 않음으로써 그 복음은 사망으로 바뀌어버렸다. 바울은 이 두 측면을 고린도후서에서 표현하고 있다. 그는 경건한 사람들의 복종이 온전하게 될 때에 모든 복종하지 않고 대적하는 사람들을 벌하려고 준비 중에 있다는 것을 기뻐한다(고후 10:6). 여기서 바울은, 복음이 특별히 그리고 가장 우선적으로 믿는 사람들을 위해서 정해졌으며 믿는 사람들에게는 그것이 구원이 될 수 있으나, 복음을 믿지 않는 사람들이 그리스도의 은혜를 멸시하고 오히려 그리스도를 생명의 주님이 아닌 사망의 주主로 만들어버릴 경우에는 반드시 징벌을 받는다고 말하는 것 같다.

18 그를 믿는 자는 심판을 받지 아니하는 것이요 그리스도께서는 믿는 사람 모두가 사망의 위험에서 벗어났다는 사실을 자주 그리고 열심히 강조하셨다. 여기서 우리는, 우리의 양심이 계속해서 요동하거나 혼란스럽게 되지 않도록 그리스도에 대한 믿음을 굳건히 하는 일이 얼마나 절실히 필요한지 알게 된다. 그래서 그리스도께서는 우리가 믿을 때 다시는 심판(정죄)을 받지 않는다는 사실을 한 번 더 선언하신다. 그리고 요한복음 5장에서 이를 좀 더 충분히 설명하신다. 이 구절에서 '심판을 받는다'는 동사가 미래형 대신 현재형으로 사용된 것은 히브리어의 관습을 따른 것이다. 그리스도께서는 신자들이 정죄의 공포로부터 안전하다고 말씀하신다.

믿지 아니하는 자는 하나님의 독생자의 이름을 믿지 아니하므로 벌써 심판을 받은 것이니라 이 구절은 사람이 사망을 피할 수 있는 다른 방법이 없다는 의미이다. 다른 말로 표현하자면, 그리스도 안에 있는 생명을 저버리는 모든 사람에게는 사망이 머물러 있다는 의미이다. 생명은 믿음 안에서만 존재하기 때문이다. 그리스도께서는 믿지 않는 사람들이 다 완전히 멸망 받는다는 사실을 더 잘 표현하기 위해서 단호하게 동사의 과거시제를 사용하신다. 우리는 여기서 그리스도께서 복음을 공공연히 멸시하는 불경건한 자들을 염두에 두고 말씀하신다는 사실에 주목해야 한다. 사람이 그리스도에게 피하는 것 외에 사망을 피할 수 있는 다른 방법은 없다. 본문에서 그리스도는 온 세상에 널리 퍼져야 하는 복음의 선포에 대해서 말씀하시다가, 하나님께서 밝히신 불을 악의를 가지고 의도적으로 꺼뜨리는 사람들을 향하여 말씀의 방향을 바꾸신다.

> 19그 정죄는 이것이니 곧 빛이 세상에 왔으되 사람들이 자기 행위가 악하므로 빛보다 어둠을 더 사랑한 것이니라 20악을 행하는 자마다 빛을 미워하여 빛으로 오지 아니하나니 이는 그 행위가 드러날까 함이요 21진리를 따르는 자는 빛으로 오나니 이는 그 행위가 하나님 안에서 행한 것임을 나타내려 함이라 하시니라 요 3:19-21

19 그 정죄는 이것이니 경건하지 않은 사람들은 하나님께서 자기들에게 예상했던 것보다 더 가혹하게 행하실 때, 이를 비난하면서 불평하고 수군거린다. 그리스도께서는 그들을 염두에 두고 이 말씀을 하신다. 모든 사람이, 하나님께서 그리스도를 믿지 않는 사람들을 멸망에 이르게 하신 것은 가혹한 처사라고 생각한다. 그래서 주님은 사람들이 정죄 받는 것을 하나님 탓으로 돌리지 못하게 하시려고 사람들이 자기 자신을 비난해야 한다고 가르치신다. 믿지 않는 사람들이 그리스도에게 나오지 않는 것은 분명 자기들의 고집

때문이다. 이 구절이 단순히 정죄의 표지를 가리킨다고 생각하는 사람들이 있는데, 그리스도께서 이 말씀을 하신 것은 사람들의 사악함을 억제하려는 데 그 목적이 있다. 즉, 하나님께서 믿지 않는 사람들을 영원한 사망으로 벌하실 때, 어떤 사람들은 자기의 습관을 따라 그분이 공정하지 않게 자기를 대하시는 것처럼 감히 하나님과 논쟁하고 싸울 수도 있는데, 그런 일이 없도록 하기 위해서 예수께서 이 말씀을 하신 것이다. 그러므로 그리스도께서는 이 정죄가 공정한 것이며 어떤 비난도 받을 필요가 없다는 점을 보여주신다. 이는 빛보다 어둠을 더 좋아하고 자기들에게 주어진 빛에서 떠나는 사람들이 사악하게 행하기 때문이기도 하지만, 사악한 마음을 가진 자들만이 자기 행위가 악하다는 것을 알고 빛을 미워하기 때문이기도 하다.

사실 복음을 대적하는 많은 사람들 속에서도 거룩함의 아름다운 모습이 빛날 수는 있다. 하지만 제아무리 천사들보다 더 거룩한 것처럼 보이더라도 그들은 의심의 여지없이 외식外飾하는 자들이다. 그들은 자기들의 사악함을 감출 수 있는 은신처를 사랑한다는 단순한 이유 때문에 그리스도의 가르침을 거부한다. 외식만으로도 사람은 하나님께 가증스러운 존재들이 되므로, 이런 의미에서 모든 사람은 정죄를 받는다고 할 수 있다. 교만함에 눈이 멀어 자기들의 사악한 행위를 즐거워하는 것이 아니라면, 그들은 얼마든지 복음의 교훈을 받으려고 하고 또 그럴 준비를 할 것이기 때문이다.

20 악을 행하는 자마다 이 구절은 사람들이 악하기 때문에 그리고 할 수만 있으면 자기들의 죄를 숨기려고 하기 때문에 빛을 미워한다는 의미이다. 그러므로 그들은 구원의 방법을 거절함으로써 자기들이 정죄 받은 근거를 의도적으로 신봉한다고 말할 수도 있다. 이런 의미에서 복음을 향하여 격노하는 사람들을 경건한 열정에 감동되어 그러는 것으로 보는 것은 큰 오해이다. 그들은 어둠 속에서 더욱더 자유롭게 자신을 치켜세우고 싶기 때문에 빛을 미워하는 것이다.

21 진리를 따르는 자는 하나님의 영으로 거듭나기 전에라도 의롭고 진실된 사람이 존재한다는 사실을 받아들이지 않는다면, 21절 말씀은 부정확하고 불합리한 듯이 보인다. 그러나 이는 성경의 일반적인 가르침에 전혀 맞지 않는다. 우리가 알기로, 믿음은 좋은 열매를 맺는 뿌리이기 때문이다. 어거스틴은 '진리를 따른다'는 말을 우리 존재의 지극히 비천함을 자백하고 선善을 행할 만한 능력이 아무것도 없음을 인정하는 것으로 해석함으로써 이 난제難題를 해결하려 했다. 사실 자신의 보잘것없음을 인식함으로써 하나님의 은혜로 피할 때, 우리는 진정으로 믿음을 갖기 위한 준비를 하는 것이다.

그러나 이 모든 설명은 그리스도께서 하신 말씀의 의미와는 다르다. 그분은 단순히 신실하게 행하는 사람들은 빛 외에는 그 어느 것도 바라지 않으며, 또한 그들의 행위로써 이를 증명한다고 말씀하고 싶어 하신다. 그들의 행위를 시험해보면, 과연 그들이 하나님께서 보시기에 참되며 모든 거짓된 것에서 벗어났는지 더욱 분명해진다. 그러나 여기서 어떤 사람들은, 믿음을 갖기 이전에도 사람들에게는 선한 양심이 있다고 부정확하고 무식하게 추론하기도 한다. 그리스도께서는 택함 받은 사람들이 자기들의 선한 행위로 칭찬을 받기 위해 믿음을 가졌다고 말씀하지 않으신다. 오히려 믿지 않는 사람들이 악한 양심을 갖고 있지 않다면 그들이 무슨 일을 할 것인지를 말씀하신다.

우리는 겉으로 보이는 아름다운 행위에 속아 그 행위 내면에 숨겨진 것을 생각하지 못하는 경향이 있다. 그래서 그리스도께서는 '진리'라는 단어를 사용하셨다. 그리스도의 말씀에 따르면, 성실하고 거짓이 없는 사람들이 자원하여 하나님의 존전에 나가며, 오직 하나님만이 우리 행위의 바른 심판자이시다. 여기서 말하는 '행위'는 하나님께서 인정하시는 그리고 그분의 표준에서 볼 때에 선하다고 인정된, 하나님 안에서 행해진 행위이다. 우리의 이성理性은 완전히 어두워졌으므로 복음의 빛으로 비추어 보는 것이 아닌 다른 어떤 방법으로도 행위를 판단해서는 안 된다는 사실을 기억하자.

²² 그 후에 예수께서 제자들과 유대 땅으로 가서 거기 함께 유하시며 세례를 베푸시더라 ²³ 요한도 살렘 가까운 애논에서 세례를 베푸니 거기 물이 많음이라 그러므로 사람들이 와서 세례를 받더라 ²⁴ 요한이 아직 옥에 갇히지 아니하였더라 ²⁵ 이에 요한의 제자 중에서 한 유대인과 더불어 정결예식에 대하여 변론이 되었더니 ²⁶ 그들이 요한에게 가서 이르되 랍비여 선생님과 함께 요단 강 저편에 있던 이 곧 선생님이 증언하시던 이가 세례를 베풀매 사람이 다 그에게로 가더이다 ²⁷ 요한이 대답하여 이르되 만일 하늘에서 주신 바 아니면 사람이 아무것도 받을 수 없느니라 ²⁸ 내가 말한 바 나는 그리스도가 아니요 그의 앞에 보내심을 받은 자라고 한 것을 증언할 자는 너희니라 요 3:22-28

22그 후에 예수께서 제자들과 유대 땅으로 가서 … 세례를 베푸시더라 유월절이 끝나자 그리스도께서는 애논이라는 마을 근처의 유대 지역으로 가셨던 것 같다. 애논은 므낫세 지파에 속한 마을이다. 복음서 기자는 그곳에 물이 많았다고 서술한다. 유대 지방은 물 공급이 많지 않았다. 지리학자들은 애논과 살렘 이 두 마을이 지류인 얍복강에서 본류인 요단 강으로 이어지는 곳에서 그리 멀지 않은 곳에 위치했다고 설명한다. 그리고 그 근처에 스키토폴리스Scythopolis가 자리하고 있다고 말한다.

더욱이 이 구절을 통해 우리는, 세례 요한과 그리스도께서 사람들에게 온 몸이 물에 잠기는 세례(침례)를 베푸셨다는 것을 추론할 수 있다. 그러나 세례가 그것이 상징하는 영적인 진리와 일치한다면 그리고 주님이 제정하신 의식 및 규율과 맞는다면, 외적인 의식(물에 잠기는 침례)에 지나치게 마음을 쓸 필요가 없다. 두 마을이 가까운 곳에 있었기 때문에 다양한 소문이 퍼졌을 것이며, 어느 곳에서나 율법과 하나님께 예배하는 것과 교회의 상태에 관한 많은 논의가 일어났을 것이다. 세례를 베푸는 낯선 두 사람이 동시에 모습을 나타냈기 때문이다.

내가 볼 때는 복음서 기자가 그리스도께서 세례를 베풀었다고 말하는 시점이 그리스도의 사역의 시작을 가리키는 것 같다. 그리스도는 이때 아버지께서 자신에게 명하신 사역을 공적으로 시작하신다. 그리스도는 제자들을 통해 세례를 베푸셨지만, 여기서는 그분이 세례를 베푸시는 분으로 명명命名되며 제자들은 빠져 있다. 그들은 그리스도의 이름과 그리스도의 명령이 아니고는 아무 일도 하지 않았기 때문이다. 이 주제에 대해서는 다음 장에서 좀 더 자세히 살펴보도록 하자.

25 변론이 되었더니 복음서 기자가 여기서 세례 요한의 제자들 편에서 변론이 제기되었다고 언급한 데는 특별한 이유가 있다. 하나님의 가르침에 대한 바른 지식이 없는 사람은 논쟁하는 데 열심을 낼 수밖에 없다. 무식하면 늘 담대하기 때문이다. 유대인들이(한글 개역개정성경에는 '한 유대인'이라고 되어 있으나 영어 성경에는 'the Jews'라고 되어 있음) 요한의 제자들을 향해 변론을 시작했다면 요한의 제자들은 너그러이 용서받을 수 있다. 그러나 요한의 제자들 스스로가 유대인들을 자극한 경우라면, 그것은 경솔하고도 잘못된 행동이라고 말할 수밖에 없다. 이 구절에 나타난 표현을 보면(There arose therefore a questioning on the part of John's disciples with the Jews about purifying), 요한의 제자들이 먼저 변론을 시작했음을 알 수 있다. 요한의 제자들이 알지 못하는 것을 변론의 주제로 삼아 성급하게 자기들의 이해의 한계를 벗어나는 데까지 진행시켰다는 점에서 그들은 잘못을 범했다.

그러나 요한의 제자들은 다른 부분에서도 큰 실수를 저질렀다. 즉, 그들은 세례의 합법적인 사용을 주장한 데 관심을 두었다기보다는 그들의 선생이 행하는 세례를 변호하고 그의 권위를 지지하는 데 마음을 두었다. 그러므로 요한의 제자들은 두 가지 점에서 비난을 받아야 했다. 그들은 세례의 진정한 특성을 이해하지 못함으로써 하나님께서 제정하신 거룩한 의식儀式을 우스운 것으로 만들어버렸고, 사악한 야망에 사로잡혀 그들의 선생을 그리스도와 대적하게 만들었다.

그래서 요한의 제자들은 그리스도께서도 세례를 베풀고 있다는 한마디 말에 완전히 압도당해서 마음의 동요를 일으켰다. 그들은 한 사람(그리스도)의 외적인 모습에 주목하느라 상대적으로 그분의 가르침에는 관심을 덜 갖게 되었다. 하나님에 대한 열심보다는 사람을 기쁘게 하고자 하는 왜곡된 열정으로 움직이는 사람들이 결국 어떤 오류에 빠지게 되는지 그들을 통해 보게 된다. 그러므로 우리가 명심하고 모든 면에서 주의해야 할 한 가지 사실은 그리스도만이 높아지고 드러나서야 한다는 것이다.

정결예식에 대하여 세례 요한의 제자들이 질문한 것은 정결예식에 대한 것이었다. 율법은 유대인들에게 다양한 세례를 명하였다. 하지만 유대인들은 율법에 언급된 것들에 만족하지 않고 조상들에게서 물려받은 더 많은 것들을 세밀하게 지켰다. 이미 존재하고 있는 다양하고 많은 정결예식 이외에 그리스도와 요한이 새로운 정결예식을 소개하자, 유대인들은 그것을 터무니없는 것으로 생각했다.

26 선생님이 증언하시던 이 세례 요한의 제자들은 이 말로써 그리스도를 요한보다 열등하게 만들려고 한다. 혹은 요한이 그리스도를 영화롭게 함으로써 그분에게 은혜를 베푼 것이라고 이야기하고 싶었는지도 모른다. 요한의 제자들은, 요한이 그리스도를 그토록 영광스럽게 증언한 것을 하나의 특권으로 여겼다. 마치 그리스도를 선포하는 것이 그리스도를 향한 요한의 의무가 아니라는 듯이, 그리고 하나님의 아들을 전하는 자가 된다는 것이 요한의 최상의 영예가 아니라는 듯이 말이다. 그리스도를 요한보다 열등하게 만들려는 것은 대단히 잘못된 일이다. 그리스도께서는 요한의 증언으로 높임을 받지 않으셨는가? 우리는 요한이 무엇을 증언했는지 알고 있지 않은가? "사람이 다 그에게로 가더이다"라는 요한의 제자들의 언급은 그릇된 경쟁 심리에서 나온 소리이다. 그들은 자기들의 선생이 군중들에 의해 곧 버림을 받게 될까 염려했던 것이다.

27 사람이 아무것도 받을 수 없느니라 어떤 사람들은 이 구절이 그리

스도를 언급한다고 생각한다. 세례 요한이, 성부 하나님께서 그리스도에게 주신 것을 빼앗으려 함으로써 하나님을 거스르는 사악한 생각을 하는 자기 제자들을 비난하고 있다는 것이다. 그래서 그들은 이 구절의 의미를 다음과 같이 해석한다.

"이렇게 짧은 시간 안에 그리스도께서 굉장한 영예를 입게 된 것은 하나님께서 하신 일이다. 그러므로 하나님께서 친히 그분의 손으로 높이신 사람을 너희가 낮추려고 하는 것은 헛되다."

또 어떤 사람들은 이 구절을, 자기 제자들이 너무도 배움에서 부진한 것을 보고 요한이 분개해서 한 말로 본다. 자기들이 그토록 자주 들어왔던 그리스도이신 분을 평범한 사람의 반열에 둠으로써, 그리스도가 그분의 사역자들보다 높아지지 못하게 하려는 것은 분명 지극히 어리석은 일이다. 그래서 요한은, 마음이 새로워지기 전에는 사람들이 무디고 어리석어서 그들을 가르치는 것이 시간 낭비라고 정당하게 말할 수 있었을 것이다.

그러나 나는 이 구절을 세례 요한에 관한 언급으로 보는 사람들의 의견을 지지한다. 요한은 여기서 자신이 위대하게 된 것이 그의 능력도, 다른 사람들의 능력도 아니라고 주장한다. 우리 존재의 크기는 하나님께서 우리에게 원하시는 모습이 무엇인가와 직결되기 때문이다. 심지어 하나님의 아들도 스스로 영광을 취하지 않으셨는데, 그리스도의 양 무리에 속하는 사람들 중에서 감히 누가 주님이 주신 것 이상의 것을 바란단 말인가? 모든 이들이 이것을 마음 깊이 새긴다면, 자신의 야망을 억제하고도 남음이 있을 것이다. 또한 인간적인 야망이 바로잡히고 박멸된다면, 다툼이라는 전염병도 동시에 제거될 것이다. 그렇다면 왜 모든 사람은 실제보다 자신을 더 높이는 걸까? 주께서 우리에게 주신 자리에 만족할 수 있도록 그분을 의지하지 않기 때문이 아닐까?

28 증언할 자는 너희니라 세례 요한은 자신의 제자들이 자기의 말을 믿지 않았다면서 그들을 훈계한다. 요한은 종종 자신은 그리스도가 아니라고

제자들에게 이르곤 했다. 그렇다면 그는 다른 모든 사람들처럼 하나님의 아들에게 복종하는 종일 수밖에 없는 것이다. 이런 의미에서 이 구절은 주목할 가치가 있다. 요한은 자신이 그리스도가 아니라고 천명함으로써, 자신 역시 다른 사람들처럼 머리이신 분에게 복종하고 교회 안에서 섬겨야 하는 사람에 불과하다는 사실을 밝힌다. 그는 머리이신 분의 영예를 흐리지 않도록 자신이 높아지는 일이 없게 했다. 요한은, 자신은 마치 왕의 길을 준비하는 하인들처럼 그리스도의 길을 준비하기 위해 "그의 앞에 보내심을 받은 자"라고 말하고 있다.

> 29 신부를 취하는 자는 신랑이나 서서 신랑의 음성을 듣는 친구가 크게 기뻐하나니 나는 이러한 기쁨으로 충만하였노라 30 그는 흥하여야 하겠고 나는 쇠하여야 하리라 하니라 31 위로부터 오시는 이는 만물 위에 계시고 땅에서 난 이는 땅에 속하여 땅에 속한 것을 말하느니라 하늘로부터 오시는 이는 만물 위에 계시나니 32 그가 친히 보고 들은 것을 증언하되 그의 증언을 받는 자가 없도다 33 그의 증언을 받는 자는 하나님이 참되시다는 것을 인 쳤느니라 34 하나님이 보내신 이는 하나님의 말씀을 하나니 이는 하나님이 성령을 한량없이 주심이니라 요 3:29-34

29 신부를 취하는 자 세례 요한은 이 비유를 통해 그리스도만이 여러 사람들 중에서 가장 뛰어난 분이라는 사실을 더욱 강력하게 주장한다. 아내와 결혼하는 사람이 자기 친구들을 결혼식에 불러 초대하는 것은 자기 아내더러 그들과 잠자리를 함께하도록 하기 위해서가 아니다. 또한 신랑으로서의 자기 권리를 포기하고 그들과 함께 신부와 첫날밤을 같이 보내도록 하기 위함도 아니다. 오히려 결혼을 명예롭게 하고 좀 더 거룩하게 하기 위해서 그들을 부르는 것이다.

이와 마찬가지로 그리스도께서 자신의 사역자들을 불러 가르치는 직책을 맡기신 것은 그들로 하여금 교회를 굴복시키거나 지배하도록 하기 위함이 아니라, 그들의 신실한 수고를 통하여 교회를 그분 자신과 연합하게 하기 위함이다. 사람들이 하나님의 아들의 인격을 대변하기 위하여 교회에 권위를 행사하는 것은 위대하고 놀라운 일이다. 그들은 결혼식을 축하하기 위하여 신랑과 함께한 그의 친구들과 같다. 물론 신랑에게 속한 것을 자기들이 취하지 않도록 하기 위해, 그들은 신랑과 다르다는 것을 알고 자기들의 위치를 유념해야 했다. 그러므로 교사들은 자기들이 어떤 탁월한 재능을 가졌든 간에, 그리스도만이 홀로 그분의 교회를 다스리시고 그분의 말씀만으로 교회를 통치하시는 일에 방해가 되지 않도록 주의해야 한다.

이런 식의 비유는 성경에 종종 등장한다. 예를 들어, 주님은 우리를 그분 자신과 연합시키려고 양자養子 됨이라는 거룩한 결속을 표현하기 원하신다. 또한 그리스도께서는 자신을 우리에게 주셔서 우리가 그분을 진정으로 누리게 하시고 우리의 소유가 되게 하신다. 그래서 주님은 우리가 그분에게 신실한 사랑으로 응답하기를 요구하신다. 마치 아내가 자기 남편에게 그렇게 하듯이 말이다. 더욱이, 이 결혼은 그리스도 안에서 그 모든 것들이 성취되었다. 바울이 가르치듯이(엡 5:30), 우리는 그분의 살과 뼈이다. 바울이 고린도후서 11장 2,3절에서 말하고 있는 것처럼, 그리스도께서 요구하시는 정절貞節은 특히 복음에 순종하는 것이며 또한 미혹을 당하여 복음의 순수함과 단순함에서 벗어나는 일이 없도록 하는 것이다. 그러므로 우리는 그리스도에게만 복종해야 한다. 그분은 우리의 유일한 머리이시다. 우리는 복음의 단순한 가르침에서 한 치도 벗어나지 말아야 한다. 그리스도에게만 가장 높은 영광과 존귀를 돌려야 한다. 그분은 우리 가운데 신랑으로서의 권세와 위치를 보유하는 유일한 분이시다.

그렇다면 사역자들은 무슨 일을 하는 사람들인가? 하나님의 아들은 사역자들에게 그 거룩한 결혼을 거행하는 과정에서 그분에 대한 그들의 의무를 수행하라고 요구하신다. 그러므로 사역자들은 자기들에게 맡겨진 신부를 정결한 처녀로 그의 신랑에게 드릴 수 있도록 모든 면에서 그 신부를 돌보아야 한다. 이것은 이미 인용한 본문(고후 11:2,3)에 있는 대로 바울이 행하기를 즐겨 하던 일이다. 사역자가 교회를 그리스도에게 드리지 않고 자신에게 충성하도록 만드는 것은 마땅히 영예롭게 해야 하는 '거룩한 결혼'(그리스도와 교회의 연합)을 파기하는 행위이다. 그리스도께서 그분의 신부를 우리에게 맡기시면서 우리에게 부여하신 영예가 크기에, 그분의 권리를 보호하려고 연구하지 않는다면 우리의 신실하지 못함은 더욱 사악해질 것이다.

나는 이러한 기쁨으로 충만하였노라 세례 요한은 그리스도께서 통치하시는 것과 백성들이 그분의 말씀을 듣는 것을 보자, 자신이 바라던 것이 절정에 이르렀으며 그러므로 더 이상 바랄 것이 없다는 뜻에서 이 구절을 언급한다. 자기에 대한 모든 생각을 떨쳐버리고 그리스도만을 높이고 그분이 존경을 받는 것으로 만족해하는 사람은 누구든지 교회를 신실하게 잘 돌볼 것이다. 하지만 그 목표에서 조금이라도 벗어나는 사람은 부정한 음행자이며, 그리스도의 신부를 더럽히는 것밖에 할 수가 없다.

30 그는 흥하여야 하겠고 세례 요한은 여기서 한 걸음 더 나간다. 일찍이 주님은 요한을 가장 명예로운 자리로 높이셨다. 그런데 요한은 이것이 단지 잠시 동안만 그럴 뿐, 지금은 의義의 태양이 떠올랐다고 주장한다. 요한은 명예로운 자리를 그리스도께 내어주어야 한다. 요한은 생각이 없고 오류투성이인 사람들에 둘러싸인 헛되고 안개와 같은 영예를 물리쳤을 뿐만 아니라 주께서 그에게 부여한 참되고 적법한 영예로 인하여 그리스도의 환한 빛이 흐려지지 않도록 매우 조심하였다.

이러한 이유로, 요한은 자신을 그리스도께서 오실 때까지 잠정적으로만 높은 위치를 차지한 선지자로 생각했다고 말한다. 요한은 그리스도께 횃불을 건네주어야 했다. 또한 그리스도께서 온 세상을 그분의 빛으로 채우시고 그 세상을 소유하신다면, 자신은 아무것도 아닌 위치로 낮아지는 것을 기꺼이 견딜 것이라고 선언한다. 교회의 모든 목회자들은 세례 요한의 열심을 본

받아 자신을 낮추고 그리스도를 높여야 한다.

31 위로부터 오시는 이 세례 요한은 그리스도께서 다른 사람들과 어떻게 다른지, 그리고 그분이 다른 사람들보다 얼마나 높은 분이신지를 보여주려고 또 하나의 다른 비유를 사용한다. 요한은 그리스도를 높은 보좌에서 권위를 가지고 말씀하시는 왕이나 통치자에 비교한다. 그러나 자기 자신에 대해서는, 낮은 자리에 앉아 말하는 자로 충분하다고 주장한다. 요한은 그리스도께서 '위로부터 오시는 분'이시라고 증언한다. 그분이 하나님이시라는 의미에서만 그런 것이 아니라, 그분 안에 하늘에 속한 것과 왕의 권위가 나타난다는 의미에서 그러하다.

대부분의 역본譯本 성경에는 '땅에 속하여'라는 어구가 한 번만 등장한다. 그러나 헬라어 사본들에서는 다른 읽기(이 어구가 두 번 반복되는 것으로 봄)도 가능하다. 나는 그런 식의 읽기를 군더더기라고 생각한 무식한 사람들이 반복되는 부분을 지워버렸다고 판단한다. 그러나 그 의미는 이렇다. 땅에 속한 사람은 자기의 출신에 맞는 증거를 보이며, 자기 본성의 상태와 부합하게 땅의 수준에 머문다. 요한은 그리스도께서 하늘에서 오셨기 때문에 그분만이 하늘로부터 말씀하실 수 있다고 주장한다.

하지만 이런 질문을 제기할 수 있을 것이다. 세례 요한의 소명과 그의 직분을 고려한다면, 요한도 하늘에서 오지 않았는가? 그렇다면 우리는 요한의 입에서 주님이 말씀하시는 음성을 들을 수 있지 않은가? 요한은 그가 전하는 하늘에 속한 교훈을 부당하게 취급하는 듯이 보인다. 이 문제에 대해 나는, 이것이 직접적인 진술이 아니라 비교라고 답하겠다. 말씀 사역자 자신만을 놓고 생각한다면, 그들은 하나님께서 자기들에게 명령하신 것을 마치 하늘에서 말하는 듯이 최고의 권위를 가지고 말한다. 그러나 사역자들을 그리스도와 대조하기 시작하면, 금세 그들은 아무것도 아닌 것이 드러난다. 그러므로 히브리서 기자는 히브리서 12장 25절에서 율법을 복음과 비교하면서 이렇게 말하였다.

"땅에서 경고하신 이를 거역한 그들이 피하지 못하였거든 하물며 하늘로부터 경고하신 이를 배반하는 우리일까 보냐."

그리스도께서는 자신의 사역자들에게서 인정받기를 원하신다. 그분만이 홀로 주님으로 남아 계시고 사역자들은 종으로 만족할 수 있도록 말이다. 그리고 특히 그리스도와 사역자들을 비교할 때, 그리스도께서는 자신이 사역자들과 뚜렷이 구별되어 홀로 높임 받으시기를 바라신다.

32 그가 친히 보고 들은 것 세례 요한은 계속해서 자기의 의무를 수행한다. 자기 제자들에게 그리스도를 맞이할 준비를 시키기 위해서, 그는 그리스도께서 성부 하나님에게서 받은 것만을 말씀하신다면서 그분의 가르침을 한껏 치켜세운다. '보고 들은 것'은 미덥지 못한 의견, 공허한 소문 그리고 온갖 꾸며낸 말과 대조된다. 요한이 말하려고 하는 바는, 그리스도께서는 자신이 충분히 알지 못하는 것은 아무것도 가르치지 않으신다는 것이다. 하지만 단지 들은 것만 말하는 사람을 그렇게 치켜세울 이유가 없다고 이의를 제기할 사람들도 있을 것이다. 이에 대해 나는 이렇게 답하겠다. 이 말은 그리스도께서 아버지에게 가르침을 받아, 하나님에게 속한 것만을 말씀하신다는 의미이다. 그리스도가 말씀하시는 것은 모두 하나님께서 그리스도에게 계시하신 것이다. 이러한 사실은 그리스도께서 아버지의 대사大使로서, 그리고 그분의 뜻을 전하는 자interpreter로서 세상에 보냄을 받은 분이라는 사실과 완벽하게 일치한다.

그의 증언을 받는 자가 없도다 그런 다음 세례 요한은 그토록 확실하고 신실한 하나님의 증언을 반항적이고도 사악하게 저버리는 세상을 비난한다. 요한은 많은 사람들을 믿음에서 떠나게 하고 다른 사람들의 진보를 방해하거나 늦추는 장애물을 미리 언급한다. 우리는 다른 사람들의 판단을 지나치게 의존하는 경향이 있다. 대부분의 경우, 사람들은 복음을 멸시하는 세상의 판단에 의지해 복음을 평가한다. 그렇지 않은 경우에는 적어도 도처에서 복음이 배척당하고 있는 것을 보면서, 복음에 대해 편견을 가지고 복음을 믿기를 싫어하거나 더디 믿는다. 그러므로 세상에서 이와 같은 강퍅함을 볼 때마다 이 경고를 기억함으로써 그리스도께 지속적으로 순종하도록 하자. 그리스도는 하나님에게서 나오는 유일한 진리이시다. 요한이 그리스도의 증거를 받는 자가 없다고 말할 때, 그가 의미하는 바는 대다수의 믿지 않는 사람들과 비교하여 믿는 사람들이 아주 적다는, 아니 거의 없다는 뜻이다.

33 그의 증언을 받는 자는 요한은 이제 경건한 사람들에게 복음의 교훈을 당당하게 받아들이라고 권하고 격려한다. 그는 복음을 받아들이는 사람들이 적다는 것으로 부끄러워하거나 걱정할 이유가 없다고 말한다. 그들에게 믿음을 주신 분은 하나님이시기 때문이다. 하나님만이 우리에게 모든 것이 되시며 우리를 충족시키는 분이시다. 그래서 온 세상이 복음을 믿지 않거나 믿기를 주저한다고 하더라도, 선한 사람들은 하나님의 뜻에 순응할 것이다. 사람들이 복음을 믿는 것이 곧 하나님의 말씀을 인정하고 받아들이는 것이라는 사실을 알면, 그들은 의지할 만한 안전한 것을 소유한 셈이다.

하나님을 의지하고 그분의 말씀에 기초를 두는 것이 바로 믿음이다. 하나님께서 말씀하심으로 주도권을 잡지 않으시면, 우리가 인정하고 받아들일 수 있는 것이 없다. 여기서 우리는, 믿음이 사람이 만든 모든 것과 구별될 뿐만 아니라 의심하고 불확실한 의견과도 다르다는 것을 배울 수 있다. 믿음은 하나님의 진리에 상응하는 것이어야 하며, 그 진리는 어떤 의심도 받지 않는다. 하나님께서 거짓말을 하실 수 없으시므로, 믿음이 흔들린다는 것은 앞뒤가 맞지 않는다. 사탄은 그가 좋아하는 온갖 술책으로 우리를 방해하고 흔들려 할 것이다. 그러나 이러한 방어책으로 무장을 한다면 우리는 항상 승리할 것이다.

또한 이 구절은 하나님께서 보시기에 믿음이 얼마나 받음직하고 소중한 것인지를 알려준다. 하나님께는 그분의 진리가 가장 귀하다. 우리가 '하나님이 진실하시다'는 믿음의 고백으로 하나님께 예배할 때, 하나님께서는 그 예

요한복음 3장

배를 받으신다. 이와 같은 믿음의 예배만이 하나님을 진실로 영예롭게 할 수 있다. 이것을 다른 말로 하면, 복음을 믿지 않는 것이야말로 하나님께 가장 무례하게 행하는 것이다. 하나님의 진리를 탈취한다는 것은 하나님의 영광과 위엄을 파괴하는 행위이다. 어떤 의미에서 하나님의 진리는 복음에 들어 있다. 그리고 하나님께서는 복음을 통해 알려지기를 원하신다.

그러므로 믿지 않는 사람들 속에 거짓이 있는 한, 그들은 하나님을 아무것도 아닌 존재로 인식한다. 그들의 사악함이 하나님의 신실함을 파기한다는 것이 아니라, 그들이 하나님을 신실하지 못하다고 비난하기 때문에 그러하다. 우리가 돌보다 더 강퍅하지 않다면, 믿음을 아름답게 하는 이 고상한 칭호(그의 증언을 받는 자)는 우리 마음에 불을 지펴 믿음에 열심을 내게 해야 한다. 하나님께서 가련한 인간들에게 주신 영예는 참으로 크다. 그들은 본성상 거짓되고 헛된 존재들이지만 믿음으로 하나님의 거룩한 진리를 인정하는 사람들로 여김을 받으니 말이다.

34 하나님이 보내신 이 그리스도의 가르침을 받을 때에야 비로소 우리는 참으로 하나님과 상관있는 사람이라는 사실을 밝힘으로써, 요한은 자기가 앞 절에서 했던 말을 확증한다. 그리스도께서는 바로 하늘에 계신 아버지에게서 나온 분이시기 때문이다. 그리스도를 통해서 우리에게 말씀하시는 분은 하나님이시다. 그리스도의 교훈이 하나님께 속한 것이라는 사실을 인정할 때에만 우리는 그리스도의 가르침의 특성을 바르게 평가하게 된다.

이는 하나님이 성령을 한량없이 주심이니라 이 구절은 두 가지로 설명할 수 있다. 어떤 사람들은 이 구절을 일반적인 섭리로 확대해서 해석한다. 즉, 모든 선善의 다함이 없는 근원이신 하나님께서 그분의 은사를 사람들에게 풍부하고 충만하게 부어주시더라도 하나님 자신은 전혀 고갈되지 않는다는 이야기이다. 한정된 용량을 갖고 있는 사람이 다른 사람들에게 자기 것을 나눠주다보면 마침내 가진 것이 바닥나게 된다. 그러나 하나님께는 이런 일이 발생할 위험이 없다. 하나님의 은사는 무궁무진하여, 그분이 원하실 때에는 언제나 넘치도록 후하게 베푸실 수 있다. 이 구절에 사용된 언어가 분명하지 않기 때문에, 이러한 설명이 어느 정도 일리가 있는 듯하다.

그러나 나는 어거스틴의 설명을 따르려고 한다. 그는 이 구절이 그리스도에 관하여 언급하고 있다고 해석한다. 여기에 '그리스도'라는 말이 분명하게 언급되지 않았다면서 이의를 제기할 만한 타당한 근거는 없다. 왜냐하면 이어지는 내용(35절)이 모든 모호한 요소를 제거해주기 때문이다. 차별 없이 많은 사람들에게 해당되는 것처럼 보일 수도 있는 앞 절의 내용이 35절에서는 그리스도에게 한정되어 있다. "아버지께서 아들을 사랑하사 만물을 다 그의 손에 주셨으니"라는 이 말씀은 34절 말씀을 설명하는 내용으로 첨가된 것이 분명하다. 그러므로 이 두 구절은 동일한 맥락에서 읽어야 한다.

이 구절에 현재형 동사가 사용된 것은 계속적인 행위를 의미한다. 그리스도께서 단번에 가장 완벽하게 성령을 받으시기는 했지만, 성령께서 계속해서 원천(성부 하나님)으로부터 흘러나오는 한, 그리스도가 지금 아버지에게서 성령을 받으신다는 것은 모순되는 말이 아니다. 이 구절을 좀 더 단순하게 해석하기를 원한다면, 현재형 동사의 시제를 바꿔도 무방할 것이다.

이제 이 구절의 의미는 분명해졌다. 그리스도께서는 성령님을 한량없이 받으셨다. 그분이 소유하고 계신 은혜의 원천이 어떤 면에서 제한되어 있는 것처럼 어느 정도의 분량만 받은 것이 아니라는 말이다. 바울이 고린도전서 12장 7절과 에베소서 4장 7절에서 모든 사람에게 선물의 분량에 따라 주신다고 가르쳤을 때는 각 사람이 받은 양이 제한되어 있어 아무도 그 은혜를 온전하게 다 소유하지는 못하였다. 우리에게는 그리스도인의 교제라는 상호 결속이 있어서, 아무도 자기 속에 충분한 것을 가지고 있지 않으며 모든 사람이 다른 사람을 필요로 한다. 그러나 그리스도는 우리와 다르시다. 그분에게는 아버지께서 성령의 부요함을 한없이 부어주신다. 그러므로 성령께서 그리스도 안에 한량없이 거주하신다는 것은 사실이다. 그래서 요한복음 1장에서 보았듯이 우리는 그분의 충만한 데서 모든 것을 얻는다.

다음에 이어지는 내용, 즉 아버지께서 만물을 다 그리스도의 손에 주셨다는 것 역시 이 사실과 관련이 있다. 요한은 이 말씀으로써 그리스도의 탁월함을 선포할 뿐만 아니라 그분이 받으신 부요함의 목적과 용도를 보여준다. 그리스도께서 아버지에 의해 아버지의 일을 대신하는 분으로 임명을 받으셨기에, 그분은 모든 사람에게 가장 좋고 유익하다고 생각하는 것을 나눠주신다. 바울은 이 내용을 에베소서 4장에서 좀 더 충분히 설명한다. 그러므로 하나님께서 자신의 백성들에게 다양한 은사들로 풍요롭게 하시더라도, 그리스도에게만은 특별히 만물을 다 주신다.

> 35 아버지께서 아들을 사랑하사 만물을 다 그의 손에 주셨으니 36 아들을 믿는 자에게는 영생이 있고 아들에게 순종하지 아니하는 자는 영생을 보지 못하고 도리어 하나님의 진노가 그 위에 머물러 있느니라 요 3:35,36

35아버지께서 아들을 사랑하사 이 설명은 어떤 의의가 있는가? 하나님께서 (그리스도 외의) 다른 모든 사람은 미워하신다는 말인가? 이 질문에 대답하는 것은 쉽다. 요한은 지금 하나님께서 창조하신 모든 사람들에게 혹은 그분이 만드신 다른 피조물들에게 주시는 일반적인 사랑에 대하여 말하는 것이 아니다. 요한이 말하는 사랑은 아들에게서 시작하여 그분으로부터 모든 피조물에게 흘러가는 독특한 사랑이다. 하나님께서는 아들을 사랑하는 이 사랑으로 우리 또한 그분 안에 품으신다. 이 사랑 때문에 하나님께서는 자신의 모든 복을 그리스도의 손을 빌려 우리에게 전해주시는 것이다.

36아들을 믿는 자에게는 영생이 있고 이 구절을 첨가한 것은, 우리가 그리스도께 모든 좋은 것을 구해야 함을 가르치려는 것뿐만 아니라, 우리로 그 모든 것을 향유하는 방법을 깨닫게 하려는 데 그 목적이 있다. 세례 요한은 믿음으로 이런 것을 누릴 수 있다고 말한다. 왜냐하면 우리는 믿음으로 그리스도를 소유하고, 그리스도는 자신과 더불어 의義와 그 의의 열매인 생명을 우리에게 주시기 때문이다. 그리스도를 믿는 믿음으로 생명을 얻는다고 선포한 이 말씀에서, 우리는 생명이 그리스도 안에서만 발견된다는 사실과 그리스도의 은혜가 아닌 다른 어떤 것으로도 우리가 그 생명에 참여할 수 없다는 사실을 배우게 된다.

그러나 그리스도의 생명이 우리에게 오는 방법에 대해서는 모든 사람의 견해가 일치하는 것은 아니다. 우리를 거듭나게 하여 의에 이르게 하시는 성령님을 우리가 믿음으로 받기 때문에, 구원 또한 그 동일한 거듭남으로 받는다고 이해하는 사람들이 있다. 물론 하나님의 성령께서 우리를 지배하실 때 우리가 믿음으로 새롭게 된다는 점은 인정한다. 그러나 나는 은혜로운 죄 사함이 먼저 고려되어야 한다고 말하고 싶다. 하나님께서는 우리의 죄를 사하심으로써 우리를 받으신다. 더욱이 우리 구원의 모든 확신은 오직 여기에만 근거한다. 하나님의 은혜로운 죄 사함이 있기에, 우리는 우리의 구원에 대해 온전히 확신할 수 있다. 하나님께서 죄를 우리에게 돌리지 않는 방법 외에 우리가 그분 앞에서 의롭다 함을 받을 수 있는 다른 방법은 없다.

아들에게 순종하지 아니하는 자는 영생의 달콤함으로 우리를 초대하면서 그리스도 안에 있는 생명을 선포한 세례 요한은 이제 그리스도를 믿지 않는 모든 사람에게 영원한 사망을 선고한다. 요한은 그리스도께서 우리를 구원하지 않으신다면 사망에서 피할 다른 방법이 없다고 경고함으로써 하나님의 자비로움을 한층 더 강조한다. 이러한 선고는 우리 모두가 아담 안에서 타락했다는 사실에 근거한다. 타락한 사람들을 구원하는 것이 그리스도께서 하시는 일이라면, 그분 안에서 제공된 구원을 저버리는 사람들은 사망에 머무는 것이 당연하다.

방금 전에 나는 자신들에게 선포된 복음을 거절하는 사람들이 특히 이러한 형편에 속한다고 말했다. 전 인류가 동일한 파멸에 연루되어 있지만, 하나님의 아들을 자기의 구원자로 받아들이기를 거절하는 사람들에게는 더욱 무겁고 배나 과중한 복수가 기다리고 있다. 사실 세례 요한은 믿지 않는 자들이 죽임을 당할 것이라고 경고함으로써, 그 사망에 대한 공포가 우리를 자극함으로써 우리가 그리스도를 믿는 믿음을 발휘하기를 원하고 있음이 분명하다.

더욱이 세상이 그리스도 밖에서 얻었다고 생각하는 모든 의義는 정죄되고 멸망 받는다는 것이 분명하다. 그리스도 외에 다른 방법으로 경건하거나 거룩함을 얻은 사람들이 그리스도를 믿지 않기 때문에 멸망당하는 것을 불공평하다고 반박할 수 있는 사람은 아무도 없다. 그리스도께서 사람들을 거룩하게 하지 않으신다면, 사람들 속에 거룩함이 있다고 상상하는 것은 어리석은 일이기 때문이다.

영생을 보지 못하고 도리어 하나님의 진노가 그 위에 머물러 있느니라 여기서 '영생을 본다'는 것은 '생명을 향유한다'는 의미이다. 우리가 그리스도로 말미암아 구원을 받아야만 비로소 우리에게 소망이 있다는 사실을 좀 더 분명하게 표현하려고 요한은 '하나님의 진노가 믿지 않는 사람들 위에 머물러 있다'고 말한다. 나는 이 구절에 '머물다'라는 단어가 사용된 목적에 대하여 어거스틴이 잘 설명했다고 생각한다. 어거스틴에 따르면, 우리 모두가 진노의 자녀로 태어났다는 점에서, 어머니의 태에서 나오는 순간부터 우리에게는 사망이 정해졌다. 이 사실을 우리에게 가르쳐주기 위해서 '머물다'라는 단어가 여기에 사용되었다고 본다. 적어도 나는 이런 식의 설명을 기꺼이 받아들인다. 지금까지 내가 언급한 것처럼, 믿지 않는 모든 사람들에게는 사망의 짐이 지워졌으며 사망이 그들을 억누르고 압도하여 그들은 스스로의 힘으로 사망에서 빠져나올 수가 없다는 이 구절의 순수하고 단순한 의미를 견지한다면 말이다.

하나님의 진노를 받은 사람들은 본성상 이미 정죄를 받았지만, 믿지 않음으로써 새로운 사망에 이르게 된다. 복음을 전하는 사역자들에게 '매는 권세'(the power of binding)가 주어진 것은 바로 이러한 목적에서이다. 하나님의 구원의 멍에를 떨쳐버리는 사람들이 스스로 사망의 사슬을 매야 하는 것은 사람들의 완악함에 내려지는 의로운 심판이기 때문이다.

요한복음 4장

1예수께서 제자를 삼고 세례를 베푸시는 것이 요한보다 많다 하는 말을 바리새인들이 들은 줄을 주께서 아신지라 2(예수께서 친히 세례를 베푸신 것이 아니요 제자들이 베푼 것이라) 3유대를 떠나사 다시 갈릴리로 가실새 4사마리아를 통과하여야 하겠는지라 5 사마리아에 있는 수가라 하는 동네에 이르시니 야곱이 그 아들 요셉에게 준 땅이 가깝고 6거기 또 야곱의 우물이 있더라 예수께서 길 가시다가 피곤하여 우물곁에 그대로 앉으시니 때가 여섯 시쯤 되었더라 7사마리아 여자 한 사람이 물을 길으러 왔으매 예수께서 물을 좀 달라 하시니 8이는 제자들이 먹을 것을 사러 그 동네에 들어갔음이러라 9 사마리아 여자가 이르되 당신은 유대인으로서 어찌하여 사마리아 여자인 나에게 물을 달라 하나이까 하니 이는 유대인이 사마리아인과 상종하지 아니함이러라 요 4:1-9

1 주께서 아신지라 복음서 기자는 이제 그리스도께서 사마리아 여인과 나눈 대화에 대해 이야기하려고 한다. 그는 그리스도께서 어떻게 이 여행을 하게 되었는지를 설명하는 것으로 이야기를 시작한다. 그리스도께서는 바리새인들이 자신에 대해 감정이 좋지 않다는 것을 아시고, 때가 이르기 전에는 그들의 분노를 자극하지 않으려 하셨다. 이것이 그리스도께서 유대 지방을 떠나신 이유이다. 복음서 기자는 그리스도께서 사마리아에 거주하기 위해서가

아니라 갈릴리로 가는 길에 사마리아를 통과하셔야 했기에 그곳에 가셨다고 말한다. 부활로 복음의 문이 열리기까지 그리스도께서는 이스라엘의 양들을 모으는 일을 하셔야 했다. 주님은 그들을 위해 보내심을 받으셨다. 그렇기 때문에 그리스도께서 사마리아 사람들에게 가르침을 주심으로써 그들에게 호의를 베푸시는 것은 매우 특별한 일이다. 이렇게 표현해도 될지 모르겠지만 이는 우발적인 일이다.

그렇다면 그리스도께서 물러나 갈릴리에서 휴식을 취하며 숨어 지내려고 하시는 이유는 무엇인가? 마치 사람들에게 알려지기를 원치 않으신 것처럼 말이다. 이것이 바람직한 일일까? 이 문제에 대한 나의 대답은 이것이다. 그리스도께서는 어떻게 행동해야 하는지 알고 계셨고, 한순간도 허비하지 않도록 자신의 시간을 잘 사용하셨다. 그래서 자신이 걸어가야 할 길을 정확하고 흔들리지 않게 달려가고 싶으셨다. 이러한 그리스도의 모습은 우리에게도 교훈이 된다. 즉, 마음이 깊이 안정되어 있음으로써 두려움 때문에 우리의 의무를 수행하지 못하거나 너무 성급하여 위험을 자초하는 일이 없어야 할 것이다. 자신의 소명에 열심이 있는 사람은 다 이러한 중용을 유지하기 위해 노력할 것이다. 그들은 생명의 위협을 감내하며 주님을 따르면서도 무모하게 덤비지 않을 것이고, 그분이 걸어가신 길을 걸을 것이다. 그러므로 우리의 소명이 요구하는 것 이상으로 더 나가지 말아야 한다는 사실을 기억하자.

바리새인들이 들은 줄을 복음서 기자는 그리스도를 대적하는 사람들 중에서 오직 바리새인들만 언급한다. 이것은 다른 서기관들이 예수님께 우호적이었기 때문이 아니라, 바리새인들이 그 당시에 지배적인 위치를 차지하고 있었고 그리스도에게 가장 크게 분노(그들의 표현에 따르자면 의로운 분노)를 표현했기 때문이다. 혹시 그리스도의 제자들이 더 많아서 바리새인들이 그리스도를 시샘하지는 않았는지 질문할 수 있다. 바리새인들은 세례 요한에게 강한 집착을 보이고 있었기 때문에, 요한의 존경과 평판에 모든 주의를 기울이고 있었던 터이다. 그러나 이 구절이 말하려고 하는 것은 이 문제가 아니다.

처음에 바리새인들은, 세례 요한이 제자들을 모은 것을 좋지 않게 생각했다. 그러다가 더 많은 사람들이 그리스도께 가는 것을 보고 그들은 더욱 화를 냈다. 세례 요한이 자기는 하나님의 아들의 전령(傳令)에 불과하다고 고백한 때로부터 더 많은 군중들이 그리스도에게로 모이기 시작했고, 요한은 그의 사역을 거의 마쳐가는 중이었다. 그래서 요한은 자기가 행하던 가르치는 일과 세례 주는 일을 점차 그리스도에게 넘겨주었다.

2 예수께서 친히 세례를 베푸신 것이 아니요 요한이 그리스도께서 베푸신 세례를 언급하면서 그분이 다른 사람들의 손을 빌려 세례를 베푸셨다고 한 것은 우리에게 어떤 교훈을 주기 위함이다. 즉, 세례는 그것을 베푸는 사람 때문에 가치가 있는 것이 아니라 세례의 기원자에게 모든 가치와 중요성이 달려 있다. 세례는 누구의 이름으로 베푸는지(성부, 성자, 성령의 이름으로) 또 누가 세례를 베풀라고 명했는지(그리스도의 명령)가 중요하다. 그러므로 우리의 세례는 하나님의 아들이 직접 베푸신 세례와 동일하게 우리를 깨끗하게 하고 새롭게 하는 효과를 갖는다. 이 사실을 알 때 얼마나 큰 힘이 되는지 모른다.

그리스도께서 세상에 계실 때 의도적으로 친히 세례 베푸는 일을 하지 않으신 것은, 유한한 인간이 세례를 베푼다 하더라도 세례의 능력이 상실되지 않는다는 사실을 모든 세대에 증언하시기 위함이다. 한마디로 말해서, 그리스도께서는 성령으로 내적인 세례를 베푸시는 것이고, 우리가 유한한 인간에게서 받는 '세례'라는 그 상징은 마치 그리스도께서 우리를 향하여 하늘에서 친히 그분의 팔을 뻗으시는 것과 동일한 의미를 지니는 것으로 간주해야 한다. 만일 사람이 베푸는 세례가 그리스도의 세례라면, 누가 세례를 행했든지 상관없이 그 세례는 영원히 그리스도의 세례가 될 것이다. 이 사실은 재세례파의 입장을 논박하기에 충분하다. 그들은 세례가 그것을 베푸는 인간 사역자들의 사악함으로 인해 더럽혀졌다고 주장하면서 이런 정신 나간 소리로 교회를 어지럽히고 있다. 일찍이 어거스틴은 이 논증을 사용하여 도나티스트들(Donatists, 305년 교회에 대한 박해가 끝났을 때, 대박해 기간 중에 신앙을 버렸던 자들이 감독으로 임명되자 교회 안에서 완벽한 신앙과 믿음을 추구하면서 변절자들을 박해한 무리들)을 적절하게 논박했다.

5 수가라 하는 동네 제롬은 파울라(Paula, 347~404. 4세기에 활약한 이탈리아의 가톨릭 성녀. 이교도 남편이 죽은 후 제롬을 만나 383년부터 제롬의 사업을 적극 후원했음)의 묘비에 쓴 글에서 그리스도께서 들른 사마리아의 한 동네를 '수가'라고 읽는 것은 잘못이며 그곳을 '시겜'(Sichem, 성경에 기록된 지명으로는 세겜)이라고 기록했어야 한다고 밝힌다. 시겜이라는 이름이 고대에 진짜로 있었던 것은 확실하다. 그러나 복음서 기자가 살던 시대에는 '수가'라는 이름이 통상적으로 사용되었던 것 같다. 위치상 수가는 그리심 산 옆에 있는 마을이라는 데 대부분 동의한다. 이곳 주민들은 시므온과 레위에 의해 살육을 당한 적이 있다(창 34:25). 그리고 그 후에 세겜 출신인 아비멜렉이 그 땅을 완전히 훼파하였다. 그러나 이곳은 접근이 용이한 곳이라서 나중에 제3의 도시로 건설되어 제롬 때에는 네압볼리로 불리게 되었다.

복음서 기자는 이 모든 세부 사항들을 제공함으로써 이후에 발생할 수 있는 모든 의심을 제거하고 있다. 우리는 모세의 글을 통해 그 땅을 야곱이 요셉의 아들들에게 주었음을 분명히 안다. 또한 누구나 그리심 산이 시겜(세겜) 근처에 있었다는 사실을 받아들인다. 나중에 우리는 그곳에 성전이 세워졌다는 사실도 보게 될 것이다. 그리고 야곱이 그곳에서 가족들과 함께 오랫동안 살았다는 것도 의심의 여지가 없다.

6 예수께서 길 가시다가 피곤하여 예수께서는 피곤한 척하신 것이 아니라 실제로 무척 피곤하셨다. 히브리서 기자가 4장 15절에서 말한 것처럼, 그분은 우리를 더욱 동정하시고 우리와 함께 더욱 고난 받으시기 위하여 우리의 연약함을 짊어지셨다. 시간적인 요인도 여기에 작용하였다. 그리스도께서 정오(유대 사회에서는 해가 떠서 해가 질 때까지를 하루로 보고 이를 열두 시간으로 나누는데, 여섯 시는 정오이다) 무렵 갈증과 피곤을 느껴 우물에서 쉬신 것은 전혀 의아해할 만한 일이 아니다. 복음서 기자는 그리스도께서 그곳에 그대로 앉으셨다고 언급하면서

주님을 피곤한 한 사람으로 묘사하고 있다.

7 사마리아 여자 한 사람이 물을 길으러 왔으매 그리스도께서 사마리아 여자에게 물을 달라고 하셨을 때, 그분은 단지 그 여자에게 어떤 가르침을 주려는 의도로 그렇게 말씀하신 것이 아니었다. 주님은 실제로 목이 말라 마실 것을 원하셨다. 하지만 사실이 그랬다고 하더라도, 그리스도께서는 이 기회를 이용하여 여자에게 가르침을 주시고자 하였다. 그분은 갈증을 해소하고자 하는 자신의 필요보다 먼저 그 여자의 구원에 관심을 두셨기 때문이다. 그래서 주님은 자신이 목마르다는 사실도 잊은 채, 눈에 보이는 물과 영적인 물 사이의 유비類比를 사용하여 자신에게 물 한 잔 주기를 거절한 그 여자의 마음에 하늘에 속한 복음으로 생수生水를 공급하셨다. 마치 사마리아 여자에게 참된 경건의 가르침을 줄 수만 있다면 그 여자에게 말씀하시는 기회를 갖는 것으로 만족스럽다는 듯이 말이다.

9 당신은 유대인으로서 어찌하여 사마리아 여자인 나에게 물을 달라 하나이까 이 비난의 말은 그리스도께서 속한 나라(유대 나라) 사람들이 일반적으로 보여준 멸시에 대한 보복이라고 할 수 있다. 사마리아 사람들은 외국에서 온 사람들의 후손으로 알려져 있다. 하나님께 드리는 예배를 더럽혔을 뿐만 아니라 거짓되고 사악한 많은 의식儀式들을 도입한 사마리아 사람들은 당연히 유대인들의 증오의 대상이 되었다. 그러나 유대인들이 율법에 열심을 냈던 것은 대부분의 경우 자기들의 세속적인 증오를 가리기 위한 핑계였음은 의심의 여지가 없다. 많은 유대인들이 하나님의 예배가 더럽혀진 것에 대한 슬픔과 비통함 때문이라기보다는 야망과 시기심 때문에 그리고 자기들이 받은 땅을 사마리아 사람들이 차지하고 있는 것에 대한 적개심 때문에 그들을 증오했다. 유대인들은 자기들의 감정이 순수하고 조절이 잘되고 있는 한, 사마리아 사람들과 거리를 두고 지내는 것이 당연하고 정당하다고 믿었다. 그리스도께서 처음에 복음 전도를 위하여 사도들을 보내시면서 사

마리아 사람들에게 가지 말라고 명하신 이유가 여기에 있다(마 10:5).

그러나 이 여자는 우리 모두가 보기에도 지극히 자연스러운 행동을 하고 있다. 우리는 누구나 존경을 받고 싶어 하며, 멸시를 받을 때는 몹시 기분 상해한다. 이러한 마음을 갖는 것은 인간 모두의 공통적인 심정일 것이다. 그래서 모든 사람이 자기의 약점을 받아주고 인정해주기를 원한다. 만약 누군가 우리를 인정하지 않고 우리의 행동을 비난한다면, 우리는 즉시 판단력을 잃고 상대방에게 화를 낸다. 이 교만함의 씨앗은 결국 하나님의 영靈에 의해 근절될 것이지만, 그때까지는 우리 스스로 자신을 살펴 자기 마음에 있는 이 씨앗을 찾아내도록 하자. 사마리아 여자는 유대인들이 자기 나라 백성들의 미신을 정죄하였다는 사실을 잘 알았다. 그 여자는 이제 그리스도에게 비난의 말을 던짐으로써 유대인들을 모욕하고 있는 것이다.

이는 유대인이 사마리아인과 상종하지 아니함이러라 내 생각에는 사마리아 여자가 이 말을 한 것 같다. 어떤 사람들은 요한복음 기자가 설명을 위해 이 구절을 삽입한 것이라고 보기도 한다. 독자들이 이 둘 중에 어느 것을 택하느냐 하는 것은 그리 중요하지 않다. 하지만 내 생각에는 사마리아 여자가 예수님께 야유를 퍼부으면서 다음과 같이 말을 했다고 보는 것이 적합한 것 같다.

"오호, 당신은 내게 마실 것을 달라고 요구하는 것이 정당하다고 확신하시나 본데, 당신은 다른 유대인과 달리 종교에 무관심한 사람인가 보죠?"

내가 이해하는 것과 다르게 본문을 해석하는 사람이 있다고 하더라도 나는 이 문제에 관하여 그와 논쟁하지 않을 작정이다. 게다가 이 말은 유대인들이 이유를 불문하고 사마리아 사람들과 절교했음을 의미할 수도 있다. 우리가 앞에서 말했듯이 유대인들은 종교에 대한 거짓된 열심을 그릇된 목적에 적용하였다. 사악한 성향에 굴복하는 모든 사람들이 그렇듯이, 그들도 쉽게 극단으로 치우쳤던 것이다.

10 예수께서 대답하여 이르시되 네가 만일 하나님의 선물과 또 네게 물 좀 달라 하는 이가 누구인 줄 알았더라면 네가 그에게 구하였을 것이요 그가 생수를 네게 주었으리라 11 여자가 이르되 주여 물 길을 그릇도 없고 이 우물은 깊은데 어디서 당신이 그 생수를 얻겠사옵나이까 12 우리 조상 야곱이 이 우물을 우리에게 주셨고 또 여기서 자기와 자기 아들들과 짐승이 다 마셨는데 당신이 야곱보다 더 크니이까 13 예수께서 대답하여 이르시되 이 물을 마시는 자마다 다시 목마르려니와 14 내가 주는 물을 마시는 자는 영원히 목마르지 아니하리니 내가 주는 물은 그 속에서 영생하도록 솟아나는 샘물이 되리라 15 여자가 이르되 주여 그런 물을 내게 주사 목마르지도 않고 또 여기 물 길으러 오지도 않게 하옵소서 요 4:10-15

10 예수께서 대답하여 이르시되 이제 그리스도께서는 전혀 말할 기회를 주지 않고 막무가내로 비난을 퍼부은 바로 그 사마리아 여자에게 성령의 은혜와 능력에 관하여 설교할 기회를 잡으셨다. 참으로 이것은 그분의 선하심을 보여주는 좋은 예이다. 이 불행한 여자의 마음속에 무엇이 있었기에 창녀였던 그녀가 갑작스러운 계기로 하나님의 아들을 만나 그분의 제자가 되었을까? 그리스도께서는 (그 여자에게만이 아니라) 우리 모두에게 그분의 자비의 동일한 증거를 보여주셨다. 분명히 말하지만, 여자들이 다 창녀는 아니다. 또 모든 남자들이 다 가공할 만한 범죄를 저지른 것도 아니다. 하지만 우리 중에 누가 하늘에 속한 복음과 양자 됨이라는 영예를 받을 만큼 뛰어나다고 내세울 수 있겠는가?

사마리아 여자와 같은 사람과 이야기를 나누는 것이 우연은 아니었다. 주님은 한 사례를 통해, 주님이 구원의 복음을 전할 자를 선택하실 때 그 사람이 가치가 있는 훌륭한 사람인지 아닌지를 기준으로 해서 선택하는 것이 아님을 보여주신다. 언뜻 보면, 그리스도께서 유대 지방에 사는 많은 위대한 사람들을 그냥 스쳐 지나가시고 이 여자와 다정하게 이야기를 나누신 것은 놀랍다. 그러나 다음과 같은 이사야 선지자의 말이 얼마나 사실인지 그분의 인격을 통해 설명될 필요가 있었다.

　"나는 나를 구하지 아니하던 자에게 물음을 받았으며 나를 찾지 아니하던 자에게 찾아냄이 되었으며 내 이름을 부르지 아니하던 나라에 내가 여기 있노라 내가 여기 있노라 하였노라"(사 65:1).

네가 만일 하나님의 선물과 또 네게 물 좀 달라 하는 이가 누구인 줄 알았더라면 나는 이 구절을 두 문장으로 나누어서 따로 보고, 두 번째 문장("네게 물 좀 달라 하는 이가 누군인 줄")을 첫 번째 문장("네가 만일 하나님의 선물 … 알았더라면")의 해석으로 이해한다. 왜냐하면 사마리아 여자가 영생을 주시는 분인 그리스도와 함께했던 것은 하나님의 놀라운 자비 덕분이기 때문이다. 각각의 문장을 연결시키는 접속사(…과) 대신 설명하는 말(이를테면, 즉, 다시 말해서)을 첨가한다면 이 구절의 의미는 다음과 같이 더욱 분명해질 것이다.

　"네가 하나님의 선물을 안다면, 이를테면 네게 물을 달라고 하는 이가 누구인지를 안다면."

　이 말씀에서 얻는 교훈은, 아버지께서 그리스도 안에서 우리에게 주신 것이 무엇인지 그리고 그리스도께서 우리에게 가져다주시는 복이 무엇인지를 깨달을 때에야 비로소 우리는 그리스도가 어떤 분이신지를 알게 된다는 것이다. 그러나 이러한 깨달음은 우리의 결핍을 의식할 때 시작된다. 먼저 자신이 병들어 있다는 사실을 자각해야만 치료책을 구할 것이기 때문이다. 이런 이유로 주님은 충분히 마셔 갈증을 해소한 사람이 아니라 목마른 사람을, 그리고 배부른 사람이 아니라 주린 사람을 초대하셔서 먹고 마시라고 하셨던 것이다. 우리가 빈털터리가 아니었다면, 하나님께서 어찌 그리스도를 성령이 충만한 상태로 우리에게 보내셔야 했겠는가?

　자신의 결핍을 느끼며 다른 사람의 도움이 절실히 필요하다는 사실을 이미 인식한 사람은 상당한 진보를 이룬 사람이다. 그러나 이미 마련된 도움을 소망하지 않는다면, 단지 자신의 고통 속에서 신음하며 지내는 것만으로는 충분하지 않다. 우리는 이런 식으로 슬퍼하면서 세월을 허비하며 살 수도 있다. 또는 교황을 추종하는 사람들처럼 이리저리 사방으로 달려가 아무 소용도 없는 불필요한 일로 우리 자신을 지치게 만들 수도 있다. 그러나 그리스도께서 세상에 오시면, 우리는 더 이상 아무도 발견할 수 없는 치료책을 찾아 헛되이 방황하는 것이 아니라 그분에게로 곧장 달려갈 것이다. 하나님의 은혜가 그리스도 안에서 우리에게 계시되고 그분이 우리에게 그 은혜를 주셨음을 아는 것, 이것이 하나님의 은혜에 대한 참되고 유용한 유일한 지식이다.

게다가 그리스도께서는 우리에게 그분이 주시는 복을 아는 지식이 얼마나 유효한지를 상기시키신다. 그 지식은 우리를 흔들어서 그 복을 찾게 하고 우리의 마음을 불붙게 한다. 그리스도께서는 "네가 … 알았더라면 네가 그에게 구하였을 것이요"라고 말씀하신다. 이 말씀을 하신 목적은 매우 분명하다. 그리스도께서는 사마리아 여자의 갈망을 좀 더 분명히 하고 싶으셨던 것이다. 그래야 그 여자가 그리스도께서 주시는 생명을 저버리지 않을 것이기 때문이다.

그가 생수를 네게 주었으리라 그리스도께서는 이 말씀을 통해 우리가 그분께 기도하면 그 기도가 헛된 기도가 되지 않을 것이라고 증언하신다. 이러한 확신이 없다면, 아무리 열정적으로 구하는 기도라도 냉랭해질 수밖에 없다. 그리스도께서는 자기에게 나오는 사람들의 구하는 것을 들어주신다. 그분은 사람을 차별하거나 기도 응답을 늦추는 법이 없으시다. 이 말씀이 우리 모두에게 주시는 말씀이라는 사실을 믿지 못하는 것은 오직 우리의 불신앙 때문이다.

그리스도께서 우물곁이라는 그 상황에서 '물'이라는 단어를 취하시어 성령을 가리키는 말로 사용하셨지만, 이 비유는 성경에서 이미 성령을 가리키는 말로 자주 사용되던 것이며 얼마든지 그렇게 사용할 만한 충분한 근거가 있다. 우리는 마치 마르고 황폐한 땅과 같다. 우리 안에는 물기가 전혀 없기 때문에 주님이 그분의 성령으로 우리에게 물을 공급해주시기 전까지는 아무런 활동도 할 수 없다.

성경의 다른 곳에서 성령님은 '맑은 물'이라고 불린다. 지금 우리가 다루고 있는 구절에서의 의미와는 다른, 즉 우리를 덮고 있는 온갖 더러운 것에서 우리를 씻으시고 깨끗하게 하신다는 의미에서 그렇게 불리는 것이다. 그러나 요한복음의 이 구절과 이와 비슷한 다른 구절들은, 우리를 살리시어 우리 속에 있는 생명을 유지하게 하시고 완전하게 하시는 성령의 비밀스런 '생명 공급'에 대해 말하고 있다. 이 구절이 '복음 전도'를 가리키는 것이라고 설명하는 사람들이 있는데, 나는 충분히 그렇게 이름 붙일 수 있다고 인정한다. 그러나 나는 그리스도께서 '새롭게 하시는 온전한 은혜'(the whole grace of renewal)를 그 구절의 의미에 포함시키고 계시다고 생각한다. 우리는 그분이 우리에게 새 생명을 주려고 보냄 받으셨다는 사실을 알고 있다. 그러므로 내 생각에는, 그리스도께서 지금 복이 없어서 고난당하며 의기소침해 있는 인간의 상황을 '물'과 대조하고 계시는 것 같다. 더욱이 그리스도께서는 이것을 생수生水라고 칭하신다. 생명을 주는 효과 면에서가 아니라 다른 종류의 물이라는 의미에서 그렇게 부르신다. 즉, 이것은 살아 있는 샘에서 흘러나오기 때문에 생수라고 부르는 것이다.

11 주여 물 길을 그릇도 없고 당시 유대인들이 사마리아 사람들을 멸시했듯이, 사마리아 사람들도 유대인들을 무시했다. 그래서 이 여자는 처음에 그리스도를 멸시했고 이제는 그분을 조롱하기까지 한다. 그 여자는 그리스도께서 비유적으로 말씀하고 계시다는 것을 잘 알고 있었지만, 다른 비유를 사용하여 그분의 말씀을 맞받아친다. 마치 그리스도께서 할 수 없는 것을 약속하신다고 말하기라도 하듯이 말이다.

12 당신이 야곱보다 더 크니이까 이제 그 여자는 그리스도가 거룩한 족장 야곱보다 자신을 더 높인다고 그분의 교만함을 비난한다. 사마리아 여자는 그리스도께 "우리 조상 야곱이 이 우물을 우리에게 주셨고 또 여기서 자기와 자기 아들들과 짐승이 다 마셨다"(12절)는 사실을 주지시키면서 "당신에

게 이보다 더 좋은 물이 있다는 말입니까?"라고 묻는다. 이 여자가 이런 식으로 비교한 것이 잘못이라는 사실은 너무도 분명하다. 이것은 마치 종을 주인과, 죽은 사람을 살아 계신 하나님과 비교하는 것과 같다. 그렇지만 오늘날도 얼마나 많은 사람들이 이와 동일한 실수를 범하고 있는가? 우리는 사람들을 높이느라 하나님의 영광을 가리는 실수를 범하지 않도록 더욱 주의해야 한다. 하나님의 은사들은 어느 곳에 나타나든지 존중해야 한다. 그러므로 경건함에서 뛰어나고 특별한 은사를 받은 사람들을 존경하는 것은 옳은 일이다. 하지만 그들보다는 하나님이 드러나시는 방식으로, 그리고 그리스도께서 분명하게 빛을 발하실 수 있는 방식으로 그리해야 한다. 세상의 모든 영광은 오직 그분께만 돌려야 하기 때문이다.

또한 여기서 우리가 주목해야 할 사실은 사마리아 사람들이 스스로 거룩한 족장들의 후손이라고 거짓되이 자랑하고 있다는 점이다. 오늘날 교황을 추종하는 사람들이 음란한 사생아들이면서도 조상들에 대해 교만스럽게 자랑하고 하나님의 참 자녀들을 멸시하는 것처럼 말이다. 설령 사마리아 사람들이 혈통적으로 야곱에게서 나온 후손들이라 하더라도, 그들은 한결같이 타락했고 참된 경건에서 벗어났다. 그러니 이런 자랑은 우스울 수밖에 없다. 사마리아 사람들의 기원이 구다Cutha였어도(왕하 17:24) 혹은 적어도 거룩하지 못한 이방인 출신이라고 해도, 그들은 거룩한 족장(야곱)을 자기들의 조상이라고 주장하는 것을 포기하지 않을 것이다. 그러나 이것조차 그들에게는 전혀 유익이 되지 못한다. 사람의 영광을 높이는 오류를 범하는 모든 사람들처럼, 사마리아 사람들에게는 하나님의 빛이 없고 그들이 그 이름을 들먹거리고 있는 거룩한 조상들과 공통된 것이 아무것도 없기 때문이다.

13 이 물을 마시는 자마다 다시 목마르려니와 그리스도께서는 일이 순조롭게 진행되지 않고 여자가 자신의 가르침을 조롱한다는 것을 아시자, 자신이 말씀하신 것을 좀 더 분명하게 설명하기 시작하셨다. 그리스도께서는 방금 전에 언급한 두 종류의 물을 구별하셨다. 하나는 몸에 잠시 유익을

주는 물이다. 다른 물은 영원히 영혼을 살리는 물이다. 몸은 썩어지는 것이라서 몸을 유지해주는 것들은 멸망하고 말 덧없는 것들이다. 그러나 영혼을 살리는 것은 영원할 수밖에 없다.

그리스도의 말씀은 신자들이 그들의 삶을 마칠 때까지 더욱 풍성한 은혜를 갈망한다는 사실과 상충되지 않는다. 주님이 이 구절을 통해 말씀하신 의미는, 우리가 물을 마시는 바로 그날부터 충분한 만족을 얻는다는 뜻이 아니다. 오히려 '성령'이야말로 끊임없이 흘러나오는 샘이기에, 영적인 은혜로 새롭게 된 사람들은 다시 목마르게 될 위험이 없다는 뜻이다. 설령 우리의 생애 내내 갈증을 느낀다고 하더라도, 우리가 성령을 받은 것은 단 하루 혹은 아주 짧은 순간만을 위한 것이 아니라, 우리를 결코 실망시키지 않을 '영원한 샘'으로 받았다는 것은 분명하다. 그러므로 신자들은 살아가는 동안 갈증을 느끼고 몹시 목말라 하더라도 자기들에게 생명을 공급하는 물을 풍성하게 소유하는 셈이다. 아무리 적은 은혜라 하더라도 신자들이 받은 은혜는 그들에게 계속해서 생명을 공급함으로써 그들이 결코 완전히 메마르는 일이 없도록 할 것이기 때문이다. 이런 의미에서 그리스도께서는 '목마르지 않을 것'이라는 말을 갈망desire과 대조하는 것이 아니라 갈증dryness과 대조하신다.

14 내가 주는 물은 그 속에서 영생하도록 솟아나는 샘물이 되리라 이 구절은 그리스도께서 앞에서 말씀하신 내용을 좀 더 분명하게 표현한다. 즉, 신자들이 썩고 죽을 생명을 가지고 사는 동안 그들 속에 하늘의 영원함을 공급하는 샘물을 가리키는 것이다. 그러므로 그리스도의 은혜는 우리에게 잠시 동안만 흐르는 것이 아니라 넘쳐흘러 복된 불멸에 이르게 한다. 그리스도의 은혜는 시작된 우리의 영생이 온전히 완성될 때까지 흐르기를 멈추지 않는다.

15 그런 물을 내게 주사 사마리아 여자가 그리스도께서 영적인 물에 대해 말씀하고 계시다는 사실을 잘 알았다는 것은 의심의 여지가 없다. 그러나

그 여자는 그리스도를 멸시하였기에 그분이 약속하시는 것에 전혀 관심이 없었다. 말을 하는 사람의 권위를 인정하지 않는 한, 우리는 그 사람의 가르침을 받을 수가 없다. 그러므로 그 여자는 이 구절에서 "당신은 할 말이 많으시겠지만, 내 눈에 보이는 것은 아무것도 없네요. 할 수 있다면 행동으로 보여 주세요"라고 말하듯이 간접적으로 그리스도를 조롱하는 셈이다.

16이르시되 가서 네 남편을 불러오라 17여자가 대답하여 이르되 나는 남편이 없나이다 예수께서 이르시되 네가 남편이 없다 하는 말이 옳도다 18너에게 남편 다섯이 있었고 지금 있는 자도 네 남편이 아니니 네 말이 참되도다 19여자가 이르되 주여 내가 보니 선지자로소이다 20우리 조상들은 이 산에서 예배하였는데 당신들의 말은 예배할 곳이 예루살렘에 있다 하더이다 21예수께서 이르시되 여자여 내 말을 믿으라 이 산에서도 말고 예루살렘에서도 말고 너희가 아버지께 예배할 때가 이르리라 요 4:16-21

16 가서 네 남편을 불러오라 그리스도의 이 말씀은 지금까지의 이야기와 전혀 관련이 없는 듯이 보인다. 그리스도께서 여인의 파렴치한 행동에 실망하고 마음이 복잡하여 대화의 주제를 바꾸려고 이 말씀을 하시는 것은 아닌가 하는 생각이 들 수도 있다. 그러나 그렇지 않다. 여자가 자신의 말을 조롱삼아 받아들이는 것을 보시자, 그리스도께서는 그 질병에 적합한 치료책을 강구하셨다. 그분은 사마리아 여자에게 자기의 죄를 깨닫게 하심으로써 그 양심에 충격을 던지신다. 이것은 그리스도의 놀라운 사랑의 본보기이다. 사마리아 여자가 자발적으로는 그리스도에게 오려 하지 않자, 그리스도께서는 거의 마지못해하는 그 여자를 이끄신다.

하지만 우리는 다음의 사실을 특히 주목해야 한다. 즉, 상당히 경망스럽고 지극히 둔한 사람들은 죄를 깨달음으로써 상처를 입을 필요가 있다. 하나님의 심판의 보좌 앞에 소환되어 하나님을 두려운 심판자로 알기까지, 그들은 그리스도의 복음을 하나의 우화 정도로밖에 생각하지 않기 때문이다. 그리스도의 복음을 험담의 대상으로 삼고 우스갯소리의 소재로 삼는 사람들은 반드시 이런 식으로 다루어져야 한다. 그들이 자기들의 행위의 대가로 반드시 징벌을 당한다는 사실을 깨달을 수 있도록 말이다. 많은 사람들이 혹독한 심판을 받기 전에는 그리스도의 말씀에 귀를 기울이지 않을 만큼 그 마음이 완악하다.

그리스도의 기름이 맛이 없다는 것을 알았을 때는 언제라도 그 기름이 다시금 맛을 낼 수 있도록 식초를 섞어야 한다. 이것은 우리 모두에게 필요하다. 왜냐하면 우리는 자극을 받아 회개하기까지는 그리스도의 말씀을 진지하게 취급하지 않기 때문이다. 그리스도의 학교에서 유익을 얻으려면 자기가 얼마나 비참한 존재인지를 직시함으로써 그 완악한 마음이 굴복되고 갈아엎어져야 한다. 이러한 깨달음이 있을 때에만 우리는 즐기던 것을 버리고 더 이상 하나님을 조롱하지 않게 된다. 하나님의 말씀을 무시하게 될 경우, 이것을 치료할 수 있는 적합한 방법은 각 사람이 자신의 죄를 생각하여 부끄러움을 느끼고 하나님의 심판대 앞에서 떨며 자기가 멸시한 하나님께 겸손하게 순종하는 것밖에 없다.

17 나는 남편이 없나이다 사마리아 여자는 그리스도께서 자기의 마음을 찔러 회개하게 하시려는 이 경고를 아직은 깨닫지 못하고 있다. 우리는 너무도 자기애自己愛에 중독되어 있고 감각 또한 많이 무뎌져서, 한 번 찔림을 받았다고 해서 곧바로 자극을 받지 않는다. 그러나 그리스도께서는 이러한 나태함을 고치는 바른 치료책이 있다. 그리스도께서는 그 여자의 사악함을 공공연히 나무라심으로써 그 상처를 더 강하게 누르신다. 내 생각에는 그리스도께서 여자가 저지른 음란한 행위 하나만을 지칭하신 것은 아닌 듯하다. 주님이 사마리아 여자에게 남편 다섯이 있었다고 말씀하신 것을 보면, 그 여자가 바람기가 있었고 고질적인 행동으로 남편과 이혼을 하여 남편을 다섯이나 전전했다고 추측할 수 있다. 나는 예수님의 말씀을 다음과 같이 해석한다. 즉, "하

나님께서는 당신을 합법적인 남편들에게 시집 보내셨지만, 당신은 죄 짓기를 멈추지 않았다. 결국 당신은 여러 차례의 이혼 경력으로 불명예를 얻었고 스스로를 창녀로 만들었다"라고 말이다.

19 내가 보니 선지자로소이다 예수님의 책망은 이제 열매를 맺고 있다. 사마리아 여자가 겸손하게 자신의 잘못을 인정했을 뿐만 아니라 이전에 거절했던 그리스도의 가르침을 들을 채비를 갖추었다. 더욱이 그 여자는 자진하여 그리스도의 가르침을 갈망하고 요구한다. 내가 이미 언급한 것처럼 회개는 진정으로 가르침을 받기 위한 출발이며, 그리스도의 학교에 들어가는 출입문을 열어준다.

우리가 사마리아 여자의 사례에서 얻을 수 있는 교훈은, 우리에게 가르침을 줄 만한 교사가 나타난다면 반드시 그 기회를 잡아야 한다는 사실이다. 그렇지 않으면 우리는 하나님께 감사할 줄 모르는 사람이 되고 말 것이다. 하나님께서 우리에게 선지자들을 보내실 때는 언제나 두 손을 벌려 우리를 하나님 자신에게로 초대하신다. 그러므로 가르침의 은사를 받은 사람들은 하나님의 보내심을 받아 우리에게 왔다고 말한 바울의 말을 기억할 필요가 있다 (롬 10:15).

20 우리 조상들 어떤 사람들은 사마리아 여자가 예수님의 말씀을 인정하지 않고 불쾌하게 여겨 대화의 주제를 교묘하게 바꾸었다고 생각하는데 사실은 그렇지 않다. 사마리아 여자는 특별한 문제에서 일반적인 문제로 대화의 주제를 옮긴 것이다. 그 여자는 자신의 죄를 알게 된 후에 하나님께 참으로 예배하는 것에 관한 일반적인 가르침을 얻기 원했다. 여기서 그 여자는 하나님을 예배하는 일에 실수를 범하지 않으려고 선지자에게 조언을 얻기 위해 바르게 행동하고 있는 것이다. 사마리아 여자는 하나님에 관하여 알고 싶어서 "하나님은 우리에게 어떤 방식으로 예배 받기를 원하시나요?" 하고 묻는 것처럼 보인다. 하나님의 말씀을 떠나 우리 스스로 예배하는 다양한 방식을 만

들어내는 것이야말로 가장 예배를 더럽히는 것이기 때문이다.

잘 알다시피, 참된 예배 방식을 두고 유대인들과 사마리아 사람들 사이에 끊임없는 의견 충돌이 있었다. 이스라엘의 열 지파가 포로로 잡혀갔을 때, 구스 사람들과 그 밖의 외국인들이 사마리아로 유입되었다. 그들은 재앙으로 말미암아 어쩔 수 없이 율법의 예식들을 받아들였고 이스라엘의 하나님을 예배하겠다고 고백했다(왕하 17:24 이하). 그러나 그들이 가진 신앙은 온전하지 못했고 여러 면에서 타락하고 더럽혀졌다. 유대인들은 이것을 견딜 수가 없었다. 유대인들과 사마리아 사람들 사이의 논쟁은 대제사장 요한의 아들이자 야두스의 동생인 므낫세가 그리심 산에 성전을 세운 이후에 더욱 불붙었다. 이러한 일은 페르시아의 마지막 왕인 다리오가 그의 총독 산발랏을 통해 유대를 장악했을 때 발생했다. 므낫세는 자기 형 야두스에 못지않은 권력을 행사하기 위해 산발랏의 딸과 결혼했으며, 그 후에 그는 그리심 산에서 대제사장이 되었다. 므낫세는 할 수 있는 한 많은 배교자들을 매수했다. 이 내용은 요세푸스의 《유대 고대사》 11권에 자세히 기록되어 있다.

우리 조상들은 이 산에서 예배하였는데 우리는 사마리아 여자가 말한 것에서, 참된 경건에서 이탈한 사람들이 통상 하는 것처럼 사마리아 사람들이 그렇게 행동했다고 유추할 수도 있다. 즉, 사마리아 사람들은 조상들의 선례를 방패막이로 내세움으로써 자기들의 행위를 보호하려 했다. 물론 사마리아 사람들이 이런 이유에서 그리심 산에서 제사를 드린 것은 확실히 아니었다. 하지만 그들은 일단 잘못되고 타락한 예배를 드린 이후에는 완고해져서 여러 가지 그럴듯한 변명을 만들어내기에 이르렀다. 나는 가볍고 생각 없는 사람들이 때로는 벌레에 물린 것처럼 어리석은 열정으로 흥분하고, 성인聖人들이 어떤 일을 행했다는 것을 알게 되면 그것을 하나의 선례로 즉시 그리고 무비판적으로 받아들인다는 것을 알고 있다.

두 번째 잘못은 조상들의 행위를 오류를 감추는 덮개로 사용하는 좀 더 일반적인 행태이다. 이런 것은 교황제도에서 쉽게 감지할 수 있다. 그러나 이 구절은 조상들의 모범을 본받으라는 하나님의 명령을 경홀히 여기는 그들의 행동이 얼마나 진리에서 벗어났는지를 경고하는 말씀이다. 우리는 세상이 여러 면에서 이런 죄에 빠졌다는 사실을 주목해야 한다. 많은 사람들이 조상이라는 칭호를 받을 가치도 없는 사람들을 조상이라고 칭하면서 무비판적으로 따르고 있다.

오늘날에도 교황주의자들은 조상들을 들먹거리며 계속해서 나팔을 불지만, 선지자들과 사도들의 교훈에는 주의를 기울이지 않는다. 교황주의자들은 존경 받을 만한 사람 한두 명을 언급하면서 자기들과 같은 수많은 군중들을 모으는 데 혈안이 되어 있다. 그러한 엄청난 만행이 아직 만연하지는 않았지만, 어찌 되었든지 간에 그들로 인해 좀 더 타락한 시대가 되어 기독교와 교리의 순수함이 크게 쇠퇴한 것은 사실이다. 그러므로 우리는 아무나 조상이라고 떠받들지 않도록 주의를 기울여 분별해야 한다. 하나님의 자녀들과 매우 경건한 사람들만 조상이라는 영예로운 칭호를 갖기에 합당하다.

종종 사람들은 조상들의 행동에서 성급하게 일반적인 법칙을 만들어내는 실수를 저지른다. 많은 사람들이 조상을 대단히 훌륭한 사람으로 높여야만 그들에게 합당한 영예를 부여하는 것으로 생각하기 때문이다. 그러나 조상들 역시 얼마든지 타락할 수 있는 인간이라는 사실을 잊는다면, 그들이 저지른 악한 행동을 그들의 덕성과 혼합하여 무비판적으로 받아들이게 된다. 결과적으로 삶을 살아가는 데 최악의 혼란이 일어난다. 모든 사람의 행위는 율법의 규율에 의하여 검사를 받아야 하지만, 우리는 저울의 추를 무거운 쪽으로 두는 경향이 있다. 한마디로 말해서, 조상들의 행위를 본받는 것에 너무 많은 무게를 둠으로써 조상들의 사례를 따라 죄를 짓는 것이 아무런 문제가 되지 않는다고 생각할 수도 있는 것이다.

세 번째 잘못은 아무 생각 없이 부주의하게 따라하는 것이다. 우리가 동일한 성령을 받은 것도 아니고 동일한 명령을 받은 것도 아니면서 조상들 중에 어느 한 사람이 행한 것을 우리의 선례先例로 삼을 때 이런 일이 일어난다. 예를 들자면, 모세가 그렇게 했다는 이유를 들어 자기도 자기 형제에게 상해를 입힌 사람을 칼로 복수하고 싶어 하는 것(출 2:12) 또는 비느하스가 그렇게 했다는 이유를 들어 간통한 사람을 처형하고 싶어 하는 것(민 25:7,8) 등이다. 많은 사람들이 자기 아이를 제물로 바치는 비인간적인 만행이 자기들 조상 아브라함처럼 되고 싶어 하는 유대인들에게서 시작되었다고 생각한다. 마치 "네 아들 … 이삭을 … 번제로 드리라"(창 22:2)라는 명령이 한 사람을 시험하기 위한 독특한 명령이 아니라 일반적인 명령인 것처럼 여기는 것이다.

이와 같은 카코젤리아(kakozelia, 나쁜 열심), 즉 해로운 열심은 대개의 경우 교만과 과신이 혼합된 데서 나온다. 이들은 자신에 대하여 지나칠 정도로 과장하고 자신의 한계를 인정하지 않는다. 이들 중에 어느 누구도 조상들을 진정으로 본받지 않는다. 대부분이 그저 조상들을 흉내 낼 뿐이다. 고대 문헌을 검토하는 사람들이라면 고대에 성행했던 상당히 많은 수도원 제도가 동일한 기원을 갖는다는 사실을 지적知的으로 인정할 것이다. 그러므로 우리가 의도적으로 오류를 범하려 하지 않는다면, 각각의 조상이 어떤 영靈을 받았는지, 그의 소명이 그에게 요구하는 바는 무엇인지, 개인적으로 그에게 적합한 것은 무엇이었는지 그리고 그가 개인적으로 해야 할 일은 무엇이었는지에 주의를 기울여야 한다.

지금 지적한 세 번째 잘못과 밀접하게 관련된 또 다른 잘못은 서로 다른 세대를 혼동하는 것이다. 후대 사람들은 조상들이 살아왔던 사례들에 온통 마음을 쏟는다. 주님은 그들에게 부여하신 행동의 법이 다르다는 것을 생각하지 않고 말이다. 우리는 이러한 무지의 원인이 이루 셀 수 없을 정도로 많은 의식儀式들에 있다고 생각한다. 교황제도 아래에서 교회는 이 의식들도 뒤덮여버렸다. 교회가 시작되자마자 크리스천들은 유대교의 의식을 본받으려는 어리석고 지나친 열정에서 이와 같은 죄를 짓기 시작했다. 유대인들에게는 저들 나름의 제사가 있었다. 그리스도인들도 의식의 화려한 면에서는 유대인들에게 전혀 뒤지지 않았다. 그들은 희생당하신 그리스도를 기리는 의식을 만들었다. 그리스도의 찬란한 빛을 가리는 모든 그림자들이 사라지면 기독교회의 상태가 악화되기라도 할 것처럼 말이다. 이러한 미친 행동은 나중에 좀 더 강렬하게 불붙어서 한없이 퍼져나갔다.

그러므로 우리가 이런 오류에 빠지지 않기 위해서라도 늘 다음과 같은 규정에 주의해야 한다. 분향, 등잔, 거룩한 옷, 제단, 거룩한 기물들, 그리고 그밖에 이런 종류의 의식들은 이전에는 하나님을 기쁘시게 하였다. 그 이유는 순종보다 더 하나님께서 받으시기에 합당하거나 귀중한 것이 없었던 까닭이다. 그러나 그리스도께서 오신 이후 이런 질서는 바뀌었다. 그러므로 우리는 그리스도께서 복음에서 우리에게 무엇을 요구하시는지 주시함으로써, 조상들이 율법 아래서 지켰던 것을 아무 생각 없이 따르는 일이 없도록 해야 한다. 과거에 하나님께 예배하면서 지켰던 거룩한 것들이 이제는 사악한 신성모독이 될 것이기 때문이다.

사마리아 사람들이 오류를 범했던 것은 바로 그들의 시대가 야곱의 시대와 얼마나 다른지를 고려하지 않았다는 데 있다. 족장들에게는 어디든지 제단을 세우는 것이 허락되었다. 하나님이 나중에 선택하신 장소가 족장들 시대에는 아직 정해지지 않았기 때문이다. 하지만 하나님께서 성전을 시온 산에 세우라고 명령하신 때부터는 이전에 그들에게 주어졌던 자유는 끝났다. 모세가 "(이제부터는) 너희가 거기에서는 그렇게 하지 말지니라 … 또 내가 네게 명령하는 모든 것을 거기서 행할지니라"(신 12:8,14)라고 말한 이유가 바로 여기에 있다. 이전에는 사람들이 좀 더 자유롭게 하나님을 예배했다. 그러나 율법을 주신 때로부터 주님은 자신에게 드리는 참된 예배를 율법이 명하는 것으로 한정하셨다. 벧엘에서 예배하는 사람들이 사마리아 사람들이 하는 것과 비슷한 변명을 늘어놓았다. 야곱은 벧엘에서 하나님께 엄숙한 제사를 드렸다. 하지만 주님이 제사할 수 있는 장소를 예루살렘에 고정하신 이후에 그곳은 더 이상 '벧엘'(하나님의 집)이 아니라 '벧헤븐'(사악한 집)이 되었다.

이제 우리는 사마리아 여자가 예수님께 질문한 내용 배후에 있는 것이 무엇인지 알 수 있다. 사마리아 사람들은 조상들의 예를 하나의 선례로 삼았고, 유대인들은 하나님의 계명에 기초하여 예배했다. 사마리아 여자는 지금까지 자기 백성들의 풍습을 따랐지만, 그것에 만족하지 못하였다. 여기서

'예배'라는 말은 (어느 곳에서나 할 수 있는 매일 기도처럼) 모든 종류의 예배를 가리키는 것이 아니라 제사와 관련이 있는 공적이며 동시에 엄숙한 신앙고백을 가리킨다.

21 여자여 내 말을 믿으라 그리스도의 대답 중 앞 부분은 율법 아래서 제정된 의식적儀式的인 예배를 간단히 폐지하는 말씀이다. 그리스도께서 어떤 특별하고 특정한 예배 장소가 사라지게 될 때가 가까이 왔다고 말씀하실 때, 주님은 모세가 전수해준 것이 단지 잠정적인 것에 불과하다는 사실을 드러내시면서 (유대인과 이방인을) 가로막은 벽이 허물어지는 때가 오고 있다고 말씀하신다. 이렇게 하여 그리스도께서는 하나님께 예배하는 것을 확장시켜서 이전에 존재했던 좁은 한계를 훨씬 넘어서게 하신다. 그래서 사마리아 사람들도 함께 예배에 참여할 수 있게 말이다.

예배할 때가 이르리라 여기서 그리스도께서는 미래 시제가 아니라 현재 시제를 사용하신다(the hour cometh). 그러나 이 구절의 의미는, 성전과 제사장 제도와 그 밖의 외적인 의식과 관련하여 율법은 이미 폐지될 때가 다가오고 있다는 것이다. 그리스도께서는 하나님을 '아버지'라고 부르심으로써 자신을 사마리아 여자가 언급한 조상들과 간접적으로 대조하고 계시는 것 같다. 그리스도께서는 마치 다음과 같이 말씀하시는 것 같다. "하나님께서는 모든 사람에게 공통적으로 아버지가 되시며 장소나 국가의 구별 없이 똑같이 예배를 받으신다"라고 말이다.

22 너희는 알지 못하는 것을 예배하고 우리는 아는 것을 예배하노니 이는 구원이 유대인에게서 남이라 **23** 아버지께 참되게 예배하는 자들은 영과 진리로 예배할 때가 오나니 곧 이때라 아버지께서는 자기에게 이렇게 예배하는 자들을 찾으시느니라 **24** 하나님은 영이시니 예배하는 자가 영과 진리로 예배할지니라 **25** 여자가 이르되 메시아 곧 그리스

도라 하는 이가 오실 줄을 내가 아노니 그가 오시면 모든 것을 우리에게 알려주시리이

다 26 예수께서 이르시되 네게 말하는 내가 그라 하시니라 요 4:22-26

그리스도께서는 이제 그분이 이전에 율법 폐지와 관련하여 언급하셨던 내용을 좀 더 충분히 설명하신다. 그리스도께서는 이 주제를 두 부분으로 나누신다.

첫째, 그리스도께서는 사마리아 사람들이 사용한 하나님에 대한 예배 형식을 미신적이고 거짓된 것이라고 정죄하시면서 하나님께서 받으실 만한 합법적인 형식을 갖춘 것은 유대인들이라고 선언하신다. 그리고 그분은 그 차이의 원인을 밝히신다. 유대인들은 하나님을 예배하는 것에 관하여 하나님의 말씀에서 확신을 얻은 반면, 사마리아 사람들은 하나님의 입에서 나오는 말씀에서 아무런 확증을 얻지 못했던 것이다.

둘째, 그리스도께서는 지금까지 유대인들이 지켜왔던 의식儀式들 역시 곧 끝날 것이라고 선언하신다.

22 너희는 알지 못하는 것을 예배하고 우리는 아는 것을 예배하노니 이것은 암기해둘 만한 문장이다. 여기서 우리는 종교에 있어서 그 어느 것도 성급하게 행동하거나 생각 없이 시도해서는 안 된다는 점을 배운다. 지식이 없이 행한다면, 우리가 예배하는 대상은 하나님이 아니라 환상 또는 유령이다. 그러므로 소위 말하는 '선한 의도'라는 것들은 모두 이 청천벽력 같은 말씀에 충격을 받을 것이다. 이 구절은, 사람들이 하나님의 말씀이나 하나님의 명령을 받지 않은 채 자신의 의견에 따를 때 오류를 범하는 것밖에는 아무것도 할 수 없다는 사실을 우리에게 알려준다. 그리스도께서는 자신의 민족 편에 서서 유대인들은 사마리아인들과 매우 많이 다르다고 말씀하신다. 그렇다면 어떤 의미에서 다르다는 것인가?

이는 구원이 유대인에게서 남이라 이 말씀으로 예수님이 의미하시는 바는, 하나님께서 유대인들과 영원한 구원의 언약을 맺으셨다는 이 한 가지 점에서 유대인들이 사마리아 사람들보다 뛰어나다는 것이다. 어떤 이들은 이 구절을 유대인 출신이신 그리스도에게 한정시켜서 이해한다. 사실 하나님의 모든 약속이 그리스도 안에서 비준되고 확증되었기에(고후 1:20), 그리스도를 떠나서는 구원이 없다는 것은 사실이다. 하지만 여기서 그리스도가 유대인들을 염두에 두고 이 말씀을 하셨다는 것에는 의심의 여지가 전혀 없다. 유대인들은 알지 못하는 것을 예배하지 않고 그들에게 자신을 계시하신 하나님만을 예배하며, 하나님에 의해 그분의 백성으로 받아들여진 사람들이기 때문이다. 그러므로 우리는 '구원'salvation이라는 단어를 하늘에 속한 교훈으로 유대인들에게 '나타난 구원'(saving manifestation)을 의미하는 것으로 이해해야 한다.

그렇다면 그리스도께서는 구원이 유대인들에게 맡겨졌고 그들이 구원을 누리고 있다고 말씀하시는 대신에, 왜 구원이 유대인에게서 났다고 말씀하셨는가? 내가 판단하기에, 그리스도께서는 선지자들이 예언한 것, 즉 율법이 시온에서 나온다는 내용을 암시하고 계시는 것 같다(사 2:3). 하나님을 아는 순전한 지식이 유대인들에게서 나와 종국에는 온 세상으로 흘러들어간다는 점에서 유대인들은 다른 나라와 구별되었다. 이는 하나님을 바르게 예배하려면 믿음의 확신이 있어야 하고, 바른 예배는 하나님의 말씀에서만 나온다는 얘기가 된다. 그러므로 하나님의 말씀을 버리는 사람은 다 우상숭배에 빠지게 된다. 그리스도께서는 우상이나 헛된 형상은 사람들이 참 하나님에 대해 무지하여 하나님 대신에 숭배하는 것이라고 선언하신다. 그리고 하나님께서 자신을 계시하지 않은 모든 사람들에 대하여 그리스도는 그들의 무지를 책망하신다. 이는 우리에게 하나님 말씀의 빛이 제거되는 순간, 어둠과 무지가 우리 안에서 왕 노릇 하기 때문이다.

우리가 주목해야 할 것이 하나 더 있다. 유대인들이 신실하지 못하여 하나님께서 그 조상과 맺은 영원한 생명의 언약을 파기하셨을 때, 그들은 그때까지 소유하고 있던 보화를 빼앗겼다. 당시만 해도 유대인들은 하나님의 교회에서 아직 버림받지 않았다. 그러나 그들이 하나님의 아들을 부인함으로써, 그들에게는 하나님 아버지와 공통점이 하나도 없는 처지가 되었다. 복음의 순수한 믿음을 떠나 자신이나 다른 사람들이 만든 것을 좇는 모든 사람들에게도 이와 동일한 일이 발생한다. 자기의 열심 혹은 사람들의 전통에 따라 하나님을 예배하는 사람들이 아무리 고집을 피워가며 자신들을 치켜세우고 칭송하더라도, 하늘에서 울려오는 이 한마디 말씀, 곧 "너희는 알지 못하는 것을 예배한다"라는 말씀이 그들이 스스로 소유하고 있다고 생각하는 거룩하고 신성한 모든 것들을 무너뜨리고 말 것이다. 그러므로 하나님께서 우리의 종교를 인정해주시기를 바란다면, 그 종교는 반드시 하나님의 말씀에서 나온 지식에 기반을 두어야 한다.

23 때가 오나니 이제 율법에 규정된 예배의 폐지에 관한 언급이 이어진다. 그리스도께서는 '때가 온다'(혹은 '때가 올 것이다')라고 말씀하시면서 모세가 전수해준 질서가 영원하지 않다고 가르치신다. '때가 지금 왔다'고 말씀하실 때 그분은 율법의 의식儀式들을 끝장내신 것이며, 그럼으로써 '개혁의 때'가 성취되었다고 선언하시는 것이다. 물론 그동안에는 성전과 제사장 제도와 이것들과 관련된 모든 의식들이 인정을 받아 실제로 하나님을 예배하는 데 사용되었다(히 9:10). 그러나 이제 주님은 하나님께서 예루살렘이나 그리심 산에서 예배 받는 것을 원하지 않으신다는 사실을 보이려고 좀 더 고상한 원리를 취하신다. 즉, 하나님을 참되게 예배하려면 성령으로(in the Spirit) 예배해야 한다는 것이다. 성령으로 예배하기만 한다면 우리는 어느 곳에서든 하나님을 바르게 예배할 수 있다.

그러나 여기서 우리가 먼저 던져야 할 질문이 있다. "하나님을 예배하는 것을 왜, 어떤 의미에서 영적(성령적)이라고 부를 수 있는가?" 하는 것이다. 이 문제를 이해하려면 성령과 외적인 형상 간의 대조를 주목해야 한다. 이것은 마치 그림자와 실체의 대조와 같다. 하나님을 예배하는 것을 '성령으로 예배하는 것'이라고 하는 이유는, 우리로 기도하게 하고 양심의 순결을 지키게 하며 자기부인自己否認을 하게 함으로써 우리 자신을 포기하고 하나님께 순종하는 거룩한 제사를 드릴 수 있게 하는 것이 바로 '마음의 내적인 믿음'이기 때문이다.

여기서 "조상들은 율법 아래에서도 하나님을 영적으로 예배하지 않았는가?"라는 또 다른 질문이 제기된다. 이 질문에 나는 이렇게 대답하겠다. 하나님은 늘 자신에 대해 진실하시므로 그분은 세상 창조 때부터 영적인 예배 외에는 그 어떤 예배도 인정하지 않으셨다. 이것이야말로 하나님의 속성과 일치되는 부분이다. 이것은 모세 자신도 여러 번 인정했던 내용이다. 모세는 여러 곳에서 율법의 유일한 목표가 백성들이 믿음과 순결한 양심으로 하나님께 나아가는 것이라고 선언한다. 선지자들은 이 내용을 좀 더 분명하게 표현한다. 백성들이 제사를 드리고 겉으로 뭔가를 행함으로써 자신들이 하나님을 기쁘시게 한다고 생각했을 때, 선지자들은 백성들의 외식外飾을 호되게 꾸짖었다.

다른 여러 곳에서 얻을 수 있는 수많은 증언들을 여기서 다 인용할 필요는 없다. 하지만 가장 중요한 본문은 시편 50편, 이사야서 1장, 58장, 66장, 미가서 6장, 아모스서 5장이다. 설령 율법 아래에서 하나님을 예배하는 것이 영적인 예배였다고 하더라도, 그 예배는 많은 외적인 의식儀式으로 싸여 있어서 세속적이고 현세적現世的인 냄새가 났다. 이런 이유로 바울은 갈라디아서 4장 9절에서 이런 의식을 "약하고 천박한 초등학문"이라고 명명한다. 이와 마찬가지로 히브리서 기자는 옛 장막(성막)과 거기에 속한 모든 것은 다 세상에 속한 것이었다고 주장한다(히 9:1). 그러므로 우리는 이렇게 말할 수 있을 것이다. 율법에 속한 예배는 본질에 있어서는 영적이었지만, 그 형식에 있어서는 세속적이며 현세적인 것이었다고 말이다. 하나님의 전체 경륜에 있어서 지금은 공개적으로 나타난 실체가 이전에는 그림자로 나타났던 것이다.

이제 우리는 유대인들과 우리가 공통으로 가지고 있는 것이 무엇인지 그리고 어떤 의미에서 그들과 우리가 다른지를 알게 되었다. 모든 세대에서 하나님은 믿음과 기도와 감사와 정결한 마음과 순전한 삶으로 예배 받기를 원하셨다. 이외에 다른 예배는 기뻐하지 않으셨다. 율법에는 다양한 부가적인 것이 있어서 성령과 진리가 베일에 가려져 있었지만, 이제는 성소의 휘장이 찢어져 그 어느 것도 흐릿하거나 감춰진 것이 없이 밝히 드러났다. 사실 오늘날에도 여전히 우리 가운데는 우리의 연약함에서 나온 경건의 외적인 행습들이 많이 있다. 그러나 이런 것들은 그리스도의 분명한 진리를 가리지 못하는 사소한 것들이다. 요컨대 조상들에게는 어렴풋하게 알려졌던 것들이 이제 우리에게는 밝히 드러났다.

그러나 교황제도 아래에서 이러한 구별은 혼동되고 있을 뿐만 아니라 아예 뒤바뀌고 있다. 교황제도 아래에서는 유대교 아래에서만큼이나 율법의 그림자가 강하게 드리우고 있다. 여기서 그리스도께서 우리와 유대인들을 분명하게 구별하고 계시다는 것은 부정할 수 없다. 교황주의자들이 이 사실을 부정하려고 온갖 구실을 댄다 하더라도, 우리가 외적인 형태에서만 조상들과 다르다는 것은 확실하다. 조상들은 하나님을 영적으로 예배하면서, 그리스도의 오심으로 폐지된 의식들에 얽매여 있었기 때문이다. 그러므로 교회에게 과도하게 많은 의식을 짐 지우는 사람들은 다 교회에서 그리스도의 임재를 빼앗는 것이나 다름없다.

나는 오늘날에도 여전히 옛 시대의 유대인들처럼 평범한 신자들에게 (외적인) 도움이 필요하다고 주장하는 헛된 변명을 철저히 조사할 생각이다. 주님이 자신의 교회가 어떤 식으로 다스려지기를 원하시는지에 우리는 늘 주의를 기울여야 한다. 그리스도만이 우리에게 유익한 것이 무엇인지를 가장 잘 아는 분이시기 때문이다. 나는 교황제도에 만연해 있는 천박하고 세상적인 과시야말로 하나님의 계명에 가장 어긋나는 행동이라고 확신한다. 율법의 그림자는 확실히 성령님을 감추었다. 그러나 교황제도 아래의 이러한 가면들은 성령님을 완전히 왜곡시킨다. 그러므로 우리는 어떤 이유로든 이와 같은 가공할 만하고 무가치한 부패를 눈감아주어서는 안 된다. 꾀바른 사람들 또는 너무 소심하여 잘못된 것을 바로잡지 못하는 사람들은 이런 외적인 과시를 가치중립적인 것으로 보아 선하지도 악하지도 않다고 주장할지 모른다.

그러나 그리스도께서 주신 규칙이 파괴되는 것은 도저히 묵과할 수가 없다.

참되게 예배하는 자들 그리스도께서는 나중에 터져나오게 될 많은 사람들의 완악함을 넌지시 꾸짖으시는 듯하다. 복음이 계시되었을 때, 유대인들이 자신들이 행해왔던 의식儀式들을 변호하는 데 얼마나 완악하고 논쟁을 좋아했는지 우리는 익히 알고 있다. 그러나 예수님의 주장은 좀 더 광범위한 의미를 지닌다. 그리스도께서는 세상이 미신을 떨쳐버리지 못할 것이라는 사실을 잘 아셨다. 그래서 경건하고 참되게 예배하는 자들과 타락하고 외식外飾하는 자들을 구별하신다. 우리는 그리스도의 이런 증언으로 무장하여 이상한 것들을 만들어내는 교황주의자들을 정죄하고 그들의 수치스러운 행동을 멸시해야 한다. 교황주의자들은 수많은 의식들로 부풀려지지 않았다는 이유로 이 단순 소박한 예배를 경멸하지만, 하나님께서 이 예배를 기뻐하신다는 소식을 듣는다면 우리가 두려워할 이유가 무엇이겠는가? 주님이 공허하게 육적肉的인 것을 과시하는 것이 성령을 소멸한다고 말씀하신 마당에, 그러한 의식들이 그들에게 무슨 소용이 있겠는가?

성령(영)과 진리로 하나님을 예배하는 것이 어떤 것인지는 지금까지 우리가 말한 것에서 분명하게 드러난다. 그것은 예전의 의식儀式의 수건을 벗겨내고 하나님을 예배하는 데 있어서 영적인 것을 단순하게 유지하는 것이다. 하나님을 예배하는 것의 진리는 성령 안에 그 기초를 두기 때문이다. 의식들이란 단지 부가적인 것에 불과하다. 여기서 우리가 반드시 주목해야 할 것은, 그리스도께서 말씀하시는 진리가 거짓과 대조되는 것이 아니라 율법의 외적인 형태를 첨가하는 것과 대조된다는 사실이다. 쉽게 말하면, 진리는 영적인 예배의 순전하고 단순한 본질을 의미한다.

24 하나님은 영이시니 이 말씀은 하나님의 본질적인 속성에서 추론한 확증이다. 인간은 육체적인 존재이므로, 그들이 자기들의 본성과 관련된 것을 즐거워하는 것은 그리 놀랄 만한 일이 아니다. 사람들이 하나님을 예배하면

서 비본질적인 것들로 가득한 많은 외형을 만들어내는 이유가 여기에 있다. 사람들은 처음에는 자기들이 하나님과 관련된 일을 하고 있다고 생각한다. 불이 물과 어울리지 못하는 것처럼, 하나님은 육체와 전혀 어울리지 않는데도 말이다. 우리가 하나님을 예배할 때, 하나님은 우리와는 전혀 다른 분이시기에 우리가 좋아하는 것들의 대부분이 그분께는 혐오스럽고 따분한 것이라는 점을 생각하기만 해도 우리 생각의 방자함을 억제하기에 충분하다. 외식外飾하는 자들이 자신들의 교만함에 눈이 멀어 하나님을 자기들의 의지나 욕망에 종속시키는 것을 조금도 두려워하지 않는다면 어떻게 되겠는가?

겸손이 하나님을 참되게 예배하는 가장 낮은 자리가 아니라는 사실을 반드시 알아야 한다. 육체를 기쁘게 하는 것은 무엇이든지 (그것이 지극한 겸손이라 할지라도) 의심해보아야 한다. 우리가 하나님이 계신 높은 곳에 오르지는 못하더라도, 하나님의 말씀에서 우리를 인도할 규칙을 찾아야 한다는 사실을 유념하자. 이 구절은 교부들이 성령님의 신성神性을 증명하면서 아리우스파 사람들을 공격하기 위해 종종 인용하던 것이다. 하지만 이 구절을 그러한 목적으로 사용하는 것은 적절하지 않다. 그리스도께서 여기서 말씀하시는 바는 단지 그분의 아버지가 영적인 속성을 지니셨고 그러하기에 인간들이 예사롭게 그러는 것처럼 사소한 것들에 좌지우지되지 않으신다는 것이다.

25 메시아 곧 그리스도라 하는 이가 오실 줄 사마리아 사람들의 종교는 순수하지 못하고 많은 오류가 섞여 있었다. 그렇지만 메시아에 관한 원칙과 같이 율법에서 끌어낸 몇 가지 원칙들은 그들의 마음에 분명하게 자리하고 있었다. 사마리아 여자는 예수님과 나눈 대화를 통해 하나님의 교회에 특기할 만한 변화가 발생할 것이라는 내용을 듣자, 즉시 메시아를 생각해냈던 것 같다. 그 여자는 메시아가 오시면 모든 것이 완벽하게 회복될 것이라고 기대했다. 사마리아 여자가 메시아의 오심에 대해 말할 때, 그 여자는 그때가 가까이 왔다고 말하고 있는 듯하다. 사실, 도처에서 사람들이 메시아를 대망하며 흥분했다는 많은 증거가 있다. 사람들은 메시아가 오시면 비참하게 폐

허가 된, 아니 철저하게 파괴된 것을 고쳐주실 것이라고 믿었다.

사마리아 여자가 그리스도를 모세와 모든 선지자들보다 뛰어난 선생으로 생각했다는 것은 논란의 여지가 없다. 그 여자는 몇 마디 말로써 다음 세 가지 내용을 함축적으로 표현했다.

첫째, 율법의 가르침은 절대로 완전하지 않으며 모든 것을 자세하게 설명하지 않고 단지 핵심적인 내용만 전달한다는 사실이다. 만일 율법이 완전했다면, 그 여자는 메시아가 그들에게 모든 것을 알려주실 거라고 말하지 못했을 것이다. 여기에 그리스도와 선지자들의 대조가 암시되어 있다. 자신의 제자들을 최종 목표 지점에 도달하게 하는 것이 그리스도에게 적합한 직분인 반면에, 선지자들은 사람들을 그 과정에 들어가게 하고 그 여정을 시작하게 하는 직분을 받았을 뿐이다.

둘째, 사마리아 여자는 메시아를 조상들이 한 말을 해석하는 분으로, 그리고 모든 경건한 사람들의 교사와 주님으로 기대했다고 말한다.

셋째, 사마리아 여자는 우리가 그리스도의 복음보다 더 좋고 더 완전한 것을 기대해서는 안 된다고 선언한다. 그리스도의 복음이야말로 최상의 지혜이고, 그것을 넘어 더 진행하는 것은 불법이기 때문이다.

바라기는, 지금 그리스도의 교회에서 기둥이라고 자랑하고 있는 사람들이 교회에 여러 가지 새로운 의식儀式들을 만들 권위가 자기들에게 있다고 주장하지 말고, 사마리아 여자를 본받아 그리스도의 교훈만으로 만족할 수 있었으면 한다. 그들이 복음의 가르침을 완성한답시고 상상해낸 잘못된 교훈들을 덧붙이지 않았더라면, 도대체 교황과 마호메트의 종교는 어떻게 만들어졌겠는가? 그들은 자기들이 만들어낸 이 어리석은 가르침이 없이는 복음의 교훈이 불완전하다고 생각한다. 그러나 그리스도의 학교에서 제대로 가르침을 받는 사람이라면 다른 어느 선생에게 묻지도 않을 것이고 그들을 용인하지도 않을 것이다.

26 네게 말하는 내가 그라 하시니라 사마리아 여자에게 자신이 메시아

라는 사실을 인식시키실 때, 그리스도께서는 자신을 그 여자가 갖고 있던 소망에 상응하는 그 여자의 선생으로 분명하게 제시하신다. 아마도 주님은 그여자의 갈증을 해소해주기 위해서 좀 더 충분한 가르침을 주셨을 것이다. 그리스도께서는 자신의 은혜가 이 가련한 여자에게 확연하게 드러남으로써, 우리가 그리스도께서 우리의 선생이 되시기를 원하면 그분은 자신의 의무를 분명히 수행하신다는 사실을 모든 사람에게 증언하고 싶으셨다. 그리스도께서는 자신의 제자가 되려고 하는 사람 중에 어느 누구도 실망시키지 않으신다. 하지만 우리가 많은 교만한 사람들과 무종교인들에게서 보듯이 혹은 마호메트 교도들과 교황주의자들처럼 그리스도 외에 다른 곳에서 더 완전한 지혜를 찾는 사람들에게서 보듯이, 그리스도께 복종하려 하지 않는 사람들은 끝없는 유혹에 끌려다니며 오류의 미궁 속에 빠져드는 것이 마땅하다.

그리스도께서는 "네게 말하는 내가 메시아, 즉 하나님의 아들이다"라고 말씀하심으로써, 메시아라는 이름을 그분의 복음 선포를 확증하는 증거로 제시하신다. 이사야 선지자가 말한 대로(사 61:1), 그리스도께서 우리에게 구원의 메시지를 전하시려고 아버지에게 기름부음을 받으셨고 하나님의 영이 그분에게 임하셨다는 사실을 우리는 기억해야 한다.

27 이때에 제자들이 돌아와서 예수께서 여자와 말씀하시는 것을 이상히 여겼으나 무엇을 구하시나이까 어찌하여 그와 말씀하시나이까 묻는 자가 없더라 28 여자가 물동이를 버려두고 동네로 들어가서 사람들에게 이르되 29 내가 행한 모든 일을 내게 말한 사람을 와서 보라 이는 그리스도가 아니냐 하니 30 그들이 동네에서 나와 예수께로 오더라 31 그 사이에 제자들이 청하여 이르되 랍비여 잡수소서 32 이르시되 내게는 너희가 알지 못하는 먹을 양식이 있느니라 33 제자들이 서로 말하되 누가 잡수실 것을 갖다 드렸는가 하니 34 예수께서 이르시되 나의 양식은 나를 보내신 이의 뜻을 행하며 그의 일을 온전히 이루는 이것이니라 요 4:27-34

27 이상히 여겼으나 제자들이 이상히 여긴 것은 두 가지 이유 때문으로 여겨진다. 그들은 사마리아 여자의 비천한 처지 때문에 아연실색했을 수도 있고, 유대인이 사마리아 사람과 이야기를 나누면 부정해진다는 생각을 했을 수도 있다. 하지만 이 두 가지 감정이 자기들의 선생님을 공경하는 마음에서 나왔다고 하더라도, 그리스도께서 이 비천한 여자를 매우 높인 것이 어울리지 않기라도 하는 듯이 제자들이 이상히 여긴 것은 잘못이다. 왜 제자들은 그들 자신을 직시하지 못했는가? 제자들 역시 무가치한 사람이고 어쩌면 인간 쓰레기 같은 존재들인데 그리스도께서 그들을 가장 높은 지위에 올리신 것은 놀랄 만한 일이 아니던가? 우리는 제자들의 사례에서 다음과 같은 교훈을 얻는다. 예나 지금이나 하나님과 그리스도의 말씀과 행위에서 우리 생각과 맞지 않는 어떤 것을 경험하고 충격을 받을 때, 저항하거나 뻔뻔하게 불평하지 말고 우리에게 감춰진 것이 하늘로부터 계시될 때까지 겸손하게 조용히 있어야 한다. 이러한 겸손의 기초는 하나님을 두려워하는 것과 그리스도를 경외하는 것이다.

28 여자가 물동이를 버려두고 복음서 기자는 이것을 사마리아 여자의 불타는 열정과 연결한다. 사마리아 여자가 자기 마을로 돌아가면서 물동이를 버려두고 간 것은 서두름의 표시이다. 우리가 영생에 참여했을 때 다른 사람들도 이 생명에 참여하기를 바라는 것은 믿음의 특성이다. 하나님을 아는 지식을 소유하면 우리 마음에서는 반드시 어떤 작용이 일어난다. 그 지식은 반드시 사람들에게 알려지게 마련이다. "나는 믿습니다. 그러므로 말할 것입니다"(시 116:10)라는 말씀은 진리이다(칼빈이 이 구절을 읽는 방식은 우리와 다르다. 한글 개역개정성경에는 "말할 때에도 나는 믿었도다"라고 되어 있다 - 역자 주). 사마리아 여자의 성실함과 열정에 불을 지핀 것은 오직 믿음의 작은 불꽃이었다는 점에서 우리는 그녀의 성실함과 열정을 높이 사야 한다. 사마리아 여자가 온 마을에 그리스도의 명성을 전했을 당시, 그 여자 역시 그리스도를 온전히 맛보지 못한 상태였다.

그러나 이 문제를 다른 면으로 설명하는 사람들이 있다. 즉, 사마리아 여자는 여전히 그리스도에 대해 무지하고 가르침을 받은 것 또한 불완전한데 자신의 신앙의 한계를 넘어서 그렇게 행동한 것은 비난 받을 만하다는 주장이다. 이에 대해 답변하겠다. 사마리아 여자가 만일 선생의 직책을 부여받았다면, 그녀의 행동은 분별없는 것이라고 말할 수 있을 것이다. 그러나 그 여자가 자기 동네 사람들에게 단지 그리스도께서 말씀하시는 것을 들으라고 부추기는 말 외에는 다른 어떤 말도 하지 않았다고 한다면, 우리는 그 여자가 자신의 신분을 망각하고 지나친 행동을 했다고 말할 수 없을 것이다. 사마리아 여자는 다른 사람들을 그리스도에게 초대한 나팔수요 종소리 역할만을 했을 뿐이다.

29 사람을 와서 보라 이 구절을 보면 사마리아 여자가 의심이 가득한 상태로 말하고 있는 것처럼, 그래서 그리스도의 권위에 별로 감동을 받지 않은 것처럼 보일 수 있다. 이 입장에 답하겠다. 사마리아 여자는 이와 같은 신비한 일들을 선포할 자격이 없었기 때문에, 자기 마을 사람들에게 그리스도께 가르침을 받으라고 설득하면서 자기 나름대로 애를 썼다. 더욱이 그 여자가 분명하고 명백한 표지를 통해 그분이 선지자라는 사실을 알았을 때, 그 지식은 동네 사람들을 설득할 만한 강한 자극제가 되었다. 동네 사람들은 그리스도의 가르침을 듣고 그분이 어떤 분인지 판단을 내릴 수 있는 상황이 아니었기 때문에, '와서 보라'는 그 여자의 단순한 말이 그들에게 그리스도를 맞을 준비를 하게 하는 데 유용하고 적합했다.

감추어졌던 것들이 사마리아 여자에게 계시되었다는 것을 알게 된 동네 사람들은 그리스도가 하나님께서 보내신 선지자라고 생각했다. 이것이 확실해지자, 그들은 그리스도의 가르침에 주의를 기울이기 시작했다. 하지만 사마리아 여자는 여기서 한 걸음 더 나아간다. 그녀는 동네 사람들에게 그분이 메시아가 아닌지 생각해보라고 말한다. 자기가 이미 그리스도 안에서 찾은 것을 동네 사람들이 스스로 찾으려고만 한다면, 사마리아 여자는 그것으로 만족했다. 왜냐하면 그들이 자기가 약속한 것 이상의 것을 발견하리라는 사실을 잘 알았기 때문이다.

그런데 사마리아 여자는 왜 그리스도께서 자기에게 '모든 일'을 말씀하셨다고 거짓말을 했을까? 내가 이미 지적했듯이, 그리스도께서는 사마리아 여자의 음란한 행위만을 가지고 그 여자를 꾸짖은 것이 아니었다. 그리스도께서는 몇 마디 말씀으로써 이 여자가 평생에 저지른 많은 죄를 지적하셨다. 복음서 기자는 많은 말로써 자세하게 이 문제를 기록하지 않고 요약적으로 기술했을 뿐이지만, 그리스도께서는 그 여자가 자신을 더 이상 조롱하지 못하게 하려고 그녀의 과거와 현재의 삶을 드러내셨다. 그러나 경건한 열정에 사로잡힌 사마리아 여자는 그리스도의 이름을 높이기 위해 자신이 부끄러움 당하거나 자기 명예가 실추되는 것을 전혀 개의치 않는다. 그녀는 자신의 치욕스러운 행동을 언급하기를 주저하지 않았던 것이다.

32 내게는 너희가 알지 못하는 먹을 양식이 있느니라 그리스도께서 피곤하고 시장하신데도 음식 잡수기를 거절하신 것은 놀랍다. 만일 이것을 그리스도께서 우리를 가르치시기 위해 배고픔을 참으신 것으로 해석한다면, 그분이 항상 그렇게 하지 않으신 이유는 무엇인가? 여기서 주님은 단지 우리가 먹을 것을 거절해야 한다고 가르치시는 것이 아니다. 그분에게는 또 다른 목적이 있었다. 여기서 주목해야 할 중요한 것은, 그리스도께서는 현재 사마리아 여자와 이야기를 나누는 데 모든 생각과 주의를 다 기울이고 계셔서 음식을 거절하는 것이 그분에게는 아무런 불편을 주지 않았다는 사실이다. 그렇다고 해서 그리스도께서 자신의 아버지의 계명에 순종하시느라 먹지도 마시지도 않은 것이 아니다. 그분은 단지 먼저 해야 할 일과 나중에 해야 할 일이 무엇인지를 지적하고 계신다. 그리스도께서는 친히 모범을 보이심으로써 하나님의 나라를 모든 신체적인 편안함보다 우선에 두어야 함을 설명하신다. 하나님께서는 우리에게 먹고 마시라고 하셨다. 하지만 우리가 우선적으로 해야 할 일을 잊어버리지 않는다는 전제하에서 그렇게 하신 것이다. 다시 말해서, 모든 사람이 하나님의 소명召命에 마음을 기울인다는 가정하

에서 먹고 마시라고 하신 것이다.

먹고 마시는 것 때문에 우리가 시간을 더 잘 사용하지 못하는 것은 아니냐고 말하는 사람들도 있다. 나는 이것이 사실이라는 점을 인정한다. 하지만 자비하신 주님은 우리에게 각자 필요한 대로 자기 몸을 돌보라고 말씀하셨으므로, 자기 몸을 소박하고 수수하게 돌보는 사람은 반드시 하나님께 순종하는 일에 마땅한 우선순위를 둔다. 그렇지만 하나님께서 우리에게 어떤 기회를 주시면서 우리를 위해 시간을 조정하실 때, 식사를 하지 않고는 다음 일을 하지 않겠다며 너무 고지식하게 정해진 시간을 지키는 일은 없도록 주의를 기울여야 한다.

이제 그리스도께서 어떻게 행동하셨는지를 살펴보자. 그리스도의 손에는 빠져나갈 수도 있는 기회가 있었다. 하지만 그분은 팔을 벌려 그 기회를 꽉 붙잡으셨다. 아버지께서 자신에게 부여하신 의무가 너무도 시급한 것이어서, 그리스도께서는 다른 모든 것은 내려놓으셔야 했다. 그래서 식사마저 주저 없이 미루셨다. 사마리아 여자가 물동이를 버려두고 동네 사람들을 부르러 달려갔을 때, 그리스도께서 열심을 보이지 않으셨다면 그것은 참으로 분별없는 일이 되었을 것이다.

마지막으로, 목숨을 위하여 삶의 목적을 잃는 일은 없도록 해야겠다고 결단했다면 적절한 균형을 유지하는 일은 그리 어렵지 않을 것이다. 주님을 섬기는 것을 삶의 목적으로 생각하는 사람은 눈앞에 죽음의 위험이 닥친다 해도 그 삶의 목적을 벗어나지 않을 것이며, 틀림없이 주님 섬기는 것을 먹고 마시는 것보다 더 중요하고 가치 있는 것으로 여길 것이다. 먹는 것과 마시는 것의 비유는 현재의 이야기에서 끌어낸 것이라서 매우 시의 적절한 비유이다.

34 나의 양식은 이 구절은 그리스도께서 아버지의 뜻을 행하는 것에 가장 우선순위를 두셨을 뿐만 아니라 그분이 이것보다 더 좋아하시거나 더 기뻐하면서 열정적으로 수행하시는 일이 없다는 의미이다. 마치 다윗이 하나님의 율법을 높이기 위해 그 율법이 자기에게 귀하다고 말했을 뿐만 아니라 율법

이 꿀보다도 달다고 말했던 것과 같다(시 19:10). 그러므로 그리스도를 따르기 위해서 우리는 우리 자신을 부지런히 하나님께 드릴 뿐만 아니라 하나님의 계명에 기꺼이 순종함으로써 우리가 하는 모든 수고가 번거롭거나 힘든 일이 되지 않도록 해야 한다.

나를 보내신 이의 뜻을 행하며 그의 일을 온전히 이루는 이것이니라 그리스도께서는 이 말씀을 덧붙이심으로써 자신이 마음을 쏟고 있는 아버지의 뜻이 무엇인지 충분히 설명하신다. 다시 말해서, 자신에게 맡겨진 소명을 온전히 이루는 것이 아버지의 뜻인 것이다. 그러므로 모든 사람은 자기의 소명이 무엇인지 곰곰이 생각해야 한다. 자기가 자기 의지로 성급하게 취해놓고서 그것을 하나님께서 주신 소명이라고 생각하는 일이 없도록 말이다. 그리스도께서 지니신 메시아직의 특성은 잘 알려져 있다. 그것은 하나님의 나라를 진척시키고 잃어버린 영혼에게 생명을 회복시키며 복음의 빛을 펴뜨리는, 한마디로 말해서 세상에 구원을 가져다주는 것이다. 이 일이 너무도 중요했기에 그리스도께서는 피곤하고 주린 상황에서도 음식 잡수시기를 잊으셨다. 이런 이야기를 들으면 마음이 편하지는 않다. 여기서 우리는 그리스도께서 사람들의 구원에 대해 많은 생각을 하셨으며, 그 구원에 참여하는 것이 그분에게 가장 큰 즐거움이 되었다는 사실을 배운다. 그리스도께서 오늘날 우리를 향하여서도 동일한 태도를 취하신다는 것은 의심의 여지가 없다.

35너희는 넉 달이 지나야 추수할 때가 이르겠다 하지 아니하느냐 그러나 나는 너희에게 이르노니 너희 눈을 들어 밭을 보라 희어져 추수하게 되었도다 36거두는 자가 이미 삯도 받고 영생에 이르는 열매를 모으나니 이는 뿌리는 자와 거두는 자가 함께 즐거워하게 하려 함이라 37그런즉 한 사람이 심고 다른 사람이 거둔다 하는 말이 옳도다 38 내가 너희로 노력하지 아니한 것을 거두러 보내었노니 다른 사람들은 노력하였고 너희는 그들이 노력한 것에 참여하였느니라 요 4:35-38

35 너희는 … 하지 아니하느냐 그리스도께서는 방금 전에 말씀하신 내용에 이어서 말씀을 계속하신다. 그리스도께서는 자신에게 아버지의 일을 이루는 것보다 더 중요한 일은 없다고 선언하셨다(34절). 이제 그분은 아버지의 일을 추수에 비교하여 그 일이 얼마나 무르익었는지를 보여주신다. 곡식이 익으면 추수를 미룰 수 없고 속히 추수하지 않으면 곡식이 떨어지듯이, 지금 영적인 곡식이 익어 있다. 그리스도께서는 지체하게 되면 곡식이 상하게 될지 모르므로 지체해서는 안 된다고 말씀하신다.

우리는 그분이 서두르시는 이유를 설명하기 위해 이 비유가 사용되었다는 것을 알 수 있다. "너희는 … 하지 아니하느냐"라는 말씀으로 그리스도께서는 사람들이 하늘에 있는 것보다 땅에 있는 것들에 훨씬 더 마음을 쏟고 있다는 사실을 암시하고 싶으셨다. 사람들의 마음은 추수에 대한 기대로 가득 차 있어서, 날수와 달수를 세는 일에 신중을 기한다. 하지만 사람들이 하늘의 곡식을 거둬들이는 일에는 얼마나 게으른지, 그저 놀라울 뿐이다. 일상적인 경험을 통해 우리는 이러한 타락이 태생적인 것일 뿐만 아니라 우리 마음에서 분리될 수 없는 것임을 확증하게 된다. 모든 사람이 이 세상의 미래에 대해서는 대비해두지만, 하늘에 속한 것들에 대해서는 전혀 관심을 두지 않는다. 성경의 다른 본문에서 그리스도께서는 친히 이렇게 말씀하셨다.

"외식하는 자여 너희가 천지의 기상은 분간할 줄 알면서 어찌 이 시대는 분간하지 못하느냐"(눅 12:56).

36 거두는 자가 이미 삯도 받고 그리스도께서는 다른 논거를 대시면서, 즉 우리 수고의 대가로 대단히 많은 엄청난 상賞이 쌓여 있다고 말씀하시면서 우리가 얼마나 부지런히 하나님의 일에 열심을 내야 하는지 보여주신다. 그리스도께서는 우리의 수고가 열매를 맺을 것이라고 약속하신다. 그것은 썩지 아니하고 없어지지 아니할 열매이다. 하지만 그리스도께서 열매에 대해 하신 말씀은 다음 두 가지로 설명될 수 있다.

첫째, 그것은 상에 대한 선언으로서, 그분이 동일한 것을 다른 용어를 사용하여 말씀하시는 것일 수 있다.

둘째, 그것은 그리스도께서 하나님나라를 풍요롭게 하는 사람들의 수고를 치하하는 말씀이다. 그리스도께서 나중에 다시 말씀하신 것처럼 말이다.

"내가 너희를 택하여 세웠나니 이는 너희로 가서 열매를 맺게 하고 또 너희 열매가 항상 있게 하여"(요 15:16).

두 가지 설명 모두 말씀 사역자들을 격려하고 그들의 수고를 치하하는 것임에 틀림이 없다. 그들은 하늘에 그들을 위한 영광의 면류관이 쌓여 있다는 약속을 받으며, 추수한 열매가 하나님이 보시기에 귀하고 영원하리라는 사실을 안다. 성경 여러 곳에서 상에 대하여 언급하는 것은 바로 이러한 목적을 위해서이지, 우리가 수고한 공로로 상을 얻게 된다는 의미로 그런 것은 아니다. 우리가 하는 수고가 상을 받는 근거가 된다면, 우리는 모두 수고의 대가로 상을 받는 것보다 게으름의 대가로 벌을 받아야 마땅하지 않겠는가? 그러므로 가장 수고를 많이 한 훌륭한 일꾼들조차 사죄의 기도로 겸손하게 하나님께 나아가는 것 외에 달리 기대할 것이 없다. 하지만 우리를 아버지의 사랑으로 대하시는 하나님께서는 우리의 게으름을 고치시기 위하여 그리고 낙심할 수밖에 없는 우리를 격려하시기 위하여 우리에게 거저 상을 주시기로 작정하신다.

더욱이 하나님께서 거저 상을 주시는 분이라는 사실은 믿음으로 의롭다 함을 얻는다는 가르침을 무너뜨린다기보다는 반대로 그 가르침을 확증한다.

첫째, 성령으로 우리에게 상을 주시는 것이 아니라면 하나님께서 우리 속에서 상을 내리실 만한 것을 어떻게 발견하시겠는가? 우리는 성령님이 신실하시고 우리가 하나님의 자녀가 되는 일에 보증이 되신다는 사실을 알고 있다.

둘째, 하나님께서 우리를 자신과 은혜로써 화목하게 하시고 우리의 공로와 상관없이 우리의 행위를 받지 않으셨다면, 하나님께서 불완전하고 죄로 가득 찬 행위들에 어떻게 영예를 부여하시겠는가?

이 구절의 요지는 이것이다. 사도들은 자기들이 행한 수고가 그리스도와 교회에 유익하다는 사실을 알기에, 그들이 가르치는 일에 들인 수고를 힘들거나 싫은 일로 간주해서는 안 된다는 것이다.

뿌리는 자와 거두는 자가 함께 즐거워하게 하려 함이라 그리스도
께서는 이 말씀을 통해, 사도들이 다른 사람들이 경작한 밭에서 추수하는 것
에 대해 불평할 이유가 없음을 보여주신다. 또한 우리는 '함께 즐거워하게
하려 함이라'는 부분을 주목해야 한다. 세상에서 자기가 수고한 열매를 다른
사람이 받는다고 불평하는 사람들이 있지만, 그들의 불평 때문에 새로운 소
유자가 다른 사람이 뿌린 것을 즐겁게 거두지 못하는 것은 아니다. 그렇다면
뿌리는 자와 거두는 자가 서로 합의하에 함께 기뻐하고 감사한다면, 거두는
사람들은 얼마나 더 즐겁겠는가?

하지만 우리가 이 구절의 의미를 바르게 이해하려면 뿌리는 것과 거두는
것의 대조를 이해해야 한다. 뿌리는 것은 율법과 선지자들의 가르침을 의미
한다. 율법과 선지자들이 토양에 뿌린 씨는 이파리를 틔우는 정도에 머문다.
반면에 사람들을 온전히 성숙하게 하는 복음을 가르치는 일은 추수에 적절하
게 비유된다. 율법은 그리스도 안에서 계시된 완전함과는 너무도 거리가 멀
었다. 바울이 갈라디아서 4장 1절에서 사용하는 아이와 어른의 비교는 우리
에게 잘 알려져 있는데, 그것 역시 같은 맥락에서 이해할 수 있다. 한마디로
말해서, 그리스도의 오심으로 말미암아 구원이 현실화되었으므로, 천국의 문
을 연 복음이 선지자들의 가르침을 추수하는 것이라고 해도 그리 놀랄 일이
아니다. 그렇다고 하더라도 율법 아래 있던 조상들 역시 하나님의 곡창 지대
에 얼마든지 모일 수 있다. 하지만 율법과 복음을 비교할 때는 그 가르침의
방식이 어느 시기에 속하는지를 봐야 한다. 교회의 유년기는 율법이 마칠 때
까지 계속되었으며, 복음이 전파되는 순간 교회는 성인成人이 되었다. 그러자
선지자들이 단지 뿌리기만 한 구원이 무르익기 시작했다.

그리스도께서 사마리아에서 이 말씀을 하셨을 때, 그분은 씨 뿌리는 것을
율법과 선지자들을 넘어서 더 멀리 확대하신 것 같다. 그래서 어떤 사람들은
이 말씀이 이방인들과 유대인들에게 동일하게 적용된다고 해석하기도 한다.

물론 경건의 곡식 중에는 온 세상에 늘 흩뿌려진 것이 있다는 것을 인정한다. 이를테면 하나님께서 철학자들과 세속의 문필가들의 손을 빌려 그들의 작품에 존재하는 고상한 문구들을 뿌리셨다는 것에는 아무런 의심의 여지가 없다. 그러나 그들이 뿌린 씨는 뿌리부터 썩었고 그 뿌리에서 나온 낱알도 (비록 그것이 선하지도 자연적이지도 않지만) 무수히 많은 오류들로 인해 말라 죽었기 때문에, 이와 같은 해로운 부패를 뿌리는 것에 비교한다는 것은 우스운 일이다. 더군다나 여기서 함께 즐거워하는 것과 관련된 언급은 철학자들이나 그들과 같은 부류의 사람들과 전혀 맞지 않는다.

하지만 문제는 아직 해결되지 않았다. 지금 그리스도께서는 특별히 사마리아 사람들을 언급하고 계시기 때문이다. 이 문제에 대해 나는 이렇게 답하겠다. 사마리아 사람들 가운데 있는 모든 것이 부패로 인해 오염된 것은 사실이지만, 경건의 씨앗은 여전히 거기에 감춰져 있다. 그들이 그리스도에 관한 말씀을 듣자마자 그분을 매우 신속하게 찾은 이유가 어디에 있겠는가? 그들이 율법과 선지자의 글에서 구주가 오신다는 소식을 배웠기 때문이 아니겠는가? 유대 땅은 주님께서 자신의 선지자들을 통하여 기경한 주님의 특별한 밭이다. 그러나 적은 분량의 씨가 사마리아에 전해졌을 때, 그리스도께서 씨가 그곳에서도 무르익었다고 말씀하시는 것도 무리가 아니다.

사도들이 복음을 온 세상에 선포하도록 택함을 입었다는 사실을 반대하는 사람이 있다면, 그들에게 이렇게 대답하겠다. 그리스도께서는 그 당대 사람들이 알아듣기 쉽게 말씀하셨다고 말이다. 이 사실을 제외하면, 사마리아 사람들이 이미 거의 익은 열매를 바라고 있었으므로, 그리스도께서는 사마리아 사람들 속에 있는 선지자들의 가르침의 씨를 칭찬하신다. 그것이 가라지나 잡초 또는 부패한 교훈과 함께 섞이고 혼합되어 있다고 하더라도 말이다.

37 한 사람이 심고 다른 사람이 거둔다 하는 말이 옳도다 이 구절은 어떤 사람이 종종 다른 사람이 수고한 열매를 받는 것을 가리키는 일반적인 격언이다. 하지만 다른 점이 있다면, 수고한 사람은 다른 사람이 자기가

수고한 것을 가져갈 때 속상해하지만, 선지자들은 사도들의 기쁨을 함께 나누었다는 것이다. 그러나 이 사실로부터 선지자들이 지금 교회 안에서 진행되고 있는 일을 증언하거나 알아차린다고 추론할 수는 없다. 그리스도께서 말씀하시려는 의미는 단지, 선지자들에게는 열매를 거두어들이는 일이 주어지지 않았지만 그들은 평생 그 열매를 바라며 기쁨으로 가르침을 베풀었다는 것이다. 베드로가 베드로전서에서 사용한 비교(벧전 1:12)가 이와 비슷하다. 단지 베드로는 모든 신자들에게 일반적으로 권하는 반면, 그리스도께서는 제자들에게만 말씀하시면서 그들을 복음의 사역자로 언급하신다는 점이 다를 뿐이다.

그리스도께서는 이 말씀으로 모든 사람들에게 유익을 주기 위해 일하라고 제자들을 권하신다. 그래야 그들 중에서 사악한 시기심이 발생하지 않을 것이기 때문이다. 처음으로 일터에 보냄을 받은 사람들은 밭을 기경하는 일에 모든 주의를 집중함으로써 자기들 뒤에 오는 사람들이 더 큰 복을 받는 것을 부러워하지 말아야 한다. 또한 익은 열매를 거두러 보냄을 받은 사람들은 밭을 기경할 때와 유사한 기쁨을 갖고 자기 일을 해야 한다. 각 사람이 하는 일의 관점에서 볼 때 뿌리는 사람은 율법을 가르치는 사람에, 거두는 사람은 복음을 가르치는 사람에 비교되었다.

---

39 여자의 말이 내가 행한 모든 것을 그가 내게 말하였다 증언하므로 그 동네 중에 많은 사마리아인이 예수를 믿는지라 40 사마리아인들이 예수께 와서 자기들과 함께 유하시기를 청하니 거기서 이틀을 유하시매 41 예수의 말씀으로 말미암아 믿는 자가 더욱 많아 42 그 여자에게 말하되 이제 우리가 믿는 것은 네 말로 인함이 아니니 이는 우리가 친히 듣고 그가 참으로 세상의 구주신 줄 앎이라 하였더라 43 이틀이 지나매 예수께서 거기를 떠나 갈릴리로 가시며 44 친히 증언하시기를 선지자가 고향에서는 높임을 받지 못한다 하시고 45 갈릴리에 이르시매 갈릴리인들이 그를 영접하니 이는 자기들도 명절에 갔다가 예수께서 명절 중 예루살렘에서 하신 모든 일을 보았음이더라 요 4:39-45

39 그 동네 중에 많은 사마리아인이 예수를 믿는지라 복음서 기자는 여기에서 사마리아 여자가 동네 사람들에게 선포한 것이 얼마나 강력한 효과를 발휘했는지를 언급한다. 사마리아 사람들 사이에 메시아에 대한 강한 기대와 바람이 있었다는 것이 이 구절에 분명히 드러난다. '믿는다'라는 단어가 여기서는 막연하게 사용되고 있는데, 이 단어는 사마리아 사람들이 여자의 말을 듣고 감동을 받아 그리스도가 선지자라는 사실을 인정하였음을 의미한다. 어떤 면에서 이는 가르침을 받아들일 마음의 준비를 하는, 믿음의 시작이라고 할 수 있다. 이처럼 믿음에 입문하는 것을 여기서는 '믿음'이라는 말로 고상하게 표현한 것이다. 아직 복음을 듣지 않은 사람들이 복음의 가르침을 받을 마음의 준비를 하는 것에 대해서 하나님께서 매우 귀하게 여기시는 것을 보면, 하나님이 자신의 말씀을 경외하는 것을 매우 높이 평가하신다는 사실을 알 수 있다. 그리고 사마리아 사람들이 더 진보하고자 하는 열망에 가득 차 있는 모습 속에서 그들의 믿음을 볼 수 있다. 이러한 이유로 그들은 그리스도께 자기들과 함께 유하시기를 청하였다.

41 믿는 자가 더욱 많아 이 말씀을 보면, 그리스도께서 사마리아 사람들이 바라는 대로 하신 것이 적절했음이 분명해진다. 그리스도께서는 사마리아 사람들의 요구에 응하여 이틀을 그들과 함께 유하셨고, 좋은 열매를 맺으셨다. 이러한 주님의 모습을 통해 우리는 하나님나라를 확장시킬 수 있는 상황에서는 절대로 멈추지 말아야 한다는 교훈을 얻는다. 그러므로 우리가 하나님나라를 위하여 준비한 것이 비방을 받지나 않을까 혹은 아무 소용없는 것으로 드러날까 두려워하는 마음이 있다면, 우리를 인도하실 권고의 성령님을 보내달라고 그리스도께 구하자. 이 구절에서 '믿는다'라는 단어는 앞 구절에서와는 다른 의미로 사용되었다. 즉, 여기서는 사마리아 사람들이 믿을 준비를 한다는 것만 아니라, 그들이 실제로 참 믿음으로 충만하였음을 의미한다.

42 네 말로 인함이 아니니 라틴어 번역 성경[불가타역(Vulgate), 382년 교황 다마소의 명으로 제롬이 편찬한 라틴어 성경. 복음서는 384년에, 신약 전체는 386년경에 번역을 마쳤으며, 구약까지 포함해서 전체 성경은 404년에 완역되었음]에 사용된 '로켈라'(loquela, 말, 말씨, 언어, 방언)는 이국적인 용어기 때문에, 나는 에라스무스가 번역한 것oratio을 따랐다. 그러나 독자들은 이 헬라어 단어가 '말 많음' 또는 '가십'을 의미하는 라틴어 '로켄티아'loquentia와 동일한 의미를 지닌다는 사실을 기억할 필요가 있다. 사마리아 사람들은 이제 자기들이 통상적으로 믿을 만하지 못하다고 여긴 한 여자의 말보다 더 유력한 근거를 갖게 되었다고 주장하고 있는 것 같다.

우리가 믿는 것은 … 앎이라 하였더라 이 어구는 사마리아 사람들의 믿음의 특성을 더 잘 표현해준다. 즉, 그들은 하나님의 말씀 자체를 듣고 믿음을 가진 것이다. 그래서 그들은 하나님의 아들을 자기들의 선생으로 모시고 있다는 사실을 자랑으로 여길 수 있었다. 사실 우리가 안전하게 의지할 수 있는 것은 주님의 권위뿐이다. 물론 지금 주님이 우리와 얼굴과 얼굴을 맞대고 말씀하실 수 있게 눈에 보이는 모습으로 현존하시지는 않는다. 그러나 우리가 누구를 통하여 그분의 말씀을 듣게 되든지 간에, 우리의 믿음은 오직 그리스도에게만 두어야 한다.

이 구절에서 언급하는 '앎'은 그리스도 외의 다른 어느 누구에게서도 나오지 않는다. 죽을 운명을 가진 사람에게서 나오는 말은 확실히 귀를 충족시키고 만족케 할 수 있다. 그러나 그 말은 우리의 영혼이 구원받았다는 조용한 확신을 갖게 해주지 못한다. 결국 그 말을 들은 사람은 자기가 알고 있노라고 정당하게 주장할 수 없게 된다. 그러므로 믿음에서 첫 번째로 요구되는 것은 그리스도께서 자신의 사역자들을 통해 말씀하신다는 사실을 아는 것이다. 그 다음으로 요구되는 것은 마땅히 그리스도에게 돌려야 할 영예를 그분에게 돌리는 것, 말하자면 그분이 신실하시고 참되시다는 사실을 의심하지 않는 것이다. 그분의 확실한 권위를 믿음으로써 그분의 가르침을 안전하게 의지할 수 있도록 말이다.

다시 말하지만, 사마리아 사람들이 예수님을 세상의 구주^{Savior}와 그리스도 ^{Christ}로 선포할 때, 그들은 틀림없이 이 사실을 그분에게 들어서 배웠을 것이다. 여기서 우리는 주님이 이전에 예루살렘에서 가르치셨을 때보다 이틀간 사마리아에 계시면서 더욱 분명하게 복음의 정수精髓를 가르치셨다고 추론할 수 있다. 그리스도께서는 자신이 가져온 구원이 온 세상에 공통적인 것임을 선언하셨다. 그래서 사람들은 이 복음이 자기들에게도 해당되는 것임을 좀 더 쉽게 깨달을 수 있다. 물론 그리스도께서 사마리아 사람들을 합법적인 상속자라고 부르지는 않으셨지만, 자신이 외인싸시들을 하나님의 가족으로 받아들이기 위해서, 그리고 멀리 있는 자들에게 평안을 전하기 위해 오셨음을 그들에게 가르치셨다.

44 친히 증언하시기를 언뜻 보면 예수님의 말씀에 모순이 있어 보여서 이 구절의 의미에 대한 다양한 해석이 제기되었다. 어거스틴은 그리스도께서 갈릴리 사람들 사이에서 오랫동안 계시면서 행하신 것보다 사마리아 사람들 사이에서 단 이틀 동안 계시면서 행하신 선한 일이 더 많았기 때문에, 그리고 그분이 갈릴리에서 많은 기적을 행하며 모으신 제자들보다 사마리아에서 기적을 행하지도 않고 모으신 제자들이 더 많았기 때문에 그분이 자기 백성에게 존경을 받지 못하셨다고 설명한다.

그러나 이러한 설명은 지나친 면이 있다. 또 나는 그리스도께서 다른 어느 곳보다도 가버나움에서 더 오래 사셨다는 이유로 그리스도의 고향을 가버나움으로 이해하는 크리소스톰의 생각도 별로 마음에 들지 않는다. 오히려 나는 그리스도께서 나사렛을 떠나셨을 때 그분이 갈릴리의 다른 지역으로 가셨다고 주장하는 키릴의 견해에 동의한다. 다른 세 복음서 기자들이 그리스도에 대해 이런 증언을 할 때 나사렛을 언급하고 있기 때문이다.

그렇다면 우리는 이 구절의 의미를 다음과 같이 표현할 수 있다. 충분한 계시의 때가 아직 임하지 않았기 때문에 그리스도께서는 자기 고향에 은둔하여 계시기를 원하셨다고 말이다. 그리스도의 고향은 좀 더 알려지지 않은 은신

처였다. 그리스도께서 사마리아에 이틀간 유하신 이유가 그분이 사람들에게 멸시를 받게 될 장소로 서둘러 가실 이유가 없었기 때문이라고 설명하는 사람들도 있다. 또 다른 부류의 사람들은 그리스도께서 나사렛으로 직접 가셨고, 그 다음에 즉시 그곳을 떠나셨다고 생각한다.

그러나 복음서 기자가 이런 식으로 말하고 있지 않기에 나는 이러한 추측에 의존하는 모험을 하고 싶지 않다. 그러므로 그리스도께서는 자신의 고향인 나사렛에서 멸시를 받으시자 다른 곳으로 가는 것이 더 좋다고 생각하셨다고 말하는 것이 더 사실적이다. 이런 이유로 그분은 즉시 가나라는 마을에 이르신 것이다. 그리고 여기에 한 가지를 덧붙이자면, 그리스도께서 기적을 행하신 것으로 갈릴리 사람들에게 영접을 받으신 것은 멸시의 표시가 아니라 존경의 표시라는 사실이다.

선지자가 고향에서는 높임을 받지 못한다 나는 이 말이 속담이었다는 것을 의심하지 않는다. 속담이란 일반적이고 아주 빈번하게 일어나는 일들을 적절하게 표현하기 위해 생긴 것들이다. 그럴 경우, 속담에서 말하는 것이 항상 사실인 양 거기서 늘 정확한 진리를 찾을 수 있는 것은 아니라는 얘기가 된다. 선지자들이 자기의 고향보다는 다른 곳에서 더 존경을 받았다는 것은 확실하다. 그러나 동시에 선지자들은 종종 외국인들보다는 자기 고향 사람들에게 존경을 받기도 했다. 하지만 이 속담이 말하려고 하는 바는 선지자들이 자기 고향 사람들 이외에 다른 곳에서 좀 더 존경을 받는 것이 통상적이고 일반적인 일이었다는 것이다.

이 속담과 그 의미에는 이중적인 기원이 있다. 우리가 어렸을 때부터 보아 온 사람들을 대할 때, 요람에서 칭얼대는 모습과 어린 시절 어리석게 행동했던 모습을 기억하면서 그들이 장성한 후에도 그들을 멸시하는 경우가 있는데, 이는 아주 흔한 잘못이다. 여기에 또 다른 악이 하나 더 더해지기도 하는데, 그것은 서로 아는 사람들 사이에서 더 만연해 있는 시기심이다.

하지만 내 생각에, 이 속담은 자기 나라 사람들에게 부당하게 취급받고 있는 선지자들에게서 나온 것 같다. 선하고 거룩한 사람들이 유대 지방에서 하나님을 향하여 감사하지 않고 하나님의 말씀을 멸시하며 완고하게 행동하는 모습을 보았을 때, 그들은 하나님의 선지자들이 자기 나라에서 제일 존경을 받지 못한다고 부르짖고 불평할 수 있었다. 이 속담에 대해 먼저 언급한 의미를 더 선호한다면, '선지자'라는 이름이 일반적으로 선생에게 붙여졌던 것으로 보아야 할 것이다. 바울이 에피메니데스를 그레데 섬의 '선지자'라고 불렀듯이 말이다(딛 1:12).

45 갈릴리인들이 그를 영접하니 이러한 존경이 얼마나 오랫동안 지속되었는지 알 수는 없다. 사람들이 하나님의 선물들을 쉽게 잊기 때문이다. 사도 요한도 이 구절을, 그리스도께서 많은 증인들 앞에서 이적을 행하셨고 그래서 그 소문이 널리 퍼졌다는 사실을 우리에게 알리려는 목적 외에 다른 목적과 연결시키지 않는다. 다시 말하거니와, 이 구절은 표적의 유용성을 가리킨다. 표적이 그리스도를 존경하는 마음을 갖게 하여 그분의 교훈을 받아들일 준비를 하게 한다는 면에서 말이다.

46 예수께서 다시 갈릴리 가나에 이르시니 전에 물로 포도주를 만드신 곳이라 왕의 신하가 있어 그의 아들이 가버나움에서 병들었더니 47 그가 예수께서 유대로부터 갈릴리로 오셨다는 것을 듣고 가서 청하되 내려오셔서 내 아들의 병을 고쳐주소서 하니 그가 거의 죽게 되었음이라 48 예수께서 이르시되 너희는 표적과 기사를 보지 못하면 도무지 믿지 아니하리라 49 신하가 이르되 주여 내 아이가 죽기 전에 내려오소서 50 예수께서 이르시되 가라 네 아들이 살아 있다 하시니 그 사람이 예수께서 하신 말씀을 믿고 가더니 51 내려가는 길에서 그 종들이 오다가 만나서 아이가 살아 있다 하거늘 52 그 낫기 시작한 때를 물은즉 어제 일곱 시에 열기가 떨어졌나이다 하는지라 53 그의 아버지가 예수께서 네 아들이 살아 있다 말씀하신 그때인 줄 알고 자기와 그 온 집안이 다 믿으니라 54 이것은 예수께서 유대에서 갈릴리로 오신 후에 행하신 두 번째 표적이니라 요 4:46-54

46 왕의 신하가 있어 에라스무스는 이 구절을 번역할 때 '왕의 신하'라는 단어를 '작은 왕'이라고 했지만, 현재 우리 식으로 읽는 것이 좀 더 정확하게 번역한 것이다. 물론 나는 오늘날 공작이나 남작 또는 백작이라 불리는 사람들에게 그 당시에는 '작은 왕'이라는 칭호가 붙여졌다는 것을 인정한다. 그러나 1세기 갈릴리의 통치 조직에 따르면, 가버나움에 그러한 지위를 가진 사람이 거주했을 가능성이 없다. 나는 그 사람이 헤롯 왕궁 출신이었을 것이라고 생각한다. 그 사람을 로마 황제가 파송한 사람이라고 설명하는 것은 증거가 전혀 없다. 아무튼 이 사람의 지위 때문에 이적이 더욱 현저하게 드러났기 때문에, 복음서 기자는 '왕의 신하'라는 그의 지위를 분명하게 언급하고 있다.

47 그가 예수께서 유대로부터 갈릴리로 오셨다는 것을 듣고 왕의 신하가 그리스도에게 도움을 구한 것은 믿음의 표시이다. 하지만 그리스도께서 자기에게 도움을 주시는 방법을 제한한 것은 그가 얼마나 무지한 사람인지를 보여준다. 왕의 신하는 그리스도의 능력을 그분이 직접 가버나움에 내려오셔야 하는 것으로 국한했다. 왕의 신하는 그리스도께서 하나님께 보냄을 받은 선지자라는 것 이외에 그분에 대해 달리 생각하지 못했다. 그에게 있어 그리스도는 이적을 행함으로써 자신이 하나님의 사역자라는 사실을 증명하는 권위와 능력을 가진 한 선지자일 뿐이다. 그러나 그리스도께서는 비난을 받을 만한 그의 이러한 무지를 크게 문제 삼지 않으셨다. 그 대신 그분은 다른 이유를 들어 왕의 신하를, 사실은 모든 유대인들을 크게 꾸짖으셨다. 그 이유는 그들이 너무 이적에 집착해 있다는 것이었다.

그렇다면 이적을 갈망하는 다른 사람들을 기꺼이 용납하시던 그리스도께서 왜 여기서는 이처럼 심하게 꾸짖으셨는가? 왜 그리스도께서 평소와 다르게 이 사람을 좀 더 심하게 꾸짖으셨는지, 우리에게 알려지지 않는 특별한 이유가 있었음에 틀림이 없다. 그리스도께서 염두에 두신 것은 그 사람이 아니라 전^全 국가였다. 그리스도께서는 자신의 가르침이 이 나라에서 별로 권위를 인정받지 못하고 소홀히 여겨질 뿐만 아니라 노골적으로 멸시를 당한다는 것을 아셨다. 또한 모든 사람들이 이적만 눈여겨보았고, 그들의 오감五感은 감탄이 아니라 어리석음에 사로잡혀 있음을 아셨다. 그러므로 그 당시 만연했던 하나님의 말씀을 멸시하던 이 사악한 풍조 때문에 그리스도께서 그들을 꾸짖으셨음에 틀림이 없다.

성인聖人들 중에서도 종종 약속의 진리를 의심하지 않으려고 표적으로써 그 진리를 공고히 하기를 바라는 사람들이 있다. 그리고 하나님께서는 이들의 요청에 흔쾌히 응하심으로써 그들의 요구가 잘못된 것이 아님을 보여주시기도 한다. 하지만 이 구절에서 그리스도께서는 사람들이 가지고 있는 사악함을 지적하신다. 유대인들은 이적에 너무도 의존하고 있어서 그들에게는 하나님의 말씀이 있을 자리가 없었다.

첫째, 유대인들이 어리석고 세상적인 생각에 사로잡혀서 이적을 보지 않으면 가르침 받은 것을 존중하지 않는 것은 지극히 잘못된 태도였다. 그들은 틀림없이 어린 시절부터 양육 받은 하나님의 말씀을 너무도 잘 알고 있었을 것이다.

둘째, 이적이 행해질 때, 그들은 그 이적에서 유익을 얻기보다는 그저 어리석음과 놀라움의 상태에 머물러 있었다. 그러므로 이적 이외에는 유대인들 사이에 종교도 없었고, 하나님을 아는 지식도 없었고, 경건의 실천도 없었다.

동일한 맥락에서 바울도 유대인들이 표적을 구한다고 책망한다(고전 1:22). 바울의 말은 유대인들이 이유 없이 또한 지나칠 정도로 표적을 추구하고 하나님의 은혜나 영생의 약속 또는 성령의 신비한 능력에 대해서는 관심을 기울이지 않으면서 하나님의 말씀을 경멸적으로 배척한다는 뜻이다. 유대인들은 이적 이외에는 어느 것도 맛보지 않았다. 오늘날에는 제발 유대인들이 앓고 있는 동일한 질병에 감염된 사람이 많지 않았으면 하는 것이 나의 바람이다.

하지만 "먼저 이적을 보이라 그러면 우리가 교훈에 귀를 기울이겠다"라는 슬로건이 오늘날 너무도 일반화되어 있다. 마치 그리스도의 진리가 이적의 도움을 받지 않는다면 그것을 하찮게 여겨야 하는 것처럼 말이다. 그러나 비록 하나님께서 유대인들에게 엄청난 양의 기사奇事를 행하시어 그들을 놀라게 한다고 해도, 그들은 믿겠다고 말만 할 뿐 실제로는 믿지 않는다. 유대인들은 이적을 보고 겉으로는 놀랄지도 모른다. 하지만 그리스도의 가르침에는 더 이상 주목하지 않는다.

49 주여 내 아이가 죽기 전에 내려오소서 왕의 신하는 끈덕지게 구하여 마침내 그가 원하는 것을 얻어냈다. 여기서 우리는 그리스도께서 그 신하를 물리치거나 그의 기도를 거절하는 방식으로 그를 꾸짖지는 않으셨다고 추론할 수 있다. 그러나 주님은 그가 참된 믿음의 길로 가는 데 걸림이 되는 잘못을 고쳐주고자 그를 꾸짖으셨다. 여기서 내가 전에 말했던 내용을 기억할 필요가 있다. 즉, 이것은 어느 한 사람에게만 특별하게 해당되는 꾸짖음이 아니라 모든 사람에게 공통되는 꾸짖음이었다. 그러므로 우리의 기도에서 부적절하거나 어그러지거나 피상적인 것은 무엇이든 고치든지 제거하든지 해야 한다. 그 해로운 걸림돌을 치울 수 있도록 말이다.

왕의 신하는 통상적으로 당당하고 교만하여서 모질게 취급되는 것을 몹시 언짢아한다. 그러나 이 사람은 자기의 절박한 필요와 자기 아들을 잃을지도 모른다는 걱정 때문에 마음이 낮아져서, 그리스도의 호된 말을 듣고도 감정을 격하게 하거나 불평하지 않았다. 이는 주목할 만한 일이다. 그는 그리스도의 꾸짖음을 묵묵히 받아넘겼다. 우리 안에도 왕의 신하와 같은 면이 있다. 즉, 불행한 일로 인해 마음이 낮아지고 또 어쩔 수 없이 우리의 자부심과 오만함을 버려야만 할 때가 되기 전까지 우리는 너무도 우쭐거리고 조급해하며 안달한다.

50 네 아들이 살아 있다 여기서 그리스도께서는 왕의 신하의 무지를 용서하시고 그 사람이 소망한 것에 넘치도록 자신의 능력을 펼치심으로써 놀라운 자비와 친절을 보여주신다. 왕의 신하는 그리스도께서 오셔서 자기 아들을 치료해주시기를 부탁했다. 그는 앓는 아이가 질병에서 고침 받는 것은 얼

마든지 가능하지만 죽은 아이가 살아날 수는 없다고 생각했다. 그래서 그리스도께 아이가 죽기 전에 오셔서 고쳐달라고 부탁한 것이다. 그리스도께서는 이 신하의 두 가지 오류(그리스도께서 직접 내려오셔야만 아이를 고칠 수 있다는 무지함과 그분이 죽은 자를 살릴 수는 없을 것이라는 생각)를 모두 용서하셨다.

여기서 우리는 연약한 믿음이라 할지라도 그리스도께서 참으로 귀중하게 여기신다는 사실을 배울 수 있다. 또한 그리스도께서 왕의 신하가 원하는 대로 그의 집으로 친히 내려가지는 않으셨지만, 그가 간구한 것보다 더 많은 것을 주셨다는 사실을 주목할 필요가 있다. 왕의 신하는 그리스도를 만나는 순간에 자기 아들이 건강하다는 확신을 얻었다. 하늘에 계신 우리 아버지께서 우리가 기도한 내용 그대로 이루어주지 않으실 때가 종종 있다. 그러나 그분은 우리가 기대한 것 이상으로 우리를 도우신다. 여기서 우리는, 우리가 기도할 때 하나님께 우리의 기대대로 꼭 이루어달라고 고집 피우지 말아야 함을 배울 수 있다. 그리스도께서 왕의 신하의 아들이 살았다고 하셨을 때, 그분은 그 아들이 사망의 위험에서 건짐을 받았다는 의미로 말씀하신 것이다.

그 사람이 예수께서 하신 말씀을 믿고 가더니 왕의 신하는 그리스도가 하나님의 선지자라는 사실을 확신하게 되자 더더욱 그분의 말씀을 믿을 마음이 생겼다. 그래서 그는 예수님의 한마디 말씀을 듣자마자 그 즉시 마음에 간직했다. 왕의 신하는 당연히 그리스도의 능력을 높여야 했지만 그렇게 하지는 않았다. 그러나 작은 약속이 그의 마음에 갑자기 새로운 확신을 일으켰다. 그는 그리스도의 한마디 말씀에 자기 아들의 생명이 담겨져 있다는 것을 믿었다. 참으로 우리는 이 신하와 같은 준비된 마음으로 하나님의 말씀을 받아야 한다.

그러나 하나님의 말씀이 그것을 듣는 사람들에게 늘 이와 같은 즉각적인 결과를 내는 것은 아니다. 반은 이교도나 다름없는 이 왕의 신하가 그리스도의 한마디 말씀으로 유익을 얻었듯이, 그렇게 설교를 듣고 유익을 얻는 사람들이 우리 중에 얼마나 되는가? 그런 사람들이 거의 없다는 것이 애석하다.

둔하고 느린 우리의 마음을 자극하여 좀 더 열심을 내도록 하자. 그리고 무엇보다도 하나님께서 우리의 마음을 만지셔서, 그분이 은혜로우시며 약속하신 것을 우리에게 주시는 분임을 믿을 수 있게 해달라고 기도하자.

51 내려가는 길에서 여기에 믿음의 결과와 그리스도의 말씀의 효력이 기술되었다. 그리스도께서 죽어가던 이 아이를 말씀으로 살리시자, 그 순간 그 아이의 아버지는 믿음으로 한 번 더 아들을 건강하게 얻었다. 그러므로 주님이 우리에게 복을 주려고 하실 때는 그분이 무슨 약속을 하셨든지 그분의 능력이 늘 행사된다는 사실을 깨닫자. 우리의 불신앙이 그분을 막지만 않는다면 말이다.

주님이 우리를 도우시려고 당장 그분의 손을 내미시는 일은 계속적으로 혹은 자주 흔하게 발생하는 것은 아님을 인정한다. 하지만 그분이 응답을 늦추신다면, 거기에는 분명히 그분 나름의 이유가 있으며 그것은 우리의 유익을 위한 것이다. 하나님께서 아무런 이유 없이 응답을 늦추시는 일은 결코 없으며, 오히려 그분은 우리가 놓은 장애물과 싸우신다는 것이 분명하다. 그러므로 그분의 도움이 즉시 나타나지 않을 때, 우리 안에 하나님을 신뢰하지 못하는 마음이 얼마나 많은지 혹은 우리의 믿음이 얼마나 작고 제한적인지 생각해보자.

그리고 하나님께서 그분의 복을 잃어버리거나 땅위에 아무렇게나 흩어지게 하지 않으시고, 믿음으로 마음을 열고 받을 준비를 하는 사람들에게 그 복을 주신다는 사실로 인하여 놀라지 말아야 한다. 하나님께서 자신의 백성들을 늘 동일한 방법으로 도우시는 것은 아니지만, 어느 한 사람의 믿음이 열매를 맺지 못하게 하시는 법은 없다. 또한 하나님의 약속은 비록 더딜지라도 기다리면 지체되지 않고 반드시 응하리라는 선지자가 말한 내용이 진리임을 우리로 경험하게 하신다(합 2:3).

52 그 낫기 시작한 때를 물은즉 왕의 신하가 그의 종들을 만나 자기 아

들이 나아지기 시작한 때가 언제인지를 물은 것은 하나님에게서 온 비밀스러운 마음의 충동에서 나왔다. 그래서 이적의 진리가 좀 더 분명해졌다. 우리에게는 본성적으로 하나님의 능력의 빛을 끄고자 하는 매우 사악한 바람이 있다. 그리고 사탄은 다양한 술책을 사용하여 하나님께서 하시는 일들을 우리의 시야에서 감추려고 노력한다. 그러므로 하나님께서는 자신이 하신 일로 인해 마땅히 우리에게서 찬양을 받으셔야 하고, 우리는 하나님의 일을 의심의 여지가 없도록 분명하게 드러내야 한다. 사람들이 제 아무리 감사를 모르는 존재라고 해도, 그리스도께서 행하신 이 놀라운 일이 우연히 발생한 것이라고 판단해서는 안 될 것이다.

53 자기와 그 온 집안이 다 믿으니라 복음서 기자가 왕의 신하의 믿음을 진작 칭찬했다는 사실을 고려하면, 이 구절을 그 사람의 믿음의 시작으로 보는 것은 앞뒤가 맞지 않는다. 또한 이 구절에서 '믿다'라는 단어가 믿음의 진보를 언급한다고 할 수도 없다. 유대인이고 율법의 가르침을 받으며 성장한 이 사람이 그리스도에게 왔을 때, 우리는 그가 이미 어느 정도 믿음의 맛을 보았다고 봐야 한다. 그가 이후에 그리스도께서 하신 말씀을 믿었다고 한 것은(50절) 그의 아들의 생명에 대한 특별한 믿음을 일컫는 것이었다.

하지만 이제 왕의 신하는 다른 방식으로 믿기 시작한다. 그리스도의 가르침을 받아들이고 나서 그는 자신이 그리스도의 제자들 가운데 한 사람이라고 공공연히 고백했다. 이제 그는 그리스도께서 복 주심으로써 자기 아들이 나음을 입을 것이라는 사실을 믿을 뿐만 아니라, 그리스도가 하나님의 아들이신 것을 인정하고 복음 편에 선다. 그리스도께서 행하신 이적의 증인들인 그의 가족들도 그와 함께 믿었다. 그가 다른 사람들을 기독교 신앙에 입문하게 하기 위해 전력을 다했다는 것은 의심할 의지가 없다.

요한복음 5장

1 그 후에 유대인의 명절이 되어 예수께서 예루살렘에 올라가시니라 2 예루살렘에 있는 양문 곁에 히브리 말로 베데스다라 하는 못이 있는데 거기 행각 다섯이 있고 3 그 안에 많은 병자, 맹인, 다리 저는 사람, 혈기 마른 사람들이 누워 물의 움직임을 기다리니 4 이는 천사가 가끔 못에 내려와 물을 움직이게 하는데 움직인 후에 먼저 들어가는 자는 어떤 병에 걸렸든지 낫게 됨이러라 5 거기 서른여덟 해 된 병자가 있더라 6 예수께서 그 누운 것을 보시고 병이 벌써 오래된 줄 아시고 이르시되 네가 낫고자 하느냐 7 병자가 대답하되 주여 물이 움직일 때에 나를 못에 넣어주는 사람이 없어 내가 가는 동안에 다른 사람이 먼저 내려가나이다 8 예수께서 이르시되 일어나 네 자리를 들고 걸어가라 하시니 9 그 사람이 곧 나아서 자리를 들고 걸어가니라 이 날은 안식일이니 요 5:1-9

1 유대인의 명절이 되어 복음서 기자가 이 명절이 정확히 어떤 명절인지 밝히지는 않았지만, 그것이 그리스도께서 갈릴리로 오신 직후에 맞이한 명절이라면 오순절일 가능성이 높다. 그리스도께서는 유월절이 끝나자마자 곧 예루살렘을 떠나셨다. 사마리아를 통과하시면서는 4개월이 지나면 추수 때라고 말씀하셨다. 그 후에 주님은 갈릴리로 들어가셔서 왕의 신하의 아들을 고쳐주셨다. 복음서 기자는 이후에 명절이 되었다는 말을 덧붙인다. 시간 순

서를 고려해볼 때, 이 명절이 오순절이라는 것을 알 수 있다. 나는 이 점에 대해서 더 이상 논의하지 않을 생각이다. 그리스도께서는 명절을 지키러 예루살렘에 오셨다. 그때 많은 사람들이 모일 것이고 그러면 그리스도께서 복음을 널리 전파할 좋은 기회를 얻을 수 있다는 게 그분이 이 시기에 예루살렘에 오신 한 가지 이유이다. 또 다른 이유가 있는데, 그것은 우리가 이미 여러 곳에서 설명했듯이 그리스도께서 우리 모두를 율법의 멍에서 구속救贖하시려면 율법에 순종해야 하셨다는 것이다.

2 양문 곁에 … 못이 있는데 요한은 사건이 발생한 장소를 언급한다. 여기서 우리는 이적이 비밀리에 발생했다거나 몇 사람에게만 알려진 것이 아니라는 것을 알 수 있다. 그곳에 행각 다섯이 있다는 것은 그 장소가 사람들이 자주 모이는 곳임을 암시한다. 이는 그곳이 성전 가까이에 있다는 것으로 입증된다. 이 외에도 복음서 기자는 많은 병자들이 그곳에 있었다고 분명하게 언급한다. 그곳 이름은 베데스다이다.

　이 이름의 의미에 관하여 학자들은 제롬이 억측한 내용을 거부하였다. 제롬은 이곳을 ‘베데스다’Bethesda라고 읽지 않고 ‘베데데르’Betheder라고 읽고, 이 단어의 뜻을 ‘양들의 집’이라고 번역한다. 또한 연못이 여기에 언급된 것은 그곳이 양 시장과 가깝기 때문이라고 설명한다. 이곳을 낚시터라는 뜻의 ‘벳세다’Bethseda라고 읽는 사람들도 있는데, 그렇게 읽을 근거는 전혀 없다. 이 장소를 ‘쏟아져 나가는 곳’(a place of pouring out)으로 설명하는 사람들의 견해가 훨씬 더 개연성이 높다. 왜냐하면 히브리어 ‘에쉐드’eshed가 ‘흘러 나가다’(flowing out)라는 뜻이기 때문이다. 하지만 복음서 기자는 그 당시 관습에 따라 아람어의 발음인 ‘에스다’Esda를 사용했다. 내 생각에는, 물이 도관導管을 타고 여기로 유입되어서 제사장들이 그곳에서 물을 길을 수 있었기 때문에 ‘쏟아져 나가는 곳’이란 이름이 붙은 것 같다. 그런 것이 아니라면, 아마도 관에서 물이 그곳으로 쏟아져 나오기 때문에 연못에 그런 이름이 붙었을 것이다. 내 생각에 이 장소가 ‘양문’羊門이라고 불린 것은 제사에 제물로 사용되는 짐승들을 그곳에서 구입할 수 있었기 때문인 듯하다.

3그 안에 많은 … 사람들이 누워 행각에 병자들이 누워 있었던 것은 병자들이 성전에 예배하러 가는 사람들에게 구걸하기 위해서였다. 사람들은 베데스다에서 제사에 사용할 동물들을 구입하기도 하였다. 명절 때마다 하나님께서는 병자 몇 사람을 고쳐주셨고, 이런 식으로 율법에 명시된 예배와 성전의 거룩함을 장려하셨다. 그러나 종교심이 절정에 달했을 때나 선지자들의 시대 때도 특별한 경우가 아니면 이적이 행해지지 않았는데, 나라가 부패하고 거의 황폐해진 상황에서 하나님의 능력과 은혜가 평상시보다 더욱 현저하게 나타나리라 기대한다는 것은 어불성설인 것 같다. 그렇다면 왜 하나님께서는 이런 상황에서 치유의 이적을 나타내셨을까? 나는 두 가지 이유가 있다고 생각한다.

첫째, 선지자들 안에 거하신 성령께서 하나님의 임재에 대한 완벽하고 충분한 증인이셨기에, 그 당시 신앙은 더 이상의 확증을 필요로 하지 않았다. 율법은 더할 나위 없이 적합한 표적들로 확증을 받았으며, 하나님께서도 그분이 명령하신 예배를 수많은 증거로써 인준認准하셨다. 그러나 그리스도께서 세상에 오셨을 때에는, 세상에는 선지자들이 없었고 사람들은 비참한 상황 가운데 있었다. 사방에서 온갖 종류의 유혹이 사람들을 괴롭히고 있었으므로, 그들에게는 이런 특별한 도움이 필요했다. 하나님께서 자기들을 완전히 버리셨다고 생각하여 절망하고 믿음에서 떨어져나가기는 일이 없도록 말이다.

우리는 말라기 선지자가 마지막 선지자라는 것을 안다. 또한 그가 유대인들에게 그리스도께서 나타나실 때까지 모세가 전해준 율법을 기억하라고 촉구하면서 자기의 글을 마무리하였다는 사실도 알고 있다(말 4:4). 하나님께서는 유대인들이 그리스도에 대한 갈망으로 불타올라 그분이 실제로 나타나셨을 때 두렵고 떨리는 마음으로 영접하도록, 그들에게 더 이상 선지자를 보내지 않고 당분간 유예 기간을 두는 것이 최상이라고 생각하셨다. 그러나 주님은 온 세상을 위한 구원이 나타나는 성전과 제사와 그곳에서 드려지는 모든 예배에 대한 증거로서 유대인들 가운데 이 병 고치는 은사를 보존해두셨다. 이로 말미암아 유대인들이, 하나님께서 그들을 다른 나라와 헛되이 구별한 것이 아니라는 사실을 깨달을 수 있도록 하기 위해서 말이다. 하나님께서는 하늘에서 그 팔을 뻗어 병자들을 고치심으로써 유대인들이 율법의 계명에서 받은 대로 예배 드리는 것을 승인하셨음을 공공연하게 보여주셨던 것이다.

둘째, 유대인들의 마음을 각성시키기 위해 하나님께서 이와 같은 표적으로 구원의 때가 다가왔으며 구원자이신 그리스도께서 이미 가까이 오셨음을 그들에게 예고하셨다는 데 의심의 여지가 없다. 나는 그 당시 표적에 두 가지 목적이 있었다고 생각한다.

그것은 첫째로 유대인들이 하나님께서 자기들과 함께 계신다는 것을 알게 하기 위함이며, 그럼으로써 율법에 순종하게 하기 위함이다.

둘째는 그들로 새롭고 진기한 것을 열심히 찾도록 하기 위함이다.

맹인, 다리 저는 사람, 혈기 마른 사람들 복음서 기자는 주께서 치유하신 질병이 범상한 것이 아니라는 사실을 우리에게 알려주기 위해 병자들의 종류를 나열하고 있다. 인간의 치료법으로는 맹인, 다리 저는 사람, 혈기 마른 사람들을 낫게 할 수가 없다. 그 큰 무리 중에 이러한 질병을 앓는 사람들이 많이 있었다는 것은 참으로 애석한 일이다. 하지만 하나님의 영광은 숫자가 많고 잘 도열된 군대에서보다 이런 무리 속에서 더 환하게 빛났다. 하나님의 비상한 능력으로 자연의 비뚤어지고 왜곡된 것이 고침을 받고 회복될 때에 하나님의 영광은 가장 잘 나타나기 때문이다. 또한 하나님께서 무한한 은총으로 사람들을 환난에서 구해주시는 것은 최고로 멋지고 유쾌한 광경이기 때문이다. 우리 주님은 이곳이 유대인들만이 아니라 외국인들까지도 하나님의 엄위를 볼 수 있는 유명한 무대가 되기를 바라셨다. 그리고 앞에서 이미 암시하였듯이, 하나님께서 그 팔을 뻗어 자신의 임재를 분명하게 보여주신 것은 단순히 성전을 좀 더 아름답게 하기 위함이 아니었다.

4 천사가 ⋯ 내려와 병자를 고치는 것은 분명히 하나님께서 친히 하시는 일이다. 하지만 그분은 평소에 천사의 손을 빌려 일하시기 때문에 천사를 명하여 이 의무를 수행하라고 하셨다. 천사들을 '권세들'powers이라고 부르는 까닭이 여기에 있다. 그렇다고 하나님께서 자신의 능력을 천사들에게 넘겨주시고 하늘에 게으르게 앉아 계신 것은 아니다. 오히려 하나님께서는 천사들 속에서 강력하게 활동하심으로써 우리에게 자신의 능력을 크게 드러내어 선포하시는 것이다. 그러므로 천사들에게 그들 고유의 능력이 있다거나 그들이 우리와 하나님 사이를 매개하는 대단한 위치를 차지하고 있다고 상상하는 사람들은 사악하고 비뚤어진 심보를 가진 자들이다. 하나님께서는 자신의 임재를 분명하게 드러내시기 위해 천사들을 사용하시는 것일 뿐인데, 그들은 하나님의 영광이 우리에게서 멀리 있는 것처럼 여기며 그분의 영광을 가리려 한다.

우리는 플라톤의 어리석은 사색을 경계해야 한다. 플라톤은 하나님과 우리 사이의 거리가 너무나 멀어서, 우리가 우리에게 하나님의 은혜를 조달해 주는 천사들에게까지 갈 수 없다고 주장한다. 그러나 실상은 이와 정반대이다. 우리는 그리스도에게로 바로 가야 한다. 그분의 인도와 보호와 명령에 따라 우리 구원의 조력자와 사역자들로 천사들을 소유할 수 있도록 말이다.

가끔 하나님께서는 모든 병자들을 한순간에 동시에 고칠 수도 있으셨을 것이다. 그러나 하나님의 이적에는 목적이 있었기 때문에 거기에는 한계도 함께 있다. 그리스도께서 유대인들에게 상기시키셨듯이, 비록 엘리사 때에 많은 사람들이 죽었어도 오직 한 아이만 살아났으며(왕하 4:32), 엘리야 당시 기근이 있어 많은 과부들이 굶주렸지만 한 과부만 기근에서 구원함을 받았던(왕상 17:9 ; 눅 4:25) 것처럼 말이다. 이런 식으로 주께서는 단지 몇 사람에게만 그분의 임재의 증거를 보여주시는 것으로 충분하다고 생각하셨다.

하지만 여기에 묘사된 치유 방법은 사람들이 하나님께서 하시는 일을 자기들의 판단에 맡기는 것이야말로 가장 이치에 맞지 않는 것임을 분명하게 보여준다. 나는 당신에게 묻는다. 사람들은 물이 동하는 것에서 어떤 도움이나 치유책을 기대할 수 있었겠는가? 주께서 우리에게 믿음의 순종을 가르치시는 것은 바로 이런 방법, 즉 우리에게서 우리 자신의 지성知性을 거두어가는 방법을 통해서이다. 우리는 너무도 쉽게 그리고 너무도 성급하게 우리의 이성理性에 합당한 것만을 따르는 경향이 있다. 그것이 하나님의 말씀을 거스르는 것인데도 말이다. 그러므로 하나님께서는 우리를 하나님께 순종하는 사람으로 만들기 위해 종종 우리 앞에 우리의 이성과 상충되는 것들을 갖다놓으신다. 우리가 가르침을 받을 준비가 되어 있음을 보일 수 있는 방법은 눈 딱 감고 그분의 말씀 그대로 따르는 것이다. 우리 생각에는 그렇게 하는 것이 아무런 효력이 없을 것처럼 보이더라도 말이다. 우리는 수리아 사람 나아만 장군에게서 이러한 예를 발견한다(왕하 5:10). 하나님의 선지자 엘리사는 나아만에게 나병에서 고침을 받으려면 요단 강으로 가라고 지시했다. 나아만은 처음에 이 말을 듣고 화를 냈다. 하지만 나중에 그는, 하나님께서는 이런 식으로 인간의 이성과 상반되게 일하시지만, 결코 우리를 실망시키거나 저버리지 않으신다는 사실을 알게 된다.

물을 움직이게 하는데 물이 움직인다는 것은, 하나님께서 그분의 기쁘신 뜻을 위하여 어떤 물체들을 자유롭게 사용하시며, 그 일의 결과에 대해 그분 스스로가 인정을 받으셔야 한다는 명백한 증거이다. 하나님께만 속하는 것을 피조물들의 공로로 돌리는 것은 사람들이 아주 흔하게 범하는 실수이다. 치료의 원인을 움직이는 물에서 찾는 것은 지극히 어리석은 일이다. 이런 이유로 그리스도께서는 상징을 설명하실 때, 병자들이 그 외적 상징을 보는 것을 넘어 은혜의 주인 되시는 하나님만을 바라보아야 한다고 말씀하신다.

5 거기 서른여덟 해 된 병자가 있더라 복음서 기자는 그 이적이 실제로 발생한 것임을 증명하는 다양한 내용을 수집한다. 한 병자가 서른여덟 해 동안 질병을 앓았다는 것은 그에게 고침을 받을 모든 소망이 없어졌음을 의

미한다. 그 사람은 혼자 힘으로는 병을 낫게 해주는 그 물에 들어갈 수 없다고 불평한다. 그는 자주 물에 들어가려고 시도했지만 성공하지 못했다. 그를 먼저 물에 넣어줄 사람이 없었다는 것이 이유였다. 여기서 그리스도의 능력이 더욱 찬연히 빛난다. 그리스도께서 그 사람에게 누웠던 자리를 들고 걸어가라고 명령하신 것은 매우 의미심장하다. 이렇게 함으로써 그 사람이 그리스도께서 내리신 복만으로 고침을 받았다는 것이 모든 사람에게 분명히 나타났던 것이다. 전에는 제 기능을 발휘하지 못하던 신체의 각 부분들이 건강해지고 힘을 얻자 그가 벌떡 일어났다. 그에게 나타난 변화가 너무도 뚜렷하고 강해서, 구경하던 사람들을 충격에 휩싸이도록 하기에 안성맞춤이었다.

6 네가 낫고자 하느냐 그리스도께서 이 질문을 하신 것은 의심스러워서가 아니다. 오히려 그분이 베풀려 하는 은혜에 대한 갈망에 불을 지피기 위함이며, 구경꾼들의 주의를 사로잡기 위함이다. 구경꾼들의 마음이 다른 곳에 가 있다면, 즉 종종 갑작스럽게 일어나는 일(천사가 내려와 물을 움직이는 것)에 가 있다면, 그리스도께서 행하시는 이적을 보지 못할 수도 있었다. 바로 이 두 가지 이유 때문에 그들은 마음을 준비할 필요가 있었다.

7 나를 못에 넣어주는 사람이 없어 이 병자는 누구라도 그렇게 했음직한 행동을 하고 있다. 그는 하나님의 도우심을 자신의 생각으로 제한했으며, 자기가 생각할 수 있는 것 이상을 기대하지 않았다. 그러나 그리스도께서는 그 병자의 연약함을 용서하셨다. 이러한 주님의 행동은 우리 각 사람이 매일 경험하는 그분의 은혜를 반영한다. 사람들의 모든 소망이 끊어졌을 때, 그리스도께서는 은밀한 곳에서부터 그 손을 펼치신다. 주님은 자신의 선하심이 우리의 편협한 믿음을 얼마나 능가하는지를 보여주신다.

더욱이 이 사례에서 우리는 인내를 배워야 한다. 38년은 꽤 오랜 시간이다. 그 기간 동안 하나님께서는 이 가련한 사람에게 자신의 복을 내리지 않으시고 도움 베풀기를 미루셨다. 그러나 사실 하나님께서는 처음부터 그 사람에게 복을 주시기로 결정하셨다. 그러므로 하나님께서 우리를 아무리 오랫동안 기다리게 하실지라도, 우리는 고난을 받아 괴로움에 신음하면서도 기다림에 지쳐 탈진하지는 말아야 한다. 우리의 만성적인 고난이 끝나지 않을 것처럼 보일지라도, 우리 하나님께서 그 능력으로 모든 장애를 쉽게 제거하시는 놀라운 구원자이심을 늘 믿어야 한다.

9 이날은 안식일이니 병자가 자기의 자리를 들고 걸어가는 것을 사람들이 본다면 큰 공격이 있을 것임을 그리스도께서는 잘 아셨다. 안식일에는 어떤 짐이든 들고 가는 것이 율법에 분명히 금지되어 있었기 때문이다(렘 17:21). 하지만 그리스도께서는 두 가지 이유에서 이런 위험을 무시하시고 그와 같은 굉장한 일을 하셨다.

첫째는 이적을 좀 더 널리 알리기 위함이었다.

둘째는 기회를 만들기 위함이었다. 즉, 그리스도께서 곧 하시게 될 설교를 위한 길을 트기 위함이었다. 더욱이 그 이적의 의미를 아는 것은 너무도 중요했기에, 백성들의 공격을 당당하게 물리치는 것이 그분의 의무였다. 특히 사람들의 비방을 충분히 논박할 만한 정당한 방어책을 갖추고 계셨을 때에는 더욱 그러하다. 물론 악한 사람들은 그분의 논박을 받아들이지 않았지만 말이다.

그러므로 우리는 다음과 같은 원칙을 주목해야 한다. 즉, 온 세상이 분노로 들끓고 있다고 해도, 우리는 이 세상이 하나님의 영광을 알게 될 때까지 그분의 영광을 선포하고 그분이 하신 일을 널리 전해야 한다. 또한 내가 방금 언급한 원칙을 염두에 두고 우리 직분의 한계를 넘어가지 않는다면, 우리의 수고가 좋은 결과를 내지 못할까 걱정하거나 낙망하지 말아야 한다.

10 유대인들이 병 나은 사람에게 이르되 안식일인데 네가 자리를 들고 가는 것이 옳지 아니하니라 **11** 대답하되 나를 낫게 한 그가 자리를 들고 걸어가라 하더라 하니 **12** 그들

이 묻되 너에게 자리를 들고 걸어가라 한 사람이 누구냐 하되 13 고침을 받은 사람은 그

가 누구인지 알지 못하니 이는 거기 사람이 많으므로 예수께서 이미 피하셨음이라 14

그 후에 예수께서 성전에서 그 사람을 만나 이르시되 보라 네가 나았으니 더 심한 것이

생기지 않게 다시는 죄를 범하지 말라 하시니 15 그 사람이 유대인들에게 가서 자기를

고친 이는 예수라 하니라 16 그러므로 안식일에 이러한 일을 행하신다 하여 유대인들이

예수를 박해하게 된지라 요 5:10-16

10 안식일인데 안식일 준수는 모든 사람에게 요구된 것이었기에, 백성들이
병 고침 받은 사람을 비난한 것은 합당하고 옳았다. 그러나 백성들이 그 사람
의 해명에 만족하지 못하면서부터 잘못되기 시작했다. 사람들은 그 사람이
설명하는 내용을 듣고서 그가 안식일을 범한 것이 아니라는 것을 알아주어야
했다. 앞에서 언급했듯이, 짐을 들고 가는 것은 안식일을 범하는 행동이었다.
하지만 그리스도께서 친히 그 사람의 어깨에 짐을 지워주셨으며, 주님 자신
의 권위로써 그를 지원하셨다. 그러므로 우리는 이 예에서, 성급히 판단 내리
는 것을 주의해야 하며 각각의 행동을 하게 된 이유를 충분히 알게 되기까지
기다려야 한다는 교훈을 얻는다. 물론 하나님의 말씀에 위반되는 것은 무엇
이 되었든지 분명히 정죄 받아 마땅하다. 하지만 이 문제에 대해 생각 없이
이야기하는 일이 비일비재하므로, 우리는 먼저 조심스럽고도 차분하게 상황
을 알아보아야 한다. 그래야 우리가 내린 판단이 건실하고 사리에 합당하게
된다.

유대인들은 사물을 악하게만 보려는 선입견이 있어서 시비를 가릴 인내가
부족하였다. 그래서 그들은 바른 판단과 절제에 대해 마음 문을 닫았다. 그들
에게 그리스도의 가르침을 받고자 하는 준비된 마음만 있었더라도 병 고침
받은 사람을 비난하지 않았을 것이고, 여기서 한 걸음 더 나아가 복음을 아는
지식을 자기들에게 유익한 것으로 삼았을 터였다.

유대인들은 병 고침 받은 사람이 설명하는 합당한 변명을 받아들이지 않았

다. 여기서 우리는 유대인들이 얼마나 잘못되었는지를 본다. 고침을 받은 사람은 변명하기를, 자기는 명령할 수 있는 권위와 능력을 가지신 분의 명령에 순종한 것뿐이라고 했다. 그는 그리스도가 누구이신지 알지 못했지만 그분이 하나님으로부터 보냄을 받은 분이라고 확신했다. 그는 그리스도께서 가지신 신적神的 능력을 경험했으며, 이것을 통해 그리스도께서 권위를 받으셨다는 것을 알았다. 그러므로 그는 그리스도의 말씀에 반드시 순종해야 했다.

그러나 동시에 그 사람이 이적에 정신을 파느라 율법에 순종하지 않은 것은 비난 받을 만한 일로 보인다. 나는 그가 백성들에게 대답할 때, 충분히 강한 논증을 펴지 않았다고 확신한다. 하지만 그 백성들도 다음 두 가지 면에서 잘못을 범했다. 우선 그들은 이 일이 하나님의 기사奇事라는 것을 고려하지 않았다. 또한 하나님의 말씀을 받은 하나님의 선지자의 설명을 들을 때까지 판단을 유보해야 했는데, 그들은 그러지 않았다.

13 고침을 받은 사람은 그가 누구인지 알지 못하니 그리스도께서는 이처럼 위대한 사역에 나타난 영광이 사라져버리기를 원치 않으셨음이 분명하다. 주님은 자신이 그 일을 행했다는 사실을 인정하기 전에 이 이적이 널리 알려지기를 원하셨다. 그래서 주님은 잠시 뒤로 물러나 계셨다. 유대인들이 그 이적을 그것을 행한 분과 관련시키지 않고, 그 자체로 판단할 기회를 갖도록 하기 위해서이다. 여기서 우리는 병 고침 받은 사람이 자기의 믿음 때문에 고침을 입었다고 할 수 없음을 알게 된다. 왜냐하면 그는 고침을 받은 뒤에도 자기를 고쳐주신 분이 누구인지 알지 못했기 때문이다. 하지만 그는 자리를 들고 걸어가라는 명령을 받자 그대로 했으며, 이것은 믿음의 인도를 받아 행한 것이라고 할 수 있다. 병 고침을 받은 사람 속에 믿음의 비밀스러운 움직임이 있었다는 것은 부인하지 못하겠지만, 나는 앞뒤 정황에 비춰볼 때 그 사람에게는 그가 의존할 만한 견고한 가르침이나 분명한 빛이 없었다고 확신한다.

14 그 후에 예수께서 성전에서 그 사람을 만나 그리스도께서 얼마 동안 숨어 계셨던 것은 그분이 행하신 자비에 대한 기억이 사라지도록 하기 위함이 아니었음이 이 말씀에서 더욱 분명하게 드러난다. 이제 그리스도께서는 자원하여 공중 앞에 모습을 드러내셨다. 그리스도께서는 먼저 자신이 행하신 일이 알려지고, 그 다음으로 그 일을 행한 분이 자신이라는 것이 드러나게 하실 생각이셨다.

이 구절에는 매우 유익한 교훈이 담겨 있다. 그리스도께서 "보라 네가 나았으니"라고 말씀하셨을 때, 그것은 우리가 하나님의 은사에 대해 감사할 수 있도록 자극을 받지 않으면 그 은사를 오용誤用한다는 의미였다. 그리스도께서는 자신이 병 고침 받은 사람에게 행한 일을 들이대며 그를 꾸짖지 않으셨다. 다만 그가 고침을 받은 것은, 그가 받은 은혜를 기억하고 평생에 그의 구주이신 하나님을 예배하도록 하기 위함이라는 사실을 상기시키셨다.

하나님께서는 채찍을 통해 우리에게 회개를 가르치고 자극하시는 것처럼, 그분의 선하심과 오래 참으심으로 우리를 회개의 자리로 초대하기도 하신다. 우리에게 구원을 허락하시고 하나님의 모든 은사를 주시는 것은 우리를 전적으로 하나님께 헌신하게 하기 위함이다. 하지만 우리가 과거에 형벌 받았다는 사실을 마음속에 깊이 새기지 않는 한, 그리고 죄 용서를 받은 우리가 이를 평생 묵상하지 않는 한, 이 목적은 이루어질 수가 없다.

이 구절은 또한 우리가 겪고 있는 모든 질병이 우리의 죄에서 비롯되었다는 사실을 교훈한다. 사람들이 당하는 고난 중에는 우연히 발생하는 것이 하나도 없다. 그 모든 것이 우리를 징벌하기 위한 수많은 채찍들이다.

그렇다면 첫째, 우리는 고난을 당할 때 그 질병이 운이 없어서 우리에게 온 것이라고 생각할 것이 아니라 우리를 채찍질하시는 하나님의 손이라는 사실을 인정해야 한다.

둘째, 우리는 하나님께 영광을 돌려야 한다. 하나님은 참으로 선한 아버지이시므로, 우리가 고난 받는 것을 즐기지 않으신다. 그러므로 하나님은 우리의 죄를 징계하는 경우가 아니고는 우리를 혹독하게 다루지 않으신다. 그리스도께서 병 고침 받은 사람에게 "다시는 죄를 범하지 말라"라고 명령하셨을 때, 주님은 모든 죄에서 완전히 손을 떼라고 요구하신 것이 아니라 그 사람이 이전에 살았던 삶과 비교해서 말씀하신 것이다. 즉, 이제부터는 전에 행하던 대로 행하지 말고 정신을 차리고 살라고 말씀하신 것이다.

더 심한 것이 생기지 않게 자애로운 아버지가 연약하고 상처 받기 쉬운 자기 자식을 훈육하는 것처럼 하나님께서 우리를 부드러운 채찍으로 꾸짖으심으로 우리를 성장시키지 않으신다면, 그분은 전혀 생경한 성품을 가지셨다고, 즉 그분에게 결코 자연스럽지 못한 성품을 가지셨다고 말할 수밖에 없다. 하나님께서 율법을 통해 경고하시고 실제로 성경의 여러 부분에 나타난 것처럼, 그분은 우리의 완고한 성품을 길들이려고 채찍을 잡으신다(레 26:14 ; 신 28:15 ; 시 32:9). 그러므로 끊임없이 환난을 경험할 때, 우리는 그 환난이 고집 센 우리의 완고함 때문에 발생했다고 봐야 한다. 우리는 다루기 힘든 고집 센 말이나 나귀와 같을 뿐만 아니라 길들이지 않은 야생 짐승과도 같다. 그러므로 웬만한 징계로는 전혀 효과가 없을 때, 하나님께서 혹독한 징계로 우리를 굴복시키신다고 해도 놀랄 일이 아니다.

하나님께서 고쳐주시는 것을 감내하지 않으려 하는 사람은 징벌 받아야 마땅하다. 요컨대, 하나님의 징계는 미래에 우리가 좀 더 주의 깊은 사람이 되도록 하기 위해 사용된다. 하나님께서 한두 번 때리시는데도 우리가 강퍅한 마음을 고치지 않는다면, 그분은 일곱 배나 더 가혹하게 우리를 때리실 것이다. 우리가 잠시 회개의 표를 보인 후에 다시 옛 성품으로 돌아간다면, 하나님께서는 나태하고 잘 잊어버리는 우리의 경박함을 더욱 혹독하게 징계하실 것이다.

다시 말하지만, 이 병 고침 받은 사람을 보면서 우리는 주님이 얼마나 친절하고 부드럽게 우리를 참아주시는지를 주목해야 한다. 그 사람이 노년기에 접어들었다고 생각해보자. 그럴 경우, 그 사람은 자기 生의 절정기에 그 질병의 공격을 받았음에 틀림없다. 어쩌면 유아기 때부터 그랬을지도 모른다.

상당히 오랜 세월 동안 이러한 심판이 그에게 내린 것은 얼마나 슬픈 일이었겠는가? 그러나 하나님께서 거반 죽게 된 이 사람을 이처럼 오랫동안 중병을 앓게 하신 것이 너무도 가혹하다고 그분을 비난할 수 없음은 분명하다. 혹시 우리가 좀 더 가벼운 징계를 받을 경우, 그것이 주님께서 무한하신 자비로 우리가 마땅히 받아야 할 징계를 경감시키셨기 때문임을 배우자. 또한 주님이 원하실 때는 언제나 얼마든지 징계의 강도를 높일 수 있으시다는 사실도 기억하자. 그리고 불행을 당한 사람들이 자기들보다 더 고통당하는 사람은 없을 것이라고 사악하게 불평함으로써 믿을 수 없을 만큼 참혹한 고통을 자초한다는 것 또한 의심의 여지가 없다. 주님은 "이것이 내게 쌓여 있고 내 곳간에 봉하여 있지 아니한가"(신 32:34)라고 말씀하신다.

더욱이 우리가 하나님의 징계로부터 얼마나 더디 배우는지 생각해야 할 것이다. 그리스도의 권면은 아무런 목적 없이 그냥 주어진 것이 아니다. 그렇다면 우리는 그 말씀을 통해, 그 사람의 영혼이 아직 모든 죄에서 완전히 깨끗함을 받은 것은 아님을 알 수 있다. 참으로 우리 속에는 악의 뿌리가 너무도 깊게 박혀 있어서 하루 이틀에 그것을 근절할 수는 없다. 그리고 영혼의 질병을 고치는 것은 너무도 어려운 일이라서 단기간의 치료로 효과를 보기가 힘들다.

15 그 사람이 유대인들에게 가서 이 병 고침 받은 사람은 그리스도를 향한 사람들의 악한 감정에 불을 붙일 생각은 전혀 없었다. 또한 사람들이 그분을 향해 맹렬한 분노를 일으키리라고는 전혀 생각하지 않았다. 그는 자기를 고쳐주신 분에게 당연하고 마땅한 영예를 돌려드리고 싶었을 뿐이다. 이런 면에서 그의 의도는 선했다. 그러나 유대인들은 안식일을 범했다고 그리스도를 비난했을 뿐만 아니라 격정을 이겨내지 못하고 극단적인 잔학함을 쏟아냄으로써 그분에 대한 격렬한 분노를 표출했다.

17 예수께서 그들에게 이르시되 내 아버지께서 이제까지 일하시니 나도 일한다 하시매

18 유대인들이 이로 말미암아 더욱 예수를 죽이고자 하니 이는 안식일을 범할 뿐만 아

니라 하나님을 자기의 친아버지라 하여 자기를 하나님과 동등으로 삼으심이러라 19 그

러므로 예수께서 그들에게 이르시되 내가 진실로 진실로 너희에게 이르노니 아들이 아

버지께서 하시는 일을 보지 않고는 아무것도 스스로 할 수 없나니 아버지께서 행하시는

그것을 아들도 그와 같이 행하느니라 요 5:17-19

17 내 아버지께서 이제까지 일하시니 우리는 여기서 그리스도께서 어
떤 식으로 자신을 방어하셨는지 주목할 필요가 있다. 그리스도께서는 안식
일을 지키라는 율법이 잠정적인 것이었으며 그래서 이제는 폐기되어야 한다
고 대답하지 않으셨다. 오히려 그분은 자신이 율법을 어겼다는 사실을 부인
하신다. 그분은 하나님의 일을 하셨기 때문이다. 바울이 골로새서 2장 16절
에서 가르치듯이, 그리스도께서 이 땅에 오심으로써 그림자에 속한 구약의
의식儀式들을 종식시키신 것은 사실이다. 하지만 이 원리는 본문의 문제와는
아무런 관련이 없다. 사람들은 자신이 하는 일에서만 '쉬라'는 명령을 받는
다. 그러므로 사람의 일이 아니고 하나님의 일에 속하는 할례를 행하는 것은
안식일을 범하는 것이라고 볼 수 없다.

그리스도께서 주장하시는 바는, 하나님의 일을 행하는 것은 안식일을 범
하지 말라는 모세 율법의 명령에 저촉되지 않는다는 것이다. 이런 이유로 그
리스도께서는 자신이 한 행동뿐만 아니라 병 고침 받은 사람이 침상을 들고
가는 것에도 정당성을 부여하셨다. 그 사람이 침상을 들고 가는 것은 단지 이
적의 증거일 뿐이다. 그런 면에서 그의 행동은 부가적인 것, 다시 말해서 이
적의 한 부분이라고 할 수 있다. 더군다나 감사함으로 하나님의 영광을 선포
하는 것을 하나님의 일로 간주한다면, 두 발과 두 손으로 하나님의 은혜를 입
증하는 것을 가리켜 안식일을 범한 것이라고 할 수 없다.

하지만 유대인들은 그리스도에게 훨씬 더 강한 적개심을 갖고 있었기 때

문에, 주님은 주로 자신에 대해서만 말씀하신다. 그리스도께서는 자신이 병자의 건강을 회복시키신 것을 자신이 가진 신적神的 능력의 증거라고 말씀하신다. 그리스도께서는 자신이 하나님의 아들이라고 선포하시며, 자신이 자기 아버지께서 하시는 것과 동일한 방법으로 행한다고 주장하신다.

나는 지금 안식일의 목적과 이유에 관하여 논하는 것이 아니다. 본문에서는 안식일을 지키는 것이 하나님께서 일하시는 과정에 장애가 되거나 그것을 막는 것이 아니라, 실제로 하나님의 일을 하기 위한 장場을 제공한다는 사실을 언급하는 것만으로 충분하다. 율법이 사람들에게 자신의 일을 쉬고, 자신의 모든 감각을 비우고 하나님의 일을 생각하는 데 집중하라고 명령하는 이유는 무엇인가? 결과적으로, 안식일에 하나님께서 자유롭게 자신의 일을 주권적으로 행하시는 것을 인정하지 않는 사람은 안식일을 사악하게 파기하며 안식일을 거짓되게 해석하는 사람이다.

하나님께서 일곱째 날에 안식하신 모범이 사람들 앞에 제7일에 안식하라고 정하신 근거가 된다면서 이의를 제기하는 경우, 거기에 대해 답하기는 무척 쉽다. 사람이 하나님의 본을 따른다고 했을 때, 그것은 하나님께서 쉬는 날을 지켰다는 점에서가 아니라 이 세상에 속한 혼란스러운 갖가지 행동을 멈추고 하늘의 안식을 갈망한다는 점에서 그러하다. 그러므로 하나님께서 안식하신다는 것은 단지 일을 하지 않는 것이 아니라 고요한 평화의 상태를 동반하는 진정한 온전함 가운데 있는 것을 의미한다.

모세가, 하나님께서 하시던 모든 일을 그쳤다고 말한 것(창 2:2) 역시 이와 맥을 같이한다. 여기서 모세가 의도한 바는 하나님께서 세상 창조를 완수하신 후에 그날을 거룩하게 하셨다는 것이다. 그리고 사람들은 하나님께서 하신 일을 묵상하며 그날을 보내야 한다는 것이다. 일곱째 날에 하나님께서는 자신이 하던 모든 일을 그치셨지만, 친히 만드신 세상을 자신의 능력으로 붙드시고 자신의 지혜로 다스리시며 자신의 선하심으로 품으시고, 하늘과 땅에 있는 만물들을 자신의 뜻으로 운영하시는 일을 멈추지는 않으셨다.

그러므로 우리는 이렇게 말할 수 있다. 세상 창조는 엿새 동안에 완성되었지만, 세상을 다스리는 하나님의 일은 계속되며, 그분은 세상의 질서를 보호하고 유지하시며 쉬지 않고 일하신다고 말이다. 사도 바울이 가르쳐준 대로, 우리는 하나님을 힘입어 살며 기동하며 존재한다(행 17:28). 그리고 다윗은 만물이 하나님의 영靈으로부터 호흡을 받는 동안에는 존재하지만, 하나님께서 그 만물에서 자신의 능력을 앗아가시는 순간 호흡을 멈춘다고 말한다(시 104:29). 주께서 자신이 창조하신 자연을 보존하시는 것은 단지 일반적인 섭리에 의한 것만은 아니다. 그분은 자연의 모든 부분을 구석구석 통치하시고 운영하신다. 특별히 그중에서도 자신의 돌봄과 보호 아래 두신 신자들을 친히 지켜주신다.

나도 일한다 이제 그리스도께서는 안식일 문제에 대한 변호를 중지하시고 이적의 목적과 용도에 대해 설명하신다. 이적은 그리스도께서 하나님의 아들이심을 알려주는 수단이다. 그리스도께서 하시는 모든 일과 말씀에는 그분이 구원의 장본인이 되심을 보여주려는 목적이 담겨 있다. 그리스도께서 자신에 대하여 주장하시는 모든 것은, 자신의 하나님 되심을 천명하는 것이다. 사도의 말을 빌려 표현하자면, 하나님의 아들이신 그분은 "능력의 말씀으로"[칼빈이 인용한 성경에서는 '능력 있는 뜻으로'(by his powerful will)라고 표현했다 - 역자 주] 만물을 붙드신다(히 1:3). 그리스도께서 자신이 하나님이라고 말씀하실 때, 그것은 그분이 육체로 나타나셔서 그리스도의 직분을 수행하는 분이심을 선언하기 위함이다. 그리스도께서는 자신이 하늘에서 왔다고 선언하시는데, 이는 그분이 땅에 오신 이유가 무엇인지를 알리려는 데 있다.

18 유대인들이 이로 말미암아 더욱 예수를 죽이고자 하니 예수께서 자신의 행동을 변호하면서 하신 말씀은 유대인들의 분노를 진정시키기는 커녕 오히려 그들의 분노를 촉발시켰다. 그리스도께서 유대인들의 사악한 적개심과 강한 완고함을 모르신 것은 아니었다. 그러나 그분은 먼저 그곳에 있던 적은 무리의 자기를 따르는 사람들에게 도움을 주고자 하셨고, 그 다음

으로 유대인들의 치유될 수 없는 악의를 공공연히 드러내고자 하셨다. 그리스도께서는 친히 본을 보이심으로써 우리에게 악한 자들의 분노에 굴하지 말고 필요할 때 하나님의 진리를 변호하라고 가르치신다. 온 세상이 우리를 대적하고 반대하더라도 말이다. 그리스도의 종들은 그들이 원하는 대로 모든 사람들에게 유익을 끼치지 못하더라도 절망할 이유가 없다. 그리스도 자신도 그렇게 하지 못하셨기 때문이다. 사탄이 그리스도의 지체들과 도구들을 향하여 더욱 강력한 분노를 발한다고 하더라도 이로 인해 놀랄 필요가 없다. 사탄의 공격이 강력할수록 하나님께서 자신의 영광을 더욱 많이 나타내시기 때문이다.

요한복음 기자가 이 구절의 첫머리에서 그리스도께서 안식일을 범한 것 때문에 사람들이 그리스도에게 적대감을 표현했다고 말할 때, 그는 유대인들의 관점에서 말하고 있는 것이다. 나는 이미 앞에서 그리스도께서 안식일을 범하신 것이 아니라는 사실을 밝혔다. 유대인들이 그리스도에게 분노를 표출한 가장 중요한 이유는 그리스도께서 하나님을 자신의 아버지라고 불렀기 때문이다. 분명 그리스도께서는 다른 사람들이 가진 일반적인 신분과는 구별되는, 특별한 의미에서 하나님이 자신의 아버지가 되신다는 사실을 사람들이 깨닫기를 바라셨다.

그리스도께서는 자신이 일하는 것을 하나님께서 일하시는 것의 연장선상에 둠으로써 자신을 하나님과 동등 되게 하셨다. 그리스도께서는 이 사실을 부인하지 않은 것은 물론이고, 오히려 그것을 좀 더 분명히 확증하셨다. 이것은 아리우스파의 정신 나간 입장을 논박하기에 충분하다. 아리우스파는 그리스도를 하나님이라고 고백하지만 그분이 하나님과 동등하지는 않다고 주장한다. 마치 하나님의 유일하고 단순한 본질 속에 하나님과 동등하지 않은 어떤 것이 존재할 수 있는 것처럼 말이다.

19 그러므로 예수께서 그들에게 이르시되 앞에서도 말했듯이, 유대인들의 비난은 잘못된 것이었으나 그리스도께서는 그것에 대해 자신을 전혀

변호하지 않으셨다. 오히려 그분은 자신이 정말로 하나님의 아들이시라는 사실을 좀 더 공공연히 주장하셨다.

첫째, 그분은 유대인들이 트집을 잡는 그 일이 하나님의 일이라고 주장하신다. 유대인들이 하나님께 속한 일을 계속해서 정죄한다면, 그들은 하나님 자신을 대적하며 싸우는 것임을 그들에게 깨닫게 하시기 위함이다. 고대에 이 구절은 정통파 교부教父들과 아리우스파 간에 다양한 논쟁을 일으켰다. 아리우스는 이 구절에서 성자聖子가 성부聖父보다 열등하다는 결론을 도출했다. 성자는 성부에게 속한 일 이외에는 아무것도 할 수 없는 존재라는 것이 그 이유였다. 교부들은 이 구절이 그리스도가 성부로부터 나왔지만 일을 행할 수 있는 고유한 능력을 박탈당한 것은 아님을 알리기 위해 단지 위격位格의 구별을 했을 뿐이라며 아리우스를 반박했다. 하지만 두 진영 모두 틀렸다. 이 구절은 그리스도의 드러난 신성神性과 관련 있는 것이 아니기 때문이다. 우리가 조금 뒤에 듣게 될 말씀과 연결해서 생각해 보면, 이 구절은 영원한 '하나님의 말씀'에 대한 언급이 전혀 아니며 오히려 육체로 나타나신 '하나님의 아들'에 관해서만 언급한다. 그러므로 우리의 구원자로 세상에 보냄을 받은 그리스도에 대해서만 주목할 필요가 있다. 유대인들은 그리스도 안에 나타난 인성人性 이상의 것을 전혀 보지 못했다.

둘째, 그분은 자신이 병자를 고치신 것이 자신의 인성이 아니라 보이는 육체 뒤에 숨겨진 자신의 신적인 능력이라고 주장하신다. 문제의 핵심은 이것이다. 즉, 유대인들은 육체라는 겉모습만 보고 그리스도를 무시했던 것이다. 그래서 그리스도께서는 그들에게 눈을 높이 들어 하나님을 바라보라고 명령하신다. 전체 대화는 이 두 시선의 대조에 맞춰져 있다. 자신들이 한갓 인간을 대하고 있다고 생각하는 사람들은 그리스도께서 하나님께 속한 일을 한다고 비난하는 오류를 범하게 된다. 그리스도께서 병자를 고치신 이 일에서 자신이 아버지와 전혀 다르지 않다고 그토록 강하게 말씀하신 이유가 바로 여기에 있다.

20아버지께서 아들을 사랑하사 자기가 행하시는 것을 다 아들에게 보이시고 또 그보다 더 큰 일을 보이사 너희로 놀랍게 여기게 하시리라 21아버지께서 죽은 자들을 일으켜 살리심같이 아들도 자기가 원하는 자들을 살리느니라 22아버지께서 아무도 심판하지 아니하시고 심판을 다 아들에게 맡기셨으니 23이는 모든 사람으로 아버지를 공경하는 것같이 아들을 공경하게 하려 하심이라 아들을 공경하지 아니하는 자는 그를 보내신 아버지도 공경하지 아니하느니라 24내가 진실로 진실로 너희에게 이르노니 내 말을 듣고 또 나 보내신 이를 믿는 자는 영생을 얻었고 심판에 이르지 아니하나니 사망에서 생명으로 옮겼느니라 요 5:20-24

20 아버지께서 아들을 사랑하사 이 구절에 대한 교부敎父들의 해석이 참으로 무리하고 억지였다는 것은 누구나 알 수 있다. 교부들은 하나님께서 아들 안에서 하나님 자신을 사랑하신다고 설명한다. 그러나 이 구절은 육체를 입으신 그리스도에게나 훌륭하게 적용될 수 있는 내용이다. 또한 우리는 그리스도께서 천사나 인간과 구별되시는 것은 바로 이 탁월한 칭호(아들)에 의해서임을 알고 있다.

"이는 내 사랑하는 아들이요"(마 3:17).

그리고 우리는 그리스도께서 하나님의 모든 사랑이 그 안에 거하도록 택함 받은 분이시라는 사실을 안다. 가득 찬 샘에서 물이 나오듯이, 하나님의 사랑이 그분에게서 나와 우리에게 흘러들어오도록 하기 위해서 말이다. 그리스도께서는 교회의 머리시라는 점에서 성부에 의해 사랑을 받으신다. 그리스도께서는 성부 하나님께서 그분의 손으로 행하시는 모든 것의 원인이 바로 이 사랑임을 보여주신다. 그리스도께서 "아버지께서 … 아들에게 보이시고"라고 말씀하셨을 때, '보이셨다'는 말은 대화를 암시하는 것으로 이해해야 한다. 그러므로 그리스도의 말씀은 다음과 같이 풀어쓸 수 있다.

"아버지께서 자신의 마음을 내게 부어주셨듯이 자신의 능력도 그렇게 하셨다. 내가 하는 일에 하나님의 영광이 나타나도록 말이다. 그렇다. 그렇기 때문에 사람들이 내게서 하나님의 영광을 발견할 수 없다면, 다른 어느 것에서도 하나님의 영광을 구하지 못한다."

그리스도를 떠나서 하나님의 능력을 찾는 것은 참으로 헛되다.

그보다 더 큰 일을 보이사 이 어구를 통해 그리스도께서 전하시고자 한 바는, 자신이 병자를 고침으로써 행하신 이적은 아버지께서 자기에게 명하신 가장 큰 일이 아니었다는 것이다. 그리스도께서는 세상에 생명을 회복시키는 일을 하시는 장본인이신데, 그 이적은 그분의 은혜를 아주 조금 맛보기 정도로 보여준 것에 불과하기 때문이다.

그리스도께서는 계속해서 "너희로 놀랍게 여기게 하시리라"고 말씀하심으로써, 하나님의 능력이 그토록 눈부시게 나타났음에도 불구하고 이를 감사하지 않고 오히려 멸시하는 것에 대해 유대인들을 간접적으로 비난하신다. 그분은 마치 "너희가 어리석고 깨달음이 둔하기는 하지만, 하나님께서 나중에 나를 통하여 행하실 일을 보면 너희는 달갑게 여기지는 않겠지만 분명 감탄해 마지않을 것이다"라고 말씀하시는 듯하다. 그러나 이런 일은 일어나지 않은 것 같다. 이사야 선지자가 하나님의 빛에 눈이 먼 사람들을 꾸짖으면서 말한 것처럼, 우리는 유대인들이 "보기는 보아도 알지 못하리라"(사 6:9)는 사실을 알고 있기 때문이다. 나는 이렇게 대답하겠다. 그리스도께서는 이 구절에서 유대인들의 태도에 대해 말씀하시는 것이 아니라, 잠시 후에 자신이 하나님의 아들이라는 사실을 얼마나 탁월하게 증명하실지 넌지시 말씀하시는 것일 뿐이다.

21 아버지께서 죽은 자들을 일으켜 살리심같이 여기서 그리스도께서는 아버지께서 자신에게 주신 직책의 특성을 요약적으로 말씀하신다. 그분은 이 구절에서 죽은 자를 살리는 것과 같은 하나의 측면을 언급하시는 것처럼 보이지만, 사실 이것은 자신이 생명의 주主가 되신다는 사실을 선포하는 총체적인 가르침이다. 그러나 생명에는 의義와 성령님의 모든 은사들과 우리

구원의 모든 요소들이 포함되어 있다. 사실 이 이적은 그리스도의 능력을 너무도 분명하게 보여주는 증거였기에, 이러한 총체적인 열매를 생산하기에 이르렀다. 즉, 복음의 문을 여는 역할을 했던 것이다.

더욱이 우리는 그리스도께서 우리에게 생명을 주시는 방법에 대해서 특별히 주목해야 한다. 그리스도께서는 우리 모두가 죽었다는 사실을 아시기에 부활로써 시작할 필요가 있었다. 하지만 그리스도께서 '일으키다'라는 단어와 '살리시다'라는 단어를 함께 사용하신 것은 그럴 만한 이유가 있다. 그리스도께서 우리에게 생명을 완전하고도 충분히 회복시켜주지 않으신다면, 우리가 죽음에서 구원을 받았다는 것만으로는 충분하지 않기 때문이다. 게다가 그리스도께서는 이 (부활) 생명을 모든 사람에게 차별 없이 주지 않으신다. 그분은 자신이 원하는 사람들에게 생명을 주신다고 말씀하신다. 이 말씀은 그리스도께서 특정한 사람들, 즉 택함 받은 사람들에게만 특별히 이 은혜를 부으신다는 의미이다.

22 아버지께서 아무도 심판하지 아니하시고 이제 그리스도께서는 아버지께서 아들을 통하여 세상을 다스리시며 아들의 손으로 아버지의 주권을 행사하신다는 일반적인 진리를 좀 더 분명하게 표명하신다. 복음서 기자인 요한은 히브리어의 관용적인 표현을 따라 통치와 능력을 의미하는 말로 '심판'이라는 단어를 사용한다. 이제 우리는 이 단어의 뜻을 파악할 수 있다. 즉, 아버지께서는 아들로 하여금 아버지의 뜻대로 하늘과 땅을 다스리게 하려고 하나님나라를 아들에게 주신 것이다. 그렇다고 해서 아버지께서 그분이 가지신 통치권을 포기하시고 은퇴한 사람처럼 하늘에서 빈둥대고 계시다고 생각하는 것은 매우 어리석다.

그 이유를 설명하는 것은 쉽다. 이 문제는 하나님 및 인간과 관련해서 언급해야 한다. 아버지(성부 하나님)께서 아들을 하늘과 땅의 최고의 왕이자 주님으로 임명하셨을 때, 아버지에게는 어떠한 변화도 일어나지 않았다. 그분이 친히 아들 안에 계시기도 하고 아들 안에서 일하시기 때문이다. 우리가 하나님을 직접 대면하고자 하는 순간, 우리의 모든 감각은 그 기능을 잃게 된다. 그래서 그리스도께서 보이지 않으시는 하나님의 보이는 형상으로 우리 눈앞에 나타나신 것이다. 그러므로 하나님께서 우리의 연약함을 아시고 그리스도의 인격을 통해 자신을 우리 가까이 보여주실 때, 우리는 하늘의 비밀들을 찾느라 헛되이 수고할 이유가 전혀 없다. 모든 능력이 그리스도께 있으므로, 세상의 정부나 우리 자신의 상태에 대해 또는 우리 구원에 대한 하늘의 보호에 대해 의문이 생길 때마다 그리스도만을 바라보는 법을 배우자.

성부 하나님께서는 그리스도의 얼굴로써 우리에게 나타나신다. 그렇지 않았다면 하나님은 우리에게 감추어졌을 것이고 우리에게서 아주 멀리 계셨을 터이다. 하나님께서 그 아들을 통하여 우리에게 친히 나타나셨으므로, 우리가 (그리스도를 통해) 드러난 하나님 엄위를 바라본다 하더라도 그 엄위의 무한한 빛에 삼킴을 당하지 않을 것이다.

23 모든 사람으로 ⋯ 아들을 공경하게 하려 하심이라 이 말씀은 내가 앞에서 언급한 내용을 확증한다. 즉, 하나님께서 아들이신 그리스도를 통해 통치하신다고 했을 때, 그것은 그분이 마치 게으른 임금처럼 하늘에서 휴식을 취한다는 뜻이 아니다. 오히려 그분은 그리스도 안에서 자신의 능력을 선포하시며 자신의 임재를 보여주신다. "모든 사람으로 ⋯ 아들을 공경하게 하려 하심이라"라는 말씀은 아버지께서 아들 안에서 알려지고 경배 받으시기를 원하신다는 바로 그 의미이다. 그러므로 우리는 그리스도 안에서 성부 하나님을 찾아야 한다. 우리는 그리스도 안에서 성부 하나님의 능력을 보고, 그리스도 안에서 하나님을 경배해야 한다. 그리스도께서 이어서 하신 말씀에 따르면 '아들을 공경하지 않는 사람'은 하나님을 공경하지 않는 사람이다.

우리가 하나님을 경배해야 한다는 것은 누구나 다 받아들인다. 그리고 태어날 때부터 우리 안에 자연스럽게 갖고 있는 이 정서는 우리 마음에 깊이 뿌리박혀 있어서, 아무도 감히 하나님 공경하기를 전적으로 거부하지 못한다. 그러나 사람들의 마음은 점점 하나님을 찾지 않게 되고 결국은 길을 잃고 만다. 이 때문에 너무도 많은 거짓 신神들과 그릇된 예배가 생겨난다. 그러나 그리스도를 떠나서는 참 하나님을 결코 찾지 못한다. 그리고 다윗이 표현했듯이 그 아들에게 입 맞추지 않으면 하나님을 바르게 예배할 수 없다(시 2:12). 왜냐하면 요한이 다른 곳에서 선포하듯이 "아들을 부인하는 자에게는 또한 아버지가 없기"(요일 2:23) 때문이다.

이슬람교도들과 유대인들은 자기들이 경배하는 신을 아름답고 멋진 이름으로 장식한다. 하지만 하나님의 이름이 그리스도와 분리된다면 그 이름은 한갓 공허한 상상에 불과하다는 사실을 알아야 한다. 그러므로 누구든지 자기가 경배하는 신이 참 하나님이라는 사실을 입증 받고 싶다면, 그리스도를 떠나지 말아야 한다. 율법 아래 있던 선조들의 상황도 다르지 않았다. 선조들이 그림자(율법) 아래에서 그리스도를 희미하게 바라보기는 했지만, 하나님께서는 그들에게 한 번도 그리스도 없이 자신을 계시한 적이 없으시다. 그러나 이제 그리스도께서 육신으로 나타나셨고 우리를 다스리는 왕으로 임명을 받으셨으므로, 온 세상은 하나님께 순종하기 위해 반드시 그리스도께 절해야 한다. 성부 하나님께서는 그리스도를 하나님 오른편에 앉으라고 말씀하셨다. 그러므로 그리스도를 배제하고 하나님을 상상하는 사람은 하나님의 절반을 빼앗아가는 것이나 다름없다.

24 내 말을 듣고 또 나 보내신 이를 믿는 자는 영생을 얻었고 몇 가지 외적인 의식儀式과 사소한 의례儀禮를 행하는 것이 그리스도를 공경하는 것이라고 생각하는 일이 없도록 하기 위해, 이 구절은 그분이 우리에게 어떤 식으로 공경을 받으시는지 그 방법을 서술한다. 성부 하나님께서는 신자들을 그리스도에게 복종하게 하셨는데, 복음의 가르침은 그리스도께서 신자들을 다스리실 때 사용하는 그분의 홀笏, 즉 왕권과 같다.

그리스도에 대한 공경을 복음의 가르침에 순종하는 것이라고 정의한 이 구절은 각별히 주목할 만한 가치가 있다. 기독교에 대하여 잘못 고백하는 일은 비일비재하다. 그리스도의 가장 사악한 원수들인 교황주의자들조차 자기들이 그리스도의 가장 사랑받는 자들이라고 주제넘게 자랑한다. 하지만 여기서 그리스도께서는 우리가 그분의 복음에 순종하는 것 외에는 우리에게서 다른 공경을 받지 않으신다는 것을 분명히 하신다. 그러므로 외식外飾하는 사람들이 그리스도에게 드리는 모든 공경은 가룟 유다가 행한 반역자의 입맞춤에 불과하다. 그는 그 입맞춤으로 자기 주님을 배반했다. 교황주의자들이 그리스도를 '왕'이라고 백 번을 부르짖는다고 해도, 그들은 복음을 믿지 않음으로써 그리스도에게서 그분의 나라와 모든 능력을 앗아가버렸다.

그리스도께서 "… 영생을 얻었고"라고 말씀하실 때, 그분은 우리로 하여금 더욱 순종하려는 마음을 갖게 하기 위하여 순종의 열매를 칭찬하신다. 영생의 상賞이 주어진다고 하는데, 누가 마음을 완고하게 하여 그리스도께 기꺼이 복종하지 않으려 하겠는가? 하지만 우리는 현실적으로 대단히 소수의 사람들만이 이와 같은 큰 복을 받고 있음을 본다. 우리가 하나님의 아들에게 복종하고 순종하여 그분의 선하심을 힘입어 구원을 받기보다는 스스로 멸망에 이르려 하는 것은 바로 우리의 부패함 때문이다.

그리스도께서는 여기서 그분이 우리에게서 요구하시는 경건하고 성실한 예배의 규칙과 더불어 우리를 생명으로 회복시키시는 방법까지 염두에 두고 계신다. 그리스도께서 이전에 가르치셨던 것, 즉 그분이 죽은 자를 살리려고 오셨다는 사실을 붙들고 있는 것만으로는 충분하지 않다. 우리는 그분이 어떤 방법으로 우리를 생명으로 회복시키시는지도 알아야 한다. 지금 그리스도께서는 '생명'이란 그분의 가르침을 들음으로써 얻는다고 선언하신다. '듣는다'는 말은 그분이 바로 이어 말씀하시는 '믿음'을 의미한다. 하지만 믿음은 귀에 있는 것이 아니라 마음에 있다. 믿음의 엄청난 능력이 어디서 오는지에 대해서는 다른 곳에서 언급하였다. 우리는 복음이 우리에게 무엇을 가져다주었는지 늘 생각해보아야 한다. 그리스도를 영접하고 그분이 주시는 모든 은혜를 받은 사람이 하나님과 화목하고 사망의 정죄에서 용서함을 받았다는 것 그리고 성령을 받은 사람이 새 생명 가운데서 행하기 위해 하늘에 속한 의義로 옷 입는다는 것은 놀라운 일이 아니다(롬 6:4).

이어지는 "나 보내신 이를 믿는 자"라는 문장은 복음의 권위를 확정하는 역할을 한다. 그리스도는 복음이 하나님에게서 나온 것이며 인간이 만들어낸 것이 아니라고 선언하신다. 그리스도께서 다른 곳에서 자신의 말씀이 자신에게서 나온 것이 아니라 아버지께서 그에게 명령하신 것이라고 주장하신 것처럼 말이다(요 14:10).

심판에 이르지 아니하나니 여기서는 우리 모두가 천성적으로 품고 있는 죄성罪性과 그리스도를 통하여 얻게 되는 은혜로운 죄 용서 사이의 대조가 암시되어 있다. 사망의 정죄가 모든 사람을 기다리고 있는 것이 아니라면, 그리스도를 믿는 사람들이 정죄 받는 것에서 제외된다는 것이 무슨 의미가 있겠는가?

그러므로 이 구절은 우리가 그리스도의 은혜를 통하여 죄 용서를 받기 때문에 사망의 위험에서 건짐을 받는다는 의미이다. 그리스도께서 자신의 영靈으로 우리를 거룩하게 하고 거듭나게 하사 새 생명에 이르게 하셨지만, 여기에 특별히 언급된 것은 거저 주시는 죄 용서이다. 이런 은혜 안에서만 사람들은 행복을 얻는다. 사람은 누구나 자기에게 은혜 베푸시는 하나님이 계실 때에야 비로소 살기 시작한다. 우리 죄를 용서하지 않으시고 하나님이 어떻게 우리를 사랑하시겠는가?

옮겼느니라 라틴어 역본 중에서는 이 단어를 '옮길 것이다'(will pass)라고 미래형으로 번역한 것도 있다. 그러나 이러한 번역은 복음서 기자의 의미를 파악하지 못하고 마땅한 정도 이상으로 좀 더 자유롭게 번역하고자 하는 어떤 사람의 무지와 사려 깊지 못함에서 비롯되었다. 헬라어에서는 의미가 매우 분명하다. 사망에서 옮겨지는 일은 이미 발생했다. 사람들이 하나님의 자녀라고 불리는 순간부터 그들 속에는 썩지 않는 생명의 씨가 존재하기 때문이다. 하나님의 자녀들은 그리스도와 함께 하늘의 영광에 이미 소망으로 앉아 있으며, 그들 안에는 이미 하나님나라가 세워져 있다(눅 17:21 ; 골 3:3). 하나님의 자녀들의 생명이 (그리스도와 함께 하나님 안에) 감추어져 있다고 해도, 그들은 현재 믿음으로 그 생명을 분명히 소유하고 있다. 그리고 그들은 사방으로 사망에 둘러싸여 있다고 해도 얼마든지 평강을 얻는다. 자기들이 그리스도의 보호하심으로 안전함을 얻는다는 것을 알고 있기 때문이다.

그런데 우리가 기억해야 할 것이 있다. 지금 신자들은 늘 사망의 짐을 지고 살아간다는 사실이다. 하지만 하나님의 자녀들 속에 거하시는 성령님은 생명이시다. 그분은 결국 사망의 남은 세력들을 멸하실 것이다. "맨 나중에 멸망 받을 원수는 사망"(고전 15:26)이라고 한 바울의 말은 사실이다. 사실 이 구절이 사망의 완전한 멸망이나 생명의 풍부한 계시를 언급하는 것은 아니다. 그러나 생명이 우리 속에서 단지 시작된 것에 불과하더라도, 그리스도께서는 신자들이 그 생명을 얻을 것을 확신함으로써 죽음을 두려워하지 않도록 해야 한다고 말씀하신다. 이는 놀랄 일이 아니다. 신자들은 생명의 마르지 않는 샘이신 그리스도와 연합되어 있기 때문이다.

.

> 25 진실로 진실로 너희에게 이르노니 죽은 자들이 하나님의 아들의 음성을 들을 때가 오나니 곧 이때라 듣는 자는 살아나리라 26 아버지께서 자기 속에 생명이 있음같이 아들에게도 생명을 주어 그 속에 있게 하셨고 27 또 인자 됨으로 말미암아 심판하는 권한을 주셨느니라 28 이를 놀랍게 여기지 말라 무덤 속에 있는 자가 다 그의 음성을 들을 때가 오나니 29 선한 일을 행한 자는 생명의 부활로, 악한 일을 행한 자는 심판의 부활로 나오리라 요 5:25-29

25 진실로 진실로 하나님의 아들이신 그리스도께서는 우리의 구원과 관련하여 종종 엄숙한 맹세를 하신다. 본문에서도 그리스도께서는 엄숙하게 맹세하고 계신데, 이 사실에서 우리는 다음의 내용을 알 수 있다.

첫째, 그리스도께서는 우리를 참으로 간절히 돌보고 계신다.

둘째, 복음을 믿는 믿음은 철저해야 하고 깊이가 있어야 하며 확신에 넘쳐야 한다.

본문의 내용이 그리스도께서 말씀하시는 믿음의 결과라고 할 때, 이 내용은 좀처럼 믿기 힘들어 보인다. 이러한 이유로 그리스도께서는 자신의 복음의 음성이 생명을 살리는 큰 능력이 있어서 죽은 자를 살릴 수 있다고 맹세로써 확증하신다. 그리스도께서 영적인 죽음에 관하여 말씀하고 계시다고 받아들이면 본문의 의미가 분명해질 것이다. 이 구절을 나사로의 죽음과 나인성 과부의 아들, 또는 그밖에 다른 죽은 사람을 가리킨다고 생각하는 사람들이 틀렸다는 것은 문맥만 보아도 알 수 있다. 그리스도께서는 자신이 우리를 살리시기 전에 우리 모두가 죽었다고 말씀하신다. 그러므로 인간의 본성 전체가 구원에 어떤 도움이 되는지 분명해졌다.

교황주의자들은 자기들의 자유의지를 세우려고 할 때, 이 구절을 강도를 만나 길가에 반쯤 죽은 채로 버려진 사마리아인에 비교한다. 그리스도께서 분명하게 우리에게 사망 판결을 내리셨는데도, 그들은 그 분명한 말씀을 알레고리라는 뿌연 스크린으로 모호하게 만드는 것이 옳은 일인 것처럼 행동한다. 사실 우리는 첫 사람 아담의 타락 이후 죄로 말미암아 하나님에게서 멀어졌다. 그러므로 자신들이 영원한 멸망의 위협 아래 있다는 것을 인식하지 못하는 모든 사람들은 공허한 입 발린 말로써 스스로를 속이고 있는 것이다.

나는 생명의 남은 부분이 인간의 영혼에 있다는 것을 인정한다. 깨달음과 판단력과 의지, 그리고 모든 감각들이 생명에 속한 부분들이다. 그러나 그런 부분들 속에는 하늘에 속한 생명을 갈망하는 부분은 없기 때문에 하나님나라와 관련하여 전인全人이 죽었다고 해서 놀랄 것이 없다. 바울은 에베소서 2장 1절과 4장 17절에서 우리가 순전하고 건실한 이성理性의 깨달음과 동떨어져 있다고 말하면서 이러한 죽음을 좀 더 충분히 설명한다. 바울은 우리가 하나님의 원수들이며, 우리 마음의 태도로 하나님의 의로우심을 대적한다고 밝힌다. 또한 우리가 어둠 속에서 앞을 보지 못하고 방황하고 있으며, 사악한 욕정에 자신을 내어준다고 지적한다. 이와 같은 타락한 본성에 의義를 바라는 능력이 없다면, 하나님의 생명이 우리 속에서 소멸되었다고 결론 내릴 수 있다. 이런 의미에서 그리스도의 은혜는 죽음에서 살아나는 진정한 부활이다.

더욱이 이 은혜는 복음으로 말미암아 우리에게 주어진다. (복음을 선포하는) 목소리에 그러한 에너지가 있다는 의미에서 이렇게 말하는 것이 아니다. 대부분의 경우 복음은 사람들의 귓전에 공허하게 울리고 있을 뿐이다. 우리가 우리에게 주어지는 것을 믿음으로 받을 수 있도록 그리스도께서 자신의 영靈으로써 우리 마음에 내적으로 말씀하시기 때문에 그렇게 말하는 것이다.

그리스도께서는 이 구절에서 모든 죽은 자들을 차별 없이 언급하시는 것이 아니다. 그분이 말씀하고 계시는 '죽은 자들'이란 하나님께서 생명으로 회복시키는 하나님 아들의 음성을 알아들을 수 있도록 귀를 열어주시는 택함 받은 자들만을 의미한다. 그리스도께서는 "죽은 자들이 하나님의 아들의 음성을 들을 때가 오나니 곧 이때라 듣는 자는 살아나리라"라고 말씀하심으로써 (듣고 살아나는) 이 이중적인 은혜를 우리에게 분명하게 소개하신다. 죽은 자들이 들어야 한다는 것은 죽은 자들이 자기들이 떠나온 생명으로 다시 돌아가야 한다는 것만큼이나 자연의 이치에 어긋나기 때문이다. 그러므로 하나님의 아들의 음성을 듣는 것과 죽은 자들이 살아난다는 것은 둘 다 하나님의 비밀스러운 능력에서 나오는 것이다.

그리스도께서 "… 때가 오나니 곧 이때라"라고 말씀하실 때, 그분은 지금까지는 희귀했던 어떤 것에 관하여 말씀하고 계신다. 사실 복음의 선포는 새롭고 갑작스러운 세상의 부활이었다. 하지만 누군가 "하나님의 말씀이 사람들에게 늘 생명을 준 것은 아니지 않는가?"라고 질문한다면 이렇게 쉽게 답할 수 있다. 율법과 선지자들의 설교가 하나님의 백성들에게 선포되었을 때, 그 설교는 죽은 사람들을 다시 살리기 위해서라기보다는 하나님의 자녀들을 생명 안에 보존하려는 데 목적이 있었다. 그러나 복음의 경우는 상황이 다르다. 복음은 이전에 하나님나라 밖에 있었고 하나님에게서 멀리 떠나 있었으며 구원의 모든 소망이 없어진 사람들에게 생명에 참여하는 자가 되라고 초대한다.

26 아버지께서 자기 속에 생명이 있음같이 아버지께서는 자신의 음성이 어떻게 그런 효과를 발휘하는지 그 근원을 보여주신다. 즉, 아버지 자신이 생명의 근원이며, 그 생명은 그분의 음성으로 사람들에게 부어지는 것이다. 생명의 원인과 근원이 하나님 자신 안에 있지 않다면, 그분의 입에서 생명이 우리에게 흘러나오지 못할 것이다. 그리스도께서는 하나님 속에 생명이 있다고 말씀하신다. 하나님만이 그분 고유의 힘으로 사시기 때문이기도 하지만, 하나님 속에 생명의 충만함이 있어서 모든 것을 살리시기 때문이기도 하다. 그리고 이것이 하나님의 고유한 특성이다. 시편 기자가 "진실로 생명의 원천이 주께 있사오니"라고 언급한 것처럼 말이다(시 36:9).

그러나 우리에게서 제거된 하나님의 엄위로움은 비밀스럽고 감춰진 샘과 같기 때문에, 하나님께서는 그리스도 안에서 자신을 계시하셨다. 그래서 우리는 얼마든지 물을 길을 수 있는 공개된 샘을 가까이에 두고 있는 셈이다. 이 구절은 하나님께서 생명을 감추어두어 자기 안에 묻어두기를 원치 않으셨기에 그 생명을 자기 아들에게 넘겨주어 우리에게 풍성히 흘러나오게 하셨다는 의미이다. 그러므로 우리는 육체로 나타나신 그리스도에게 이 구절이 정확하게 적용될 수 있다고 결론짓게 된다.

27 심판하는 권한을 주셨느니라 그리스도께서는 아버지께서 하늘과 땅에 있는 모든 것을 다스리는 완전한 능력을 가지도록 자신에게 권한을 주셨다고 거듭 언급하신다. '권한'으로 번역된 '엑수시아'exousia라는 단어는 '영예'honour를 의미한다. 그리고 '심판'은 '지배'rule와 '통치'government라는 의미로 사용되었다. 마치 아버지께서 아들을 왕으로 지명하셔서 세상을 다스리며 아버지의 권한을 행사하라고 하신 것처럼 그리스도께서는 말씀하신다.

인자 됨으로 말미암아 예수께서는 이유를 설명하는 이 말씀을 바로 덧붙이셨는데, 이는 특히 주목할 만한 가치가 있다. 이 구절은 그리스도께서 아버지에게서 받은 것을 사람들에게 전할 수 있는 완전한 권한을 가지고 사람들에게 오셨다는 의미이다. 어떤 이들은 이 구절이, 바울이 빌립보서 2장 7절 이하에서 선언한 것과 다를 바 없다고 생각한다. 즉, 그리스도께서 하나님의 형상으로 존재하셨을 때 자신을 비워 종의 형체가 되셨고, 자신을 낮추어 십자가에 죽기까지 복종하심으로 아버지께서 그리스도를 지극히 높여 그에게 모든 이름 위에 뛰어난 이름을 주시고 모든 무릎을 그 앞에 꿇게 하셨다고 하는 것이다.

그러나 내 생각에 요한복음의 이 구절은 좀 더 광범위한 의미를 갖고 있다고 본다. 즉, 그리스도께서는 사람으로 계시는 한, 아버지에 의하여 생명을 주시는 분으로 지명을 받으셨다. 그러므로 우리는 그리스도를 떠나 다른 곳에서 생명을 찾아서는 안 된다. 그리스도께서는 자기 자신이 생명을 필요로 하는 것처럼 그것을 자신을 위해 받으신 것이 아니라, 자신의 부유함으로써 우리를 부유하게 하시려고 그렇게 하셨기 때문이다. 요약하자면 하나님 안에 감춰져왔던 것이 사람이신 그리스도 안에서 우리에게 계시되었고, 이전에 가까이할 수 없었던 생명이 이제 가까이 와 있다. 이러한 논증을 그 문맥에서 끊어내고 이어지는 문장과 연결하는 사람들이 있다. 그러나 그런 식으로 이해하는 것은 너무 억지이며, 그리스도께서 의도하신 의미에 반(反)하는 것이다.

28 이를 놀랍게 여기지 말라 그리스도께서는 자신이 말씀하신 것을 확증하려고 마지막 부활을 언급하셨는데, 그분의 주장은 전혀 적절하지 않아 보인다. 영혼을 살리는 것이 몸을 살리는 것보다 더 큰 일이기 때문이다. 이에 대해 답변하겠다. 그리스도께서 큰 일과 작은 일을 비교하신 것은 실제적인 것과 관련 있는 것이 아니라, 그 문제에 대해 사람들이 생각하는 것과 관련이 있다. 사람들은 대단히 세속적인 존재이며, 외형적이고 눈에 보이는 것에만 감탄한다. 그래서 사람들은 영혼의 부활에 관한 가르침에는 별 주의를 기울이지 않고 흘려듣고 만다. 하지만 몸의 부활은 사람들에게서 더 큰 감탄을 자아내기에 충분하다. 우리는 총체적으로 우둔하여, 믿음만으로 파악할 수 있는 것보다는 눈으로 보는 것이 믿음을 생산하기에 더 강력하다고 생각

한다. 그리스도께서는 '마지막 날'을 언급하고 계시기 때문에 한계를 나타내는 '이때'라는 어구를 다시 첨가하지 않으시고, 단순히 '때가 오나니'라고만 말씀하신다.

이제 우리는 또 다른 반대에 직면한다. 신자들은 자기들 몸의 부활을 바라고 있지만, 이 지식에 의존하여 장차 그들의 몸이 무덤에서 일어날 것이기에 영혼들은 이제 죽음에서 구원을 받았다고 결론 내릴 수는 없다. 그리고 믿지 않는 사람들은 좀 더 알려지지 않은 것을 증명하기 위해 일반적인 어구를 사용하는 것이야말로 가장 어리석은 짓이라고 생각한다. 이러한 생각에 답변하겠다. 그리스도께서는 여기서 아버지께서 자신에게 만물을 완전히 회복하는 일을 맡기셨다는 사실을 증언하기 위해 하나님께 멸망 받을 사람들(유기된 자들)에 대한 그분의 권세를 선언하신다. 그분은 마치 이렇게 말씀하시는 것 같다. "내가 지금 말하는 것은 장차 너희 눈앞에서 이루어질 것이다."

사실 그리스도께서는 지금 자신의 복음의 목소리로써 멸망에 묻힌 영혼들을 살리고 계신다. 이것은 마지막 부활의 전주前奏와 같은 것이다. 마지막 부활에는 모든 인류가 포함될 것이므로, 그리스도께서는 계속해서 택함 받은 사람들과 버림 받은 사람들을 구별하신다. 이러한 구별로 말미암아 지금 그리스도의 음성으로 심판을 선고받은 사람들은 동일한 음성으로 인하여 그리스도의 마지막 심판대 앞에 끌려나와 그 앞에 서게 될 것이다.

그런데 그리스도께서 마치 다른 사람들은 부활에 참여하지 않는 듯이 무덤 속에 있는 사람들만을 언급하신 이유는 무엇인가? 죽은 사람들 중에는 파선을 당하여 죽은 사람도 있고, 야수에게 삼킴을 당한 사람 또는 불에 타 재로 변한 사람도 있는데 말이다. 사실 죽은 사람들은 통상적으로 묻히는 법이므로 그리스도께서는 이미 죽은 모든 사람들을 가리키는 제유법으로써 무덤 속에 있는 사람들을 언급하신 것이 분명하다. '무덤 속에 있는 자'라는 표현은 단순히 '죽은 자'라고 말하는 것보다 더욱 강한 의미를 지닌다. 무덤에 있는 사람들이란 죽음으로 말미암아 영혼과 빛을 빼앗긴 사람들을 가리키며, 말하자면 이들은 세상을 떠난 사람들이다.

246

그의 음성을 이것은 그리스도의 명령과 능력으로 울려 퍼질 나팔 소리를 의미한다(마 24:31 ; 고전 15:52 ; 살전 4:16). 여기서 천사가 소식을 전하는 존재로서 혹은 돕는 존재로서 있을 수 있지만, 그렇다고 해도 그리스도 자신에게 부여된 심판은 그분이 심판자의 권한을 가지고 직접 수행하실 것이다.

29 선한 일을 행한 자 그리스도께서는 신자들을 그들이 행한 선한 일로 규정짓는다. 이는 그분이 성경 다른 곳에서 열매로 나무를 안다고 말씀하신 것과 맥을 같이한다(마 7:16). 그리스도께서는 신자들이 부름을 받을 때 시작한 선한 행위를 칭찬하신다.

그리스도께서 십자가 위에서 생명을 약속하신 강도는 평생을 죄를 범하며 살아왔지만 마지막 숨을 거둘 때 선한 일을 하고자 했다. 그가 새사람으로 거듭나고 죄의 종에서 의義의 종으로 살기 시작했을 때, 그의 과거의 모든 삶의 여정은 하나님 앞에서 기억도 되지 않았다. 더욱이 신자들이 날마다 범하는 가중스러운 죄 자체도 그들에게 전가되지 않는다.

죄 용서가 없다면, 지금까지 살았던 사람들 중에 어느 한 사람도 올바르게 살았다고 얘기할 수 없을 것이다. 또한 하나님께서 죄를 용서하지 않으신다면, 전적으로 선하다고 인정받을 행위는 하나도 없다. 모든 사람은 불완전하며 죄로 오염되었기 때문이다. 그러므로 이 사람들은 여기서 (선한 자가 아니라) "선한 일을 행한 자"라고 불린다. 바울은 이들을 "선한 일을 열심히 하는" 사람들이라고 불렀다(딛 2:14). 그러나 이러한 평가는 버림 받아 마땅한 사람들을 기꺼이 받아 안으시는 하나님의 부성애父性愛에 근거한다.

이 구절에서 선善을 행하면 영생으로 보답 받는다는 논리를 이끌어낸 교황주의자들의 주장은 어렵지 않게 논박할 수 있다. 그리스도께서는 여기서 구원의 원인에 대하여 말씀하시는 것이 아니라, 단지 각 사람에게 나타난 표시로써 택함을 받은 자와 버림을 받은 자를 구별하실 뿐이다. 그분이 이렇게 하시는 이유는 자기 백성에게 거룩하고 흠 없이 살라고 권하기 위함이다. 물론 우리를 의롭게 하는 믿음에는 바르고 의롭게 살고자 하는 마음이 동반된다는 사실을 부인하는 것은 아니다. 다만 하나님의 자비에만 의지하여 우리가 당당할 수 있다고 주장할 뿐이다.

> 30 내가 아무것도 스스로 할 수 없노라 듣는 대로 심판하노니 나는 나의 뜻대로 하려 하지 않고 나를 보내신 이의 뜻대로 하려 하므로 내 심판은 의로우니라 31 내가 만일 나를 위하여 증언하면 내 증언은 참되지 아니하되 32 나를 위하여 증언하시는 이가 따로 있으니 나를 위하여 증언하시는 그 증언이 참인 줄 아노라 요 5:30-32

30 내가 아무것도 스스로 할 수 없노라 그리스도의 영원한 신성神性을 고려할 때, 여기서 정말로 하나님의 아들이 스스로 아무것도 할 수 없는지 예민하게 생각하는 것은 전혀 의미가 없다. 그리스도께서는 우리의 마음이 이와 같은 궤변으로 분산되는 것을 원치 않으셨다. 결론적으로 말해서, 초대 교부들이 아리우스의 잘못된 설명을 논박하는 일에 대해 그토록 염려했어야 할 이유가 전혀 없다. 그 하잘것없는 사람(아리우스)은 하나님의 아들이 아버지와 동일하지 않다고 주장했다. 아들이 아무것도 스스로 할 수 없다는 것이 그 이유였다. 경건한 사람들(아타나시우스를 비롯한 교부들)은, 아들이 그가 받은 모든 것을 아버지의 공功으로 돌리기 위해 이 말을 한 것이라고 옳게 답변하였다. 아들은 그의 인성人性과 관련하여 아버지에게서 그 시작을 취하셨다.

그러나 첫째, 그리스도께서는 여기서 단순히 자신의 신성神性에 대해 말씀하시는 것이 아니다. 오히려 주님은 우리에게, 그분이 우리와 같은 육체를 입으셨을 때 그분을 겉모습으로 판단해서는 안 된다고 가르치시는 것이다. 그분은 사람보다 훨씬 높은 그 무엇을 소유하고 계시기 때문이다.

둘째, 우리는 여기서 그리스도께서 논하고 있는 대상이 누구인지를 고려해야 한다. 그분은 유대인들을 논박해야만 하셨다. 그들은 그리스도와 하나님을 대조하려고 하였다. 그래서 그리스도께서는 자신이 인간적으로는 아무것도 행하지 않는다는 사실을 천명하신다. 그분 속에는 자신의 인도자요 지도자이신 하나님이 거하시기 때문이다.

우리가 늘 기억해야 할 것이 있다. 그리스도께서 자신에 대하여 말씀하실 때는 항상 인간에게 적합한 것만을 말씀하신다는 사실이다. 이는 그분이 늘 유대인들을 안중에 두셨기 때문이다. 그리스도가 평범한 사람 가운데 하나에 불과하다고 악한 말들을 했던 그 유대인들 말이다. 동일한 이유에서 그리스도께서는 사람보다 탁월한 것은 무엇이든지 아버지의 공로로 돌리셨다.

'심판'이라는 말은 엄격하게 말해 그리스도의 가르침을 가리킨다. 하지만 그분은 이 말을 자신이 수행하는 모든 것을 포괄하는 말로 사용하신다. 그리스도께서는 자신의 배후에 아버지가 계시다고 말씀하시는 것이다. 아버지의 뜻은 그분의 통치이며, 그래서 아버지께서 (그 통치의 수행자인) 그리스도를 붙드실 것이다.

내 심판은 의로우니라 그리스도께서는 자신의 행위와 말씀은 사람들의 비난의 대상이 될 수 없다고 단정하신다. 그분은 아버지께서 지시하시고 명령하신 것 외에는 행할 수가 없기 때문이다. 하나님에게서 오는 것은 다 옳다는 사실은 모든 논의를 뛰어넘는 것으로 간주해야 한다. 경건의 첫 번째 원리는 하나님의 말씀과 사역에 대한 경외심을 갖는 것이다. 하나님의 이름만이 의로움과 옳음을 입증하기에 충분하다.

하지만 하나님이 의로우시다는 사실을 기꺼이 인정할 사람이 얼마나 있을까? 거의 없다. 내가 감히 고백하건대, 하나님께서는 자신의 의로우심을 우리에게 경험으로 보여주신다. 하지만 그것을 우리 육체의 지각 능력에 한정하여 단지 우리의 지성이 허용하는 범위 내에서만 그분의 의로움을 이해하는 것은 가장 사악한 불경건이다. 그러므로 하나님에게서 나오는 것은 무엇이 되었든지 간에 의롭고 참되다고 확신하고 의심하지 말자. 하나님께서는 그분의 모든 말씀에 거짓말을 할 수 없으시다. 그분의 모든 행동은 의롭고 공정하다. 우리는 의로운 행동을 판단하는 유일한 법칙이 하나님의 지시와 감독하심에 따라서만 행하는 것임을 기억한다. 이후에 온 세상이 다시금 우리를 거슬러 일어난다고 하더라도, 우리는 하나님을 따르는 사람은 절대로 길을 잃지 않는다는 이 무적의 방어 체제를 고수할 것이다.

나는 나의 뜻대로 하려 하지 않고 여기서 그리스도께서는 자신의 뜻과 아버지의 뜻이 서로 반대되기라도 하는 것처럼 그 둘을 충돌하게 만들고 있는 것이 결코 아니다. 다만 유대인들의 잘못된 생각을 논박하고 계실 뿐이다. 그들은, 그리스도가 하나님의 권위에 지배 받지 않고 주제넘는 인간적인 생각으로 행동한다고 생각했던 것이다. 그래서 그리스도께서는 자신이 아버지의 명령과 별개로 자신만의 생각이나 성향을 갖고 있지 않다고 단언하시는 것이다.

31 내가 만일 나를 위하여 증언하면 내 증언은 참되지 아니하되 그리스도께서는 지금 성경의 다른 곳에서 강하게 천명한 자신의 증언의 권위를 떨어뜨리고 계신 것이 아니라 양보하고 계신 것이다. 그분은 다른 방법으로 강력하게 무장하고 계셨기 때문에 그들이 자신의 말을 믿지 않는 것에 대해서 허용하신다. 그분은 이렇게 말씀하신다.

"만일 내가 나 자신에 대해 증언한 것을 너희들이 인간의 통상적인 방법에 근거하여 의심한다면 그렇게 하려무나. 그래봐야 아무런 소용이 없을 테니 말이다."

우리가 아는 바로는, 어떤 사람이 다른 면에서 진리를 말하더라도 자신에 관하여 말하는 것은 참되거나 믿을 만한 것으로 받아들여지지 않는다. 아무도 자기 자신을 위한 적절한 증인이 될 수는 없기 때문이다. 하나님의 아들을 이와 같은 수준으로 끌어내리는 것은 정당하지 않지만, 그리스도께서는 하나님의 권위로 자신의 원수들을 깨닫게 하려고 자신의 권리를 포기하셨다.

33 너희가 요한에게 사람을 보내매 요한이 진리에 대하여 증언하였느니라 34 그러나 나는 사람에게서 증언을 취하지 아니하노라 다만 이 말을 하는 것은 너희로 구원을 받게 하려 함이니라 35 요한은 켜서 비추이는 등불이라 너희가 한때 그 빛에 즐거이 있기를 원하였거니와 36 내게는 요한의 증거보다 더 큰 증거가 있으니 아버지께서 내게 주사 이루게 하시는 역사 곧 내가 하는 그 역사가 아버지께서 나를 보내신 것을 나를 위하여 증언하는 것이요 요 5:33-36

33 너희가 요한에게 사람을 보내매 그리스도께서는 하나님의 증거를 제시하기 전에 세례 요한의 대답으로 유대인들을 밀어붙이신다. 그러나 유대인들은 세례 요한의 증언을 듣고도 믿음을 갖지 못했다. 유대인들이 요한이 말한 것을 받아들이려고 하지 않았으면서도 그에게 사람을 보낸 목적은 무엇인가? 그들은 요한을 하나님의 선지자로 알았다. 그래서 사람을 보냈고 그의 말을 계시로 받아들이는 척했다. 이로써 그들은 요한을 인정하는 듯하지만, 지금 그리스도께서는 그들이 자기들의 사악함 때문에 믿지 못했다고 공개적으로 비난하신다. 그러므로 예수님의 말씀의 요지는 다음과 같다. 유대인들은 요한에게 사람을 보내어 마치 자기들이 참으로 배우고 싶어 하는 것처럼 요한에게 메시아가 누구신지 물었지만, 정작 요한의 대답에는 전혀 주의를 기울이지 않았다.

34 나는 사람에게서 증언을 취하지 아니하노라 하지만 하나님께서는 아무런 이유 없이 세례 요한을 그리스도의 증인으로 택하신 것은 아니지 않은가? 또한 그리스도께서도 친히 성경의 다른 곳에서 제자들이 그분의 증인이 될 것이라고 말씀하시지 않았는가?(행 1:8) 여기에 대해 나는 이렇게 대답하겠다. 그리스도께서 세례 요한의 증거를 사용하신 것은 그의 증거가 필요했기 때문이 아니라, 그 증거로부터 확증을 얻는 것이 우리에게 유익했기 때문이다. 사람들은 서로 간에 증거를 주고받는다. 그러한 도움이 없이는 아무

것도 할 수 없기 때문이다. 그러나 하나님과 그리스도의 경우는 다르다. 철학자들이 덕德을 정의하기를 외부의 도움을 필요로 하지 않는 것이라고 주장한다면, 사람들은 무엇을 가지고 하나님의 진리를 지지하겠는가?

그리고 그리스도께서는 즉시, 자신이 유대인들을 위하여 세례 요한의 증거를 제시한다고 덧붙이신다. 그것은 그리스도께서 복음을 전파할 사람을 세우신 것은 자신을 위해서가 아니라 사람들의 유익을 위해서라는 의미이다. 그리스도께서는 세례 요한을 통하여 자신의 뜻을 우리에게 증언하신다. 여기에 그리스도의 놀라운 은총이 빛을 발한다. 그분은 모든 것을 우리 구원의 유익을 위해 행하신다. 그러므로 우리 편에서는 우리를 구원하시는 그분의 모든 배려가 헛되지 않도록 해야 한다.

35 요한은 켜서 비추이는 등불이라 그리스도께서는 요한을 켜 있는 등불이라고 칭하심으로써 유대인들 속에 감사함이 없음을 드러내신다. 유대인들은 오직 자기들 스스로의 의지에 따라 눈먼 자들이 되었다고밖에 말할 수 없다. 왜냐하면 하나님의 등불이 그들의 눈앞에 켜져 있었기 때문이다. 이 말씀의 의미는 이렇다.

"하나님께서는 너희가 길을 잃게 되는 것을 원하지 않으셨다. 그분은 세례 요한을 지명하셔서 너희를 하나님의 빛으로 인도하는 등불로 삼으셨다. 그러므로 너희가 나를 하나님의 아들로 인정하지 않은 것은 고의적인 잘못이다."

또 다른 꾸짖음이 이어졌다. 그들은 하나님께서 임명하신 빛을 눈을 감음으로써 무시했을 뿐만 아니라, 그 빛을 교묘히 악용하여 그리스도를 대적하기도 하였다. 유대인들이 세례 요한을 그의 정당한 지위 이상으로 칭찬했다는 것은 하나님의 아들의 지위를 부인하려는 사악하고도 배역한 음모에서 비롯된 것이다.

그리스도께서는 하늘의 빛을 이런 식으로 사악하게 함부로 대한 것을 방자함에 비유하신다. 한 집의 주인이 밤에 종들을 위해 등불을 켜두었다. 주인이 종들에게 명령한 것을 수행하게 하기 위해서 말이다. 그러나 종들은 그 등불을 흥청망청 방탕하게 떠들고 노는 데 이용했다. 그리스도의 이 말씀은 유대인들을 탓하는 말씀이긴 하지만, 또한 우리 모두에게 주시는 일반적인 경고의 말씀이기도 하다. 즉, 이곳저곳 방황함으로써 하나님께서 우리를 진리의 길로 인도하라고 임명하신 신실한 선생들을 모욕하지 말라는 것이다. 모든 세대에 사람들이 경험한 것에 비추어 볼 때, 이 경고가 얼마나 유용한지 드러난다. 하나님께서는 사람들의 생生의 모든 과정을 인도하여 최종 목표에 도달하게 하시고, 또 자신의 선지자들을 보내서 사람들을 인도하게 하신다. 하지만 사람들의 방자함이 지나쳐서, 전진하려 하기보다는 한 곳에 머물며 희희낙락하며 춤을 추려고 한다. 사람들은 너무도 변덕스럽고 경솔하여 하나님의 지속적인 인도를 멸시하고 저버리며, 자기들의 순간적인 욕망에 사로잡힌다.

그러므로 그리스도께서는 '한때' 또는 '한 시간'이라고 말씀하신다. 그리스도께서는 이 단어를 사용하심으로써, 일시적이고 덧없는 사악함으로 하나님의 영원한 빛을 끌 수 있다고 생각하는 유대인들의 어리석음을 꾸짖으신다. 이와 같이 오늘날에도 교황주의자들은 하나님께서 자신의 교회에 '켜 있는 등불'로 주신 경건한 교사들을 전혀 다른 목적으로 사용하고 있다. 마치 그 빛을 봄으로써 자기들의 눈을 찬란하게 하려는 의도가 있는 것처럼 말이다. 교황주의자들은 하나님의 빛을 끄려고 등불을 잘못 사용하고 있을 뿐만 아니라, 복음의 순수한 교리를 대적하여 만들어낸 소란스럽고 터무니없는 교훈을 찬양하면서 종종 어둠 속에 있는 것을 즐기기도 한다.

그리스도께서 여기서 세례 요한에 대하여 선언하신 것은 바울이 모든 신자들을 향하여 말한 것과 일반이다. 신자들은 생명의 말씀을 받았으며, 세상에서 빛처럼 빛을 비춰야 한다(빌 2:15). 그러나 여기에서 그리스도께서 우리에게 말씀하시는 바는, 다른 사람들보다 앞서 가면서 그들을 주도적으로 인도하는 일은 엄격히 말해서 사도들과 복음 사역자들에게 해당된다는 것이다. 비록 우리 모두가 어둠 속에서 앞을 보지 못하고 살지만, 하나님께서는 자신의 말씀의 빛으로 우리 위에 비추신다. 하지만 여기서 하나님께서는 구체적으로 세례 요한을 '빛'이라고 칭찬하신다. 하나님께서 요한의 사역으로 말미암아 자신의 교회에 훨씬 더 밝은 빛을 비추셨기 때문이다.

36 내게는 요한의 증거보다 더 큰 증거가 있으니 그리스도께서는 하나님이 세례 요한을 통해 주신 선물을 유대인들이 사악하게 더럽혔다는 사실을 보이신 뒤에, 자신이 앞에서 하셨던 말씀을 거듭 말씀하신다. 즉, 그분은 마치 자신 스스로는 불충분하기나 한 듯 사람의 증거를 필요로 하지는 않는다고 말씀하신다. 하지만 유대인들이 하나님의 사람을 멸시하는 것을 보고는, 늘 그러하듯이 그들에게 자신의 아버지를 상기시키신다.

아버지께서 내게 주사 이루게 하시는 역사 그리스도께서는 자신이 하나님의 아들이심을 증명하는 두 가지 사실을 제시하신다. 그리스도는 "아버지께서 이적으로써 내가 그분의 아들이심을 증언하신다. 또한 내가 세상에 오기 이전에도 내 아버지는 성경에서 나에 대하여 풍부한 증거를 제시하셨다"라고 말씀하신다. 그리스도께서 어떤 말씀을 하실 때에는 그분이 어떤 목적을 갖고 그렇게 하시는지 늘 기억하자. 그분은 자신이 하나님께서 약속하신 메시아로 인정받기를 원하신다. 사람들이 그분의 말씀을 들을 수 있도록 말이다. 그래서 그리스도께서는 자신이 성경에 선포된 분으로 지금 계시되었다고 주장하시는 것이다.

선지자들이 이미 유사한 이적들을 행한 터라, 과연 그리스도께서 행하신 이적에 그분이 메시아이심을 증명할 충분한 힘이 있느냐고 질문할 수도 있다. 여기에 대해 답변하겠다. 하나님께서 선지자들의 손을 빌려 행하신 표적들은 단지 선지자들이 의도한 것, 즉 자기들이 하나님의 사역자들이라는 것을 보이기 위한 것에 불과하다. 표적이 아닌 다른 방식으로는 권위를 가질 수 없었기 때문이다. 그러나 하나님께서는 자신의 아들을 좀 더 높이시기를 원하셨다. 하나님의 이러한 목적이 바로 이적에 담긴 그분의 의도라고 봐야 한다. 그러므로 유대인들이 악한 마음이 가득하여 의도적으로 자기들의 눈을 감지만 않았더라면, 그리스도께서는 자신이 행하시는 이적으로 그들에게 자신이 누구이며 어떤 존재인지를 쉽게 밝히실 수 있었을 것이다.

> **37** 또한 나를 보내신 아버지께서 친히 나를 위하여 증언하셨느니라 너희는 아무 때에도 그 음성을 듣지 못하였고 그 형상을 보지 못하였으며 **38** 그 말씀이 너희 속에 거하지 아니하니 이는 그가 보내신 이를 믿지 아니함이라 **39** 너희가 성경에서 영생을 얻는 줄 생각하고 성경을 연구하거니와 이 성경이 곧 내게 대하여 증언하는 것이니라 **40** 그러나 너희가 영생을 얻기 위하여 내게 오기를 원하지 아니하는도다 요 5:37-40

37 나를 보내신 아버지께서 친히 나를 위하여 증언하셨느니라 이 말을 그리스도께서 세례를 받을 때 들려온 하늘의 음성에 한정하는 것은 잘못이다. 그리스도께서는 과거 시제를 사용하심으로써("증언하셨느니라"), 자신이 미지의 인물로 세상에 오지 않았음을 보여주기 위해 아버지께서 자신(그리스도)을 증언하셨다고 말씀하신다. 아버지께서는 오래 전에 그리스도를 율법과 선지자들의 글에 나타내셨으며, 그리스도라고 구별할 수 있는 표를 주셔서 사람들이 그분을 그리스도로 알아볼 수 있게 하셨다. 그래서 나는 하나님께서 옛 백성들에게 구원의 소망을 갖게 하시거나 이스라엘 나라의 온전한 회복을 약속하신 것을 그분이 자신의 아들을 증언하시는 것으로 해석한다. 그러므로 유대인들은 그리스도께서 육신을 입고 나타나시기 전에 선지자들의 글로부터 그분에 대한 이해를 갖고 있어야 했다. 유대인들은 그리스도께서 그들과 함께 있을 때 그분을 멸시하고 배척함으로써 자기들이 율법의 맛을 보지 못했음을 드러냈다. 그리스도께서는 바로 이런 문제로 유대인들을 책망하신다. 유대인들은 마치 자기들이 하나님의 품 안에서 자라난 것처럼 자기들에게 율법을 아는 지식이 있다고 자랑했다.

너희는 아무 때에도 그 음성을 듣지 못하였고 그 형상을 보지 못하였으며 그리스도께서는 자신이 유대인들에게 영접을 받지 못했다고 한탄하신 다음에 그들의 눈이 먼 것과 귀가 막힌 것을 좀 더 신랄하게 공격하신다. 그들이 하나님의 말씀을 들은 적도 없고 그분의 형상을 본 적도 없다는 말은, 유대인들이 하나님을 아는 지식에서 철저히 벗어나 있음을 간략하게 가르치기 위한 비유적인 표현이다. 사람이 겉모습과 말로 알려지듯이, 하나님께서는 우리에게 선지자들의 음성을 통해 자신의 음성을 발하시며, 성례전聖禮典을 통해 자신의 형상을 보이셨다. 이런 의식들을 통하여 우리의 작은 인식 능력이 그분을 알 수 있도록 말이다.

그러나 하나님께서는 마침내 그분의 살아 있는 형상이신 그리스도에게 자신을 나타내셨다. 그리스도에게서 하나님을 보지 못하는 사람은, 그가 예배하는 유일한 신神이 자신이 고안해낸 신이라는 것을 스스로 인정하는 셈이다. 바울이, 그리스도의 얼굴에 있는 하나님의 영광을 보지 못하도록 그들의 눈 앞에 수건이 드리워져 있다고 말한 이유가 여기에 있다(고후 3:15).

38 그 말씀이 너희 속에 거하지 아니하니 하나님의 말씀이 우리 속에 뿌리를 박고 있을 때 우리는 참으로 유익을 얻는다. 하나님의 말씀이 우리 마음에 단단히 자리를 잡아 우리를 굳게 붙들기 때문이다. 그리스도께서는 하늘의 교훈이 유대인들 사이에 자리를 잡지 못한다고 말씀하신다. 그 교훈이 도처에서 선포하고 있는 하나님의 아들을 유대인들이 영접하지 않았기 때문이다. 이런 의미에서 그리스도의 책망은 정당하다. 하나님께서 모세와 선지자들을 통하여 말씀하신 것이 헛된 것이 아니었다. 모세가 의도한 것은 단 한 가지, 즉 모든 사람을 그리스도께로 인도하는 데 있었다. 그러므로 그리스도를 부인하는 사람은 모세의 제자가 아니다. 한번 생각해보라. 생명 그 자체를 거부하는 사람에게 어떻게 생명의 말씀이 거할 수 있겠는가? 율법의 정신을 파괴하는 사람이 어떻게 율법의 교훈을 지킬 수 있겠는가? 그리스도가 없다면, 율법은 실체가 없는 공허한 것이다. 그러므로 그리스도를 아는 지식의 친

밀함이 하나님의 말씀 안에서 그 사람의 진보를 측정하는 잣대가 된다.

39 성경을 연구하거니와 이 성경이 우리가 앞에서 얘기했듯이, 아버지를 하늘에 계신 자신의 증인으로 모시고 있다는 그리스도의 말씀은 모세와 선지자들을 통해 그리스도에 대해 말씀한 것을 가리킨다. 그리스도께서 그 증인이 성경에 있다고 말씀하심으로써 그분의 말씀이 좀 더 분명해졌다. 하지만 그리스도께서는 계속해서 유대인들의 어리석은 자부심을 꾸짖으신다. 그들은 성경에 생명이 있다고 고백은 하면서도 죽은 문자만을 부여잡았기 때문이다. 실제로 그리스도는 유대인들이 성경에서 생명을 찾는 것에 대해서는 비난하지 않으신다. 그들은 그러한 목적으로 성경을 사용하라는 명령을 받았기 때문이다. 하지만 자기들이 성경의 참 의미에 대해 잘 알지 못하고 심지어 성경에 들어 있는 생명의 빛을 꺼버린 경우에도, 유대인들은 성경이 자체적으로 생명을 준다고 생각했다. 그리스도만이 율법에 생명을 공급하는 분이신데, 그리스도 없이 율법이 어떻게 생명을 줄 수 있겠는가?

다시금 우리는 이 본문에서, 그리스도를 아는 지식은 성경에서 찾아야 한다는 사실을 배운다. 그리스도가 어떤 분이실지 마음으로 상상만 하는 사람은 궁극적으로 그리스도 대신에 희미한 환영幻影만을 얻게 될 것이다. 그러므로 첫째, 우리는 그리스도가 성경 이외에는 다른 어느 곳에서도 바르게 알려질 수 없다는 사실을 알아야 한다. 사실이 그러하다면, 성경은 그 안에서 그리스도를 발견하는 것을 목표로 읽어야 한다는 결론이 나온다. 이러한 목적에서 빗나가는 사람이라면, 비록 그가 그의 평생을 배우는 데 노력을 기울인다고 해도 결코 진리를 아는 지식에 도달하지 못할 것이다. 우리가 어찌 하나님의 지혜를 떠나서 지혜로운 사람이 될 수 있겠는가? 더욱이 우리가 성경에서 그리스도를 찾으라는 명령을 받는 것처럼, 그리스도께서는 이 구절에서 우리의 수고가 반드시 열매를 맺을 것이라고 선언하신다. 아버지께서는 성경에서 우리의 모든 의심을 제거하고 그 아들을 우리에게 나타내 보이시는 것으로써 자신의 아들을 증언하시기 때문이다.

그러나 사람들에게 가장 큰 장애물은, 그들이 성경을 건성으로 대충 읽는다는 것이다. 성경을 읽을 때는 최대한 집중해야 한다. 그래서 그리스도께서는 유대인들에게 이 감춰진 보화를 부지런히 찾으라고 명령하셨다. 따라서 율법을 손에 놓지 않고 늘 탐구하던 유대인들이 그리스도를 몹시 싫어했던 것은 그들의 게으름 탓으로 돌려야 마땅하다. 하나님의 영광의 찬란함이 모세에게서 분명하게 비춰졌지만, 유대인들은 그 밝음을 가리려고 수건을 덮기를 원하였다. 이 구절에서 말하는 '이 성경'은 물론 구약성경을 의미한다. 그리스도가 처음으로 나타나기 시작하신 것은 복음서에서가 아니기 때문이다. 하지만 율법과 선지자들이 증언한 분은 복음서에 공공연히 계시되었다.

40 너희가 영생을 얻기 위하여 내게 오기를 원하지 아니하는도다 다시금 그리스도께서는, 유대인들이 그들의 사악함 때문에 성경에 제시된 생명을 얻으러 나오지 않는다고 나무라신다. 그리스도께서 유대인들이 자신에게 오기를 원하지 않는다고 말씀하실 때, 주님은 그것이 그들의 무지와 눈멈이 타락과 완악함에 기인한다고 밝히신다. 그리스도께서 대단히 호의적으로 자신을 그들에게 내어주셨기 때문에, 그들이 그리스도에게 오려고 하지 않는 것은 전적으로 그들이 자원하여 눈이 멀려고 한 것이라고 판단할 수밖에 없다. 유대인들이 의도적으로 빛에서 벗어났고, 심지어 불신앙이라는 어둠으로 태양을 가리려고 했기 때문에, 그리스도께서 그들을 좀 더 혹독하게 꾸짖으시는 것은 정당하다.

41 나는 사람에게서 영광을 취하지 아니하노라 42 다만 하나님을 사랑하는 것이 너희 속에 없음을 알았노라 43 나는 내 아버지의 이름으로 왔으매 너희가 영접하지 아니하나 만일 다른 사람이 자기 이름으로 오면 영접하리라 44 너희가 서로 영광을 취하고 유일하신 하나님께로부터 오는 영광은 구하지 아니하니 어찌 나를 믿을 수 있느냐 45 내가 너희를 아버지께 고발할까 생각하지 말라 너희를 고발하는 이가 있으니 곧 너희가 바라는 자

모세니라 46 모세를 믿었더라면 또 나를 믿었으리니 이는 그가 내게 대하여 기록하였음이라 47 그러나 그의 글도 믿지 아니하거든 어찌 내 말을 믿겠느냐 하시니라 요 5:41-47

41 나는 사람에게서 영광을 취하지 아니하노라 그리스도께서는 다시 유대인들을 책망하신다. 하지만 그분은 자신의 입장을 변호한다는 의심을 사지 않으려고, 자신은 사람에게서 영광을 취하는 것에 조금도 관심이 없으며, 멸시를 받을 때라도 걱정하거나 애석해하지 않는다고 말씀하심으로써 선수를 치신다. 그리스도께서는 매우 위대하셔서 사람의 의견을 필요로 하지 않으신다. 온 세상이 악한 의도를 가지고 그리스도를 공격한다 하더라도, 그분에게서 어느 것 하나도 빼앗을 수 없으며 그분의 위대함의 한 점도 약화시킬 수 없기 때문이다.

하지만 그리스도께서는 사람들의 비방을 끝까지 논박하시고 사람들보다 자신을 높이신다. 이렇게 하신 뒤에 그리스도는 유대인들을 비난하시며 그들이 하나님을 멸시하고 미워한다고 책망하신다. 비록 우리가 그리스도에 비해 무척 낮은 영예를 가진 존재들이긴 하지만, 우리는 사람들의 비난을 당당히 경멸해야 한다. 그러나 이처럼 그리스도를 거스르는 사람들을 경멸하더라도 그러한 경멸이 분노로 바뀌지 않도록 조심해야 한다. 또한 마땅히 하나님께 드려야 할 영예를 하나님께 드리지 않는 경우에만 분노하는 것을 배워야 한다. 세상이 하나님께 감사하지도 않고 하나님을 저버리는 것을 볼 때마다, 이러한 거룩한 질투심이 우리에게 타오르게 하자.

42 하나님을 사랑하는 것이 너희 속에 없음을 알았노라 여기서는 하나님을 사랑하는 것이 모든 경건함의 특징으로 제시되고 있다. 하나님을 공경하고 그분께 전적으로 복종하지 않고서는 어느 누구도 하나님을 사랑할 수 없다. 그런데 반대로, 하나님의 사랑이 주관하지 않는 곳에는 하나님을 순종하려는 갈망이 존재할 수 없다. 이것이 바로 모세가 "너는 마음을 다하여

하나님을 사랑하라"라는 말씀을 율법의 요약(아나케팔라이오시스, anakephalaiosis)으로 제시한 이유이다.

43 **나는 내 아버지의 이름으로 왔으매** 그리스도께서는 유대인들이 거짓 선지자들은 열렬히 환영했지만 하나님께는 복종하기를 거절했다고 주장하심으로써, 그들이 하나님을 사랑하지도 공경하지도 않았음을 증명하신다. 그리스도는 사람들이 의도적으로 거짓말을 하고 진리를 무시하는 것을 타락하고 경건하지 못한 마음의 표시라는 자명한 원리로 이해하셨다. 이것이 통상적으로 악의보다는 무지에서 비롯된다며 이의를 제기하는 사람이 있다면, 나는 간단히 이렇게 대답하겠다. 타락한 성품을 가지고 진리보다 거짓을 좋아한다면, 그는 분명 사탄의 간계에 굴복한 것이다. 하나님께서 말씀하실 때에는 귀를 기울이지 않는 반면 사탄의 말은 기꺼이 받아들이려고 하는 것은 어찌된 일인가? 그것은 우리가 의義에서 돌이켜 온 몸으로 죄악을 갈망하는 것이 아니고 무엇이란 말인가?

하지만 여기서 우리가 주목해야 할 것은, 그리스도께서 지금 하나님께서 특별히 계시를 내려주신 사람들을 향하여 구체적으로 말씀하고 계시다는 사실이다. 하나님께서는 유대인들로 하여금 구원의 참된 길에 있게 하려고 하나님의 율법으로 가르침 받는 특권을 부여하실 정도로 그들을 영광스럽게 하셨다. 이와 같은 영예를 입은 사람들이 거짓 교사들의 말을 듣는 것은 속임을 당하고 싶어 한다는 오직 한 가지 이유로밖에는 설명될 수 없다.

그래서 모세는 거짓 선지자들이 일어났을 때, 그것은 하나님께서 백성들이 그분을 사랑하는지 시험하는 것이라고 말했다(신 13:3). 사실 많은 사람들이 순진하고 단순하여 속임을 당하는 것처럼 보인다. 그러나 그들은 그 마음속에 숨어 있는 위선 때문에 눈이 감긴 것이다. 하나님께서 문을 두드리는 사람에게 문을 닫지 않으시고 자신을 간절히 찾는 사람들에게 절대로 실망을 안기지 않으신다는 것은 틀림없는 사실이다. 그러므로 바울은 사람들이 사탄의 속임수에 넘어가 진리를 저버리고 불의를 기뻐하며 거짓을 사랑하는 것을 하나님의 심판이라고 하면서, 진리의 사랑을 받지 아니하는 자들은 멸망하고 구원함을 받지 못한다고 말한다(살후 2:9 이하). 이렇게 하여 많은 사람들의 위선이 드러난다. 그들은 교황의 사기와 불경건한 미신을 좇느라 혼신의 힘을 기울이며, 복음을 거스르는 악의에 찬 분노로 불탄다. 위선자들의 마음에 하나님을 경외하는 마음이 조금이라도 있다면, 그러한 경외심은 순종의 열매를 맺을 것이다.

내 아버지의 이름으로 거짓 선지자들은 자기들이 하나님의 이름으로 왔음을 자랑했다. 우리 시대에는 교황이 자기가 그리스도의 대리자라고 떠벌인다. 동일한 속임수로 사탄은 처음부터 많은 불행한 사람들을 속여 왔다. 그러나 이 구절에서 그리스도께서는 하나님의 이름으로 오는 척하는 것이 아니라 실제로 그분의 이름으로 오는 것이 무엇인지 그 실체를 말씀하신다. 그리스도께서는 자신이 아버지의 이름으로 온 것은 아버지께서 자신을 보내셨기 때문이며 또한 자신이 아버지의 사명을 신실하게 수행하고 있기 때문이라고 증언하신다. 더욱이 그분은 이러한 표지로써 교회의 합법적인 교사들과 거짓된 사기꾼을 구별하신다.

그러므로 이 구절은 우리에게 자신을 높이고 사람들 위에 스스로 권위를 세우려고 하는 모든 사람들을 당당하게 배척하라고 가르친다. 하나님의 종으로 여김을 받기 원하는 사람은 그리스도를 떠나서는 아무것도 아니기 때문이다. 그러나 교황의 모든 가르침을 검토해보면 심지어 맹인들도 교황이 (하나님의 이름이 아니라) 교황 자신의 이름으로 왔다는 것을 알 수 있을 것이다.

44 어찌 나를 믿을 수 있느냐 어릴 적부터 율법과 선지자들의 글로 훈련을 받으며 율법의 교훈에 익숙한 사람들이 총체적으로 무지하다고 정죄를 받고 진리의 원수로 선언되는 것은 너무 가혹한 듯하다. 뿐만 아니라 그것은 거짓말처럼 보이기까지 한다. 그래서 그리스도께서는 그들의 믿음을 저해하는 것이 무엇인지, 즉 야망으로 인해 그들이 건전하게 생각할 수 없게 되었음을

보여주신다. 그리스도께서는 하나님께 복종하지 않은 제사장과 서기관에게 실제로 그들이 교만에 삼켜진 바가 되었다고 말씀하셨다.

이 구절은 세상의 영광을 구하느라 그 마음이 헛된 욕망으로 가득 찬 모든 사람들에게 믿음의 문이 닫혔다고 가르쳐주는 탁월한 말씀이다. 세상에서 영광을 구하는 사람은 떠도는 덧없는 존재가 될 수밖에 없다. 그가 하나님께로 나아가려 하지 않기 때문이다. 자신이 평생에 추구해야 할 가장 중요한 것이 하나님께 인정 받는 것임을 확신할 때에만 그는 하늘에 속한 교훈에 순종할 채비를 하게 된다.

그러나 하나님 앞에서 스스로를 높이는 위선자들의 거짓된 확신은 세상적인 야망보다 더 큰 장애물이다. 우리는 서기관들에게 이러한 질병도 있었다는 사실을 안다. 답은 간단하다. 그리스도께서는 서기관들에게서 무지한 사람들을 속인 신성神性의 거짓 가면을 벗기고 싶으셨던 것이다. 마치 손가락으로 가리키듯이 분명하게 더 사악한 이 죄악을 가리키심으로써, 그분은 서기관들이 생각하고 싶은 것과 실제 그들의 모습이 상당히 다르다는 것을 밝히셨다. 게다가 위선적 행위를 통해 스스로 영광을 얻는 것이 하나님을 거스르는 행위이기는 하지만, 그것은 세상과 사람들 앞에서도 늘 야심을 보인다. 우리가 하나님께서 우리를 어떻게 판단하시느냐보다는 우리 자신의 판단과 다른 사람들의 판단을 더 의존한다는 면에서, 주제넘는 생각으로 우리를 부풀리는 것은 바로 이 허영심이다. 자신을 심판자 되시는 하나님 앞에 세우는 사람은 반드시 자신을 낮추고 겸손해야 한다. 하나님 한 분에게서만 영광을 취하려는 사람은 부끄러움으로 어쩔 줄 몰라 하며 하나님이 거저 주시는 자비로 피해야 한다. 하나님을 바라보는 사람들은 자기가 정죄 받아 잃어버린 바 된 사람이라는 것을 알며, 그리스도의 은혜 외에는 자기가 영화롭게 할 것이 아무것도 없다는 것을 깨닫는다. 이러한 영광을 구하는 열정은 늘 겸손을 동반한다.

그러나 이 구절과 관련해서 볼 때 그리스도께서 의도하시는 바는 이렇다. 즉, 세상을 향한 모든 욕망을 거두고 대신 하나님께만 향하면서 자기가 해야 할 일은 하나님과 함께하는 것임을 진지하게 생각하는 것 외에 사람들이 복음의 가르침을 받아들일 준비를 할 다른 방도는 없다. 이렇게 할 때에야 비로소 사람들은 자기들을 속이는 온갖 사탕발림의 말들을 잊고 자신의 양심에 충실할 수 있다. 도처에 야망을 가진 사람들이 우글거리는 오늘날과 같은 상황에서 복음의 가르침을 받는 사람이 극히 적다는 것은 전혀 이상한 일이 아니다. 또한 많은 사람들이 복음을 고백하지 않는다고 해서 놀랄 필요가 없다. 그들은 여전히 헛된 것에 조종을 받으며 마음이 부풀어 있다. 우리가 세상의 눈으로 볼 때는 멸시를 받고 비천하며 심지어 내적으로 혼란한 상황에 있더라도, 하나님께서 우리를 그분의 자녀들로 여기실 수 있도록 하는 일에 좀 더 열심을 내야 한다.

45 생각하지 말라 이것은 목이 곧고 마음이 완악한 사람들이 주의를 기울여야 하는 말씀이다. 가르침과 호의적인 경고를 듣고도 유익을 얻지 못할 때, 그들은 틀림없이 하나님의 심판대 앞에 소환될 것이다. 그때에는 아무도 하나님을 대놓고 조롱하지 못한다. 많은 사람들이 생각하기를, 자기들이 원수처럼 여기며 대적했던 하나님께서 그들에게 호의를 베풀며 공허한 아첨으로 그들을 즐겁게 해주리라 상상한다. 그래서 오늘날 그리스도의 모든 교훈을 사악하게 짓밟는 우리 시대의 거인들은 마치 자기들이 하나님의 가장 절실한 측근인 양 으스대고 있다.

교황주의자들을 설득하여 기독교가 그들 가운데 있는 것이 아니라 다른 곳에 있다고 할 수 있는 사람이 어디 있을까? 본문에서 그리스도께서 논쟁을 벌이고 계신 서기관들이 바로 교황주의자들과 같은 사람들이다. 사실상 서기관들은 율법을 가장 멸시하는 사람들이었다. 하지만 그들은 모세를 거창하게 자랑했고, 모세를 그리스도를 대적하는 방패로 세우기를 주저하지 않았다. 그리스도께서는, 만일 자신이 서기관들을 공격하는 강력하고 견딜 수 없는 원수가 되리라고 위협한다면 그들이 그 위협을 완전히 경멸하리라는 것을 잘 아셨다. 그래서 그분은 모세의 고발이 그들을 공격하는 데 더 잘 맞을 것이라고 말씀하신다.

너희가 바라는 자 모세니라 율법의 기능이 불신자들을 고소하는 것이기 때문에 이 구절이 그리스도의 직분과 모세의 직분의 차이를 이야기한다고 생각하는 사람들이 있는데, 그것은 잘못이다. 여기서 그리스도께서는 그런 뜻으로 말씀하지 않으셨다. 그분은 단지 서기관들이 모세를 존경한다고 하면서 거짓으로 자랑하는 것이 얼마나 위선인지를 밝히고 그들의 확신을 흔들고 계신다. 이것은 마치 오늘날 스스로 교회의 거룩한 교사라고 거짓되게 주장하면서도 실은 교회의 적대적인 원수에 지나지 않는 것으로 드러날 교황주의자들을 반박한 어떤 사람의 모습과 흡사하다.

여기서 우리는 타당한 이유 없이 성경으로 자랑하지 말아야 한다는 교훈을 배우게 된다. 믿음의 참된 순종으로 하나님의 아들을 예배하지 않으면, 그리스도의 증인이 되도록 하나님의 감동을 받은 모든 사람들이 마지막 날에 대적하여 일어나 고소할 것이다. 그리스도께서 서기관들을 향하여 그들이 모세를 바랐다고 말씀하실 때, 그분은 그들이 미신을 행한다고 비난하시는 것이 아니다. 이 언급은, 그들이 모세의 도움을 의지하는 것이 잘못이라는 의미이다. 마치 모세가 그들의 악하고 완고한 것을 변호해주기라도 하는 듯이 말이다.

46 모세를 믿었더라면 그리스도께서는 모세가 서기관들을 고발하는 이유를 제시하신다. 그것은 그들이 모세의 교훈을 저버렸기 때문이다. 하나님의 종들의 교훈을 멸시하거나 비방하는 것이야말로 그들을 가장 크게 모욕하는 것임을 우리는 안다. 주께서 주님 말씀의 사역자들로 임명하신 사람들은 그 말씀의 수호자가 되어야 한다. 그러므로 주님은 자신의 모든 선지자들에게 두 가지 임무를 맡기셨다. 하나는 경건한 사람들의 구원을 위하여 교사와 지도자가 되라는 것이고, 다른 하나는 그들의 증언으로 멸망하는 사람들의 마음을 찌르라는 것이다.

이는 그가 내게 대하여 기록하였음이라 그리스도께서, 모세가 자신에 대하여 기록했다고 말씀하신 것은 긴 증거를 필요로 하지 않는다. 그리스도가 율법의 마침이며 율법의 혼魂이심을 인정한 사람들은 얼마든지 들 수 있다. 하지만 이 사실로 만족하지 않고 그분을 가리키는 성경 본문들을 더 원하는 사람이 있다면, 나는 사도행전 7장에 나오는 스데반의 설교와 일치하는 히브리서 말씀을 먼저 주의 깊게 읽어보고, 그래도 부족하다면 바울이 성경에서 자기의 논지를 전개할 목적으로 인용한 성경 구절에 주목하라고 충고하고 싶다.

물론 나는, 모세가 그리스도를 누구나 알 수 있게 공공연히 선포한 본문이 거의 없다는 것을 인정한다. 하지만 성막과 제사와 모든 예식들의 요점은 과연 무엇일까? 이 모든 것은 산에서 모세에게 보인 양식대로 만들어진 것이 아닌가? 그러므로 그리스도가 없다면 모세의 모든 사역은 헛된 것이 되고 말 것이다. 다시 말하지만, 우리는 모세가 얼마나 지속적으로 그 백성들에게 그리스도 안에서 확증되는 족장들의 언약을 상기시켰는지 목격하게 된다. 심지어 모세는 그리스도를 언약의 머리요, 기원자로 세웠다. 이러한 사실은 거룩한 족장들에게 분명히 알려졌다. 족장들은 늘 중보자를 바라보았다. 이 주제를 좀 더 길게 다루는 것은 내가 목표로 하는 바 간결성과 일치하지 않을 것이다.

47 그러나 그의 글도 믿지 아니하거든 여기서 그리스도께서는 자신의 권위를 모세보다 더 낮추시는 것 같다는 생각이 든다. 하지만 우리는 하늘과 땅이 복음의 소리로 흔들렸다는 사실을 안다. 지금 그리스도께서는 자신의 말씀을 듣는 사람들의 배경을 고려하여 말씀을 전하고 계신 것이다. 즉, 유대인들에게 율법의 권위는 논쟁의 여지 없이 거룩한 것이었다. 그러므로 그리스도가 모세보다 열등할 수는 없다. 모세의 '글'과 예수님의 '말'이 대조된 것도 동일한 목적에서이다. 그리스도께서는 돌판에 기록된 하나님의 진리가 그들에게 권위가 없었다는 점을 들어 유대인들의 불신앙을 강조하시는 것이다.

요한복음 6장

1그 후에 예수께서 디베랴의 갈릴리 바다 건너편으로 가시매 2큰 무리가 따르니 이는 병자들에게 행하시는 표적을 보았음이러라 3예수께서 산에 오르사 제자들과 함께 거기 앉으시니 4마침 유대인의 명절인 유월절이 가까운지라 5예수께서 눈을 들어 큰 무리가 자기에게로 오는 것을 보시고 빌립에게 이르시되 우리가 어디서 떡을 사서 이 사람들을 먹이겠느냐 하시니 6이렇게 말씀하심은 친히 어떻게 하실지를 아시고 빌립을 시험하고 자 하심이라 7빌립이 대답하되 각 사람으로 조금씩 받게 할지라도 이백 데나리온의 떡 이 부족하리이다 8제자 중 하나 곧 시몬 베드로의 형제 안드레가 예수께 여짜오되 9여 기 한 아이가 있어 보리떡 다섯 개와 물고기 두 마리를 가지고 있나이다 그러나 그것이 이 많은 사람에게 얼마나 되겠사옵나이까 10예수께서 이르시되 이 사람들로 앉게 하라 하시니 그곳에 잔디가 많은지라 사람들이 앉으니 수가 오천 명쯤 되더라 11예수께서 떡을 가져 축사하신 후에 앉아 있는 자들에게 나눠 주시고 물고기도 그렇게 그들의 원 대로 주시니라 12그들이 배부른 후에 예수께서 제자들에게 이르시되 남은 조각을 거두 고 버리는 것이 없게 하라 하시므로 13이에 거두니 보리떡 다섯 개로 먹고 남은 조각이 열두 바구니에 찼더라 요 6:1-13

1 그 후에 예수께서 디베랴의 갈릴리 바다 건너편으로 가시매 요

한은 다른 세 복음서 기자들(마태, 마가, 누가)이 생략한 그리스도의 행위와 말씀들을 수집하는 습관이 있었다. 하지만 본문에서는 그의 습관과 다르게 이미 다른 세 복음서 기자들이 언급한 이적을 소개한다. 그렇더라도 요한은 그리스도께서 다음날 가버나움에서 하신 설교를 언급하려는 분명한 목적을 가지고 이 본문을 이야기한다. 오병이어 이적과 그 후에 계속된 설교는 연결되어 있기 때문이다. 앞으로 살펴보겠지만, 본문에 담겨 있는 기사는 다른 세 복음서에서도 발견할 수 있는 공통적인 내용이지만, 또 다른 목적을 지향한다는 점에서 독특하다.

요한 외의 다른 복음서 기자들은 이 사건이 세례자 요한이 죽은 직후에 발생했다고 말한다. 그들은 구체적인 시간에 대한 언급이 그리스도께서 떠나가신 이유를 설명한다고 지적한다. 폭군들은 일단 경건한 사람들의 피로 더러워지면 더더욱 야만성에 불타 과음하듯이 피에 갈증을 느낀다. 그러므로 그리스도께서는 헤롯의 분노를 잠재우려고 헤롯이 있는 곳을 떠나셨다. 요한이 언급한 '갈릴리 바다'는 게네사렛 호수를 가리킨다. 요한은 '디베랴의'라는 단어를 첨가함으로써 그리스도께서 물러가신 장소를 좀 더 분명하게 설명한다. 호수 전체가 그 이름을 가진 것이 아니라, 단지 그 호수의 일부가 '디베랴'(디베랴는 예수님 당시의 로마 황제 티베리우스에서 따온 명칭이다)라는 도시가 위치한 해변 지역에 인접해 있었던 것일 뿐이다.

2 큰 무리가 따르니 사람들이 열정적으로 그리스도를 따른 것은, 그리스도께서 행하시는 이적을 보고 그분이 하나님에게서 보냄을 받은 위대한 선지자라고 확신했기 때문이다. 그러나 요한은 다른 세 복음서 기자가 언급한 내용, 즉 예수님이 그날 사람들을 가르치셨고 병자들을 고치셨다는 사실과 해가 지자 제자들이 예수님께 무리를 보내라고 간청한 사실을 생략했다. 요한은 이야기의 요점과 본질만을 언급하는 것으로 충분하다고 생각한 듯하다. 그래서 그는 이 이야기를 그 후에 따라오는 이야기의 나머지 부분을 계속 이어가는 기회로 사용한다.

무엇보다도 이 구절에서 우리는 지금 백성들이 얼마나 간절히 그리스도의 말씀을 들으려 하는지를 볼 수 있다. 그들은 자기들의 처지는 전혀 마음에 두지 않는다. 광야에서 밤을 보내는 것에 대해서도 걱정하지 않는다. 이들과 비교해볼 때 우리는 너무도 게으르고 나태하다. 우리는 하늘의 교훈보다 배고픔에 대한 필요에 더 마음을 두어, 하늘의 생명을 묵상하다가도 시장기를 느끼면 금세 자리를 뜨지 않는가? 그리스도께서, 우리가 세상의 얽매이는 것들로부터 자유롭게 초월해 있는 경우를 보시기란 참으로 드물다. 그리스도께서 광야의 산으로 가실 때 기꺼이 그분을 따르는 것은 말할 것도 없고, 집에서 편히 쉬고 있을 때 그리스도께서 우리를 찾아오시는 경우, 과연 우리 열명 중 한 명이나 그분을 영접하러 나갈 수 있을까? 이러한 영적 질병이 거의 온 세상에 퍼져 있지만, 이러한 방종을 버리고 영혼의 선한 것을 지극히 간절하게 사모함으로 배고픔 때문에 주님께 나아가는 것이 방해받지 않도록 하는 법을 배워야 비로소 하나님나라에 합당한 사람이 된다.

육체는 늘 우리에게 관심을 요구한다. 그러나 우리는, 그리스도를 따르기 위해 자진하여 자신의 필요를 소홀히 하는 자들을 주님이 돌보신다는 사실을 기억해야 한다. 그리스도께서는 사람들이 굶주려 죽어가며 먹을 것이 없다고 부르짖을 때까지 기다리지 않으시고, 그들이 구하지 않아도 그들에게 먹을 것을 공급하신다. 이런 일은 늘 일어나는 것이 아니라거나, 종종 경건한 사람이 자신의 처지와 상관없이 하나님나라를 위하여 헌신하는데도 먹을 것이 없고 기근에 허덕이는 경우가 있다고 말하는 사람이 있을지 모르겠다. 여기에 대해 답하겠다. 비록 그리스도께서 그런 상황 속에서 우리의 믿음을 시험하시고 우리가 인내하기를 원하시더라도, 주님은 우리에게 유익이 된다면 하늘에서 우리의 곤핍함을 보시고 우리의 상황을 해결해주려고 마음을 쓰신다. 그분이 즉시 우리에게 도움을 베풀지 않으실 때에는 분명한 까닭이 있다. 그 이유가 우리에게는 감춰져 있다고 하더라도 말이다.

3 예수께서 산에 오르사 그리스도께서는 유월절 때까지는 조용히 지내

고 싶어 하셨음이 분명하다. 그래서 그분이 제자들과 함께 산에 올라가 거기 앉으셨다고 언급되었다. 이것은 한 인간으로서 그분이 바랐던 내용이다. 그러나 하나님의 생각은 달랐으며, 그리스도께서는 하나님의 뜻에 기꺼이 순종하셨다. 그래서 비록 주님은 사람들의 눈을 피하여 산으로 가셨지만 스스로 하나님의 손에 이끌려 군중들이 있는 곳으로 오셨다. 인구가 많은 여느 도시보다도 더 많은 군중들이 이 삭막한 산에 있었기 때문에, 이곳에서 베푸신 이적은 디베랴의 공개된 시장에서 발생했을 경우보다 훨씬 더 잘 알려졌다. 이러한 예를 통해 우리는 일이 자연스럽게 흘러가는 대로 우리의 계획을 실행해야 한다는 교훈을 얻게 된다. 그러나 사람들이 우리가 예상했던 것과 다르게 행동한다면, 우리는 하나님께서 우리보다 지혜로우시며 모든 것을 자신의 뜻에 맞게 조절하신다는 것에 대해 애석해하지 않을 수 있어야 한다.

5예수께서 … 빌립에게 이르시되 요한복음에서는 예수님이 빌립에게만 말씀하신 것으로 기록된 내용을, 다른 복음서 기자들은 모든 제자들에게 말씀하신 것으로 기록한다. 아마도 빌립이 다른 모든 제자들의 공통된 의견을 대변하는 사람이었던 듯하다. 그래서 그리스도께서는 특별히 빌립에게만 대답하신다. 이는 뒤이어 8절에서, 안드레가 말하는 사람으로 소개된 것과 비슷하다. 다른 복음서 기자들은 그의 말을 제자들 모두가 대답한 것으로 기술하고 있다.

그리스도께서는 빌립을 통하여 제자들이 방금 전에 보았던 것과 같은 이적을 기대하는지의 여부를 시험하신다. 그리스도께서는 제자들이 초자연적인 해결 방안을 생각하지 못하고 있는 것을 보시자, 생기가 없이 정체된 그들의 마음을 흔들어 장차 벌어질 것을 보는 눈을 뜨게 하셨다. 사실 제자들이 예수님께 말씀드린 의도는 백성들을 각각 집으로 보내라고 설득하려는데 있었다. 제자들은 자기들이 불편한 상황에 처하고 싶지 않아서 이렇게 한 것 같다. 그래서 그리스도께서는 이들의 반대를 무시하고 자신의 뜻을 감행하셨다.

7 이백 데나리온 부다이우스(Budaeus, 1467~1540. 프랑스 고전 학자로 '콜레주 드 프랑스' 설립자. 헬라어에 능통했다)의 계산에 따르면, 데나리온은 4카롤루스(칼빈 당시의 화폐 단위) 또는 2데니에르(칼빈 당시의 화폐 단위)에 해당하는데, 2백 데나리온이라면 대략 35 프랑의 가치가 있다. 당신이 이 금액을 5,000명의 남자에게 나누면 100명마다 14뚜르 솔(Tours sols)을 갖게 될 것이다. 이제 우리가 여자와 아이 1,000명을 덧붙이면 빌립이 계산한 금액이 나오는데, 그것은 한 사람에게 1데니에르와 마일레(칼빈 당시의 동전 단위)가 돌아가는 것이다. 그 돈으로는 작은 빵 하나 정도 살 수 있다. 워낙 사람이 많을 때는 으레 그렇듯이, 아마도 빌립이 숫자를 너무 크게 잡은 것 같다. 제자들은 가난했고 무일푼이었으므로 안드레는 예수님에게 엄청난 금액이 필요하다고 경고하고 싶었다. 안드레는 제자들 모두가 이 모든 사람들을 먹일 만한 액수를 가진 부자가 아니라고 말씀드리기를 원했다.

10 이 사람들로 앉게 하라 제자들은 주님이 자기들에게 주신 소망을 알아차리는 데 더뎠으며, 주님께 무리를 먹이실 능력이 있다고 생각하지 않았다. 제자들의 이런 태도는 어리석다고 비난 받을 만하다. 그러나 그들이 예수님이 말씀하시자 즉시 순종한 것은 칭찬을 받을 만했다. 물론 그들이 예수님의 의도가 무엇인지 그리고 그 일이 어떤 선한 결과를 가져올지는 잘 알지 못했지만 말이다. 백성들도 순종할 준비를 갖추었다. 백성들은 무슨 일이 벌어질지 모르는 상황에서도 앉으라는 한마디 명령에 다 자리에 앉았다. 하나님께서 사람들에게 이를테면 어둠 속으로 걸어가라고 명령하실 때 그분의 명령에 순종하는 것이야말로 참 믿음의 증거이다. 그러므로 스스로 지혜로운 체하지 말자. 우리의 지도자이신 하나님을 따를 때, 우리는 큰 혼란 중에서도 좋은 결과가 있을 것이라는 소망을 가질 수 있다. 하나님은 자신의 백성들을 절대로 실망시키지 않으신다.

11 축사하신 후에 그리스도께서는 여러 번, 친히 모범을 보여 우리에게 식

사하기 전에 기도해야 한다는 것을 가르치셨다. 하나님께서는 그분이 우리에게 주신 모든 것들에 대해 그분을 찬송하라고 명령하신다. 하나님의 무한한 은총과 우리를 향한 그분의 부성애父性愛의 상징으로 말이다. 그리고 바울이 디모데전서 4장 4절에서 말한 것처럼, 감사는 일종의 거룩하게 하는 엄숙한 의식儀式이다. 그래서 감사하면 그 모든 것들이 우리에게 정결해지기 시작한다. 그렇다면 하나님을 생각하지 않고 음식을 삼키는 사람들은 하나님께서 주신 은사를 모독하고 더럽히는 자들이다. 이러한 교훈은 좀 더 주의 깊게 주목해야 한다. 여전히 세상 여러 곳에 있는 많은 사람들이 짐승처럼 별 생각 없이 마구 먹기 때문이다. 그리스도께서는 제자들에게 떡을 주시면서 그 떡이 제자들의 손에서 증가하기를 바라셨다. 여기서 우리는, 서로 섬길 때에 하나님께서 우리가 수행하는 노동에 복을 주신다는 가르침을 받는다.

이제 이 이적 전체의 의미를 한마디로 정리해보자. 그리스도께서는 이 이적을 통해 호의를 베푸셨을 뿐만 아니라 그것과 더불어 자신의 신적神的 능력을 행사하셨다. 또한 이 이적은 먼저 하나님나라를 구하면 나머지 것들이 다 우리에게 더해지리라고 약속하시면서 우리에게 하나님나라를 구하라고 권하시는 그분의 말씀에 대한 확증이 된다. 주님이 갑작스러운 충동에 이끌려 자신에게 인도함 받은 사람들도 돌보시는데, 확고한 목적을 가지고 그분을 찾는 우리를 어찌 실망시키시겠는가? 내가 말해왔듯이, 주님께서 종종 자기 백성들을 굶게 하시는 때가 있다는 것은 사실이다. 하지만 그분은 결코 자기 백성에게 도움의 손길을 뻗치지 않은 채 그대로 버려두지는 않으실 것이다. 다른 한편으로, 극단적인 상황이 될 때까지 우리를 돕지 않고 내버려두신다면 그것은 반드시 그럴 만한 충분한 이유가 있을 것이다.

더욱이 그리스도께서는 자신의 아버지로부터 세상에 영적인 생명을 공급할 뿐만 아니라, (사람들의) 몸에 필요한 양식을 공급하라는 명령도 받으셨음을 밝히셨다. 무한히 풍성한 모든 복들이 그리스도의 손에 맡겨졌다. 그리스도는 복의 통로로서 우리에게 그 복을 전해주신다. 하지만 내가 그리스도를 '통로'라고 부른 것은 잘못이다. 오히려 그분은 영원한 아버지에게서 흘러나

오는 '살아 있는 샘'(원천)이라고 해야 옳다. 그래서 바울은 모든 복이 아버지와 그리스도에게서 우리에게 임하기를 위해 기도한다(고전 1:3).

그리고 바울은 다른 곳에서 범사에 우리 주 예수 그리스도의 이름으로 항상 아버지 하나님께 감사하라고 우리에게 권한다(엡 5:20). 이러한 기도는 그리스도의 영원한 신성神性에 적합한 직무일 뿐만 아니라, 심지어 육체로 계실 때 아버지께서 그 손으로 우리를 먹이시라고 그분을 청지기로 임명하신 것에 부합한 것이기도 하다. 오늘날 우리는 이적을 매일 보지는 못한다. 하지만 그리스도께서는 자신에게 있는, 우리를 먹이시는 능력을 여전히 풍성하게 보여주신다. 그리고 사실 그리스도께서 자신을 따르는 사람들에게 저녁식사를 제공하기 원하셨을 때마다 새로운 방법을 사용하신 것은 아니다. 그러므로 그분에게 어떤 특별한 방법으로 먹을 것과 마실 것을 달라고 구하는 것은 경솔한 요구이다.

다시 말하거니와 그리스도께서는 백성들에게 진귀한 산해진미를 주지 않으셨다. 그날 저녁 식사에 행하신 그리스도의 놀라운 능력을 목격한 사람들은 보리로 만든 떡(빵)과 마른 생선으로 만족해야 했다. 그리스도께서는 지금 5,000명을 떡 다섯 덩이로 만족시키지는 않으시지만 온 세상을 여전히 기적적인 방법으로 먹이신다. 사람이 떡으로만 사는 것이 아니라 하나님의 입에서 나오는 모든 말씀으로 산다는 말(신 8:3)이 우리에게는 모순처럼 보일 것이다. 우리는 너무도 외적인 수단에 집착하고 있어서 하나님의 섭리에 의존하는 것을 무엇보다도 어려워한다. 그래서 사람들은 먹을 것이 떨어지면 흥분하거나 동요하는 것이다.

우리가 모든 것을 바르게 사고한다면, 우리는 하나님께서 모든 음식에 복을 주셨음을 알아차릴 수밖에 없다. 하지만 우리는 너무도 습성에 젖고 만사에 익숙해져서 '자연 이적'(the miracles of nature)의 가치를 과소평가하고 있다. 이런 점에서 우리의 장애물은 어리석음이 아니라 바로 사악함이다. 자신을 주신 하나님을 바라보기보다는 차라리 자기들 마음의 오류에 빠져 이 땅을 수백 번 배회하려는 자들이 얼마나 많은가?

13 열두 바구니에 찼더라 마태는 4,000명이 떡 일곱 덩이로 배부르게 먹고 일곱 바구니에 찼다고 기록한다(마 15:37). 소량의 음식으로 굉장히 많은 숫자의 사람들이 충분히 먹고 거의 두 배가 되는 양을 남겼다는 것은 하나님의 복이 얼마나 능력이 있는지를 좀 더 분명히 보여준다. 그런데 우리는 이러한 사실에 대해 의도적으로 우리의 눈을 감는다. 그러나 우리가 지나가면서라도 주목해야 할 것이 있다. 그리스도께서 제자들에게 바구니에 채우라고 명령하신 것은 이적을 강조하기 위함이기는 하지만, 동시에 그분은 제자들에게 검소함을 권하고 계시다는 점이다.

"남은 조각을 거두고 버리는 것이 없게 하라"(12절).

하나님께서 풍부한 이적을 베푸신다고 해서, 그것 때문에 우리가 사치를 부려서는 안 된다. 그러므로 재산이 넉넉한 사람들은, 그들이 넘치게 받은 은사를 하나님께서 인정하시는 선한 목적을 위해 조심스럽고 신실하게 사용하지 않는다면 장차 그들의 풍성한 소유물이 상실될지도 모른다는 사실을 기억해야 한다.

---

14 그 사람들이 예수께서 행하신 이 표적을 보고 말하되 이는 참으로 세상에 오실 그 선지자라 하더라 **15** 그러므로 예수께서 그들이 와서 자기를 억지로 붙들어 임금으로 삼으려는 줄 아시고 다시 혼자 산으로 떠나가시니라 **16** 저물매 제자들이 바다에 내려가서 **17** 배를 타고 바다를 건너 가버나움으로 가는데 이미 어두웠고 예수는 아직 그들에게 오시지 아니하셨더니 **18** 큰 바람이 불어 파도가 일어나더라 **19** 제자들이 노를 저어 십여 리쯤 가다가 예수께서 바다 위로 걸어 배에 가까이 오심을 보고 두려워하거늘 **20** 이르시되 내니 두려워하지 말라 하신대 **21** 이에 기뻐서 배로 영접하니 배는 곧 그들이 가려던 땅에 이르렀더라 요 6:14-21

14 그 사람들이 … 이 표적을 보고 말하되 예수께서 행하신 이적은 어

떤 점에서 좋은 결과를 낸 것 같다. 사람들이 이 이적을 행하신 분을 메시아로 인식했으니 말이다. 사실 그리스도에게는 이 목적 이외에 다른 목적이 없었다. 그러나 사람들은 곧 그리스도에 대한 이 지식을 다른 목적을 위해 잘못 적용한다. 이러한 잘못은 사람들 사이에서 너무도 흔하게 행해진다. 사람들은 하나님께서 그분을 계시하시자마자 자기들의 거짓으로 하나님의 진리를 왜곡하는 잘못을 저지른다. 심지어 바른 길에서 시작한 것처럼 보이는 사람들도 금세 타락하고 만다.

15 자기를 억지로 붙들어 임금으로 삼으려는 줄 이 사람들이 그리스도에게 '임금'이라는 호칭을 붙이고 그분을 왕으로 영예롭게 하려는 데는 타당한 이유가 있었다. 그러나 왕을 삼을 수 있는 자유를 자기들이 취했다는 점에서 그들은 중대한 잘못을 범했다. 시편 2편 6절에서 "내가 나의 왕을 내 거룩한 산 시온에 세웠다"라고 기록하고 있는 것처럼, 성경은 임금 삼는 일은 하나님께만 속한다고 가르친다.

그 사람들이 그리스도를 임금 삼아 이루려고 했던 나라는 도대체 어떤 나라인가? 그것은 그리스도의 신분에 전혀 어울리지 않는 지상地上의 나라였다. 우리는 이 기사에서 하나님의 말씀을 버리고 우리 자신의 이성理性으로 무엇인가 만들어내는 것이 하나님의 일에 얼마나 위험천만한 것인지를 배워야 한다. 비뚤어진 우리의 교활한 마음은 어떤 짓이라도 할 수 있다. 우리의 왜곡된 예배로 말미암아 하나님을 모욕할 때, 우리에게 열심이 있다고 하는 것은 결국 하나님의 영광을 노골적이고도 의도적으로 공격하는 것에 불과하다.

우리는 그리스도의 원수들이 그분의 영광을 이전부터 얼마나 제거하려고 했는지 알고 있다. 그리스도께서 십자가에 달리셨을 때 그러한 강포는 절정에 달했다. 그러나 이러한 방법으로 세상의 구원이 이루어졌으며, 그리스도께서 친히 사망과 사탄을 이기고 영광스럽게 승리하셨다. 그리스도께서 이 시점에서 자신을 임금으로 삼게 내버려두셨다면, 그분의 영적인 나라는 파괴되었을 것이고, 복음은 영원히 불명예로 낙인 찍혔을 것이며, 구원의 소망은 깡그리 사라졌을 것이다. 사람들이 급조하여 만든 거짓 예배와 의식儀式은 하나님의 참된 영예를 약탈하며 그분을 비난하는 결과만을 초래하게 된다.

또한 우리는 '억지로'라는 표현에 주목할 필요가 있다. 복음서 기자는 그 백성들이 그리스도를 억지로 임금 삼으려 했다고 말한다. 이 말은 그들이 그리스도의 뜻과 상관없이 성급하고 충동적인 힘으로 그리스도를 임금 삼고 싶어 했다는 의미이다. 그러므로 우리가 그리스도에게 합당한 영예를 돌리려고 한다면, 그분이 원하시는 것이 무엇인지를 늘 생각해야 한다. 진정 하나님께 자기들이 만든 의식을 강요하는 사람들은 어떤 의미에서 하나님을 공격하고 그분께 폭력을 가하는 것이다. 참 예배의 근원은 순종이기 때문이다. 또한 우리는 이 기사에서 하나님의 순전하고 꾸밈없는 말씀 안에 머무는 것이 얼마나 경건한 것인지를 배울 필요가 있다. 우리가 조금이라도 빗겨가는 순간, 진리는 우리의 누룩에 의해 빛이 바래고 더 이상 진리가 되기를 그치고 만다.

그 백성들은 하나님의 말씀에서 약속하신 구세주가 왕이 되실 것이라는 사실을 배웠다. 그러나 그들은 자기들의 마음에서 지상地上의 왕국을 만들어 냈으며 그리스도에게 하나님 말씀과 상관 없는 나라를 제안하였다. 우리가 하나님의 말씀에 우리 개인의 의견을 혼합한다면, 믿음은 참담한 억측으로 전락하고 말 것이다. 그러므로 사탄이 왜곡된 열정으로 신자들을 몰아가서 그리스 신화에 나오는 타이탄들처럼 하나님을 맹렬히 공격하는 일이 생기지 않도록 하려면, 신자들은 겸손으로 자신을 훈련해야 한다. 우리가 하나님을 그분이 스스로 계시하신 대로 인식할 때에만, 하나님은 예배를 온전히 받으신다.

5,000명이 아무런 주저함 없이 새로운 왕을 삼으려고 대담하고 뻔뻔스럽게 행동했다는 것, 그리하여 나중에 자기들의 뜻과는 달리 빌라도와 로마 제국의 권세를 부추겼다는 것은 그저 놀라울 뿐이다. 그 백성들이 선지자들의 예언을 믿지 않고 하나님께서 자기들 편이 되어주셔서 자기들이 승리할 것을 소망하지 않았다면, 그들은 그렇게까지 하지는 않았을 것이다. 그러나 그들은 선지자들이 전혀 약속하지 않은 나라를 만들어내려 하는 잘못을 범했다.

그러므로 그들이 하는 일에 하나님께서 도움의 손을 펼치지 않으셨던 것이다. 오히려 이와는 정반대로 그리스도께서 그들을 떠나셨다.

교황제도 아래에 있던 가련한 사람들이 마치 하나님이 계시지 않는 것처럼 칠흑같이 깜깜한 상황 속에서 오랫동안 방황하였던 것도 이와 동일한 이유에서이다. 즉, 그들은 자기들이 만든 것으로 하나님에 대한 모든 예배를 감히 더럽혔기 때문이다.

16 제자들이 바다에 내려가서 분명 그리스도께서는 군중들이 흩어질 때까지 그들을 피해 혼자 있고 싶으셨다. 군중들의 소요를 잠재우는 것이 참으로 어렵다는 것은 누구나 알고 있다. 그들이 자기들이 원하는 것(그리스도를 임금 삼으려 함)을 공개적으로 하려고 했다면, 그 소문은 금세 퍼져나갔을 것이고 그 후에 그리스도에게서 그러한 오명을 씻어내는 것이 그렇게 쉽지만은 않았을 것이다. 백성들이 이런 계획을 세우고 있는 동안, 다른 복음서 기자들이 전해주는 보도에 의하면, 그리스도께서는 대부분의 시간을 기도하며 보내셨다. 아마도 그리스도의 아버지이신 하나님께서 백성들의 충동적인 생각을 교정해주셨을 것이다.

그리스도께서 초자연적으로 호수를 건너가신 사건은 그분의 제자들에게 무척 유익했다. 그들은 이 이적을 통해 다시금 믿음의 강건함을 얻을 수 있었고, 또 그 사건은 그 이상의 결과를 낳았다. 즉, 모든 백성들이 그리스도께서 그곳에 가셨다는 소식을 쉽게 접했던 것이다. 배를 타고 가신 것이 아니라 그분의 능력으로 가셨다는 소식을 말이다. 백성들은 그리스도께서 출발하실 만한 호숫가를 봉쇄했었기에, 제자들이 호수 건너는 것을 보지 못했다면 아마도 그 호숫가에서 계속 그분을 기다리고 있었을 터였다.

17 이미 어두웠고 다른 복음서에 기록된 바, 제자들이 몇 시간 동안 맞바람과 싸웠다는 등 호수를 건널 때 일어난 자세한 내용을 요한은 많이 생략했다. 폭풍은 밤이 되자마자 발생한 것 같다. 다른 복음서 기자들은 그리스도께

서 밤 사경이 되어서야 비로소 제자들에게 나타나셨다고 설명한다. 요한이 기술하기를 '제자들이 십여 리쯤 갔다'(19절)고 했으므로, 그리스도께서 제자들에게 모습을 보이실 즈음 그들은 호수 한가운데에 있었다고 추측하는 사람들이 있다. 그들은 제자들이 앞으로 나아가고 있든지 아니면 반대편 호숫가로 가고 있다고 생각하는데, 이는 잘못된 것이다. 누가는 오병이어의 기적이 벳세다 근처에서 발생했다고 기술하는데, 벳세다와 제자들의 배가 향하고 있는 목적지인 가버나움은 동일한 해안에 위치하고 있기 때문이다.

플리니[Gaius Plinius Secundus, 23~79. 고대 로마의 정치가이자 군인이며 학자. 37권으로 된 그의 저서 《박물지》(Historia Naturalis)로 유명함]는 그의 다섯 번째 책에서 이 호수가 폭이 10킬로미터, 길이가 26킬로미터라고 주장한다. 유대 역사가 요세푸스Josephus는 그의 세 번째 책인《유대 전쟁사》(Jewish wars)에서 이 호수의 길이가 남북으로 100퍼롱이며 동서의 폭이 40퍼롱이라고 기록하였다. 8퍼롱이 1마일(1.6킬로미터)에 해당하므로, 우리는 두 사람의 의견이 크게 다르지 않다는 사실을 알 수 있다. 본문에 나와 있는 제자들의 항해를 염두에 둔다면, 그들은 직선 코스로 호수를 건너가지 않고 이리저리 방황했을 것이다. 여하튼 그리스도께서 제자들에게 모습을 나타내셨을 때 그들이 극도의 위기 가운데 처해 있었다는 사실이 아마도 복음서 기자 요한이 가장 전해주고 싶었던 내용이었을 것이다. 다른 사람들은 평온하게 항해할 때 그리스도의 제자들이 이런 일로 시달렸다는 것은 이상해 보인다. 그러나 주님은, 자신의 백성들이 구원하시는 주님을 좀 더 친밀하게 인식하도록 그들을 종종 심각한 위험에 처하게 하신다.

19 제자들이 … 두려워하거늘 다른 복음서 기자들은 제자들이 예수님을 유령이라고 생각해서 두려워했다고 설명한다. 유령이 눈앞에 나타나면 누구나 소스라치게 놀라 공포에 사로잡히는 법이다. 유령이 보이면, 우리는 사탄이 우리를 속이고 있든지 아니면 하나님께서 어떤 나쁜 일이 일어날 전조前兆를 보여주신다고 생각한다.

이외에도 요한은 본문에서 우리가 말씀 없이 그리스도에 대해 어떤 종류의 지식을 가질 수 있는지 그리고 그런 지식에서 무슨 유익을 얻을 수 있는지 마치 거울로 보듯이 명확히 보여준다. 그리스도께서 자신의 신성神性을 드러내지 않으신다면, 우리는 즉시 온갖 상상에 사로잡힐 것이며, 모든 사람은 그리스도 대신에 자신을 위한 우상을 만들게 된다. 우리가 온전한 이해를 갖지 못한 채 방황할 때 마음의 동요와 혼란이 뒤따라온다. 하지만 그리스도께서 말씀하기 시작하실 때, 그분의 목소리에서 우리는 분명하고 본질적인 지식을 얻으며 우리의 마음은 기쁨과 평안으로 빛나게 된다.

20 내니 두려워하지 말라 예수님의 이 말씀에는 무게가 실려 있다. 이 말씀을 통해 우리가 배우는 바는 그리스도께서 함께하실 때에만 우리가 평안과 안심에 대한 강한 확신의 근거를 갖는다는 사실이다. 그러나 이 말씀은 오직 그리스도의 제자들에게만 해당된다. 나중에 우리는 악한 사람들이 동일한 말씀으로 충격을 받아 땅에 엎드러지는 내용을 보게 될 것이다(요 18:6). 이처럼 다른 결과를 낳게 되는 이유는 그리스도께서 타락한 사람들과 믿지 않는 사람들을 멸망하도록 심판하는 심판자로 보냄을 받으셨기 때문이다. 그러므로 그런 사람들은 그리스도께서 임재하시는 것을 견디지 못한다.

　하지만 경건한 사람들은 그리스도께서 자기들에게 오신 것이 화목케 하려는 데 있다는 것을 잘 안다. 그리스도의 이름은 그들에게 하나님의 사랑과 그들의 구원을 보장하는 확실한 보증이다. 그래서 경건한 사람들은 주님의 이름을 들을 때, 마치 죽음에서 생명으로 부활한 것 같은 용기를 얻고, 맑은 하늘을 차분히 바라보며, 이 땅에서 평온하게 살아간다. 또한 재난을 만날 때에 그리스도를 방패삼아 그 모든 고난을 이겨낸다. 주님은 자신의 말씀으로 제자들을 위로하고 용기를 불어넣으실 뿐만 아니라 폭풍을 잔잔케 하심으로써 그들이 두려워하던 원인을 제거하기도 하신다.

22 이튿날 바다 건너편에 서 있던 무리가 배 한 척 외에 다른 배가 거기 없는 것과 또

어제 예수께서 제자들과 함께 그 배에 오르지 아니하시고 제자들만 가는 것을 보았더니
23 (그러나 디베랴에서 배들이 주께서 축사하신 후 여럿이 떡 먹던 그곳에 가까이 왔더라) 24 무리가 거기에 예수도 안 계시고 제자들도 없음을 보고 곧 배들을 타고 예수를 찾으러 가버나움으로 가서 25 바다 건너편에서 만나 랍비여 언제 여기 오셨나이까 하니

요 6:22-25

22이튿날 여기서 복음서 기자는 백성들이 그리스도께서 호수를 건너신 것을 신적神的인 행동이라고 생각하게 된 상황을 언급한다. 백성들이 있던 곳에는 배 한 척이 있었다. 그들은 그 배가 그리스도를 태우지 않고 호수로 나간 것을 보았다. 다음날 다른 지역에서 배가 와서 그들을 태우고 가버나움으로 갔다. 백성들은 가버나움에서 그리스도를 만났다. 그렇다면 그리스도가 틀림없이 이적을 행하여 호수를 건넜다는 이야기가 된다. 이 구절에 '아나콜루톤'anakolouthon이라는 복잡한 단어가 등장하지만, 그 의미는 충분히 명확하다. 첫 번째 절에서 요한은 배가 한 척만 있었고 그 배는 모든 사람이 보는 앞에서 그 호숫가를 출항했고 그리스도는 배 안에 계시지 않았다고 말한다. 여기에 요한은 그 후에 배들이 디베랴에서 와서, 그리스도께서 자기들 눈을 피해 가지 못하도록 모든 선착장을 봉쇄하고 있던 군중들을 태우고 호수를 건넜다고 덧붙인다.

23주께서 축사하신 후 여럿이 떡 먹던 그곳에 가까이 왔더라 이 구절의 의미는 모호하다. 디베랴가 그리스도께서 떡 다섯 개로 군중들을 먹이시던 곳과 가깝다는 설명일 수도 있고, 아니면 배들이 그 장소 가까운 곳에 도착했다는 설명일 수도 있다. 나는 두 번째 설명이 더 낫다고 생각한다. 누가는 오병이어의 이적이 행해진 곳이 벳새다와 가까운 곳이라고 기술하는데, 벳새다는 디베랴와 가버나움 중간 지점에 있다. 그렇다면 디베랴에서 내려온 배들은 군중들이 서 있던 해변을 따라 항해한 셈이다. 그리고 그 배들이

그곳에 온 이유가 사람들을 태우기 위함이었음은 의문의 여지가 없다.

그리스도께서 축사하셨다는 내용을 요한이 다시 언급한 것은 불필요한 반복이라고 볼 수 없다. 요한은 이 말로 그리스도께서 기도하심으로써 적은 양의 떡으로 대단히 많은 사람들을 충분히 먹이셨다는 사실을 강조한다. 우리가 기도에 냉담하고 기도하기에 게으르므로 요한은 동일한 내용을 다시금 강조하는 것이다.

25 바다 건너편에서 만나 우리는 이미 앞에서 가버나움이라는 도시는 반대편 호숫가에 있지 않다는 것을 지적했다. 디베랴는 호수의 가장 광활한 지역에 자리하고 있다. 그리고 벳새다가 있고, 그 다음으로 가버나움이 요단 강 입구에서 그리 멀지 않은 낮은 지역 근처에 위치하고 있다. 요한이 가버나움을 호수 반대편에 있다고 언급할 때, 우리는 그 말을 그 지역이 정반대편에 있다는 의미로 받아들여서는 안 될 것이다. 요한의 말은, 가버나움이 꾸불꾸불 굽이치는 호수의 끝자락 저지대에 있었다는 뜻이다. 그리고 그 구부러진 호수 사이에 있는 만灣 때문에, 사람들이 도보로 이곳으로 오려면 반드시 그 만을 빙 둘러서 돌아와야 했다. 그래서 복음서 기자는 일반적인 표현법으로 '바다 건너편에서'라고 말했던 것이다. 가버나움으로 가는 길은 배를 타고 직접 가는 것이 통상적인 방법이었다.

---

26 예수께서 대답하여 이르시되 내가 진실로 진실로 너희에게 이르노니 너희가 나를 찾는 것은 표적을 본 까닭이 아니요 떡을 먹고 배부른 까닭이로다 27 썩을 양식을 위하여 일하지 말고 영생하도록 있는 양식을 위하여 하라 이 양식은 인자가 너희에게 주리니 인자는 아버지 하나님께서 인 치신 자니라 28 그들이 묻되 우리가 어떻게 하여야 하나님의 일을 하오리이까 29 예수께서 대답하여 이르시되 하나님께서 보내신 이를 믿는 것이 하나님의 일이니라 하시니 요 6:26-29

26 예수께서 대답하여 이르시되 그리스도께서는 군중들의 질문에 대답하지 않으셨다. 그렇게 하셨더라면 호수를 건너오시느라 이적을 행하신 자신의 능력을 그들에게 보여주기에 딱 좋았을 텐데 말이다. 오히려 그리스도께서는 생각 없이 몰려든 백성들을 꾸짖으셨다. 그들이 그리스도 자신보다 그분 안에 있는 다른 무언가를 찾은 것을 보면, 그들이 그리스도께서 행하신 이적의 참되고 진정한 의미를 알지 못했다고 할 수 있다. 그들의 잘못은, 표적 때문이 아니라 배 부르는 것 때문에 그분을 찾은 것이다. 하지만 백성들이 이적을 염두에 두었음은 부인하기 어렵다. 더욱이 복음서 기자는 백성들이 그리스도를 따를 마음을 갖게 된 것은 이적 때문이라는 사실을 이미 언급했다.

그러나 백성들이 이적을 다른 목적으로 왜곡시켰기 때문에 그리스도께서는 그들이 이적보다는 배 부르는 문제를 더 생각한다고 책망하셨던 것이다. 그리스도께서는 마치 백성들이 하나님의 일에서 유익을 얻어야 마땅한데 그렇지 않았다고 말씀하시는 것 같다. 하나님의 말씀에서 유익을 얻는 참된 방법은 그리스도를 메시아로 인정하고 그분의 가르침과 통치에 복종하며 그분의 인도하심을 받아 하늘에 있는 하나님나라를 열망하는 것이다.

그러나 백성들이 그리스도 안에서 찾은 것은 기껏해야 이 세상에서 행복하고 편안하게 사는 것이었다. 이것은 그리스도에게서 그분의 중요한 능력을 빼앗는 일이다. 왜냐하면 아버지께서 그리스도를 사람들에게 보내셔서 스스로를 계시하게 하신 이유가 성령을 받은 사람들을 하나님의 형상으로 재창조하시고, 하나님의 의義로 옷 입은 사람들을 영원한 생명으로 인도하는 것이기 때문이다.

그러므로 우리가 그리스도의 이적에서 무엇을 바라봐야 하는지를 아는 것은 매우 중요하다. 하나님나라를 열망하지 않고 현재 삶의 안락함에 붙잡혀 있는 사람은 단지 자기 배를 채우는 데만 급급하다. 오늘날 많은 사람이 십자가의 고난 같은 것은 안중에 없고 오직 육체적인 즐거움이 있어야만 복음을 받아들이려고 하는 것처럼 말이다. 우리는 많은 사람들이 좀 더 즐겁고 자유롭게 살려고 그리스도 편에 서는 것을 본다. 사람들 중에는 돈벌이를 바라고 그리스도의 제자가 되려고 하는 사람이 있는가 하면, 두려워서 혹은 쾌락을 위해서 그리스도의 제자가 되려고 하는 사람도 있다.

그러므로 그리스도를 찾는 데 있어서 우선적으로 생각해야 할 것은 세상을 미워하고 하나님나라와 하나님의 의義를 추구하는 것이다. 더욱이 대부분의 사람들은, 사실 자기들이 그리스도의 모든 능력을 저하시키고 있으면서도 스스로 그리스도를 탁월하게 찾고 있다고 자위하고 있다. 이런 이유 때문에 그리스도께서는 늘 그러하듯이 '진실로'라는 단어를 두 번씩이나 사용해가면서 그들을 꾸짖으셨던 것이다. 그리스도께서는 마치 그림자에서 끌어내오듯이 맹세로써 우리의 위선 아래 숨겨져 있는 악을 밝히고자 하셨다.

27 썩을 양식을 위하여 일하지 말고 영생하도록 있는 양식을 위하여 하라 여기서 그리스도께서는 자신이 제자들에게 원하는 것이 무엇인지를 가르치신다. 주님은 제자들에게 영생을 목적 삼아 일하라고 충고하신다. 하지만 우리는 깨달음이 둔해서 세상적인 것들을 위해서만 늘 마음을 쓴다. 그래서 주님은 우리가 무엇을 해야 하는지를 지적하기 전에 이 타고난 질병부터 고치신다. 주님은 그냥 단순하게 "썩지 않을 양식을 위하여 일하라"고 할 수도 있으셨다. 그러나 주님은 사람들의 감각이 세상의 염려에 붙잡혀 있다는 것을 아시고는, 하늘에 올라가려면 먼저 이러한 족쇄를 풀고 해방을 받으라고 명령하신다. 그분의 말씀은 일용할 양식을 위해 수고하는 것을 금지하는 것이 아니다. 그리스도께서는 하늘에 속한 생명을 땅에 속한 생명보다 우선시해야 한다고 훈계하시는 것이다. 경건한 사람들이 이 땅에서 생활하는 유일한 이유는 세상에서 순례자로 살다가 서둘러 하늘 고향으로 가는 것이다.

다음으로 우리는 이 말씀의 요지가 무엇인지를 보아야 한다. 배부르게 하는 것과 땅에 있는 것들에 마음을 쓰고 있는 사람들에 의해 그리스도의 능력이 더럽혀졌기 때문에, 그분은 우리가 그분 안에서 찾아야 하는 것이 무엇이며 왜 그것을 찾아야 하는지를 말씀하신다. 더욱이 그리스도께서는 상황에 맞는 비유를 사용하신다. 양식이 언급되지 않았다면, 그분은 비유를 사용하지 않고 아마도 이렇게 말씀하셨을 것이다.

"너희는 세상의 염려를 그만두고 하늘에 속한 생명을 위해 수고해야 한다."

하지만 사람들이 소처럼 먹을 것을 향해 달려가고 있기에, 그리스도께서는 비유를 사용하여 교훈하시면서 생명의 새로운 것과 관련된 모든 것을 '양식'이라고 칭하신다.

복음의 가르침이 성령의 능력으로 인해 우리 안에서 효과를 발휘할 때, 우리는 우리 영혼이 그 가르침으로 인해 영적 자양분을 공급 받는다는 사실을 안다. 믿음은 영혼의 생명이므로, 믿음에 자양분을 공급하고 믿음이 진보하도록 하는 모든 것은 양식에 비유된다. 이런 종류의 양식을 주님은 '썩지 않는 양식'이라고 부르시며, 그 양식이 우리에게 영생을 준다고 말씀하신다. 우리의 영혼이 하루를 살기 위해 자양분을 공급 받는 것이 아니고 복되게 영원히 사는 소망으로 양육 받는다는 사실을 우리가 배울 수 있도록 하기 위해서이다. 주님은 우리 구원의 일을 시작하셨으므로, 그분은 그리스도의 날까지 우리 구원을 완성시키실 것이다.

이런 이유 때문에 우리는 영생의 표와 보증이 될 성령의 은사를 받아야 한다. 멸망 받을 자들은 이 양식을 맛보기는 하지만 그것을 종종 뱉어버리기 때문에 영생의 양식이 그들 속에 있지 않다. 그러나 이와는 다르게 신자들은 성령의 은사에서 끊이지 않고 계속되는 그분의 능력을 감지할 때 그들의 영혼 속에 늘 존재하는 능력을 느낀다.

어떤 사람들은 '일'이라는 단어로부터 우리가 행위로 영생을 얻는다고 추론하는데, 그것은 그야말로 억지이며 궤변이다. 지금까지 우리가 이야기해 왔듯이, 그리스도는 세상에 붙어 있지 말고 하늘에 속한 생명을 묵상하라고 권하신다. 그리고 자신이 이 양식을 주는 자라고 말씀하심으로써 친히 모든 의심을 제거하신다. 우리가 받은 그리스도의 선물 중에서 우리의 노력으로 받은 것은 하나도 없다. 영혼의 영적인 양식이 그리스도께서 거저 주시는 선물이라는 것과 우리는 이처럼 큰 복에 참여하는 자가 되기 위해 전심으로 노력해야 한다는 것은 언어상 명백한 모순이다. 그러나 두 주장은 정확하게 일치한다.

인자는 아버지 하나님께서 인 치신 자니라 그리스도께서는 앞에서 말씀하신 내용("이 양식은 인자가 너희에게 주리니")을 확증하신다. 아버지께서 이 목적을 위해 우리에게 그리스도를 보내셨기 때문이다. 교부敎父들 중에는 이 말씀이 그리스도의 신적神的 본질과 관련된 것이라고 본문의 의미를 왜곡시켜 설명한 사람들이 더러 있다. 그들은 마치 그리스도께서 아버지의 특성을 가진, 그분의 분명한 형상이라는 의미에서 인印 침을 받았다고 말씀하신 것처럼 해석한다. 그러나 여기서 그리스도께서는 자신의 영원한 본질을 철저하게 논하고 계신 것이 아니다. 그분은 단지 그분이 어떤 일을 하도록 위임 명령을 받았는지, 우리를 위한 그분의 직분의 의미가 무엇인지, 그리고 우리가 그분에게서 무엇을 찾고 바라야 하는지를 말씀하신다.

더욱이 그리스도께서는 적절한 비유로써 고대의 풍습을 언급하신다. 그 당시 사람들은 자기들의 권위로 확증하고 싶은 것이 있을 때 도장이 새겨진 반지로 인장印章을 찍었다. 그래서 그리스도께서는 그 어느 것도 그분 스스로 맡아 하시는 것처럼 보이지 않도록 하기 위해서 이런 의무는 아버지께서 그분에게 지워주신 것이라고 선언하신다. 그러면서 그분은 아버지의 작정이 인印 치신 것으로써 나타났다고 주장하신다. 27절 말씀을 요약하자면 이렇게 표현할 수 있다. 모든 사람이 썩지 않는 양식으로 자신의 영혼을 먹이지 않기 때문에 그리스도께서 오셨다. 또한 그분은 자신이 이러한 큰 복을 주는 분이라고 맹세하시면서, 자신이 아버지의 인정을 받았고 이러한 인 침의 표시를 가지고 사람들에게 보냄을 받았다고 덧붙이신다.

그러므로 그리스도에게 양식을 공급받기 위해 자신의 영혼을 드리는 사람들의 바람은 반드시 이루어질 것이다. 생명이 그리스도 안에서 우리에게 주어졌음을 알자. 우리 모두 아무 생각 없이 그 생명을 바랄 것이 아니라 확실히 얻을 수 있다는 확신을 가지고 바라자. 그러나 동시에 우리는 이러한 찬사를 그리스도가 아닌 다른 것에 부여하는 것이 하나님 앞에서 거짓되고 사악한 죄임을 명심해야 한다.

이런 의미에서 교황주의자들은 그들의 모든 교훈에서 거짓말을 하고 있는 것이 분명하다. 그들은 그리스도 안에 있는 구원의 수단을 다른 것으로 대체하여 그분의 명예를 더럽혔으며, 사악한 추측과 저급한 반역으로 이 독특하고 확실한 인 침을 지워버렸다. 우리도 이와 같은 혐오스런 죄에 빠지지 않도록 하나님께서 그리스도에게 주신 모든 것을 순수하고 온전하게 보존하는 법을 배워야 한다.

28 우리가 어떻게 하여야 하나님의 일을 하오리이까 군중들은 그리스도께서 자신들에게 현재 생활의 안락함보다 더 고상한 것을 추구할 것과, 하나님께 부르심을 받은 사람들은 땅의 것에 사로잡히지 말아야 할 것을 권면하셨음을 깨달았다. 그러나 어떻게 해야 하나님의 일을 할 수 있느냐고 질문한 사람들은 아직도 그리스도께서 말씀하시는 '일'이란 것이 어떤 것인지를 깨닫지 못하는 실수를 범하고 있는 것이다. 그들은 하나님께서 영적인 생명에 필요한 모든 것을 그분의 아들의 손으로 우리에게 주셨음을 생각하지 못했다. 첫째로 그들은 자기들이 무엇을 해야 하는지를 물었다. 그런 다음 그들이 하나님의 일을 물었을 때, 그들은 목적 없이 방황하고 있었다. 그래서 그들은 자신들이 하나님의 은혜를 모르는 사람들이라는 것을 은연중에 드러낸 것이다.

하지만 여기서 그 백성들은 그리스도에게 거드름을 피우며 불평하는 것 같다. 마치 그리스도께서 자기들에게 합당하지 않는 비난을 퍼붓기라도 한 듯이 말이다. 그들은 이렇게 물었던 것이다.

"당신은 우리가 영생에 무관심하다고 생각하시나요? 그렇다면 우리에게 우리의 능력 이상의 것을 하라고 말씀하시는 이유는 무엇인가요?"

그러나 '하나님의 일'이란 표현은 (그들이 생각하는 것처럼 우리의 능력을 넘어서는 어떤 것이 아니라) 하나님께서 명하시고 인정하시는 것이라고 이해해야 한다.

29 하나님께서 보내신 이를 믿는 것이 하나님의 일이니라 그들이 '일'에 대해서 이야기하자 그리스도께서는 그들에게 하나의 일, 즉 믿음을 상기시키셨다. 사람이 믿음이 없이 행하는 것은 모두 소용이 없고 헛되다. 그러나 그 믿음만 있으면 충분하다. 왜냐하면 하나님께서 우리에게 요구하시는 것은 오직 우리가 믿는 것이기 때문이다. 여기서는 믿음과 사람들의 걱정과 수고가 암시적으로 대조되었다. 그리스도의 말씀의 의미는 이렇다.

"사람들이 믿음 없이 하나님을 기쁘시게 하려고 할 때, 그들은 목적도 없이 분주하기만 하다. 이것은 마치 경기하면서 코스를 벗어나 목적지 없이 달리는 것과 같다."

본문은 비록 사람들이 평생을 열심히 산다고 해도 그리스도 안에 있는 믿음으로 삶의 규율을 삼지 않는다면 그들의 노력은 허사가 될 뿐이라는 것을 보여주는 주목할 만한 내용이다. 이 본문에서 믿음이 하나님의 선물이라는 결론을 이끌어내는 사람은 잘못이다. 지금 그리스도께서는 하나님께서 우리 안에서 어떤 열매를 맺으시는가를 이야기하는 것이 아니라, 그분이 우리에게서 요구하시고 원하시는 것이 무엇인지에 대해 가르치고 계시기 때문이다.

그러나 하나님께서 믿음만을 인정하신다는 생각은 어리석은 것처럼 생각될 수 있다. 사랑도 무시해서는 안 되며, 그 밖에 다른 경건한 행위들도 그 중요성을 인정해야 한다고 말이다. 그래서 비록 그리스도께서 믿음을 우선적으로 언급하시긴 했어도 다른 좋은 일들도 필요하지 않느냐고 이의를 제기할 수 있다. 여기에 답변하는 것은 쉽다. 믿음은 사랑이나 그 밖에 다른 좋은 것들을 배제하는 것이 아니라 그 모든 것을 포함한다. 믿음이 하나님의 유일한 일이라고 언급된 것은, 우리가 믿음으로 그리스도를 소유하며 하나님의 자녀가 되기 때문이다. 결국 그 믿음 때문에 하나님께서 그분의 영으로 우리를 다스리시게 되는 것이다. 그러므로 사람들이 주장하듯이 그리스도께서 믿음을 가장 중요한 것으로 삼으셨다고 해서 놀랄 것이 없다. 그분은 믿음의 열매를 믿음에서 분리하지 않으시기 때문이다.

우리는 요한복음 3장을 설명하면서 '믿는다'라는 단어의 의미가 무엇인지 이미 살펴보았다. 믿음의 능력을 이해하기 위해서는 우리 믿음의 대상이신 그리스도가 어떤 분이시며, 아버지께서 그리스도를 우리에게 주신 이유가 무엇인지를 분명히 해야 한다는 사실을 늘 기억해야 한다. 게다가, 믿음이 '일'이라고 불리므로 만일 믿음이 의롭게 하는 것이라면 우리는 일(행위)로써 의롭다 함을 얻는다고 주장하기 위해 이 본문을 사용한다면, 그것이야말로 역겨운 궤변이다.

첫째, 그리스도께서 믿음을 일(행위)이라고 칭하셨을 때, 주님은 바울이 믿음의 법과 행위의 법을 대조하듯이 정확한 개념으로 말씀하시지 않은 것이 분명하다.

둘째, 우리가 사람이 행위로 의롭다 함을 얻지 못한다고 말할 때, 여기서 행위는 '하나님의 은총을 받을 수 있는 공로'라는 의미로 사용된 것이다.

믿음을 가진 사람은 하나님께 갈 때 아무것도 가지고 가지 않는다. 믿음은, 사람이 그리스도와 그분의 은혜로 채움을 입을 수 있도록 하나님 앞에 비어 있는 가난한 존재로 서게 한다. 말하자면 믿음은 아무런 상을 받을 수 없는 소극적인 행위인 셈이다. 그리고 사람은 그리스도에게서 받지 않으면 다른 어떤 것에서도 받을 수 없는 의義를 믿음으로 받는다.

30그들이 묻되 그러면 우리가 보고 당신을 믿도록 행하시는 표적이 무엇이니이까, 하시는 일이 무엇이니이까 31기록된 바 하늘에서 그들에게 떡을 주어 먹게 하였다 함과 같이 우리 조상들은 광야에서 만나를 먹었나이다 32예수께서 이르시되 내가 진실로 진실로 너희에게 이르노니 모세가 너희에게 하늘로부터 떡을 준 것이 아니라 내 아버지께서 너희에게 하늘로부터 참 떡을 주시나니 33하나님의 떡은 하늘에서 내려 세상에 생명을 주는 것이니라 요 6:30-33

30 당신을 믿도록 행하시는 표적이 무엇이니이까 이러한 사악함은

성경의 다른 곳에서 언급된 다음과 같은 진리를 아주 강하게 입증한다.

"악하고 음란한 세대가 표적을 구하나"(마 12:39).

사람들은 먼저 그리스도께서 행하시는 표적을 보고 놀라 그리스도께로 왔다. 그 후에 또 다른 새로운 표적에 놀라, 그리스도가 메시아라고 고백하고, 이 믿음에 근거하여 그분을 임금 삼기를 원하였다. 그런데 지금 그들은 마치 그리스도를 모른다는 듯이 또 하나의 표적을 요구한다. 백성들이 어떻게 그렇게 갑작스럽게 그 모든 것을 잊을 수 있었는가? 하나님의 은혜에 감사하지도 않고 또 그분의 능력을 보고도 고의적으로 눈을 감았기 때문이 아니겠는가? 그리스도께서 자기들이 바라는 것을 충족시켜주지 않았기 때문에, 그리고 그분이 자기들이 상상했던 분이 아니라는 것을 알았기 때문에, 그들은 이전에 본 모든 이적들을 무시한 것이 분명하다. 만일 그리스도께서 백성들이 소망하는 땅에 속한 복을 주셨다면, 그들은 계속해서 그리스도를 칭송하고 그분을 선지자와 메시아와 하나님의 아들로 찬양했을 것이다. 하지만 그리스도께서 백성들을 향해 육신의 것만을 착념한다고 비난하시자 그들은 더 이상 그리스도의 말씀을 듣지 않겠다고 결심했다.

오늘날에도 이들과 같은 사람들이 참으로 많다. 이들은 자기들이 범한 과실에 대해 그리스도께서 눈감아줄 것이라고 생각하기 때문에 복음을 열정적으로 신봉하고 복음에 대한 증거를 요구하지도 않는다. 그러나 그리스도에게서 육신의 것을 부인하고 십자가를 지라는 요청을 받으면, 그들은 그리스도에 대한 믿음을 저버리고 복음이 어디서 왔는지 묻기 시작한다. 그리스도께서 그들의 소망을 들어주시지 않는 순간, 그들은 그분을 자기들의 주님으로 받아들이기를 거절한다.

31 우리 조상들은 그리스도께서 백성들이 자기 배를 채우기 위해 야수처럼 왔다고 말씀하셨을 때, 그분은 그들의 아픈 상처를 건드리신 것이다. 백성들이 메시아에게 먹을 양식을 구했을 때 그들의 이러한 저속한 태도가 드러났다. 백성들이 '만나'라는 말로써 하나님의 은혜를 매우 높이 칭송하였지

만, 그것은 자기들에게 썩을 양식을 위해 일한다고 정죄하시는 그리스도의 가르침을 묵살하려는 계략에 불과했다. 백성들은 만나를 수식하는 '하늘에 속한 양식'이라는 멋진 타이틀을 이용하여 그리스도의 가르침을 반대하였다. 그러나 성령께서 만나를 하늘의 양식이라고 부르신 이유는 하나님께서 자신의 백성들을 돼지 떼처럼 먹이시고 그보다 더 값진 것은 아무것도 주시지 않았기 때문이 아니다. 그러므로 하나님께서 지금 그들에게 주시는 영혼의 영적 양식을 사악하게 저버리는 것은 용서가 되지 않는다.

32 내가 진실로 진실로 너희에게 이르노니 그리스도께서는 백성들이 인용한 시편의 글(시 78:24)과 모순되는 말씀을 하시는 것 같다. 하지만 그분은 단지 비교해서 말씀하시는 것뿐이다. '만나'manna는 몸에 양식을 공급하는데도 하늘의 떡이라고 불린다. 떡이 참으로 하늘에 속하고 하늘 양식이라고 여김을 받으려면 영혼에 영적인 자양분을 공급하는 것이어야 한다. 그래서 그리스도께서는 여기서 세상과 하늘을 대조하신다. 우리가 썩지 않는 양식을 하늘나라에서만 찾아야 하기 때문이다. 본문에서는 성경의 다른 본문에서 종종 그러는 것처럼 진리가 그 그림자와 대조되지는 않는다. 그러나 그리스도께서는 무엇이 사람의 참 생명인지를 다루신다. 다시 말해서, 사람을 금수 禽獸와 구별되게 하고 모든 피조물 가운데 가장 뛰어나게 하는 것이 무엇인지를 생각하고 계신다.

이 말씀을 하시고 나서 그리스도께서는 "내 아버지께서 … 주시나니"라고 덧붙이신다. 마치 "모세가 너희 조상들에게 주었던 만나는 하늘의 생명을 주지 못했다. 하지만 하늘에서 내려온 떡이 지금 너희에게 제공된다"라고 말씀하시는 것 같다. 참으로 그리스도께서는 아버지를 떡 주시는 분이라고 칭하신다. 그런데 그리스도는 지금 그 떡이 자신의 손으로 사람들에게 제공되고 있다고 말씀하신다. 그러므로 이 구절에서는 모세와 하나님 사이가 아니라 모세와 그리스도 사이에서 대조가 이루어진다. 이제 그리스도께서는 자기 자신보다는 아버지가 이 선물을 주시는 분으로서 더욱 존경을 받아야 한다고 말씀하신다. 예수님은 마치 "나를 하나님의 사역자로 인식하라. 하나님께서는 내 손으로 너희 영혼에 영생을 공급하기를 원하신다"라고 말씀하시는 것 같다. 이는 바울이 고린도전서 10장 3절에서 만나를 '신령한 음식'이라고 가르친 것과 일치하지 않는 것처럼 보인다.

여기에 대해 답변하겠다. 그리스도께서는 자신이 이야기를 나누는 사람들의 수준에서 이 말씀을 하고 계시는 것이다. 그리고 이것은 성경에서 흔히 있는 일이다. 우리는 바울이 할례에 대하여 다양하게 글을 쓴 것을 알고 있다. 그가 의식儀式 문제를 다룰 때에는 할례가 '믿음의 표'라고 고백한다. 하지만 거짓 사도들과 논쟁해야 하는 경우에는 할례를 '저주의 표'라고 칭한다. 이런 점에서 바울은 자기가 상대하는 사람들이 갖고 있는 생각을 사용하고 있는 것이다.

이제 그리스도가 자신의 백성에게 몸에 필요한 양식을 공급하지 않는다면 자신이 메시아임을 입증하지 못한다고 우기면서 백성들이 그리스도에게 제기한 반대를 고려해보자. 백성들의 그러한 생각 때문에 그리스도께서는 그들에게 만나가 무엇을 상징하는지 공공연히 말씀하지 않으시고, 대신 조상들의 배를 채우려고 모세가 주어 먹게 한 것은 참 떡이 아니라고 주장하신다.

33 하나님의 떡은 그리스도께서는 자신이 정의 내린 것으로부터 부정적으로 추론하신다.

"하늘에 속한 떡은 하늘에서 내려와 세상에 생명을 주는 떡이다. 만나에는 이런 요소가 없다. 그러므로 만나는 하늘에 속한 떡이 아니다."

동시에 그리스도께서는 자신이 전에 말씀하신 것, 즉 자신은 모세가 준 것보다도 더 좋은 것을 사람들에게 먹이게 하려고 아버지에게서 보냄을 받으셨다는 사실을 확증하신다. 만나가 눈에 보이는 하늘, 즉 창공에서 내려온 것은 확실하다. 그러나 만나는 영원한 하나님나라에서 온 것이 아니다. 그 하나님나라에서는 생명이 흘러나와 우리에게 전해진다. 지금 그리스도께서 대화를 나누시는 유대인들은 광야에서 그들의 조상들이 배부르게 먹은 것 이상의 양식을 바라지 않았다.

그리스도께서는 이전에 '하늘의 떡'이라고 부르신 것을 지금은 '하나님의 떡'이라고 칭하신다. 이는 우리의 현재 생명을 보존해주는 떡이 하나님 이외에 다른 것에서 오기 때문이 아니다. 영혼에 생명을 공급하여 복된 불멸에 이르게 하는 것만이 하나님의 떡으로 간주될 수 있기 때문이다. 더욱이 본문은 우리에게 그리스도께서 살리시는 경우가 아니라면 온 세상이 하나님에 대하여 죽었다는 것을 가르친다. 생명은 그리스도 안에서만 발견할 수 있다.

'하늘에서 내려'라는 것과 관련하여 두 가지 사실을 주목할 필요가 있다.

첫째,✝ 우리는 그리스도 안에서 신적神的인 생명을 누린다. 그리스도께서 하나님에게서 오셔서 우리에게 생명을 공급하는 분이시기 때문이다.

둘째, 하늘에 속한 생명이 우리 가까이 있다. 그러므로 그 생명을 얻으려고 하늘을 가로질러 구름 위로 날아갈 필요가 없다. 아무도 그리스도에게 올라갈 사람이 없어서 그리스도께서 친히 우리에게 내려오셨기 때문이다.

---

34 그들이 이르되 주여 이 떡을 항상 우리에게 주소서 35 예수께서 이르시되 나는 생명의 떡이니 내게 오는 자는 결코 주리지 아니할 터이요 나를 믿는 자는 영원히 목마르지 아니하리라 36 그러나 내가 너희에게 이르기를 너희는 나를 보고도 믿지 아니하는도다 하였느니라 37 아버지께서 내게 주시는 자는 다 내게로 올 것이요 내게 오는 자는 내가 결코 내쫓지 아니하리라 38 내가 하늘에서 내려온 것은 내 뜻을 행하려 함이 아니요 나를 보내신 이의 뜻을 행하려 함이니라 39 나를 보내신 이의 뜻은 내게 주신 자 중에 내가 하나도 잃어버리지 아니하고 마지막 날에 다시 살리는 이것이니라 40 내 아버지의 뜻은 아들을 보고 믿는 자마다 영생을 얻는 이것이니 마지막 날에 내가 이를 다시 살리리라 하시니라 요 6:34-40

✝ 라틴어 본문에는 '… opus primum. Satis …'라고 되어 있고, 불어 본문에는 'appelee Oeuvre. Premierement il …'이라고 되어 있다. 바로 밑에 등장하는 '둘째'라는 언급에 비춰볼 때 불어 본문이 정확하다.

34 이 떡을 항상 우리에게 주소서 그리스도께서 자신이 생명의 떡을 주신다고 선포하시자, 백성들은 그리스도께서 거짓말을 한다고 생각하여 따지려고 역설적으로 이 말을 하고 있음이 분명하다. 그래서 타락한 사람들은 단지 하나님의 약속을 저버리는 죄를 짓는 것으로 만족하지 않고, 자기들이 믿지 않는 것에 대한 핑계를 그리스도에게 떠넘기는 죄악을 범하고 있다.

35 나는 생명의 떡이니 먼저 그리스도께서는 백성들에게 그들이 비아냥거리며 구하는 바로 그 떡이 그들 앞에 있다고 말씀하신다. 그런 다음 그분은 백성들을 꾸짖으신다. 그리스도께서는 백성들이 감사하지 않는다는 사실을 지적하기 위하여 가르침을 주기 시작하신다. 이 가르침은 두 부분으로 이루어져 있다. 즉, 그분은 우리가 어디에서 생명을 찾아야 하는지 그리고 어떻게 그것을 소유할 수 있는지를 보여주신다. 만나와 일상적인 양식이 언급된 것으로 봐서 우리는 그리스도께서 비유를 사용하여 말씀하고 계신다는 것을 알수 있다.

그리고 이 비유는 직접적으로 말하는 것보다 무지한 사람들의 마음을 움직이는 데 더 적합하다. 우리가 우리 몸에 영양분을 공급하려고 떡을 먹을때, 떡에 대한 언급 없이 하나님께서 우리 몸에 영양분을 공급하시는 비밀스런 능력을 부으신다고 말할 때보다, 더 분명하게 우리의 약함뿐만 아니라 하나님의 은혜의 능력도 감지하게 된다. 이런 식으로 몸에서 영혼으로 이어지는 유비類比로 말미암아 우리는 그리스도의 은혜를 좀 더 분명하게 이해할 수 있게 된다. 즉, 그리스도께서 우리 영혼이 공급 받아야 하는 떡이라는 말씀이, 그분이 단순히 우리의 생명이라는 말씀보다 훨씬 더 우리 마음에 깊이 와닿는 것이다.

그러나 '떡'이라는 단어가 우리가 경험하는 것처럼 그리스도의 살리는 능력을 표현하지는 않는다는 사실을 주목해야 한다. 떡은 이미 존재하는 것에 양분을 공급하고 그것을 유지할 뿐, 생명을 시작하는 역할을 하지는 않기 때문이다. 그러나 우리는 그리스도의 은혜로 말미암아 생명을 유지할 뿐만 아니라 생명을 시작하기도 한다. 그래서 이런 식의 단순 비교는 적절하지 않다. 그렇다고 해서 이런 식의 비교가 불합리한 것은 아니다. 그리스도께서 앞에서 자신이 하신 말씀의 정황에 맞는 표현들을 사용하고 계시기 때문이다.

앞에서 모세와 그리스도 중에서 누가 더 사람들을 탁월하게 먹이시는가하는 질문이 제기되었다. 이것은 그리스도께서 그들이 구하는 것을 '떡'이라고만 칭하신 이유이기도 하다. 사람들이 그리스도를 대적하려고 사용한 것이 만나뿐이었고, 그래서 그리스도께서는 만나를 다른 종류의 떡과 대조하기에 충분하다고 생각하셨던 것이다. 예수님의 가르침을 한마디로 표현하면 다음과 같다. 우리의 영혼은 내가 '고유의 힘'(intrinsic power)이라고 부르는 것, 즉 그들이 본래 자기들 안에 갖고 있는 힘에 의해서 사는 것이 아니라 '그리스도에게서 나오는 생명'으로 산다.

내게 오는 자는 이제 그리스도께서는 자신이 먹이시는 방법을 정의하신다. 즉, 우리가 그분을 믿음으로 영접할 때, 우리의 영혼은 생명을 얻는다. 믿지 않는 사람들에게는 '그리스도가 생명의 떡'이라는 사실이 아무런 유익이 없다. 그들은 늘 공허하기 때문이다. 우리가 그분에 대해 주릴 때, 그리스도께서 우리의 떡이 되시며 우리를 채우신다. '그리스도에게 오는 것'과 '그리스도를 믿는 것'은 여기서 같은 것을 의미한다. 그러나 '그리스도에게 오는 것'은 믿음의 결과로 표현되었다. 말하자면, 우리가 생명을 얻으려고 그리스도에게 피하는 것은 배고픔을 느껴 견디기 어려워서 그런 것이다.

더욱이 이 구절에서 그리스도를 먹는 것이 바로 믿음이라고 추론하는 사람들은 본문을 사려 깊게 생각하지 않은 것이다. 나는 우리가 그리스도를 먹는 것이 믿는 것을 표현하는 방법이라는 사실을 인정한다. 하지만 먹는 것은 믿음 그 자체라기보다는 믿음의 결과와 열매이다. 믿음은 단지 그리스도를 멀리서 바라보는 것이 아니라 그분이 우리 것이 되고 우리 안에 거하시기 위해 그분을 품는 것이다. 믿음으로 우리는 그리스도의 몸에 연합되고 그분과 함께 생명을 나눈다. 한마디로 말해서 그분과 하나가 된다. 그러므로 우리가 믿음이 우리를 어떻게 그리스도와 연합시키는지를 파악한다면, 우리가 믿음으로만 그리스도를 먹는다는 것은 참이다.

영원히 목마르지 아니하리라 떡은 목마름을 해소하기 위한 것이 아니라 배고픔을 채워주기 위한 것임을 생각할 때, 이 어구를 여기에 삽입한 것은 별 의미가 없어 보인다. 그러므로 그리스도께서는 떡이라는 말에 그것이 원래 가지고 있는 특성보다 더 많은 의미를 부여하고 계시는 것이다. 내가 앞에서도 이야기했듯이, 그리스도께서는 떡이라는 단어만을 사용하신다. 그분은 우리 영혼에 생명을 공급하는 하늘에 속한 그분의 능력과 만나를 비교하시기 때문이다. 동시에 그분은 이스라엘의 일반적인 용례用例에 따라 떡이라는 단어를 영양분을 공급하는 모든 것을 가리키는 일반적인 용어로 사용하고 계신다.

히브리인들은 '저녁 식사를 하다' 또는 일반적으로 '식사를 하다'라는 의미로 '떡을 먹는다'는 말을 (제유법으로) 사용한다. 그리고 우리가 하나님께 일용할 양식을 구할 때, 거기에는 마시는 것과 생활에 필요한 다른 것들까지 모두 포함된다. 그러므로 예수님의 말씀의 의미는 이렇다. 그리스도에게서 생명을 얻으려고 그분에게 가는 사람은 그 어느 것도 부족함이 없을 것이며, 생명을 유지하는 모든 것으로 충분히 채움을 얻을 것이다.

36 그러나 내가 너희에게 이르기를 너희는 나를 보고도 그리스도께서는 지금 그들에게 제공된 하나님의 선물을 악의적으로 저버리는 백성들을 꾸짖고 계신다. 하나님께서 주셨다는 것을 알면서도 그것을 저버리는 사람은 불경스럽게 하나님을 멸시하는 사람이다. 그리스도께서 그들에게 그분의 능력을 알게 하지 않고 그분이 하나님에게서 왔다는 사실을 분명하게 증언하지 않으셨다면, 무지했다는 것이 구실이 되어 그들의 죄가 가벼웠을 것이다. 그러나 자기들이 일찍이 주의 메시아라고 고백한 분이 말씀하시는 교훈을 저버린다면, 그것은 극도의 모욕이다. 사람들이 여태껏 일부러 의도적

으로 하나님을 하나님으로 인정하지 않은 적이 없다는 것은 사실이다. 바울의 말이 여기에 적용될 수 있다. 그들이 영광의 주님을 알았더라면 그분을 십자가에 못박지 않았을 것이다(고전 2:8).

그러나 믿지 않는 사람들은 자발적으로 빛에 대하여 그들의 눈을 감는다. 그러면서도 그들이 자기들의 시야에서 즉시 사라지는 것을 본다는 말은 정당하다. 사탄이 그들의 마음을 어둡게 하기 때문이다. 그리스도께서 '그들이 본다'고 말씀하실 때, 이것을 그분의 신체적인 외모를 본다고 이해해서는 안 된다. 그리스도께서는 그들이 자원하여 눈을 어둡게 했다는 의미로 이렇게 말씀하신 것이 틀림없다. 백성들이 자기들의 사악함을 버렸다면, 그들은 그리스도가 어떤 분인지 알 수 있었을 것이다.

37 아버지께서 내게 주시는 자는 다 백성들의 불신앙으로 인해 그리스도의 교훈이 손상을 입지는 않는다. 그리스도께서는 백성들이 완악하게 된 것은 그들이 멸망 받을 자들이며 하나님의 양 무리에 속하지 않기 때문이라고 말씀하신다. 여기서 그리스도께서는 택함 받은 사람들과 버림 받은 사람들을 구별하신다. 많은 사람들이 그리스도의 가르침을 믿지 않더라도 그 가르침의 권위가 굳게 설 수 있도록 말이다. 불경건한 사람들은 하나님의 말씀을 손상시킬 뿐 아니라 그것을 멸시한다. 하나님의 말씀에 대한 존경이 그들의 마음을 움직이지 않기 때문이다. 이뿐만 아니라 연약하고 무지한 많은 사람들은 대부분의 세상 사람들이 저버린 것이 참으로 하나님의 말씀인지 의심하기도 한다.

그리스도께서 믿지 않는 사람들을 가리켜 자신의 백성이 아니라고 말씀하실 때, 그분은 이러한 거침돌을 다루시는 것이다. 그리고 하나님의 진리가 멸망하는 사람들에게 아무런 맛도 없고 단지 하나님의 자녀들만이 하나님의 진리를 받아들인다고 해서 놀랄 것이 없다. 첫째로 그리스도께서는 아버지께서 자신에게 주신 자는 다 자신에게로 온다고 말씀하신다. 그리스도는 이 말씀으로, 믿음은 사람이 스스로 얻을 수 없다고 말씀하시는 것이다. 너도나도 무차별적으로 믿거나 우연히 믿는 일은 발생하지 않는다. 하나님께서 친히 자신의 아들에게 넘겨줄 사람들을 선택하신다. 그리스도께서 자신에게 주시는 자는 다 자신에게로 온다고 말씀하시는 것에서 우리는 모든 사람을 주시는 것은 아니라고 추론하게 된다. 또한 하나님께서 자신이 택한 자들 속에서 성령님의 효력을 통해 일하시기에 아무도 탈락되지 않는다는 사실도 끌어내게 된다. 왜냐하면 '주신다'는 단어는 "아버지께서는 자신이 택한 사람들이 복음에 순종할 수 있도록 그들을 중생시키시고 내게 주신다"라는 그리스도의 말씀과 동일한 의미를 지니기 때문이다.

내게 오는 자는 경건한 사람들을 위로하려고 이 말씀이 덧붙여졌다. 그들이 믿음으로 그리스도에게로 나아가는 분명한 길을 취하고 있다는 사실을 확신시켜주기 위해서 말이다. 그들이 그리스도의 신실함과 돌봄에 자기들을 헌신하는 순간, 그분은 그들을 사랑으로 영접하실 것이다. 복음의 교훈은 모든 경건한 사람들에게 유익이 될 것이다. 그리스도를 신실하고 참된 교사로 경험하지 않는 사람은 아무도 그리스도의 제자로 헌신하지 않기 때문이다.

38 내가 하늘에서 내려온 것은 이 말씀은 우리가 그리스도를 찾는 것이 헛되지 않다는 앞의 진술을 확증한다. 믿음이 하나님의 일이기 때문이다. 하나님께서는 믿음으로 우리가 그분의 자녀인 것을 보여주시고 그분의 아들을 우리 구원의 감독자로 지명하신다. 하지만 아들의 유일한 목적은 아버지의 계명을 성취하는 데 있다. 그래서 아들은 아버지께서 보내신 사람들을 잃지 않으실 것이다.

마지막으로 바로 이러한 이유로, 믿음은 결코 헛되지 않다. 그리스도께서 자신의 뜻과 아버지의 뜻을 구별하시는 것은 듣는 자들의 유익을 생각하셔서 그런 것이다. 즉, 인간의 마음은 믿지 못하는 성향을 가졌기에, 실제와는 다른 애매모호한 어떤 것을 만드는 데 익숙하기 때문이다. 그와 같은 사악한 상상들에 대한 모든 구실을 없애기 위해 그리스도께서는, 아버지가 우리 구원에 관하여 작정하신 것을 실제로 이루심으로써 확증하시려고 세상에 나타나셨다고 선언하신다.

39 나를 보내신 이의 뜻은 … 이것이니라 그리스도께서는 지금 아버지의 뜻은 신자들이 그리스도 안에서 구원의 확실함을 얻는 데 있다고 선언하신다. 이러한 선언에서 우리는 복음의 가르침에 유익을 얻지 못하는 모든 사람들이 버림을 받은 사람이라는 결론을 얻을 수 있다. 그러므로 많은 사람이 멸망하는 것을 보게 되더라도 절망할 이유가 없다. 그런 사람들은 자원하여 악한 자(사탄)를 영접하였기 때문이다. 여기서는 복음에 택함 받은 사람들을 구원하는 능력이 있다는 사실을 아는 것으로 만족하자.

내가 하나도 잃어버리지 아니하고 이 말은 "나는 나에게 주신 자들이 내게서 떨어져 나가거나 멸망하지 않게 한다"라는 뜻이다. 그리스도께서 이 말씀을 하신 의도는, 그분이 우리의 구원을 하루이틀 동안만 지켜주시는 분이 아니라는 사실을 밝히기 위함이다. 그분은 우리의 구원을 영원히 지키시며 우리를 출발부터 마지막 지점까지 이르게 하신다. 이러한 이유로 그리스도께서는 마지막 부활을 언급하셨다. 이 약속은 육체의 연약함 아래 비참하게 고생하고 있는 사람들에게 절대적으로 필요하다. 우리는 누구나 이와 같은 상황에 있다는 것을 잘 안다. 신자들이 그리스도의 손을 힘입어 부활의 날을 향해 담대하게 나아가지 않는다면, 사실 온 세상의 구원은 매순간 파괴될지도 모른다.

그러므로 중간에 우리를 저버리는 일이 없도록 그리스도께서 그분의 손을 우리에게 뻗으셨다는 사실을 우리 마음에 확고히 새기도록 하자. 또한 주님의 인도하심을 의지하면서 담대하게 우리의 눈을 들어 마지막 날을 바라보도록 하자.

그리스도께서 부활을 언급하신 또 다른 이유가 있다. 우리의 생명이 감춰져 있는 동안 우리는 죽은 사람과 같다. 신자들이 비참함에 압도당하고 도살

당할 양처럼 늘 그 발을 무덤에 딛고 산다면, 신자들과 불신자들의 다른 점은 무엇인가? 그렇다. 신자들은 늘 사망에 삼킨 바 되어 있지 않는가? 우리의 믿음과 인내의 유일한 버팀목은 우리 현재의 삶의 상태에서 눈을 돌려, 우리의 마음과 감각을 마지막 날을 향하도록 하는 것이다. 마침내 우리 믿음의 열매가 나타날 때까지 우리는 세상의 여러 장애물들을 통과해야 한다.

40 내 아버지의 뜻은 … 이것이니 그리스도는 아버지께서 우리 구원을 보호하는 직책을 자신에게 맡기셨다고 말씀하셨다. 이제 그리스도는 그 방법을 규명하신다. 우리가 구원을 얻는 방법은 그리스도의 복음에 순종하는 것이다. 그리스도께서 이전에 이것을 넌지시 언급한 적이 있으시다. 하지만 이전에 비교적 모호하게 말씀하셨던 것을 지금은 좀 더 분명하게 표현하신다. 하나님의 뜻이 그분이 택하신 사람들을 믿음으로 구원 받게 하는 것이라면, 그리고 하나님께서 이런 식으로 자신의 영원한 작정을 확증하고 실행하신다면, 그리스도로 만족해하지 않고 영원한 예정을 호기심으로 탐구하는 사람은 하나님의 뜻과 상반되는 방법으로 구원 얻기를 구하는 것이다. 하나님의 선택 그 자체는 감춰져 있는 비밀스러운 것이다. 주님은 우리에게 부르심의 복을 주심으로써 그 선택을 드러내신다.

그러므로 그들에게 밝히 보인 구원의 방법을 지키지 않으면서, 예정의 미궁 속에서 자신과 다른 사람의 구원을 추구하는 사람은 정신이 나간 사람이다. 하나님께서 우리로 하여금 믿게 하시려는 목적으로 우리를 택하셨다면, 믿음을 제거한 선택은 불완전하게 될 것이다.

그러나 하나님의 경륜 속에서 처음에서 끝에 이르는 일관성 있고 정해진 순서를 깨뜨리는 것은 잘못이다. 더욱이 하나님의 선택은 늘 그분의 부르심을 동반하며, 이 둘은 떼려야 뗄 수 없는 관계에 있다. 그러므로 하나님께서 우리를 '효과 있는 부르심'으로 불러서 그리스도를 믿게 하셨다면, 그 믿음은 마치 하나님께서 우리의 구원에 관하여 인印을 치듯이 그분의 작정을 확정하시는 효력이 있다. 성령의 증거는 바로 우리가 양자가 되었다는 인 침이기 때문이다. 그러므로 모든 사람이 가지고 있는 믿음은 하나님의 영원한 예정에 대한 풍성한 증거이다. 이것 이상의 것을 추구하는 것은 신성모독이다. 그리고 성령님의 순전한 증거를 받아들이기를 거절하는 사람은 성령님을 모독하는 것이다.

그리스도께서는 '보고 믿는' 것을 자신이 이전에 하셨던 말씀과 대조해서 사용하신다. 36절에서 주님은 유대인들을 향하여 그들이 '보고도 믿지 않는다'고 꾸짖으셨다. 이제 하나님의 아들들에 대해서 말씀하시면서 그리스도께서는 믿음의 순종을 그리스도 안에 나타난 신적神的인 능력을 감지하는 것과 연결하신다.

더욱이 '보고 믿는다'는 이 단어들은 믿음이 그리스도를 아는 지식에서 흘러나온다는 사실을 보여준다. 믿음이 하나님의 말씀을 넘어 어떤 것을 바란다는 의미에서가 아니라, 우리가 그리스도를 신뢰하면 그분이 어떤 분이시고 또 그분이 우리에게 가져다주는 것이 어떤 것인지를 알 수 있다는 의미에서 그러하다.

41 자기가 하늘에서 내려온 떡이라 하시므로 유대인들이 예수에 대하여 수군거려 42 이르되 이는 요셉의 아들 예수가 아니냐 그 부모를 우리가 아는데 자기가 지금 어찌하여 하늘에서 내려왔다 하느냐 43 예수께서 대답하여 이르시되 너희는 서로 수군거리지 말라 44 나를 보내신 아버지께서 이끌지 아니하시면 아무도 내게 올 수 없으니 오는 그를 내가 마지막 날에 다시 살리리라 45 선지자의 글에 그들이 다 하나님의 가르치심을 받으리라 기록되었은즉 아버지께 듣고 배운 사람마다 내게로 오느니라 요 6:41-45

41 유대인들이 예수에 대하여 수군거려 복음서 기자는 유대인들 사이에 수군거림이 있었다고 전해준다. 이러한 수군거림은, 그들이 그리스도가 인간으로서 갖는 비천한 배경에 혐오감을 갖고 있어서, 그분에게서 하나님의

일이나 하늘에 속한 일을 보지 못했기 때문에 일어난 것이다. 그러나 복음서 기자는 그들에게 이중적인 장애물이 있었음을 보여준다. 그중 하나는 유대인들의 잘못된 생각에서 비롯되었다. 그들은 그리스도에 대하여 "이는 요셉의 아들 예수가 아니냐 그 부모를 우리가 아는데"(42절)라고 말하였다. 다른 하나는 그들의 잘못된 판단에서 생겨났다. 즉, 그들은 그리스도를 하나님의 아들로 생각하지 않았다. 그리스도께서 육신을 입고 사람들에게 내려오셨기 때문이다.

그러나 그리스도께서 우리를 위하여 자신을 비워 종의 형체를 취하였다는 이유를 들어 우리가 영광의 주님을 멸시한다면, 이는 대단히 악한 것이다. 오히려 그리스도의 낮아지심은 우리를 향한 그분의 한없는 사랑과 놀라운 은혜를 보여주는 눈부신 증거이다. 더욱이 그리스도의 신적(神的) 위엄은 낮고 천한 육체의 모습 아래 감춰져 있었기 때문에 다양한 모습으로 그 빛을 뿜어내지 않은 것이 아니다. 다만 무지하고 어리석은 이 백성들에게 그리스도의 찬연한 영광을 볼 수 있는 눈이 없었을 뿐이다.

우리도 이들과 똑같은 방법으로 매일 죄를 짓는다.

첫째, 우리가 그리스도를 오직 세상적인 눈으로만 바라보는 것은 우리에게 커다란 장애물이다. 또 그것 때문에 우리는 그분 안에 존재하는 숭고함을 보지 못한다. 우리는 그리스도 안에 있는 모든 것과 그분의 가르침을 우리의 죄악 된 시각으로 왜곡시키는 것이다. 우리는 이처럼 잘못된 해석자들이다.

둘째, 우리는 이 정도로 만족하지 않고 많은 거짓된 것들을 붙잡는다. 거기에서 복음에 대한 멸시가 생긴다. 그래서 세상은 의도적으로 하나님의 은혜를 저버린다.

복음서 기자는 이 구절에서 수군거리는 사람들이 '유대인들'이라고 분명히 말한다. 이는 자기들에게 믿음이 있고 자기들이 교회라고 자랑하는 사람들에게서 그 수군거림이 나왔다는 것을 우리에게 알려주기 위함이다. 그렇게 함으로써 그리스도께서 우리에게 내려오실 때 우리 모두가 그분을 경외하며 영접하는 것을 배울 수 있도록 하기 위해서 말이다. 또한 그리스도께서 우리에게 가까이 오실수록, 우리가 더욱 즐겁게 그분에게 나아감으로 그분이 우리를 높이셔서 그분의 하늘 영광에 참예할 수 있도록 하기 위해서 말이다.

43 너희는 서로 수군거리지 말라 그리스도께서는 유대인들이 수군거리는 것을 꾸짖으신다. 그분의 말씀은 이런 뜻이다.

"내 가르침에는 너희를 불쾌하게 할 만한 것이 없다. 하지만 너희가 하나님에게서 버림을 받은 사람들이기에, 내 가르침이 너희의 악독한 영혼을 흥분시키는 것이다. 또한 너희가 내 가르침을 싫어하는 이유는 그것이 너희의 기호에 맞지 않기 때문이다."

44 아무도 내게 올 수 없으니 그리스도께서는 비단 유대인들의 삐뚤어진 마음을 비난하실 뿐 아니라, 자신이 선포하신 교훈을 받아들이는 것이 하나님의 특별한 선물이라고 말씀하기도 하셨다. 그리고 유대인들의 믿지 않음으로 인해 연약한 사람들이 당황하지 않도록 하시려고 바로 이 말씀을 하신다. 많은 사람들이 하나님의 일들과 관련하여 사람들의 판단을 의지하는 어리석음에 사로잡혀 있다. 이런 이유로 사람들은 세상이 복음을 받아들이지 않는 것을 보고 자신들도 복음을 신뢰하지 않는다. 다른 측면에서 자신들의 완고함에 스스로 우쭐대는 불신자들은 감히 복음을 정죄하려 한다. 자신들이 복음을 싫어한다는 이유로 말이다.

상황이 이렇다 보니 그리스도께서는 이들의 잘못을 지적하시려고, 복음의 교훈이 모든 사람에게 차별 없이 선포되기는 하지만, 모든 사람이 복음을 깨달을 수 있는 것은 아니라고 말씀하신다. 복음을 깨닫기 위해서는 새로운 마음과 태도가 필요하다. 그러므로 믿음은, 사람이 얻을 수 있는 것이 아니라 하나님께서 주시는 선물이다.

여기서 그리스도께 '오는 것'이 믿는다는 것을 가리키는 비유적인 의미로 사용되었기 때문에, 복음서 기자는 이 비유를 반대적인 상황과 연결시키려고 하나님께 '이끌림'을 받는 사람들을 언급한다. 하나님께서 그들의 정신을 밝히시고, 그들의 마음을 굽어보시며, 그리스도의 순종을 본받게 하신다. 한마디로 말해서, 많은 사람이 복음을 받아들이지 않는다고 해서 놀라지 말아야 한다는 것이다. 하나님께서 자신의 영으로써 사람들을 이끌지 않는다면 아무도 그리스도에게 올 수 없기 때문이다. 여기서 한걸음 더 나아가 우리는 모든 사람이 이끌림을 받는 것은 아니라는 사실도 알아야 한다. 하나님께서는 자신이 택하신 사람에게만 이러한 은혜를 주신다.

이끄시는 방식과 관련하여, 하나님께서는 외부적인 힘을 사용하여 강제로 사람들을 이끌지는 않으신다. 하나님께서 이끄시는 방법은 사람을 '억지'에서 '자원함'으로 전환케 하는 성령님의 효과적인 역사이다. 그러므로 마치 사람이 자신의 힘으로 얼마든지 하나님께 순종할 수 있는 양, 오직 자원하는 사람만 이끌림을 받는다고 말하는 것은 잘못되었고 불경건하다. 사람이 하나님을 자원하여 따를 때, 그 마음은 이미 하나님으로부터 받은 것이다. 하나님께서 그들의 마음을 만지셔서 그분께 순종하도록 하신 것이다.

45 선지자의 글에 그들이 다 하나님의 가르치심을 받으리라 기록되었은즉 그리스도는 이사야의 증언을 들어, 아버지께서 이끌지 아니하시면 아무도 그리스도에게 올 수 없다는 자신의 말씀을 확증하신다. 그리스도께서는 선지자들 여러 명을 언급하신다(한글 개역개정성경에는 '선지자'라고 해서 단수로 표현되어 있으나, 칼빈이 인용한 성경에는 prophets라고 해서 복수로 표현되어 있다 - 역자 주). 모든 선지자들의 예언이 하나의 책으로 수집되었고, 그래서 모든 예언서를 한 권의 책으로 여기는 것이 정당할지도 모른다.

여기에 인용된 본문은 이사야서 54장 13절과 예레미야서 31장 34절에서 발견된다. 거기서 선지자는 교회의 회복에 관하여 말하면서, 교회가 하나님의 교훈으로 가르침을 받은 자녀들을 얻게 될 것을 약속한다. 이 본문에서 우리는 교회가 회복될 수 있는 유일한 방법이 하나님께서 가르치는 직분을 행하심으로써 신자들을 그분께로 이끄는 것임을 추론할 수 있다. 여기서 선지자가 언급하는 가르치는 방법은 외적인 말씀으로만이 아니라 성령님의 비밀스러운 역사로 이루어진다. 한마디로 말해서, 하나님의 이러한 가르침은 마음이 내적인 조명照明을 받는 것이다.

그리스도께서 그들이 '다' 가르침을 받으리라고 말씀하실 때, 이것은 선택받은 사람들에 한정되는 것이 틀림없다. 택함을 받은 사람들만 교회의 진정한 자녀이다. 그리스도께서 이 예언을 현재 다루고 있는 주제에 어떻게 적용하시는지 쉽게 알 수 있다. 이사야는 교회의 자녀들이 하나님에게서 가르침을 받을 때에만 교회가 참으로 세워진다는 사실을 보여준다. 그러므로 그리스도께서는 하나님께서 눈을 열어주실 때에야 비로소 사람들이 생명의 빛을 보는 눈을 갖게 된다고 결론을 내리신다. 동시에 그리스도께서는 '다'라는 일반적인 용어에 주목하신다. 그분은 이사야의 예언에 근거해서, 하나님에게서 가르침을 받는 '모든' 사람들이 효과적으로 이끌림을 받아 그분께 올 수 있다고 주장하신다. 바로 이어지는 말씀에 이 사실이 더욱 분명하게 나타난다.

아버지께 듣고 배운 사람마다 이 말씀의 요지는 이렇다. 믿지 않는 사람은 다 버림 받은 사람이고 멸망에 빠질 사람이다. 하나님께서 교회의 모든 자녀들과 생명의 상속자들을 그분의 순종하는 제자로 삼으시기 때문이다. 이를 근거로 우리는 다음과 같은 결론을 내릴 수 있다. 하나님에게서 택함 받은 사람들은 다 그리스도의 믿음 안에 있게 된다. 그리스도께서는, 이미 앞에서 이끌림을 받기 전에는 사람들이 믿음에 합당하지 않다고 말씀하신 것처럼, 지금 사람들이 이끌림을 받는 것은 성령님의 효과적인 은혜 안에서 되는 것이라고 선언하신다. 사람들이 믿음을 갖게 되려면 반드시 성령님의 은혜가 필요하다.

이 구절은 교황주의자들이 꿈꾸고 있는 자유의지의 모든 능력을 철저히 무너뜨린다. 아버지께서 우리를 이끄셔야만 우리가 그리스도께 오기 시작한다면, 믿음의 시작이나 믿음을 위한 준비가 우리에게 있지 않다는 것이 분명하다. 다른 한편, 아버지에게서 배운 모든 사람이 그리스도께 온다면, 아버지께서는 그들에게 믿는 자유뿐만 아니라 믿음 그 자체도 주시는 것이다. 그러므로 우리가 자원하여 성령님의 인도하심에 순종할 때, 그것은 은혜의 한 부분이며 은혜의 인印 침이다. 하나님께서 자신의 팔을 뻗기만 하시고 우리의 의지를 해결해주지 않으신다면 그분은 우리를 이끌려 하지 않으시는 것이다. 하나님께서 자신의 영靈의 능력을 펼쳐 믿음을 온전하게 하실 때, 우리는 하나님께서 우리를 인도하신다고 바르게 말할 수 있다. 하나님이 사람들 속에서 말씀하실 때 그분에게 기꺼이 순종하려는 사람은 하나님의 말씀을 듣는 사람이다. 성령께서 그 사람의 마음속에서 역사하시기 때문이다.

내게로 오느니라 그리스도께서는 아버지와 그리스도 자신 사이에 뗄 수 없는 연합을 보여주신다. 이 말씀의 의미는 이렇다. 하나님에게서 배운 사람들 중에 어느 누구도 그리스도에게 복종하지 않을 수 없으며, 그리스도를 배척하는 사람은 하나님에게 가르침을 받지 않은 사람이다. 택함을 받은 모든 사람들이 하나님의 학교에서 배운 지혜로만 그리스도에게 올 수 있기 때문이다. 그리스도를 보내신 아버지는 자신을 부인하실 수 없는 하나님이시다.

> 46 이는 아버지를 본 자가 있다는 것이 아니니라 오직 하나님에게서 온 자만 아버지를 보았느니라 47 진실로 진실로 너희에게 이르노니 믿는 자는 영생을 가졌나니 48 내가 곧 생명의 떡이니라 49 너희 조상들은 광야에서 만나를 먹었어도 죽었거니와 50 이는 하늘에서 내려오는 떡이니 사람으로 하여금 먹고 죽지 아니하게 하는 것이니라 51 나는 하늘에서 내려온 살아 있는 떡이니 사람이 이 떡을 먹으면 영생하리라 내가 줄 떡은 곧 세상의 생명을 위한 내 살이니라 하시니라 요 6:46-51

46 아버지를 본 자가 있다는 것이 아니니라 지금까지 그리스도께서는 자신의 아버지의 은혜를 찬양하였다. 이제 그리스도는 신자들에게 자신

에게만 관심을 집중하도록 하신다. 이 두 가지는 확실히 연결되어 있다. 아버지께서 본성상 눈이 먼 사람들의 눈을 그분의 영靈으로 밝혀주셔야만 그들은 비로소 그리스도를 아는 지식을 가질 수 있다. 그래서 그리스도께서 길을 인도하지 않으시면 하나님을 찾는 것이 소용이 없다. 하나님의 엄위는 너무도 커서 사람들의 감각은 그에 미칠 수가 없다. 오히려 그리스도를 배제한 채 하나님에 대한 상상만으로 이루어진 지식은 치명적인 나락이 될 것이다. 그리스도께서 자신만이 아버지를 알았다고 말씀하실 때, 그 말의 의미는 감춰진 하나님을 사람들에게 나타내 보이시는 이 직분이 그리스도 자신에게만 주어졌다는 것이다.

47 믿는 자는 영생을 가졌나니 이것은 그리스도께서 앞에서 하신 주장을 설명하는 내용이다. 이 구절이, 우리가 그리스도를 믿을 때 하나님이 우리에게 알려진다는 사실을 가르치고 있기 때문이다. 그리스도를 믿을 때, 우리는 마치 거울을 보거나 생생하고 분명한 이미지를 보듯이 보이지 않는 하나님을 보기 시작한다. 우리를 그리스도에게 인도하는 것이 아니라면, 우리에게 하나님에 관하여 선언하는 모든 것은 가증스럽다. 나는 앞에서 이미 그리스도를 믿는 것이 무슨 의미인지를 설명했다. 그리스도에게서 그분의 능력을 제거하는 혼란스럽고 헛된 믿음을 머릿속에 그려서는 안 된다. 교황주의자들은 자기들의 생각에 적합한 그리스도를 믿는다. 우리는 믿음으로 생명을 얻는다. 우리 생명의 모든 부분이 그리스도 안에 있다는 것을 알기 때문이다.

이 구절에서 그리스도를 믿는 것이 그리스도나 그분의 살을 먹는 것과 동일하다고 추론하는 사람들이 더러 있다. 하지만 이런 추론은 근거가 빈약하다. 그리스도를 믿는 것과 그리스도의 살을 먹는 것은 별개의 것이며, '먼저'와 '나중' 같은 것이다. 그리스도에게 오는 것과 그분을 마시는 것도 마찬가지이다. 그리스도에게 오는 것이 먼저다. 나는 우리가 오직 믿음으로만 그리스도를 먹는다고 고백한다. 그 이유는 이렇다. 그리스도께서 우리 안에 거하시도록 하기 위해서 그리고 우리가 그분에게 참여하여 그분과 하나가 되기 위해서 우리는 믿음으로 그리스도를 영접한다. 그러므로 이러한 먹는 것은 믿음의 결과 혹은 믿음의 일이다.

48 내가 곧 생명의 떡이니라 앞에서 그리스도께서는 자신이 '생명을 주는 떡'이라고 하시며, 그래서 우리 영혼이 그분에게서 자양분을 공급 받는다고 말씀하셨다. 이제 그분은 앞에서 하신 말씀을 좀 더 자세히 설명하려고 이 떡과 예전의 만나를 대조하시는 말씀을 반복하신다. 그리스도께서는 "너희 조상들은 광야에서 만나를 먹었어도 죽었거니와"(49절)라고 선언하신다. 그들의 조상들에게는 만나가 그들을 죽음에서 구원해주지 못하는, 먹어 없어져버리는 음식이라고 말씀하시는 것이다. 그러므로 영혼이 영생에 이르도록 영혼에 자양분을 공급하는 그 음식은 오직 그리스도 안에서만 발견할 수 있다는 결론이 나온다.

또한 내가 다른 곳에서 여러 차례 언급했듯이, 우리는 이 말씀이 만나를 언급하는 것이 아니라 그리스도의 비밀스러운 형상을 언급한다는 사실을 명심해야 한다. 이런 점에서 바울은 이 떡을 영적인(신령한) 음식이라고 부른다. 그러나 우리는 그리스도께서 여기서 청중들이 알아들을 수 있는 용어로 말씀하고 계신다고 말한 바 있다.

청중들은 자기들의 위장에 무엇인가 채우려는 데에만 관심이 있었고 만나 외에 더 좋은 음식을 바라지 않았다. 그러므로 그리스도께서 그들의 조상들이 죽었다고 말씀하신 것은 백번 옳은 말씀이다. 그분의 말씀은 그들의 조상들이 그들처럼 배를 채우는 데에만 관심이 있었다는 의미이다. 하지만 그리스도께서는 자신이 '사람으로 하여금 먹게 하려고' 오셨다고 말씀하심으로써(50절) 청중들에게 먹으라고 초대하신다. 이 표현은 그리스도께서 자신에게서 먹기를 소망하는 모든 사람들에게 먹을 것을 주실 채비를 갖추셨다는 의미이다. 한 번 그리스도를 먹은 사람은 아무도 '죽지 않는다'는 말은 그분이 우리에게 주시는 생명이 절대로 없어지지 않는다는 의미로 이해해야 한다(요한복음 5장 설명 내용 참조).

51 나는 하늘에서 내려온 살아 있는 떡이니 그리스도께서는 동일한 내용을 자주 반복하신다. 중요한 내용을 전하고자 할 때 반복하는 것만큼 좋은 것이 없기 때문이다. 사람들은 그 사실을 믿는 것이 얼마나 어려운지, 또 그 사실이 얼마나 빨리 잊혀지는지 감지한다. 우리 모두는 생명을 갈구한다. 하지만 생명을 찾으면서 우리는 어리석게 엉뚱한 길에서 잘못 방황한다. 심지어 생명이 우리 앞에 제시될 때에도 대부분의 사람들은 무관심하며 그것을 거절한다. 그리스도를 떠나서 스스로 생명을 창조하지 않는 사람이 누가 있는가? 그리고 도대체 얼마나 많은 사람이 그리스도 한 분만으로 만족하는가? 그렇다면 그리스도께서 자신만이 생명을 주기에 충분한 분이라고 이처럼 자주 말씀하시는 것은 쓸데없는 반복이 아니다. 주님이 자신만이 생명의 떡이라는 칭호를 받을 만하다고 주장하시는 것은 우리 마음에서 생명에 대한 모든 헛된 소망을 부수기 위함이다. 그리스도께서는 이전에 자신을 '생명의 떡'이라고 하셨는데, 이제는 자신을 '살아 있는 떡'이라고 칭하신다. 그러나 그 의미는 동일하다. 즉, 생명을 주는 떡이라는 뜻이다.

그리스도께서는 이따금 자신이 하늘에서 내려오셨다고 말씀하신다. 영적인 생명과 썩지 않는 생명은 그 형적形迹이 지나가고 사라지는 이 세상에서 찾을 수 없고 하늘에 있는 하나님나라에서만 찾을 수 있기 때문이다.

그리스도께서는 '먹다'라는 단어를 사용하실 때마다 우리에게 믿음을 권하신다. 믿음으로만 생명에 이르게 하는 이 떡을 향유할 수 있기 때문이다. 그분이 그렇게 하신 데는 나름의 이유가 있다. 이 떡을 먹으려고 손을 뻗으려 하는 자들이 거의 없기 때문이다. 심지어 주께서 이 떡을 그들의 입에 넣어주실 때에도 그것을 맛보는 자들이 거의 없다. 어떤 사람들은 바람으로 채우려하고, 또 어떤 사람들은 탄탈루스(Tantalus, 그리스 신화에 나오는 제우스의 아들로서, 자기 아들 펠롭스를 잡아 요리하여 신들에게 바친 벌로, 호수에 턱까지 잠겨 있었지만 물을 마시려 하면 물이 빠지고 머리 위의 나무열매를 따려 하면 가지가 뒤로 물러나는 벌을 받았다)처럼 자기 옆에 음식이 있는데도 어리석음 때문에 굶어죽어 간다.

내가 줄 떡은 … 내 살이니라 그리스도께서 말씀하시는 바, 생명을 주는 이 비밀스러운 힘은 그분의 신적神的 본질을 가리킨다고 할 수 있다. 그래서 그분은 지금 두 번째 단계에 오셔서 사람들에게 이 생명이 자신의 살에 있다고 말씀하신다. 그리스도의 살에서 생명을 얻을 수 있도록 하기 위해서 말이다. 이전에는 단지 사망의 물질에 불과하였던 육체 안에, 하나님께서 우리에게 주실 생명을 두신 것은 그분의 놀라운 뜻이다. 하나님께서는 우리의 연약함을 고려하여 이런 식으로 생명을 공급하신 것이다. 하나님께서는 우리에게 구름 위에 있는 생명을 얻으라고 말씀하지 않으신다. 마치 우리를 하나님나라의 비밀로 끌어올리시기라도 하듯이, 그분은 땅에서 그 생명을 나타내 보이신다. 그리고 하나님께서는 우리 마음의 교만을 교정하시면서, 생명을 찾는 사람들에게 그리스도의 살을 의지하라고 명령하심으로써 우리 믿음의 겸손과 순종을 시험하신다. 그 겉모습이 사람들에게 멸시를 받을 만한 그분의 살을 의지하라고 하시면서 말이다.

그러나 그리스도의 살은 생명을 줄 수 없다며 이의를 제기하는 사람들이 있다. 살은 죽음에 이르는 것이며, 지금도 살은 본질적으로 영원하지 않다는 것이 그 이유이다. 다시 말해서, 영혼에 생명을 주는 것으로는 살이 적합하지 않다는 것이다. 이 문제에 대해 대답하겠다. 비록 사람에게 생명을 주는 힘이 살(육체)보다는 다른 원천에서 오는 것이 사실이지만, 이러한 직임이 살과 관련이 없다고 할 이유는 없다. 하나님의 영원한 말씀이 생명의 원천이듯이, 그리스도의 육체(살)는 그분의 신성神性에 본질적으로 내주하고 있는 생명을 우리에게 부어주는 통로이다. 그리스도의 살은 다른 곳에서 가지고 온 생명을 우리에게 전달해주기 때문에, 이런 의미에서 그분의 살이 생명을 준다고 하는 것이다.

만일 우리가 생명의 근거, 즉 의義가 무엇인지를 생각한다면, 이 문제를 이해하는 것이 전혀 어렵지 않다. 의는 하나님에게서만 흘러나온다. 그러나 그 의는 그리스도의 육체 말고는 그 어디서도 온전히 나타나지 않는다. 그리스도의 육체에서 인간의 구원이 완성되었고, 그 육체에서 죄를 속贖하는 제사가 드려졌으며, 그 육체를 통해 하나님을 우리와 화목하게 하기 위한 순종이 드려졌다. 또한 그리스도의 육체는 성령의 거룩함으로 채워졌고, 마지막으로 죽음을 이기심으로 하늘의 영광에 들어가셨다. 그러므로 우리는 그리스도의 육체(살)에 생명의 모든 부분이 들어 있다고 결론을 내릴 수 있다. 그러므로 어느 누구도 생명이 감춰져 있고 멀리 있다는 이유를 대면서 그분에게서 생명을 발견할 수 없다고 불평할 수 없을 것이다.

내가 줄 떡은 곧 세상의 생명을 위한 내 살이니라 '주다'라는 단어는 다양하게 사용된다. 그리스도께서 일찍이 언급하셨던 '주는 것'의 첫 번째 의미는 그리스도께서 종종 우리에게 자신을 주신다고 말씀하신 것처럼 매일 주는 것이다. 두 번째 의미는 그리스도가 십자가에서 아버지께 자신을 드리셨을 때 수행하신 그 유일한 드림이다. 그때 그리스도께서는 사람들의 생명을 위하여 자신을 주셨다. 그리고 지금 그분은 우리에게 자신의 죽음의 열매를 받으라고 초대하신다. 그리스도께서 자신을 희생제물로 한 번 드리셨다는 사실은, 우리가 그 거룩한 식사로 배부름을 얻지 못한다면 우리에게 아무런 소용이 없다.

또한 명심해야 할 것이 있다. 그리스도께서 자신의 살을 제물로 드리는 직책을 자신이 가지셨음을 천명하신다는 사실이다. 그러므로 교황주의자들이 미사에서 유일한 대제사장이신 우리 주님에게만 속한 것을 찬탈함으로써, 그리스도의 희생제물을 더럽힌 것은 대단히 사악한 신성모독이다.

---

52 그러므로 유대인들이 서로 다투어 이르되 이 사람이 어찌 능히 자기 살을 우리에게 주어 먹게 하겠느냐 53 예수께서 이르시되 내가 진실로 진실로 너희에게 이르노니 인자의 살을 먹지 아니하고 인자의 피를 마시지 아니하면 너희 속에 생명이 없느니라 54 내 살을 먹고 내 피를 마시는 자는 영생을 가졌고 마지막 날에 내가 그를 다시 살리리니 55 내 살은 참된 양식이요 내 피는 참된 음료로다 56 내 살을 먹고 내 피를 마시는 자는 내

안에 거하고 나도 그의 안에 거하나니 57 살아 계신 아버지께서 나를 보내시매 내가 아

버지로 말미암아 사는 것같이 나를 먹는 그 사람도 나로 말미암아 살리라 58 이것은 하

늘에서 내려온 떡이니 조상들이 먹고도 죽은 그것과 같지 아니하여 이 떡을 먹는 자는

영원히 살리라 요 6:52-58

52 그러므로 유대인들이 서로 다투어 이르되 그리스도께서는 다시
유대인들을 언급하신다. 그들을 칭찬하기 위해서가 아니라 그들의 불신앙을
꾸짖기 위해서이다. 이는 그들이 자기들에게 잘 알려진 영생에 관한 교훈을
받아들이지 않기 때문이다. 그리스도의 교훈이 여전히 모호하고 의심스럽다
면 적어도 그것을 겸손하게 상고해야 마땅할 텐데, 그들은 그러지 않았기 때
문이다. 그리스도께서 유대인들이 다투었다고 말씀하실 때, 그 다툼은 그들
의 강퍅함과 경멸의 표시이다. 사실 그렇게 통렬하게 논쟁하는 사람들은 진
리를 아는 지식에 이르는 길을 스스로 막아버리는 셈이다.

그렇지만 주님이 그들을 비난하신 이유는 단지 그들이 어떻게 그분이 자
기 살을 줄 수 있는지 그 방법에 대해서 물었기 때문이 아니다. 만일 그렇다
면 아브라함과 예수님의 어머니 마리아에게도 동일한 비난이 가해졌을 것이
다(창 15:2 ; 눅 1:34). 그러므로 유대인들은 무지로 말미암아 곁길로 나갔든지, 아
니면 솔직함과 성실함이 결여되어 있었던 것이다. 그들은 논쟁에 대한 열정
과 열심을 별로 중요하게 여기지 않았다. 복음서 기자는 바로 이것을 옳지 않
다고 본다. 유대인들이 그리스도의 살을 먹는 방법에 관하여 질문하는 것이
불법인 양, 그들은 '어찌'how라는 한 단어에 맹공을 퍼부었다.

우리 역시 주님의 말씀으로 풀 수 있는 여러 난해한 문제들을 풀지 않고 그
대로 둔다면, 그것은 믿음의 순종이라기보다는 차라리 게으름이라고 해야 옳
다. 그러므로 그리스도의 살을 먹는 방법에 대하여 물어보는 것은 합법적일
뿐만 아니라 그 방법이 성경에 설명되어 있는 한 우리가 그 방법을 아는 것은
매우 중요한 일이다. 그러니 "그리스도께서 그분의 살이 고기라고 말씀하신

다면, 나는 그리스도의 말씀만으로 만족합니다. 나머지 부분에 대해서는 제가 기쁘게 묵과할 수 있어요"라는 식의 겸손을 가장한 완악함을 치워버려라! 이 교도(이슬람교도)들이 그리스도께서 성령으로 잉태하셨다는 사실을 의도적으로 묵과할 때, 이와 같은 변명을 늘어놓지 않는 것처럼 말이다. 왜냐하면 그들은 그리스도께서 아브라함의 자손이라는 것을 믿고 더 이상의 내용을 알려고 하지 않기 때문이다. 오직, 우리는 하나님의 신비로운 일에 대해서만 그분이 자신의 말씀으로 결정하신 것 이상을 알려고 하지 않도록 중용中庸을 지켜야 한다.

53 내가 진실로 진실로 너희에게 이르노니 그리스도께서는 자신의 은혜가 유대인들의 자만심에 찬 멸시로 거절당할 때 이런 식으로 맹세하셨다. 이제 그리스도께서는 직접적인 교훈을 주지 않으시고, 사람들을 놀라게 하시려고 맹세로써 경고하신다. 그리스도께서는 자신의 살에서 생명을 찾으려 하지 않는 모든 사람을 향하여 영원한 멸망을 선언하신다. 그분의 말씀의 의미는 이렇다.

"내 살이 너희에게 혐오스럽다면, 생명에 대한 또 다른 소망이 너희에게는 남아 있지 않다는 것을 명심하라."

그리스도의 은혜를 멸시하는 모든 사람들을 기다리고 있는 보복은, 그들과 그들의 교만이 비참하게 파멸되리라는 것이다. 그들은 매우 엄중한 말씀으로 경고를 받아야 한다. 그래야 스스로 위안을 삼지 않을 것이다. 우리는 병이 들었음에도 약을 먹지 않으려는 사람에게, 그러면 죽게 된다고 경고하지 않는가? 그렇다면 생명 자체를 파괴하느라 총력을 기울이는 불경건한 사람들에게는 우리가 어떻게 해야 하겠는가?

그리스도께서는 '인자의 살'이라고 말씀하시면서 자신의 살을 강조하고 계신다. 그분은 유대인들의 멸시를 꾸짖으신다. 유대인들의 멸시는 그리스도를 다른 여느 사람들과 같다고 생각하는 데서 생긴 것이다. 그래서 그분 말씀의 의미는 이렇다.

"너희가 내 살의 비천하고 혐오스런 모습을 좋아하지 않는다면 나를 멸시해라. 하지만 그 혐오스러운 살 안에 생명이 있다. 너희에게 그 살이 없다면, 어느 곳에서도 너희에게 생명을 주는 다른 것을 찾지 못할 것이다."

옛 사람들은 어린이들이 성만찬을 받지 않는다면 영생을 상실한다고 생각하는 잘못을 범했다. 그러나 이 설교는 주님의 만찬을 가리키는 것이 아니다. 주님의 만찬을 받는 문제와 상관이 없이, 우리가 가지는 계속적인 교제를 언급한다. 또한 후스파(Hussites, 체코의 종교개혁자인 요한 후스의 정신을 이어받은 보헤미안 신앙공동체. 후스는 성경의 유일한 권위를 강조하고 성만찬의 잔은 성직자만이 아니라 모든 성도에게 주어야 한다고 주장했다가 콘스탄츠 공의회의 결정에 따라 1415년에 화형 당함)가 이 본문을 성만찬의 잔을 모든 사람에게 차별 없이 주어야 하는 증거로 제시한 것도 옳지 않다. 그리스도께서는 아이들이 성만찬에 참여하는 것을 허락하지 않으셨다. 아이들은 아직 그리스도의 죽음을 기억하거나 기념할 만한 능력이 없기 때문이다. 또한 그리스도께서는 우리에게 다 잔에 참여하라고 말씀하심으로써, 모든 사람(신앙을 고백하는 모든 성인들)에게 떡만 아니라 잔도 함께 나누라고 명하셨다.

54 내 살을 먹고 이것은 주님이 앞에서 하신 말씀의 반복이다. 하지만 이것은 쓸데없이 한 말씀이 아니다. 그리스도는 이 말씀으로 믿기 어려운 내용을 좀 더 분명히 밝히신다. 즉, 몸이 먹는 것과 마시는 것으로 유지되는 것과 똑같이, 영혼은 그리스도의 살과 피에서 양식을 공급받는다. 그래서 자신의 살이 아닌 다른 곳에서 생명을 찾는 모든 자들에게는 사망이 기다릴 뿐이라고 선언하셨듯이, 주님은 지금 경건한 자들에게 선한 소망을 갖게 하신다. 그리스도께서는 경건한 사람들에게 자신의 살로 생명을 약속하신다.

그리스도께서 얼마나 자주 부활과 영생을 연결시키시는지를 주목하라. 부활의 날까지 우리의 구원은 감춰져 있다. 그래서 세상에서 들려 부활을 직접 목격하는 사람을 제외하고는 아무도 그리스도께서 우리에게 주시는 것을 느낄 수 없다. 이 말씀에서 분명히 밝혀진 사실은, 이 전체 본문을 주의 만찬에 적용하는 것은 잘못이라는 것이다. 주의 거룩한 만찬에 참여하는 모든 사람이 그분의 살과 피에 참여하는 것이 사실이라면, 모든 사람은 동일하게 생명을 얻을 것이다. 그러나 우리는 성만찬에 참여하는 사람들 가운데 많은 사람이 멸망에 이른다는 것을 알고 있다. 또한 그리스도께서 성만찬을 제정하시기 전에 주의 만찬에 관하여 설교하는 것도 납득할 수 없고 이치에 맞지 않을 것이다. 그러므로 지금 그리스도께서는 믿음으로 그분의 살을 먹는 영원한 방법을 얘기하고 계신 것이 확실하다.

그러나 동시에 나는, 성만찬에서 상징으로 표현된 것이 아니라 실제로 신자들에게 제시된 것(떡과 포도주)에 대한 언급이 여기에 전혀 없다는 점을 인정한다. 그렇다면 그리스도께서는 여기에서 말씀하시는 교훈을 확증하시고자 성만찬을 의도하셨다고 말할 수도 있다. 요한이 성만찬을 언급하지 않은 이유도 여기에 있다. 그래서 어거스틴이 요한복음 6장을 주석하면서 성만찬을 논하지 않다가 마지막에 가서야 비로소 이 주제를 다룬 것은 바른 순서를 따랐다고 할 수 있다. 어떤 곳에서는 매일 그리고 어떤 곳에서는 주일에만 성만찬을 행하는데, 어거스틴은 교회들이 성만찬을 행할 때마다 이 비밀이 상징으로 제시된다는 것을 보여준다.

55 내 살은 참된 양식이요 그리스도께서는 앞에서 언급한 내용을 다른 말로 확증하신다.

"몸이 아무것도 먹지 못하면 약해지고 쇠약해지듯이, 영혼도 하늘에 속한 떡으로 채워지지 않으면 금세 굶주림으로 멸망하게 될 것이다."

그리스도께서 자신의 살이 참된 양식이라고 주장하실 때, 그 말씀은 그 양식(주님의 살)이 없으면 영혼이 굶어 죽는다는 뜻이다. 당신은 오직 그리스도 안에서만, 즉 그분의 살에서 생명의 양분을 구할 때만 생명을 얻게 된다. 그러므로 우리는 바울과 함께 고린도전서 2장 2절에서처럼 그리스도가 십자가에 못 박히셨다는 것 외에는 아무것도 귀하게 여기지 않는다고 자랑해야 한다. 그리스도의 죽음의 제사를 떠나자마자 우리는 사망에 직면하고 말기 때문이다. 또한 주님의 죽음과 부활 이외의 다른 방법으로는 그리스도의 신적神的 능력을 감지할 수 없기 때문이다.

그러므로 그리스도를 아버지의 종으로 받아들여라. 그래야 그리스도께서 당신에게 생명의 주±로 나타나실 것이다. 그리스도께서 자기를 비우셨기에 우리가 모든 풍성한 복으로 부유해졌다. 그분이 수치를 당하시고 낮아지셨기에 우리가 하늘로 올려졌다. 그리고 그분은 십자가의 저주를 지심으로써 의義의 고상한 깃발을 높이 드셨다. 이런 의미에서 영혼을 그리스도의 살에서 떼어놓는 사람들은 '거짓 해석자들'이다✝.

그런데 그리스도께서 "내 피는 참된 음료로다"라고 말씀하시면서 자신의 피를 별도로 언급하신 이유는 무엇인가? 이 질문에 답하겠다. 그리스도께서는 우리의 연약함을 고려하셔서 이렇게 말씀하셨다. 그리스도께서 음식과 음료를 구별하여 언급하신 것은 그분이 부여하시는 생명이 모든 면에서 완전하다고 말씀하시는 것이다. 즉, 우리가 그분이 주시는 생명이 반쪽짜리라거나 불완전한 것이라고 생각하지 않도록 하기 위해서이다. 우리가 그분의 살을 먹고 그분의 피를 마시면, 우리에게는 생명의 어떤 요소도 결핍되지 않을 것이라고 말씀하시는 듯하다. 그래서 이 교훈에 상응하는 성만찬에서도 그분은 떡 상징만으로 만족하지 않으시고 잔도 첨가하셨다. 우리가 그리스도 안에 있는 생명의 이중적인 표지를 가짐으로써 그분 한 분만으로 만족하는 것을 배울 수 있도록 말이다. 그리스도 안에서 완전하고 온전한 생명을 가진 사람만 그분 안에 있는 생명의 요소를 찾게 된다.

56 내 살을 먹고 여기에 또 다른 확증이 있다. 그리스도 안에만 생명이 있기에 그분은 우리에게 그 생명을 향유하는 방법을 말씀하신다. 그것은 그분의 살을 먹음으로써 가능하다. 그리스도가 우리의 것이 되기 위해서는 우리가 믿음으로 그분의 살을 향하는 것 외에는 다른 방법이 없다. 인간으로서의 그리스도를 경멸하는 사람은 어느 누구도 하나님이신 그리스도에게 오려고 하지 않을 것이다. 그러므로 당신이 그리스도와 하나가 되기를 원한다면 그

✝ '성만찬에 대한 거짓 해석자들'이다. 불어는 다음과 같이 되어 있다. 'expositeurs du mystere de la Cene.'

분의 살을 멸시하지 않도록 특별히 주의해야 한다.

그리스도께서 "나도 그의 안에 거하나니"라고 하실 때, 이것은 그분이 우리와 연합하여 하나가 되는 유일한 방법이 우리가 그분의 죽으심을 믿을 때라고 말씀하셨을 때와 같은 의미인 것 같다. 더욱이 우리는 본문에서 그리스도께서 외적인 상징(성찬의 떡과 포도주)에 대하여 말씀하시는 것이 아니라고 추론할 수 있다. 사실 많은 불신자들이 차별 없이 그 외적인 상징을 받지만 여전히 그리스도 밖에 있지 않은가? 이것을 근거로 우리는, 그리스도께서 떡을 모든 사람에게 주셨을 때 가룟 유다도 다른 제자들처럼 그리스도의 몸을 받았다는 정신 나간 주장을 논박할 수 있다. 이러한 생각은 그리스도의 가르침을 외적인 상징으로 제한하는 무지에서 비롯된다. 그러므로 우리는 여기에서 내가 앞에서 언급한 내용을 명심할 필요가 있다.

첫째, 그리스도께서 여기서 전하고 계신 교훈은 주의 만찬에서 확증된다. 그러므로 가룟 유다가 그리스도의 지체가 아니었다는 게 확실하다.

둘째, 그리스도의 살을 죽은 것으로 또 성령의 부재로 생각하는 것은 숙고할 가치도 없는 생각이다.

셋째, 믿음이 없이 그리스도의 살을 먹을 것을 꿈꾸는 사람들은 어리석다. 말하자면 믿음만이 영혼의 입이요, 위장이기 때문이다.

57살아 계신 아버지께서 나를 보내시매 지금까지 그리스도께서는 우리가 어떻게 생명에 참여하는 자가 되는지를 설명하셨다. 이제 그분은 일차적인 원인으로 주제를 바꾸신다. 생명의 첫 번째 원천이 아버지 안에 있기 때문이다. 그분은 사람들의 반대에 미리 조치를 취하시는 것 같다. 그리스도께서 자신을 생명의 원인으로 말씀하셨을 때, 그분이 하나님께 속한 것을 탈취하는 것처럼 보일 수도 있었기 때문이다. 그래서 주님은 자신이 다른 사람에게 행하는 일은 다른 분(성부 하나님)이 자신에게 주셔서 하는 일이라고 주장하신다.

이 설교가 그리스도의 청중을 고려하여 하신 것임을 주목하자. 그리스도께서는 자신을 살(육체)과 관련해서만 아버지와 비교하고 계신다. 아버지께서 생명의 시작이시지만 영원한 말씀(이신 그리스도) 역시 생명이시기 때문이다. 그러나 그리스도의 영원한 신성神性은 여기서 논의의 대상이 아니다. 그분은 세상에 자신을 나타내신 모습으로, 즉 육체를 입은 모습으로 자신을 드러내고 계시기 때문이다.

그러므로 그리스도께서 아버지로 말미암아 산다고 말씀하실 때, 이 말씀은 그분의 완전한 신성에는 적용되지 않는다. 또한 이 말씀은 단지 그분의 인성人性 자체에만 속하는 것도 아니다. 이 말씀은 육체로 나타나신 하나님의 아들에 관한 묘사이다. 게다가 우리는 그리스도가 자신 속에 있는 모든 것을 아버지에게로 돌리는 것이 흔히 있는 일이라는 것을 안다.

하지만 그리스도께서 여기에서 생명의 세 단계를 말씀하신다는 것을 주목할 필요가 있다. 첫 번째는 살아 계시는 아버지이시다. 그분은 생명의 원천이시지만 멀리 계시고 감춰져 있다. 두 번째는 아들이다. 우리는 그분을 샘fountain으로 제시했다. 그분을 통하여 생명이 우리에게로 흘러온다. 세 번째는 우리가 그분에게서 받는 생명이다.

이제 우리는 문제의 핵심을 본다. 생명이 거하는 성부 하나님은 우리에게서 아주 멀리 떨어져 계시다. 그리고 우리 사이에 계시는 그리스도는 생명의 두 번째 원인이시다. 그분은 하나님 안에 감추어져 있었을 그 생명이 우리에게 닿을 수 있게 하셨다.

58 이것은 하늘에서 내려온 떡이니 그리스도께서는 이 설교를 시작할 때 언급했던 만나와 자신의 살에 대한 비교로 다시 돌아가신다. 자신의 설교를 그렇게 마무리하는 일은 불가피한 일이었다.

"모세가 광야에서 너희 조상들을 먹였다고 해서 너희가 나보다 모세를 더 좋아할 이유는 없다. 내가 너희에게 더 좋은 음식을 공급하겠다. 내게는 하늘에서 가지고 온 떡이 있다."

내가 앞에서 언급했듯이, 떡이 하늘에서 내려왔다고 말하는 것은, 그 떡이 본질상 땅에 속한 썩어질 어떤 것이 아니라 하나님나라의 불멸성을 공급하기 때문이다. 배를 채우는 데에만 관심이 있는 사람들은 만나에서 이런 능력을 발견하지 못했다. 만나는 두 가지 용도를 갖고 있지만, 그리스도께서 지금 논쟁을 벌이고 계시는 유대인들은 만나에서 배를 채우는 물리적인 음식 외에는 아무것도 보지 못했다. 그러나 영혼의 생명은 덧없이 지나가버리는 것이 아니라 전 인격이 새롭게 될 때까지 점점 더 자란다.

> 59 이 말씀은 예수께서 가버나움 회당에서 가르치실 때에 하셨느니라 60 제자 중 여럿이 듣고 말하되 이 말씀은 어렵도다 누가 들을 수 있느냐 한대 61 예수께서 스스로 제자들이 이 말씀에 대하여 수군거리는 줄 아시고 이르시되 이 말이 너희에게 걸림이 되느냐 62 그러면 너희는 인자가 이전에 있던 곳으로 올라가는 것을 본다면 어떻게 하겠느냐 63 살리는 것은 영이니 육은 무익하니라 내가 너희에게 이른 말은 영이요 생명이라 64 그러나 너희 중에 믿지 아니하는 자들이 있느니라 하시니 이는 예수께서 믿지 아니하는 자들이 누구며 자기를 팔 자가 누구인지 처음부터 아심이러라 요 6:59-64

59 이 말씀은 예수께서 가버나움 회당에서 가르치실 때에 하셨느니라 복음서 기자 요한은 많은 사람이 운집하였다는 것과 중차대한 주제를 다룬 설교가 선포되었다는 것을 알리기 위해 그 장소를 언급한다. 하지만 그 많은 사람들 중에서 그리스도의 설교를 듣고 유익을 얻은 사람들은 불과 몇 명 되지 않는다. 심지어 그리스도를 믿고 신앙을 고백한 많은 제자들도 실족하였다. 만일 복음서 기자가 그들 중 일부만 상처를 입었다고 말했다면 우리는 그것이 굉장한 것이라고 생각해야 했다. 하지만 그들이 군중들 사이에서 일어나 서로 수군댔다면, 우리는 이것을 어떻게 평가하면 좋겠는가? 이 기사를 우리 마음에 깊이 새겨서, 그리스도께서 말씀하실 때 그분을 거슬러 수군거리지 않도록 하자. 우리가 오늘날 다른 사람들에게서 이와 비슷한 것

을 보게 된다면, 그들로 인하여 우리 신앙이 혼동되지 않도록 주의해야 할 것이다.

60 **이 말씀은 어렵도다** 이 사람들이 말한 것과는 다르게, 그들의 마음이 단단했던 것hardness이지 그리스도의 말씀이 어려운hard 것은 아니었다. 하지만 멸망 받을 사람들은 스스로를 부딪치게 할 돌들을 하나님의 말씀에서 긁어모으는 데 익숙하다. 그들은 완악한 마음으로 그리스도를 비난하면서 그분의 말씀이 어렵다고 불평한다. 사실 그리스도의 말씀이 자기들의 단단한 마음을 부드럽게 해주었어야 하는데 말이다.

그리스도의 가르침에 겸손히 순복하는 사람에게는 그 말씀이 전혀 어렵다거나 세련되지 않다는 생각이 들지 않는다. 그러나 그리스도의 가르침을 완강하게 대적하는 불신자들에게 그분의 말씀은 예레미야 선지자가 표현한 것처럼 "바위를 쳐서 부스러뜨리는 방망이"(렘 23:29) 같을 것이다. 사실 이러한 동일한 완악함은 우리 모두가 태어날 때부터 갖고 있는 것이다. 그래서 만일 우리가 그리스도의 가르침을 우리의 감정으로 판단한다면, 그분의 말씀은 모순으로 가득한 진술에 불과할 것이다. 그러므로 우리가 해야 할 일은 성령님의 인도하심에 우리 자신을 온전히 드리는 것뿐이다. 그러지 않고는 절대로 우리 귀에 들리지도 않았을 주님의 말씀을 성령께서 우리 마음에 깊이 새기실 수 있도록 말이다.

누가 들을 수 있느냐 여기서 우리는 불신앙이 얼마나 사악한지를 본다. 구원의 가르침을 사악하고 불경스럽게 거절하는 사람들은 자신을 변명하는 것으로 만족하지 않고, 자기들 대신에 하나님의 아들을 죄인으로 만들며 그분의 말씀을 들을 가치가 없다고 비난한다. 그래서 오늘날 교황주의자들은 뻔뻔스럽게 복음을 저버릴 뿐만 아니라, 자기들이 이유 없이 하나님을 반역하는 것이 아니라는 것을 알리려고 그리스도의 신성神性을 모독한다. 그들 자신이 어둠을 원하기 때문에, 사탄이 그들을 헛된 징조들로 속인다는 것은 전혀 놀라운 일이 아니다. 불신자들에게는 심히 견딜 수 없는 것이, 겸손하고 가르침을 받을 만한 사람들에게는 감내할 수 있는 것일 뿐만 아니라 그들을 지지하고 위로하는 것이기도 하다. 그렇지만 무뢰한들은 그들의 완악함 때문에 스스로 최악의 멸망을 자초하고 만다.

61 예수께서 … 아시고 그리스도께서는 무뢰한들이 보인 불쾌한 자세가 제거될 수 없는 것임을 명확히 아셨다. 그리스도의 가르침은 그들에게 상처를 입히는 것이라기보다는 그들 마음속에서 자라고 있는 곪아 터진 궤양을 드러내는 것이기 때문이다. 그러나 그리스도께서는 모든 방법을 사용하여 불쾌한 자세를 취한 자들 중에 어느 한 사람이라도 고침을 받을 수 있는지 찾고자 하셨다. 또 나머지 사람들을 수군거리지 못하게 하기를 원하셨다. 그리스도께서는 "이 말이 너희에게 걸림이 되느냐"라는 질문을 하심으로써, 그들이 불쾌한 자세를 보일 이유가 전혀 없으며 혹은 적어도 불쾌함을 자극하는 것이 자신의 가르침 자체에는 있지 않음을 알리신다. 따라서 우리는 이런 식으로 상스러운 광기에 의해 흥분하여 하나님 말씀을 비난하는 사람들의 사악함을 억제하고, 성급하게 진리를 공격하는 사람들의 어리석음을 질책해야 한다.

사람들은, 자기들 마음을 불편하게 한 내용을 아직은 드러내놓고 말하지는 않았지만 자기들끼리 조용히 수군거렸다. 그래서 사도 요한은 예수께서 친히 아셨다고 말한다. 예수께서는 사람들이 결국은 드러내놓고 불평할 것을 예견하신 것이다. 사람들이 솔직하게 평이한 말로 그리스도의 가르침을 거부했기 때문에, 그 불평한 내용이 본질상 모호한 것이 아니라면서 이의를 제기하는 사람들이 있을 수 있다. 물론 나는 요한이 앞에서(60절) 언급한 말들이 대단히 분명하다는 사실을 인정한다. 하지만 동시에 그들이, 원수들이 그러는 것처럼 자기들끼리 조용히 불평하고 수군거렸다는 점을 지적하고 싶다. 그들이 그리스도에게 말했다면, 주님이 그들을 가르칠 방법이 열렸을 것이므로 그나마 소망이 있었을 것이다. 그러나 그들이 자기들끼리 수군거렸다는 것은 스스로 배움의 길을 차단한 것이나 다름없다. 그러므로 우리가 주님의 말씀의 의미를 즉시 이해하지 못할 때에는 주님께 직접 가서 우리에게 있는 모든 문제를 여쭙고 해결 받는 것이 가장 좋은 방법이다.

이 말이 너희에게 걸림이 되느냐 여기서 그리스도께서는 사람들이 받은 불쾌한 마음을 제거하기보다는 오히려 그것을 더 악화시키려는 것 같다. 그러나 사람들이 왜 불편한 마음을 갖게 되었는지 그 원인을 좀 더 면밀히 살펴보면, 다음 절(62절)이 사람들의 마음을 만족시키기에 충분한 내용을 담고 있음을 알 수 있다.

62 그러면 너희는 … 어떻게 하겠느냐 그리스도께서 육체를 입고 평범한 사람과 다름없는 모습으로 세상에 오셨을 때, 사람들은 자기들이 실제로 본 그리스도의 비천하고 경멸할 만한 상태 때문에 그분에게서 신적神的인 능력을 찾을 수가 없었다. 그러나 이제 그리스도께서는 베일을 걷으심으로 사람들에게 자신이 소유하신 하늘 영광을 바라보라고 하신다. 그분은 마치 이렇게 말씀하시는 것 같다.

"내가 사람들 사이에서 존경을 받지 못하고 살고 있기 때문에, 너희가 나를 멸시하고 내 속에 있는 신성神性을 인식하지 못하는구나. 그러나 곧 하나님께서 크신 능력으로 나를 영화롭게 하시고 나를 이 죽을 생명의 멸시 받는 상태에서 일으켜 하늘로 올리실 것이다."

바울이 로마서 1장 4절에서 가르치는 것처럼, 그리스도의 부활에는 그리스도가 하나님의 아들이시라는 것이 성령님의 능력으로 분명히 나타났다. "너는 내 아들이라 오늘 내가 너를 낳았도다"라는 시편 2편 7절 말씀에서 부활은 그리스도의 영광을 인정하는 증거로 인정되고 있다. 그리고 그리스도의 승천은 그 영광의 완성인 셈이다. 그리스도께서 이전에 하늘에 계셨다는 말씀은 그분의 인성人性과 정확하게 맞아떨어지지는 않는다. 비록 그분이 인자人子에 관하여 말씀하고 계시긴 하지만 말이다. 그러나 그리스도 안에서 신성과 인성의 두 본성이 하나의 인격을 형성하고 있기 때문에, 어느 한 본성에 합당한 것을 다른 본성에 옮기는 것은 생소한 어법이 아니다.

63 살리는 것은 영이니 육은 무익하니라 그리스도께서 이 구절을 통해 우리에게 말씀하시는 바는, 유대인들이 그분의 가르침으로 유익을 얻지 못했다는 것이다. 그분의 교훈은 영적이며 살리는 것이기에, 들을 준비가 되어 있지 않은 귀는 그것을 깨달을 수 없기 때문이다. 이 구절은 다양한 방법으로 설명되어 왔으므로 먼저 이 말씀의 참 의미를 파악하는 것이 중요하다. 그래야 그리스도께서 이 말씀을 하신 목적이 쉽게 드러날 것이다.

크리소스톰은 육稱은 아무 유익이 없다는 그리스도의 말씀이 세상적인 유대인들을 가리키는 것이라고 설명하는데, 나는 그의 견해가 틀렸다고 생각한다. 물론 나는 하늘에 속한 비밀들을 아는 데 인간 지성의 모든 능력이 아무런 소용이 없다는 점을 인정한다. 그러나 그리스도의 말씀을 완전히 왜곡하지 않는 한 그분의 말씀에는 그러한 의미가 담겨 있지 않다. '살리는 것은 성령의 조명하심'이라는 정반대의 견해 또한 동일하게 억지스럽다. 그리스도께서 십자가에 못 박히신 한에서는 그분의 살이 유익하지만, 우리가 그분의 살을 먹을 때 그것은 우리에게 아무런 유익을 주지 못한다고 말하는 사람들도 옳지 못하다. 이런 견해와는 다르게, 십자가에 달리신 그분의 살이 우리에게 유익이 있으려면 그것을 먹을 필요가 있다.

어거스틴은 그 살이 성령과 연결되고 있는 것이 틀림없기에 '오직'이나 '그것 자체'라는 말을 그 살 앞에 넣어야 한다고 생각한다. 이 견해는 우리가 지금 다루고 있는 논의에 잘 어울린다. 지금 그리스도께서는 단순히 먹는 방법을 언급하고 계시기 때문이다. 그리스도께서는 그분의 살에서는 아무것도 얻을 수 없다는 듯이 모든 종류의 유용성을 배제하는 것이 아니라, 살이 영광과 분리되는 경우에만 유용하지 않다고 말씀하신다. 그리스도의 살이 영적인 것이 아니라면 살은 어디에서 살리는 힘을 얻겠는가? 그러므로 살이 가지는 땅에 속한 속성에만 주의를 기울이는 사람은, 살에서 죽은 것 이외에는 아무엇도 발견하지 못한다.

그러나 눈을 들어 그리스도의 살에 스며 있는 성령님의 능력을 보는 사람은 살리는 것이 헛된 말이 아니라는 것을 알게 될 것이다. 실제로 그 효과를 맛봄으로써 그리고 믿음의 경험을 통해서 말이다.

이제 우리는 육(肉)이 어떻게 해서 참으로 양식이지만 아무런 유익이 없는지를 이해한다. 살은 우리를 위해 생명을 주는 양식이다. 살로써 하나님께서 우리와 화목하시며, 살로써 우리는 완성된 구원의 모든 부분을 소유한다. 그러나 살의 기원과 특성을 고려한다면, 살 자체는 우리에게 아무런 유익을 주지 못한다. 그 자체로 죽을 운명에 처한 아브라함의 씨는 생명을 주지 못하기 때문이다. 그러나 살은 성령님에게서 우리를 먹이는 능력을 받는다. 그러므로 우리가 그 살을 통해 참으로 자양분을 공급받으려면 믿음이라는 영적인 입을 가져야 한다.

문장이 여기서 갑자기 끝난다. 아마도 그리스도께서 불신자들에게는 이런 식으로 할 필요가 있다고 생각하셨던 듯하다. 사람들이 그리스도의 말씀을 더 이상 들으려고 하지 않았기 때문에, 그분은 이 말씀을 끝으로 설교를 끝마치셨다. 하지만 그분은 경건한 사람들과 가르침을 받고자 하는 사람들을 무시하지는 않으셨다. 그들은 여기서 단 몇 마디 말씀으로도 대단히 만족을 얻었기 때문이다.

내가 너희에게 이른 말은 영이요 생명이라 이 말씀은 방금 전에 하신 말씀에 대한 설명이다. 그리스도께서는 지금 영(성령)이란 단어를 다른 의미로 사용하신다. 그분은 성령의 비밀스러운 능력에 대해 말씀하셨고, 지금 그것을 자신의 가르침에 적용하신다. 그분의 가르침은 영적인 교훈이기 때문이다. 이 구절에서 '영'이란 단어는 '영적인'이라는 형용사로 설명되어야 마땅하다. 이제 그리스도의 말씀은 영적인 것으로 불린다. 그 말씀은 우리로 하여금 성령의 인도를 받아 하늘 영광 중에 계신 그리스도를 추구하도록 끌어올린다. 이는 우리의 세상적인 지각 능력에 의해서가 아니라 믿음으로 가능하다. 왜냐하면 그리스도께서 말씀하신 것은 믿음으로만 이해할 수 있기 때문이다.

그리고 그리스도께서 생명을 성령과 연결시키고 계심은 주목할 만한 가치가 있다. 그분은 앞에서 자신의 말씀을 '살리는 것'이라고 하셨듯이, 여기서는 '생명'이라고 부르신다. 그러나 그리스도의 말씀에 따르면, 그 말씀은 그것을 영적으로 받아들이는 사람들만을 살린다. 그 말씀을 받아들이지 않는 사람들은 오히려 그 말씀에서 사망을 얻는다. 경건한 사람들에게 이것은 복음의 가장 기쁜 소식이다. 경건한 사람들은 그리스도의 말씀에서 영원한 구원에 대한 확신을 얻는다. 그러나 동시에 그들은 진정한 제자로서의 모습을 보이는 데 마음을 쓰라는 경고를 받는다.

64 그러나 너희 중에 믿지 아니하는 자들이 있느니라 그리스도께서는 다시 그들을 비난하신다. 그들에게는 성령이 계시지 않았다. 그들은 그리스도의 가르침을 더럽히고 악하게 왜곡했으며, 그로 인해 멸망을 자초했다. 그렇지 않았다면 그들은 "당신은 당신이 말하는 것이 사람을 살린다고 하지만, 우리는 그것을 경험할 수 없소"라면서 이의를 제기했을 수도 있다. 그래서 주님은 그들 스스로가 그분의 말씀을 막았다고 말씀하신다. 불신앙은 늘 교만하고 그리스도의 말씀 중에서 어느 것 하나도 이해하지 못하며, 그 말씀을 멸시하고 경멸한다. 그러므로 만일 우리가 이 훌륭하신 선생님을 통해 유익을 얻기 바란다면, 그분의 말씀을 경청할 수 있는 마음을 가져야 한다. 그분의 가르침 안으로 들어가는 문이 겸손과 존경으로 열리지 않는다면, 우리의 이해력은 돌보다 더 단단해서 건실한 교훈의 어느 부분도 받아들이지 않을 것이다. 그러므로 우리 시대에 세상에서 복음으로부터 유익을 얻는 사람을 거의 찾아볼 수 없더라도, 이것이 인간의 타락에서 비롯된 것임을 명심하자.

얼마나 많은 사람들이 자기를 부인하고 그리스도에게 진정으로 헌신하고 있을까? 사실 그리스도의 비난이 거의 모든 사람들에게 해당되는 것임에도 불구하고, 그분은 "너희 중에 믿지 아니하는 자들이 있다"라고만 말씀하셨다. 아마도 그분은 아직 고침을 받을 만한 사람이 있다면 그들이 멸망에 빠지지 않도록 하기 위해서 그렇게 말씀하신 것 같다.

이는 예수께서 … 처음부터 아심이러라 그리스도께서 청중들에 대하여 성급한 견해를 가지셨다고 생각하는 일이 있을까봐 복음서 기자는 이 내용을 덧붙였다. 많은 사람들이 자신은 그리스도의 양이라고 고백했지만, 돌연 배교함으로써 그들의 위선이 밝혀졌다. 복음서 기자는 그들의 배신이 다른 사람들에게는 알려지지 않았어도 그리스도께서는 그것을 미리 아셨다고 말한다. 복음서 기자가 이렇게 말한 것은 그리스도를 위해서가 아니라, 우리에게 사건의 진상을 알기 전에는 판단을 내리지 말라고 가르치기 위해서이다. 그리스도께서 그들을 처음부터 아셨다는 것은 그분의 신성神性 특유의 것이다. 그러나 우리의 경우는 다르다. 우리는 마음을 알지 못하기 때문에, 불경건함이 겉으로 나타나기 전까지는 판단을 유보해야 한다. 나무는 그 열매로 판단할 수 있다.

65 또 이르시되 그러므로 전에 너희에게 말하기를 내 아버지께서 오게 하여 주지 아니하시면 누구든지 내게 올 수 없다 하였노라 하시니라 66 그때부터 그의 제자 중에서 많은 사람이 떠나가고 다시 그와 함께 다니지 아니하더라 67 예수께서 열두 제자에게 이르시되 너희도 가려느냐 68 시몬 베드로가 대답하되 주여 영생의 말씀이 주께 있사오니 우리가 누구에게로 가오리이까 69 우리가 주는 하나님의 거룩하신 자이신 줄 믿고 알았사옵나이다 70 예수께서 대답하시되 내가 너희 열둘을 택하지 아니하였느냐 그러나 너희 중의 한 사람은 마귀니라 하시니 71 이 말씀은 가룟 시몬의 아들 유다를 가리키심이라 그는 열둘 중의 하나로 예수를 팔 자러라 요 6:65-71

65 그러므로 전에 너희에게 말하기를 그리스도께서는 다시 믿음이 하나님의 영靈의 특별한 선물이라고 말씀하신다. 그러므로 우리는 복음이 모든 곳에서 모든 사람에게 받아들여지지 않는다고 해서 놀랄 필요가 없다. 우리는 종종 온 세상이 복음에 동의하지 않으면 복음에 대해 오해하기도 하고 복음을 그리 고귀하게 여기지 않기도 한다. '아니, 대단히 많은 사람들이 자기들의 구원을 의도적으로 거부하다니, 도대체 어찌된 일까?' 하는 생각이 마음속에 떠오를 것이다. 그러므로 그리스도께서는 믿는 사람들이 왜 이렇게 적은지 그 이유를 말씀하신다. 즉, 아무도 자신의 직관으로 믿음에 도달하지 못하기 때문이다. 성령의 조명하심을 받기 전에는 모든 사람이 눈멀어 있다. 그러므로 아버지께서 이 큰 복에 참여하도록 허락한 사람들만 그 복에 참여한다. 만일 이 은혜가 차별이 없이 모든 사람에게 미친다면, 본문에서 이렇게 언급하는 것은 부당하고 적절하지도 않을 것이다. 우리는 이 구절에 담긴 그리스도의 의도가 무엇인지를 파악해야 한다. 즉, 그분은 믿음이 성령님의 비밀스러운 계시에서만 나오기 때문에 복음을 믿는 사람들이 많지 않다는 것을 보이고 싶으셨던 것이다.

그리스도께서는 이 구절에서 '이끌다'라는 단어 대신에 그분이 이전에 사용하셨던 '주시다'라는 단어를 사용하신다. 여기서 그리스도께서 의도하신 바는, 하나님께서 우리를 그분에게로 이끄시는 유일한 이유가 거저 주시는 은혜로 우리를 사랑하시기 때문이라는 것이다. 사실, 우리가 얻은 모든 것은 하나님의 은혜이고 선물일 뿐, 어느 누구도 자신의 노력으로 그것을 얻을 수는 없다.

66 그때부터 그의 제자 중에서 많은 사람이 떠나가고 복음서 기자는 그리스도의 설교가 얼마나 많은 혼란을 일으켰는지 설명한다. 그리스도의 설교는 몹시 불쾌하고 아연실색하게 할 만한 것이어서, 그분이 매우 다정하고 호의적으로 사람들을 초대했지만 많은 사람들의 마음이 그분에게서 떠나고 말았다. 특히 이전에 그분 편에 섰던 사람들과 심지어 그분 가까이에 있

는 제자들 중에서도 그리스도를 떠나는 사람이 생겼다. 하지만 이 예(例)는 우리에게 세상이 얼마나 심하게 타락했는지 또 세상이 그리스도에게 얼마나 감사하지 않는지를 보여주는 거울과 같다. 타락으로 말미암아 삶의 평탄한 길에 장애물이 많이 쌓여 사람들은 그리스도에게 오지 않는다.

사람들은 이렇게 말할지도 모른다. 많은 사람들을 넘어지게 하는 설교는 하지 않는 것이 낫지 않겠느냐고 말이다. 하지만 우리는 그리스도의 설교를 전혀 다르게 이해해야 한다. 과거에도 필요했고 지금도 매일 필요한 것이 있다. 그것은 그리스도에 관하여 예언된 것, 즉 그분이 "걸림돌과 걸려 넘어지는 반석"(사 8:14)이시라는 사실을 그분의 교훈에서 발견하는 일이다.

물론 우리는 설교할 때 아무도 우리 실수로 상처를 받지 않도록 조심해야 한다. 가능하다면, 우리는 모든 사람을 보호해야 한다. 간단히 말해서, 우리는 사려 깊지 못한 말로 인해 무지하거나 연약한 마음을 가진 사람들을 망하게 하지 않도록 조심해야 한다. 그러나 그리스도의 교훈이 많은 사람에게 상처가 되지 않도록 조심한다는 것은 절대로 불가능하다. 영원한 멸망에 내어준 바 된 멸망 받을 사람들은 자양분이 가장 풍부한 음식에서 독약을, 꿀에서 쓸개즙을 빨아먹기 때문이다. 하나님의 아들은 분명히 유익한 것이 무엇인지를 누구보다도 잘 아셨다. 그러나 우리는 이 구절에서, 그분이 그 제자 중에서 많은 이들의 마음을 상하게 할 수밖에 없었음을 본다.

많은 사람들이 순수한 교훈을 싫어하긴 하지만, 우리에게는 그 교훈을 억누를 자유가 없다. 교회에서 말씀을 가르치는 교사들로 하여금 하나님의 말씀을 옳게 분별해야 한다는 바울의 권면을 기억하게 하자(딤후 2:15). 그런 다음 그들이 온갖 방해를 뚫고 당당하게 전진하도록 하자. 만일 많은 사람들이 실족하는 일이 발생한다면, 말씀이 멸망 받을 사람들을 만족시키지 못했다는 이유로 하나님의 말씀이 틀렸다고 비난하지 말자. 왜냐하면 다른 사람들의 배교 행위에 쉽게 흔들리는 그 사람들은 너무도 민감하고 여려서, 그러한 실족이 있을 때 즉시 낙심하기 때문이다.

복음서 기자는 "다시 그와 함께 다니지 아니하더라"라는 말을 첨가하여 그것이 철저한 배교가 아니라 그리스도와 가깝게 동행하는 것에서 멀어진 것임을 밝힌다. 그러면서도 복음서 기자는 그 사람들을 배교자라고 비난한다. 그러므로 우리는 여기서 한 발짝이라도 후퇴하면 우리 주님을 배반하고 부인하게 되는 위험에 빠질 수밖에 없다는 사실을 배워야 한다.

67 예수께서 열두 제자에게 이르시되 사도들이 많은 군중들 중에서 오직 몇 사람만 남은 것을 보면 그들의 믿음이 심각하게 흔들릴 수도 있었기 때문에, 그리스도께서는 제자들을 향하여 교훈하시면서 다른 사람들의 경거망동과 변덕스러움에 휩쓸려서는 안 된다고 말씀하신다. 그리스도께서는 사도들의 믿음을 확고하게 하시려고 그들도 떠나가려는지 물으셨다. 예수님은 자기 자신을 그들이 함께 있을 분으로 제시하셨고, 그럼으로써 제자들이 배교자의 무리에 끼지 않기를 권하신다. 믿음이 그리스도께 근거를 두고 있다면, 그 믿음은 사람에 의해 좌우되지 않으며, 천지가 흔들리는 것을 본다고 해도 결코 요동하지 않을 것이다. 우리는 그리스도께서 자신의 제자들 대부분이 떠나갈 때에도 열두 사도들만은 지키셨다는 것을 주목해야 한다. 이사야 선지자가 "증거의 말씀을 싸매며 율법을 내 제자들 가운데에서 봉함하라"(사 8:16)라고 명령을 받은 것과 같이 말이다. 이러한 예를 따라 모든 신자는 하나님을 따르라는 가르침을 받는다. 설령 함께하는 사람이 없더라도 말이다.

68 시몬 베드로가 대답하되 다른 곳에서와 마찬가지로 여기서도 베드로가 제일 먼저 대답한다. 유다를 제외하고는 사실 제자들은 다 같은 생각을 하고 있었다. 이를테면 베드로는 모든 제자들의 마음을 실어 대변자로 대답한 것이다. 베드로의 대답은 두 가지 내용으로 이루어져 있다.

첫째, 베드로는 왜 자기 자신과 그의 형제들이 그리스도와 함께 있기를 기뻐하는지 말한다. 즉, 제자들은 그리스도의 교훈이 유익하고 생명이 있기 때문에 그분 곁에 남아 있기를 원한다.

둘째, 베드로는 만일 자기들이 그리스도를 떠나면 그들을 기다리는 것이 죽음밖에 없다고 고백한다.

영생의 말씀이 주께 있사오니 베드로는 '생명의 말씀'(the words of life)이라는 말을 할 때, 형용사 대신 명사의 소유격을 사용한다. 이는 히브리어에서 흔히 있는 일이다. 복음이 모든 믿는 자에게 구원을 주시는 하나님의 능력이 된다는 바울의 증언처럼(롬 1:16), 베드로는 복음이 우리에게 영생을 준다고 복음을 칭송한다. 율법에도 생명이 있는 것은 사실이다. 하지만 율법은 범죄자들에게 영원한 사망을 선고하기에, 율법이 하는 일은 죽이는 일이다. 그러나 이와는 달리 복음은 우리에게 생명을 준다. 하나님께서는 우리의 죄를 우리에게 돌리지 않으심으로써 우리를 자신과 화목하게 하신다. 더욱이 베드로가 그리스도에게 '영생의 말씀'(the words of eternal life)이 있다고 선포할 때, 그는 그분에 관하여 평범한 것을 말하고 있는 것이 아니다. 그는 유일무이하게 그리스도에게만 영생이 있다고 말하는 것이다. 그래서 내가 앞에서 지적한 두 번째 진술이 뒤따른다. 제자들이 그리스도를 떠나는 순간, 그들이 어디를 가든지 죽음만이 그들을 기다린다. 생명의 주인이신 그리스도로 만족하지 않고 사람들이 만들어낸 것을 향해 쏜살같이 달려가는 모든 사람들을 기다리는 것은 멸망뿐이다.

69 **우리가 … 믿고 알았사옵나이다** 본문에 있는 동사 두 개('믿다'와 '알다')는 과거시제로 되어 있다. 하지만 이 동사들은 현재시제('우리가 믿고 압니다')로 바꿀 수 있다. 둘 사이에 의미의 차이는 별로 크지 않다. 베드로는 이 말로 믿음을 간단하게 요약한다. 하지만 그 신앙고백은 당면 문제와 아무런 관련이 없는 것처럼 보인다. 여기서 문제는 그리스도의 살을 먹는 것과 관련되어 있지 않은가? 이에 대해 답하겠다. 열두 제자들은 그리스도께서 가르치신 모든 내용을 즉시 깨닫지는 못했지만, 그들 신앙의 분량에 따라 그분을 자기들의 구원의 주님으로 고백하고 모든 면에서 그분께 복종하기에는 충분했다.

'믿고'라는 단어가 먼저 언급되었다. 믿음의 순종이 참된 깨달음의 시작이기 때문이다. 다른 말로 하면, 믿음은 그 자체로 마음의 참된 눈이기 때문이다. 하지만 지식('알았사옵나이다')이 덧붙여졌다. 지식은 오류와 거짓된 의견으로부터 믿음을 구별한다. 이슬람교도들과 유대인들과 교황주의자들도 믿음이 있다. 그러나 그들은 아무것도 아는 것도, 깨닫는 것도 없이 믿는다. 지식은 믿음과 결합된다. 우리에게 의심할 바 없이 확실한 하나님의 진리에 대한 확신이 있기 때문이다. 이 지식은 과학적으로 인식하는 것과 같은 방식으로 아는 것이 아니라, 성령께서 우리의 마음에 인印 치실 때 아는 지식이다.

70 **예수께서 대답하시되** 그리스도께서 제자들 모두에게 대답하시는 것을 볼 때, 우리는 모든 사도들이 베드로와 동일한 고백을 했다고 추론할 수 있다. 이제 그리스도께서는 이미 조짐을 보이고 있는 갓 시작된 범죄를 대비하기 위하여 열한 사도들을 준비시키고 무장시키신다. 사도들의 수를 이렇게 적은 수로 줄어들게 한 것은 사도들의 믿음을 흔들기 위한 사탄의 강력한 수단이었다. 가룟 유다의 타락은 다른 사도들에게 절망적일 수 있었다. 그리스도께서는 거룩한 숫자(열둘)를 택하셨기 때문에, 그 완전한 숫자가 깨질 수 있으리라고 누군들 생각이나 했겠는가? 그래서 그리스도의 권면은 이렇게 해석할 수 있다.

"수많은 사람들 중에서 너희 열둘만 남았구나. 너희 믿음이 많은 사람들의 불신앙으로 흔들리지 않았다면, 새로운 시험을 준비하여라. 안 그래도 작은 너희 무리가 한 사람(가룟 유다)으로 말미암아 더 줄어들 것이기 때문이다."

내가 너희 열둘을 택하지 아니하였느냐 그리스도께서 열둘을 택하셨다고 말씀하실 때, 그분은 하나님의 영원한 목적을 언급하시는 것은 아니다. 영생을 얻도록 예정된 사람들 중에는 어느 한 사람이라도 떨어져나갈 수 없기 때문이다. 하지만 사도의 직분을 맡도록 택함을 받은 사람들은 경건과 거룩함에서 다른 모든 사람을 능가해야만 했다. 그래서 그리스도께서는 평범한 수준에 있는 사람들과는 구별되어 선별된 사람들을 가리켜 '택하였다'는 단어를 사용하신 것이다.

그러나 너희 중의 한 사람은 마귀니라 그리스도께서 '마귀'라는 명칭
을 사용하심으로써 가룟 유다를 철저히 가증스러운 존재로 취급하기 원하셨
다는 것은 의심의 여지가 없다. '마귀'라는 단어의 심각성을 가볍게 보는 사
람들은 실수하는 것이다. 그러한 거룩한 직책(사도직)을 모독하는 사람들은 아
무리 많이 비난해도 지나치지 않다. 자기들의 직분을 성실히 수행하는 교사
들은 천사들이라고 불린다(말 2:7). 그러므로 그토록 명예로운 사도의 반열에
들어섰는데 배교와 사악함으로 인해 변절돼버렸다면, 그 사람을 마귀로 간주
하는 것은 마땅한 일이다. 또 다른 이유는, 하나님께서 사탄이 비교적 평범한
여느 사람들보다 사악하고 불경건한 사역자들에게 더 많은 능력과 자유를 사
용할 수 있도록 허용하셨다는 사실이다. 그러므로 목사로 택함 받은 사람들
이 마귀처럼 미쳐서 마치 야수나 괴수처럼 행동하더라도, 우리는 그들이 가
진 직책의 존엄성을 멸시해서는 안 된다. 직책을 악용한 것에 이어서 두려운
심판이 따라올 때, 우리는 오히려 그 직책을 더욱 존중해야 한다.

71 이 말씀은 가룟 시몬의 아들 유다를 가리키심이라 가룟 유다가
비록 악한 양심을 갖고 있었다고 하지만, 우리는 본문에서 유다가 그리스도
의 말씀에 감동을 받았다는 내용을 찾을 수가 없다. 외식하는 자들은 너무도
그 마음이 무뎌서 자신들의 상처를 느끼지 못한다. 또한 그 마음이 너무 완악
하여서, 사람들 앞에서 인간 중의 최고의 인간이신 그리스도보다도 자기 자
신을 더 좋게 여기는 데 주저함이 없다.

요한복음 7장

¹ 그 후에 예수께서 갈릴리에서 다니시고 유대에서 다니려 아니하심은 유대인들이 죽이려

함이러라 ² 유대인의 명절인 초막절이 가까운지라 ³ 그 형제들이 예수께 이르되 당신이

행하는 일을 제자들도 보게 여기를 떠나 유대로 가소서 ⁴ 스스로 나타나기를 구하면서 묻

혀서 일하는 사람이 없나니 이 일을 행하려 하거든 자신을 세상에 나타내소서 하니 ⁵ 이

는 그 형제들까지도 예수를 믿지 아니함이러라 ⁶ 예수께서 이르시되 내 때는 아직 이르지

아니하였거니와 너희 때는 늘 준비되어 있느니라 ⁷ 세상이 너희를 미워하지 아니하되 나

를 미워하나니 이는 내가 세상의 일들을 악하다고 증언함이라 ⁸ 너희는 명절에 올라가라

내 때가 아직 차지 못하였으니 나는 이 명절에 아직 올라가지 아니하노라 요 7:1-8

1 예수께서 갈릴리에서 다니시고 복음서 기자가 계속되는 기사를 쓰려

고 하는 것 같지는 않고, 각기 다른 시기에 발생한 여러 기사에서 서로 관련

된 사건들을 선별하는 듯하다. 그는 그리스도께서 한동안 갈릴리에 거하셨

다고 말한다. 유대인들 사이에서는 안전한 곳을 찾을 수 없었기 때문이다. 그

리스도께서 원수들의 모든 노력을 수포로 돌아가게 하고 무력하게 만들 수

있었는데도 숨을 곳을 찾으셨다는 것을 이상하게 생각하는 사람이 있다면,

이 문제를 설명하기는 쉽다. 그리스도는 아버지께서 자신에게 주신 임무를

기억하고 자신을 인성人性의 한계 안에 가두기를 원하셨다. 그리스도는 아버지께서 자신을 높이기 전까지는 종의 형체를 취하셨고 자신을 비우셨다. 이런 이유로 그분은 인간의 방식으로 위험에서 벗어나신 것이다.

그리스도는 자신의 죽음의 때가 미리 정해진 것을 아셨고 그렇기 때문에 그것을 피할 이유가 없었다고 이의를 제기한다면, 동일한 해결방안이 여기에 적용된다. 즉, 그리스도께서는 위험에 좌우되는 한 인간으로 행동하셨으며, 따라서 일부러 위험 속으로 들어가는 것이 옳지 않았던 것이다. 위험을 만날 때 하나님께서 우리에게 작정하신 것이 무엇인지를 묻는 것은 우리가 할 일이 아니다. 우리는 이런 상황에서 하나님께서 우리에게 명하고 요구하시는 것이 무엇인지, 우리의 직분이 요구하는 것이 무엇인지, 그리고 우리의 인생을 조절하는 바른 방법이 무엇인지를 물어야 한다.

더욱이 그리스도께서 위험을 피하긴 하셨지만, 그분은 자신이 받은 사명의 길에서 털끝만치도 벗어나지 않으셨다. 우리가 사는 목적은 주님을 섬기는 데 있다. 이것 외에는 어떤 것도 우리 삶의 목적이 될 수 없다. 그러므로 우리 모두 살아가는 이유를 잃지 않도록 주의해야 한다. 유대 지방에서는 그리스도를 영접하지 않았으나, 갈릴리의 멸시받는 한구석에서는 그분께 머무를 곳을 제공했다. 여기에서 우리는, 경건과 하나님 경외함이 늘 교회의 중요한 곳에서 드러나는 것은 아니라는 사실을 배운다.

2 유대인의 명절인 초막절이 가까운지라 내가 결정적으로 단언하는 바는 아니지만, 본문의 내용은 아마도 그리스도께서 세례를 받으신 후 2년 만에 발생한 사건일 것이다. 지금은 요한이 언급한 이 명절에 대해 많은 내용을 말할 필요가 없을 것 같다. 초막절의 목적이 무엇이며 초막절을 어떻게 지내는지에 대해서는 모세가 레위기 23장 33절 이하에서 가르치고 있다. 유대인들은 해마다 초막절을 지키면서 그들의 조상들이 광야에서 40년간 집이 없이 장막에서 어떻게 살았는지를 기억하고, 그들을 구원하신 하나님의 은혜를 찬양했다.

우리는 앞에서 그리스도께서 이 절기에 예루살렘에 오신 이유가 두 가지가 있다고 말했다. 그중 하나는 그리스도께서 우리 모든 사람을 율법의 굴레에서 구원하시려고 율법에 복종하셨다는 것이다. 그분은 하나도 빠뜨리지 않고 율법을 준수하셨다. 또 다른 이유는 그리스도께서 군중들과 모인 사람들에게 복음을 전파할 좋은 기회를 얻으시기 위함이었다. 그러나 지금 복음서 기자는 그리스도께서 마치 예루살렘에 가지 않으시려는 듯이 갈릴리에 조용히 머무셨다고 기록한다.

3그 형제들이 예수께 이르되 '형제'라는 명칭에는 가깝고 멀고를 막론하고 모든 혈족 관계에 있는 유대인들이 포함된다. 복음서 기자는 형제들이 그리스도를 비웃었다고 말한다. 그분이 대중의 눈을 피하여 갈릴리✝라는 알려지지 않고 멸시 받는 지역에 숨어 계신다고 말이다. 예수님의 형제들은 그리스도가 유명해지기를 바라는 마음에서 그분에게 예루살렘에 가시기를 강요했던 것이 분명하다. 하지만 이런 사실을 인정한다고 해도, 그들이 그리스도를 멸시하고 조롱했다는 것은 분명하다. 그들 눈에는 그리스도가 어리석고 분별없이 행동하는 것으로 보였기 때문이다. 그들은 그리스도가 유명해지기를 바라면서 사람들 앞에 공공연하게 나타날 만한 자기 확신은 없는 어리석은 사람이라고 나무라기까지 했다. 그들이 "제자들도 보게"라고 말했을 때, 이는 그리스도의 핵심 진영에 있던 제자들만 아니라 온 나라에서 그분이 장차 제자로 삼기를 원했던 모든 사람들을 가리킨다. 그들이 계속해서 "당신은 모든 사람에게 알려지기를 원하면서 묻혀서 지내시네요"(4절 참조)라고 말한 것으로 봐서 이는 더욱 분명하다.

4이 일을 행하려 하거든 즉, "모든 사람이 당신을 칭송할 수 있도록 그

✝ 칼빈의 라틴어 주석에는 '유대'라고 되어 있지만, 칼빈의 요한복음 7장 1절 주석은 그가 여기서 '갈릴리'를 이야기하려고 한 것임을 암시한다.

렇게 위대해지기를 원한다면, 모든 사람(세상)이 당신을 볼 수 있도록 하십시오"라는 뜻이다. 그들은 여기서 '세상'이라는 단어를 사용하여, 존경도 받지 못한 채 있는 소수의 무리들과 시간을 보내고 있는 그리스도를 세상과 대조한다. 이 말에서 우리는 다음과 같은 또 다른 의미를 추론할 수 있다.

"당신이 이런 일을 행하려 한다면, 즉 당신에게는 이적으로 명성을 얻을 능력이 있으니 그런 능력을 낭비하지 마십시오. 당신은 지금 하나님께서 당신에게 주신 모든 것을 이곳에서 낭비하고 있습니다. 이곳 사람들 중에서 어느 누구도 마땅한 만큼 당신을 증언하지도 존경하지도 않습니다."

여기서 우리는 사람들이 하나님의 일을 생각하는 데 얼마나 게으른지를 본다. 그리스도의 친족들이 그분의 신적神的 능력에 대한 찬란한 증거들을 발로 밟지 않았다면, 그들은 결코 이런 식으로 말하지 않았을 것이다. 그들은 마땅히 그 증거들을 보았어야 했고 최상의 감탄으로 그것들을 우러러 공경했어야 했다.

이 본문에서 우리가 그리스도에 관하여 듣는 것, 즉 하나님의 백성들이 외부 사람들보다는 가까운 관계에 있는 사람들에게서 더 곤란을 당한다는 것은 일상에서 매일 경험하는 사실이다. 왜냐하면 그들은 하나님을 순전하고 신실하게 섬기려는 사람들을 야망과 탐욕으로 시험하는 사탄의 도구이기 때문이다. 하지만 그리스도께서는 사탄의 도구인 그들을 철저하게 내치셨다. 그리고 친히 모범을 보이심으로써, 우리에게 우리 형제들이 어리석은 바람을 제시할 때에 그들의 말에 귀를 기울이지 말라고 경고하신다.

5이는 그 형제들까지도 이 구절에서 우리는 세상적인 관계가 얼마나 무가치한지를 추론할 수 있다. 성령께서는 그리스도의 친척들을 영원한 불명예의 표시로 낙인 찍으신다. 그렇게 많은 증거들이 그들이 틀렸다는 사실을 증명하는데도 그들은 그리스도를 믿지 않았기 때문이다. 그러므로 그리스도 안에 있다고 생각하는 사람들은 바울이 말했듯이 새로운 피조물이 되어야 한다 (고후 5:17 ; 갈 6:15). 자신을 전적으로 하나님께 드리는 사람은 그리스도의 새로운 친인척의 자리에 선다. 그러나 나머지는 그리스도께서 전적으로 부인하신다.

마리아를 숭배하느라 모든 것을 무시하는 교황주의자들의 미신은 더 우스꽝스럽다. 그들은 성모 마리아만이 관계의 근거가 된다고 마리아를 추앙한다. 마치 그리스도께서 무리 중에서 "당신을 밴 태와 당신을 먹인 젖이 복이 있나이다"(눅 11:27)라고 소리 지른 여자를 꾸짖지 않기라도 한 것처럼 말이다. 사실 그리스도께서는 그 여자의 외침에 대해 이렇게 대답하셨다.

"오히려 하나님의 말씀을 듣고 지키는 자가 복이 있느니라"(눅 11:28).

6 내 때는 아직 이르지 아니하였거니와 이 구절이 그리스도의 죽음의 때를 가리킨다고 해석하는 사람이 있지만, 이것은 잘못이다. 여기서 말하는 '때'는 그리스도께서 여행을 시작하시는 때를 의미한다. 그리스도께서는 이 말씀을 하심으로써 형제들에게 자신은 그들과 처지가 다르다고 말씀하고 계신다. 그리스도의 형제들이야 세상이 자기들 편이고 자기들에게 우호적으로 대하기에 세상 앞에 언제든지 자유롭고 안전하게 나갈 수 있을지 모르지만, 그리스도는 세상이 자신을 미워하는 것을 아시기에 두려워하는 것이 당연하다. 주님은 이 구절을 언급하심으로써 그 형제들에게, 그들이 이해하지 못하는 것에 관하여 충고하는 것은 옳지 못하다고 말씀하신다. 다음 절에서 그리스도께서, 세상이 형제들을 미워하지 않는다고 말씀하시는 것은 그들이 철저히 세상적임을 꾸짖고 계신 것이다. 경건하지 않은 사람들이 온갖 악과 불의에 굴복할 때에만 세상과 화목하게 지낼 수 있기 때문이다.

7 나를 미워하나니 이는 내가 세상의 일들을 악하다고 증언함이라 여기서 '세상'은 거듭나지 않고 자신의 본성을 그대로 보유하고 있는 사람들을 가리킨다. 그러므로 그리스도께서는 성령으로 거듭나지 않은 사람들을 다 자신의 원수라고 말씀하신다. 그 이유는 무엇인가? 그리스도께서 그들의 행위를 정죄하시기 때문이다. 우리가 그리스도께서 내리신 결정에 동의한다면, 우리는 사람의 모든 본성이 너무도 타락하고 왜곡되어서 거기서는

올바르고 믿을 만하고 선한 것이 아무것도 나올 수 없다는 사실을 인정해야 한다. 우리가 자신의 본성에 그대로 머물러 있는 한 모든 사람이 자기 자신에게 만족하는 것이 바로 이러한 이유 때문이다.

이제 그리스도께서는 자신이 세상에 대하여 그들의 행위가 악하다고 증언한 것 때문에 미움을 받는다고 말씀하신다. 그분의 말씀은 온 세상을 하나님의 심판대 앞에 유죄하다고 소환하지 않고서는 복음이 바르게 전파될 수 없다는 의미이다. "그(성령)가 와서 죄에 대하여, 의義에 대하여, 심판에 대하여 세상을 책망하시리라"(요 16:8)는 말씀에 따르면, 혈血과 육肉은 파괴되고 아무것도 남지 않게 된다.

여기서 우리는 사람들의 타고난 교만함이 무척 커서 자기가 행한 악을 정당화시키고 오히려 그것을 자랑한다는 것을 알게 된다. 사람들은 지나친 자기애自己愛로 말미암아 눈이 멀어서 자신들의 죄를 직시하지 못한다. 그들은 자기들이 지은 죄를 오히려 자랑한다. 사람들이 행한 모든 사악함 중에서 가장 파괴적인 것은 오만함과 도도함이다. 성령님만이 우리를 부드럽게 하여 책망을 인내로써 견디게 하고, '복음의 칼'에 의하여 죽임을 당하도록 기꺼이 우리 자신을 드리게 하신다.

---

9 이 말씀을 하시고 갈릴리에 머물러 계시니라 10 그 형제들이 명절에 올라간 후에 자기도 올라가시되 나타내지 않고 은밀히 가시니라 11 명절 중에 유대인들이 예수를 찾으면서 그가 어디 있느냐 하고 12 예수에 대하여 무리 중에서 수군거림이 많아 어떤 사람은 좋은 사람이라 하며 어떤 사람은 아니라 무리를 미혹한다 하나 13 그러나 유대인들을 두려워하므로 드러나게 그에 대하여 말하는 자가 없더라 요 7:9-13

---

9 갈릴리에 머물러 계시니라 복음서 기자는 여기서 우리에게 두 가지 모습을 제시한다. 그리스도의 형제들은 늘 그렇듯이 하나님을 예배하는 체

하지만 불신자들과 친하게 지내며 안전을 보장받으려 한다. 반면 그리스도 께서는, 직분을 수행하기 위해 공중 앞에 자신을 드러내야만 할 때가 오기 전 까지는 세상의 미움을 받으시며 남의 눈에 띄지 않도록 은밀히 예루살렘으로 가신다. 그러나 그리스도를 떠나 곁길로 가는 것보다 더 악한 것은 없다. 우 리에게 그리스도를 부인하게 할 만큼 큰 대가를 치르고 얻은 평화는 저주가 있으리라.

11 유대인들이 예수를 찾으면서 여기서 우리는 그 당시 교회의 상태가 어떠했는지를 생각해야 한다. 그 당시 유대인들은 굶주린 사람들처럼 약속 된 구원을 바라고 있었다. 하지만 그리스도께서 그들에게 나타나시자 그들 은 의심했다. 그래서 그들 사이에서는 의심에 찬 수군거림과 다양한 의견들 이 난무했다. 유대인들이 은밀하게 수군거린 것은 제사장과 서기관들 사이 에서 볼 수 있었던 포악의 표시였다. 그 당시 이 땅에 존재한 유일한 교회였 던 이 교회가 여기서 아직도 모양을 갖추지 않은, 혼돈스럽고 어찌할 바를 모 르는 모습으로 제시된 것은 끔찍한 일이다.

통치자들은 백성들을 잘 안내하기보다는 두려움과 공포로 억압하였다. 그 리고 온 몸(유대인 공동체)은 해체되고 애석하게 흩어졌다. 복음서 기자가 '유대 인들'이라고 했을 때, 그것은 2년간 그리스도의 말씀을 들어왔고 지금 그분이 평소처럼 모습을 보이지 않는다며 그분을 찾고 있는 평범한 사람들을 의미했 다. 유대인들이 "그가 어디 있느냐"라고 했을 때, 그들은 자기들이 알고 있었 던 어떤 사람에 대하여 말하고 있는 것이다. 그러나 이 말은 그들이 아직 진 정으로 감동을 받지 않았고 늘 의심하는 가운데 있음을 보여준다.

12 무리 중에서 수군거림이 많아 사람들이 많이 모일 때는 늘 그렇듯 이, 이 말은 사람들이 그리스도에 대한 개인적인 생각을 갖고 있음을 의미한 다. 여기에 언급된 의견의 불일치는, 사람들이 다른 곳도 아닌 교회라는 곳에 서 그리스도에 대해 서로 다른 의견을 가지고 있다는 사실이 전혀 새삼스러

운 악^惡이 아님을 입증해준다. 물론 우리는 대부분의 자기 백성들에게서 비난을 받으신 그리스도를 영접하기를 주저하지는 않을 것이다. 그러나 이렇게 매일 의견이 다른 것 때문에 방해를 받지 않으려면 우리는 동일한 방패로 무장해야 한다. 다시금 우리는 사람들이 하나님의 일에 얼마나 분별이 없는지를 볼 수 있다. 사람들은 중요하지 않은 문제들을 다룰 때는 그렇게 독단적이지 않다. 그러나 하나님의 아들과 그분의 가장 거룩한 교훈과 관련된 문제에 있어서는 주저하지 않고 성급한 판단을 내린다. 하나님의 영원한 진리로 우리 삶이 정죄를 받지 않으려면 겸손과 중용을 유지해야 한다.

세상이 우리를 비방할 때, 우리가 늘 한결같은 태도로 성실함을 유지한다면 우리를 향한 비방은 우리가 그리스도에게 속했다는 표시임을 기억하자. 더욱이 본문에서 수많은 군중들 속에서 다양한 의견이 제기되고 혼란이 일어나지만 올바른 생각을 하는 사람도 있다는 것을 보게 된다. 하지만 바른 성향을 가진 극소수의 사람들은 늘 불건전한 많은 사람들에 의해 잠식된다.

13 유대인들을 두려워하므로 드러나게 그에 대하여 말하는 자가 없더라 여기서 유대인들은 정부를 자기들 손아귀에 넣고 있는 지배 계급에 속한 사람들을 가리킨다. 이들은 그리스도에 대한 적개심이 너무도 강하게 불타올라 사람들이 그리스도에 대해 하는 어떤 말도 용납하지 않았다. 사람들이 그리스도에 대하여 온갖 중상모략 하는 것을 싫어해서가 아니라, 아예 그리스도라는 이름이 백성들 사이에서 잊혀지게 하는 것이 상책임을 알았기 때문이다. 그래서 진리를 대적하는 원수들은 자기들의 만행으로 아무것도 얻지 못한다는 것을 알게 되면 총력을 기울여 사람들로 하여금 진리를 기억하지 못하게 압제하고 이를 위하여 분투노력한다.

내가 늘 이야기해왔듯이, 모든 사람이 '두려워' 침묵하고 있다는 것은 '심한 포악'의 증거이다. 규율이 엄격한 교회에서는 자유로움이 있을 자리가 없듯이, 아무도 감히 한마디도 할 수 없을 정도로 두려움에 의해 자유가 억압을 당할 때, 그것은 가장 비참한 상태이다. 그러나 그리스도께서 친히 하나님의 진리를 천명하심으로써 무장한 원수들과 그들의 분노에 찬 증오심과 억압하는 정부 아래에서도 사람들이 그분의 말씀을 들을 수 있게 하셨을 때, 그분의 능력은 더욱 분명하고 놀랍게 빛났다.

14 이미 명절의 중간이 되어 예수께서 성전에 올라가사 가르치시니 15 유대인들이 놀랍게 여겨 이르되 이 사람은 배우지 아니하였거늘 어떻게 글을 아느냐 하니 16 예수께서 대답하여 이르시되 내 교훈은 내 것이 아니요 나를 보내신 이의 것이니라 17 사람이 하나님의 뜻을 행하려 하면 이 교훈이 하나님께로부터 왔는지 내가 스스로 말함인지 알리라 18 스스로 말하는 자는 자기 영광만 구하되 보내신 이의 영광을 구하는 자는 참되니 그 속에 불의가 없느니라 19 모세가 너희에게 율법을 주지 아니하였느냐 너희 중에 율법을 지키는 자가 없도다 너희가 어찌하여 나를 죽이려 하느냐 요 7:14-19

14예수께서 성전에 올라가사 여기서 우리는 그리스도께서 자신의 의무를 수행하지 못할까봐 두려워하신 것이 아님을 보게 된다. 그분이 예루살렘에 올라가는 것을 미루신 이유는 많은 사람들에게 설교하시기 위해서였다. 그러므로 우리가 이따금 위험을 피할 수는 있지만, 절대로 선善을 행하는 기회를 소홀히 하거나 빠뜨려서는 안 된다는 것을 명심해야 한다. 그리스도께서 성전에서 가르치신 것은 그분이 예전의 질서와 습관에 따라 그렇게 하신 것이다. 하나님께서 많은 의식儀式을 명하셨지만, 그분은 자기 백성들이 냉랭하고 헛된 장관壯觀에 마음을 빼앗기는 것을 원치 않으셨다. 주님은 여러 가지 의식들의 의미를 깨닫게 하려고 교훈을 주셨다. 이렇듯 외적인 의식들은 하나님의 말씀에서 그 형식을 취할 때 영적인 것들을 보여주는 생생한 이미지가 된다. 하지만 그 당시 제사장들은 대부분 무식했고 서기관들은 순전한 교훈을 그들의 누룩과 거짓된 우상들과 섞었기 때문에 그리스도께서 친히 가르치는 직분을 취하셨다. 이것이 당연한 것은 그리스도께서 대제사장이셨기 때문이다. 그분은 잠시 후에 자신이 아버지의 명령에 의해서 교훈을 한다고 주장하신다.

15 유대인들이 놀랍게 여겨 그리스도의 말씀이 사람들에게 받아들여지고 존경과 경탄을 자아냈다고 생각한 유대인들은 당황하여 어찌할 바를 몰랐다. 유대인들이 놀랐다는 것은 그들이 그리스도의 말씀에서 그분을 멸시할 구실을 찾았음을 의미한다. 감사할 줄 모르는 사람들은 하나님의 일을 판단할 때 늘 오류를 지적할 기회를 찾는 데 혈안이 되어 있다. 하나님께서 통상적인 수단과 방법으로 행동하신다면, 그런 가시적可視的인 수단은 우리로 하여금 하나님의 손길을 보지 못하게 하는 베일과 같다. 그래서 우리는 가시적인 수단들 속에서 인간적인 것만을 인식할 뿐이다. 하지만 하나님의 비범한 능력이 자연 질서와 일반적으로 알려진 수단들 위에 찬연히 빛난다면, 우리는 무력하게 된다. 또 우리의 모든 감각에 깊이 영향을 주어야 할 것들은 한갓 꿈처럼 사라지고 만다. 우리의 오만함이 너무도 커서 우리가 이유를 알 수 없는 것들에 대해서는 전혀 관심을 기울지 않기 때문이다.

어느 선생에게서도 가르침을 받은 적이 없는 그리스도께서 성경을 이해하는 면에서 탁월한 능력을 가지셨고, 학생 시절을 보낸 적이 없는 분으로서 가장 훌륭한 교사요 전문가이셨다는 것은 하나님의 능력과 은혜의 놀라운 증거였다. 유대인들이 하나님의 은혜를 멸시했던 것은 간단히 말해서 하나님의 은혜가 그들의 이해를 넘어섰기 때문이다. 그러므로 유대인들의 사례를 경고로 삼고, 우리는 일반적으로 하나님의 일들에서 배우는 것보다 더 하나님을 경외하는 것을 배우자.

16 내 교훈은 내 것이 아니요 그리스도께서는 유대인들에게, 그들에게 걸림돌이 되는 이 상황이 사실은 그들을 더 높은 곳에 올려주어 하나님의 영광을 볼 수 있도록 해주는 사다리가 되었어야 한다고 말씀하신다. 그리스도께서는 마치 다음과 같이 말씀하시는 것 같다.

"너희가 사람들의 학교에서 교육을 받지 않은 교사를 본다면, 그가 하나님에게 가르침을 받았다고 고백하라."

하늘에 계신 아버지께서 아들이 서기관의 학교 대신에 숙련공(목수)의 작업실에서 나와야 한다고 결정하신 이유는 복음의 기원이 좀 더 부각되도록 하려는 데 있었다. 그렇게 되면 아무도 복음이 땅에서 만들어졌다고 생각하지 않을 것이고, 사람이 복음을 지어낸 것이라고 상상하지도 않을 것이다. 동일한 이유로 그리스도께서는 무식하고 정규교육을 받지 않은 사람들을 그분의 사도로 선택하시어 그들로 하여금 3년간 철저히 무지한 가운데 있게 하셨다. 그리스도께서는 어느 한 순간에 사도들을 가르치심으로써 그들을 새로운 사람으로, 심지어는 하늘에서 내려온 천사로 만드셨을지도 모른다.

그리스도께서는 이 말씀을 하시면서 우리가 어디에서 영적인 교훈의 권위를 찾아야 하는지, 즉 하나님에게서만 찾아야 함을 보여주셨다. 그리스도께서 그분 아버지의 교훈이 그분 자신의 것이 아니라고 주장하실 때, 그분은 자신의 교훈을 듣고 있는 사람들의 소양을 염두에 두고 계셨다. 청중들은 그리스도를 한갓 인간으로 보았을 뿐 그 이상으로는 생각하지 않았다. 그래서 그리스도께서는 십분 양보하여 사람들이 자신을 그 아버지와는 다른 존재로, 즉 아버지께서 명령하신 것만을 세상에 전하는 사람으로 여기게 하셨던 것이다.

그리스도의 말씀을 한마디로 표현하자면 이렇다. 그리스도께서 아버지의 이름으로 가르치시는 것은 사람에게 속한 것도 아니고 사람에게서 나온 것도 아니다. 그러므로 그분의 교훈을 비난하거나 멸시해서는 안 된다. 우리는 그리스도께서 자신의 교훈의 권위를 주장하시는 논증을 본다. 그리스도께서는 그 교훈의 권위를 그것을 처음 주신 하나님께로 돌린다. 또한 우리는 무슨 권세와 무슨 이유로 그리스도께서 사람들에게 자신의 교훈을 들으라고 요구하시는지를 보게 된다. 즉, 아버지께서 그리스도를 보내어 가르치라고 하셨기 때문에 그리하시는 것이다. 교사의 직분을 맡고 있고 자기가 선포한 것을 사람들이 믿기를 원하는 자라면 반드시 이 진리를 가지고 있어야 한다.

17 사람이 하나님의 뜻을 행하려 하면 그리스도께서는 제기될 수 있는 반대 의견을 예견하신다. 그곳에는 그리스도를 대적하는 사람들이 많이 있었다. 그들 중 한 사람이 이런 식으로 불만을 터뜨렸을지도 모른다.

"당신은 왜 하나님의 이름을 들먹거리며 우리에게 떠벌리는 것이오? 우리는 당신이 하나님에게서 왔다는 것을 인정하지 않소. 우리는 전혀 받아들이지 않는데, 왜 당신은 우리에게 하나님이 명령하신 것만을 가르친다는 원론적인 이야기를 하고 있소?"

그래서 그리스도께서는 바른 판단은 하나님을 경외하고 두려워하는 것에서 나온다고 대답하신다. 우리 마음이 하나님을 두려워한다면, 그 마음은 그리스도께서 가르치시는 것이 참인지 거짓인지를 쉽게 알게 될 것이다. 이와 아울러 그리스도께서는 유대인들을 은근히 책망하신다. 그들이 진정 참된 것과 거짓된 것을 구별하지 못하는 까닭은, 그들에게는 바른 이해에 우선적으로 필요한 경건함과 하나님께 순종하려는 간절한 열망이 결여되어 있었기 때문이다.

그리스도의 이 말씀은 매우 주목할 만한 가치가 있다. 사탄은 끊임없이 우리에게 거짓말을 하며 속임수로 우리를 잡으려고 도처에 그물을 펼쳐둔다. 여기서 그리스도께서는 우리가 사탄의 속임수에 노출되어 있음에 주의하라고 경고하신다. 우리가 하나님께 순종할 마음의 준비를 갖춘다면, 그리스도께서는 자신의 영靈을 비추셔서 우리를 밝혀주실 것이다. 그럴 때 우리는 진리와 거짓을 구별할 수 있다. 우리로 바른 판단을 하지 못하게 하는 것이 있다면 그것은 우리의 고집과 완악함뿐이다. 그리고 사탄이 우리를 속일 때마다 우리는 바로 우리의 위선 때문에 정당하게 심판을 받는 것이다.

그래서 모세는, 거짓 선지자들이 일어나면 그것은 하나님께서 우리의 마음이 어떠한지 시험하고 검증하시는 것이라고 말한다. 마음이 바른 사람들은 결단코 속임을 당하지 않기 때문이다(신 13:3). 그러므로 우리 시대에 많은 사람들이 잘못될까 두려워하면서, 바로 그 두려움 때문에 배우고자 하는 모든 갈망을 얼마나 사악하고 어리석게 덮어두고 있는지 분명해진다. 마치 "두드리라 그리하면 너희에게 열릴 것이니"^(마 7:7)라는 말씀이 헛된 것인 양 말이다.

그러나 이와는 반대로 우리가 하나님께 전적으로 순종한다면, 하나님께서 우리의 지속적인 인도자와 지도자가 되실 수 있도록 우리에게 분별의 영靈을 주신다는 사실을 의심하지 말자. 동요하는 쪽을 선택하는 사람들은 결국 몰라서 그렇게 했다는 변명이 얼마나 헛된 것인지를 알게 될 것이다. 사실 우리는, 하나님의 진리가 어디에 있는지 읽고 듣는 것에 대하여 진지하게 탐구하기보다는 머뭇거리면서 의심을 키워가는 모든 사람들이 일반적인 원리를 들먹거리며 뻔뻔스럽게 하나님께 도전하고 있는 것을 본다. 어떤 사람은 자기의 판단을 신뢰하지 못하기 때문에 사악한 사람들이 만들어낸 연옥에 대한 교리를 감히 비난하지 않는다며, 죽은 사람들을 위하여 기도하는 이유를 댈 것이다. 그러나 그는 (자기의 판단을 신뢰하지 못한다고 하면서) 자유롭게 간음을 행할 것이다. 또 어떤 사람은 자기가 그리스도의 순전한 교훈과 인간이 만든 거짓 교훈을 구별할 만큼 영리하지 않다고 말할 것이다. 그러나 그는 도둑질을 하거나 위증할 만큼 영리하다.

한마디로 말해서, 우리 시대에 의심의 베일 뒤에 논쟁할 거리들을 감추고 있는 회의론자들은 매우 분명한 문제들에서 하나님을 공개적으로 멸시하고 있다. 그러므로 복음의 교훈이 오늘날 극소수의 사람들에게만 받아들여지고 있다고 해서 전혀 놀랄 필요가 없다. 세상에서는 하나님을 두려워하는 일이 무척 희귀하기 때문이다. 그리스도의 이 말씀들은 참 신앙에 대한 정의定義를 담고 있기도 하다. 참 신앙은 우리가 마음으로 하나님의 뜻을 따를 준비를 하는 것이다. 그리고 자신의 관점을 버린 사람만이 그렇게 할 수 있다.

내가 스스로 말함인지 우리가 어떤 교훈에 대해 판단을 내릴 때, 그리스도께서 어떤 방식으로 하기를 원하시는지 주목해야 한다. 주님은 우리가 하나님에게서 온 것은 논쟁의 여지없이 받아들이기를 원하시지만, 사람에게서 온 것은 자유롭게 거부하도록 하신다. 이것이 그분이 우리에게 교훈을 분별하라고 주신 유일한 표지이다.

18 스스로 말하는 자는 지금까지 그리스도께서는 사람들이 눈먼 이유는 단 한 가지, 즉 그들이 하나님을 두려워하지 않기 때문임을 밝히셨다. 이제 그분은 어떤 교훈이 하나님에게서 온 것인지 아니면 사람에게서 온 것인지를 알 수 있는 표지를 제시하신다. 하나님의 영광을 보여주는 것은 무엇이나 거룩하고 하나님에게서 온 것이다. 하지만 사람들의 야심을 드러내고 사람을 높임으로써 하나님의 영광을 가리는 것은 믿을 가치가 없을 뿐만 아니라 바로 거부해야 한다. 하나님의 영광을 자신의 목적으로 삼는 사람은 결코 잘못된 길로 가지 않는다. 이러한 판단 기준으로 하나님의 이름으로 온 것을 결정하고 시험하는 사람은 유사한 것 때문에 속임을 당하지 않을 것이다. 또한 이 말씀은, 야심 없이 온 힘을 다하여 하나님의 영광을 드높이는 행위를 하는 사람이 아니라면 아무도 교회에서 교사의 직분을 신실하게 수행할 수 없음을 알려준다.

그리스도께서 "그 속에 불의가 없느니라"라고 말씀하실 때, 주님은 자신 안에 악하거나 거짓된 것이 없을 뿐만 아니라 자신이 하나님의 바르고 신실한 사역자의 길을 행한다는 의미로 말씀하신 것이다.

19 모세가 너희에게 율법을 주지 아니하였느냐 복음서 기자는 그리스도가 하신 설교의 전문숲文을 제시하는 것이 아니라 단지 전체를 요약하는 주요 주제들만을 선별한다. 제사장과 서기관들은 그리스도께서 중풍병자를 치료하셨다는 이유로 그리스도를 향해 분노를 발하였다. 그러면서 자기들이 율법에 열심이 있기 때문에 그렇게 행동했다고 말한다. 그리스도께서는 이들의 외식外飾을 논박하기 위하여 당면한 주제가 아니라 그들의 본성에서 이유를 제시하신다.

제사장들과 서기관들은 마치 율법을 전혀 알지 못하는 사람인 양 악을 행했다. 그래서 그리스도께서는 그들이 율법을 사랑하거나 율법에 대한 열심에서 감동을 받은 것이 아니라고 추론하신다. 이러한 논증이 그분이 말씀하시려는 요지를 증명하기에 충분하지 않아 보이는 것은 사실이다. 설령 그들이 자기들의 사악함과 불의한 증오심을 거짓된 동기 아래 감춘 것을 인정한다고 해도, 그리스도께서 율법의 명령을 거스른 행동을 하셨다면 그분이 올바르게 행동하셨다고 할 수는 없기 때문이다. 우리는 다른 사람들의 죄를 구실로 삼아 우리가 저지른 죄악을 핑계대지 않도록 주의해야 한다.

사실, 그리스도께서는 여기에서 두 문장을 연결시키신다. 첫 번째 문장에서 주님은 원수들의 양심에 호소하신다. 그리고 그 원수들이 스스로 율법의 옹호자라고 으스대고 있으므로 그들이 율법을 파기하며 율법을 전혀 고려하지 않는다고 꾸짖으심으로써 그들에게서 위선의 가면을 벗기신다. 그런 다음 그리스도는 우리가 나중에 살펴보게 될 질문("너희가 어찌하여 나를 죽이려 하느냐")에 이르신다. 그래서 그분의 변호는 모든 면에서 완벽하고 강력하다. 그리고 율법을 멸시하는 사람들 속에는 율법에 대한 열심이 없다는 것이 이 문장의 요지이다. 그래서 그리스도께서는 자신을 죽이려는 유대인들의 큰 분노에는 또 다른 원천이 있다고 추론하신다.

사악한 사람들이 하나님과 건실한 교훈을 거슬러 싸우면서 마치 경건한 동기에서 행동하는 체할 때, 우리는 그리스도께서 하신 식으로 그들의 숨은 동기를 드러내야 한다.

오늘날에는, 복음의 가장 강력한 원수들과 교황제도를 가장 격렬하게 옹호하는 사람들에게만 열심이 있는 듯이 보인다. 그러나 그들의 삶을 조사해 보면 그들은 모두 추악한 부끄러움을 감추면서 하나님을 공개적으로 모독한다. 교황청에 에피쿠로스 학파의 정신이 난무하고 있다는 사실을 모르는 사람이 누가 있을까? 주교들과 수도원장들은 자기들의 추악함을 감출 수 있을 만큼 충분히 겸손한가? 그들에게서 신앙심 비슷한 것이라도 찾아볼 수 있는가? 수도승들과 떠벌리는 사람들 역시 모든 사악함과 욕정과 탐욕과 온갖 종류의 부자연스러운 범죄를 행하지 않는가? 결국 그들의 삶은 그들이 하나님을 잊었다는 사실을 공공연히 외치고 있지 않은가? 그들이 하나님과 교회에 대해 열심이 있다고 자랑하는 것을 전혀 부끄러워하지 않는다면, 그들은 그리스도의 이 대답으로 재갈을 물려야 하지 않겠는가?

20 무리가 대답하되 당신은 귀신이 들렸도다 누가 당신을 죽이려 하나이까 21 예수께서 대답하여 이르시되 내가 한 가지 일을 행하매 너희가 다 이로 말미암아 이상히 여기는 도다 22 모세가 너희에게 할례를 행했으니 (그러나 할례는 모세에게서 난 것이 아니요 조상들에게서 난 것이라) 그러므로 너희가 안식일에도 사람에게 할례를 행하느니라 23 모세의 율법을 범하지 아니하려고 사람이 안식일에도 할례를 받는 일이 있거든 내가 안식일에 사람의 전신을 건전하게 한 것으로 너희가 내게 노여워하느냐 24 외모로 판단하지 말고 공의롭게 판단하라 하시니라 요 7:20-24

20 **당신은 귀신이 들렸도다** 이 말은 '당신은 미쳤다'라는 의미이다. 이 표현은 유대인들 사이에서 흔하게 사용되는 말이었다. 그들은 사람들이 광분하거나 정신 혹은 이성理性을 잃었을 때 귀신이 들렸다고 믿었다. 아버지이신 하나님의 회초리는 부드럽고 적당한 징계이다. 그래서 하나님이 우리를 극렬하고 호되게 매질하실 때에는 자신의 손으로 때리시는 것이 아니라 하나님의 분노의 집행자요 일꾼인 마귀를 사용하신다.

무지한 군중들은 그리스도를 비난했다. 보통 사람들로서는 제사장의 저의를 알 길이 없었기 때문이다. 그리스도께서 그들이 자신을 죽이려고 한다고 불만을 터뜨리자, 이 어리석은 사람들은 그것을 미쳤다고 했다. 우리는 이 사건에서 잘 알지도 못하는 문제에 대해 속단을 내리는 것을 매우 조심해야 함을 배운다. 그리고 만약 무지한 사람에 의해 생각없이 정죄를 당한다면, 그리스도의 모범을 따라 그 모욕을 부드럽게 받아넘겨야 할 것이다.

21 **내가 한 가지 일을 행하매** 이제 유대인들의 인간 됨됨이에 대해서는 그만 다루고 당면 문제 자체에 대해 말해보자. 그리스도께서는 자신이 행하신 이적이 하나님의 법에 위반되지 않는다고 말씀하신다. 그리스도께서 "내가 한 가지 일을 행하매"라고 말씀하실 때 그 의미는 다음과 같다. 즉, 그분이 유죄하다고 여겨지는 것은 한 가지 범죄 때문이다. 다시 말해서 그분이 비난

을 받으시는 것은 안식일에 사람을 고친 그 한 가지 일 때문이다. 그러나 유대인들은 안식일에 이와 동일하거나 비슷한 일을 많이 하면서도 그것을 나쁘게 여기지 않는다. 유대 지방에서는 아이들에게 안식일에 할례를 행하는 일이 비일비재했기 때문이다.

그리스도께서는 이와 같은 실례實例를 들어 자신이 한 행동을 변호하신다. 물론 주님은 비슷한 일로 논쟁하지는 않으시고 더욱 큰 것을 작은 것과 비교하시기는 했지만 말이다. 할례와 중풍병자를 고치는 것은 둘 다 하나님의 일이라는 점에서 비슷했다. 하지만 그리스도께서는 중풍병자를 고친 것이 더욱 탁월하다고 주장하신다. 중풍병자가 나음을 입은 것이 그 사람의 전 존재에 유익을 끼쳤기 때문이다. 그리스도께서 단지 그 사람의 육체적인 질병만 고치셨다면, 이 둘을 비교하는 것은 설득력이 약할 것이다. 할례는 영혼의 건강과 관련하여 더욱 탁월한 것이었기 때문이다. 그래서 그리스도께서는 이 적의 영적인 결과를 몸에 부여된 외적인 유익과 연결하신다. 그렇게 하심으로써 그분은 할례보다 한 사람을 온전하게 치유하는 것을 선호하셨다.

그리스도께서 할례와 병자 고치는 것을 비교하신 또 다른 이유가 있었을 수도 있다. 성례가 늘 능력과 효력을 동반하는 것은 아닌 반면, 그리스도께서는 중풍병자를 고치시는 일을 효과적으로 행하셨기 때문이라는 이유 말이다. 그러나 나는 앞의 설명을 더 좋아한다. 즉, 유대인들은 할례에 대해서 높이 평가하기에 할례를 행한다고 해서 안식일을 범하는 것은 아니라고 생각하면서, 할례에서보다도 더 찬란하게 하나님의 은혜가 빛나는 일에 대해서는 사악하게 비난했던 것이다. 그리스도께서 사람들이 이상히 여긴다고 말씀하신 것은, 그분이 행하신 일 때문에 그들 사이에 수군거림이 있었다는 의미이다. 그들은, 그리스도께서 감히 율법에 합당한 것을 넘어서서 행하고 있다고 생각했기 때문이다.

22 모세가 너희에게 할례를 행했으니 … 그러므로 이 구절은 '그러므로'라고 시작하는데, 이 도입구는 적절하지 않은 것처럼 보인다(한글 개역개정

성경에는 '그러므로'라는 말이 시작 부분이 아니라 중간 부분에 나옴 - 역자 주). 그래서 어떤 사람들 은 '디아 투토'(dia touto, 그러므로)라는 말을 '디아 토'(dia to, 왜냐하면)라는 뜻으로 이 해하기도 한다. 그러나 헬라어 구문론은 이러한 견해를 지지하지 않는다. 내 가 이것을 좀 더 쉽게 설명하자면, 할례는 그런 식으로 명령되었기 때문에 심 지어 안식일에도 할례의 표를 행하는 게 필요했던 것이다.

그리스도께서는 '그러므로'라고 말씀하신다. 이제 하나님의 일을 하는 것 이 안식일 예배를 범하는 것이 아님이 충분히 밝혀졌듯이 그렇게 말이다. 그 리스도께서 할례의 예(例)를 현재 다루고 있는 문제에 적용하신 것도 이러한 이 유에서이다. 그분은 모세가 할례를 행한 첫 번째 시행자가 아니었다고 말씀 하심으로써 사람들의 생각을 즉시 교정하신다. 그러나 안식일을 엄격하게 준수할 것을 고집한 모세가 설령 할례를 베푸는 날이 안식일과 겹친다고 하 더라도 태어난 지 팔 일만에 영아들에게 할례를 행하라고 명령했어야 했다는 것만으로 그분이 의도하신 바를 전달하기에 충분했다.

24 외모로 판단하지 말고 공의롭게 판단하라 그리스도께서는 자신 에 대한 변호를 마치신 후에, 사람들이 악한 성향에 따라 행동하고 사실에 근 거해서 판단하지 않는다고 꾸짖으신다. 유대인들이 할례를 존중히 여긴 것 은 옳다. 그리고 안식일에 할례를 행할 때, 그들은 자신들이 율법을 범한다고 는 생각하지 않았다. 하나님의 일들은 서로 잘 부합되기 때문이다. 그런데 그 들이 그리스도의 일에 대해서는 동일하게 생각하지 않는 이유가 어디에 있는 가? 틀림없이 그들의 마음이 그리스도의 인격에 대한 선입견적인 판단으로 가득 차 있었기 때문이 아니겠는가? 실체의 진상을 근거로 내린 것이 아닌 한, 그 어느 판단도 결코 옳다고 할 수 없다. 개인적인 감정이 개입되는 순간, 눈과 감각이 판단의 중심이 되고 진리는 즉시 사라지고 만다. 이 경고는 모든 경우 모든 일에서 지켜져야 한다. 하지만 특별히 하늘에 속한 교훈과 관련된 일에서 더욱 지켜져야 한다. 사람들의 증오심이나 멸시에 의해 하늘에 속한 교훈이 저버림을 당하기가 쉽기 때문이다.

²⁵예루살렘 사람 중에서 어떤 사람이 말하되 이는 그들이 죽이고자 하는 그 사람이 아니냐 ²⁶보라 드러나게 말하되 그들이 아무 말도 아니하는도다 당국자들은 이 사람을 참으로 그리스도인 줄 알았는가 ²⁷그러나 우리는 이 사람이 어디서 왔는지 아노라 그리스도께서 오실 때에는 어디서 오시는지 아는 자가 없으리라 하는지라 ²⁸예수께서 성전에서 가르치시며 외쳐 이르시되 너희가 나를 알고 내가 어디서 온 것도 알거니와 내가 스스로 온 것이 아니니라 나를 보내신 이는 참되시니 너희는 그를 알지 못하나 ²⁹나는 아노니 이는 내가 그에게서 났고 그가 나를 보내셨음이라 하시니 ³⁰그들이 예수를 잡고자 하나 손을 대는 자가 없으니 이는 그의 때가 아직 이르지 아니하였음이러라

요 7:25-30

25 예루살렘 사람 중에서 어떤 사람이 이 사람들은 통치자들의 음모를 알며 그리스도께서 얼마나 미움을 받고 계신지도 아는 사람들이다. 앞에서 언급했듯이, 보통 사람들은 그리스도의 말씀과 행함을 한갓 꿈이나 미친 짓으로 여겼다. 국가의 통치자들이 그리스도를 얼마나 지독하게 미워했는지를 아는 사람들이, 그리스도께서 성전에서 사람들의 눈에 띄게 다닐 뿐만 아니라 자유롭게 설교하시는 동안 통치자들이 그렇게 하도록 내버려두는 것을 보고 놀란 것은 당연했다. 하지만 그들은 그리스도께서 행하신 신적神的인 이적에 나타난 하나님의 섭리를 전혀 고려하지 않았다는 점에서 잘못을 범했다. 세상에 속한 사람들은 하나님의 특별한 사역을 목격할 때 놀라기는 하지만, 그 마음에 하나님의 능력을 생각하지는 않는다. 하지만 하나님의 일을 좀더 지혜롭게 생각하는 것은 우리의 의무이다. 특히 불경건한 사람들이 자기들이 원하는 대로 복음의 진보를 가로막지 않을 때, 우리는 하나님께서 그분의 손으로 그들을 막고 흩으시므로 그들의 수고가 효과를 발휘하지 못한 것이라고 확신해야 한다.

27 그러나 우리는 이 사람이 어디서 왔는지 아노라 여기서 우리는

사람들이 하나님의 일을 판단하는 데 얼마나 많이 눈멀어 있는지 본다. 뿐만 아니라 그들이 스스로 진리를 아는 지식에 이르지 못하도록 장애물을 쌓는 일에 있어서 거의 선천적으로 영악하다는 것도 보게 된다. 장애물은 사탄의 계략에서 나온 것이고, 그것은 많은 사람들을 그리스도에게서 멀어지게 한다. 하지만 평탄하고 안락한 길에서도 사람들은 스스로를 위한 걸림돌을 만들어낸다.

통치자들이 그리스도를 대적할 때는 그들의 불신앙만이 군중들이 그분에게 나아가는 것을 막았다. 이제 그 장애물이 치워지자, 사람들은 믿음에 이르지 않는 구실을 스스로 만들어내기 시작했다. 사람들이 분명 통치자들이 보인 태도에 영향을 받았다는 것은 맞는 말이다. 하지만 그들은 바른 길을 따르는 것과는 너무도 멀리 떨어져 있어서 첫 발을 딛는 순간부터 자발적으로 걸려 넘어졌다. 그러므로 처음에 출발을 잘 한 사람이라 할지라도 주님이 그 여정을 끝까지 인도해주시지 않으면 금세 자주 넘어진다.

스스로 장애물을 만들어놓고 그분에게 나아가지 못하는 사람들이 대는 변명은 다음과 같다. 선지자들이 그리스도께서 어디서 오시는지 아는 자가 없으리라고 증언했는데, 자기들은 이 사람(예수님)이 어디서 왔는지를 안다는 것이다. 그래서 예수님을 그리스도(즉, 메시야)로 여길 수 없다는 것이다. 이 구절은 성경을 난도질하는 것, 더군다나 그리스도 그분을 절반만 평가함으로써 엉망으로 만들어놓는 것이 얼마나 위험한 일인지 우리에게 상기시켜준다. 하나님께서는 다윗의 후손에게서 구원자가 날 것이라고 약속하셨다. 그러나 그리스도께서는 구원자의 직분이 자신의 것이라고 늘 주장하신다. 그러므로 그리스도는 하나님께서 자신의 교회의 구원자가 되게 하시려고 육체로 나타나신 하나님이심에 틀림이 없다. 미가는 그리스도가 태어나실 장소를 '베들레헴'이라고 밝혔다.

"베들레헴 에브라다야 너는 유다 족속 중에 작을지라도 이스라엘을 다스릴 자가 네게서 내게로 나올 것이라 그의 근본은 상고에, 영원에 있느니라"(미 5:2).

하지만 미가는 이 말을 하고는 바로 이어서 좀 더 고상하고 감춰진 비밀스러운 다른 진리를 말한다. 그런데 저 불쌍한 사람들은 그리스도에게서 멸시받을 만한 것만을 보고는, 달리 생각할 여지도 없이 그리스도를 약속된 분이 아니라고 결론 내리는 것이다. 그러므로 그리스도의 육체에서 그분의 낮아지심을 보는 법을 배우자. 그리스도께서는 이처럼 낮아지셔서 악한 사람들에게 멸시를 받으셨지만, 그렇게 되심으로써 우리를 그분이 계신 하늘의 영광으로 올리실 것이다. 그분이 태어나셔야 하는 장소인 베들레헴은 우리를 영원하신 하나님께로 인도하는 문[*]이 될 것이다.

28 예수께서 … 외쳐 이르시되 사람들은 잘못된 견해를 가지고 교만하게 우쭐대며 '진리를 아는 지식'을 듣지 않으려 했다. 그래서 예수께서는 그들의 성급함을 꾸짖는 쓴소리를 하셨다. 그리스도께서는 "너희는 모든 것을 안다고 했지만, 사실 너희는 아무것도 알지 못한다"라고 말씀하시는 듯하다. 보잘것없는 지식에 근거한 자기의 믿음에 도취되어서 자기들의 생각과 다른 모든 것을 과감히 거부하는 것보다 더 끔찍한 재앙은 없다.

그리스도께서는 "너희가 나를 알고 내가 어디서 온 것도 알거니와 내가 스스로 온 것이 아니니라"라는 말씀을 풍자적으로 하신다. 유대인들이 가지고 있던 잘못된 견해에 진리를 대조하신 것이다. 그분의 의도는 이렇다.

"너희는 땅에 눈을 고정하고 나에 대하여 모든 것을 알고 있다고 생각하고 있구나. 그래서 너희는 나를 마치 땅에 속한 비천한 사람인 것으로 무시하는구나. 그러나 하나님께서는 내가 하늘에서 왔다는 것을 증언하실 것이다. 그리고 비록 내가 너희에게는 버림을 받을지 모르지만, 하나님께서는 내가 진정 그분에게서 왔다는 것을 인정하실 것이다."

나를 보내신 이는 참되시니 그리스도께서는 바울이 하나님을 '미쁘시다'라고 부른 것과 같은 의미로 그분을 '참되시다'라고 부른다.

"우리는 미쁨이 없을지라도 주는 항상 미쁘시니 자기를 부인하실 수 없으시리라"(딤후 2:13).

이 구절에서 바울이 주장하는 바는 복음을 믿는 믿음은 복음을 뒤엎으려는 온 세상의 시도들 때문에 약화되는 일이 없다는 것이다. 악한 사람들이 그리스도에게서 그분에게 속한 것을 빼앗는다고 해도, 그분은 여전히 온전하시다. 하나님의 진리는 견고하며 늘 그 자체로 서 있기 때문이다. 그리스도는 자신이 멸시를 받고 있다는 것을 알고 계신다. 그러나 지금까지 그분은 사람들의 멸시에 무릎 꿇지 않으셨다. 오히려 그 반대이다.

그리스도께서는 자신에 대해 전혀 알지 못하는 사람들의 교만함을 누르셨다. 모든 신자들은 이와 같이 정복할 수 없는 영웅적인 출중함으로 옷 입어야 한다. 악한 사람들이 그리스도를 대적하러 일어날 때 그들의 거짓됨을 비웃지 않는다면, 우리의 믿음은 결코 안정을 얻지도 못할 것이며 견고하게 되지도 않을 것이다. 그리고 온 세상이 건전한 교훈에 저항하더라도 경건한 교사들이 그 교훈을 인내하며 붙들고 있으려면, 무엇보다도 이러한 지원에 의존해야 한다. 이런 이유로 예레미야 선지자는 자신이 사기꾼이라는 모함을 받았을 때 자기의 보증이요 보호자가 되시는 하나님께 호소하였다.

"여호와여 주께서 나를 권유하시므로 내가 그 권유를 받았사오며"(렘 20:7).

이사야 선지자 역시 사방에서 사람들이 그를 비방하고 중상할 때 그를 의롭다고 인정하시는 하나님께로 피하였다(사 50:8). 바울도 불의한 판단으로 의기소침해졌을 때, 하나님 한 분만 있으면 광분한 온 세상을 대적하기에 충분하다고 생각하며 자기를 반대하는 사람들에 대항하여 주님의 날에 호소한다(고전 4:5).

너희는 그를 알지 못하나 그리스도의 말씀은, 유대인들이 하나님을 알지 못한다면 그들이 그리스도를 알지 못한다고 해서 놀랄 만한 일이 아니라는 것이다. 참 지혜의 시작은 하나님을 바라보는 것에 있기 때문이다. 그리스도께서 자신이 하나님을 안다고 말씀하실 때(29절), 그것은 자신이 그와 같은 큰 확신에 아무 생각 없이 이끌린 것은 아니라는 의미이다. 이 예를 통해 그분은, 하나님을 우리 주장의 보호자요 변호자로 자랑하기 위하여 그분의 이름을 가볍게 취급해서는 안 된다고 우리에게 경고하신다. 이는 많은 사람들이 자기들이 하나님의 권위를 가지고 있다고 주제넘게 자랑하기 때문이다. 자기들이 만든 것을 하나님의 계시라고 주장하는 광신자들이야말로 모든 사람에게 내리는 심판을 인정하지 않는 뻔뻔스러움의 극치라고 할 수 있다. 그러나 그리스도의 이 말씀에서 우리는 특히 교만과 어리석은 확신을 주의해야 한다는 것과 우리가 하나님의 진리를 발견한 다음에야 비로소 사람들을 용감하게 대적할 수 있다는 사실을 배운다. 하나님이 자기 편이라는 사실을 충분히 의식하고 있는 사람은 세상의 모든 오만함을 짓밟는 일에 있어서 교만하다고 비난 받을 것을 두려워할 이유가 없다.

29내가 그에게서 났고 그가 나를 보내셨음이라 이 두 문장을 구별하여, 첫 번째 문장은 그리스도의 신적神的 본질을 가리키고, 두 번째 문장은 아버지께서 육체와 인성人性을 가지신 그리스도께 실행하라고 부여하신 직책을 가리킨다고 설명하는 사람들이 있다. 나는 이 설명을 과감히 거부하지는 않겠지만, 그리스도께서 이처럼 미묘하게 말씀하기를 원하셨는지 확신이 서지 않는다. 사실 나는 이 구절에서, 그리스도께서 하늘에서 내려왔다는 사실을 추론할 수 있다고 생각한다. 하지만 이것은 아리우스파(삼위일체를 부인하면서, 그리스도가 하나님과 동일한 본질을 가진 것이 아니라 유사한 본질을 가졌다고 주장한 아리우스의 추종자들)를 대적할 만한, 그리스도의 영원한 신성神性에 대한 충분하고도 견고한 증거는 되지 못한다.

30그들이 예수를 잡고자 하나 예수님을 해하고자 하는 유대인들의 의도는 약화되지 않았다. 그들은 심지어 그리스도를 해하려고 시도했고, 그들에게는 그럴 만한 힘이 있었다. 그렇다면 그렇게 강한 열정을 갖고 있었던 그들이 마치 손발이 묶인 것처럼 아무것도 할 수 없었던 이유는 무엇인가? 복음서 기자는 그리스도의 때가 아직 오지 않았기 때문이라고 대답한다. 이 말은 그리스도께서 유대인들의 폭력과 분노에 찬 공격에서 하나님의 지켜주심으로 말미암아 보호를 받았다는 의미이다.

또한 이 말은 십자가가 다가온다는 의미이기도 하다. 우리는 그리스도께서 사람들의 변덕스러운 충동 때문이 아니라 아버지께서 그러한 희생제물이 되도록 작정하셨기 때문에 죽음에 이끌려 가신다는 말을 들을 때, 전혀 당황할 이유가 없다. 여기서 일반적인 교훈 한 가지를 얻자면, 우리는 수명이 다하는 날까지 살지만 각 사람의 죽는 때와 날은 하나님께서 정하셨다는 사실이다. 우리는 여러 가지 사고를 당할 수도 있고, 사람이나 짐승에게서 받게 되는 수많은 상해와 위험에도 노출되어 있다. 또한 이런저런 질병에 걸리기도 쉽다. 그래서 하나님께서 우리를 불러가기 전까지는 우리가 그 모든 위험으로부터 안전하다는 사실을 믿기가 어렵다. 그러나 우리는 우리 자신의 불신앙과 싸워야 한다. 우리는 무엇보다도 본문에서 가르치는 교훈과 그 교훈의 목적, 그리고 거기서 유추해낸 권면, 즉 우리 각 사람은 자신의 모든 염려를 하나님께 맡기고 각 사람이 부름 받은 대로 하나님을 섬기며 두려움에 사로잡혀 마땅히 행해야 할 본분에서 벗어나는 일이 없도록 해야 한다는 사실을 붙들어야 한다. 하지만 아무도 자신의 한계를 넘어가서는 안 된다. 하나님의 섭리에 대한 확신은 하나님께서 친히 명령하신 것 이상을 벗어나지 않아야 하기 때문이다.

31 무리 중의 많은 사람이 예수를 믿고 말하되 그리스도께서 오실지라도 그 행하실 표적이 이 사람이 행한 것보다 더 많으랴 하니 32 예수에 대하여 무리가 수군거리는 것이 바리새인들에게 들린지라 대제사장들과 바리새인들이 그를 잡으려고 아랫사람들을 보내니 33 예수께서 이르시되 내가 너희와 함께 조금 더 있다가 나를 보내신 이에게로 돌아가겠노라 34 너희가 나를 찾아도 만나지 못할 터이요 나 있는 곳에 오지도 못하리라 하시니 35 이에 유대인들이 서로 묻되 이 사람이 어디로 가기에 우리가 그를 만나지 못하리요 헬라인 중에 흩어져 사는 자들에게로 가서 헬라인을 가르칠 터인가 36 나를 찾아도 만나지 못할 터이요 나 있는 곳에 오지도 못하리라 한 이 말이 무슨 말이냐 하니라 요 7:31-36

31 무리 중의 많은 사람이 예수를 믿고 본문의 내용을 보면 마치 그리스도께서 귀머거리와 매우 고집 센 사람들에게 설교하시는 것 같다. 그러나 복음서 기자는 그런 중에도 몇 사람이 그리스도의 설교를 듣고 믿음을 가졌다고 말한다. 그러므로 어떤 사람들은 수군거렸고, 어떤 사람들은 입가에 미소를 지었으며, 어떤 사람들은 그리스도를 비방했다. 여러 가지 다른 의견들이 제기될 수는 있지만, 복음의 선포가 아무런 결과를 맺지 못하는 경우는 없을 것이다. 그래서 우리는 씨를 뿌린 뒤에 때가 되어 열매가 나타날 때까지 인내심을 가지고 기다려야 한다.

이 구절에 사용된 '믿고'라는 단어는 정확한 의미로 쓰인 것이 아니다. 유대인들이 그리스도의 가르침보다도 이적에 더 의존했고 또 예수님이 그리스도시라고 확신하지도 않았기 때문이다. 하지만 유대인들이 그리스도의 말씀에 귀를 기울일 채비를 하고 자기들의 선생으로 그리스도에게 가르침을 받으려고 했을 때, 믿음을 위한 그러한 준비가 '믿음'이라고 불린 것이다. 그러므로 성령께서 올바른 태도에 작은 불꽃을 지핀 것을 가리켜 믿음이라는 영예로운 칭호를 붙여주신 것을 볼 때 우리는 힘을 얻게 되며 아무리 작은 믿음이라고 해도 하나님께서 그 믿음을 받으신다는 것을 의심하지 않게 된다.

32 바리새인들에게 들린지라 본문의 내용에 따르면 바리새인들은 그리스도를 감시하고 있었고 그분이 사람들에게 알려지지 못하게 하려고 늘 노심초사했다는 것이 분명하게 나타난다. 복음서 기자는 처음에는 바리새인이라는 이름만 언급하지만 나중에는 바리새인과 제사장들을 묶어서 언급한다. 바리새인들은 자기들이 율법에 열심과 열정을 가지고 있다고 인정 받고 싶어서 다른 어느 종파보다도 그리스도를 더욱 심하게 대적하였다. 하지만 바리새인들 혼자만으로는 그리스도를 억누를 수가 없었다. 그래서 그들은 이 일을 전체 제사장 집단에 위임하였다. 이렇게 해서 여느 문제에 있어서는 전혀 성격이 다른 두 집단이 이제는 사탄의 지도 아래 하나님의 아들을 대적하는 일에 서로 공모하고 있다.

한편, 바리새인들이 자기들의 포학한 행위와 교회의 부패한 상태를 변호하는 데 그토록 열심을 내고 마음 쓰는 것을 볼 때, 우리가 그리스도의 나라를 유지하려면 얼마나 더 열정적이어야 하는지를 생각하게 된다. 오늘날 복음의 불을 꺼뜨리려는 교황주의자들의 소망 역시 바리새인들의 열정 못지않다. 그러나 우리가 교황주의자들의 행습行習을 보면서도 참되고 건실한 교훈을 변호하는 일에 좀 더 담대한 노력을 기울일 만큼 우리의 열정이 자극을 받지 않는다면, 이는 비참한 일이다.

33 조금 더 있다가 이 설교가 현재의 무리들을 대상으로 하는 것이라고 생각하는 사람도 있고, 그리스도를 잡기 위해 보냄을 받은 관원들을 대상으로 하는 것이라고 생각하는 사람도 있다. 나는 그리스도께서 특별히 자신을 죽이려는 계획을 세운 그분의 원수들에게 말씀하시는 것이라는 점을 의심하지 않는다. 그리스도께서는 지금 이 사람들의 노력을 비웃고 계신다. 아버지께서 정하신 때가 임하기 전에는 그들이 하는 모든 수고가 헛될 것이기 때문이다. 그리스도께서는 또한 자기들에게 주어진 은혜를 거절할 뿐만 아니라 그것을 맹렬히 대적하고 있는 그들의 완악함을 꾸짖기도 하신다. 동시에 그리스도께서는 그 은혜가 잠시 후에 그들에게서 떠나갈 것이라고 경고하신다.

그리스도께서 "내가 너희와 함께 … 있다가"라고 말씀하실 때, 그분은 그들의 감사하지 않는 태도를 꾸짖으시는 것이다. 아버지께서 그리스도를 그들에게 주셨고 그분이 하늘 영광을 떠나 그들에게 내려왔음에도 불구하고, 또 자신에게 오라고 부드럽게 초대하시면서 그분이 바라신 것은 오직 그들과 함께 있는 것이었음에도 불구하고, 그분을 영접한 사람은 극소수였기 때문이다. 그리스도께서 "조금 더 있다가"라고 말씀하실 때, 그분은 하나님께서 자신의 은혜가 그토록 부끄럽게 멸시받는 것을 더 이상 참고만 있지는 않으시리라는 사실을 그들에게 경고하시는 것이다. 또한 이 말씀은 그리스도의 삶과 죽음이 원수들 손에 있지 않다는 의미이기도 하다. 그분의 삶과 죽음은 아버지께서 정하신 때의 지배를 받는다. 그 때는 반드시 이루어질 것이다.

나를 보내신 이에게로 돌아가겠노라 그리스도께서는 이 말씀으로써 자신이 사망으로 사라지는 것이 아님을 선언하신다. 그분은 죽을 몸을 벗어버릴 때 '부활'이라는 장엄한 승리를 통해 하나님의 아들로 선포되실 것이기 때문이다. 그리스도의 말씀의 의미는 이것이다.

"너희가 아무리 애쓰고 수고한다 하더라도, 내가 아버지에게서 받은 사명을 다할 때 너희는 내 아버지께서 나를 그분의 하늘 영광으로 받으시는 것을 멈추게 하지 못할 것이다. 그러므로 나는 죽은 뒤에도 나의 신분을 그대로 유지할 것이며, 뿐만 아니라 지금보다 더 탁월한 신분이 내게 주어질 것이다."

그리스도의 이 말씀에서 일반적인 권면을 끌어낼 수 있다. 그리스도께서는 우리와 너무도 자주 함께 계셔서 복음의 선포를 통해 우리에게 구원의 소망을 갖게 하시기 때문이다. 에베소서 2장 17절에서 복음 선포가 그리스도께서 우리에게 오시는 것으로 일컬어진 데에는 분명한 이유가 있다. 우리가 그분이 내미신 손을 붙잡는다면, 그분은 우리를 아버지에게로 인도하실 것이다. 그리고 우리가 세상에서 살아야 하는 동안, 그분은 우리 가까이에서 자신을 드러내실 뿐만 아니라 계속해서 우리 안에 거하실 것이다. 만일 우리가 그분의 임재를 무시한다면 그분이 손해 보는 것은 아무것도 없다. 그러나 반대로 그분이 우리를 떠나가시면, 그분은 우리를 하나님과 생명에 대해 철저하게 낯선 자로 방치하실 것이다.

34 너희가 나를 찾아도 유대인들은 그리스도를 죽이기 위해 그분을 찾았다. 그런데 여기에서 그리스도께서는 모호한 의미의 말씀을 하신다. 유대인들이 금세 다른 방식으로 그리스도를 찾을 것이기 때문이다. 다시 말해서, 그들은 잃어버린 바 된 비참한 상태에서 도움과 위로를 구하기 위해서 그분을 찾을 것이다. 그리스도의 말씀은 이런 의미이다.

"너희는 지금 내가 너희와 함께 있는 것을 진저리 치고 못 견뎌하지만, 내가 너희와 함께 있는 시간은 짧다. 머지않아 너희가 나를 찾아도 소용없게 될 것이다. 내가 너희를 떠나 멀리 갈 것이기 때문이다. 몸으로만 아니라 능력에 있어서도 그렇다. 그리고 나는 하늘에서 너희들이 멸망당하는 것을 지켜볼 것이다."

여기서 도대체 그리스도를 찾는다는 것이 어떤 의미인지 질문을 던질 수 있다. 왜냐하면 그리스도께서는 멸망 받을 사람들을 염두에 두고 이렇게 말씀하신 것이 분명하기 때문이다. 그들은 복음을 저버리는 극단의 상황까지 나갈 정도로 완악했다. 유대인들은 행위로 의롭다 함을 얻으려 했지만 자기들이 바라는 것을 얻지 못했다는 점에서, 그리스도를 찾는다는 것이 그분의 가르침을 구하는 것이라고 해석하는 사람들이 있다. 유대인들은 곤경에 처할 때 구원자가 오시기를 헛되이 간구한다는 점에서, 많은 사람들이 그리스도를 찾는다는 것을 메시아의 인격을 가리키는 것으로 이해한다. 하지만 나는 그리스도를 찾는다는 것이, 악한 자들이 어떤 의미에서 하나님을 바라볼 수밖에 없는 처지에서 토로하는 처절한 신음을 가리킨다고 단순하게 설명하겠다.

그러나 유대인들은 그리스도를 찾는 중에도 진정으로 그리스도를 찾지는 않는다. 불신앙과 완악함으로 그들의 마음이 닫혔기 때문에, 말하자면 하나님에게서 멀리 떠나 있기 때문이다. 유대인들은 하나님이 자기들의 구원자로 임재하시기를 원한다. 하지만 회개하지 않는 완고한 마음이 그들의 길을 가로막고 있다. 우리는 에서에게서 그 예를 찾을 수 있다. 에서는 장자권을 빼앗겼을 때 슬픔에 가득 찼을 뿐만 아니라 이를 갈고 분노를 터뜨리기까지 했다(창 27:38 ; 히 12:17). 그러나 에서는 복을 구하는 바른 길에서 너무도 멀리 떨어져 있었기 때문에, 심지어 복을 구하는 그 순간에도 그는 복을 받을 만한 가치가 없는 상태가 되었다.

이렇듯 하나님께서는 멸망 받을 사람들이 하나님의 은혜를 멸시하는 것에 대해 복수를 하시는 것이 보통이다. 결국 멸망 받을 사람들은 엄격한 심판으로 괴로움을 받든지, 자기들의 비참함을 깨닫고 마음에 눌림을 겪든지, 아니면 다른 여러 궁핍함 속에서 길이 막히든지 해서 불평하고 부르짖고 악을 쓴다. 그러나 이 모든 것은 아무런 소용이 없게 된다. 그들은 늘 그렇듯이 이전과 동일한 잔인함을 내적으로 키우고 하나님께 나아가지 않기 때문이다. 그들은 자기들이 하나님을 무너뜨릴 수가 없기 때문에 차라리 하나님이 달라지기를 소망한다. 여기에서 그리스도께서 우리와 함께 계시는 동안 그분을 향유할 기회가 우리에게서 떠나가지 않도록 지체하지 말고 주님을 영접해야 한다는 것을 배우자. 일단 문˝이 닫히면 들어가려고 해도 소용이 없을 것이기 때문이다. 이사야 선지자는 이렇게 말한다.

"너희는 여호와를 만날 만한 때에 찾으라 가까이 계실 때에 그를 부르라" (사 55:6).

그러므로 우리는 '만날 만할 때에' 하나님께 부지런히 가야 한다. 이사야가 다시 말하듯이(사 59:8), 하나님께서 우리의 게으름을 언제까지 참고 기다리실지 우리는 알지 못하기 때문이다. "나 있는 곳에 오지도 못하리라"라고 말씀하실 때, 그리스도께서는 미래시제 대신 현재시제를 사용하신다.

35 이 사람이 어디로 가기에 복음서 기자가 이 내용을 덧붙인 것은 백성들의 우둔함이 얼마나 심각한지를 분명하게 보여주려는 데 있다. 경건하지 않은 사람들은 하나님의 가르침에 귀를 닫았을 뿐만 아니라 심지어 두려운 경고를 조롱하면서 가볍게 넘겨버린다. 마치 우화寓話를 듣고 있기라도 한 듯이 말이다. 그리스도께서는 "나를 보내신 이"라는 말로 아버지에 대해 말씀하셨지만, 유대인들은 땅에 시선을 고정하고 주님이 단지 먼 나라로 여행하는 것만을 생각하였다.

유대인들이 해외에 있는 여러 나라 사람들을 헬라인들이라고 불렀다는 것은 잘 알려진 사실이다. 하지만 그들은 그리스도가 할례 받지 않은 사람들에게로 간다고 생각한 것이 아니라 세상의 여러 나라에 흩어져 있는 유대인들(디아스포라)에게 간다고 생각했다.

흩어져 사는 자들에게로 가서 '흩어져 사는'이라는 단어는 고국 땅에 사는 토박이에게 적용되는 말이 아니라 이스라엘을 떠나거나 포로로 잡혀간 유대인들에게 적합한 용어이다. 그래서 베드로는 그의 첫 편지에서 본도, 갈라디아, 갑바도기아, 아시아와 비두니아에 '파레피데모이스 디아스포라스'(parepidemois diasporas, 흩어진 나그네)라고 썼으며(벧전 1:1), 야고보는 '엔 테 디아스포라'(en te diaspora, 흩어져 있는) 열두 지파에게 문안 인사를 보낸다고 썼다(약 1:1). 특히 흩어져 있는 열두 지파는 모세와 선지자들에게서 취한 표현이다.

그러므로 유대인들이 하는 말은 "그가 바다 건너 우리에게 알려지지 않은 땅에 사는 유대인들에게 가려는가?" 하는 뜻이다. 아마도 그들은 다음과 같은 조롱으로 그리스도를 화나게 하고 싶었을 것이다.

"이 사람이 메시아라면서, 그가 그리스에 자기 나라의 보좌를 세우려는가? 하나님께서 그에게 가나안 땅을 거주지로 주셨는데도 말이다."

하지만 이 말의 뜻이 어떠하든지, 우리는 유대인들이 그리스도의 혹독한 경고의 말씀에 전혀 영향을 받지 않았다는 것을 본다.

---

37 명절 끝 날 곧 큰 날에 예수께서 서서 외쳐 이르시되 누구든지 목마르거든 내게로 와서 마시라 **38** 나를 믿는 자는 성경에 이름과 같이 그 배에서 생수의 강이 흘러나오리라 하시니 **39** 이는 그를 믿는 자들이 받을 성령을 가리켜 말씀하신 것이라 (예수께서 아직 영광을 받지 않으셨으므로 성령이 아직 그들에게 계시지 아니하시더라) 요 7:37-39

---

37 명절 끝 날 여기서 주목해야 하는 첫 번째 사실은, 그리스도의 원수들이 아무리 그분을 제거할 음모를 꾸미더라도 어느 것 하나 그리스도께서 그분의 의무를 수행하는 데 위협을 주지 못했다는 점이다. 오히려 그 반대이다. 그리스도께서는 위험한 상황에서도 당당함을 유지하셨으며, 좀 더 용감하게 자신의 길을 가셨다. 그 당시의 정황이 이를 입증해준다. 명절이었고 백성들이 모여 있었으며 사방에 자신을 잡으려는 손길이 있음을 아시면서도 그분은 자유롭게 외치셨다. 이즈음 유대의 종교 지도자들은 자기들의 계획을 실행할 준

비를 하고 있었을 것이다.

그 다음으로 우리가 주목해야 하는 것은, 그리스도께서 하나님의 보호 외에는 다른 어느 것도 의지하지 않으시면서 모든 권력을 장악하고 있던 사람들의 강력한 힘에 당당하게 맞설 수 있으셨다는 사실이다. 큰 명절에 종교 지도자들이 통치권을 완벽히 행사했던 성전 중앙에서, 그것도 종교 지도자들이 관원들을 준비시켜놓은 상황에서 그리스도께서 설교를 하실 수 있었던 이유가 있었다면, 그것은 하나님께서 종교 지도자들의 분노를 억제하셨기 때문이다.

복음서 기자는 주님이 "누구든지 목마르거든 내게로 와서 마시라"라고 큰 소리로 외치셨다고 소개하는데, 이는 우리에게 무척 유용하다. 여기서 우리는 그리스도께서 나지막하고 부드러운 귓속말로 단지 한두 사람을 초대하신 것이 아니라, 그분의 교훈을 모든 사람에게 선포하셨다고 추론할 수 있기 때문이다. 고의로 자기들의 귀를 막고 크게 울려 퍼지는 이 외침을 듣지 않으려는 자들이 아니라면 누구나 주님의 교훈을 들을 수 있었던 것이다.

누구든지 목마르거든 여기서 그리스도께서는 모든 사람에게 그분이 주시는 복에 참여하라고 권하신다. 자신의 가난함과 부족함을 인식하고 있는 사람이라면 누구나 도움을 받을 수 있다. 사실 우리는 다 가난하고 공허하고 모든 복이 결핍되어 있다. 물론 자신들의 궁핍함을 의식한다고 해서 모두가 구제책을 찾는 것은 아니지만 말이다. 그래서 많은 사람이 한 발자국도 움직이려 하지 않고, 비참한 상태로 야위고 쇠약해지고 있다. 또 하나님의 영靈이 그분의 불로써 마음속의 굶주림과 목마름을 밝혀주어야만 비로소 자기들이 공허하다는 것을 깨닫는 사람들도 많다. 그러므로 우리에게 그분의 은혜를 갈망하게 하시는 것은 성령께서 하시는 일이다.

본문과 관련해서 첫 번째로 파악해야 하는 것은, 성령의 부요함을 갈망하는 마음으로 불타는 사람이 아니고는 아무도 그 부요함을 소유했다고 할 수 없다는 사실이다. 우리는 목마름의 고통이 얼마나 괴로운 것인지 알고 있다.

아무리 힘든 일도 잘 견딜 수 있는 가장 힘센 사람이라도 갈증으로 기운을 잃게 된다. 그리스도께서는 나중에 '물'과 '마신다'는 단어를 사용하여 비유를 사용하시려고 지금은 배고픈 사람보다는 목마른 사람을 초대하신다. 그리스도께서 강설하신 모든 부분이 일관성이 있도록 하기 위해서이다.

나는 여기서 그리스도께서 "너희 모든 목마른 자들아 물로 나아오라"(사 55:1)라는 이사야 선지자의 말씀을 인용하고 계시다고 굳게 믿는다. 이사야 선지자가 하나님께서 하신다고 예언했던 내용이 그리스도 안에서 마침내 성취되었기 때문이다. 또한 본문은 마리아의 노래와 같은 내용이다.

"주리는 자를 좋은 것으로 배불리셨으며 부자는 빈손으로 보내셨도다"(눅 1:53).

그러므로 그리스도께서는 우리에게 자신에게로 곧바로 오라고 말씀하신다. 그리스도는 자신만이 모든 사람의 목마름을 완전히 채워줄 수 있으시며, 다른 곳에서 자신의 갈증을 조금이라도 채워보려고 노력하는 사람은 속임을 당하게 되고 그 모든 수고가 헛되다는 의미로 말씀하신다.

마시라 권면에 이어 약속이 주어진다. 이 말씀은 권면이지만 그 말씀 속에는 약속이 포함되어 있다. 그리스도께서는 자신이 마르고 비어 있는 물탱크가 아니라, 모든 사람에게 마실 것을 풍부하게 공급하는 '다함이 없는 샘'이라고 선언하신다. 그러므로 우리가 그분에게서 우리의 부족한 것을 구하면 우리의 바람은 늘 이루어진다는 결론이 나온다.

38 나를 믿는 자는 여기에 그리스도께 가까이 가는 방법이 소개된다. 걸어가는 것이 아니라 믿음으로 그분께 가는 것이다. 당신이 '믿는다'는 단어를 적절하게 정의한다면 '온다'는 것은 단순히 '믿는다'는 것이다. 이미 말했듯이 우리가 그리스도를 믿는다고 했을 때, 그것은 그리스도께서 복음에 제시된 대로, 즉 능력과 지혜와 의義와 정결함과 생명과 성령의 모든 은사들로 충만한 분으로 그분을 받아들이는 것이다. 한 걸음 더 나아가 그리스도께서는, 자신이 우리를 넉넉하게 만족시킬 풍성함을 소유하고 있다고 말씀하심으로

써 방금 앞에서 언급한 약속을 좀 더 분명하고 충분하게 확증하신다.

언뜻 보면, 생수生水의 강이 믿는 사람들의 배에서 나올 것이라는 비유가 이상하게 보일 수 있다. 하지만 그 의미는 매우 분명하다. 믿는 사람들에게는 영적인 복이 결코 부족하지 않을 것이다. 그리스도께서는 이 영적인 복을 '생수'(living water)라고 부르신다. 생수의 원천은 절대로 마르지 않으며, 거기서 생수가 흘러나오는 것 또한 결코 멈추지 않을 것이다. '강'(rivers)이 복수형으로 사용된 것은, 내가 생각하기에 영혼의 영적인 생명에 필수적인 성령의 다양한 은혜를 표현하는 것 같다. 한마디로 말해서 이 구절은 성령의 은사가 영원하고 풍성하다는 것을 우리에게 약속해주고 있는 것이다.

신자들의 '배에서' 물이 흘러나온다는 것을, 우리 사이에 상호 커뮤니케이션이 있어야 한다는 이유를 들어, 성령을 받은 사람이 그 일부분을 자기 형제들에게 흐르게 한다는 의미로 이해하는 사람들이 있다. 그러나 내가 생각하기에 그 어구의 의미는 좀 더 단순한 것 같다. 즉, 그리스도께서 4장에서 "내가 주는 물을 마시는 자는 영원히 목마르지 아니하리니"(4:14)라고 말씀하신 대로, 그리스도를 믿는 사람은 자기 안에서 솟아나는 생명의 샘을 갖게 될 것이라는 의미이다. 일반적으로는 갈증이 날 때 물을 마시면 아주 잠깐 동안만 갈증이 해소될 뿐이다. 그러나 그리스도께서는 우리가 믿음으로 성령에게서 물을 긷는다고 말씀하신다. 성령님은 영생을 주시려고 솟아나는 물의 원천이시다.

하지만 그리스도께서는 신자들이 첫날에 그리스도로 충만해져서 그 이후에는 결코 주리지도 목마르지도 않을 것이라고 말씀하시지는 않으신다. 오히려 그리스도를 누리면 그분에 대한 새로운 갈증으로 불타오르게 된다. 그 의미는 이렇다. 바울이 로마서 8장 10절에서 우리가 비록 죄로 말미암아 죽은 몸을 항상 짊어지고 있지만 그리스도가 우리 안에 계시는 생명이라고 말한 것처럼(고후 4:10 참조), 성령께서는 신자들 속에 영원히 솟아나는 살아 있는 샘과 같으시다. 그리고 모든 사람이 자신의 믿음의 분량에 따라 성령이 주시는 선물들(은사)에 참여하기 때문에, 이생에서 은사들의 완벽한 충만함은 존재할 수가 없다.

그러나 신자들이 믿음에 진보를 이루면, 그들은 계속해서 성령께서 새로운 은혜를 더해주시기를 갈망하게 된다. 결국 그들이 받은 첫 열매는 영생의 필요를 충족시키기에 충분하게 되는 셈이다. 하지만 이 사실은 우리의 믿음의 그릇이 얼마나 작은지를 우리에게 깨우쳐주는 것이기도 하다. 성령님의 은혜는 우리에게 한두 방울씩 떨어지는 것이 아니라, 우리가 그리스도께 적절한 자리를 내어드릴 때, 즉 우리가 믿음으로 그분을 받아들일 수 있게 될 때 강같이 흐를 것이기 때문이다.

성경에 이름과 같이 이 어구를 앞에 나온 어구("나를 믿는 자는")와 연결시키는 사람도 있고, 뒤에 이어지는 어구("그 배에서 생수의 강이 흘러나오리라")와 연결시키는 사람도 있다. 나는 이 어구가 예수님의 말씀 전체의 흐름을 망라하는 것이라고 생각한다. 더욱이 그리스도께서는 성경의 어느 특정 본문을 지적하고 계신 것이 아니라 선지자들의 공통되는 교훈에서 증거를 취하고 계신 것 같다. 주님이 그분의 영靈의 풍성함을 약속하시면서 그 풍성함을 생수에 비교하실 때마다, 그분은 주로 그리스도의 나라를 가리키시며 신자들의 마음을 그 나라로 향하도록 하시기 때문이다. 그러므로 생수와 관련된 모든 예언은 그리스도 안에서 성취된다. 그리스도만이 하나님의 감추어진 보화를 열고 계시하셨기 때문이다. 우리 모두 그리스도의 충만함에서 은혜를 길을 수 있도록 성령님의 은혜가 그분에게 부어졌다. 그러므로 그리스도에 의해 선하시고 은혜롭게 부름을 받았는데도 여전히 다른 길로 가는 사람들은 비참한 멸망에 이를 수밖에 없다.

39 이는 그를 믿는 자들이 받을 성령을 가리켜 말씀하신 것이라

종종 '물'이라는 단어는 그 정결케 하는 작용 때문에 성령께 적용되곤 한다. 우리의 더러움을 깨끗하게 하는 일이 바로 성령님의 일이기 때문이다. 하지만 이 구절과 이와 비슷한 내용을 다루는 구절에서는 '물'이라는 표현이 다

른 의미를 지닌다. 즉, 하나님의 영靈께서 신비한 힘으로 우리를 살리고 우리에게 물을 공급하는 경우가 아니라면 우리에게는 생기와 생명의 신선함이 없다. 이것은 (한 가지 사실로 전체 내용을 설명하는) 제유법이다. 그리스도는 '물'이라는 한 단어로 생명의 모든 부분을 포괄하신다. 이 교훈에서 우리는 그리스도의 영으로 말미암아 거듭나지 않는 사람은 다 죽은 사람으로 간주된다는 사실을 알 수 있다. 그들이 어떤 생명의 가면을 쓰고 있든지 간에 말이다.

성령이 아직 그들에게 계시지 아니하시더라 우리가 알다시피 성령님은 영원하시다. 하지만 복음서 기자는 그리스도께서 '종의 형체'라는 낮은 존재로 세상에 거하시는 동안에는, 그리스도의 부활 이후에 사람들에게 부어지는 성령의 은혜가 공개적으로 임하지 않았다고 말하고 있다. 신약성경을 구약성경과 비교할 때처럼, 복음서 기자는 참으로 이 구절을 비교하는 식으로 말한다. 하나님께서는 마치 족장들에게는 성령을 결코 준 적이 없다는 듯이, 신자들에게 그분의 영을 주겠다고 약속하신다. 그 당시 제자들은 의심의 여지없이 이미 성령의 처음 익은 열매를 받았다. 성령에게서 나오지 않는다면 도대체 어디에서 믿음이 나오겠는가?

이런 의미에서 복음서 기자는 그리스도께서 죽으시기 전에 성령의 은혜가 믿는 자들에게 계시되었다는 사실을 부인하지는 않는다. 하지만 성령의 은혜가 그리스도의 죽음 이후에 나타난 것처럼, 그 당시에 밝고 분명하게 나타나지 않은 것은 사실이다. 그리스도 나라의 최고의 영광은 그리스도께서 그분의 영으로써 교회를 다스리는 것에 있기 때문이다. 그러나 그리스도께서는 높이 올림을 받아 아버지의 오른편에 앉으셨을 때 하나님나라를 합법적이고 의례적으로 소유하게 되셨다. 그러므로 그때가 이르기 전에 그분이 성령의 충만한 나타남을 미루었다고 해서 놀랄 일이 전혀 없다.

하지만 여전히 의문 하나가 남는다. 그리스도께서 이 본문에서 말씀하시는 것이 성령의 가시적可視的인 은혜인가, 아니면 양자養子 됨의 열매인 중생인가? 나는 이렇게 대답하겠다. 그리스도의 강림 때 주어지기로 약속된 성령은 거울을 보는 것처럼 볼 수 있는 은사들로 나타났지만, 이 구절에서 그리스도께서는 정확하게 성령의 능력을 가리키고 계시다고 말이다. 성령의 능력으로 우리는 그리스도 안에서 중생하였으며 새로운 피조물이 되었다. 그리스도께서 아버지의 오른편에 영광 중에 앉아 계시고 그 나라의 가장 엄위로운 것으로 옷 입고 계시는데, 우리가 세상에서 가난하고 굶주리고 거의 영적인 복을 받지 못한 상태로 있다면, 그것은 우리의 게으름 때문이며 우리 믿음의 분량이 작기 때문임에 틀림없다.

40 이 말씀을 들은 무리 중에서 어떤 사람은 이 사람이 참으로 그 선지자라 하며 **41** 어떤 사람은 그리스도라 하며 어떤 이들은 그리스도가 어찌 갈릴리에서 나오겠느냐 **42** 성경에 이르기를 그리스도는 다윗의 씨로 또 다윗이 살던 마을 베들레헴에서 나오리라 하지 아니하였느냐 하며 **43** 예수로 말미암아 무리 중에서 쟁론이 되니 **44** 그중에는 그를 잡고자 하는 자들도 있으나 손을 대는 자가 없었더라 요 7:40-44

40 무리 중에서 어떤 사람은 복음서 기자는 그리스도께서 방금 전에 하신 설교의 결과를 설명한다. 그리스도의 설교를 들은 사람들 사이에서 그분에 대해 다른 의견이 제기되었다. 사도 요한이 여기에서 그리스도를 대적하는 원수들 혹은 건실한 교훈에 대한 혐오감으로 가득 찬 사람들을 언급하고 있지 않다는 점을 주목할 필요가 있다. 여기에 등장하는 사람들은 일반인들이다. 그들 중에서는 매우 진지한 사람들이 있었을 것이다. 복음서 기자는 사람들을 세 부류로 나눈다.

이 사람이 참으로 그 선지자라 첫 번째 부류의 사람들은 예수님이 진정 선지자 중의 한 분이라는 점을 인정하였다. 여기서 우리는 그들이 그리스도의 교훈을 싫어하지 않았다고 결론을 내린다. 하지만 다른 한편으로 이러한 고백은 가볍고 부주의했다는 것이 분명하다. 사람들이 비록 그리스도를 선생으로 인정하기는 했지만, 그분이 말씀하고 의도하시는 내용을 깨닫지 못했으며 그것을 좋아하지도 않았다는 것이 확실하기 때문이다. 그들은 그리스도를 하나님의 아들과 자기들의 구원의 주님으로 고백하지 않고서는 참으로 그리스도를 선지자 중 한 분으로 받아들인 것이라고 할 수가 없었다. 그렇지만 우리는 그들에 대하여 이렇게까지는 말할 수 있다. 즉, 그들은 그리스도 안에서 신적神的인 것을 보았으며, 이것으로 인해 그들은 그리스도를 존경하게 되었으며, 기꺼이 배우려고 하는 마음이 있어서 그들은 나중에 쉽게 믿음을 가질 수가 있었다.

41 어떤 사람은 그리스도라 하며 첫 번째 부류의 사람들보다 더 정확한 견해를 가진 사람들은 이 두 번째 부류의 사람들이다. 그들은 예수님을 '그리스도'라고 분명히 고백했다. 그러나 다른 사람들이 이들에게 반대 의견을 제시했고, 그래서 사람들이 두 패로 나뉘었다. 우리는 이 예를 통해 오늘날 다양한 논쟁으로 사람들이 나뉜다고 해도 이상하게 생각하지 말라는 경고를 받는다.

우리는 그리스도의 설교로 분열이 발생했다는 것, 그것도 믿음이 없는 이방인들 사이에서가 아니라 그리스도의 교회 안에서 그리고 심지어는 교회의 지도자들 사이에서 발생했다는 것을 알게 된다. 이와 같은 분열이 발생하는 원인이 그리스도의 교훈에 있다고 비난할 수 있는가? 그렇지 않다. 비록 온 세상이 소란하더라도, 하나님의 말씀은 너무도 귀중하기 때문에 적어도 소수의 사람들에 의해서라도 그 말씀이 받아들여지기를 소망해야 한다. 그래서 하나님의 백성들 사이에서 논쟁이 벌어지고, 서로 자기주장을 내세우는 사람들을 보더라도 우리 양심에 염려할 이유는 없다.

그렇지만 우리는 분열이 복음에서 기인한 것이 아니라는 사실을 주목해야 한다. 특정 진리를 제외하고는 사람들 사이에서 확고한 의견 일치가 일어날 수 없기 때문이다. 하나님을 모르는 사람들에 의해 촉진되고 있는 평화는 진정한 일치보다는 어리석음에서 기인한다. 한마디로 말해서, 복음이 전파될 때 일어나는 다른 모든 의견들의 원인과 씨앗은 이미 사람들 사이에 잠재되어 있다. 이를테면, 이것은 마치 안개가 태양이 아니라 다른 어떤 것에 의해 생겨나지만 태양이 떠오르기 전에는 보이지 않는 것과 같다. 이런 것들이 잠에서 깨어나서 움직이기 시작하는 것이다.

그리스도가 어찌 갈릴리에서 나오겠느냐 사람들은 자기들이 그리스도를 생각 없이 거부하는 것이 아니라는 것을 보이려고 성경의 증거로 무장한다. 그들은 그리스도를 거스르려고 성경을 왜곡시켰지만, 그들도 진리와 유사한 것을 가지고 있었다. 그들이 잘못한 것은 그리스도를 갈릴리 사람이라고 칭한 것뿐이다. 하지만 이러한 무지의 원인이 어디에 있겠는가? 그리스도를 멸시하려는 데 있는 것이 분명하다. 그들이 그리스도에 대해 탐구하는 수고를 했더라면, 그리스께서 베들레헴에서 탄생하셨다는 사실과 그분이 다윗의 자손이라는 사실을 알았을 것이다. 하지만 그런 탐구를 게을리하는 하는 것이 바로 우리의 본성이다. 우리는 천국의 비밀들을 아는 데 있어서는 무사태평하면서, 작은 일에 게으른 것에 대해서는 수치스럽게 여긴다.

그들이 그리스도를 떠나기 위한 구실을 찾는 일에 있어서는 부지런하고 대단히 열심이지만 건전한 교훈을 받아들이는 데 있어서는 게으르고 더디다는 사실 또한 주목할 만하다. 종종 사람들은, 우리의 손을 잡아 그리스도에게로 인도하는 바로 그 성경으로부터 스스로를 위한 이러한 장애물을 만들어냄으로써 그리스도에게로 나아오지 못하게 된다.

43 무리 중에서 쟁론이 되니 복음서 기자는 이 말로써 사람들이 그리스도를 멸시할 뿐만 아니라, 그분을 배척하는 그들의 사악함이 그분을 해하려는 잔인한 욕망에 더해졌음을 밝힌다. 미신은 늘 잔인하기 때문이다. 그들의 노력이 성공을 거두지 못한 것은 분명히 하나님의 섭리 때문일 것이다. 일찍이 언급했듯이, 그리스도는 아직 자신의 때가 오지 않았으므로 자기 아버지

의 보호를 의지했고 하나님께서는 그분을 지켜주셨다. 그래서 그리스도는 모든 위험을 이겨내셨다.

---

45 아랫사람들이 대제사장들과 바리새인들에게로 오니 그들이 묻되 어찌하여 잡아오지 아니하였느냐 **46** 아랫사람들이 대답하되 그 사람이 말하는 것처럼 말한 사람은 이때까지 없었나이다 하니 **47** 바리새인들이 대답하되 너희도 미혹되었느냐 **48** 당국자들이나 바리새인 중에 그를 믿는 자가 있느냐 **49** 율법을 알지 못하는 이 무리는 저주를 받은 자로다 **50** 그중의 한 사람 곧 전에 예수께 왔던 니고데모가 그들에게 말하되 **51** 우리 율법은 사람의 말을 듣고 그 행한 것을 알기 전에 심판하느냐 **52** 그들이 대답하여 이르되 너도 갈릴리에서 왔느냐 찾아보라 갈릴리에서는 선지자가 나지 못하느니라 하였더라 **53** 다 각각 집으로 돌아가고 요 7:45-53

---

45 아랫사람들이 대제사장들과 바리새인들에게로 오니 우리는 여기서 경건하지 않은 사람들이 교만으로 인해 얼마나 심하게 눈멀었는지 볼 수 있다. 그들은 세상에서 자기들의 위대함을 칭송하고 경배하는 일에 너무도 열심이어서 인간의 법과 하나님의 법을 짓밟기를 주저하지 않는다. 경건하지 않는 사람들은 자기들이 바라는 것과 어긋나는 일이 생기면 기꺼이 모든 것을 혼란에 빠뜨린다. 이 사악한 제사장들이 왜 그리스도를 자기들에게 데려오지 않았느냐고 물었을 때, 그들은 자기들이 명령한 것에 아무것도 거슬러서는 안 되는 듯이 자기들의 권세를 과장한다.

46 그 사람이 말하는 것처럼 말한 사람은 이때까지 없었나이다 아랫사람들은 자기들이 그리스도의 말씀에 굴복당하였고 그 말씀에 용기가 꺾였다고 고백한다. 그러나 그들은 그것 때문에 회개하거나 그 말씀에 합당한 영예를 드리지는 않는다. 정말이지 그리스도께서 말씀하시는 대로 말한

사람이 여지껏 없었다고 한다면, 그들의 마음이 이와 같이 느끼게 한 하나님의 능력이 왜 그들을 감동하여 전적으로 하나님께 헌신하게 하지 않았는가? 그러나 이사야 선지자의 말씀은 이런 식으로 성취되었어야 했다.

"그의 입의 막대기로 세상을 치며 그의 입술의 기운으로 악인을 죽일 것이며"(사 11:4).

더욱이 우리는 나중에, 그리스도를 죽이려고 하던 사람들이 단지 그리스도의 음성을 듣는 것만으로도 마치 망치로 얻어맞은 듯이 뒤로 물러가 엎드러졌다는 기사를 읽는다. 그러므로 그리스도의 교훈에는 이와 같은 능력이 있어서 악한 자들을 두렵게 한다는 사실을 배우자. 하지만 그리스도의 말씀으로 경건하지 않은 사람이 멸망을 당하게 된다면, 우리는 그것 때문에 방해를 받기보다는 마음을 부드럽게 하도록 주의하자.

심지어 오늘날에도 우리는 예수님 당시의 아랫사람들과 똑같은 사람들을 많이 본다. 그들은 복음의 가르침을 마지못해 흠모하기는 하나, 그 마음이 그리스도께 굴복하는 것과는 거리가 너무도 멀어서 원수의 진영에 그대로 머물러 있다. 이보다 더 악한 사람들도 있다. 그들은 복음이 하나님에게 온 것임을 마음속으로 확신하면서도, 사악한 자들의 호감을 얻기 위해서 할 수 있는 한 모든 노력을 다하여 복음의 가르침을 비난하고 모독한다.

47 너희도 미혹되었느냐 대제사장들과 바리새인들은 아랫사람들을 이런 식으로 꾸짖음으로써 그들로 하여금 자기들에게 여전히 복종하게 한다. 대제사장들과 바리새인들은 이 말로써, 설령 모든 사람이 그리스도에게 미혹되었다고 해도 자기들이 동요한다는 것은 터무니없이 부적절한 일이라는 것을 밝힌다. 하지만 우리는 대제사장과 바리새인들이 그리스도를 호되게 모독할 때 둘러대는 그들의 논리의 근거를 보아야 한다. 그들은 "평민들과 무식한 사람들만 그리스도의 편이며, 통치자들과 저명한 사람들은 그를 대적한다"라고 말한다. 그들은 구체적으로 바리새인을 거명한다. 바리새인이 학식과 거룩함에 있어서 다른 사람들에 비해 좀 더 명성을 얻었기 때문이며, 당시 바

요한복음 7장

리새인들은 마치 고관高官들과 같았기 때문이다.

이러한 반대는 납득할 만한 듯이 보인다. 사실 교회의 통치자들과 감독들이 권력을 지니고 있지 않았다면, 사회는 혼란에 빠지고 교회는 오랫동안 안정된 상태를 유지할 수 없었을 것이다. 모든 사람들이 자기가 원하는 대로 하도록 허용된다면, 금세 보통 사람들이 격렬하게 분노를 발하여 무정부 상태의 무질서가 이어질 것이라는 점은 불을 보듯이 뻔하다. 그러므로 통치자들에게 부여된 권세는 교회 안에서 질서를 유지하기 위해 반드시 필요하다. 그리고 그러한 권세는 하나님의 법에 의해 부여되었다. 사람들 사이에서 질문이 제기되거나 논쟁이 일어나면, 사람들은 대제사장에게 가서 문의하였다(신 17:8). 통치자들의 죄는 그들이 하나님에게 순종하지 않고 자기들이 최고의 권세를 가지고 있다고 주장하는 데 있다. 하나님께서 대제사장을 결정을 내리는 대리자로 임명했다는 것은 사실이다. 하지만 대제사장으로 하여금 율법에 따라 결정을 내리도록 그를 사용하시는 분은 하나님이시다.

그러므로 목사에게 어떤 권세가 있든지 간에, 그는 하나님의 말씀에 복종해야 한다. 그래야 높은 사람부터 낮은 사람에 이르기까지 모든 사람들이 자신의 위치를 잘 지킬 수 있고 하나님만 홀로 높임을 받으실 것이다. 만일 자신의 의무를 정직하게 그리고 성실하게 수행하는 목사가 스스로 권세를 주장한다면, 그것은 거룩하고 합당한 주장이다. 그러나 하나님의 말씀과 상관없이 막연히 인간이 가지고 있는 권세를 높일 경우, 그것은 헛되며 무익한 자랑이 되고 만다. 그러나 악한 사람들이 교회를 지배하는 일이 종종 일어나고 있다. 그러므로 우리는 사람들이 하나님의 말씀을 떠날 경우 그들에게 어떤 권위도 부여하지 않도록 주의해야 한다.

우리는 거의 모든 선지자들이 이러한 폐해로 인해 마음 걱정이 심했다는 것을 본다. 사람들은 왕과 제사장과 같은 고상한 칭호와 교회라는 이름으로 선지자들이 가르치는 것을 사장死藏시키려고 계속해서 그들을 대적하였다. 오늘날 교황주의자들도 동일한 무기로 무장하여, 그리스도와 선지자들의 원수들 못지않게 맹렬히 복음을 대적하고 있다. 죽을 운명을 가진 사람들이 스스로 하나님을 거스르는 것을 부끄러워하지 않는 것은 치명적으로 눈이 멀었다는 증거이다. 하지만 이것은 사탄이 이 사람들의 정신을 흐리게 한 결과이다. 사탄의 조종으로 그들은 하나님의 진리보다도 자신들의 야망을 더 좋아한다. 하지만 우리는 하나님의 말씀을 경외해야 한다. 그럴 때 세상의 모든 비방이 사라지고 세상의 헛된 안개가 흩어질 것이다. 만일 우리의 구원이 세상 왕의 뜻에 달려 있다면 우리의 처지는 비참할 것이다. 그리고 만일 구원이 우리의 즐거움에 따라 서거나 넘어지는 것이라면 우리의 믿음은 너무도 불안정한 것이 될 것이다.

49 이 무리는 바리새인들의 자부심이 나타난 첫 번째 경우는 그들이 제사장이라는 칭호를 신뢰하고 모든 사람들을 압제하고 싶어 하는 모습이었다. 두 번째 경우는 그들이 모든 사람을 무가치한 존재로 멸시하는 모습에서 드러난다. 과도한 자기만족에 사로잡힌 사람들은 늘 다른 사람들을 멸시하는 습성이 있기 때문이다. 다른 사람들을 경멸하는 것은 늘 자기 집단을 사랑하는 것을 동반한다. 바리새인들은 모든 무리가 저주를 받았다고 선언한다. 왜 그랬을까? 그들은 무리들이 율법을 모르기 때문이라고 분명하게 주장한다. 그러나 그들은 다른 이유에 대해서는 입을 다문다. 즉, 그들은 바리새파가 아닌 곳에는 거룩함이 없다고 생각했던 것이다.

이것과 동일하게 오늘날 교황제도 아래에 있는 사제들은 자신들만 교회라고 주장하며, 그들이 평신도라고 부르는 사람들을 마치 이교도들이라도 되는 듯이 멸시한다. 그러나 하나님께서는 높은 지위에 있고 권세가 있는 사람들보다 낮고 멸시받는 사람들을 선택하심으로써 교황제도 아래에 있는 사람들의 교만한 광기狂氣를 무너뜨리신다.

여기서 바리새인들이 자랑하는 바 율법을 아는 지식은 사람들에게 경건과 하나님 경외를 가르치는 율법이 아니라 그들만이 소유했다고 거드름을 피우는 율법을 가리킨다. 이러한 사실에 근거하여 바리새인들은 자기들만 율법을 바르게 해석하는 사람들인 양 뻐긴다. 율법을 아는 지식으로 우리가 깨끗하게 된다면, 하나님의 율법으로 가르침을 받지 않은 모든 사람들이 저주를 받는다는 것은 확실한 사실이 될 것이다. 하지만 율법을 아는 것은 몇 사람에게만 한정되지 않는다. 바리새인들은 왜곡된 확신으로 교만하여져서 늘 자기들을 다른 부류의 사람들과 다르다고 생각한다. 그러나 율법은 하나님의 자녀 누구에게나 속한다. 그래서 작은 자로부터 큰 자에 이르기까지 모든 사람이 믿음의 동일한 순종으로 함께 모일 수 있다.

50 니고데모가 그들에게 말하되 복음서 기자는 니고데모를 중립적인 태도를 가진 사람으로 묘사한다. 즉, 경건한 교훈을 적극적으로 변호하지도 않지만 진리가 억눌림 받는 것을 견딜 수 없어 하는 사람으로 말이다. 복음서 기자가 니고데모 이야기를 하면서 '밤에 예수께 왔던'(한글 개역개정성경에는 "전에 예수께 왔던"이라고 해서 '밤에'라는 단어가 나와 있지 않지만, 칼빈이 인용한 성경에는 'he that came by night'라고 표현되어 있다 - 역자 주)이라는 표현을 쓴 것은, 한편으로는 그를 칭찬한 것이고 다른 한편으로는 그의 부끄러움을 지적한 것이다.

니고데모가 그리스도의 가르침을 좋아하지 않았다면, 그는 감히 불경건한 사람들의 분노와 맞서지는 않았을 것이다. 어느 누구든 단 한 번이라도 입을 열면 그 사람은 즉시 바리새인들의 미움을 사고 위험에 노출된다는 것을 니고데모는 알고 있었다. 그래서 니고데모가 아무리 힘이 없었어도 용기를 내어 한마디라도 말을 했다면, 이것은 그의 마음에서 빛을 발하는 경건함의 작은 불꽃인 것이다. 하지만 그가 좀 더 자유롭게 그리스도를 옹호하지 못한 것은 그의 과도한 소심함에서 비롯되었다. 그래서 복음서 기자는 니고데모가 여전히 밤에 숨어 있기를 좋아한다는, 그리고 그는 진정한 그리스도의 제자가 아니라는 뜻으로 이 구절을 말한다. 복음서 기자에 따르면, 니고데모는 전에 밤에 그리스도에게 왔으나 원수들 사이에 공개적으로 남아 있으며 그 원수들 진영에서 자기 자리를 차지하고 있었다.

오늘날 스스로를 니고데모인 체하는 사람들이 많이 있다. 그들은 니고데모와 같은 가면을 씀으로써, 벌을 받지 않는 것으로 하나님을 조롱하고자 한다. 이런 점에서 우리는 니고데모의 모습을 좀 더 주의 깊게 관찰해야 한다. 자기들과 니고데모와 차이가 없다는 것을 기정사실로 하더라도, 도대체 그러한 예가 그들에게 어떤 도움이 될 것인가? 니고데모는 그리스도의 말을 듣지 않고는 그분을 정죄해서는 안 된다고 주장한다. 강도나 살인자에게 대해서도 똑같은 말을 할 수 있을 것이다. 죄가 없는 사람을 정죄하기보다는 죄가 있는 사람을 심문하는 것이 더 낫다는 것은 잘 알려져 있는 유명한 사실이다. 더욱이 그리스도가 어떤 분이신지를 분명히 하고자 하는 마음 때문에 니고데모는 교훈 그 자체를 언급하지 않는다.

경건하고 믿음이 있는 니고데모라는 사람에 대해서 우리는 어떤 가치를 발견할 수 있는가? 그 사람 속에 있는 복음의 씨앗은 이후에 열매를 맺지만 지금은 여전히 감추어져 있고 죽어 있다. 만일 우리가 이 예例를 다른 목적에 적용한다면 훨씬 더 유익할 것이다. 이를테면, 주님은 종종 점차 쇠잔해가는 듯이 보이는 교훈을 은밀하게 뿌리 내리게 하시며, 많은 시간이 흐른 뒤에 싹을 틔우게 하신다. 처음에는 분명히 실패한 것 같지만, 나중에는 생명과 활력이 넘치게 된다. 이런 방법으로 니고데모의 신앙은 그리스도께서 죽으신 이후 새롭고 갑작스럽게 활력을 얻었다.

52 너도 갈릴리에서 왔느냐 바리새인들은 그리스도를 두둔하는 사람을 다 갈릴리에서 왔다고 말한다. 이것은 책망하는 어투이다. 마치 갈릴리의 수준 낮은 촌구석에서 온 사람이 아니라면 어느 누구도 그리스도의 편을 드는 사람이 없을 것이라는 듯한 말투이다. 말하자면, 바리새인들은 니고데모에게 언어폭력을 가한 것이다. 이것은 바리새인들이 그리스도에 대한 증오로 얼마나 불타 있었는지를 보여준다. 니고데모가 그리스도를 공공연하게 옹호하고 나선 것이 아니라 그분의 말을 들어보지 않고는 정죄하지 말라고 말했을 뿐인데 말이다.

오늘날 교황 추종자들 중에서 복음이 압제 받지 않도록 조금이라도 공평무사한 태도를 보여줄 수 있는 사람은 한 명도 없다. 오히려 그들은 이런 사람을 보면 득달같이 화를 내고 그를 이교도라고 매도하기 때문이다.

53 다 각각 집으로 돌아가고 이제 이 장면은 놀라운 결론으로 마무리된다. 그 당시 제사장들이 어떻게 통치권을 행사했고 또 그들의 분노와 명령의 권한이 얼마나 컸는지 생각한다면, 반면에 그리스도는 그분을 지켜줄 사람도 하나 없이 무방비 상태였다는 것을 생각한다면, 그리스도가 확실히 끝장났을 거라는 결론이 나야 마땅하다. 그런데 이처럼 가공할 만한 음모가 저절로 해결이 되고 이 모든 사람들이 바다의 파도처럼 스스로의 폭력에 의해 맹렬히 부서진다면, 그들이 하나님의 손에 의해 흩어진 것임을 인정하지 않을 사람이 누가 있겠는가? 하지만 하나님은 늘 동일한 분으로 계신다.

그러므로 그분이 원하신다면 원수들의 모든 수고를 얼마든지 무효로 하실 수 있다. 하나님의 원수들이 모든 권력을 가지고 있고 자기들의 계획을 실행시킬 채비를 갖춘 경우에라도, 그들은 손 한번 못 쓰고 흩어질 것이다. 원수가 복음을 저해하려고 어떤 음모를 꾸미더라도, 하나님의 놀라우신 은혜로 그들의 모든 노력이 수포로 돌아가고 마는 경우를 종종 발견한다.

요한복음 8장

1 예수는 감람산으로 가시니라 2 아침에 다시 성전으로 들어오시니 백성이 다 나아오는

지라 앉으사 그들을 가르치시더니 3 서기관들과 바리새인들이 음행 중에 잡힌 여자를

끌고 와서 가운데 세우고 4 예수께 말하되 선생이여 이 여자가 간음하다가 현장에서 잡

혔나이다 5 모세는 율법에 이러한 여자를 돌로 치라 명하였거니와 선생은 어떻게 말하

겠나이까 6 그들이 이렇게 말함은 고발할 조건을 얻고자 하여 예수를 시험함이러라 예

수께서 몸을 굽히사 손가락으로 땅에 쓰시니 7 그들이 묻기를 마지 아니하는지라 이에

일어나 이르시되 너희 중에 죄 없는 자가 먼저 돌로 치라 하시고 8 다시 몸을 굽혀 손가

락으로 땅에 쓰시니 9 그들이 이 말씀을 듣고 양심에 가책을 느껴 어른으로 시작하여 젊

은이까지 하나씩 하나씩 나가고 오직 예수와 그 가운데 섰는 여자만 남았더라 10 예수

께서 일어나사 여자 외에 아무도 없는 것을 보시고 이르시되 여자여 너를 고발하던 그

들이 어디 있느냐 너를 정죄한 자가 없느냐 11 대답하되 주여 없나이다 예수께서 이르시

되 나도 너를 정죄하지 아니하노니 가서 다시는 죄를 범하지 말라 하시니라 요 8:1-11

3 서기관들과 바리새인들이 … 여자를 끌고 와서 이 기사記事가 고대

헬라 교회에는 알려지지 않았음이 분명하다. 그래서 어떤 사람들은 다른 곳

에서 가져온 이야기를 여기에 삽입한 것이라고 추측한다. 하지만 본문은 라

틴 교회(로마를 중심으로 한 서방교회)가 일찍부터 받아들였고 많은 헬라어 사본에서도 발견되는 기사이다. 또한 본문에는 사도들의 정신에 위배되는 내용이 포함되어 있지 않다. 그러므로 본문을 사용하지 않고 거절할 이유가 없다.

복음서 기자가 서기관들이 어떤 여자를 예수님께 데려왔다고 말할 때, 이것은 서기관들이 예수님께 올무를 놓으려고 합의된 행동을 하고 있다는 의미이다. 복음서 기자가 특히 바리새인들을 언급한 것은 바리새인들이 서기관들 중에서도 최고의 위치에 있는 사람들이었기 때문이다. 바리새인들은 이러한 음모를 받아들인 극악무도한 사람들이었다. 바리새인들의 말속에서 그들의 정체가 무엇인지 드러났다. 그들은 자기들이 율법의 분명한 계명을 갖고 있다고 밝히고 있다. 그러니 그들은 지금 마치 의심이 가는 양 질문 하나를 제기하면서 사악하게 행동하고 있는 것이다. 그들의 의도는 그리스도에게 은혜를 설교하는 그분의 직책을 억지로 포기하게 함으로써, 그분이 변덕스럽고 안정되지 못한 사람임을 입증하는 데 있었다. 바리새인들은 그리스도를 율법의 결정에 묶어둘 요량으로 모세가 음행을 정죄했다고 분명히 말했다. 율법으로 정죄함을 받은 사람을 죄 없다고 하는 것은 옳지 않기 때문이다. 반대로 만일 그리스도께서 이런 율법에 동의하신다면, 그분은 그리스도답지 않게 행동하신 것이다.

6예수께서 몸을 굽히사✝ 예수께서는 이런 몸짓을 하심으로써 그분이 바리새인들을 멸시하고 계심을 보이셨다. 내 생각에, 그리스도께서 몸을 굽혀 이런저런 내용을 쓰셨다고 생각하는 사람들은 틀린 것 같다. 또한 그리스도께서 이런 식으로 율법과 복음을 구별하셨다고 생각하는 어거스틴의 기발한 생각도 정당하다고 할 수 없다. 어거스틴의 생각은 그리스도께서 돌판에 글을 쓰신 것이 아니라 티끌과 흙인 사람 위에 글을 쓰셨다는 점에 기반한 것이다. 그러나 그리스도께서 몸을 굽히심으로써 의도하신 바는 오히려 아무

✝ 칼빈은 이 구절을 '예수께서 아래를 보시고' (불어로는 's' enclinant en bas')라고 읽는다.

행동도 하지 않으심으로써 바리새인들의 말이 들을 만한 가치가 없음을 보여주고자 하심이다. 이것은 마치 다른 사람이 나에게 말하고 있는 동안 벽에다 손가락으로 선을 긋거나 등을 돌리거나 다른 표시를 함으로써 그 사람의 말에 관심이 없음을 드러내는 것과 같다.

오늘날 사탄이 다양한 방법으로 우리를 복음의 바른 길에서 벗어나게 하려고 할 때, 우리는 앞에서 말한 식으로 사탄이 우리 앞에 놓은 많은 장애물들을 멸시하거나 무시해야 한다. 교황주의자들은 할 수만 있다면 하늘에 퍼져 있는 구름처럼 대단히 많은 사소한 것들로 우리에게서 트집을 잡는다. 경건한 교사들이 교황주의자들의 트집을 일일이 조사하느라 수고한다면, '페넬로페의 직물'(그리스 신화에서 페넬로페는 스파르타의 왕 이카리오스의 딸이자 오디세우스의 아내이다. 트로이 전쟁에 참전한 남편 오디세우스가 20년이 지나도 돌아오지 않자, 많은 귀족들이 페넬로페에게 구혼을 했다. 하지만 페넬로페는 남편이 돌아올 것을 확신하며 낮에는 수의를 짜고 밤에는 수의를 풀면서 구혼자들의 청혼을 거절하며 수절하였다. 그래서 '페넬로페의 직물'은 끊임없이 일을 하지만 진전이 없거나 마치지 못하는 일을 뜻한다)을 짜기 시작하는 셈이 될 것이다. 그러므로 복음의 진보를 방해하는 이런 종류의 장애라면 무시하는 것이 지혜롭다.

7 너희 중에 죄 없는 자가 그리스도께서는 율법의 습관을 따라 이렇게 말씀하셨다. 하나님께서는 증인들에게 악을 행한 사람을 그들 손으로 직접 죽이라고 명령하셨기 때문이다. 이는 매우 정확한 증언이 제기될 수 있도록 하기 위해서였다(신 17:7). 자기들의 혀가 다른 사람들에게 치명적인 상처를 입힌다는 생각을 하지 못하기 때문에 아무 생각 없이 형제들을 위증하는 사람들이 많다. 간음하다 잡힌 여자를 데리고 온 그들이 필사적이었던 만큼, 그들 중에 죄 없는 자가 돌로 치라는 그리스도의 말씀은 남을 헐뜯는 그 사람들에게 대단한 부담으로 다가갔다. 그리스도께서 이 말씀을 하시자마자, 그들이 그리스도를 찾아올 때 가지고 있었던 맹렬한 열정은 싸늘하게 식어버렸다.

하지만 그리스도의 말씀은 율법의 계명과는 다르다. 예전에 하나님께서는 단지 말로 다른 사람을 정죄하는 것을 주의하라고 경고하셨다. 직접 어떤 사람을 죽여도 좋다는 허락이 떨어진 경우를 제외하고는 말이다. 그러나 지금 그리스도께서는 증인들에게 완전한 무죄를 요구하고 계신다. 그 어떤 죄도 짓지 않은 순결한 자가 아니라면, 아무도 다른 사람의 범죄에 앙갚음을 할 수 없도록 하기 위해서 말이다. 그리스도께서 몇 사람에게 말씀하신 내용은 모든 사람에게 말씀하신 것으로 이해해야 한다. 다른 사람을 고발하는 사람은 자신이 법적으로 무죄하다는 것을 증명해 보여야 한다. 그렇지 않다면 우리는 악한 행위를 공격하는 것이 아니라 다른 사람의 인격을 거스른 것이 되고 만다.

그리스도께서는 이런 방법으로 세상에서 정의를 제거하고 계신 것처럼 보인다. 마치 아무도 범죄자를 처벌한다고 감히 말하지 못하게 하시려고 하려는 듯이 말이다. 자신 안에 악한 것이 없다고 생각하는 재판장이 단 한 사람이라도 있을까? 아무런 잘못도 저지르지 않은 증인이 단 한 사람이라도 나올 수 있는가? 그리스도께서는 모든 증인들을 증인석에서 몰아내고, 모든 재판장을 재판장석에서 내보내고 계신 것처럼 보인다.

여기에 답하겠다. 이것은 그리스도께서 죄인들에게 다른 사람들의 죄를 바로잡아야 하는 그들의 의무를 다하지 못하도록 막는 절대적인 금지령이 아니다. 그리스도께서는 이 말씀으로 단지 외식하는 사람들을 꾸짖으시는 것뿐이다. 외식하는 사람들은 자기와 자기들 사악한 행동에 대해서는 너그럽게 넘어가지만 다른 사람들을 판단할 때는 극도로 엄격하고 잔인하게 다룬다. 그러므로 자기와 다른 사람 안에 있는 책망 받아 마땅한 것을 미워하는 자라면, 자기 안에 죄가 있다고 해서 다른 사람의 죄를 바로잡거나 필요한 경우 그들을 벌하는 일까지도 하지 못하게 금지해서는 안 된다. 더욱이 모든 사람은 자신의 양심을 자세히 살핌으로써 시작하고, 다른 사람을 판단하기 전에 먼저 자신에 대해 증인이 되고 재판장이 되어야 한다. 이런 식으로 우리는 사람을 미워하지는 않지만 죄에 대해서는 투쟁할 필요가 있다.

9 그들이 이 말씀을 듣고 양심에 가책을 느껴 여기서 우리는 악한 양

심의 거대한 힘을 본다. 이 사악한 외식하는 자들이 트집을 잡아 그리스도를 제압하려고 했지만, 그들은 그리스도의 단 한마디 말씀으로 양심에 찔림을 받자마자 부끄러워 줄행랑을 쳤다. 이것은 외식하는 사람들의 교만을 부수는 망치이다. 그들은 하나님의 심판대 앞에 소환되었음이 틀림없다. 그러나 정확히 말해서, 그들은 하나님에 대한 경외심보다는 사람들 앞에서 부끄러움을 당한다는 것에 더 큰 영향을 받았다. 그러나 그들이 순전히 자발적으로 스스로 죄가 있다고 고백하고 혼비백산하여 떠나간 것은 보통 일이 아니다. 죄에 대한 그들의 확신이 어른으로 시작하여 젊은이까지 이어졌다는 점은 주목할 필요가 있다.

오늘날 그리스도를 대적하려고 교황에게 온갖 충성을 다하는 서기관들이 적어도 자기들의 행동을 부끄러워할 줄이라도 알았으면 좋으련만. 그러나 서기관들은 전혀 부끄러움을 모르고, 그것도 모자라 온갖 악한 행동을 하는 것으로 악명이 높다. 그들은 벌을 받지 않고 부끄러움을 모르는 것을 영광스럽게 생각한다. 또한 우리가 주목해야 할 것은, 서기관들이 어느 정도 이러한 죄의식을 느끼든지 간에 그들의 죄의식은 진정한 회개와 다르다는 사실이다. 우리는 하나님의 심판에 강한 찔림을 받아야 한다. 그래야 재판장 되신 그분의 목전에서 피하여 숨을 곳을 찾는 대신 그분의 용서하심을 구하러 그분에게로 직행할 것이다.

예수와 그 가운데 섰는 여자만 남았더라 그리스도를 시험하려던 악한 사람들은 지혜의 영靈으로 말미암아 그들의 계획이 수포로 돌아가자 다들 떠나갔다. 우리도 동일한 영에 지배를 받아야만 원수들의 모든 계략을 이길 수 있음이 분명하다. 그러나 우리가 원수들의 역할을 주시하지 못하거나 우리 자신의 지혜를 신뢰함으로 인해 종종 원수들이 우리를 지배하는 경우가 발생한다. 우리는 정말로 성령님의 지배가 필요하다. 복음서 기자는 그리스도만이 홀로 남았다고 말한다. 그리스도의 가르침을 받던 백성들이 그분을 떠났기 때문이 아니라, 간음하다 현장에서 붙잡힌 여자를 끌고 온 서기관들이 더 이상 그리스도를 괴롭히지 않았기 때문이다. 그 여자가 그리스도와 함께 남았다는 말에서, 우리는 그리스도의 심판대 앞에 우리의 죄 외에는 가져갈 만한 선한 것이 하나도 없다는 교훈을 배운다. 우리는 단지 그리스도의 판단에 조용히 그리고 순종하는 자세로 복종할 뿐이다.

11 나도 너를 정죄하지 아니하노니 이 말은 그리스도께서 단순히 여자를 용서해주셨다는 의미가 아니다. 이 구절은 그리스도께서 여자가 자유롭게 가도록 허락하셨다는 뜻이다. 그리스도께서 그렇게 하셨다고 해서 놀랄 것이 전혀 없다. 그리스도는 자신의 직분이 아닌 일을 수행하기를 원하지 않으셨다. 그리스도는 잃은 양을 모으라고 아버지로부터 보냄을 받으셨다. 그래서 그분은 자신의 소명召命을 명심하면서 여자에게 회개를 권하고 은혜를 약속하며 위로하셨다.

이 일화를 근거로 간음은 사망의 벌을 받지 않는다고 추론하는 사람들이 있다. 그들의 논리가 맞다면, 그들은 두 형제가 예수님께 유산을 나눠달라고 부탁했을 때 그리스도께서 유산 나누는 것을 거부하셨으므로 유산은 나누어져서는 안 된다고 인정해야 할 것이다. 간음에 대한 형벌이 면제된다면, 모든 범죄 역시 율법의 형벌에서 면제될 것이다. 어떤 유의 반역자나 중독자 또는 살인자나 강도들이든 그들에게 문이 활짝 열릴 것이기 때문이다. 더욱이 간음으로 인해 한 가정에 사생아가 태어난 경우, 간음한 여자는 그 가족의 이름을 훔쳤을 뿐만 아니라 유산을 상속받을 권한을 갈취하였고 그것을 낯선 사람에게 전해주게 된다. 하지만 가장 중요한 악은 아내가 간음이라는 부끄러운 행동을 함으로써 그와 한 몸이 된 남편에게 불명예를 안기며, 하나님 앞에서 행한 성스러운 혼인 서약을 파기한다는 데 있다. 성스러운 혼인 서약이 없이는 건전한 거룩함이 세상에 계속 존속할 수가 없다.

하지만 교황의 신학에 따르면, 본문에서 그리스도는 은혜의 법을 소개하셨다고 한다. 그래서 이 은혜의 법에 의해 간음한 자들이 벌을 받지 않을 것이라고 말한다. 교황주의자들이 사람들의 마음에서 그리스도의 은혜를 지우려고 별의별 수단을 다 사용함에도 불구하고 (이러한 은혜는 복음이 전파되는 곳이라면 어디에서나 우리에게 선포되고 있다), 오직 이 시점에서만은 은혜의 법을 큰 소리로 선포하고 있다! 왜 그럴까? 그들이 고삐 풀린 욕정으로 오염되어서 혼인의 침대를 부정한 것으로 더럽히고 있기 때문이 아니겠는가? 이것은 마귀가 만들어낸 독신주의의 결과이다. 적법한 아내와 더불어 살려고 하지 않는 사람들은 얼마든지 무차별적으로 간통을 범할 가능성이 있다. 그러나 그리스도께서는 사람들의 죄를 용서하시기는 하지만, 사회 질서를 타파하시거나 법적인 판결과 벌을 폐지하지는 않으신다는 사실을 명심하자.

다시는 죄를 범하지 말라 여기서 우리는 그리스도의 은혜의 목적을 알게 된다. 즉, 죄인이 하나님과 화목하게 되고 나서 경건하고 거룩한 생활로써 자기 구원의 하나님을 영화롭게 하기 위함이다. 한마디로 말해서, 우리에게 죄 사함을 주는 하나님의 그 말씀은 동시에 우리에게 회개를 촉구한다. 뿐만 아니라 이러한 권면은 미래를 바라보게 하지만, 여전히 죄인으로 하여금 자신의 과거 생활을 상기하게 함으로써 그를 겸손하게 한다.

> 12 예수께서 또 말씀하여 이르시되 나는 세상의 빛이니 나를 따르는 자는 어둠에 다니지 아니하고 생명의 빛을 얻으리라 13 바리새인들이 이르되 네가 너를 위하여 증언하니 네 증언은 참되지 아니하도다 14 예수께서 대답하여 이르시되 내가 나를 위하여 증언하여도 내 증언이 참되니 나는 내가 어디서 오며 어디로 가는 것을 알거니와 너희는 내가 어디서 오며 어디로 가는 것을 알지 못하느니라 요 8:12-14

12 나는 세상의 빛이니 앞의 이야기를 생략하는 사람은 그리스도의 이 말씀을 초막절 끝 날에 주님이 설교하신 내용과 연결한다. 그리스도를 '세상의 빛'이라고 칭하는 것은 정말 멋진 찬사이다. 우리는 다 본성상 눈이 먼 사람

들이다. 하지만 우리를 어둠에서 구원하고 해방을 주며, 참 빛에 참여하게 하는 치유책이 마련되었다. 그리고 이러한 복은 어느 한 장소에 있는 사람에게만 주어진 것이 아니다. 그리스도는 자신이 온 세상의 빛이라고 말씀하신다. 그리스도께서는 이 일반적인 주장으로 유대인과 이방인, 학식이 있는 사람과 무식한 사람, 귀족과 평민 간의 구별을 제거하기 원하셨다.

하지만 우리는 먼저 이 빛을 구할 필요가 있음을 알아야 한다. 이 세상이 어둡고 우리 모두가 눈이 멀었다는 사실을 아는 사람이 아니라면, 어느 누구도 자신을 그리스도에게 드려 그 빛의 조명을 받으려 하지 않을 것이기 때문이다. 그러므로 빛을 얻을 수 있는 방법이 그리스도 안에서 우리에게 제시될 때, 우리 모두는 정죄를 받아 눈먼 자가 되었으며 우리 생각에 빛이라고 하는 것이 사실은 어둠과 칠흑 같은 밤과 대조된다는 사실을 깨닫자. 그리스도께서는 다른 사람과 똑같이 갖고 있는 것에 관하여 말씀하지 않으시고, 그분만의 고유한 것을 주장하신다. 그러므로 그분을 떠나서는 참 빛의 불꽃 하나라도 존재하지 않는다고 결론지을 수 있다. 유사 발광체가 있을 수는 있다. 그러나 그것은 빛을 비추는 것처럼 보일 뿐, 오히려 우리의 눈을 어지럽게 한다.

또한 우리는 빛을 발하는 능력과 기능은 그리스도의 물리적인 임재에 한정되지 않는다는 점을 주목해야 한다. 그리스도께서는 몸으로 우리를 떠나 멀리 가 계시지만, 복음의 가르침과 그분의 영靈의 신비한 능력으로 매일 그분의 빛을 우리에게 비추신다. 그렇지만 우리는 복음과 그리스도의 영에 의해 비춰을 받는다는 사실을 알 때에야 비로소 이 빛이 무엇인지 충분히 정의할 수 있다. 그래야만 우리는 모든 지식과 지혜의 샘이 그리스도 안에 감춰져 있다는 것을 알 수 있다.

나를 따르는 자는 위의 교훈에 더하여 그리스도께서는 권면의 말씀을 덧붙이신다. 그 권면은 약속의 말씀으로 되어 있다. 그리스도의 다스림을 받으려 하는 모든 사람들은 곁길로 나갈 위험이 없다는 말씀을 들을 때, 우리는 그분을 따르고자 하는 마음이 끓어올라야 마땅하다. 이를테면 그리스도께서는 그분의 펴신 팔로 우리를 그분에게로 이끄시는 것이다. 그러므로 대단히 크고 장엄한 약속에는 충만한 능력도 함께 들어 있어서, 그리스도를 바라보는 사람들이 비록 흑암의 중심을 통과하더라도 자기들에게는 분명한 길이 있다는 것을, 그것도 잠시 동안만이 아니라 목표에 도달하기까지 그러하다는 것을 확신할 수 있어야 한다. 그리스도께서 "나를 따르는 자는 어둠에 다니지 아니하고 생명의 빛을 얻으리라"라고 하신 말씀이 미래시제로 되어 있는 이유가 바로 여기에 있다. 또한 이는 빛의 영원성을 분명하게 서술하는 후반부 내용("생명의 빛을 얻으리라")의 의미이기도 하다.

그러므로 우리는 그 빛이 우리의 여행 도중에 꺼지지나 않을까 두려워할 필요가 없다. 그 빛은 우리를 생명으로 바르게 인도할 것이다. 그리스도께서 형용사를 사용하는 대신에 명사의 소유격을 사용하여 '생명의 빛'이라고 말씀하신 것은 히브리어식 표현을 반영한 것이다. 이것은 그리스도께서 '생명을 주는 빛'이 되신다는 의미이다. 그리스도를 바라보는 사람이 거의 없는 이 세상에 오류와 미신의 칠흑 같은 어둠이 있다는 것은 전혀 놀라운 일이 아니다.

13바리새인들이 이르되 바리새인들은 스스로 자기에 대한 명분을 제시하는 사람은 믿을 수 없다는 일반적인 생각을 들이대며 그리스도를 반대한다. 이 구절에서 '참된 증언'이란 합법적이고 믿을 가치가 있는 것을 가리키는 말이다. 한마디로 말해서 바리새인들은, 그리스도께서 다른 곳에서 증거를 가져오지 않으신다면 그분의 말은 가치가 없다는 뜻으로 이야기한 것이다.

14내가 나를 위하여 증언하여도 내 증언이 참되니 그리스도께서는 자신의 증언이 충분히 신뢰할 만하며 권위가 있다고 대답하신다. 그분은 거대한 군중 한가운데 있는 한 개인에 불과한 것이 아니라, 그들과는 전혀 다른 지위를 지니고 계시기 때문이다. 그리스도께서는 자신이 어디서 와서 어디로 가는지 안다고 말씀하시면서 자신을 평범한 다른 사람들과 구별하신다.

그러므로 그리스도의 말씀의 의미는 이렇다. 모든 사람이 자기 혼자만의 증언을 댄다면 그것은 의심의 여지가 많다. 또한 율법은 자기가 유리한 대로 말하는 사람은 그 어느 누구도 믿어서는 안 된다고 규정한다. 그러나 이 원칙은 온 세상 위에 뛰어난 분이신 하나님의 아들에게는 적용될 수 없다. 그분은 세상의 여느 사람과 동등한 지위를 가진 분이 아니라, 말씀으로 모든 사람을 다스리는 권세를 아버지로부터 부여받은 분이시기 때문이다.

나는 내가 어디서 오며 어디로 가는 것을 알거니와 그리스도께서는 이 말씀으로써 자신이 세상에 속한 것이 아니라 하나님께 속하여 하나님으로부터 오셨다고 천명하신다. 그러므로 신적神的인 권위를 지닌 그리스도의 교훈을 사람들의 법에 종속시키려 하는 것은 불공평하고 불합리한 처사이다. 사람들은 그 당시 종의 형체로 옷 입고 계신 그리스도를 그 육신의 비천함을 이유로 멸시하였다. 그래서 그리스도께서는 그들에게 장차 나타날 자신의 부활의 영광을 상기시키신다. 그리스도의 부활이야말로 감춰져 있고 알려지지 않은 그분의 신성神性에 대한 분명한 증거이다. 그러므로 그분의 중간기적 상태(아직 부활의 영광을 입지 않은 상태) 때문에 유대인들이 하나님의 유일한 대사大使이신 분께 굴복하지 않았다는 것은 말이 안 된다. 그분은 율법을 통하여 유대인들에게 미리 약속되었던 분이시다.

너희는 내가 어디서 오며 어디로 가는 것을 알지 못하느니라 이 말씀은 그리스도의 영광이 바리새인들의 불신으로 말미암아 전혀 약화되지 않는다는 의미이다. 그리스도께서 우리에게 동일한 증거를 주셨다면, 우리는 경건하지 않은 사람들의 모든 반대와 수군거림을 멸시해야 한다. 이것이 우리의 믿음이다. 우리의 믿음이 그리스도를 기초로 세워졌다면, 그 믿음은 세상의 가장 높은 곳보다 위에 있을 것이다. 하지만 복음에 나타난 그리스도의 엄위로움이 우리 안에 굳건히 서기 위해서는, 우리 모두 그리스도에게 부여된 하늘 영광을 늘 바라보고 세상에서 말씀하시는 그분의 말씀에 귀를 기울여야 한다. 그래야 우리는 그분이 어디서 오셨으며 지금 그분이 대사직을 수행하고 계신 권위가 어떤 것인지 기억할 수 있다. 그리스도께서는 일정 기간 자신을 낮추셨기에 지금 아버지의 우편에 앉아 계신 것이다. 모든 사람이 그분께 무릎 꿇을 수 있도록 말이다.

> 15 너희는 육체를 따라 판단하나 나는 아무도 판단하지 아니하노라 16 만일 내가 판단하여도 내 판단이 참되니 이는 내가 혼자 있는 것이 아니요 나를 보내신 이가 나와 함께 계심이라 17 너희 율법에도 두 사람의 증언이 참되다 기록되었으니 18 내가 나를 위하여 증언하는 자가 되고 나를 보내신 아버지도 나를 위하여 증언하시느니라 19 이에 그들이 묻되 네 아버지가 어디 있느냐 예수께서 대답하시되 너희는 나를 알지 못하고 내 아버지도 알지 못하는도다 나를 알았더라면 내 아버지도 알았으리라 20 이 말씀은 성전에서 가르치실 때에 헌금함 앞에서 하셨으나 잡는 사람이 없으니 이는 그의 때가 아직 이르지 아니하였음이러라 요 8:15-20

15 너희는 육체를 따라 판단하나 이 말씀은 두 가지 방법으로 설명될 수 있다. 하나는 유대인들이 육체라는 타락한 관점으로 판단한다는 것이고, 다른 하나는 개인의 겉모습에 따라 판단한다는 것이다. '육체'는 이따금 사람의 겉모습을 의미하는 말로 사용되기 때문이다. 두 가지 의미 모두 이 본문에 잘 어울린다. 육체의 태도가 지배하는 곳에서나 사람에 대한 존경 여부가 판단을 좌우하는 곳에서는 진리도 정의도 존재하지 않기 때문이다. 하지만 내 생각에는 육체를 성령님과 대조해서 보면 이 구절의 의미가 더 확실할 것 같다. 그리스도께서는 바리새인들이 성령님의 인도를 받지 않기 때문에 합법적인 판단자가 아니라고 말씀하신다.

나는 아무도 판단하지 아니하노라 주석가들마다 이 구절의 의미를 다르게 설명한다. 어떤 사람들은 그리스도께서 인간으로서 판단하지 않으신다고 설명한다. 또 어떤 사람들은 이 구절이 시간을 언급하는 것이라고 생각해서, 그리스도께서 땅에 계시는 동안에는 재판장의 지위를 취하지 않으셨다고 이해한다. 어거스틴은 두 가지 설명을 모두 제시하지만 어떤 결정을 내리지는 않는다. 하지만 첫 번째 설명은 이 구절에 전혀 맞지 않다. 이 구절은 그리스도께서 판단을 하지 않으신다는 것과 그분이 판단을 하실 경우에는 그분의 판단이 확고하고 신적神的인 권위를 지닌다는 것, 이렇게 두 개의 문장으로 구성되어 있다(한글 개역개정성경에는 이 두 개의 문장이 이 구절과 다음 구절로 나눠져 있다 - 역자 주). 그래서 나는 그분이 판단을 하지 않으신다고 말씀하신 첫 번째 문장을 현재 본문의 상황에 한정시켜서 이해한다. 그리스도께서는 자신의 원수들에게 그들의 교만을 좀 더 깊이 있게 주지시키려고 비교해서 말씀하신다. 즉, 그들은 부당하게도 자기들이 판단할 자유가 있다고 생각했다. 하지만 그리스도께서 가르치기만 하실 뿐 재판장의 직책을 행사하지 않으시자, 그들은 그분을 정죄할 수가 없었다.

16 만일 내가 판단하여도 내 판단이 참되니 그리스도께서는 자신의 권리를 전적으로 포기하고 계신 것처럼 보이지 않게 하려고 이렇게 수정하는 말을 덧붙이신다. 그분은 "만일 내가 판단하여도 내 판단이 참되다"라고 말씀하신다. 즉, 그분의 판단에는 권위가 있다. 그 권위는 그리스도께서 자신의 아버지가 명령하신 것과 부합되지 않는 것은 하나도 행하지 않으신다는 사실에서 나온다.

내가 혼자 있는 것이 아니요 이 어구는 그리스도를 수많은 평범한 사람들 중의 한 명이 아니라 아버지께서 그리스도에게 부여하신 직분과 관련하여 이해해야 한다는 말과 같다. 그런데 그리스도께서는 참되고 공정하게 자신의 신성神性을 분명하게 주장하실 수도 있을 텐데 왜 그렇게 하지 않으시는가? 그리스도의 신성은 육체의 베일 아래 감춰져 있었기 때문에 그분은 바리새인들 앞에 아버지를 언급하신 것이다. 그리스도의 아버지는 좀 더 분명하게 신성을 드러낼 수 있는 분이시다. 그렇지만 그리스도께서 바리새인들과 나누신 대화는 그분이 행하시고 가르치신 모든 것이 신적神的인 것으로 간주되어야 한다는 사실을 알려준다.

17 너희 율법에도 자기 문제에 자신이 증인으로 나서는 것을 아무도 인정해주지 않으므로 언뜻 보면 이 논증은 빈약해 보일 수 있다. 그러나 우리는 내가 이미 앞에서 언급한 사실, 즉 그리스도께서는 한 개인이 아니고 자신의 사적인 업무를 수행하고 계신 것이 아니므로 수많은 평범한 사람들과 구별되어야 한다는 사실을 기억해야 한다. 그리스도께서는 자신을 아버지와 구별하심으로써, 자신을 자신의 말을 듣는 사람들이 이해할 수 있는 수준에 맞추어 말씀하신다. 그분은 자신이 맡은 직분을 위해서 이렇게 하시는 것이다. 그당시 그리스도께서는 아버지의 사역자(the Father's minister)이셨다. 그래서 그분은 아버지가 자신(그리스도)의 모든 교훈을 주신 분이라고 주장하신다.

19 네 아버지가 어디 있느냐 바리새인들이 그리스도의 아버지에 관하여 질문한 것이 조롱하는 말이었다는 것은 의심의 여지가 없다. 그리스도께서 아버지에 관하여 말씀하신 것을 바리새인들이 멸시하듯이 질문한 것은 평상시에 그들이 가졌던 교만함을 반영하는 것은 물론이고, 그리스도께서 자기 아버지를 지극히 높이는 것을 조롱하는 것이기도 하다. 바리새인들은 그리스도가 자신이 하늘에서 왔다고 말하려고 아버지를 언급한다고 생각했을 것이다. 그래서 그들은 그리스도께 "네 아버지가 어디 있느냐"라고 물음으로써, 자기들이 그리스도의 아버지에게 가치를 부여하지 않는다고 천명하는 것이다. 그들은 그리스도께서 자신의 권위를 높이기 위해 아버지를 들먹거린다고 판단했다. 오늘날 곳곳에서 감히 그리스도를 멸시하는 일이 있는 것은 그분이 하나님에게서 보냄을 받았다고 생각하는 사람이 거의 없기 때문이다.

너희는 나를 알지 못하고 그리스도께서는 바리새인들에게 직답直答을 피하고, 짤막한 말로 그들의 무지함을 꾸짖으신다. 그들은 무지 속에 있으면서도 의기양양하다. 바리새인들은 아버지에 대해 물었다. 하지만 자기들 눈앞에 그 아들이 계셨는데 그들은 보아도 보지 못했다. 그러므로 자기들에게 이처럼 가까이 그 모습을 보이신 하나님의 아들을 멸시한 사람들이 절대로 아버지에게 가까이 갈 수 없다는 것은 그들의 교만과 악함과 감사할 줄 모르는 것에 대한 공의로운 심판이었다. 하나님의 손에 의해 일으킴을 받지 않는다면, 인간이 어떻게 하나님이 계신 지극히 높은 곳에 오를 수 있단 말인가? 그리스도 안에 계신 하나님께서는 그분의 손을 사람들에게 펴시려고 낮은 인간에게로 내려오셨다. 이처럼 사람들에게 가까이 오신 하나님을 저버린 사람들은 하늘에서 쫓겨날 만하지 않은가?

　동일한 말씀이 오늘 우리에게도 전해지고 있다는 사실을 기억하자. 그리스도에게서 시작하지 않고 하나님을 알려고 하는 사람은 틀림없이 미궁에 빠져 방황할 것이다. 이를테면, 이미 우리가 언급했듯이, 그리스도께서 하나님의 형상이라고 불리는 것은 그만한 이유가 있는 것이다. 다시 강조하거니와, 그리스도를 떠나 타이탄(Titan, 그리스 신화에 나오는 거인족으로서, 하늘의 신 우라노스와 대지의 여신 가이아의 후예이다. 모두 여섯 명의 남신과 여섯 명의 여신으로 이루어져 있음)처럼 하늘을 추구하는 사람은 하나님을 아는 바른 지식이 없는 것이다. 마찬가지로 누구든지 자기의 마음과 감각을 그리스도에게로 향하는 사람은 아버지에게 곧바로 인도함을 받을 것이다. 사도 바울이 바르게 선언한 것처럼 우리는 복음을 거울삼아 그리스도의 인격에서 하나님을 똑똑히 본다(고후 3:18). 그리스도 앞에서 자신을 낮추는 사람은 하늘 위로 아니 심지어 천사들이 마주하고 찬송하는 그 비밀들이 있는 곳으로 올라간다는 것은 참으로 믿음의 순종에 대한 비교할 수 없는 상賞이다.

20 이 말씀은 성전에서 가르치실 때에 헌금함 앞에서 하셨으나 '헌금함'은 거룩한 예물을 담는, 성전에 부속된 성구聖具였다. 헌금함이 놓인

곳은 사람들의 왕래가 잦은 곳이었다. 우리는 이 사실에서 그리스도께서 대단히 많은 군중들에게 이 설교를 하셨으며, 백성들은 변명을 하지 못했다고 추론할 수 있다. 복음서 기자는 여기서 하나님의 놀라운 능력을 우리에게 보여준다. 즉, 백성들은 방금 전에 그리스도를 죽이려고 했지만, 지금은 어쩔 수 없이 성전에서 그리스도의 공개적인 가르침을 들어야만 했다.

바리새인들이 성전을 지배했다는 것은 논의의 여지가 없다. 그들은 성전에서 폭군과 같은 횡포를 맘껏 휘둘렀으며, 한마디 말로도 얼마든지 그리스도를 추방할 수 있었다. 그리스도께서 담대하게 교사의 직책을 수행하실 때, 그들이 즉시 그분에게 폭력을 행사하지 않은 이유는 무엇인가? 여기서 우리는 하나님께서 그리스도에게 설교할 기회를 주시고 백성들로 하여금 듣게 하셨으며 친히 그분을 보호하셨다는 사실을 알게 된다. 이런 이유로 저 사나운 야수들은 그리스도를 향하여 입을 벌리고는 있었지만 그분의 손끝 하나 건드리지 못했던 것이다. 그리스도께서는 자신이 살고 죽는 것이 사람의 뜻에 의한 것이 아니라 하나님의 뜻에 의한 것임을 우리에게 가르치시려고 다시금 그분의 때를 언급하신다.

21 다시 이르시되 내가 가리니 너희가 나를 찾다가 너희 죄 가운데서 죽겠고 내가 가는 곳에는 너희가 오지 못하리라 22 유대인들이 이르되 그가 말하기를 내가 가는 곳에는 너희가 오지 못하리라 하니 그가 자결하려는가 23 예수께서 이르시되 너희는 아래에서 났고 나는 위에서 났으며 너희는 이 세상에 속하였고 나는 이 세상에 속하지 아니하였느니라 24 그러므로 내가 너희에게 말하기를 너희가 너희 죄 가운데서 죽으리라 하였노라 너희가 만일 내가 그인 줄 믿지 아니하면 너희 죄 가운데서 죽으리라 요 8:21-24

21 내가 가리니 그리스도께서는 이 완악한 바리새인들 사이에서 어떤 선한 것도 행할 수 없다는 것을 아시자 그들이 멸망할 것이라고 경고하신다. 복음

을 저버리는 모든 사람들의 결국이 이러하다. 복음은 공중에 헛되이 뿌려지지 않는다. 복음은 생명의 냄새든 사망의 냄새든 발하게 되어 있다. 예수님의 말씀을 한마디로 요약하자면 이렇다. 그리스도께서 모든 사람들을 위하여 자신을 주셨는데도 악한 사람들이 그리스도를 저버린다면, 결국 그들은 그것이 얼마나 큰 악인지를 스스로 느끼게 될 것이다.

그러나 이렇게 느끼게 될 때에는 이미 늦었다. 그때에는 회개할 여지도 없고 그럴 기회도 주어지지 않는다. 그리고 그리스도께서는 바리새인들에 대한 심판이 임박하다는 사실로 그들을 좀 더 두려워하게 하시려고, 그분 자신이 곧 가버릴 것이라고 먼저 말씀하신다. 이 말은 복음이 그들에게 잠시 동안만 선포될 것이라는 의미이다. 그들이 그 기회를 놓친다면, 구원의 때와 구원의 날은 영원히 계속되지 않을 것이다.

오늘날에도 마찬가지이다. 그리스도께서 우리의 문을 두드리실 때, 우리의 게으름으로 그분이 지쳐 우리를 떠나지 않게 하려면 즉시 그분을 만나러 가야 한다. 그리스도께서 떠나가시는 것이 얼마나 두려운 일인지는 모든 세대에 많은 경험을 통해 잘 알려졌다.

하지만 우선 우리는 여기에 언급되고 있는 사람들이 어떤 식으로 그리스도를 찾았는지 알 필요가 있다. 진정 그들에게 변화가 발생했다면, 그들이 그리스도를 헛되이 찾지는 않았을 것이다. 그리스도께서는 죄인이 자기 죄 때문에 슬퍼하는 순간, 그를 돕기 위해 그와 함께할 것이라고 약속하셨기 때문이다. 그러므로 그리스도의 말씀은, 그들이 그동안 바른 믿음의 방법으로 그리스도를 찾은 것이 아니라 최악의 문제를 갖고 있으면서도 사방팔방으로 도움을 구하는 사람처럼 그분을 찾았다는 의미이다. 불신자들은 하나님께서 자기들과 화목해주시기를 바랐지만 하나님에게서 떠나기를 쉬지 않았다. 하나님께서는 그들을 부르신다. 하나님께로 가는 방법은 믿음과 회개뿐이다. 그러나 그들은 완고한 마음으로 하나님을 대적한다. 그들은 절망에 사로잡힐 때 하나님을 비난한다. 한마디로 말해서, 그들은 하나님을 갈망하는 것과는 너무도 거리가 먼 상태에 있어서, 하나님께서 자신을 부인하지 않는 한 그분에게 자기들을 도울 기회를 드리지 않는다. 그러나 하나님께서 스스로를 부인하는 일은 결코 없을 것이다.

이런 식으로 악한 서기관들은, 그리스도께서 자기들의 기호嗜好대로 변해 주기만 한다면 메시아의 손으로 약속하신 구원을 기꺼이 받아들였을 것이다. 이런 이유 때문에 그리스도께서는 이 말씀으로 모든 불신자들을 경고하고 비난하셨다. 그들이 복음의 가르침을 멸시한다면, 그들은 이와 같은 어려움에 빠질 것이고 하나님께 부르짖을 수밖에 없을 것이라고 말이다. 하지만 그들의 부르짖음은 소용이 없다. 이미 앞에서 이야기했듯이, 그들은 무엇인가 찾고는 있지만 바른 것을 찾고 있지 않기 때문이다. 이러한 사실은 그 다음에 이어지는 어구, 즉 "너희 죄 가운데서 죽겠고"라는 그분의 말씀에서 더욱 분명하게 표현되었다. 그리스도께서는 사람들이 멸망하는 원인이 그들이 끝까지 하나님께 불순종하고 하나님을 거슬러 반역하는 데 있다고 말씀하신다. 그들의 죄가 어떤 것인지는 잠시 뒤에 확인할 수 있을 것이다.

22 그가 자결하려는가 서기관들은 계속해서 그리스도에게 조소를 보낼 뿐만 아니라 이제는 아예 뻔뻔스럽기까지 하다. 그들은 그리스도께서 자신이 가는 곳에 그들이 따라올 수 없다고 하신 말씀을 조롱한다. 서기관들은 다음과 같은 투로 말하고 있다.

"그가 자결하면, 우리는 그가 가는 곳에 가지 못한다는 것을 인정한다. 그 사람이 죽는다고 해서 따라 죽을 수는 없으니까."

서기관들은 그리스도가 이 땅에 계시지 않는 것에 대해서는 전혀 중요하게 생각하지 않고, 자기들이 그분을 모든 면에서 능가할 수 있다고 생각하고 있다. 그래서 그들은 그분께 가고 싶은 곳으로 가라고 말하는 것이다. 그들의 어리석음에 우리는 그저 아연실색할 수밖에 없다. 그러나 이것은 사탄이 하나님께 멸망 받을 사람들을 속이는 전형적인 방법이다. 멸망 받을 사람들은 미친 것보다도 더 심한 상태에 빠져 있어서 스스로 하나님의 진노의 불로 뛰어든다. 우리는 오늘날에도 양심이 무딘 많은 사람들 속에서 이와 동일한 광분을 본다. 그들은 하나님의 두려운 심판에 대해 들을 때 그 모든 것을 조소하고 거만하게 조롱한다. 그러나 이것은 분명 냉소적인 작태이다. 그들은 내적으로는 보이지 않는 상처로 찔림을 당하고 있지만, 갑자기 모든 감각을 잃은 양 맹렬한 너털웃음을 짓기 때문이다.

23 너희는 아래에서 났고 서기관들이 그리스도의 가르침을 받을 만한 자세가 되어 있지 않자, 그리스도께서는 짧막한 꾸짖음으로써 그들에게 일격을 가하려 하셨다. 그래서 이 구절에서 그리스도께서는 서기관들이 하나님나라와는 너무도 상반되는 사람들이기 때문에 그분의 교훈을 받지 않는 것이라고 말씀하신다. 그리스도께서는 '세상'과 '아래'라는 말로 사람이 선천적으로 갖고 있는 모든 것을 포함시키며, 자신의 복음과 인간 지성의 명민함과 총명이 서로 다르다는 것을 지적하신다. 복음은 하늘에 속한 지혜인 반면에, 사람들의 지성은 땅에 고착되어 있다. 그러므로 그리스도께서 자신의 영靈으로써 재창조하신 사람만 그리스도의 바른 제자가 될 수 있다. 세상에 믿음이 희귀한 이유가 바로 여기에 있다. 그리스도께서 자신의 영의 특별한 은혜로 높이 올리신 사람들을 제외하고는 온 인류는 본성적으로 그리스도를 대적하며 싫어하기 때문이다.

24 너희가 너희 죄 가운데서 죽으리라 그리스도께서는 21절에서 죄를 언급하시면서 단수(죄, sin)를 사용하셨지만, 이 구절에서는 복수(죄들, sins)를 사용하신다. 물론 단수든 복수든 동일한 의미를 지닌다. 하지만 21절에서 그리스도께서는 (단수 형태의 죄라는 단어를 사용하여) 그분을 믿지 않는 것이 모든 악의 근원이고 원인이라는 점을 강조하고자 하셨다. 이는 몇몇 사람이 지나치게 과장해서 말하는 것처럼, 믿지 않는 것만이 죄이기 때문이거나 그것만이 우리를 하나님 앞에서 영원한 사망에 이르게 하는 죄이기 때문이 아니다. 그러나 불신앙은 우리를 그리스도에게서 멀어지게 하고 우리에게서 그리스도의 은혜를 빼앗아간다. 우리는 그분의 은혜를 힘입어 우리의 모든 죄에서 구

원받기를 구해야 하는데 말이다.

유대인들의 치명적인 질병은 그들이 악의를 고집하며 치료약을 거절한다는 것이다. 그래서 사탄의 종들은 죄에 죄를 쌓는 것을 멈추지 않으며, 계속해서 새로운 죄를 짓는다. 그래서 그리스도께서는 즉시 다음 내용을 덧붙이신다.

너희가 만일 내가 그인 줄 믿지 아니하면 길을 잃은 사람에게는 그리스도에게로 가는 것 외에는 구원을 회복할 다른 방법이 없다. 이 구절에서 강조점은 "내가 그인 줄"이라는 어구에 있다. 성경에서 메시아에게 속했다고 말하는 모든 것, 그리고 성경이 우리에게 그분으로부터 기대하라고 한 모든 것이 바로 이 어구에 담겨 있음을 기억해야 한다. 하지만 이 말씀이 가르치는 중요한 내용과 본질은 교회의 회복에 있다. 그 회복의 시작은 믿음의 빛이다. 믿음에서 의義와 새 생명이 샘솟는다.

교부敎父들 중에는 이 구절을 그리스도의 신적神的 본질에 적용하는 오류를 범한 사람들이 더러 있다. 사실 그리스도께서는 여기에서 우리를 향한 그분의 역할에 관하여 말씀하고 계신다. 사람들은 자신들이 빠져 있는 악에 대해서 결코 충분히 생각하지 않기 때문에, 그분의 이 말씀은 주목할 만한 가치가 있다. 설령 그들이 자신들의 멸망을 인정한다고 해도, 그들은 그리스도를 무시하며 자신의 주변에서 전혀 소용없는 치료약을 찾는다. 그러므로 우리는 그리스도의 은혜가 우리를 구원하러 나타나기까지는 무수히 많은 온갖 종류의 악이 지배한다는 사실을 믿어야 할 것이다.

---

25 그들이 말하되 네가 누구냐 예수께서 이르시되 나는 처음부터 너희에게 말하여온 자니라 26 내가 너희에게 대하여 말하고 판단할 것이 많으나 나를 보내신 이가 참되시매 내가 그에게 들은 그것을 세상에 말하노라 하시되 27 그들은 아버지를 가리켜 말씀하신 줄을 깨닫지 못하더라 28 이에 예수께서 이르시되 너희가 인자를 든 후에 내가 그인 줄

을 알고 또 내가 스스로 아무것도 하지 아니하고 오직 아버지께서 가르치신 대로 이런

것을 말하는 줄도 알리라 ²⁹ 나를 보내신 이가 나와 함께하시도다 나는 항상 그가 기뻐

하시는 일을 행하므로 나를 혼자 두지 아니하셨느니라 요 8:25-29

25 처음부터 '처음'beginning이라는 단어를 주격으로, 즉 '나는 처음이다'라는 식으로 잘못 이해하는 사람들이 있다. 그들은 마치 그리스도가 여기서 자신의 영원한 신성^{神性}을 주장하고 계신 것처럼 생각하는데, 이는 큰 오해이다. 헬라어에서는 그 의미가 아주 분명하다. 하지만 헬라의 주석가들도 의견 일치를 보지 못하고 있다. 사실 헬라의 모든 주석가들은 여기에 전치사를 보충해야 한다고 생각한다. 그러나 많은 사람들이 이 어구를 부사로 해석해서, 그리스도께서 "이것은 주목해야 할 첫 번째 내용이다"라고 말씀하시는 것으로 이해한다. 크리소스톰 같은 사람들은 이 구절을 연속적으로 읽는다.

"먼저, 내가 너희에게 말한다. 내게는 너희에 대하여 말하고 판단할 것이 많이 있다."

이것은 논누스(Nonnus, 주후 5세기에 살았던 에데사의 감독)가 제시한 의미이다. 하지만 이와는 다른 의미가 좀 더 일반적으로 채택되고 있는데, 나는 그 의미가 더 타당하다고 믿는다. 나는 '텐 아르켄'(ten archen)을 '처음부터'(from the beginning)라고 해석한다. 그래서 내가 생각할 때 이 어구의 의미는 다음과 같다.

"나는 갑자기 나타난 것이 아니라, 미리 약속된 대로 정확히 지금 대중 앞에 나온 것이다."

너희에게 말하여온 자니라 그리스도께서는 이 어구[칼빈은 '나 역시 너희에게 말하고 있기 때문에'(Because I also speak to you)라고 읽음]를 덧붙이신다. 바리새인들이 이 말을 알아들을 귀가 있기만 하다면, 그리스도께서는 이 말씀으로 자신이 누구인지를 분명하게 선언하고 계신 것이다. 원인을 가리키는 불변사 '호티'hoti는 여기서 단순히 이유를 제시하기 위해 사용된 것이 아니다. 만일 그 단어가

이유를 제시하는 용도로 사용되었다면, 마치 그리스도께서 '그분이 지금 말씀하고 계시기 때문에 처음부터 존재하신 것임'을 입증하고자 하신 것처럼 해석된다. 그러나 오히려 그리스도께서는 자신의 교훈과 자신이 말씀해오신 영원성이 너무도 분명하게 일치하기 때문에 자신이 처음부터 존재하였음이 분명하게 확증된다고 주장하고 계신다. 그리스도의 말씀을 풀어 쓰면 "처음과 똑같이, 즉 내가 이전에 말했던 것을 나는 지금 새롭게 확증하는 것이다" 혹은 "내가 지금 말하고 있는 것은 참으로 과거의 모든 시대에 예언된 것과 정확히 일치하고, 그 예언에 대한 확실한 증거이다"가 된다.

간단히 말해서, 그리스도의 이 대답은 두 부분으로 구성되어 있다. 그리스도께서는 '처음'이라는 단어 속에, 하나님께서 족장들과 그분의 언약을 맺으신 때부터 시작된 연속적인 일련의 시대를 포함하신다. 그리스도께서 "나는 … 말하여온 자니라"라고 하실 때, 그분은 자신이 지금 가르치고 계신 것을 옛 예언들과 연결하시면서 그 교훈이 그 예언들에 의존한다는 것을 보여주신다. 이것은 곧 유대인들이 무지할 수밖에 없는 단 한 가지 이유가, 그들이 예언도 믿지 않고 복음도 믿지 않는 데 있음을 보여준다. 동일한 그리스도가 예언과 복음에 동시에 등장하기 때문이다. 유대인들은 선지자들의 제자들이라고 자처하고 하나님의 영원한 언약을 바라는 체하지만, 그리스도를 저버렸다. 처음부터 약속되어 왔던 분이시고 그들 앞에 스스로를 드러내신 그분을 말이다.

26 내가 … 많으나 그리스도께서는 자신이 귀머거리에게 설교하고 있다는 것을 아시자, 더 이상 설교로써 그들에게 교훈할 수가 없다고 판단하여 하나님에게서 비롯되고 유대인들이 멸시하는 그 교훈을 하나님께서 친히 입증하신다고 선언하신다. 그리스도는 마치 이런 식으로 말씀하시는 듯하다.

"내가 너희를 고소하기 원했다면, 너희의 악의와 사악함에서 얼마든지 고소할 내용을 찾을 수 있었을 것이다. 하지만 지금은 너희를 내버려둔다. 내게 가르치는 직책을 부여하신 내 아버지께서 이것을 묵과하지 않으실 것이다.

내 아버지께서는 늘 사람들의 불경건하고 신성모독적인 멸시로부터 그분의 말씀을 변호하실 것이다."

그리스도의 이 말씀은 "우리는 미쁨이 없을지라도 주는 항상 미쁘시니 자기를 부인하실 수 없으시리라"(딤후 2:13)라는 바울의 말과 동일한 의미를 지닌다. 한마디로 말해서, 그리스도께서는 하나님의 말씀을 믿기 거부하는 불신자들을 향하여 하나님의 심판을 경고하신다. 하나님은 반드시 자신의 진리를 변호하셔야 하기 때문이다. 설령 온 세상이 하나님의 교훈을 거절한다고 해도 하나님께서 그 교훈의 권위를 세우는 데 있어 스스로 충족한 분이심을 우리가 믿을 때, 그것이 바로 우리 믿음의 참된 견고함인 것이다. 이러한 교훈을 의지하고 그리스도를 신실히 섬기는 사람은 누구나 거짓으로 가득 찬 온 세상을 두려움 없이 고소할 수 있을 것이다.

내가 그에게 들은 그것을 그리스도께서는 자신이 아버지에게서 받은 것이 아니면 아무것도 말하지 않는다고 말씀하신다. 사역자의 경우, 그가 말하는 것이 하나님에게서 왔다는 것을 보여줄 때에야 비로소 그의 교훈은 확증된다. 지금 우리는 그리스도께서 사역자의 기능을 수행하고 계시다는 것을 안다. 그러므로 그리스도께서 사람들에게 자신의 말을 들으라고 요구하시는 것은 전혀 놀라운 일이 아니다. 그리스도께서는 하나님의 명령을 가지고 사람들에게 오셨기 때문이다. 더욱이 그리스도께서는 친히 모범을 보이심으로써 전체 교회가 본받아야 할 일반적인 법칙을 제시하신다. 즉, 누구든지 하나님의 입에서 나오는 말을 해야 사람들이 그의 말을 듣는다.

하나님께서는 하나님의 말씀을 제쳐두고 자신을 앞세우는 사람들의 사악한 교만을 물리치시지만, 자신의 소명召命을 잘 인식하고 있는 신실한 교사들에게는 정복할 수 없는 강함으로 무장시키시고 기운을 북돋워주신다. 그들이 하나님의 인도를 받아 어느 누구도 개의치 않고 당당하게 복음을 전할 수 있도록 말이다.

27 그들은 … 깨닫지 못하더라 이 구절에는 그 마음이 사탄에게 사로잡힌 사람들이 얼마나 어리석은지가 드러난다. 그들이 하나님의 심판 자리에 불려나올 것임은 불을 보듯 뻔하다. 하지만 복음의 원수들이 늘 그러하듯이, 그들은 이 사실을 까맣게 모르고 있다. 이들의 눈먼 것을 통해 우리는 두렵고 떨리는 마음으로 행하는 법을 배워야 한다.

28 너희가 인자를 든 후에 복음서 기자가 묘사하였듯이 유대인들이 깨달음이 둔하다는 것을 알고 마음이 편치 않으신 그리스도께서는 그들에게 더 이상 교훈을 베풀 가치가 없다고 선언하신다.

"너희들의 모든 감각은 다른 것에 홀려 있다. 그래서 너희는 내가 말하는 것을 깨닫지 못한다. 하지만 하나님의 선지자가 너희 가운데 살면서 너희에게 말씀하셨다는 것을 깨닫게 되는 때가 올 것이다."

우리는 불경건한 사람들을 이런 식으로 대해야 한다. 즉, 확신을 갖고 최고의 재판장이신 하나님의 심판대 앞에 그들을 소환해야 한다. 하지만 불경건한 사람들이 심판대 앞에 끌려나오고 자기들이 묵묵히 경외해야 하는 분이 바로 그들의 재판장이라는 사실을 마지못해 인정하게 될 때에는, 그리스도께서 말씀하시는 내용을 알아도 이미 늦은 것이다. 그리스도께서는 지금 유대인들에게 회개를 약속하시는 것이 아니다. 유대인들이 하나님의 진노에 직면하여 전혀 예기치 못한 생소한 공포로 충격을 받을 때, 무감각 속에서 잠들어 있던 그들이 깨어나게 될 것이라고 말씀하신다.

이와 동일한 상황을 아담에게서 발견할 수 있다. 아담은 눈이 밝아졌을 때 부끄러움에 놀랐고, 헛되이 숨을 곳을 찾았으며, 마침내 자신이 황폐한 존재가 되었음을 알았다. 아담이 이런 내용을 알게 된 것, 그 자체는 소용이 없는 것이지만 하나님의 은혜로 그에게 유익한 것이 되었다.

그러나 멸망 받을 사람들이 절망으로 놀라게 될 경우에, 그들의 눈은 단지 자신들의 멸망을 보기 위해서만 열려진다. 하나님께서는 그들이 이런 것을 알 수 있도록 다양한 방법으로 인도하신다. 멸망 받을 사람들은 종종 고난을 통하여 하나님께서 자기들에게 분노하고 계시다는 것을 알 수밖에 없다. 때로 하나님께서는 멸망 받을 사람들을 외적인 징계 없이 내적으로만 고통을 겪게 하시는 경우도 있다. 또는 하나님께서 그들을 이 세상에서 불러 가시기까지 계속 잠을 자게 내버려두시는 경우도 있다.

그리스도께서는 "든 후에"라는 말로써 자신의 죽음을 가리키신다. 그분이 자신의 죽음을 언급하신 이유는 유대인들이 육체를 따라 그분을 멸할지라도 아무것도 얻지 못할 것이라고 경고하시기 위함이다. 그리스도의 말씀의 의미는 이렇다.

"너희가 지금은 내 말을 매우 교만하게 조롱하지만, 너희 악함은 잠시 뒤에 더욱 악하여져서 심지어 나를 죽이기까지 할 것이다. 그때 너희는 바라는 대로 되었다고 승리에 도취되겠지만, 너희의 그 기쁨은 그리 오래가지 못할 것이다. 너희는 나의 죽음이 나의 파멸과는 너무도 거리가 멀다는 것을 깨닫고 극도로 황폐케 될 것이다."

그리스도께서는 유대인들에게 좀 더 강한 자극을 주려고 '들다'[대]라는 단어를 사용하신다. 유대인들은 그리스도를 가장 낮은 곳으로 밀어넣고 싶었다. 그리스도께서는 그들이 완전히 실망할 것이며, 결과는 정반대로 나타나게 될 것이라고 말씀하신다. 사실 그리스도께서는 자신의 죽음의 외적인 모습, 즉 자신이 들려서 십자가에 달리실 것이라는 사실을 언급하는 것처럼 보인다. 그러나 그분은 무엇보다도 자신의 죽음의 영광스러운 결과를 바라보고 계신다. 그것은 그분이 십자가에 달리신 직후에 따라오는, 모든 사람들이 예상했던 것과는 반대되는 결과이다.

그리스도께서 심지어 십자가를 통해서도 하나님과 천사들 앞에서 사탄을 이기고 승리하셨다는 것은 사실이다. 그분은 죄의 기록을 지우셨고 사망의 정죄를 폐하셨다. 하지만 복음이 전파된 이후에야 이러한 승리가 사람들에게 분명히 나타나기 시작한다. 곧이어 발생한 동일한 승리의 사건, 즉 그리스도께서 죽음에서 다시 살아나 하늘에 오르신 것은 우리가 매일 기대해야 하는 것이다. 불경건한 사람들이 그리스도의 가르침과 그분의 교회를 박해하려는 계획을 세운다 해도, 그리스도는 불경건한 사람들보다 뛰어나실 뿐만 아니라 그들의 악한 노력들을 그분의 나라를 더욱 진전시키는 것으로 바꾸실 것이다.

내가 그인 줄 나는 이미 이 어구가 그리스도의 신적神的인 본질을 지칭하는 것이 아니라 그분의 직책을 가리키는 것이라고 말했다. 이러한 사실은 문맥에서 좀 더 분명하게 드러난다. 그리스도는 여기에서 자신이 아버지께서 명령하신 것을 행하신다고 주장하신다. 이것은 그분이 하나님의 보냄을 받았고 자신이 맡은 직분을 성실히 수행하신다는 의미이다.

내가 스스로 아무것도 하지 아니하고 … 말하는 줄 이 말씀은 "내가 나 자신을 내세우지 아니하고 아무것도 성급하게 행하지 않는다"라는 의미이다. '말한다'는 단어 역시 그분의 가르치는 직책을 가리킨다. 그리스도께서는 자신이 아버지의 명령이 아니면 아무것도 하지 않는다는 것을 증명하고 싶으실 때마다, 하나님에게서 가르침을 받은 대로 말씀하신다는 말씀을 하신다. 그래서 예수님의 말씀의 요지는 다음과 같다.

"너희가 정죄하는 내 모든 행동에는 나의 행위라고 할 수 있는 것은 하나도 없다. 나는 단지 하나님께서 내게 명하신 것을 행할 뿐이다. 너희가 들은 바 내 입에서 나오는 말은 하나님의 말씀이며, 내 소명召命은 나를 부르신 하나님에 의해서만 좌우된다."

하지만 내가 앞에서 언급했듯이, 이 말씀은 그리스도께서 듣는 사람들의 깨달음의 수준에 맞춰서 하신 말씀이다. 즉, 유대인들이 그리스도를 단순히 평범한 수준의 사람들 중의 하나로 생각하고 있기 때문에, 그분은 자기 안에 있는 것이 다 하나님의 것이고 자기 것은 하나도 없다고 주장하신 것이다. 그리스도의 말씀의 의미는, 아버지께서 그리스도를 시켜 우리에게 가르치시며 그분을 교회의 유일한 교사로 임명하셨기 때문에 그분 안에 있는 것은 사람에게 속한 것이 아니며 사람으로 말미암은 것도 아니라는 것이다. 그리스도께서 자신이 아버지에게서 가르침을 받는다고 말씀하신 이유가 바로 여기에 있다.

29 나를 보내신 이가 나와 함께하시도다 그리스도께서는 자신이 하나님의 인도와 권위 아래에서 모든 일을 행하시며, 그 하나님께서 자신을 도우실 것이라고 다시 선포하신다. 그러므로 그리스도께서 하신 모든 수고는 헛되거나 쓸모없게 끝나지 않을 것이다. 그리스도께서는 이 말씀으로 하나님의 영靈의 능력이 자신의 사역과 함께하신다고 말씀하시는 것 같다. 신실한 교사들은 다 예수님과 같은 확신을 가져야 한다. 또한 깨끗한 양심을 갖고 하나님께서 요구하시는 사역을 실행할 때 하나님의 손이 그들 곁에 계시다는 것을 의심하지 말아야 한다. 하나님께서는 냉랭하고 공허한 소리로 공기를 진동하게 하려고 교사들을 자신의 말씀으로 무장시키시는 것이 아니다. 하나님께서는 자신의 영의 비밀스러운 효력으로 그분의 말씀이 능력 있게 온전히 선포되게 하신다.

동시에 그분은 교사들을 자신의 보호 아래 지키신다. 그들의 원수들이 정복당하고 그들이 온 세상에 대항하여 꿋꿋하게 설 수 있도록 하기 위해서 말이다. 교사들이 자신에 대해서 그리고 자신의 능력에 대해서 판단한다면, 틀림없이 매 순간 좌절하고 말 것이다. 그러므로 말씀의 교사들이 설 수 있는 유일한 길은 자신들이 하나님의 손으로 세움을 입고 있다는 사실을 확신하는 것이다.

나는 항상 그가 기뻐하시는 일을 행하므로 나를 혼자 두지 아니하셨느니라 우리는 왜 그리스도께서 하나님이 자기편이시며 자신이 하나님의 도움 없이는 아무런 존재가 아니라고 말씀하셨는지에 주목해야 한다. 그 이유는 그리스도께서 전적으로 하나님의 뜻을 의지하고 하나님을 성실히 섬기시기 때문이다. 그리스도께서 '항상' 하나님이 기뻐하시는 일을 행한다고 말씀하신 의미가 바로 이것이다. 그분은 단지 부분적으로만 하나님께 순종하신 것이 아니라, 전적으로 그리고 예외 없이 하나님께 헌신적으로 순종하셨다.

그러므로 우리가 만일 이러한 동일한 하나님의 임재를 누리기 원한다면, 우리의 전체 이성理性은 하나님의 다스림에 복종해야 한다. 우리의 감각들이 부분적으로만 하나님의 통제를 받는다면, 우리의 모든 수고는 열매를 맺지 못할 것이다. 하나님께서 복을 주지 않으실 것이기 때문이다. 그래서 잠시 행복한 성공을 누리며 기뻐하는 것처럼 보여도, 최후의 결과는 불행하게 될 것이다. 그리스도께서는 하나님이 자신을 혼자 두지 아니하셨다고 말씀하심으로써 이스라엘의 배신을 간접적으로 통탄해하신다. 사실 그분은 자신의 나라에서 어떠한 지지도 받지 못하셨다. 하지만 그분은 하나님께서 자신을 보호하시는 것만으로 충분하다는 사실을 보여주신다. 오늘날 우리가 가져야 할 정신이 바로 이것이다. 그래야 우리는 믿는 자들이 적다고 절망하지 않을 것이다. 비록 온 세상이 우리의 가르침에 반대한다고 해도, 우리는 혼자가 아니다. 그러므로 교황주의자들의 자랑은 무지의 소치라는 것이 분명하다. 그들은 하나님은 간과한 채 자기들 주변에 대단히 많은 사람들이 있다는 것으로 자랑한다.

30 이 말씀을 하시매 많은 사람이 믿더라 31 그러므로 예수께서 자기를 믿은 유대인들에게 이르시되 너희가 내 말에 거하면 참으로 내 제자가 되고 32 진리를 알지니 진리가 너희를 자유롭게 하리라 33 그들이 대답하되 우리가 아브라함의 자손이라 남의 종이 된 적이 없거늘 어찌하여 우리가 자유롭게 되리라 하느냐 34 예수께서 대답하시되 진실로 진실로 너희에게 이르노니 죄를 범하는 자마다 죄의 종이라 35 종은 영원히 집에 거하지 못하되 아들은 영원히 거하나니 36 그러므로 아들이 너희를 자유롭게 하면 너희가 참으로 자유로우리라 37 나도 너희가 아브라함의 자손인 줄 아노라 그러나 내 말이 너희 안에 있을 곳이 없으므로 나를 죽이려 하는도다 38 나는 내 아버지에게서 본 것을 말하고 너희는 너희 아비에게서 들은 것을 행하느니라 요 8:30-38

30 이 말씀을 하시매 유대인들은 비록 마르고 척박한 토양과 다를 바가 없었지만, 하나님께서는 자신의 말씀의 씨가 완전히 죽어버리도록 방치하지는 않으셨다. 사람들의 기대와는 다르게 그리고 많은 장애물이 있는 와중에서도 어떤 열매가 나타난다. 그러나 복음서 기자는 여기에서 믿음을 위한 일종의 준비에 불과한 것을 믿음이라고 부정확하게 칭하고 있다. 그는 그들이 그리스도의 가르침을 받아들일 마음의 준비를 했다는 것 이상은 이야기하고 있지 않다. 그리스도께서 이어서 하시는 경고도 바로 이 사실을 지칭한다.

31 너희가 내 말에 거하면 여기서 그리스도께서는 어느 누구라도 끝까지 진보가 이루어지지 않는다면, 시작한 것만으로는 충분하지 않다고 경고하신다. 그리스도께서 자신의 가르침을 맛본 사람들에게 믿음에 인내하라고 권하신 이유가 바로 여기에 있다. 그리스도께서는 그분 안에 계속 머무르기 위하여 그분의 말씀에 확고하게 뿌리를 내린 사람들은 참으로 그리스도의 제자가 되리라고 말씀하신다. 그리스도의 말씀은, 많은 사람들이 실제로는 제자가 아니고 또 제자라고 여김을 받을 자격도 없으면서 제자라고 고백한다는 것이다. 그분은 자신을 진정으로 따르는 사람들과 겉으로만 믿는다고 떠벌리는 외식하는 사람들을 구별하신다. 외식하는 사람들은 출발할 때부터 혹은 적어도 경주를 하는 중간에 무너지지만, 신자들은 골인 지점까지 참고 견딘다. 그러므로 만일 그리스도께서 우리를 주님의 제자로 여겨주시기 원한다면, 우리는 인내해야 한다.

32 진리를 알지니 그리스도께서는 그분의 말씀에 대한 지식을 어느 정도 가지고 있는 사람들은 진리를 알 것이라고 말씀하신다. 그리스도께서 말씀하시는 대상들은 사실 교육을 받지 못한, 학문의 초보도 거의 알지 못하는 사람들이었다. 그러므로 그리스도께서 그들에게 주님의 교훈을 좀 더 충분히 이해하게 될 것이라고 약속하셨다고 해서 놀랄 것이 없다. 그러나 예수님의 말씀은 일반적인 말씀이다. 즉, 우리가 어느 정도 복음의 진보를 이루었든 간

에, 우리는 새로운 내용을 더 받을 필요가 있다는 사실을 알아야 한다. 그리스도께서 인내한 사람들에게 주시는 상은 그들을 그리스도와 좀 더 친근하게 하시는 것이다. 하지만 이렇게 함으로써 그리스도께서는 처음에 주신 은사에 단지 다른 은사를 더하시는 것이다. 그러므로 아무도 자기가 자격이 있어서 그런 보상을 받았다고 생각하지는 말아야 한다. 자신의 영靈으로써 우리 마음에 자신의 말씀을 새기시는 그리스도께서는, 날마다 우리 마음에서 복음의 찬란한 빛을 가리는 무지無知의 구름을 몰아내시는 바로 그분이시기 때문이다.

진리가 우리에게 충분히 계시되게 하려면 그 진리를 진지하고 열정적으로 추구해야 한다. 그리스도께서 자기 백성들에게 처음부터 끝까지 가르치신 진리가 바로 그 불변하는 진리이다. 하지만 그분은 먼저 자기 백성들을 작은 불꽃으로 밝히신다. 그러다가 마지막으로 그들에게 충만한 불빛으로 부으신다. 그러므로 신자들은 확실한 믿음을 가지게 되기 전까지, 어떤 의미에서 그들이 알아야 할 것을 알지 못하는 무지 상태에 있게 된다. 하지만 믿음을 아는 이 지식은 구원에 효과를 내지 못할 정도로 작거나 희미하지는 않다.

진리가 너희를 자유롭게 하리라 그리스도께서는 복음의 열매를 근거로 해서 복음을 아는 지식을 칭찬하신다. 복음의 열매는 복음의 효과와 같은 것인데, 우리를 자유로 회복시키는 것을 말한다. 이것은 비교할 수 없는 복이다. 그러므로 우리는 복음을 아는 지식보다 더 탁월하거나 더 바람직한 것은 없다고 결론 내릴 수 있다. 노예의 신분이 가장 비참하다는 것은 누구나 느끼고 인정하는 바이다. 복음이 우리를 이러한 노예 상태에서 구원하기에 복된 생명의 보화는 복음에서 비롯된다고 말할 수 있다.

이제 우리는 그리스도께서 여기서 설명하시는 자유가 어떤 자유인지를 확인할 필요가 있다. 그 자유는 우리를 사탄의 독재와 죄와 사망에서 구원하는 자유이다. 만일 우리가 복음으로 이러한 자유를 얻게 된다면, 우리는 본성상 죄의 노예들이라는 것이 분명하다. 다음으로, 우리는 우리 구원의 방법을 찾아야 한다. 우리가 감각과 본성의 지배를 받는 동안에는 죄의 멍에 아래 있는 것이기 때문이다. 하지만 주님은 우리를 주님의 영靈으로써 거듭나게 하실 때 우리를 자유롭게도 하신다. 그래서 우리는 사탄의 덫에서 벗어나 기꺼이 의義에 순종한다. 그러나 거듭남은 믿음에서 온다. 그러므로 자유는 복음에서 오는 것이 분명하다.

이제 교황주의자들이 그들의 자유의지에 대해 맘껏 교만하게 자랑하도록 내버려두자. 하지만 자신이 노예의 신분이라는 것을 인식하는 우리는, 우리에게 자유를 주시는 그리스도만을 영화롭게 하자. 복음을 우리의 구원을 성취하는 것으로 간주해야 하는 이유는, 복음이 우리를 그리스도께 드려 죄의 멍에로부터 우리를 자유롭게 하기 때문이다. 마지막으로 우리는 믿음의 분량에 따른 자유의 등급이 있다는 사실을 주목해야 한다. 이러한 이유 때문에 바울은 이미 자유를 얻었으나 여전히 완전한 자유를 얻으려고 울부짖고 탄식하였다.

33 우리가 아브라함의 자손이라 복음서 기자가 여기에서 앞에 등장한 사람들과 동일한 사람들을 소개하는지, 아니면 다른 사람들을 소개하는지는 분명하지 않다. 내 생각에는, 이들이 무언가 오해하면서 그리스도께 대답한 듯하다. 늘 그러하듯이, 이런 일은 여러 종류의 사람들이 섞여 있는 상황에서 발생하는 법이라서, 적어도 우리는 이들이 믿는 사람들이라기보다는 그리스도의 말씀을 멸시하는 사람들이라고 판단할 수 있다. 일단의 백성이 언급될 때에는 일반적으로 한 부류의 사람들만을 묘사하는 것이 성경의 습관적인 표현 방식이다.

자기들이 아브라함의 자손이며 남에게 종이 된 적이 없다고 이의를 제기하는 이 사람들은, 자기들에게 자유를 주겠다고 약속하신 그리스도의 말씀을 듣자 그리스도가 자기들을 종으로 생각하고 있다고 판단하였다. 그들은 자기들이 종이라고 불리는 것을 견딜 수가 없었다. 자기들은 거룩하고 택함을 받은 백성이라고 생각했다. 그들이 하나님의 자녀로 여김을 받지 않는다면,

그들을 다른 나라와 구별해주는 중요한 요소인 양자 됨과 언약이 무슨 소용이 있는가? 그래서 그들은 그리스도께서 자기들에게 낯선 복인 자유를 주겠다고 하실 때, 자기들이 모독을 받고 있다고 생각했다.

하지만 그들이 한 번도 다른 사람의 종이 된 적이 없다고 말한 것은 이해하기 어렵다. 유대인들은 지금까지 다양한 독재자들에게 압제를 받아왔으며, 심지어 그 당시에도 로마의 굴레와 무거운 노예의 멍에 아래 신음하고 있었다. 이러한 사실에서 우리는 그들의 자랑이 참으로 어리석다는 것을 쉽게 알수 있다.

하지만 그들의 변명이 나름 그럴듯하기도 하다. 원수들의 부당한 통치에도 불구하고 그들은 여전히 권리상 자유로운 존재들이었기 때문이다. 그러나 그들은 틀렸다.

먼저 그들은 양자 되는 권리가 중보자에게만 기초하였다는 사실을 생각지 못했다. 아브라함의 자손이 자유로워질 수 있는 방법이 있는가? 그 방법은 무엇인가? 그것은 구원자의 독특한 은혜로써 모든 인류에게 공통으로 있는 멍에에서 해방되는 것이 아니겠는가?

그러나 유대인들이 범한, 참으로 용납하기 어려운 또 다른 오류가 있다. 그것은 그들이 하나같이 타락했으면서도 아브라함의 자녀로 여김 받기를 원했다는 것이다. 또한 그들은 아브라함의 합법적인 자녀가 되는 것이 성령의 거듭나게 하심으로만 가능하다는 사실을 고려하지 않았다.

하나님의 놀라운 선물들을 세상에서 나온 것으로 생각하고, 하나님께서 인간의 본성을 고치려고 주신 치료제를 본성에 속한 것으로 치부하는 것은 거의 모든 세대의 일반적인 악惡이었다. 더욱이 우리는 거짓 확신으로 부풀어 있으면서 자기들의 상태에 만족해하는 모든 사람들이 어떤 식으로 하나님의 은혜를 저버리는지 보게 된다. 그러나 이러한 교만은 온 세상 도처에 널려 있다. 그래서 하나님의 은혜가 필요하다고 느끼는 사람은 백 명 중에서 한 명도 찾기 어렵다.

34 죄를 범하는 자마다 죄의 종이라 이것은 반대에 의한 논증이다. 유대인들은 자기들이 자유인이라고 자랑했다. 그리스도께서는 유대인들이 죄의 종인 것을 증명하신다. 그들이 육체의 욕망에 노예가 되어 계속해서 죄를 짓는다는 것이 그 이유이다. 사람들이 실제로 경험을 하고서도 깨닫지 못하는 것은 참으로 놀라운 일이다. 그럴 수만 있다면 자기들의 교만함을 내려놓고 겸손을 배울 수 있을 텐데 말이다. 이러한 현상은 오늘날 대단히 일반화되었다. 자신이 감추고 있는 악이 많으면 많을수록, 그는 더욱 맹렬히 그리고 과장되게 자유의지를 칭송한다.

그리스도의 말씀은 일찍이 철학자들이 논의하였던 바, 욕정에 마음을 쏟는 사람들은 최악의 노예 상태에 있는 것이라는 말과 별반 다르지 않게 보인다. 하지만 그분의 말씀에는 이보다 더 깊은 숨겨진 의미가 있다. 그리스도께서는 사람들이 야기하는 악에 대해서 말씀하고 계시는 것만이 아니라, 인간 본성의 상태에 대해서도 말씀하신다. 철학자들은 누구든지 자신이 선택하여 노예가 되었다가 다시 자유를 회복할 수 있다고 생각했다. 하지만 여기서 그리스도께서는 그분으로 말미암아 자유롭게 되지 않은 사람은 누구나 노예 상태에 있으며, 타락한 본성 때문에 죄로 오염된 모든 사람은 태어날 때부터 죄의 종이라고 선언하신다. 우리는 그리스도께서 여기서 강조하시는 은혜와 본성 사이의 이러한 비교를 이해해야 한다. 그럴 때 우리는 사람들이 현재 자유를 박탈당한 상황에 있다는 것과 그들이 다른 곳에서 자유를 회복하지 않고서는 그 상태에 머물러 있게 된다는 것을 쉽게 알 수 있다. 하지만 사람들은 자원하여 종이 되었다. 죄를 짓는 사람들은 결코 어쩔 수 없어 죄를 짓는 것이 아니다.

35 종은 영원히 집에 거하지 못하되 그리스도께서는 관습법과 시민법(a legibus et iure politico)에서 빌려온 유비類比를 덧붙이신다. 종은 잠깐 동안은 권세가 있을지 모르지만 그 집의 상속자는 아니다. 그러므로 아들을 통해서 얻을 수 있는 자유 외에는 완벽하고 영원한 자유란 없다고 그리스도께서는 추론하

신다. 이런 식으로 그분은 유대인들의 허영을 책망하신다. 유대인들은 실체 대신에 허영의 가면을 쓰고 있다. 유대인들이 자신들을 아브라함의 자손이 라고 말하는 것은 가면에 불과하다. 그들은 하나님의 교회에서 자리를 차지 하고는 있지만, 그들의 자리는 자유인의 아들로 태어난 동생을 제압하면서 잠시 동안 동생의 자리를 찬탈한 종의 신분인 이스마엘의 자리이다. 본문의 결론은 이것이다. 아브라함의 자손이라고 자랑하는 사람들은 다 거짓되고 덧없는 겉모습만을 갖춘 사람들이다.

36아들이 너희를 자유롭게 하면 그리스도께서는 이 말씀으로써 자유 에 대한 권리가 그리스도 자신에게만 속하며, 다른 모든 사람들은 종으로 태 어나 그리스도의 은혜로만 구원을 받을 수 있다고 선언하신다. 우리가 믿음 으로 그리스도의 몸에 접붙임을 받고 그분의 지체가 됨으로써 양자 됨의 은 혜를 입게 될 때, 그분은 자신의 본성을 우리에게 전해주신다. 그러므로 우리 는 내가 앞에서 말했던 바, 그리스도께서 해방 문서로 우리를 자유롭게 하셨 다는 것을 기억해야 한다. 이런 의미에서 우리가 얻은 자유는 그리스도께서 주시는 선물이고 그분이 베푸신 은혜이다. 하지만 우리는 그 자유를 믿음으 로 얻는다. 우리가 믿을 때, 그리스도께서는 그분의 영靈으로 말미암아 우리 를 거듭나게 하신다.

그리스도께서 유대인들이 "참으로 자유로우리라"라고 말씀하실 때, 강조 점은 '참으로'라는 단어에 있다. 우리는 이 어구를 유대인들이 부풀려 생각 하고 있는 어리석은 신념과 대조해서 생각해야 한다. 세상의 많은 사람들이 최악의 비참한 노예 생활을 하고 있으면서도 마치 자기들이 왕국을 소유한 양 착각하는 것처럼 유대인들도 그러하였다.

37나도 너희가 아브라함의 자손인 줄 아노라 나는 이 말을 양보의 의미로 이해한다. 하지만 동시에 그리스도께서는 아브라함의 자손이라는 무 가치한 칭호를 가진 것을 자랑하는 그들의 어리석음에 조소를 보내신다. 그리스도께서는 마치 다음과 같이 말씀하시는 듯하다.

"나는 너희가 스스로 자만해하고 있는 내용을 인정하겠다. 그렇지만 하나님과 그분의 사역자들을 대적하고, 진리에 대한 사악하고 끔찍한 증오심에 불타 무죄한 자들의 피를 흘리려고 달려가면서 스스로 아브라함의 자손이라고 칭함을 받는 것이 무슨 소용이 있는가?"

그러므로 그들이 부풀리기를 바랐던 모습(아브라함의 자손)과 그들의 진짜 모습이 터무니없이 다르다는 결론이 나온다. 왜냐하면 그들은 아브라함과 닮은 구석이 전혀 없기 때문이다.

나를 죽이려 하는도다 그리스도께서 자신의 말이 그들 속에 없으므로 그들이 자신을 죽이려고 한다고 말씀하실 때, 그분은 유대인들이 단순한 살인자들이 아니라 하나님과 그분의 진리를 미워함으로 그러한 맹렬한 분노를 발하는 지경에 이르렀다고 말씀하시는 것이다. 사실 이는 지극히 가증스러운 일이라 할 수 있다. 그들의 분노는 단순히 사람을 향한 것이 아니라 하나님의 이름을 더럽히기까지 했기 때문이다. 그리스도께서는 이 구절에서, 그들이 그분의 말씀을 받아들일 수 없다고 말씀하신다. 이는 그들의 마음이 악한 것으로 막혀 있어서, 아무것도 자기들 속으로 들어오는 것을 용납할 수 없었기 때문이다.

38나는 내 아버지에게서 본 것을 말하고 그리스도께서는 이미 자신의 아버지를 자주 언급하셨다. 지금 그리스도께서는 반대 논증으로써 유대인들이 하나님의 원수들이며 마귀의 자식들이라는 사실을 추론하신다. 그들이 그리스도의 교훈을 대적한다는 것이 그 이유이다. 그리스도께서는 이렇게 말씀하신다.

"나는 내 아버지에게서 배운 것이 아니면 아무것도 말하지 않는다. 너희가 하나님을 거역하는 다른 아버지를 가지지 않았다면 왜 하나님의 말씀에 분을 내느냐?"

그리스도께서 자신은 '말하고' 유대인들은 '행한다'고 말씀하신 것은, 자신이 교사의 직책을 수행하신 반면 그들은 그분의 가르침을 소멸하기 위하여 애를 썼기 때문이다. 동시에 그리스도께서는 복음이 마귀의 자식들에 의해 대적을 받는다고 해서 놀랄 것이 전혀 없음을 보이심으로써, 복음을 사람들의 멸시로부터 해방시키신다. 어떤 사람들은 '너희는 … 행하느니라'(you do)를 '너희들 … 행하라'(Do you)라고 번역하기도 한다. 그들은 그리스도께서 "자, 나를 대적함으로써 너희가 스스로 마귀의 자식임을 보여라. 나는 하나님께서 내게 명하신 것 외에는 말하지 않는다"라고 말씀하신 것으로 이해한다.

39 대답하여 이르되 우리 아버지는 아브라함이라 하니 예수께서 이르시되 너희가 아브라함의 자손이면 아브라함이 행한 일들을 할 것이거늘 40 지금 하나님께 들은 진리를 너희에게 말한 사람인 나를 죽이려 하는도다 아브라함은 이렇게 하지 아니하였느니라 41 너희는 너희 아비가 행한 일들을 하는도다 대답하되 우리가 음란한 데서 나지 아니하였고 아버지는 한 분뿐이시니 곧 하나님이시로다 42 예수께서 이르시되 하나님이 너희 아버지였으면 너희가 나를 사랑하였으리니 이는 내가 하나님께로부터 나와서 왔음이라 나는 스스로 온 것이 아니요 아버지께서 나를 보내신 것이니라 요 8:39-42

39 우리 아버지는 아브라함이라 이러한 항변은 유대인들이 얼마나 의기양양하면서도 격렬하게 그리스도의 꾸지람을 무시하였는지를 매우 분명하게 보여준다. 유대인들은 계속해서 자신들이 아브라함의 자손이라고 우긴다. 이것은 그들이 단지 아브라함의 혈통을 타고 태어났다는 것만을 의미하지 않는다. 그들의 주장은 자신들이 거룩한 민족이고 하나님의 혈족이며 하나님의 자손이라는 의미이다. 그러나 그들은 여전히 육체의 확신만을 의존하고 있다. 하지만 믿음이 없는 세상적인 혈통은 가면假面, 즉 껍데기에 지나지 않는다. 이제 우리는 그리스도께서 그렇게 심하게 호통을 치는데도 이처

럼 유대인들의 눈을 가리게 해서 그분을 멸시하게 하는 것이 무엇인지를 깨닫는다.

이와 동일한 방식으로, 바위라도 옮길 수 있는 하나님의 말씀이 우리 시대에는 교황주의자들에 의해 우화처럼 취급되어 조롱을 받고 있다. 또한 하나님의 말씀은 칼과 불에 의해 맹렬한 핍박을 당하고 있다. 이것은 교황주의자들이 교회라고 하는 그들의 거짓된 칭호에 의존하면서 하나님과 사람들을 다 속일 수 있을 것이라는 소망을 가지고 있기 때문이다. 한마디로 말해서, 외식하는 사람들은 하나님께서 그들의 마음을 찌르지 못할 것이라고 믿고, 그럴 듯한 구실을 대면서 강퍅한 마음으로 그분을 대적한다.

너희가 아브라함의 자손이면 그리스도께서는 이제 아브라함의 타락한 자손과 적법한 자손을 좀 더 분명하게 구별하시며, 아브라함과 같지 않은 모든 사람들에게서 '아브라함의 자손'이라는 이름을 제거하신다. 자식들이 행동 면에서 자기들의 근원인 아버지의 모습을 드러내지 않는 일이 종종 발생하는 것은 사실이다. 하지만 그리스도께서는 여기서 혈통적인 자손을 논하시는 것이 아니라, 믿음으로 양자의 은혜를 입지 않은 사람들이 하나님 앞에서 아브라함의 후손으로 여김을 받을 수 없다는 사실을 주장하시는 것뿐이다. 주님께서는 아브라함의 후손에게 그들의 하나님이 되겠다고 약속하셨기 때문에, 믿음이 없는 모든 사람들은 그 약속을 저버림으로써 스스로 아브라함의 가족이기를 포기한 셈이 된다.

그러므로 핵심은 이것이다. 말씀으로 자기들에게 주어진 복을 저버리는 모든 사람들을 아브라함의 자손으로 간주함으로써, 그들을 거룩한 나라요 하나님의 특별한 백성이요 왕 같은 제사장으로 여겨야 하는가? 그리스도께서는 그렇지 않다고 하신다. 사실 그분의 판단이 옳다. 약속의 자손인 사람들은 성령으로 거듭나야 한다. 그리고 하나님의 나라에 들어가기를 소망하는 사람은 반드시 새로운 피조물이어야 한다.

육체적으로 아브라함의 혈통에서 태어난 것이 전혀 소용이 없다거나 중요하지 않다고 말할 수는 없다. 그 사실에 진리가 덧붙여진다면 말이다. 하나님의 선택은 아브라함의 후손에게 있다. 하지만 그 선택은 거저 주어진다. 그래서 하나님께서 그분의 영靈으로 거룩하게 한 사람들은 생명의 상속자들로 여김을 받는 것이다.

40 지금 … 나를 죽이려 하는도다 그리스도께서는 유대인들이 스스로 자랑하는 것과는 달리 하나님을 대적하였으므로 아브라함의 자손이 아니라는 사실을 증명하신다. 아브라함에게 칭찬할 만한 것이 있다면 믿음의 순종 말고 달리 무엇이 있겠는가? 우리가 아브라함의 자손과 그렇지 않은 사람을 구별하는 가장 탁월한 표가 바로 이것이다. 유대인들이 세상 사람들에게 아무리 칭송을 받는다고 해도, 아브라함의 자손이라는 공허한 칭호는 하나님께 아무것도 아니다. 그러므로 그리스도께서는 유대인들이 마귀의 자식들이라고 결론을 내리신다. 그들은 참되고 건전한 교훈을 거스르는 치명적인 원수들이기 때문이다.

41 우리가 음란한 데서 나지 아니하였고 유대인들의 주장은 이전과 다를 바가 없다. 그들에게는 아브라함의 자손이 되거나 하나님의 자녀가 되는 것은 같은 의미였기 때문이다. 하지만 그들은 하나님을 아브라함의 모든 자손에게만 국한된 분이라고 상상하는 커다란 오류를 범했다. 그들은 다음과 같은 식으로 추론했다.

"하나님은 아브라함의 가족을 하나님의 가족으로 받아들이셨다. 우리는 아브라함의 자손들이므로 우리가 하나님의 자녀라는 것은 틀림없는 사실이다."

이제 우리는 유대인들이 모태母胎에서 날 때부터 거룩하다고 생각했음을 알 수 있다. 자기들이 거룩한 뿌리에서 출생했다는 것이 그 이유이다. 한마디로 말해서, 유대인들은 거룩한 족장들에게서 그들의 근원을 추적하고 있기에 자기들이 하나님의 교회라고 주장하는 것이다.

오늘날 교황주의자들은 조상들에게서 자기들에게로 이어진 계통을 주장하면서 스스로 우쭐해서 교만해 있다. 사탄은 이와 같은 속임수로 교황주의 자들을 속인다. 결국 그들은 하나님을 하나님의 말씀과 분리하며, 교회를 믿음에서 그리고 천국을 성령에서 분리한다.

그렇다면 이제 생명의 씨앗을 더럽힌 사람들은 하나님의 자녀가 아니라는 사실을 깨닫자. 설령 그들이 육체를 따라 자신들이 서자庶子가 아니라 교회에 속한 사람들이라고 그럴듯하게 얼버무린다고 하더라도 말이다. 그들이 자기들 하고 싶은 대로 변죽을 울리게 내버려두자. 자기들이 자랑하는 것은 단지 "우리는 거룩한 조상들을 계승한 사람들이다. 그러므로 우리가 유일한 교회다"라는 것뿐이라는 사실을 그들은 결코 피할 수 없을 것이다. 그리스도의 답변이 유대인들을 논박하기에 충분했다면, 지금 교황주의자들에게 그들의 실체를 폭로하는 데에도 얼마든지 적용될 수 있다. 외식하는 사람들은 언제든지 가장 사악하고 당당하게 하나님의 이름을 사칭한다. 하지만 그들이 치장하고 있는 자랑의 거짓 근거들은 그리스도에게 속한 사람들의 눈에 언제나 우스꽝스럽게 보일 것이다.

42 하나님이 너희 아버지였으면 그리스도께서 주장하시는 내용은 이렇다.

"하나님의 자녀인 사람은 하나님의 맏아들(그리스도)을 인정하고 그분을 사랑할 것이다. 그러나 너희는 나를 미워한다. 그러므로 너희에게는 스스로 하나님의 자녀라고 주장할 근거가 없다."

우리는 이 구절에 특히 주목해야 할 필요가 있다. 그리스도를 저버리는 곳에는 경건도 없고 하나님 경외함도 없기 때문이다. 물론 거짓 종교는 뻔뻔스럽게 하나님이라는 이름 뒤에 그 실체를 숨긴다. 하지만 하나님의 독생자를 반대하는 사람들이 하나님 아버지와 무슨 일치를 이룰 수 있겠는가? 하나님의 살아 있는 형상을 저버리는 사람들이 가지고 있는 하나님에 대한 지식은 도대체 어떤 종류의 지식이란 말인가?

그리스도께서 "내가 하나님께로부터 나와서 왔음이라"라고 선포하실 때, 그분이 말씀하시려는 의미는 이것이다. 즉, 그분이 가지고 계신 모든 것은 하나님에게 속한 것이며, 그렇기 때문에 하나님을 참으로 예배하는 사람들이 그분의 진리와 의義에서 벗어난다고 하는 것은 더할 나위 없이 모순되는 것이다. 그리스도께서는 이렇게 말씀하신다.

"나는 스스로 오지 않았다. 너희는 내게서 하나님과 반대되는 것을 전혀 찾을 수 없다. 한마디로 말해서, 너희는 내 교훈에서든지 나의 전 사역에서든지 땅에 속한 것이나 인간적인 것을 전혀 찾지 못할 것이다."

그리스도께서는 자신의 본질이 아니라 자신이 가지신 직책에 대하여 말씀하고 계시기에 이렇게 언급하시는 것이다.

43 어찌하여 내 말을 깨닫지 못하느냐 이는 내 말을 들을 줄 알지 못함이로다 **44** 너희는 너희 아비 마귀에게서 났으니 너희 아비의 욕심대로 너희도 행하고자 하느니라 그는 처음부터 살인한 자요 진리가 그 속에 없으므로 진리에 서지 못하고 거짓을 말할 때마다 제 것으로 말하나니 이는 그가 거짓말쟁이요 거짓의 아비가 되었음이라 **45** 내가 진리를 말하므로 너희가 나를 믿지 아니하는도다 요 8:43-45

43 어찌하여 내 말을 깨닫지 못하느냐 여기서 그리스도께서는 유대인들의 완악함을 책망하신다. 그들의 완악함은 그 정도가 너무 심해서 그분이 말씀하시는 것을 듣는 것조차 견디지 못한다. 이를 근거로 그리스도께서는 유대인들이 마귀의 분노에 사로잡혀 거기에 따라 움직인다고 판단하신다. 여기서 언어language와 말하는 방식speech을 구별해서, 말하는 방식이 좀 더 포괄적인 의미를 가진 것처럼 생각하는 사람들이 있는데(한글 개역개정성경에서는 43절에 '말'이라는 단어가 두 번 나오는데, 이 단어를 서로 다른 의미로 이해하는 사람들이 있다는 뜻이다 - 역자 주), 나는 그렇게 생각하지 않는다. 또한 협소한 의미를 가진 단어를 먼저 언급하는 것도 적합하지 않다. 많은 사람들이 이 구절을 두 개로 나눈다(한글 개역개정성경도 두 문장으로 구성되어 있다 - 역자 주). 첫 번째 문장은 언어language라는 단어로 끝

나는 질문으로, 즉 "어찌하여 내 언어를 알아듣지 못하느냐?"(Why do you not understand my language?)라는 문장으로 마무리한다. 그런 다음 이유를 제시하는 두 번째 문장이 나오는 것으로 이해한다.

"이는 내 말을 들을 줄 알지 못함이로다"(Because you cannot hear my word).

하지만 내 생각에는 이 구절은 하나의 문장으로 읽어야 한다. 그리스도의 말씀의 의미는 이렇다.

"나는 너희에게 말하는 것으로 아무런 유익을 끼치지 못하고, 너희는 내가 말하는 것을 들으려고 너희 귀를 열려고도 하지 않으니, 무슨 이유로 내 말이 너희에게 알려지지 않은 생경한 언어처럼 들리는 것이냐?"

첫 번째 구절에서 그리스도께서는 그들의 어리석음을 꾸짖으시고, 두 번째 구절에서는 자신의 교훈에 대한 그들의 완악하고 방종한 적대감을 꾸짖으신다. 그 후에(44절에서) 그리스도께서는 이 두 가지 사실에 대한 이유를 제시하신다. 그들이 마귀에게서 태어났기 때문이라는 것이다. 그리스도께서는 그들에게 질문을 던지심으로써 그들이 시종일관 자랑하던 것, 즉 자기들이 이 성理性과 사리 분별에 따라 그리스도를 대적한다는 허풍을 없애버리신다.

44 너희는 너희 아비 마귀에게서 났으니 이제 그리스도께서는 두 번이나(41절) 모호하게 말씀하셨던 내용을 좀 더 분명하게 표현하신다. 즉, 유대인들은 마귀의 자식들이라는 것이다. 그러나 우리는 이 구절을 다음과 같이 대조해서 설명할 필요가 있다. 유대인들의 아비가 하나님의 영원한 원수가 아니었다면, 그들이 하나님의 아들에 대해서 그토록 맹렬한 증오를 품지 않았을 것이다. 더욱이 그리스도께서 유대인들을 마귀의 자식들이라고 부르시는 것은 그들이 마귀가 하는 대로 하기 때문만이 아니라, 마귀의 부추김을 받아서 그리스도를 대적하기 때문이기도 하다. 우리가 하나님의 자녀라고 불리는 것도 우리가 하나님을 닮았기 때문만이 아니라, 하나님께서 그분의 영靈으로 우리를 다스리시기 때문이며, 그리스도께서 우리 안에 사시고 생명을 공급하시면서 우리에게 그분의 아버지의 형상을 본받게 하시기 때문이기도

하다. 다른 한편, 마귀는 그가 마음을 어둡게 한 사람들의 아비라고 언급되기도 한다. 마귀는 그 사람들의 마음을 휘저어 온갖 불의를 행하게 한다. 한마디로 말해서, 마귀는 그들 위에 강력하게 역사하면서 횡포를 부리는 것이다 (고후 4:4 ; 엡 2:2 그리고 그밖에 여러 구절들).

마니교(주후 3세기에 페르시아에서 발생하였던 이원론적인 종교운동) 신도들은 자기들의 열광을 증명하려고 이 본문을 어리석게 오용하였다. 하지만 성경에서 우리를 하나님의 자녀로 부른 경우, 그것은 본질의 전가轉嫁나 기원起源을 언급하는 것이 아니라 우리를 새 생명으로 거듭나게 하는 성령님의 은혜를 언급하는 것이다. 그래서 그리스도의 이 말씀은 본질의 전가와 관련된 것이 아니라 본성의 타락과 관련되어 있다. 인간의 타락이 바로 이러한 본성의 타락의 원인이며 기원이다. 그러므로 사람들이 마귀의 자식으로 태어난 것은 창조에 문제가 있기 때문이 아니라 죄의 오염 때문에 발생한 것이다. 그리스도께서는 결과를 가지고 이 사실을 증명하신다. 즉, 유대인들은 자진하여 기꺼이 마귀를 따르고 있는 것이다.

그는 처음부터 살인한 자요 그리스도께서는 마귀의 욕심이 무엇인지를 설명하고, 살인과 거짓이라는 두 예例를 언급하신다. 이 점에서 유대인들은 마귀와 상당히 비슷하다. 그리스도께서 마귀를 살인한 자라고 말씀하실 때, 그분이 말씀하시려는 바는 마귀가 사람들의 멸망을 계획했다는 것이다. 사람이 창조되자마자, 사탄은 사람을 해치려는 사악한 욕망에 사로잡혀 자기 힘을 이용하여 사람을 파멸에 몰아넣으려 하였다. 다시 말하지만, 그리스도는 마치 사탄 속에 해치려는 욕망을 심으신 분이 하나님이거나 한 것처럼 창조의 시작을 말씀하시는 것이 아니다. 그리스도께서는 사탄 속에 있는 거짓된 본성을 정죄하고 계신다.

이 내용은 마귀가 '진리에 서지 못한다'(he stood not in the truth)고 말씀하신 다음 문장에서 좀 더 분명하게 언급된다. 마귀가 본성상 악하다고 상상하는 사람들은 어떻게든 이 구절을 피해가려고 하지만, 이 말씀은 상황이 안 좋은 쪽으로 바뀌었다는 것과 사탄이 거짓말쟁이라고 불리는 이유가 그가 진리를 떠났기 때문임을 명확하게 밝히고 있다. 마귀가 거짓말쟁이라는 것은 그의 본성이 진리를 대적한다는 의미가 아니라, 자원하여 타락함으로써 변절했기 때문으로 이해해야 한다. 사탄을 이런 식으로 묘사하는 것은 우리에게 매우 유용하다. 누구나 사탄의 노림수를 경계하고 그의 힘과 세력을 물리치는 일에 주의할 수 있기 때문이다.

"근신하라 깨어라 너희 대적 마귀가 우는 사자같이 두루 다니며 삼킬 자를 찾나니"(벧전 5:8).

마귀는 수천 가지나 되는 속임수로 무장하고 있다. 그러므로 신자들은 마귀를 대적하기 위해 더욱 더 영적인 무기로 무장해야 하고, 빈틈없는 경계로 더욱 더 마귀를 주시해야 한다. 지금 사탄이 이러한 성향을 벗어버리지 못한다고 해도, 우리는 온갖 종류의 다양한 잘못과 과실이 생기는 것이 마치 보기 드문 새로운 일인 것처럼 그것들 때문에 불안해해서는 안 된다. 마치 선동자들이 사기로 세상을 미혹하듯이 사탄은 자기를 따르는 사람들을 선동하기 때문이다. 그리고 사탄이 진리의 빛을 끄려고 무척 노력한다고 해서 놀랄 이유가 없다. 그는 진리의 빛이 영혼의 유일한 생명이라는 것을 잘 알고 있기 때문이다. 그러므로 영혼을 죽이는 가장 중요하고 치명적인 무기는 거짓이다. 누구든지 눈이 있다면 오늘날 교황제도에서 사탄의 그와 같은 계략을 볼 수 있을 것이다. 영적인 통찰력이 있는 사람이라면 먼저 자기들이 대적하는 원수가 누구인지를 생각해야 한다. 그 다음으로 그들의 대장이신 그리스도의 명령에서 피난처를 찾아야 한다. 그들은 그분의 깃발 아래 싸우고 있으니 말이다.

"진리가 그 속에 없으므로"라는 말은 결과에서 추론해낸 증거이다. 사탄은 진리를 미워하고 진리를 차마 견딜 수 없고 철저하게 거짓으로 충만해 있다. 그래서 그리스도께서는 사탄이 전적으로 타락했으며 진리에서 떠났다고 추론하신다. 그러므로 사탄이 매일 그의 배교의 열매를 내놓더라도 놀라지 말자.

거짓을 말할 때마다 일반적으로 이 구절은, 거짓말의 책임을 자연의 창조자이신 하나님께 돌리는 것을 그리스도께서 부인하시며 오히려 거짓이 타락에서 유래하였음을 확증하신다는 뜻으로 해석된다. 하지만 나는 이 내용을 좀 더 쉽게 설명하겠다. 즉, 마귀가 거짓말을 하는 것은 습관적이며 그는 사기와 거짓말과 속임수만을 생각한다고 말이다. 우리가 이 말씀에서 마귀 속에 이런 악함이 있다고 또 이런 악함이 특별히 마귀에게 있는 것이지만 동시에 우발적으로도 나타난다고 추론한다면 옳다. 그리스도께서 마귀를 '거짓의 창조자'(the maker of lying)라고 칭하셨지만, 그분은 마귀를 하나님과 분명히 구별하고 계시며, 오히려 마귀를 하나님을 대적하는 자라고 선언하시기 때문이다. 그리스도께서 지금 덧붙이신 '아비'라는 단어는 '거짓의 창조자'라는 말과 동일한 의미를 지닌다. 사탄은 하나님에게서 떠났기에 그는 '거짓의 아비'라고 불린다. 하나님에게만 진리가 거하고, 유일한 샘이신 하나님에게서만 진리가 흘러나오기 때문이다.

45 내가 진리를 말하므로 그리스도께서는 앞에서 말씀하신 내용을 확증하신다. 유대인들은 진리를 미워하고 그것을 견딜 수 없어 하기에 그리스도를 대적하는 것이다. 이를 통해 그들은 자기들이 사탄의 자식들이라는 것을 공공연히 드러낸다.

46 너희 중에 누가 나를 죄로 책잡겠느냐 내가 진리를 말하는데도 어찌하여 나를 믿지 아니하느냐 **47** 하나님께 속한 자는 하나님의 말씀을 듣나니 너희가 듣지 아니함은 하나님께 속하지 아니하였음이로다 **48** 유대인들이 대답하여 이르되 우리가 너를 사마리아 사람이라 또는 귀신이 들렸다 하는 말이 옳지 아니하냐 **49** 예수께서 대답하시되 나는 귀신 들린 것이 아니라 오직 내 아버지를 공경함이거늘 너희가 나를 무시하는도다 **50** 나는 내 영광을 구하지 아니하나 구하고 판단하시는 이가 계시니라 요 8:46-50

46 **너희 중에 누가 나를 죄로 책잡겠느냐** 이 질문은 완벽한 확신에서 나온 것이다. 그리스도께서는 자신이 어떤 비난에 대해서도 무죄하다는 것을 아시며, 그분의 적들을 이긴 승리자로서 기뻐하신다. 하지만 그분은 자신이 더 이상 유대인들의 비방을 받지 않는다고 말씀하지는 않으신다. 유대인들의 비난에 실질적인 내용이 없는 것은 사실이지만, 그들은 그리스도를 공격하기를 그치지 않았다. 그리스도의 말씀은 자신에게는 잘못이 없다는 의미이다. 어떤 사람이 고소를 당하여 혐의가 있다고 인정될 때 '엘렝케인' (elengchein, 책잡다) 혹은 라틴어로는 '코아르구에레'(coarguere, 유죄로 입증되다)라는 단어를 사용하는데, 이 구절에서 그리스도께서 의미하신 바가 바로 그것이다.

하지만 어떤 사람들은 그리스도가 하나님의 아들이시므로 또 사람들 중에서는 그분만이 완벽한 분이시기에 여기서 그분이 완벽한 무죄를 주장하고 계시다고 생각하는데, 이는 잘못된 것이다. 그분이 변호하시는 것은 본문의 상황에만 국한해서 이해해야 하기 때문이다. 그리스도께서는 여기에서 자신이 하나님의 신실한 사역자가 아니라는 점을 입증할 만한 그 어떤 증거도 제시될 수 없다고 주장하시는 것이다. 바울도 자책할 아무것도 깨닫지 못한다고 말한 적이 있다(고전 4:4). 바울의 이 말은 그의 전체 삶을 망라하는 주장이 아니라, 단지 그의 교훈과 사도직을 변호하는 것일 따름이다. 그러므로 몇몇 사람들이 그러는 것처럼 이 본문에서 하나님의 아들에게만 속하는 완전한 의義에 관하여 추론하는 것은 정당하지 않다. 여기서 그리스도의 유일한 목적은 사람들로 하여금 자신이 행하는 사역을 믿게 하는 데 있기 때문이다. 이 사실은 이어지는 내용, 즉 그리스도께서 곧이어 덧붙이신 "내가 진리를 말하는데도 어찌하여 나를 믿지 아니하느냐"라는 말에서 더욱 분명히 밝혀진다. 이 말씀에서 우리는 그리스도께서 자신의 인격이 아니라 교훈을 변호하고 계시다고 추론할 수 있다.

47 **하나님께 속한 자는** 그리스도에게는 자신이 하늘에 계신 아버지의 대사大使이며 자기에게 맡겨진 직책을 성실히 수행하고 계시다는 것을 당연하

게 여길 권리가 있으셨다. 그래서 그분은 유대인들을 통렬히 비난하신다. 그들의 불경건함은 더 이상 감춰진 채로 있지 않았다. 그들은 하나님의 말씀을 저버리는 면에서 너무도 완악한 태도를 보였던 것이다. 그리스도께서는 자신이 가르친 내용 중에 하나님의 입에서 나오지 않은 것을 하나라도 그들이 제시할 수 없음을 보이셨다. 그래서 그리스도께서는 유대인들이 하나님의 말씀을 듣지 않기 때문에 그분과 교제할 수 없다고 결론지으신다. 그리고 그리스도께서는 자신에 대해서는 아무것도 언급하지 않으신 채, 유대인들이 하나님을 대적하여 싸우고 있다고 비난하신다.

더욱이 우리는 이 본문에서, 그리스도의 교훈을 견딜 수 없어 하는 것이 그 어느 것보다도 더 분명하게 타락한 마음을 보여준다는 사실을 배운다. 아무리 외적으로 천사와 같은 고결함을 드러내는 사람이라 할지라도 마찬가지이다. 우리가 그리스도의 교훈을 기쁘게 받아들인다면, 우리는 우리가 택함을 받았다는 가시적^{可視的}인 표를 가지고 있는 셈이다. 하나님의 말씀이 있는 사람은 하나님 자신을 향유한다. 하지만 그 말씀을 저버리는 사람은 의^義와 생명을 빼앗긴다. 그 두려운 판결 아래 떨어지는 것보다 더 두려워해야 할 것은 없다.

48 우리가 … 하는 말이 옳지 아니하냐 유대인들은 자신들이 사탄에 의해 지각을 잃어버린 정도가 얼마나 심각한지 더욱 더 잘 보여준다. 그들은 충분히 유죄 선고를 받았지만, 그럼에도 불구하고 여전히 분노한 가운데 극단적인 모습을 보이는 것을 부끄러워하지 않는다. 더욱이 유대인들은 두 가지 관점에서 그리스도를 비난하고는 있지만, 그들이 원하는 것은 몇 마디 말로 그리스도가 저주를 받아 악령에 의해 움직이는 자라고 말하는 것이다. 유대인들은 사마리아 사람들을 배교하고 율법을 더럽힌 사람들이라고 간주했기 때문에, 자기들이 어떤 사람을 헐뜯고 싶을 때에는 그 사람을 '사마리아 사람'이라고 불렀다. 그러므로 그리스도를 비난할 만한 더 악한 내용이 없었기 때문에, 그들은 이처럼 일상화되어 있는 욕을 사용하여 그리스도를 헐뜯

었다. 간단히 말해서, 사람들이 미친개처럼 격노하고 어떤 말을 해야 할지 모를 때 통상적으로 하는 것과 동일한 방법으로 유대인들이 그리스도를 저주했다는 것을 알 수 있다.

49 나는 귀신 들린 것이 아니라 그리스도께서 자신이 받은 첫 번째 비난은 지나치시고 오직 두 번째 비난에 대해서만 입장을 분명히 하셨는데, 이를 두고 그리스도께서 자신의 인격에 가한 모독은 무시하고 단지 자신의 교훈에 대해서만 변호하셨다고 설명하는 사람들이 있다. 그러나 내가 판단하기에 이들의 견해는 잘못되었다. 유대인들이 그리스도의 인격과 교훈을 교묘하게 구별한 것 같지는 않다. 더군다나 앞에서 이야기했듯이, 사마리아 사람이라는 불명예스러운 이름이 거론된 것은, 사마리아 사람들이 율법을 왜곡하고 변질시켰으며 많은 미신과 오염으로 율법의 품위를 떨어뜨려 결국에는 이질적인 것을 만들어 하나님께 드리는 전체 예배를 오염시켰기 때문이다.

어거스틴은 유비類比를 사용해서 이 구절을 설명한다. 그는 그리스도께서 자기 양들의 참 보호자이시므로 사마리아 사람이라고 불리는 것을 거절하지 않으셨다고 주장한다. 그러나 내가 생각할 때 그리스도께서 말씀하시려는 의미는 어거스틴의 주장과 다른 것 같다. 그리스도에 대한 유대인들의 두 가지 비난은 동일한 목적을 가지고 있다. 그러므로 그리스도께서는 첫 번째 비난을 거절하심으로써 다른 것도 거절하신 것이다. 사실 그들의 비난의 목적을 주의 깊게 살펴보면 사마리아 사람이라는 모독은 귀신이 들렸다고 하는 것보다도 더 심한 모독이라는 것을 알 수 있다. 하지만 내가 이미 언급했듯이, 그리스도께서는 반대 의견에서 유추한 단순한 논박에 만족하셨다. 그래서 그분은 자신이 아버지의 영광을 도모하려 했다고 주장하시는 것이다. 하나님을 정당하고 성실하게 공경하는 사람은 틀림없이 하나님의 영靈의 인도를 받는다. 또한 그들은 하나님의 신실한 종임이 분명하다.

너희가 나를 무시하는도다 이 문장은 마치 그리스도께서 하나님의 영광을 구한다는 이유로 사람들에게서 존경을 받지 못한다고 불평하는 것처럼 해석될 수 있다. 그러나 나는 그리스도께서 그 이상의 것을 보시면서, 하나님의 영광을 그분 자신의 영광과 연결하고 계시다고 생각한다. 그리스도의 말씀의 의미는 이렇다.

"나는 아버지께 영광이 되지 않는 것은 그 어느 것도 나를 위해 구하지 않는다. 아버지의 엄위가 내 안에서 빛나고, 아버지의 능력과 권세가 내 안에 거한다. 그러므로 내가 너희에게서 이처럼 무가치한 대접을 받는다면 너희는 하나님 자신을 모독하는 것이다."

그래서 그리스도께서는 즉시 하나님께서 이러한 모독에 대해 갚아주실 것이라는 말씀을 덧붙이신다. 만일 그리스도가 개인적으로든 인간적으로든 자신에게 보여준 공경이나 멸시에 대해서는 우려하지 않지만 하나님을 공경하거나 멸시하는 것에 대해서는 마음을 쓰고 계시다고 말씀하지 않으셨다면, 유대인들은 그분이 야망을 갖고 있다고 비난했을지 모른다. 우리가 그리스도와는 비교할 수 없을 만큼 부족하지만 우리 모두가 확신해야 할 것이 있다. 하나님의 영광을 진지하게 구하는 사람은 하나님께서 분명 넘칠 정도로 크게 칭찬하실 것이라는 사실이다. 우리는 "나를 존중히 여기는 자를 내가 존중히 여기고 나를 멸시하는 자를 내가 경멸하리라"(삼상 2:30)라는 말씀이 늘 진리라는 것을 발견할 것이다. 사람들이 우리를 멸시할 뿐만 아니라 책망하기도 한다면, 주님의 날이 동터오기를 조용히 기다리자.

51 진실로 진실로 너희에게 이르노니 사람이 내 말을 지키면 영원히 죽음을 보지 아니하리라 52 유대인들이 이르되 지금 네가 귀신 들린 줄을 아노라 아브라함과 선지자들도 죽었거늘 네 말은 사람이 내 말을 지키면 영원히 죽음을 맛보지 아니하리라 하니 53 너는 이미 죽은 우리 조상 아브라함보다 크냐 또 선지자들도 죽었거늘 너는 너를 누구라 하느냐 54 예수께서 대답하시되 내가 내게 영광을 돌리면 내 영광이 아무것도 아니거니와 내게 영광을 돌리시는 이는 내 아버지시니 곧 너희가 너희 하나님이라 칭하는 그이

시라 55 너희는 그를 알지 못하되 나는 아노니 만일 내가 알지 못한다 하면 나도 너희같이 거짓말쟁이가 되리라 나는 그를 알고 또 그의 말씀을 지키노라 요 8:51-55

51 진실로 진실로 너희에게 이르노니 틀림없이 그리스도께서는 군중들 중에서 몇 사람은 고침 받을 가능성이 있다는 것과 다른 사람들은 자신의 가르침을 적대시한다는 것을 아셨을 것이다. 그래서 그분은 철저하게 악한 사람들에게 경고를 하되, 선한 사람들에게 위로를 줄 근거를 남기거나 혹은 아직은 잃어버린 바 되지 않은 사람들을 자신에게 이끌 수 있는 방식으로 하기 원하셨다. 얼마나 많은 사람들이 하나님의 말씀에 염증을 느끼고 있든지 간에, 경건한 교사는 악한 사람들을 책망하는 일에만 모든 시간을 쏟아서는 안 된다. 오히려 하나님의 자녀들에게 구원의 교훈을 베푸는 일에도 시간을 내야 하고, 절대적으로 치유 불가능한 사람이 아니라면 그가 건전한 생각을 하도록 노력하는 일도 해야 한다.

그러므로 본문에서 그리스도께서는 자신의 제자들에게 영생을 약속하신다. 하지만 그리스도께서 요구하시는 제자란 그분의 가르침에 동의한다면서 나귀들처럼 맞장구치는 투로 단지 고개만 끄덕이거나 혀로만 고백하는 사람들이 아니라, 그분의 교훈을 귀중한 보화처럼 간직하는 사람들이다. 그분은 자신의 말을 지키는 사람이 "영원히 죽음을 보지 아니하리라"라고 말씀하신다. 믿음이 한 사람의 영혼을 살리면, 사망의 쏘는 것은 이미 무뎌지고 사망의 독약 또한 씻겨져서 더 이상 치명적인 상처를 입힐 수 없게 된다.

52 네가 귀신 들린 줄을 아노라 멸망 받을 사람들은 여전히 어리석은 가운데서 고집을 피우면서, 그리스도의 경고의 말씀에 무감각한 것처럼 약속의 말씀에도 아무런 감동을 받지 않는다. 그래서 그들은 그리스도에게 인도함을 받을 수도 없고 그분에게 올 수도 없다. 유대인들이 그리스도께서 전혀 말씀하지 않으신 '죽음을 맛본다'라는 말을 사용한 것으로 봐서 그들이 그리스

도의 말씀을 왜곡했다고 생각하는 사람들이 있다. 그러나 내가 생각하기에는 이런 견해는 전혀 근거가 없는 것이다. 나는 '죽음을 맛본다'와 '죽음을 본다(경험한다)'라는 두 어구는 히브리어에서 동의어로 사용되며, 둘다 '죽다'라는 의미라고 생각한다. 하지만 유대인들이 그리스도의 영적인 가르침을 신체에 적용했다는 점에서 그들은 거짓 해석자들이다. 신자들 중에서 죽음을 볼 사람은 아무도 없다. 신자들은 썩지 아니할 씨로 거듭나, 심지어 죽는 경우에도 살 것이기 때문이다. 또한 그들은 그들의 머리이신 그리스도에 연합되기에, 죽음으로 그 존재가 없어질 수 없기 때문이다. 죽음으로 그들은 하늘 나라에 들어갈 것이며, 그리스도께서 사망의 세력을 일망타진하실 때까지 그들 안에 거하시는 영은 의義로 말미암아 살아 있게 될 것이기 때문이다.

하지만 지금 이 유대인들은 세상에 속한 사람들이다. 또한 그들은 몸에 명약관화하게 나타나기 전까지는 사망에서 구원받는다는 것이 무엇인지를 모른다. 대부분의 사람들이 그리스도의 은혜에 대해 거의 마음을 기울이지 않는다는 것은 세상에서 너무도 흔한 질병이다. 이는 그들이 그분의 은혜를 세상적인 지각 능력으로만 판단하기 때문이다. 동일한 일이 우리에게 일어나지 않도록 하려면, 사망 가운데에서도 영적인 생명을 분별할 수 있도록 우리 마음을 각성해야 한다.

53 너는 이미 죽은 우리 조상 아브라함보다 크냐 여기 유대인들의 또 다른 잘못이 소개되고 있다. 그들은 아브라함과 성인聖人들의 영광으로 그리스도의 영광을 어둡게 하려고 했다. 하지만 태양의 찬란함으로 모든 별들의 반짝임을 어둡게 하듯이, 성인들에게서 발견할 수 있는 모든 영광은 그리스도의 측량할 수 없는 밝음 앞에서 사라지고 만다. 그렇다면 유대인들이 주님을 그분의 종들과 대조하는 것은 정당하지 않은 어리석기 그지없는 행동이다. 유대인들은 아브라함과 선지자들에게도 해를 입힌 셈이다. 그들의 이름을 그리스도와 대조하는 데 잘못 사용했기 때문이다. 그러나 이러한 악은 거의 모든 세대에 만연해 있고, 심지어 우리 시대에도 퍼져 있다. 불경건한 사

람들은 하나님의 사역을 찬탈하고 그분을 그분의 본래적인 모습과 모순되어 보이게 만든다.

하나님께서는 사도들과 순교자들을 통하여 그분의 이름을 영광스럽게 하셨다. 그런데 교황주의자들은 자신들을 위하여 사도들과 순교자들을 우상으로 만들어버렸다. 결과적으로 그 우상이 하나님을 대신하게 되었다. 이렇게 함으로써 그들은 하나님의 능력을 파기하려고 그분의 선하심을 이용하여 무기를 만드는 것은 아닌가? 교황주의자들이 이처럼 쓸데없이 성인들에게 부여한 것을 정말로 성인들이 가지고 있던 것이었다면, 하나님이나 그리스도에게 드려야 할 것 중에 남아 있을 것은 도대체 얼마나 되는가! 그러므로 선지자들과 사도들과 성인들이 그리스도보다 훨씬 아래에 놓이지 않으면, 하나님 나라의 전체 질서는 파괴되고 만다는 것을 알아야 한다. 그리스도만이 홀로 높임을 받으셔야 한다. 성인들에게 최고의 영예를 부여하는 것은 그들을 그리스도 아래 두는 것이다.

교황주의자들이 비록 성인들을 성실하게 예배하는 사람들이라고 자랑하면서 무지한 자들을 속일 수 있을지도 모른다. 그러나 사실 그들은 하나님과 성인들 모두에게 돌이킬 수 없는 상처를 입히고 있는 것이다. 그들은 성인들을 높임으로써 그리스도를 성인들 수준으로 낮추고 있기 때문이다. 실제로 교황주의자들은 이중적인 잘못을 범하고 있다. 첫째로 그들은 교훈과 관련하여 그리스도보다는 성인들을 더 선호하기 때문이다. 또한 둘째로 그들은 그리스도에게서 빼앗은 것을 성인들에게 부여함으로써 그리스도에게서 그분이 가지신 거의 모든 능력을 제거해버렸기 때문이다.

54 내가 내게 영광을 돌리면 그리스도께서는 부당한 비교에 대답하시기 전에 자신이 스스로 영광을 구하지 않는다는 말씀을 먼저 하시고, 그런 다음 그들의 비방에 대응하신다. 그리스도께서 자신에게도 영광을 돌리셨다고 하면서 이 구절에 이의를 제기하는 사람이 있다면, 여기에 대답하기는 쉽다. 그리스도께서 스스로에게 영광을 돌리신 것은 인간으로서가 아니라 하나님의

지시를 받고 하나님의 권위를 가진 분으로서 그렇게 하신 것이다. 다른 많은 본문에서처럼 이곳에서도 그리스도는 자신과 하나님을 구별하심으로써 일단 유대인들에게 양보를 하신다. 한마디로 말해서 그리스도께서는 아버지께서 그에게 주신 것 외에는 아무런 영광을 구하지 않는다고 말씀하신다. 이 말씀이 우리에게 교훈하는 것은 이것이다. 하나님께서는 자신의 아들을 영화롭게 하실 때, 세상으로 하여금 그리스도를 멸시하지 못하게 하실 것이다.

하늘에서 들려오는 다음과 같은 하나님의 말씀은 신자들을 크게 격려하여 그리스도를 예배하도록 함에 틀림없다.

"아들에게 입맞추라."

"모든 천사들은 그에게 경배할지어다."

"모든 무릎을 예수의 이름에 꿇게 하라."

"너희는 그의 말을 들으라."

"열방들아 그를 찾으라."

"모든 육체는 그 앞에 겸비하라."

이 말씀을 들을 때 우리도 사람들이 스스로 취하는 모든 영광은 헛되고 무가치하다는 사실을 상기하게 된다. 야망이란 것이 얼마나 사람들의 눈을 멀게 하는지, 그들로 하여금 헛된 것을 위하여 수고하게 한다. 바울이 말한 것을 늘 새기자.

"옳다 인정함을 받는 자는 자기를 칭찬하는 자가 아니요 오직 주께서 칭찬하시는 자니라"(고후 10:18).

더욱이 우리는 모두 하나님의 영광이 결핍되어 있으므로, 그리스도께서 그분의 은혜로 우리를 그분의 영광에 참여시키는 한도 내에서 그분 안에서만 기뻐하는 법을 배우도록 하자.

너희가 너희 하나님이라 칭하는 그이시라 그리스도께서는 유대인들이 입버릇처럼 들먹거리는 하나님의 성호에 대한 허세를 들춰내신다. 그분의 말씀의 의미는 이렇다.

"나는 너희가 하나님의 백성이라고 얼마나 뻔뻔하게 자랑하는지 알고 있다. 그러나 너희의 주장은 잘못되었다. 너희는 하나님을 알지 못하기 때문이다."

여기서 우리는 진정한 믿음의 고백은 참된 지식에서 나온다는 사실을 배우게 된다. 하나님의 말씀이 아니고는 어디에서 이런 지식이 나오겠는가? 하나님의 말씀을 제쳐두고 하나님의 성호를 자랑하는 사람은 다 거짓말쟁이에 불과하다. 그리스도께서는 양심의 확신을 가지고 유대인들의 뻔뻔스러움을 대면하신다. 그래서 하나님의 모든 종들은, 설령 온 세상이 하나님을 대적하여 일어난다 하더라도 하나님만이 그들 편에 계신 것으로 만족할 수 있도록 마음의 준비를 해야 한다. 옛적의 선지자들과 사도들에게는 세상이 감당할 수 없는 영혼의 위대함이 있었다. 그리고 그들은 온 세상의 두려운 공격에 대항하여 굳게 맞섰다. 그들은 자기들을 세상에 보내신 분이 누구이신지 잘 알았기 때문이다. 하지만 하나님을 아는 이 본질적인 지식이 없다면, 우리에게는 우리를 지켜주고 세워줄 아무것도 없는 셈이다.

55 만일 내가 알지 못한다 하면 그리스도께서는 이 말씀으로써 자신이 직책 때문에 말하지 않을 수 없다고 선언하신다. 만일 자신이 침묵한다면 그것은 진리를 배반하는 것이라고 말이다. 우리 입으로 우리 마음의 믿음을 사람들 앞에서 고백하도록 하시려고 하나님께서 우리에게 자신을 계시하신다는 말씀은 주목할 만한 가치가 있다. 위선으로 사람들을 기쁘게 하는 자들 그리고 하나님의 진리를 부인하든가 혹은 그것을 불경건한 생각으로 왜곡시키는 자들은 단순히 가벼운 책망을 받는 것이 아니라 마귀의 자식들로 쫓겨날 것이라는 사실은 우리를 극한 공포로 몰아넣는 경고이기 때문이다.

56 너희 조상 아브라함은 나의 때 볼 것을 즐거워하다가 보고 기뻐하였느니라 **57** 유대인들이 이르되 네가 아직 오십 세도 못 되었는데 아브라함을 보았느냐 **58** 예수께서 이르

시되 진실로 진실로 너희에게 이르노니 아브라함이 나기 전부터 내가 있느니라 하시니 ⁵⁹ 그들이 돌을 들어 치려 하거늘 예수께서 숨어 성전에서 나가시니라 요 8:56-59

56 너희 조상 아브라함은 그리스도께서는 일전에 유대인들이 아브라함의 자손이 아니라고 하셨는데, 이번에는 그들이 아브라함의 자손인 것을 인정하신다. 물론 말씀으로만 그렇게 하신 것이지만 말이다. 하지만 그리스도께서는 아브라함의 이름을 거론하며 이의를 제기하는 것이 얼마나 빈약한지를 그들에게 보이신다. 그분은 이렇게 말씀하신다.

"아브라함이 평생을 살면서 가지고 있었던 유일한 목적은 내 나라가 번성하는 것을 보는 것이었다. 아브라함은 내가 없던 때에도 나를 갈망했다. 너희는 내가 너희와 함께 있는데도 경멸하는구나."

그리스도께서 이 구절에서 아브라함에 대하여 말씀하시는 것은 모든 성인聖人들에게 적용된다. 하지만 아브라함이 전체 교회의 조상(아비)이라는 점에서, 이 교훈은 아브라함과 관련하여 이해할 때 더 무게가 있다. 그러므로 누구든지 자신이 경건한 사람들 중에 속하기를 바란다면, 아브라함이 그토록 간절히 바랐던 그리스도의 임재를 즐거워하며 환영해야 한다.

나의 때 볼 것을 즐거워하다가 '즐거워하다'라는 단어는 격렬하고 간절한 열정을 암시한다. 이제 당시의 유대인들과 아브라함의 대조에 대해서 좀 더 생각해보자. 그리스도를 아는 지식이 여전히 분명하게 나타나지 않았지만, 아브라함은 강한 열망에 불타서 그리스도의 때 보는 것을 다른 모든 선한 것보다 더 소중하게 여겼다. 그런데 그리스도께서 공개적으로 계시되고 있을 때조차 그분을 멸시하고 저버리는 사람들이 있으니, 그들의 감사할 줄 모르는 태도는 얼마나 역겨운가!

'때'라는 단어는 본문에서 어거스틴이 생각한 것처럼 영원을 의미하는 것이 아니라 그리스도의 왕국의 때, 즉 그리스도께서 구원자의 직책을 성취하시려고 육체를 입고 세상에 나타나신 때를 의미한다. 그러나 이런 질문을 할 수 있을 것이다. 아무리 믿음의 눈이라고는 하지만 아브라함이 어떻게 그리스도의 계시를 보았는가? 이것은 그리스도께서 주장하신 다른 말씀과 어울리지 않아 보인다.

"많은 선지자와 임금이 너희가 보는 바를 보고자 하였으되 보지 못하였으며 너희가 듣는 바를 듣고자 하였으되 듣지 못하였느니라"(눅 10:24).

이 질문에 답하겠다. 믿음에는 그리스도를 보는 믿음의 정도가 있다. 고대의 선지자들은 그들에게 약속된 그리스도를 멀리서 바라보았다. 하지만 그리스도께서 하늘로부터 사람들에게 내려와서 그들로 자세하고 완벽하게 그분을 볼 수 있도록 하셨을 때, 그분 곁에서 그리스도를 보는 것은 고대의 선지자들에게는 허락되지 않았다.

더욱이 우리는 그리스도의 말씀으로써, 하나님께서 아브라함의 갈망을 저버리지 않으셨듯이 지금도 그분은 아무도 그리스도를 헛되이 갈망하지 않게 하시며 사람들의 경건한 바람을 이루게 하신다는 사실을 배운다. 그리스도께서 많은 사람으로 하여금 자신을 즐거워하게 하지 않으신 이유는 사람들의 악함 때문이다. 다시 말해서, 그리스도를 갈망하는 사람이 거의 없기 때문이다. 아브라함이 즐거워하였다는 것은 그가 그리스도의 왕국을 아는 지식을 비교할 수 없는 보화로 여겼다는 증거이다.

우리는 아브라함이 그리스도의 때 보기를 즐거워했다고 듣는다. 우리도 알다시피, 아브라함에게는 그리스도의 때 이외에 그가 가치를 더 부여한 것은 없었다. 모든 경건한 사람들은 그들의 믿음에서 열매를 얻는데, 그 열매란 그들이 그리스도 한 분만으로 만족해하고 그분 안에서 충만하고 완벽한 복과 기쁨을 얻으며 그 양심에 안정과 즐거움을 누린다는 것이다. 그리스도를 온전히 의뢰함으로써 그분에게 영예를 돌리지 않는다면, 어느 누구도 그분을 바르게 알지 못한다.

그리스도께서 세상에 나타나셨을 때, 이미 죽은 아브라함이 그분의 임재를 경험했다고 이 구절을 해석하는 사람들이 있다. 그래서 그들은 바라는 때와 보는 때를 구별한다. 성도들이 평생 고대하였던 바 그리스도의 강림이 죽음 이후의 성도들의 영들에게 계시되었다는 것은 사실이다. 하지만 나는 과연 이와 같은 세련된 해석이 그리스도의 말씀과 부합하는지 잘 모르겠다.

57 오십 세도 못 되었는데 유대인들은 그리스도의 말씀을 말이 되지 않는다고 논박하려 한다. 나이 오십도 되지 않은 사람이 이미 수십 세기 전에 죽은 아브라함을 자기와 같은 수준에 놓았다는 것이 그 이유이다. 그리스도는 사실 34세도 되지 않았다. 하지만 그들은 너무 정확하고 엄밀하게 나이를 계산한다고 할까봐 그리스도의 나이를 조금 높여 오십 세라고 언급했다. 그들은 그리스도에게 이렇게 말하고 있다.

"당신이 벌써 나이 오십이 되었다고 주장한다고 해도, 아브라함과 같은 수준에 놓고 이야기할 수는 없는 것이오."

그러므로 그리스도의 얼굴이 그분의 실제 나이보다 더 늙어 보인다고 생각하는 사람들이나 이 구절에 언급된 나이가 태양력에 의한 것이 아니라고 생각하는 사람들의 설명은 설득력이 없다. 그리스도가 사십 세 이상 사셨다는 전통을 계승하는 교황주의자들의 언급은 고려할 가치가 전혀 없다.

58 아브라함이 나기 전부터 내가 있느니라 불신자들은 육체의 겉모습만을 보고 판단한다. 그래서 그리스도께서는 자신이 인간적인 외모보다도 더 크고 높은 것을 가지고 있다는 사실을 그들에게 상기시키신다. 그것은 육체의 감각으로는 감지할 수 없는 것이며, 오직 믿음의 눈으로만 볼 수 있는 것이다. 그래서 그리스도께서 육신을 입고 공개적으로 세상에 모습을 나타내시기 전에도 거룩한 조상들은 그분을 볼 수 있었을 것이다. 그러나 그리스도께서는 이 구절에서 아브라함에게 사용한 것과는 다른 동사를 사용하고 계신다.

"아브라함이 나기 전부터 내가 있느니라"(Before Abraham was born, I am).

그리스도께서는 이 단어들을 사용하여 자신을 보통 사람들의 반열에서 제외시키시고, 자신이 천상天上의 신적神的인 능력을 갖고 계시다고 주장하신다. 이것을 아는 통찰은 세상이 시작될 때부터 모든 세대에 걸쳐 널리 퍼졌다.

그러나 이 말씀은 두 가지 방법으로 설명될 수 있다. 개중에는 이 구절이 단지 그리스도의 영원한 신성神性에 적용된다고 생각하여, 그것을 모세의 저작에 나오는 "나는 스스로 있는 자이니라"(I am that I am, 출 3:14)라는 말씀과 비교하는 사람들이 있다. 그러나 나는 그리스도의 말씀을 이것 이상으로 확장시켜야 된다고 믿는다. 그리스도께서는 세상의 구원자이신 만큼, 그분의 능력과 은혜는 모든 세대에 일반으로 적용되기 때문이다. 그런 의미에서 그리스도의 말씀은 히브리서 기자가 말한 것과 일치한다.

"그리스도는 어제나 오늘이나 영원토록 동일하시느니라"(히 13:8).

요한복음의 문맥도 이와 같은 해석을 요구한다. 그리스도께서는 앞에서 아브라함이 그분의 날을 간절히 바랐다고 말씀하셨다. 유대인들이 이 말씀을 믿기 어려워하는 것 같으니까 그리스도께서는 자신이 친히 그때에 계셨다는 말을 덧붙이셨다. 그리스도께서 그 당시에도 중보자로 인정을 받으셨으며 그분으로 말미암아 하나님의 진노가 누그러졌다는 사실을 우리가 이해하지 못한다면, 그리스도께서 "아브라함이 나기 전부터 내가 있느니라"라는 말을 첨가하신 이유가 충분히 드러나지 않는다. 중보자의 은혜가 모든 시대에 풍성하였다는 사실은 그분의 영원한 신성神性에 좌우된다. 그러므로 그리스도의 이 말씀에는 그분의 신적神的 본질과 관련된 놀랄 만한 주장이 담겨 있는 것이다.

우리는 또한 엄숙한 맹세의 형식인 "진실로 진실로"라는 어구를 주목할 필요가 있다. 그리고 나는 동사의 현재형(I am)에 굉장한 비중이 있다는 크리소스톰의 견해를 인정한다. 그리스도는 '내가 존재한 적이 있다'(I used to be)거나 '내가 있었다'(I was)라고 말씀하신 것이 아니라 '내가 있다'(I am)라고 말씀하시기 때문이다. 이것은 처음부터 마지막까지 한결같은 상태를 의미한다. 그리스도께서는 '아브라함이 있기 전부터'(Before Abraham was)라고 말씀하지 않으시고 '아브라함이 나기 전부터'(Before Abraham became)라고 말씀하심으로써 아브라함은 시작이 있다고 밝히신다.

59 그들이 돌을 들어 치려 하거늘 ⋯ 나가시니라 유대인들은 그리스
도가 율법의 명령대로 돌로 쳐 죽임을 당해야 한다고 생각하고 이렇게 했을
가능성이 많다. 그러므로 여기서 우리는 생각 없는 열정이 어느 정도로 사람
을 미치게 하는지 추론하게 된다. 유대인들에게는 상황을 정확히 보고 배울
수 있는 귀가 없었다. 단지 그들에게는 살인을 집행할 손만 있을 뿐이다. 나
는 그리스도께서 비밀스러운 능력으로 자신을 구하셨다는 것을 의심하지 않
는다. 그러나 그분은 비천한 상태의 육신을 입은 채로 그렇게 하셨다. 인간적
인 연약함을 감춘 채 자신의 신성神性을 분명하게 나타내시기를 원하지 않으
셨기 때문이다.

　이 구절을 "그리고 그리스도께서 그들 가운데를 통과해 가셨다"[And (Christ)
went through the midst of them]라고 적은 사본들도 있다. 에라스무스는 이것이 누가
복음 4장에서 빌려온 것이라고 생각하는데, 나는 그의 판단이 매우 적절하다
고 생각한다. 사악한 제사장과 서기관들이 신성의 모든 충만함이 거하는 그
리스도를 쫓아냈을 때, 그들이 겉으로 보이는 성전을 소유하고 있다는 것 또
한 주목할 만한 가치가 있다. 하지만 그들은 자기들에게 성전이 있다고 생각
하면서 스스로를 속이고 있었던 것이다. 성전에 하나님이 계시지 않는데도
말이다. 이런 식으로 교황과 그의 추종자들은 오늘날 그리스도를 쫓아내고
그럼으로써 교회를 모독하면서, 교회라는 거짓 가면을 쓰고 어리석게 자랑하
고 있다.

요한복음 9장

¹예수께서 길을 가실 때에 날 때부터 맹인 된 사람을 보신지라 ²제자들이 물어 이르되 랍비여 이 사람이 맹인으로 난 것이 누구의 죄로 인함이니이까 자기니이까 그의 부모니 이까 ³예수께서 대답하시되 이 사람이나 그 부모의 죄로 인한 것이 아니라 그에게서 하 나님이 하시는 일을 나타내고자 하심이라 ⁴때가 아직 낮이매 나를 보내신 이의 일을 우 리가 하여야 하리라 밤이 오리니 그때는 아무도 일할 수 없느니라 ⁵ 내가 세상에 있는 동안에는 세상의 빛이로라 요 9:1-5

1날 때부터 맹인 된 사람을 보신지라 9장에서 복음서 기자는 맹인이 보게 된 사건을 묘사하면서, 동시에 이적의 결과를 선포하기 위하여 이 기사 와 관련된 교훈을 함께 기술한다. "날 때부터"라는 어구는 그리스도의 능력 을 강조한다. 어머니에게서 태어나 성인이 될 때까지 맹인으로 살아온 사람 은 인간의 치료법으로는 치유될 수 없었기 때문이다. 제자들이 누구의 죄 때 문에 이런 벌을 받았느냐고 질문한 것은 이런 이유에서였다.

2랍비여 … 누구의 죄로 인함이니이까 자기니이까 그의 부모니 이까 성경은 인류가 겪는 모든 문제가 죄에서 왔다고 선언한다. 그래서 어떤 사람이 비참한 상황에 있는 것을 볼 때마다, 곧바로 우리 마음속에는 그를 억누르는 고난이 하나님의 손에 의한 징벌이라는 생각이 떠오른다. 하지만 여기서 우리는 일반적으로 세 가지 측면에서 잘못을 범하고 있다.

첫째, 누구나 다른 사람을 날카롭게 비평할 준비는 되어 있지만, 그 동일한 엄격함을 스스로에게 적용하는 사람은 거의 없다. 마땅히 그렇게 해야 함에도 불구하고 말이다. 만일 나의 형제에게 좋지 않은 문제가 닥친다면 나는 즉시 하나님의 심판을 인정한다. 하지만 하나님께서 좀 더 심하게 나를 징계하신다면, 나는 내가 지은 죄는 간과하고 만다. 심판에 대해서 생각할 때 우리 모두는 자기 자신으로부터 시작해야 하며, 다른 사람에게 하는 것처럼 스스로에게도 엄격해야 한다. 그러므로 우리가 이 문제에 대해 공정한 판단을 내리려고 한다면, 다른 사람들보다는 우리 자신이 행한 악을 알아차리는 데 민감한 법을 배워야 한다.

둘째, 과도한 엄격함에 오류가 있다. 어떤 사람이 하나님의 손에 매를 맞는 순간, 우리는 그것이 하나님에게서 받는 지독한 미움의 표현이라고 해석한다. 그리고 그의 작은 잘못들도 범죄 행위인 양 취급하고 그에게는 거의 구원의 소망이 없다고 판단한다. 반면에 우리 자신의 죄는 가볍게 본다. 그래서 매우 심각한 범죄를 저지른 경우에도 그것이 잘못이라는 사실을 거의 의식하지 않는다.

셋째, 하나님께서 고통을 통해 사람들을 훈련시키시는 경우가 있는데도 우리는 예외 없이 모든 사람을 정죄하는 잘못을 범한다. 우리의 모든 고난이 죄에서 기인하였다고 방금 전에 말한 것은 틀림없는 사실이다. 하지만 하나님께서는 다양한 이유로 자신의 백성에게 고난을 주신다. 하나님께서 어떤 사람의 범죄에 대해서는 이 세상에서는 징계하지 않으시고 미래로 그 심판을 미루시는 경우가 있다. 그에게 더 큰 고통을 주기 위해서이다. 이와 마찬가지로 하나님께서는 종종 자신의 신실한 백성들을 좀 더 가혹하게 대하기도 하신다. 이는 그들이 더 많은 죄를 범했기 때문이 아니라, 미래를 위하여 육체의 죄를 멸하시기 위해서이다. 때로는 하나님께서 자신의 백성들의 죄는 관계하지 않으시고 단지 그들의 순종만을 시험하시거나 인내를 훈련시키기도 하신다. 경건한 사람 욥은 다른 사람들보다 더 불행한 일을 당했지만, 그가 자기의 죄 때문에 어려움에 처했던 것이 아니었다. 하나님의 목적은 욥의 경건이 환난 속에서 더 충분히 검증되도록 하려는 데 있었다. 그러므로 모든 고난을 분별하지 않고 죄의 탓으로 돌리는 사람들은 거짓 해석자들이다. 그들은 마치 징계의 기준이 동일한 것처럼 또는 하나님께서 사람들을 징계하실 때 모든 사람이 받아 마땅한 것을 내리시는 것처럼 이해한다.

그러므로 여기서 두 가지 내용에 주목할 필요가 있다.

첫째, 대부분의 경우 심판은 하나님의 집에서 시작된다(벧전 4:17). 결과적으로 하나님께서는 경건하지 않은 사람들은 그냥 지나치시는 반면, 자신의 백성이 죄를 범했을 때는 가혹하게 심판하신다. 또한 교회의 죄악 된 행위를 바로잡으실 때 하나님의 채찍은 훨씬 더 가혹하다.

둘째, 하나님께서 사람들을 징계하시는 데는 다양한 이유가 있다. 하나님은 베드로와 바울을 가장 사악한 강도나 다름없는 집행인의 손에 넘겨주셨다. 그러므로 우리는 사람들이 심판 받는 원인을 항상 알 수 있는 것은 아님을 추론하게 된다.

제자들이 이와 같은 일반적인 견해를 따라 무슨 죄 때문에 하늘에 계신 하나님께서 그 사람이 태어나자마자 심판하셨느냐고 물었을 때, 그들은 그 사람이 태어나기 전에 죄를 범했는지의 여부를 물을 때처럼 어리석게 질문하지는 않았다. 하지만 이 어리석은 질문은 당대에 일반화되었고 보편화되었던 견해에서 유래한 것이다.

성경의 다른 본문들에서 미루어볼 때, 사람들은 철학자 피타고라스가 꿈꾸었던 '메템프쉬코시스'(metempsuchosis, 전가), 즉 영혼이 한 몸에서 다른 몸으로 옮겨간다는 생각을 믿었음이 분명하다. 여기서 우리는 사람들의 호기심이란 것이 참으로 복잡한 미로와 같은 것임을 알게 된다. 특히 여기에 추측이 가미될 때에는 더욱 그렇다. 사람들은 이렇게 말한다. 하반신 장애인으로 태어나는 사람도 있고, 사시斜視를 가지고 태어나는 사람도 있으며, 맹인으로 태어나는 사람도 있고, 기형아로 태어나는 사람도 있다고 말이다. 그런데 그들은 하나님의 감춰진 심판을 당연히 존중해야 함에도 불구하고 그렇게 하지 않고, 대신 하나님이 그렇게 하신 분명한 이유를 알고 싶어 했다. 그들은 성미가 너무 급하여, 한 영혼이 생명을 마치게 되면 그 영혼은 새로운 몸으로 이동하고 거기서 과거의 생애 때문에 벌을 받게 된다는 어리석고 유치한 생각에 빠져들었던 것이다. 오늘날 유대인들도 그들의 회당에서 이러한 어리석은 백일몽 같은 내용을 하늘에서 온 계시라고 선포하기를 부끄러워하지 않는다.

우리는 이 예(例)에서, 맑고 냉정한 마음 상태를 넘어서서 하나님의 심판에 대해 알려 함으로써 오류를 범하는 산란해진 마음 때문에 서두르게 되고 치명적인 심연에 빠지게 되는 일이 없도록 주의해야 한다는 사실을 배운다. 하나님께서 택한 백성들 사이에서도 이러한 심각한 오류를 발견했어야 한다는 것은 참으로 기괴한 일이다. 그들에게는 율법과 선지자들로 말미암아 하늘에 속한 지혜의 빛이 비춰졌는데도 말이다. 하지만 만일 하나님께서 그들의 헛된 생각을 혹독하게 벌하신다면, 우리가 하나님의 일을 생각하면서 해야 할 최선은 이렇다. 하나님께서 그렇게 하시는 이유가 우리에게는 감춰져 있을 때, 지극히 겸손한 태도와 경외심 가득한 마음으로 입을 열어 "사람들이 깨닫지 못해도 주님은 의로우시며, 주님의 심판도 의로우시다"라고 외치는 것이다.

제자들이 맹인의 부모의 죄에 대하여 질문한 것 역시 전혀 합당하지 않다. 죄가 없는 아들이 자기 아버지의 죄 때문에 심판을 받지는 않으며, 범죄하는 그 영혼이 죽임을 당할 것이기 때문이다(겔 18:20). 그렇지만 주께서 부모의 범죄를 자녀들의 품에 던지시고 죄를 갚되 삼사 대까지 이르게 하신다는 것(출 20:5)이 전혀 공허한 위협은 아니다. 그래서 하나님의 분노는 종종 여러 세대 동안 한 가정에 머물기도 한다. 하나님께서 신자들을 위하여 그 자녀들에게 복을 내리시듯이, 그분은 불경건한 후손을 저버리시며 의로운 심판으로 그 자녀들을 조상들과 함께 파멸에 이르게 하신다. 그리고 자신이 이런 식으로 다른 사람의 죄 때문에 불공평하게 벌을 받는다고 불평할 수 있는 사람은 아무도 없다. 성령의 은혜가 없는 곳에서는 나쁜 나무에서 나쁜 열매가 맺힐 수밖에 없기 때문이다. 사도들이 궁금해했던 것이 바로 이것이다. 과연 주님은 부모의 범죄로 아들을 징계하셨는가?

3 이 사람이나 그 부모의 죄로 인한 것이 아니라 그리스도께서는 맹인이나 그 부모가 절대적으로 죄가 없다고 말씀하지는 않으신다. 하지만 그리스도는 맹인이 된 원인을 죄에서 찾아서는 안 된다고 말씀하신다. 이것은 이미 앞에서 내가 언급했던 내용이다. 하나님께서는 죄를 지은 사람들에게 고난을 주실 때, 그들의 죄를 벌하시는 것 외에 또 다른 목적을 갖고 계신 경우가 있다. 그러므로 고난의 원인이 숨겨져 있는 경우, 우리는 하나님의 영예를 손상시키거나 형제들에게 해가 되지 않도록 우리의 호기심을 억제해야 한다.

그에게서 하나님이 하시는 일을 나타내고자 하심이라 그리스도께서는 이 사람이 날 때부터 맹인이 된 다른 이유를 제시하신다. 여기서 그분은 하나님의 일을 단수 형태(일, work)가 아닌 복수 형태(일들, works)로 말씀하신다(한글개역개정성경에는 '일'이라고 되어 있으나 칼빈이 인용한 성경에는 '일들'이라고 되어 있다 - 역자 주). 그가 앞을 보지 못하는 상태로 있던 동안 하나님의 혹독함의 예(例)가 그에게 나타났고, 이것을 보고 다른 사람들은 하나님을 두려워하고 자신을 낮추는 법을 배웠을 것이기 때문이다. 이러한 시련의 기간이 지나서 그는 구원의 은혜를 받았고, 여기에 하나님의 놀라운 은총이 반영되었다. 그리스도께서는 이 말씀으로 제자들을 자극하여 그들로 이적을 기대하게 만들고 싶으셨다. 하지만 동시에 그분은, 하나님께서 자신의 성호를 영화롭게 하실 때 고난에 대한 이 원인은 세상의 무대에서 참되고 합법적인 것으로 풍성하게 나타난다는 사실을 제자들에게 일반적인 방식으로 일깨우고 계신다. 또한 하나님께서 사람들을 그분의 영광의 도구로 삼으실 때, 그분이 자비로운 분으로 나타나든지 엄격한 분으로 나타나든지 그분과 논쟁할 권한은 어느 누구에게도 없다.

4 나를 보내신 이의 일을 우리가 하여야 하리라 이제 그리스도께서는 자신이 맹인의 눈을 뜨게 하는 일을 통해 하나님의 은혜를 나타내도록 보냄을 받았다고 증언하신다. 시편 104편 22,23절에 기록되어 있듯이, 태양이 떠오르면 사람들은 일하기 위해 일어나지만, 밤은 휴식을 위하여 주어진다. 그래서 그리스도께서는 아버지께서 정하신 때를 '낮'day이라고 부르신다. 그리스도는 낮에 아버지께서 명령하신 일을 이루어야 했다. 관청에서 일하는 사람이 자기의 직책에 맞는 매일의 일을 하기 위해 고용된 것처럼 말이다. 이 사실에서 우리는, '사람의 일생은 말하자면 그의 낮(his day)'이라는 보편적인 규칙을 찾아내야 한다. 그러므로 낮이 짧은 만큼 노동자들은 근면과 수고로 일하여, 일을 하고 있는 중간에 밤의 어둠이 찾아오지 않도록 해야 한다. 인생의 짧은 때가 우리에게 주어졌다는 것을 알 때, 우리는 게으르게 보내는 것을 부끄러워해야 한다. 한마디로 말해서, 하나님께서 우리를 '부르심'으로 일깨우실 때 기회를 잃지 않도록 하자.

5 내가 세상에 있는 동안에는 나는 이 말씀이 그리스도께서 사람들의 반응을 미리 예상하여 첨가하신 것이 분명하다고 해석한다. 마치 다른 사람들의 경우처럼 갑자기 밤이 찾아올 위험이 있기라도 한 듯이, 그리스도께서 자신이 일할 수 있는 때를 미리 제한하셔야 한다는 것은 납득하기 어렵기 때문이다. 그래서 그분은 자신을 다른 사람들과 구별하기는 하시지만, 여전히 자신이 일할 수 있는 시간이 제한되어 있다고 말씀하신다.

그리스도께서는 자신을 태양과 비교하신다. 태양은 환한 빛으로써 세상을 밝히지만, 저녁이 되어 태양이 지면 낮도 함께 사라진다. 이 비유로써 그리스도는 자신의 죽음이 태양이 지는 것과 같다고 말씀하신다. 그 빛이 꺼진다거나 그분의 빛이 어두워진다는 의미에서가 아니라 세상의 시야에서 사라진다는 의미에서이다. 동시에 그분은 자신이 육신으로 사람들 앞에 나타났을 때 참으로 세상의 빛이셨음을 밝히신다. 하나님께서 모든 시대에 빛을 비추긴 하셨지만, 그리스도께서 오심으로써 이례적인 새로운 광채를 발하게 되었기 때문이다. 그래서 그리스도께서는 이때가 매우 적합하고 알맞은 때, 즉 가장 밝은 낮이라고 추론하신다. 이를테면, 하나님께서 놀라운 일로써 자신을 더욱 분명하게 보여주기를 원하셨던 아버지의 영광을 분명하게 계시하는 때인 것이다.

그러나 여기서 질문이 하나 제기된다. 그리스도께서 죽은 자 가운데서 다시 살아나신 후에 하나님의 큰 능력이 교훈의 열매와 이적에서 나타나지 않았는가? 그리고 바울은 이것을 자신의 설교에 적절하게 적용하면서 "어두운 데에 빛이 비치라 말씀하셨던 그 하나님께서 예수 그리스도의 얼굴에 있는 하나님의 영광을 아는 빛을 우리 마음에 비추셨느니라"(고후 4:6)라고 말하지 않았는가? 또한 그리스도께서는 사람들 가운데 사셨을 때와 동일하게 지금도 세상을 비추시지 않는가?

이 질문에 답하겠다. 그리스도께서는 자신이 맡은 역할의 과정을 완벽하게 이루시고 나서, 그분이 세상에 계시는 동안 자신을 통하여 행하신 것 못지않은 능력으로 그분의 사역자들을 통하여 일하셨다. 나는 이것이 참이라고 고백한다.

하지만 첫째, 이 사실은 그리스도께서 육체를 입고 나타나셨을 때 아버지께서 명령하신 것을 친히 수행하셔야 했다는 말씀과 상반되지 않는다.

둘째, 이 사실은 그리스도께서 육체를 입고 존재하신 것이 참되고 놀라운 '세상의 낮day'이며 그분의 광채는 온 시대에 두루 퍼진다는 말씀과 모순되지 않는다. 빛과 낮이 어디서 와서 옛 시대의 거룩한 조상들과 또 오늘날 우리에게 주어졌는가? 낮을 지속시키기 위해 그리스도의 나타나심으로 그 광채가 널리 퍼진 것이 아니겠는가? 이 사실에서 우리는 그리스도를 인도자로 삼지 않는 사람은 다 맹인처럼 어둠 속에서 헤매고 혼란과 무질서 속에서 방황한다는 결론을 내리게 된다. 하지만 우리가 파악해야 할 의미가 또 하나 있다. 즉, 태양이 하늘과 땅의 가장 아름다운 무대와 자연의 전체 질서를 우리 눈에 밝히 드러나게 해주듯이, 하나님께서는 자신의 사역의 최고의 영광을 자신의 아들을 통해서 가시적可視的으로 보여주셨다.

6 이 말씀을 하시고 땅에 침을 뱉어 진흙을 이겨 그의 눈에 바르시고 7 이르시되 실로암 못에 가서 씻으라 하시니 (실로암은 번역하면 보냄을 받았다는 뜻이라) 이에 가서 씻고 밝은 눈으로 왔더라 8 이웃 사람들과 전에 그가 걸인인 것을 보았던 사람들이 이르되 이는 앉아서 구걸하던 자가 아니냐 9 어떤 사람은 그 사람이라 하며 어떤 사람은 아니라 그와 비슷하다 하거늘 자기 말은 내가 그라 하니 10 그들이 묻되 그러면 네 눈이 어떻게 떠졌느냐 11 대답하되 예수라 하는 그 사람이 진흙을 이겨 내 눈에 바르고 나더러 실로암에 가서 씻으라 하기에 가서 씻었더니 보게 되었노라 12 그들이 이르되 그가 어디 있느냐 이르되 알지 못하노라 하니라요 9:6-12

6 땅에 침을 뱉어 맹인의 시력을 회복하는 것이 그리스도의 목적이었다. 하지만 그분은 대단히 이상한 방법으로 일을 시작하신다. 맹인의 눈에 진흙을 이겨 바르면 더 보지 못하는 상태가 된다. 그리스도께서 가난한 사람을 조롱하고, 미친 사람처럼 의미 없고 어리석은 행동을 하고 있다고 생각하는 사람도 있을 것이다. 하지만 그리스도께서는 이렇게 하심으로써 맹인의 믿음과 순종을 자극하고 싶으셨다. 맹인이 그리스도의 행동에 반응한 것이 나중에 모든 사람에게 모범이 되도록 말이다.

맹인은 그리스도의 말씀을 그대로 의지하고, 그렇게 함으로써 자기의 시력이 회복될 것이라고 확신하며, 그 확신을 가지고 서둘러 그리스도께서 가라고 하신 곳으로 간다. 맹인의 이러한 행동이 믿음에 대한 흔히 있는 증거는 분명 아니다. 그러나 그리스도의 말씀을 따르지 못하도록 그의 마음을 흔들 만한 많은 것들이 있었음에도 불구하고 그가 단순히 그분의 말씀에 순종했다는 것은 찬사를 보낼 만하다. 경건한 사람의 마음이 하나님의 단순한 말씀으로 만족할 때 그리고 그가 확신에 차서 여느 때 같으면 믿지 못할 것을 믿을 때, 이것이야말로 참 믿음에 대한 시험이라 할 수 있다. 믿음에는 즉각적인 순종이 따라오는 법이다. 그래서 하나님을 신실한 지도자라고 확신하는 사람은 묵묵히 하나님의 다스림에 자신을 맡긴다. 틀림없이 맹인의 마음에는 조롱을 받을지도 모른다는 의심이나 두려움이 있었을 것이다. 하지만 그리스도를 따르는 것이 안전하다고 결정했을 때, 그는 그 모든 장애물을 뚫고나가는 것이 쉽다는 것을 알게 되었다.

맹인이 그리스도가 어떤 분이신지 몰랐고 그분에게 하나님의 아들로서의 마땅한 존경을 드릴 수가 없었다면서 이의를 제기하는 사람이 있다면, 나는 얼마든지 그럴 수 있다는 점을 인정한다. 하지만 그 맹인은 그리스도께서 하나님에게서 보냄을 받은 분이라는 것을 믿었기 때문에 그분에게 복종하였고, 그분이 진정 하나님의 아들임을 의심하지 않았기 때문에 그리스도에게서 신적神的인 능력을 보았던 것이다. 더욱이 맹인의 신앙이 더더욱 칭찬을 받을 만한 것은 그가 이처럼 작은 지식을 가지고도 그리스도에게 완전히 헌신하였기 때문이다.

7 실로암 못에 가서 씻으라 진흙이나 실로암 못 물에 눈을 치료할 만한 효력이 있지 않다는 것은 분명하다. 그러나 그리스도께서는 자신의 이적에 광채를 더하시려고 종종 외적인 상징을 자유롭게 사용하셨다. 이는 신자들이 상징을 사용하는 것에 익숙해지도록 하시기 위함일 수도 있고, 모든 것이 그리스도의 뜻 아래 있음을 밝히시기 위함일 수도 있다. 또는 모든 피조물 하나하나에는 그분이 부여하기로 선택한 만큼의 능력이 있음을 증언하시기 위함일 수도 있다.

하지만 어떤 사람들은 흙과 침으로 만든 진흙이 의미하는 것이 무엇인지를 질문하면서, 진흙이 그리스도의 형상을 가리킨다고 설명하기도 한다. 그들은 흙이 그리스도의 육체가 땅의 속성을 지녔음을 상징하고, 그분의 입에서 나오는 침이 말씀의 신적인 본질을 의미한다고 설명한다. 하지만 나는 이와 같은 유비가 온전하다기보다는 다소 천진난만한 설명이라고 생각한다. 그리고 그리스도가 아버지께서 전인全人을 창조하시면서 행사하신 것과 같은 동일한 능력을 자신도 몸의 일부분에 대해 가지셨음을 보이기 위하여, 사람이 처음에 흙으로 지음을 받았듯이 흙을 사용하여 맹인의 눈을 회복시키셨다는 단순한 견해로 만족한다. 또는 그리스도께서 이 표적으로써 자신에게는 장애를 제거하고 맹인의 눈을 뜨게 하는 것이 여느 사람이 눈에 묻은 흙을 씻어내는 것만큼이나 쉽다는 사실을 선포하고 싶으셨는지도 모른다. 아니면 그분은 자신이 어떤 사람의 눈에 흙을 바를 권세가 있는 것만큼 그의 시력을 회복시킬 권세도 있다는 것을 선언하고 싶으셨을 수도 있다. 나는 후자의 해석이 더 낫다고 생각한다.

그리스도께서는 맹인에게 실로암 못에 가서 씻으라고 명령하셨다. 아마도 유대인들에게 지금 역사하고 있는 하나님의 능력을 분별하지 못하는 것이 그들의 잘못이라는 사실을 보여주려는 데 그 목적이 있었던 것 같다. 이사야가 당대 사람들에게 그들이 천천히 흐르는 실로아 물을 버린다고 책망했던 것처럼 말이다(사 8:6). 내 생각에는, 엘리사가 수리아 사람 나아만에게 요단 강에서 몸을 씻으라고 명령한 것도 이런 이유 때문인 것 같다. 우리가 제롬을 신뢰할 수 있다면, 실로암 못은 어느 시기에 시온 산에서 흘러나온 물로 형성된 못이다.

실로암은 번역하면 보냄을 받았다는 뜻이라 복음서 기자는 '실로암'이라는 단어의 의미를 의도적으로 첨가한다. 성전 근처에 있는 샘은 매일 유대인들에게 장차 오실 그리스도를 상기시켰기 때문이다. 하지만 유대인들은 그리스도께서 그들에게 그 모습을 드러내셨을 때, 그분을 멸시했다. 그래서 복음서 기자는 그리스도의 은혜를 상기시키고 있는 것이다. 그리스도만이 우리의 어둠에 빛을 비추시며, 맹인의 시력을 회복시키는 분이시기 때문이다. 이 한 사람(맹인)의 상황에서 우리의 본성이 어떤 상태에 있는지 묘사되고 있다. 즉, 우리는 다 어머니의 태에서 나올 때부터 빛과 지각과 깨달음을 잃어버렸으며, 그리스도 안에서만 이런 병의 치유를 구해야 한다.

그리스도께서는 그 당시 사람들 사이에 임재하셨지만 상징들을 소홀히 하는 것을 원치 않으셨다는 사실을 주목하라. 이는 본질은 무시하고 단지 표징의 헛된 그림자만을 지키고 있었던 이스라엘 나라의 우둔함을 꾸짖기 위해서였다. 더욱이 그리스도의 놀라운 은총은 맹인이 고쳐달라고 기도하기를 기다리지 않고 그를 고쳐주기 위하여 자발적으로 오셨다는 점에서 밝히 드러난다. 사실 우리는 본성상 그리스도에게서 떠나 있기 때문에, 우리가 그분을 부르기 전에 그분이 우리를 만나주시지 않는다면, 그리고 빛과 생명을 잊어버린 상태에 푹 빠져 있는 우리를 그분의 자비로 보호해주시지 않는다면, 우리 모두는 파멸에 이르고 말 것이다.

8 이웃 사람들과 전에 그가 걸인인 것을 보았던 사람들이 맹인은 성전 문에 앉아 구걸하였기 때문에 이웃 사람들뿐만 아니라 예루살렘 도성의 모든 주민들과도 면식이 있었다. 그리고 평민들은 더더욱 그를 알아보았다. 사람들이 맹인을 알아본 덕분에, 그가 고침을 받자 이 이적에 대한 소문은 많은 사람들 사이로 퍼졌다. 하지만 불경건함은 하나님의 일을 가리는 데 능숙하다 못해 영리하기까지 하다. 그래서 많은 사람들이 그 맹인이 전에 구걸하던 사람과 다른 사람이라고 생각했다. 하나님의 새로운 능력이 맹인에게 나타났기 때문이다. 하나님의 엄위가 그분의 일에 밝게 나타나면 나타날수록, 그분의 일은 사람들 사이에서 인정을 덜 받게 된다. 그러나 이번에는 상황이 다르다. 사람들의 의심이 오히려 그 이적을 증언하는 데 도움이 되었으니 말이다. 믿지 않는 이 사람들 때문에 맹인은 하나님의 은혜를 더욱더 찬송했다. 그래서 복음서 기자는 이 이적의 진실성을 좀 더 분명하게 보여준 세부적인 사항들을 다 모아서 보여준다.

11 가서 씻었더니 보게 되었노라 이와 같은 순종의 멋진 결과를 보면서, 우리는 모든 장애를 극복하고 주님이 우리를 부르신 곳으로 용감하게 나아가야 할 필요를 느낀다. 또한 우리가 그리스도의 인도와 권세 아래 수행하는 모든 것이 좋은 결과를 낼 것을 조금도 의심하지 말아야 한다.

13그들이 전에 맹인이었던 사람을 데리고 바리새인들에게 갔더라 14예수께서 진흙을
이겨 눈을 뜨게 하신 날은 안식일이라 15그러므로 바리새인들도 그가 어떻게 보게 되
었는지를 물으니 이르되 그 사람이 진흙을 내 눈에 바르매 내가 씻고 보나이다 하니 16
바리새인 중에 어떤 사람은 말하되 이 사람이 안식일을 지키지 아니하니 하나님께로부
터 온 자가 아니라 하며 어떤 사람은 말하되 죄인으로서 어떻게 이러한 표적을 행하겠
느냐 하여 그들 중에 분쟁이 있었더니 17이에 맹인 되었던 자에게 다시 묻되 그 사람이
네 눈을 뜨게 하였으니 너는 그를 어떠한 사람이라 하느냐 대답하되 선지자니이다 하니

요 9:13-17

13 그들이 전에 맹인이었던 사람을 데리고 바리새인들에게 갔더
라 이어지는 기사에서는 불경건한 사람들이 하나님의 일에서 유익을 얻는
것과는 너무도 거리가 먼 상태에 있어서, 그들이 권력을 행사할수록 자기들
속에 있는 독을 더욱 뿜어내게 됨을 보여준다. 맹인의 시력이 회복된 것으로
말미암아 돌과 같은 마음이 부드러워져야 했다. 아니 적어도 바리새인들은
그 이적이 하나님의 일인지 조사하는 동안, 잠시나마 멈춰 서서 이적의 신선
함과 위대함으로 감동을 받았어야 했다. 그러나 바리새인들은 그리스도를
향한 증오심 때문에 무턱대고 무분별하게 행동하여, 그분이 행하셨다고 한
것을 깊이 생각하지도 않은 채 정죄하기에 이른다.

복음서 기자는 바리새인들이라고 그 이름을 밝히는데, 이는 다른 종파(제사
장이나 사두개인들)에 속한 사람들이 그리스도를 좋아하고 그리스도의 편에 속했
기 때문이 아니라 바리새파가 다른 종파보다도 현 상황을 유지하는 데 더 열
정적이었기 때문이다. 외식外飾은 잔인하고 교만하다. 그래서 자기들이 거룩
하다는 거짓된 생각으로 교만해 있던 바리새인들은 그들의 의로움이 모두 거
짓이라고 정죄하는 복음의 가르침 때문에 결정적인 상처를 입었다. 무엇보
다도 바리새인들은 율법을 변호하는 체하면서 사실은 자기들의 권력과 왕국
을 위해 싸우고 있는 것이다.

복음서 기자가 군중들이 맹인을 바리새인들에게 데려갔다고 언급할 때, 군중들의 태도와 목적은 명확하지 않다. 군중들 중에서 바리새인들이 얼마나 그리스도를 미워했는지 모르는 사람은 한 사람도 없었다. 그래서 많은 아첨꾼들이 바리새인들의 비위를 맞추려고 이적의 영광을 숨기려고 했다는 것도 일리가 있다. 하지만 나는 대개 그러하듯이 군중들 대부분이 자기들의 통치자들을 중재인과 재판장으로 삼기를 원했다고 생각한다. 그러나 군중들은 태양 빛 아래에서 고의로 눈을 감음으로써 그 빛을 가리는 어둠을 자초한 격이 되었다. 군중들은 잘못된 종교 생활을 하고 있었다. 그들은 하나님을 경외한다는 미명 아래 교회의 불경건한 폭군들을 칭송하고, 말씀과 역사役事 속에 계시되는 하나님을 멸시한다. 적어도 그들은 하나님을 바라보려 하지 않는다.

14 날은 안식일이라 그리스도께서는 유대인들에게 걸림이 되게 하려는 목적에서 의도적으로 안식일을 택하셨다. 그리스도께서는 중풍병자의 경우를 통해 이 일이 비난 받을 것임을 이미 아셨다. 그렇다면 그리스도께서는 왜 그들의 공격을 피하지 않으셨을까? 쉽게 그렇게 하실 수도 있었는데 말이다. 그리스도의 원수들의 사악한 반응으로 하나님의 능력이 더욱 크게 드러나도록 하려는 것이 그 이유가 아니었을까? 안식일은 바리새인들로 하여금 전체 상황을 좀 더 열렬히 파헤치도록 부추기는 자극제와 같았다. 그 문제를 조심스럽고 진지하게 검토하면 그 이적의 진리가 더욱 환하게 드러나는 유익이 있지 않겠는가? 더욱이 우리는 이 사례事例에서, 만일 우리가 그리스도를 따르기를 원한다면 복음의 원수들을 격노케 해야 한다는 것을 배운다. 또한 그리스도께서는 불경건한 사람들을 숙련되고 지혜롭게 자극하시는 반면 세상과 그리스도를 동시에 취하는 사람들은 완전히 정신이 나가서 모든 종류의 공격을 비난한다는 것도 알게 된다. 그러므로 우리는 그리스도께서 다른 본문에서 제시하신 규정, 즉 맹인이 맹인을 인도하면 둘 다 구덩이에 빠진다고 한 말씀에 주의를 기울일 필요가 있다(마 15:14).

15 바리새인들도 그가 어떻게 보게 되었는지를 물으니 백성들은 맹인이 직접 말한 이 고백을 이미 들어 알고 있었다. 이제 바리새인들이 그 고백의 증인들이 되었다. 아마도 바리새인들은 일반인들이 경솔하게 퍼뜨린 근거도 없는 소문을 사람들이 생각 없이 믿고 있다고 생각했을 것이다. 무엇보다도 먼저 바리새인들은 소문의 진상에 관한 질문은 제쳐두고, 그 사건의 규례에 관해서만 논쟁한다. 그들은 그리스도께서 맹인의 시력을 회복시키셨다는 사실을 부인하지는 않았다. 하지만 그들은 그 행위를 한 때가 안식일이라는 사실이 이미 율법을 어긴 것이라고 판단했다. 그리고 그리스도께서 안식일을 범했기 때문에 그분이 한 일이 하나님의 일이라는 것을 부인한다.

그러나 먼저 알아보아야 할 것은 과연 하나님의 일이 안식일을 범하는가 하는 문제이다. 타락한 태도와 악의 이외에 그 무엇이 그들의 눈을 감기게 해서 이 사실을 깨닫지 못하게 했겠는가? 뿐만 아니라 그들은 할례가 그런 것처럼 하나님께서 사람들에게 주시는 유익은 안식일 준수에 위배되는 것이 아니라는 가르침을 그리스도에게서 충분히 받았다. 율법의 규정들은 사람들로 하여금 하나님의 일이 아니라 그들 자신의 일을 쉬라고 명하기 때문이다. 바리새인들이 이처럼 강력하게 논박을 당한 잘못을 당연하게 여기고 있다는 사실은 그들의 완악함 탓으로 돌려야 한다. 또는 적어도 바리새인들이 잘못을 범하기를 좋아하기 때문에 그런 것이라고 할 수도 있다.

교황주의자들 역시 이와 동일한 방법으로 수백 번도 넘게 지적해온 헛되고 어리석은 비방을 뻔뻔스럽게 제시하기를 그치지 않는다. 그렇다면 이 교황주의자들을 어떻게 하면 좋겠는가? 기회가 오면 우리는 잘못된 선입견으로 복음에 대해 중상모략하는 사람들의 악함을 대적해야 한다. 그리고 아무리 정당한 방어를 해도 그들을 잠재울 수 없다고 해서 실망할 필요가 없다. 대신 교황주의자들이 우리를 압제하려는 그 비방에 대해서, 강하고 담대한 정신으로 제압해야 한다. 우리는 교회를 탈퇴하고 믿음의 통일성을 파괴하는 사람들의 말에 귀를 기울이지 않아야 한다는 그들의 원리는 얼마든지 인정한다. 하지만 교황주의자들은 논의의 중요한 주제가 되는 것과 우리가 수

천 번도 더 분명하게 설명한 것을 꾀바르게 피해간다. 이를테면 교회가 교황과 그의 패거리들과는 본질적으로 다르다는 사실, 대단히 많은 미신과 허구들로 감염된 온갖 타락한 꾸며낸 이야기들이 순전한 믿음과는 거리가 멀다는 사실 등과 같은 주제들을 예로 들 수 있다. 그러나 이들의 격렬한 거만함으로도 결국 우리가 굳건하게 지키고 있는 진리가 널리 퍼지는 것을 막을 수는 없다. 이와 비슷하게 바리새인들은 안식일을 파기하는 사람은 하나님으로부터 오지 않았다는 그럴듯한 표준을 가지고 그리스도를 비난하였다. 하지만 그들은 하나님의 일이 안식일을 파기했다고 주장함으로써 옳지 못했고 거짓되었다.

16 죄인으로서 어떻게 이러한 표적을 행하겠느냐 다른 여러 본문에서처럼 여기서도 '죄인'이라는 단어가 하나님을 멸시하는 몹시 악한 사람을 가리키기 위해 사용되었다.

"(너희 선생이) 어찌하여 세리 및 '죄인들'과 함께 먹는가"(막 2:16).

여기서 죄인들은 불경건하고 악한 행위로 소문난 사람들을 가리킨다. 그리스도의 원수들은 그분이 안식일을 범한 것을 보고 그분을 이방인이며 신앙과 무관한 사람이라고 판단했다. 그러나 중립적이고 좀 더 공정하게 판단하는 사람들은 그리스도께서 이적을 행할 수 있는 하나님의 놀라운 능력으로 무장한 경건하고 신앙적인 사람이라고 판결한다. 하지만 그들의 주장은 충분히 강해 보이지 않는다. 하나님께서 가끔 거짓 선지자들이 이적 행하는 것을 허용하시는 경우가 있기 때문이다. 또한 우리는 사탄이 조심성이 없는 사람들을 속이려고 원숭이처럼 하나님의 일을 흉내낸다는 것을 안다.

(일반적으로 수에토니우스라고 불리는) 트란퀼루스(Tranquillus, 주후 69~140. 로마제국 초창기의 역사가)는, 베스파시아누스(Vespasianus, 주후 9~79. 로마의 아홉 번째 황제)가 알렉산드리아의 공공 재판정에서 정의를 실현하는 재판 자리에 앉았을 때 한 맹인으로부터 자기 눈을 침으로 발라달라는 부탁을 받았다고 진술한다. 그 맹인은 세라피스(Serapis, 이집트의 여신 아피스가 죽어 오시리스와 결합해 새롭게 탄생한 신으로서 그리스와 마

케도니아에서 숭배됨)가 자기에게 꿈속에서 그러한 치료법을 이야기해주었다고 말했다. 베스파시아누스는 혹시라도 일이 잘못되어 모욕을 당할까봐 맹인의 요청에 응하기를 주저했다. 그러나 주변에 있던 그의 친구들이 거듭 권하자 맹인의 요구를 수락했다. 그러자 맹인의 눈이 즉시 떠졌다고 한다. 그러나 누가 이런 이유 때문에 베스파시아누스를 하나님의 종의 한 사람으로 여기거나 그를 경건하다고 칭송하겠는가?

이 문제에 답하겠다. 선한 사람과 하나님을 경외하는 사람들 사이에서 이적은 의심의 여지 없이 성령의 능력에 대한 보증이다. 하지만 하나님의 정의로운 판단에 따라서, 사탄이 마법에 의한 거짓 이적으로 믿지 않는 사람들을 속이는 일이 발생한다. 나는 방금 전에 인용한 수에토니우스의 글이 황당무계한 것이라고는 생각하지 않는다. 하지만 나는 그 일이 하나님의 의로우신 복수(앙갚음)라고 생각한다. 즉, 그리스도께서 행하신 수많은 이적들을 멸시한 유대인들은 마침내 사탄에게 가버린 것이다. 그들이 그렇게 된 것은 당연하다. 유대인들은 하나님에 대한 순전한 예배에서 그리스도께서 행하신 이적으로 유익을 얻었어야 했다. 또한 율법의 가르침에서 확신을 얻고 율법의 마침이신 메시아에게 눈을 돌렸어야 했다. 그러나 그들은 그렇게 하지 않았다. 그리스도께서 맹인의 시력을 회복시키심으로써 자신이 메시아이심을 분명히 증명하셨음은 의심의 여지가 없다.

이제 이 사람들은 하나님의 능력이 나타난 그 이적에 대해 경외심을 가지고 이야기했다는 점에서 올바르게 행동하고는 있지만, 왜 그리스도께서 하나님의 선지자로 여김을 받아서는 안 되는지 정당한 이유를 제시하지는 못한다. 복음서 기자는 이 사람들의 대답을 계시로 여기지 않았다. 그는 단지 하나님의 분명한 일을 악의적으로 흠잡는 그리스도의 원수들의 불경건한 완악함을 보여주고 있을 뿐이다. 그 원수들은 경고를 받았지만 악을 행하기를 잠시도 멈추지 않는다.

그들 중에 분쟁이 있었더니 분쟁은 하나님의 교회에서 가장 해로운 악이다. 그렇다면 그리스도께서 교회의 교사들 사이에서 이러한 분쟁을 일으키는 원인을 제공하신 이유는 무엇인가? 이 질문에 대답하기는 쉽다. 그리스도의 유일한 목적은 자신의 펴신 손으로 모든 사람들을 아버지 하나님에게로 모으는 데 있었다. 그 분쟁은 하나님께 오기를 원하지 않은 사람들의 악의惡意 때문에 일어난 것이다. 그러므로 교회를 분쟁으로 분열시키는 사람들은 바로 하나님의 진리에 순종하기를 거부하는 사람들이다. 하지만 모든 사람들이 의견 일치를 보여 경건함에서 떠나는 것보다는 의견이 일치되지 않는 것이 더 낫다. 그러므로 의견 차이가 날 때 우리는 그 의견 차이가 어디서 시작되었는지를 늘 깊이 생각해야 한다.

17 이에 맹인 되었던 자에게 다시 묻되 바리새인들이 열심히 물을수록 하나님의 진리는 더욱 강력하게 드러난다. 그들은 마치 강렬한 불길을 입으로 불어서 끄려는 것처럼 행동한다. 그래서 온갖 방법으로 하나님의 진리를 전복시키려고 애쓰는 악한 사람들을 볼 때, 우리는 그 결과에 대해 두려워하거나 안달할 필요가 없다. 이런 식으로는 진리를 더욱 격렬하게 불타게 할 수밖에 없기 때문이다.

더욱이 바리새인들이 맹인이었던 사람에게 그의 의견을 물은 것은 그들이 정말 맹인이었던 사람의 판단을 따르기 위해서 혹은 그의 판단에 아주 작은 가치라도 담겨 있다고 생각해서가 아니라, 그 사람이 겁을 먹고 자기들이 원하는 대답을 해주기를 기대해서 그런 것이다. 주님은 이 점에서 그들의 기대를 좌절시키신다. 한 가련한 사람이 바리새인들의 위협을 무시하고 그리스도가 선지자라고 당당하게 주장하고 있기 때문이다. 우리는 이것을 하나님의 은혜로 여겨야 한다. 그래서 맹인이 가졌던 이러한 확신은 어떤 의미에서 또 다른 이적이다.

그리고 그리스도가 하나님의 아들이신 것을 아직까지는 몰랐던 그 사람이 용감하게 그리스도를 선지자로 고백했다면, 그리스도가 아버지의 우편에 앉아 계시다는 것과 그곳으로부터 온 세상의 심판자로 오시리라는 것을 알면서도 두려움 때문에 그리스도를 부인하거나 침묵하는 사람들의 반역 행위는 얼마나 부끄러운 일이겠는가! 이 맹인이 그가 가지고 있는 지식의 작은 불꽃을 끄지 않았다면, 우리는 솔직하고 충분한 고백으로 우리 마음에 비치고 있는 환한 밝음으로부터 화염처럼 빛이 나도록 해야 마땅하다.

18 유대인들이 그가 맹인으로 있다가 보게 된 것을 믿지 아니하고 그 부모를 불러 묻되 19 이는 너희 말에 맹인으로 났다 하는 너희 아들이냐 그러면 지금은 어떻게 해서 보느냐 20 그 부모가 대답하여 이르되 이 사람이 우리 아들인 것과 맹인으로 난 것을 아나이다 21 그러나 지금 어떻게 해서 보는지 또는 누가 그 눈을 뜨게 하였는지 우리는 알지 못하나이다 그에게 물어보소서 그가 장성하였으니 자기 일을 말하리이다 22 그 부모가 이렇게 말한 것은 이미 유대인들이 누구든지 예수를 그리스도로 시인하는 자는 출교하기로 결의하였으므로 그들을 무서워함이러라 23 이러므로 그 부모가 말하기를 그가 장성하였으니 그에게 물어보소서 하였더라 요 9:18-23

18 믿지 아니하고 여기서 우리는 두 가지 사실에 주목해야 한다. 하나는 유대인들은 이적이 행해졌다는 것을 믿지 않는다는 것이고, 다른 하나는 그들이 그리스도를 미워함으로써 자원하여 스스로 맹인이 되었기 때문에 분명한 것을 보지 않는다는 것이다. 복음서 기자는 유대인들이 믿지 않는다고 언급한다. 이유가 무엇인지 묻는다면, 그들이 스스로 눈을 감았기 때문이라는 것은 의심의 여지가 없다. 그들의 눈앞에서 행해진 하나님의 분명한 일을 보지 못하게 한 것이 무엇일까? 또는 그들이 철저하게 논박을 당했을 때, 그들은 무엇 때문에 이미 알고 있던 것을 믿지 못하였을까? 그들의 마음속에 있는 악함 때문에 눈이 감긴 것이 분명하다. 바울은 복음이 전파될 때에도 동일한 일이 발생한다고 말한다. 바울은 복음이 망하는 자들에게만 가려지고 감춰졌다고 말한다.

"만일 우리의 복음이 가리었으면 망하는 자들에게 가리어진 것이라 그중
에 이 세상의 신이 믿지 아니하는 자들의 마음을 혼미하게 하여"(고후 4:3,4).

이런 사례를 통해 우리를 믿음으로 나아가지 못하게 하는 장애물을 우리
앞에 놓지 말라는 경고를 받게 된다. 복음서 기자는 이 구절에서 제유법을 사
용하여 백성들의 통치자들을 유대인이라고 부른다.

19 너희 아들이냐 유대인들은 첫 번째 시도가 실패하자 이제는 다른 방법
을 시도한다. 하지만 주님은 놀라운 방법으로 유대인들의 노력을 허사로 만
드실 뿐만 아니라 그들을 정반대의 목적으로 나아가게까지 하신다. 유대인
들은 단순히 단도직입적인 질문 한 가지를 던지는 것이 아니라 상대방이 대
답을 하지 못하도록 매우 교활하게 몇 가지 다른 질문을 함께 묶어서 던진
다. 하지만 얽히고설킨 억지스러운 이 질문 중에서 맹인의 부모는 절반만 택
하여 대답한다. 맹인의 부모는 고침을 받은 사람이 자기 아들이며, 그가 날
때부터 맹인이었다고 대답한다. 따라서 그가 선천적으로 보지 못했지만 그
의 눈이 이적으로 뜨게 되었다는 당연한 결론이 나온다. 그러나 맹인의 부모
는 이 마지막 사실에 대해서는 이야기하지 않았다. 용납되지 않을 말이었기
때문이다.

맹인의 부모는 이 사실을 말하지 않음으로써 감사할 줄 모름을 드러냈다.
맹인의 부모가 하나님의 빛나는 선물을 받았다면 하나님의 이름을 높이는 마
음에 불탔어야 했다. 하지만 그들은 두려움에 마음이 얼어붙어 하나님의 은
혜를 사장시켰다. 대신 그들은 자기 아들이 자기들을 대신하여 일의 전모를
편견 없이 더 정확하게 설명할 수 있는 증인이라며, 책임을 아들에게 떠넘겼
다. 물론 맹인의 부모가 자기 아들의 입으로 그리스도에 대해 간접적으로 증
언하게 하는 이 중도中道를 택함으로써 신중하게 위험을 피하기는 했지만, 성
령께서 복음서 기자의 입을 빌려 그들의 비겁함을 정죄하는 것을 막지는 못
했다. 사실 맹인의 부모는 자기들의 의무를 다하지 못했다. 반역적인 부인否認
으로 그리스도의 교훈과 이적과 능력과 은혜와 더불어 그리스도를 완전히 사

454

장시키는 그들이 변명을 해보았자 궁색하기밖에 더하겠는가?

22 유대인들이 … 출교하기로 결의하였으므로 이 구절은 출교 풍습
이 예전부터 있었고 모든 시대에 시행되었음을 보여준다. 출교가 그 당시 새
롭게 만들어진 것은 아니었다. 출교 제도는 배교자들과 율법을 멸시하는 사
람들을 징벌하려고 이미 고대에 사용되었으며, 그리스도의 제자들을 정죄하
는 데에도 사용되었다. 그래서 우리는 출교 의식이 가장 오래된 교회의 권징
勸懲에서 생겨났다는 것을 배운다. 또한 권징의 해악은 최근에 발생한 것이 아
니며, 불경건한 사람들이 성스러운 것을 모독함으로써 하나님의 거룩한 제도
를 더럽힌 어느 한 시대에 국한되지 않는다는 것도 알게 된다. 하나님께서는
처음부터 배교를 억제하기 위한 일종의 징계 수단이 있어야 한다고 판단하셨
다. 그러나 제사장과 서기관들은 이 능력을 폭군처럼 남용하여 무죄한 사람
들을 괴롭혔을 뿐만 아니라 마침내 하나님 자신과 그분의 말씀을 비난하기도
하였다. 그리스도의 진리는 그 능력이 너무도 커서, 제사장과 서기관들이 법
과 규정으로 그 진리를 저항할 수가 없었다. 그래서 그들은 진리를 짓밟으려
고 출교라는 협박을 휘둘렀던 것이다.

동일한 일이 기독교인들에게도 행해졌다. 거짓된 주교들이 백성들을 억압
하면서 행사한 야만적인 폭정은 이루 열거하기가 어려울 정도여서, 어느 누
구도 감히 입을 열지 못했다. 이제 우리는 그들이 출교라는 무기를 하나님을
예배하는 모든 사람에게 얼마나 잔인하게 행사했는지를 본다. 하지만 우리
가 견지해야 할 사실은, 출교가 사람들의 감정에 의해 다른 목적으로 사용될
경우에는 그것을 멸시하는 것이 안전하다는 것이다. 하나님께서 출교할 수
있는 권한을 교회에 맡기셨을 때, 그분은 폭군에게 칼을 무기로 주시거나 사
형집행관에게 가련한 영혼을 죽이라고 하신 것이 아니라 그분의 백성을 다스
리는 통치권을 부여하신 것이다. 더욱이 하나님만이 지고至高의 통치권을 가
지시고 사람들을 그분의 사역자로 사용하신다는 조건에 근거하여 그 권한을
맡기신 것이다.

거짓된 주교들이 자기들이 좋아하는 대로 호통을 치게 내버려두라. 그들의 공허한 소음으로는 어느 누구도 위협하지 못할 것이다. 단지 선한 목자의 음성을 들음으로써 참된 교회가 무엇인지 가르침을 받지 않아 믿음에 확신이 없고 의심 가운데 방황하는 사람들만이 그런 주교들에게 위협을 받을 뿐이다.

한마디로 말해서, 우리가 보기에 그리스도에게 복종하지 않는 사람들은 출교할 수 있는 합법적인 능력을 박탈당했음이 분명하다. 그러므로 그들의 모임에서 내쫓기는 것을 두려워할 필요가 없다. 우리의 생명과 구원이신 그리스도께서도 그들에게서 출교를 당하셨기 때문이다. 우리는 쫓겨나는 것에 공포를 가질 이유가 전혀 없다. 오히려 그 반대이다. 우리가 그리스도와 연합하기를 원한다면, 교황의 회당에서 자발적으로 나와야 한다. 그러나 비록 출교 제도가 초대교회에서 너무도 악하게 더럽혀진 것은 사실이지만, 그리스도께서는 자신이 이 땅에 오심으로써 출교 제도를 폐지하려 하신 것은 아니다. 오히려 그분은 그 제도를 순결하게 회복하셨다. 출교 또는 권징이 우리 가운데서 건전하게 시행되도록 말이다.

비록 오늘날 교황제도에서 이 거룩한 권징이 더럽혀지고 모독을 받고 있지만, 그렇다고 해서 우리는 그 제도를 파기할 것이 아니라 처음 만들어졌을 당시의 온전한 상태로 회복시키는 데 열심을 내야 한다. 물론 세상 만물이 질서 있는 모습으로 서는 일은 없을 것이다. 하나님의 가장 거룩한 율법조차 사람들의 사악함으로 말미암아 부패한 모습으로 전락될 것이다. 사탄이 자기가 더럽힌 것을 없앨 수 있다면, 그것은 사탄에게 너무 많은 권한을 부여하는 것이 되고 만다. 그럴 경우 우리에게는 세례도 없고 성만찬도 없다. 요컨대, 신앙이란 존재하지 않는다. 사탄의 오염으로 감염되지 않은 곳이 하나도 남아 있지 않기 때문이다.

<hr>

24 이에 그들이 맹인이었던 사람을 두 번째 불러 이르되 너는 하나님께 영광을 돌리라 우리는 이 사람이 죄인인 줄 아노라 25 대답하되 그가 죄인인지 내가 알지 못하나 한 가

지 아는 것은 내가 맹인으로 있다가 지금 보는 그것이니이다 26 그들이 이르되 그 사람이 네게 무엇을 하였느냐 어떻게 네 눈을 뜨게 하였느냐 27 대답하되 내가 이미 일렀어도 듣지 아니하고 어찌하여 다시 듣고자 하나이까 당신들도 그의 제자가 되려 하나이까 28 그들이 욕하여 이르되 너는 그의 제자이나 우리는 모세의 제자라 29 하나님이 모세에게는 말씀하신 줄을 우리가 알거니와 이 사람은 어디서 왔는지 알지 못하노라 30 그 사람이 대답하여 이르되 이상하다 이 사람이 내 눈을 뜨게 하였으되 당신들은 그가 어디서 왔는지 알지 못하는도다 31 하나님이 죄인의 말을 듣지 아니하시고 경건하여 그의 뜻대로 행하는 자의 말은 들으시는 줄을 우리가 아나이다 32 창세 이후로 맹인으로 난 자의 눈을 뜨게 하였다 함을 듣지 못하였으니 33 이 사람이 하나님께로부터 오지 아니하였으면 아무 일도 할 수 없으리이다 요 9:24-33

24 그들이 맹인이었던 사람을 두 번째 불러 유대인들이 처음에 맹인이었던 사람에게서 대단히 확고하고 단호한 태도를 볼 수 있었는데도 그를 두 번째 부른 것은 의심할 여지없이 부끄러운 일이다. 그들이 하나님을 대적하려고 애쓸수록, 그들 주위의 올가미가 더욱 깊이 그리고 더욱 빠르게 그들을 조였다. 더욱이 유대인들은 맹인이었던 사람에게서 자기들이 듣고 싶은 말을 하도록 하려고 이런 식으로 질문하였다. 유대인들이 맹인이었던 사람에게 하나님께 영광을 돌리라고 말할 때, 그것은 허울 좋은 시작일 뿐이다. 그들은 즉시 맹인이 자기 확신대로 대답하지 못하도록 단호하게 막았다. 그들은 하나님의 권위를 이용하여 맹인이었던 사람에게서 노예근성의 복종을 요구한 것이다.

하나님께 영광을 돌리라 이 권면이 현 상황을 언급하는 것일 수도 있다. 즉, 맹인이었던 사람이 자기가 받은 은혜를 사람에게 기인한 것이라고 말함으로써 하나님의 영광을 가려서는 안 된다는 뜻으로 말이다. 그러나 나는 오히려 이 어구가 어떤 사람에게 맹세를 요구할 때 사용되던 엄숙한 형식이었다고 생각하는 사람들의 견해에 동조한다. 예컨대, 여호수아가 아간에게 저주받을 물건을 훔쳤는지 정직하게 고백하기를 원할 때 이와 동일한 어구로 명령한다(수 7:19). 유대인들은 이 어구를 사용함으로써, 만일 사람이 하나님의 이름으로 거짓말을 한다면 그것은 결코 하나님에 대한 가벼운 모독이 아니라는 사실을 맹인에게 상기시킨다. 우리도 맹세를 해야 하는 경우, 이 사실을 명심해야 한다. 하나님의 영광 못지않게 진리가 우리에게 귀중한 것이 되도록 말이다. 이렇게만 된다면, 맹세의 신성함은 매우 다르게 이해될 것이다.

거짓을 유지하기 위해서 하나님의 이름을 끌어들이는 것은 그분을 부인하는 것임을 전혀 생각하지 않은 채, 경솔하고 경멸적인 태도로 성급하게 맹세하는 사람들이 무수히 많다. 그래서 거짓 맹세가 도처에 난무한다. 우리는 외식하는 사람들이 어떤 식으로 하나님을 굉장히 경외하는 체하지만, 사실은 다른 사람들을 기만할 뿐만 아니라 하나님을 무례하게 모독하고 있는지를 볼 수 있다. 동시에 그들은 맹인이었던 사람에게 자기들이 원하는 것을 불경스럽게 맹세하여 하나님을 공개적으로 모독하라고 요구한다. 그러나 유대인들이 아무리 교묘하게 구실을 만들거나 핑계를 앞세워 스스로 그 뒤에 숨으려고 해도, 하나님께서는 그들의 악한 계획을 빛 가운데로 끌어내신다.

25 그가 죄인인지 내가 알지 못하나 맹인이었던 사람이 두려움 때문에 솔직하게 증언하지 못한 것 같지는 않다. 그가 유대인들에게 대답한 내용으로 미루어볼 때, 그는 그리스도에 대해 확신이 있었던 것 같다. 나는 그가 유대인들에게 좀 더 깊게 자극을 주려고 역설적으로 말하고 있다고 생각한다. 그는 조금 전에 그리스도가 선지자라고 고백했다. 그 고백이 그들에게 별 효과를 발휘하지 못한다고 생각한 그는 그리스도에 대하여 판단을 미루고 사실 자체만을 언급한다. 그래서 그가 유대인들에게 양보를 한 것처럼 보이지만 사실 그들을 비웃고 있는 셈이다.

26 그들이 이르되 우리는 불경건한 사람들이 타락한 행동을 하느라 분주

한 것을 보면서, 냉랭한 마음으로 그리스도의 일을 하고 있는 우리의 게으름에 대해 부끄러워해야 할 것이다. 유대인들은 이적이 일어나지 않았음을 증명하려고 맹인을 비방할 자료를 찾느라 혈안이 되어 있었다. 하지만 주님은 맹인이었던 사람의 흔들림 없이 확고한 태도로써 그들의 노력을 수포로 돌아가게 하셨다. 맹인이었던 사람은 자신의 입장을 끝까지 고수했을 뿐만 아니라, 유대인들이 사실을 들어 충분히 알고 있으면서도 끝없이 질문하여 진리를 묻어버리려 한다고 당당하고도 혹독하게 비난한다.

27 당신들도 그의 제자가 되려 하나이까 그는 유대인들에게 이렇게 질문함으로써 그리스도에 대한 그들의 사악한 증오를 비난한다. 그의 말은, 유대인들이 그토록 악하고 적대적인 태도에 사로잡혀 있다면 수백 번 논박을 당한다 해도 결코 양보하지 않을 것이라는 의미이다.

이전에 구걸하는 것 때문에 많은 사람에게 부끄러움을 당했던 비천한 무명인無名人이 이제는 자신을 공격하는 모든 제사장들의 분노를 담대하게 자극하는 모습은 참으로 놀라운 자유의 표현이다. 그가 유대인들과 맞대면하였을 때 작은 믿음에 불과한 것을 가지고도 이처럼 확신을 가질 수 있었다면, 교회의 위대한 설교자들이 위험이 닥쳐올 때 침묵을 지키며 공격을 피한다면 무슨 변명을 할 수 있겠는가?

더욱이 맹인이었던 사람이 유대인들에게 한 질문은 매우 풍자적인 것이다. 그는 진리에 대한 진지한 열정이 아니라 악한 생각에 의해 지배를 받은 유대인들이 자기를 급하게 몰아붙여서 이런 질문을 하게 만들었다는 뜻으로 이 구절을 언급한다.

28 그들이 욕하여 이르되 아마도 유대인들은 자기들의 입으로 표현할 수 있는 온갖 분노와 언어폭력을 사용하여 맹인을 욕했을 것이다. 그러나 특별히 그들은 맹인이 율법을 배반했다고 욕했다. 그들이 생각하기에, 모세의 율법을 위반하지 않고는 그가 그리스도의 제자가 될 수 없었기 때문이다. 유대

인들은 그리스도의 제자가 되는 것과 모세의 제자가 되는 것은 서로 모순되는 것임을 분명하게 표명한다. 그리고 그들이 모세의 가르침에서 벗어나는 것을 두려워한다는 것은 대단히 멋진 변명처럼 보이기도 한다. 진정한 경건이란 선지자들의 말에 귀를 기울이는 것이기 때문이다. 하나님께서는 우리의 믿음이 사람의 생각에 의해 생성되거나 자라지 않도록 하기 위해 선지자들을 통해 말씀하시지 않았는가? 유대인들은 모세의 율법에 대한 그들의 확신을 이 참된 원리에서 유추하였다.

하지만 유대인들이 스스로를 모세의 제자라고 한 것은 명백한 거짓말이다. 사실 그들은 율법의 목적에서 벗어났기 때문이다. 외식하는 사람들은 하나님의 보호 아래 있기를 바라면서도 이런 식으로 거짓말을 함으로써 하나님을 갈기갈기 찢는 데 익숙하다.

바울이 로마서 10장 4절에서 가르치는 것처럼, 그리스도가 율법의 혼魂이라면 율법을 그리스도와 분리시킬 때 율법은 한갓 죽은 몸에 지나지 않을 것이다. 이러한 예例를 통해 우리는, 하나님의 음성에 주의 깊게 귀를 기울이는 사람만이 진정으로 그분의 말씀을 듣고 그분이 바라고 의도하시는 바를 이해할 수 있다는 사실을 배우게 된다.

29 이 사람은 어디서 왔는지 알지 못하노라 유대인들이 이 말을 할 때, 그들은 그리스도의 고향이나 탄생 장소를 언급하는 것이 아니라 그분의 선지자 직분을 언급하는 것이다. 유대인들은 그리스도를 하나님으로부터 오신 분으로 영접할 만큼 그분의 소명召命에 대해 아는 바가 없다고 주장한다.

30 이상하다 맹인이었던 사람은 유대인들이 이처럼 엄청난 이적을 보고도 전혀 감동이 없으며 그리스도의 소명에 대해 전혀 알지 못하는 체한다고 은근히 비난한다. 그가 이 구절에서 의도한 바는, 이와 같은 하나님의 능력을 아무것도 아닌 것처럼 여기고 이적으로써 입증된 그리스도의 소명이 유대인들 사이에서 인정을 받지 못하고 있는 것은 전적으로 잘못이라는 것이다. 유

대인들의 어리석음과 악함을 좀 더 분명하게 보여주기 위하여, 그는 지금까지 인간의 기억을 더듬어볼 때 평범한 인간이 날 때부터 맹인이었던 사람의 눈을 뜨게 해주었다는 말을 들은 적이 없다는 사실을 들어 그리스도께서 행하신 이적의 탁월함을 부각시킨다. 그렇다면 분명하게 하나님의 일인 것에 의도적으로 눈을 감는 사람들은 악하고 배은망덕한 사람들이다. 맹인이었던 사람은 그리스도가 하나님으로부터 보냄을 받은 사람이라고 추론한다. 이는 그리스도가 하나님의 성령의 큰 능력을 입으셨기 때문이며, 그래서 그분 자신과 그분의 가르침에 대한 신임을 얻으셨기 때문이다.

31 하나님이 죄인의 말을 듣지 아니하시고 맹인이었던 사람이 이렇게 말한 것이 당대 일반적인 견해를 대변한 것이라고 생각하는 사람들은 틀렸다. 방금 전의 경우에서처럼, 이 구절의 '죄인'이라는 말은 불경건하고 부도덕한 사람을 의미한다. 하나님께서 참되고 진실된 마음으로 하나님께 부르짖는 사람들의 말만을 들으신다는 것은 성경의 시종일관한 교훈이다. 믿음만이 우리가 하나님께로 가는 문을 열 수 있으므로 경건하지 않은 모든 사람들은 하나님께 나아가는 것이 금지된다는 것이 확실하다. 맹인이었던 사람은 심지어 하나님께서 불경건한 사람들의 기도를 혐오하시며 그들의 제사를 싫어하신다고 말한다.

하나님께서 그분의 자녀들을 하나님 자신에게로 부르시는 것은 자녀들만의 특권이다. 우리 마음속에서 '아빠 아버지'라고 부르짖는 것은 양자養子의 영靈뿐이다(롬 8:15). 한마디로 말해서, 마음이 기도로 정결하게 되지 않는다면 아무도 하나님께 바르게 기도할 수 없다. 하지만 악한 사람들이 기도로써 하나님의 거룩한 이름을 더럽히기 때문에, 그들은 구원과 관련된 어느 것도 받지 못하고 오히려 하나님을 모독한 것에 대한 벌을 받는 것이 마땅하다. 그러므로 맹인이었던 사람은 그리스도가 하나님으로부터 오셨다고 강력하게 설명할 필요가 없었다. 왜냐하면 하나님께서 그리스도의 기도를 들으시기 때문이다.

34 그들이 대답하여 이르되 네가 온전히 죄 가운데서 나서 우리를 가르치느냐 하고 이에 쫓아내어 보내니라 35 예수께서 그들이 그 사람을 쫓아냈다 하는 말을 들으셨더니 그를 만나사 이르시되 네가 인자를 믿느냐 36 대답하여 이르되 주여 그가 누구시오니이까 내가 믿고자 하나이다 37 예수께서 이르시되 네가 그를 보았거니와 지금 너와 말하는 자가 그이니라 38 이르되 주여 내가 믿나이다 하고 절하는지라 39 예수께서 이르시되 내가 심판하러 이 세상에 왔으니 보지 못하는 자들은 보게 하고 보는 자들은 맹인이 되게 하려 함이라 하시니 40 바리새인 중에 예수와 함께 있던 자들이 이 말씀을 듣고 이르되 우리도 맹인인가 41 예수께서 이르시되 너희가 맹인이 되었더라면 죄가 없으려니와 본다고 하니 너희 죄가 그대로 있느니라 요 9:34-41

34 네가 온전히 죄 가운데서 나서 교만한 사람들이 불행이나 재난을 당한 사람들을 놀리는 식으로, 유대인들은 이 구절을 통해 그의 보지 못함을 언급하고 있음이 분명하다. 그들은 그가 마치 죄의 표지를 가지고 출생한 것처럼 모욕한다. 서기관들은 영혼이 자기 수명을 다하면 새로운 몸에 들어가 거기서 자기가 이전에 지은 죄의 벌을 받는다고 생각했기 때문이다. 그래서 그들은 날 때부터 맹인으로 태어난 사람은 태어나는 바로 그 순간부터 자기의 죄로 더럽혀지고 오염되었다고 결론을 내렸다.

이런 잘못된 생각에 근거하여 맹인에게 가한 비난에서, 우리는 하나님의 징계로 다른 사람의 죄를 판단하지 않도록 주의해야 한다는 교훈을 받는다. 이미 앞에서 보았듯이, 주님은 여러 다양한 목적으로 사람들에게 재앙을 내리시고 훈계하신다.

하지만 외식하는 이 사람들은 불우한 이 사람에게 모욕을 가할 뿐만 아니라 거룩하고 선한 그의 경고를 저버린다. 사람들이 자신이 멸시하는 사람에게서 가르침 받는 것을 견디지 못한다는 것은 매우 흔한 일이다. 이제 하나님께서 누구를 통하여 우리에게 교훈하시든지, 우리가 들어야 할 하나님의 말씀이라면 다른 사람을 멸시하지 말자. 하나님께서 우리를 교훈하시려고 멸시받는 하찮은 사람을 사용하시더라도, 우리는 언제나 가르침을 받을 만한 유순한 마음을 가진 자들이라는 사실을 그분이 알 수 있도록 말이다.

교만 때문에 우리의 귀를 닫고 우리의 유익을 위해 경고하는 사람들의 말에 귀를 기울이지 않는 것만큼 악한 것은 없다. 종종 하나님께서는 우리의 교만을 내치시기 위하여 일부러 무가치하고 비천한 사람을 선택하여 우리를 가르치고 경고하게 하시기도 한다.

35 그들이 그 사람을 쫓아냈다 유대인들이 물리적인 폭력을 사용하여 맹인이었던 사람을 성전에서 내쫓았을 가능성이 있다. 하지만 내 생각에 복음서 기자가 실제로 의미하는 바는 유대인들이 그 사람을 출교시켰다는 것이다. 그래서 그를 내쫓은 것이 합법적인 모습을 지녔을 것이다. 게다가 이것이 문맥에 더 잘 어울린다. 만일 유대인들이 맹인이었던 사람을 물리적으로만 내쫓았다면, 그리스도께서 이 소문을 들으신 것이 그리 중요하지 않았을 것이다. 그러나 그리스도께서 그 소식을 들으셨다는 사실로 미루어볼 때, 나는 유대인들이 엄숙한 의식(출교)을 발효發效한 것처럼 행동했다고 추측한다.

이 사례事例로부터 우리는 그리스도의 원수들이 말하는 파문 혹은 출교가 참으로 하찮은 것이며 전혀 두려워할 것이 아님을 배운다. 만일 우리가 주님이 다스리시는 공동체에서 내쫓김을 당한다면, 그것은 우리를 사탄에게 내주었다는 두려운 심판이 우리에게 내려진 것이다. 이는 우리가 하나님의 아들의 나라에서 추방된 것이기 때문이다. 하지만 그리스도께서 그분의 말씀과 성령으로 통치하지 않으시는 곳에서는, 아무도 우리를 내쫓지 않는다고 하더라도 우리가 자발적으로 피해야 한다. 불경건한 사람들이 그리스도의 종들을 모욕하는 폭력적인 심판은 두려워할 이유가 없다.

그를 만나사 맹인이었던 사람이 계속 회당에 있었다면, 그는 그리스도에게서 점차적으로 멀어질 위험에 처했을 것이다. 또한 불경건한 사람들처럼 동일한 멸망을 받았을 것이다. 이제 그리스도께서는 성전 밖에서 방황하고 있던 그 사람을 만나셨고, 제사장들에 의해 내쫓김을 받은 그를 품어주셨으며, 넘어진 그를 일으켜 세우셨고, 사망 선고를 받은 그에게 생명을 주셨다. 우리는 우리 시대에도 이와 동일한 일이 발생한 것을 알고 있다. 루터나 그와 같은 입장에 있던 다른 사람들이 교황의 심각한 죄악을 비난하기 시작할 당시, 그들은 순전한 기독교의 맛을 조금도 보지 못했다. 그러나 교황이 이들을 맹렬히 공격하고 무시무시한 공식 교서를 통해 로마 교회의 교당에서 이들을 쫓아내고 난 뒤에, 그리스도께서는 자신의 팔을 벌려 그들을 친히 안아주셨다. 그리스도께서 우리에게 가까이 오시기 위해서는 복음의 원수들에게 멀어지는 것보다 더 좋은 것은 없다.

네가 인자를 믿느냐 그리스도께서는 어릴 때부터 율법의 교훈으로 가르침을 받고 하나님께서 메시아를 보내겠다고 약속하신 사실을 배운 한 유대인에게 말씀하신다. 그러므로 이 질문은 그리스도께서 그에게 메시아를 따르고 메시아를 의지하라고 권하는 것과 같은 말씀이다. 하지만 그리스도께서는 이전에 즐겨 사용하시던 것보다도 더 고귀한 이름('하나님의 아들', 한글 개역개정성경에서는 '인자'라고 번역하지만 헬라어 원문은 '하나님의 아들'로 표기되어 있다 - 역자 주)을 사용하신다. 당시에 사람들은 메시아를 다윗의 아들로만 여겼기 때문이다.

36 주여 그가 누구시오니이까 내가 믿고자 하나이다 맹인이었던 사람의 대답으로 봐서는, 설령 그가 아직은 그리스도에 대해 확신을 갖거나 분명한 것을 알지 못했을지라도, 그가 그리스도를 믿을 준비를 갖췄고 그분에게서 가르침을 받을 마음이 있다는 것이 분명하다. 이 구절의 의미는 이렇다.

"그분이 누구인지 내게 알려만 주신다면 나는 바로 그분을 영접할 준비가 되어 있습니다."

하지만 맹인이었던 사람은 선지자로 믿고 있는 그리스도에게 가르침을 받고 싶어 한다는 사실을 주목해야 한다. 그는 이미 그리스도가 하나님에게서 보냄 받은 분이시라는 확신을 가졌다. 그러므로 그가 아무 생각 없이 그리스도의 교훈을 신뢰한 것은 아니었다.

37 네가 그를 보았거니와 맹인이었던 사람은 그리스도의 이 말씀을 통해 단지 믿음의 냉랭하고 작은 한 부분을 더 알게 되었을 뿐, 그 이상으로 나아가지는 못했을 것이다. 그리스도께서 자신의 능력이나 자신이 아버지께로부터 보냄을 받은 이유, 혹은 무슨 목적으로 사람들에게 오셨는지를 언급하지 않으셨기 때문이다. 그러나 믿음에서 중요한 것은 우리 죄가 그리스도의 희생적인 죽음으로 깨끗함을 받아 하나님과 화목하게 되었다는 것, 그리스도의 부활이 사망을 이긴 승리라는 것, 우리가 그리스도의 영靈으로 새롭게 되어 육체와 죄에 대하여 죽고 의義에 대하여 다시 살리심을 입었다는 것, 그리고 그리스도만이 유일한 중보자이시며 성령께서 우리의 양자 됨의 보증이시라는 것, 한마디로 말해서 영생의 모든 것이 그리스도 안에 있다는 것, 이것을 아는 것이다.

하지만 복음서 기자는 그리스도께서 그와 나누었던 전체 대화를 진술하지 않거나, 혹은 단지 그가 그리스도 편에 합류해서 그분의 제자 중 하나가 되기 시작했다고 언급할 뿐이다. 나는 예수께서 그에게 그리스도로 인정하기를 바라셨다는 것을 전혀 의심하지 않는다. 주님이 믿음의 이 시작에서부터 그를 이끌어 자신에 대하여 좀 더 충분한 지식에 이르게 하실 수 있도록 말이다.

38 절하는지라 맹인이었던 사람이 그리스도에게 신적神的인 영광을 돌렸는지 질문할 수 있을 것이다. 복음서 기자가 사용한 단어는 단순히 무릎을 꿇어서 혹은 다른 행동을 취함으로써 존경과 경외의 표시를 보였다는 의미이다. 나는 이런 동작이 흔하지 않은 독특한 의미를 지닌다고 확신한다. 사실 그는 평범한 사람이나 선지자에게보다는 그리스도에게 훨씬 더 많은 존경을 드렸다. 하지만 나는 그가 그리스도를 '육체로 나타나신 하나님'으로 알 정도까지 진보했다고는 생각하지 않는다. 그렇다면 '절하다'(칼빈은 '예배하다' worship라고

이해함)라는 의미는 무엇인가? 맹인이었던 사람은 예수님을 하나님의 아들이라고 확신했으며, 마치 정신이 나간 듯이 놀라움에 사로잡혀 그분 앞에 엎드려 절한 것이다.

39 내가 심판하러 이 세상에 왔으니 이 구절에서 '심판'이라는 단어는 단순히 불경건한 자들과 하나님을 멸시하는 사람들에게 내려진 징벌의 의미로 이해할 수 없다. 여기서 심판은 '조명照明하심의 은혜'(the grace of illumination)에까지 확장되기 때문이다. 그리스도께서는 혼동되고 무질서한 것을 참된 질서로 회복하신다는 점에서 조명하심의 은혜를 '심판'이라고 부르신다. 하지만 그리스도는 조명하심이 하나님의 놀라운 계획에 의해 행해지고 사람들의 일반적인 의견과는 상반된다는 의미로 이 구절을 말씀하셨다. 사실 인간의 이성理性으로 생각해볼 때, 앞을 보는 사람이 세상의 빛에 의해서 맹인이 되어야 한다는 것은 도무지 이해가 되지 않는다. 그러므로 이것은 하나님의 비밀스러운 심판 중의 하나이다. 하나님께서는 이 심판으로 사람들의 교만을 떨치신다.

더욱이 여기에 언급된 '눈멈'blindness은 그리스도에게서 나온 것이 아니라 사람들의 잘못에서 나온 것이다. 조명하심은 그 특성상 엄밀히 말해서 어느 누구도 눈멀게 하지 않는다. 그러나 멸망 받을 사람들이 가장 강렬하게 바라는 것은 그 조명하는 빛이 꺼지는 것이므로, 죄악과 타락의 질병을 앓고 있는 그들의 마음의 눈은 그들에게 비춰진 그 빛으로 아찔해 있음에 틀림이 없다. 한마디로 말해서, 그리스도는 그 본성상 '세상의 빛'이시므로 그분이 세상에 오심으로 어떤 사람들이 맹인이 되는 것은 부수적인 결과이다.

여기서 다시 이런 질문이 제기될 수 있다. 모든 인간이 보편적으로 눈이 멀었다고 비난받는다면, 도대체 볼 수 있는 사람들은 누구인가? 나의 대답은 이것이다. 이것은 반어적으로 한 말이다. 비록 믿지 않는 사람들이 맹인이라고 해도, 그들은 자기들이 대단히 영민하고 밝히 안다고 생각한다. 그리고 그들은 이와 같은 확신으로 교만하여져서, 하나님의 말씀을 듣지 않더라도 전혀 문제가 되지 않는다고 우쭐댄다.

더욱이 세상은 진정으로 지혜로운 것이 무엇인지를 이해하지 못하므로, 그리스도 밖에서 육체의 지혜는 매우 멋져 보인다. 그런 이유로 그리스도께서는, 지혜에 대한 어리석은 확신으로 자신을 속이면서 자신의 생각을 따르며 자신의 허황된 상상을 지혜라고 생각하는 사람들을 '보는 자들'이라고 말씀하신다. 그러나 그리스도께서 그분의 복음의 광채를 가지고 나타나시는 순간, 그들은 맹인이 된다. 이는 불신앙의 어두움에 감추어진 그들의 어리석음이 지금 벗겨지기 때문일 뿐만 아니라, 그들이 하나님의 의로운 보응으로 더 깊은 어둠에 빠지게 되며 자기들의 것이라고 주장하던 작은 불빛마저 잃어버릴 것이기 때문이다.

사실 우리는 다 맹인으로 태어났다. 하지만 부패하고 오염된 어둠 속에서도 작은 불꽃이 여전히 빛난다. 그래서 사람들이 야수野獸와 구별되는 것이다. 그래서 만일 어떤 사람이 자신의 이성理性을 도도하게 확신함으로 교만하여져서 하나님께 복종하기를 거절한다면, 그는 그리스도를 떠나 지혜로운 것처럼 보일지는 몰라도 그리스도의 광채 앞에 어리석은 자가 되고 말 것이다. 인간의 마음의 허망함은 하늘에 속한 지혜가 나타날 때 비로소 드러나기 시작한다.

하지만 내가 이미 앞에서 언급했듯이, 그리스도께서는 이 구절을 통해 그 이상의 의미를 표현하고자 하셨다. 그리스도께서 빛을 비추시기 전에는 외식하는 사람들이 이렇게 완고하게 하나님께 반역하지는 않았다. 하지만 빛이 그들 가까이로 오자, 사람들은 하나님을 대항하여 공개적인 전쟁을 일으켰다. 이러한 타락과 배은망덕 때문에 사람들은 이중으로 맹인이 되었으며, 하나님은 의로운 보응으로 이전에 참 빛을 보지 못했던 그들의 눈을 완전히 감기게 하셨다.

이제 우리는 이 본문의 핵심적인 가르침을 알게 된다. 즉, 그리스도께서는 맹인의 눈을 밝히고 자기들이 지혜롭다고 생각하는 사람들을 어리석음에 이르게 하실 목적으로 세상에 오신 것이다. 우선, 그리스도께서는 조명하심에 대해서 언급하시는데("보지 못하는 자들은 보게 하고"), 이는 엄밀히 말해서 그분이 오신 이유이다. 그리스도께서는 세상을 심판하러 오신 것이 아니라 잃은 것을 구하러 오셨기 때문이다.

그래서 바울은 모든 배반하는 자들에게 보응이 준비되었다고 선언하면서, 동시에 경건한 사람의 복종이 온전하게 된 후에 복종하지 않는 것에 대한 벌이 내려질 것이라는 사실을 덧붙인다(고후 10:6). 이러한 보응은 그리스도의 물리적인 임재(ad Christi personam)에만 한정하지 말아야 한다. 그러한 제한은 마치 그리스도께서 자신의 복음 사역자들을 통하여 매일 동일한 일을 행하지 않으시는 것처럼 여기는 처사이다.

우리는 다 우리 자신의 지혜에서 나온 어리석은 견해 때문에 이 두려운 벌이 우리에게 미치지 않도록 좀 더 주의해야 한다. 우리는 그리스도의 이 말씀이 얼마나 참된 것인지를 경험으로 배우며, 많은 사람들이 현기증과 분노로 정신을 잃게 된 것이 의義의 태양이 떠오르는 것을 견디지 못하기 때문이라는 것을 안다. 아담은 '이해의 참 빛'(the true light of understanding)을 부여받아 살았다. 하지만 그는 하나님께서 말씀하신 것 이외의 것을 보고 싶어 함으로써 하나님께서 주신 이 복福을 잃어버렸다. 이제 만일 주님에 의해 우리가 맹인이 되고 겸손하게 될 때, 우리가 여전히 어둠 속에서 우리 스스로에게 만족해하며 우리의 미친 생각을 하늘에 속한 지혜를 거스르는 데 사용한다면, 하나님의 보응이 하늘에서 우리에게 임하고 우리가 이중으로 맹인이 되더라도 놀라서는 안 된다.

이전에 이와 동일한 보응이 율법 아래 있던 불경건한 사람들에게 내려졌다. 이사야 선지자는 옛 이스라엘 백성의 눈을 감기게 하기 위해서 보냄을 받았던 것이다.

"너희가 … 보기는 보아도 알지 못하리라 하여 이 백성의 마음을 둔하게 하며 그들의 귀가 막히고"(사 6:9,10).

그러나 하나님의 빛은 선지자들에게서보다 그리스도 안에서 더욱 충만하게 빛난다. 따라서 눈이 어둡게 된다는 이 사례事例는 틀림없이 그리스도 안에서 좀 더 분명하게 나타나고 감지되었을 것이다. 이는 오늘날 정오의 빛과 같은 복음으로 말미암아 외식하는 사람들이 극단적인 분노에 이르게 된 것과 정확히 일치한다.

40 바리새인 중에 … 이 말씀을 듣고 바리새인들은 즉시 자기들이 그리스도의 말씀으로 한 방 먹었다는 것을 알게 되었다. 하지만 그들이 아직은 최악의 상황에 있는 것은 아닌 것 같다. 그리스도의 공공연한 원수들은 그리스도를 몹시 싫어하여 그분과 전혀 교류를 하지 않는데, 본문에 등장하는 바리새인들은 그분의 말씀을 들으려 했기 때문이다. 비록 그렇게 하는 것이 그들에게 유익이 되지는 않았지만 말이다. 누구나 자신을 벗어버릴 때에야 비로소 그리스도의 제자가 될 수 있다. 그런데 바리새인들은 전혀 그렇지 않았다.

우리도 맹인인가 바리새인들의 이 질문은 분노에서 제기된 것이다. 그들은 자기들이 맹인으로 분류되는 모독을 받았다고 생각했다. 동시에 그들의 질문은 그리스도의 은혜를 교만과 조소로 멸시하는 질문이었다. 그들이 하는 말을 이런 식으로 풀어 쓸 수 있을 것이다.

"당신은 우리를 창피하게 만들지 않고는 유명하게 될 수가 없나보군. 우리를 부끄럽게 함으로써 당신이 영광을 얻도록 우리가 참아야 한단 말이오? 맹인에게 새로운 빛을 주겠다고 한 당신의 약속 말인데, 다 집어치우고 당신이 준다는 그 복福을 가지고 여기서 떠나시오. 우리가 맹인이라는 당신의 말을 받아들이는 대가로 당신에게서 시력을 회복하고 싶지는 않으니 말이오."

여기서 우리는 외식하는 사람들이 자만과 독설로 가득 차 있음을 본다. 바리새인들의 자만은 자기만족에서 그리고 자기에게서 어느 것도 내려놓지 않으려는 데서 드러난다. 또한 그들의 독설은 그리스도에 대하여 분노하는 데서 나타난다. 그들은 그리스도께서 그들의 질병을 지적하셨을 때, 그분이 마치 그들에게 심각한 상처를 입히기라도 한 것처럼 그분과 논쟁했다. 여기서부터 그리스도와 그분이 그들에게 제공한 은혜에 대한 멸시가 시작된 것이다.

이 어구에서 강조점은 '우리도'에 있다. 그것은 다른 사람은 맹인일지라도 자기들은 그런 일반적인 부류에 속해서는 안 된다는 것을 의미한다. 상대적으로 높은 지위에 있는 사람들은 종종 자만으로 취해 있어서 자신들이 사람에 불과하다는 것을 잊는다.

41 너희가 맹인이 되었더라면 이 말씀은 두 가지로 해석할 수 있다.

첫 번째 해석은, 만일 바리새인들이 자기들의 방식에 집착하지 않고 진리와 의도적으로 싸우지 않는다면 무지로 인해 그들의 죄가 어느 정도 참작된다는 것이다.

두 번째 해석은, 만일 그들이 자기들의 무지를 인정하기만 한다면 무지라는 그들의 병은 치료를 받을 수 있다는 것이다.

그리스도의 말씀에 의하면 첫 번째 해석이 바른 이해라는 것이 분명하다. 이 문제에 대해서는 요한복음 15장을 주해하면서 설명할 터인데, 그중에 하나만 소개하면 15장 22절을 예(例)로 들 수 있다.

"내가 와서 저희에게 말하지 아니하였더라면 죄가 없었으려니와 지금은 그 죄를 핑계할 수 없느니라."

그러나 이 구절에서 그리스도께서 "너희가 … 본다고 하니"라는 말을 첨가하신 것을 보면, 자신의 눈멈을 알아차리고 그 질병에 대한 치료책을 구하는 사람이 맹인이라는 설명이 앞뒤 문맥과 훨씬 잘 부합되는 것 같다. 마찬가지로 이와 대조되는 설명도 아귀가 맞아떨어진다. 그런 의미에서 예수님의 말씀의 의미는 이것이다.

"너희가 너희 질병을 인정한다면, 그 병은 전적으로 치료 불가능하지는 않을 것이다. 하지만 너희가 스스로 건강하다고 생각하므로 너희는 여전히 절망적인 상태에 있다."

그리스도께서 맹인인 사람에게 죄가 없다고 말씀하셨다고 해서, 그들의 무지가 해가 되지 않는 결백한 것이라는 변명이 되지는 않는다. 그분의 말씀은 진정으로 질병인 것을 느끼는 경우에 그 질병이 쉽게 치유될 수 있다는 의미일 뿐이다. 맹인이 구원을 갈망할 때, 하나님께서는 기꺼이 그에게 도움을 베풀어주신다. 하지만 자기들의 질병을 자각하지 못하고 하나님의 은혜를 멸시하는 사람들은 고침을 받지 못한다.

칼빈 주석 | 요한복음 I

초판 1쇄 발행	2010년 7월 20일
지은이	존 칼빈
옮긴이	오광만
펴낸이	여진구
편집국장	김응국
기획·홍보	이한민
책임편집	김응국	이영주
편집 1팀	안수경, 손유진, 강민정
편집 2팀	김아진, 최지설
책임디자인	이유아, 전보영	이혜영, 정해림
해외저작권	최영오
마케팅	김상순, 강성민, 허병용, 이기쁨
마케팅지원	손동성, 최영배, 최태형
제작	조영석, 정도봉
경영지원	김혜경, 김경희
이슬비전도학교	엄취선, 전우순, 최경식
303비전성경암송학교	박정숙, 이지혜, 정나영
303비전장학회 & 303비전꿈나무장학회	여운학
펴낸곳	규장

주소 137-893 서울시 서초구 양재2동 205 규장선교센터
전화 578-0003 팩스 578-7332 이메일 kyujang@kyujang.com
홈페이지 www.kyujang.com   트위터 twitter.com/_kyujang
등록일 1978.8.14. 제1-22

책값 뒤표지에 있습니다.
ISBN 978-89-6097-172-1 04230
ISBN 978-89-6097-171-4 (세트)

규 | 장 | 수 | 칙

1. 기도로 기획하고 기도로 제작한다.
2. 오직 그리스도의 성품을 사모하는 독자가 원하고 필요로 하는 책만을 출판한다.
3. 한 활자 한 문장에 온 정성을 쏟는다.
4. 성실과 정확을 생명으로 삼고 일한다.
5. 긍정적이며 적극적인 신앙과 신행일치에의 안내자의 사명을 다한다.
6. 충고와 조언을 항상 감사로 경청한다.
7. 지상목표는 문서선교에 있다.

하나님을 사랑하는 자 곧 그의 뜻대로 부르심을 입은 자들에게는 모든 것이 合力하여 善을 이루느니라(롬 8:28)

Member of the
Evangelical Christian
Publishers Association

규장은 문서를 통해 복음전파와 신앙교육에 주력하는 국제적 출판사들의 협의체인 복음주의출판협회(E.C.P.A:Evangelical Christian Publishers Association)의 출판정신에 동참하는 회원(Associate Member)입니다.